DIREITO E SAÚDE
O CASO DO TABACO

ORGANIZADORES
Adalberto de Souza Pasqualotto
Eugênio Facchini Neto
Fernanda Nunes Barbosa

Copyright © 2018 by Editora Letramento

Diretor Editorial | **Gustavo Abreu**
Diretor Administrativo | **Júnior Gaudereto**
Diretor Financeiro | **Cláudio Macedo**
Logística | **Vinícius Santiago**
Assistente Editorial | **Laura Brand**
Revisão | **LiteraturaBr Editorial**
Capa | **Wellinton Lenzi**
Projeto Gráfico e Diagramação | **Luís Otávio**

Conselho Editorial | **Alessandra Mara de Freitas Silva; Alexandre Morais da Rosa; Bruno Miragem; Carlos María Cárcova; Cássio Augusto de Barros Brant; Cristian Kiefer da Silva; Cristiane Dupret; Edson Nakata Jr; Georges Abboud; Henderson Fürst; Henrique Garbellini Carnio; Henrique Júdice Magalhães; Leonardo Isaac Yarochewsky; Lucas Moraes Martins; Luiz Fernando do Vale de Almeida Guilherme; Nuno Miguel Branco de Sá Viana Rebelo; Renata de Lima Rodrigues; Rubens Casara; Salah H. Khaled Jr; Willis Santiago Guerra Filho.**

Todos os direitos reservados.
Não é permitida a reprodução desta obra sem
aprovação do Grupo Editorial Letramento.

Referência para citação

PASQUALOTTO, Adalberto de Souza.; FACCHINI NETO, Eugênio.; BARBOSA, Fernanda Nunes.(org.).Direito e saúde: o caso do tabaco.
Belo Horizonte(MG): Letramento, 2018.

Dados Internacionais de Catalogação na Publicação (CIP)
Bibliotecária Juliana Farias Motta CRB7- 5880

D598

Direito e saúde: o caso do tabaco / Organizadores: Adalberto de Souza Pasqualotto, Eugênio Facchini Neto, Fernanda Nunes Barbosa. –
Belo Horizonte(MG) : Letramento, 2018.
532 p.16 x 23 cm.
ISBN: 978-85-9530-116-0

Este livro é resultado da atividade da rede de pesquisa Consumo, Saúde e Responsabilidade, formada por Programas de Pós-Graduação do Rio Grande do Sul (PUCRS e UniRitter) e de São Paulo (Mackenzie) e conta com apoio do CNPq e da FAPERGS.

1. Responsabilidade(Direito) - Brasil.2. Causalidade (Direito) – Brasil.3.Fumo – Vício. I. Neto Facchini, Eugênio. II. Barbosa, Fernanda Nunes. III. Pasqualotto, Adalberto de Souza. IV Título: Direito e saúde: o caso do tabaco

CDD 346.8103

Belo Horizonte - MG
Rua Magnólia, 1086
Bairro Caiçara
CEP 30770-020
Fone 31 3327-5771
contato@editoraletramento.com.br
grupoeditorialletramento.com
casadodireito.com

Casa do Direito é o selo jurídico do
Grupo Editorial Letramento

AUTORES

ADALBERTO PASQUALOTTO
Doutor e Mestre em Direito pela Universidade Federal do Rio Grande do Sul (UFRGS). Professor Titular de Direito do Consumidor no Programa de Pós-Graduação em Direito da Pontifícia Universidade Católica do Rio Grande do Sul (PUC-RS).

ALBERTO JOSÉ DE ARAÚJO
Doutor e Mestre em Ciências - COPPE/UFRJ. Médico Pneumologista & Sanitarista. Fellow in Environmental and Occupational Medicine - Mt. Sinai School of Medicine – NY. Especialista em Tabagismo pela Escola Médica de Pós-Graduação da PUC-Rio. Coordenador do Núcleo de Estudos e Tratamento do Tabagismo; Instituto de Doenças do Tórax – UFRJ. Membro da Comissão de Tabagismo da AMB e da SBPT.

AUGUSTO TANGER JARDIM
Doutorando em Direito Processual Civil pela Universidade Federal do Rio Grande do Sul (UFRGS). Mestre em Direito Processual Civil pela Pontifícia Universidade Católica do Rio Grande do Sul (PUC-RS). Professor de Direito Processual Civil da Fundação Escola Superior do Ministério Público do RS (FMP) e do Centro Universitário Ritter dos Reis (UniRitter). Advogado.

EUGÊNIO FACCHINI NETO
Doutor em Direito Comparado (Florença/Itália). Mestre em Direito Civil pela Universidade de São Paulo (USP). Professor Titular dos Cursos de Graduação, Mestrado e Doutorado em Direito da PUC/RS. Professor e ex-diretor da Escola Superior da Magistratura/AJURIS. Desembargador do TJ/RS.

FELIPE BRAGA NETO
Doutor em Direito pela Pontifícia Universidade Católica do Rio De Janeiro (PUC/RJ). Mestre em Direito pela Universidade Federal de Pernambuco (UFPE). Procurador da República/MG. Professor de Direito Civil da Faculdade Dom Helder (BH).

FERNANDA NUNES BARBOSA
Doutora em Direito Civil pela Universidade do Estado do Rio de Janeiro (UERJ). Mestre em Sociedade e Estado em Perspectiva de Integração pela Universidade Federal do Rio Grande do Sul (UFRGS). Professora dos Cursos de Graduação e Mestrado da FAPA/UniRitter. Advogada.

FLÁVIO TARTUCE
Doutor em Direito Civil pela Universidade de São Paulo (USP). Mestre em Direito Civil Comparado pela Pontifícia Universidade Católica de São Paulo (PUC-SP). Coordenador e professor dos cursos de pós-graduação *lato sensu* da Escola Paulista de Direito. Professor titular permanente do programa de mestrado e doutorado da Faculdade Autônoma de Direito (FADISP-ALFA). Advogado e consultor jurídico.

JOÃO LOPES GUIMARÃES JÚNIOR
Advogado. Procurador de Justiça aposentado do Ministério Público do Estado de São Paulo.

LÚCIO DELFINO
Pós-doutor em Direito pela Universidade do Vale do Rio dos Sinos (UNISINOS). Doutor em Direito pela Pontifícia Universidade Católica de São Paulo (PUC-SP). Membro-fundador e Diretor de Publicações da Associação Brasileira de Direito Processual (ABDPro). Membro do Instituto dos Advogados Brasileiros (IAB). Membro do Instituto dos Advogados de Minas Gerais (IAMG). Diretor da Revista Brasileira de Direito Processual (RBDPro). Advogado.

MÁRCIO GONÇALVES DE SOUZA

Doutor em Cardiologia (INCOR/FMUSP). Mestre em Clínica Médica (UNICAMP – Campinas/SP). Especialista em Tratamento de Tabagismo (Mayo Clinic – Rochester/USA). Especialista em Cardiologia (AMB/Sociedade Brasileira de Cardiologia). Cardiologista Coordenador do Grupo de Cessação do Tabagismo do Instituto Dante Pazzanese de Cardiologia (IDPC). Liderança em Controle Global do Tabagismo (Johns Hopkins Bloomberg School of Public Health - Baltimore/USA). Membro do Comitê de Controle do Tabagismo da Sociedade Brasileira de Cardiologia (SBC).

MARILIA DE ÁVILA E SILVA SAMPAIO

Pós-doutoranda em Direito do Consumidor pela PUC/RS. Doutora em Direito e Políticas Públicas pelo UNICeub. Mestre em Direito e Estado pela Universidade de Brasília. Especialista em Direito Privado e Direito Administrativo pela Universidade Católica de Brasília. Professora de Direito Civil e Direito do Consumidor da Escola da Magistratura do Distrito Federal e do Instituto Avançado de Direito – IAD/DF. Juíza de Direito.

NELSON ROSENVALD

Pós-doutor em Direito Civil na Universidade Roma Tre (IT). Doutor e Mestre em Direito Civil pela Pontifícia Universidade Católica de São Paulo (PUC/SP). Professor Investigador na Faculdade de Coimbra. *Visiting academic* na Universidade de Oxford. Procurador de Justiça do MP/MG.

PAULO HENRIQUE TESTON

Doutor em Direito pela Università degli studi Roma Tre. Mestre em Direito Público pela Universidade do Vale do Rio dos Sinos (UNISINOS).

RENATA DOMINGUES BALBINOT MUNHOZ SOARES

Doutora e Mestre em Direito Político e Econômico pela Universidade Presbiteriana Mackenzie. Especialista em Direito Privado pela Escola Paulista da Magistratura. Professora de Direito Civil e Empresarial do Mackenzie. Coordenadora do Grupo de Estudo "Direito e Tabaco" do Mackenzie. Membro da Comissão de Assistência à Saúde da OAB-SP. Advogada.

SANDRA REGINA MARTINI

Pós-doutora em Direito pela Universidade Roma Tre. Pós-doutora em Políticas Públicas pela Universidade de Salerno. Doutora em Evoluzione dei Sistemi Giuridici e Nuovi Diritti pela Università Degli Studi di Lecce. Mestre em Educação pela Pontifícia Universidade Católica do Rio Grande do Sul (PUC-RS). Pesquisadora Produtividade 2 CNPq, Coordenadora do Mestrado em Direitos Humanos e professora do Centro Universitário Ritter dos Reis (Uniritter). Professora-visitante no programa de pós-graduação em Direito da UFRGS (PPGD).

STELLA REGINA MARTINS

Médica Assistente do Grupo de Cessação do Tabagismo da Divisão de Pneumologia InCor/HCFMUSP. Especialista em Dependência Química - UNIAD/UNIFESP. Certificate Program on Global Tobacco Control - Johns Hopkins Bloomberg School of Public Health. Leadership Program on Global Tobacco Control – Johns Hopkins Bloomberg School of Public Health. Learning from the Experts on Global Tobacco Control - Johns Hopkins Bloomberg School of Public Health. Membro da Comissão de Tabagismo da Associação Médica Brasileira.

TULA WESENDONCK

Doutora em Direito pela Pontifícia Universidade Católica do Rio Grande do Sul (PUC-RS). Professora Adjunta de Direito Civil na Universidade Federal do Rio Grande do Sul (UFRGS). Advogada.

PARTE I
TABACO E SAÚDE

13 TABAGISMO – EVIDÊNCIAS CIENTÍFICAS E MARCOS JURÍDICOS ATUAIS DA DEPENDÊNCIA À NICOTINA ÀS DOENÇAS QUE INCAPACITAM E MATAM

STELLA REGINA MARTINS

MÁRCIO GONÇALVES DE SOUSA

ALBERTO JOSÉ DE ARAÚJO

111 DIREITO À SAÚDE E O TABACO NO MERCOSUL: UM PARADOXO

SANDRA REGINA MARTINI

PAULO HENRIQUE TESTON

PARTE II
A EXPERIÊNCIA INTERNACIONAL NA TENTATIVA DE SE RESPONSABILIZAR A INDÚSTRIA DO CIGARRO PELOS DANOS RELACIONADOS AO TABACO

133 ACIONANDO A INDÚSTRIA DO FUMO POR DANOS CAUSADOS À SAÚDE – CRONOLOGIA DE UMA MUDANÇA DA MARÉ

EUGÊNIO FACCHINI NETO

197 AS LIÇÕES DE QUEBEC E OS CAMINHOS DO BRASIL

ADALBERTO PASQUALOTTO

243 O CASO ENGLE E A REPERCUSSÃO DA DECISÃO DA SUPREMA CORTE DA FLÓRIDA EM CASOS ENVOLVENDO A RESPONSABILIDADE CIVIL DA INDÚSTRIA TABAGISTA

AUGUSTO TANGER JARDIM

FERNANDA NUNES BARBOSA

PARTE III
AS DEMANDAS INDIVIDUAIS DE RESPONSABILIDADE CIVIL, OS ARGUMENTOS DEFENSIVOS DA INDÚSTRIA DO FUMO E SUAS INCONSISTÊNCIAS

271 SÍNTESE INTRODUTÓRIA: O NEXO DE CAUSALIDADE E O LIVRE ARBÍTRIO COMO DEFESAS (SUPERÁVEIS) DA INDÚSTRIA DO FUMO

ADALBERTO PASQUALOTTO

EUGÊNIO FACCHINI NETO

FERNANDA NUNES BARBOSA

323 A APLICABILIDADE DO CÓDIGO DE DEFESA DO CONSUMIDOR A LITÍGIOS ATINENTES À RESPONSABILIDADE CIVIL DA INDÚSTRIA DO FUMO ENVOLVENDO FUMANTES QUE PRINCIPIARAM NO TABAGISMO ANTES DA SUA VIGÊNCIA

LÚCIO DELFINO

341 RESPONSABILIDADE CIVIL E CAUSALIDADE: O CASO DO TABACO

MARILIA DE ÁVILA E SILVA SAMPAIO

371   **A TEORIA DO RISCO CONCORRENTE E O CIGARRO**
        FLÁVIO TARTUCE

415   **O FUMO E A CONDUTA DA VÍTIMA: ENTRE SINUOSOS PERCURSOS ARGUMENTATIVOS**
        NELSON ROSENVALD
        FELIPE BRAGA NETTO

437   **FUMO E LIVRE-ARBÍTRIO**
        LÚCIO DELFINO

475   **O FUNDAMENTO DO LIVRE-ARBÍTRIO NUMA PERSPECTIVA DOUTRINÁRIO-JURISPRUDENCIAL**
        RENATA DOMINGUES BALBINO MUNHOZ SOARES

499   **A RESPONSABILIDADE CIVIL DOS FABRICANTES DE CIGARRO PELA INFORMAÇÃO DEFICIENTE A RESPEITO DO PODER VICIANTE DO PRODUTO**
        TULA WESENDONCK

513   **COMO JUSTIFICAR A IRRESPONSABILIDADE DO FABRICANTE DE CIGARROS EM PLENO SÉCULO XXI? O MITO DO CONSUMIDOR RACIONAL**
        JOÃO LOPES GUIMARÃES JÚNIOR

PARTE I
TABACO E SAÚDE

TABAGISMO – EVIDÊNCIAS CIENTÍFICAS E MARCOS JURÍDICOS ATUAIS DA DEPENDÊNCIA À NICOTINA ÀS DOENÇAS QUE INCAPACITAM E MATAM[1]

STELLA REGINA MARTINS[2]
MÁRCIO GONÇALVES DE SOUSA[3]
ALBERTO JOSÉ DE ARAÚJO[4]

---

1 Título em inglês: *Tobacco use – scientific evidence and current legal frameworks of nicotine dependence to diseases that disabled and kill.*

2 Médica Assistente do Grupo de Cessação do Tabagismo da Divisão de Pneumologia InCor/HCFMUSP; Especialista em Dependência Química - UNIAD/UNIFESP; Certificate Program on Global Tobacco Control - Johns Hopkins Bloomberg School of Public Health; Leadership Program on Global Tobacco Control – Johns Hopkins Bloomberg School of Public Health; Learning from the Experts on Global Tobacco Control - Johns Hopkins Bloomberg School of Public Health; Membro da Comissão de Tabagismo da Associação Médica Brasileira.

3 Cardiologista Coordenador do Grupo de Cessação do Tabagismo do Instituto Dante Pazzanese de Cardiologia (IDPC); Mestrado em Clínica Médica (UNICAMP – Campinas/SP); Doutorado em Cardiologia (INCOR/FMUSP); Especialista em Tratamento de Tabagismo (Mayo Clinic – Rochester/USA); Especialista em Cardiologia (AMB/Sociedade Brasileira de Cardiologia); Liderança em Controle Global do Tabagismo (Johns Hopkins Bloomberg School of Public Health - Baltimore/USA); Membro do Comitê de Controle do Tabagismo da Sociedade Brasileira de Cardiologia (SBC).

4 Médico Pneumologista & Sanitarista; Mestre e Doutor em Ciências - COPPE/UFRJ; Fellow in Environmental and Occupational Medicine - Mt. Sinai School of Medicine – NY; Especialista em Tabagismo pela Escola Médica de Pós-Graduação da PUC-Rio; Coordenador do Núcleo de Estudos e Tratamento do Tabagismo; Instituto de Doenças do Tórax – UFRJ; Membro da Comissão de Tabagismo da AMB e da SBPT.

SUMÁRIO: *Introdução. 1 Tabagismo – uma questão de hábito, vício ou dependência? 2 A tese do livre arbítrio e o consumo de tabaco. 3 Tabagismo – existe nível seguro de exposição à fumaça do tabaco? 4 Tabagismo – doenças crônicas relacionadas ao consumo de tabaco. 5 Tabagismo – uma doença cientificamente classificada. 6 Dependência de nicotina – poderosa droga aditiva. 7 A evolução na tecnologia dos cigarros – passado, presente e futuro. 8 Aumentando o poder de dependência dos cigarros. 9 Maximizar a atratividade do cigarro – estratégia para captar jovens e manter a fidelidade de outros públicos. 10 Modificações no design tornaram os cigarros ainda mais letais. 11 Consequências do tabagismo – relatório de 50 anos do surgeon general. 12 Metodologia – busca de informações para estabelecer as evidências científicas. 13 Tabagismo e nexo de causalidade. 14 Doenças relacionadas ao consumo de tabaco. 15 Tabagismo causa mortes – números da pandemia. 16 Tabagismo e o aumento dos riscos para a saúde humana. 17 Tabagismo associado ao câncer. 18 Câncer associado ao tabagismo passivo. 19 Doenças cardiovasculares associadas ao tabagismo. 20 Doença isquêmica coronariana associada ao tabagismo. 21 Doenças vasculares associadas ao tabagismo. 22 Doenças cerebrovasculares associadas ao tabagismo. 23 Doenças respiratórias associadas ao tabagismo. 24 Doença pulmonar obstrutiva crônica associada ao tabagismo. 25 Doenças psiquiátricas associadas ao tabagismo. 26 Doenças da orofaringe e laringe associadas ao tabagismo. 27 Doenças do aparelho digestivo associadas ao tabagismo. 28 Doenças dos órgãos dos sentidos associadas ao tabagismo. 29 Doenças dermatológicas associadas ao tabagismo. 30 Doenças do sistema endócrino associadas ao tabagismo. 31 Doenças do sistema imunológico associadas ao tabagismo. 32 Disfunção sexual e infertilidade masculina associada ao tabagismo. 33 Doenças associadas ao tabagismo nas mulheres. 34 Distúrbios no sistema reprodutivo feminino associados ao tabagismo. 35 Efeitos do tabagismo no desenvolvimento do feto. 36 Efeitos associados ao tabagismo em recém nascidos e crianças. 37 o desafio de parar de fumar: Por que nem todos os fumantes conseguem? Considerações finais. Referências Bibliográficas.*

INTRODUÇÃO

Os vereditos das ações judiciais indenizatórias quando impetrados por um indivíduo tabagista e ou por seus familiares contra a indústria dos fabricantes de cigarros geralmente responsabilizam a vítima, isto é o usuário consumidor, sendo favoráveis, via de regra, à indústria tabageira.

Nas ações a reclamante usualmente é considerada como única responsável pelo desfecho, que pode ser desde o desenvolvimento de graves doenças sabidamente relacionadas ao uso do tabaco, a incapacidades funcionais, e até a morte.

As teses de defesa junto ao Poder Judiciário, que são habitual e insistentemente repetidas pela indústria do tabaco, não têm como continuar se sustentando face às inquestionáveis evidências científicas disponíveis na Medicina da atualidade.

Nesse artigo, entre outros temas, discorremos sobre as várias teses que sustentam as peças de defesa da indústria do tabaco; como, por exemplo, o ato de fumar como uma escolha do usuário, excluindo e desconsiderando a dependência de uma poderosa substância psicoativa como a da nicotina; o nexo de causalidade baseado na ultrapassada teoria da Unicausalidade ignorando a teoria da Multicausalidade ou Multifatorialidade baseada nos 9 critérios de causalidade de *Bradford-Hill* atualmente em vigor. [5]

---

5   HILL AB. The environment and disease: association or causation? **Proc R Soc Med**. 1965;58:295-300.

1. TABAGISMO – UMA QUESTÃO DE HÁBITO, VÍCIO OU DEPENDÊNCIA?

Por hábito entende-se a tendência ou comportamento que ocasiona a repetição frequente, geralmente automática e inconsciente, de certos atos; uma rotina aprendida, um costume; entregar-se a uma mania de devassidão sem reflexão.[6] Entretanto, os atuais conhecimentos sobre o sistema de recompensa cerebral têm mostrado que uma vez que os receptores cerebrais estejam sensibilizados, o uso da nicotina se torna cada vez mais prazeroso e atrativo, e do ponto de vista da neurobiologia, não nos permite definir o tabagista com a terminologia acima.[7]

A palavra vício quando empregada para definir o tabagista vem carregada de julgamento negativo e pejorativo, pois significa "conduta ou costume nocivo ou condenável"; "defeito grave que torna uma pessoa ou coisa inadequada para certos fins ou funções", "prática irresistível de mau hábito, em especial de consumo de bebida alcoólica ou de drogas".[8] Esse termo é muito pesado e doloroso para o indivíduo tabagista que, mesmo quando enfrenta o desconforto dos sintomas da síndrome de abstinência de nicotina, não se comporta de maneira antissocial no seu cotidiano.[9]

---

6   HOUAISS A, VILLAR MS. **Dicionário Houaiss da Língua Portuguesa.** Rio de Janeiro: Objetiva; 2001.

7   KOOB GF, VOLKOW ND. Neurocircuitry of addiction. **Neuropsychopharmacology.** 2010 Jan;35(1):217-38. doi:10.1038/npp.2009.110. Disponível em: https://www.ncbi.nlm.nih.gov/pmc/articles/PMC2805560/

8   FERREIRA ABH. **Mini Aurélio.** O Dicionário de Língua Portuguesa. 6ª ed. Curitiba: Positivo; 2004.

9   MIRRA AP, REICHERT J, SILVA CAR, MARTINS SR, MEIRELLES RHS, ISSA JS, HALLAL ALC, SILVA VLC, CAVALCANTE TM, CORRÊA DA SILVA LC, ARAUJO AJ, SALES MPU, HOMSI CM, VIANNA CGF, MENDES FL, CARVALHO AP, ANDREIS M. **Projeto Diretrizes.** Evidências Científicas sobre Tabagismo para Subsídio ao Poder Judiciário [Internet]. Associação Médica Brasileira. Ministério da Saúde/Instituto Nacional de Câncer José Alencar Gomes da Silva Aliança de Controle do Tabagismo; 2013. http://www.projetodiretrizes.org.br/diretrizes12/tabagismojudiciario.pdf

O termo cientificamente correto para retratar o tabagismo é citá-lo como uma doença crônica recorrente - uma dependência química –, onde o fumante tem a necessidade tanto física quanto psicológica de usar a nicotina, uma potente substância psicoativa, estimulante do sistema nervoso central capaz de alterar o estado de consciência do seu usuário, que recorre a essa droga apesar do conhecimento dos malefícios causados a sua saúde.[10] O seu uso decorre do fato de o tabagista não suportar a queda do nível de nicotina na corrente sanguínea. Essa condição gera grande desconforto e sintomas de fissura, que desaparecem rapidamente após a primeira tragada, quando o indivíduo repõe a nicotina, levando a uma grande sensação de alívio, prazer, euforia e relaxamento muscular.[11]

---

10 BENOWITZ NL. Nicotine addiction. **N Engl J Med.** 2010;362(24):2295-2303. doi:10.1056/NEJMra0809890. https://www.ncbi.nlm.nih.gov/pmc/articles/PMC2928221/

11 INSTITUTO NACIONAL DE CÂNCER (INCA). **Coordenação de Prevenção e Vigilância** (CONPREV. Implantando um programa de controle do tabagismo e outros fatores de risco em unidades de saúde. Rio de Janeiro: Ministério da Saúde; 2001; ORGANIZAÇÃO MUNDIAL DE SAÚDE (OMS). **Classificação de transtornos mentais e de comportamento da CID-10.** Porto Alegre: Artmed; 1993.

2. A TESE DO LIVRE ARBÍTRIO E O CONSUMO DE TABACO

Sabemos que durante a cessação ou em face da simples redução do consumo do tabaco, o dependente de nicotina experimenta sensações físicas intensas e desagradáveis conhecidas pelo nome de *síndrome de abstinência*.[12] Uma vez instalada a dependência, o fumante vivencia a condição de sujeição, subordinação e domínio que afetam a sua capacidade de decidir de forma livre e autônoma, ou seja, o livre arbítrio está comprometido.[13]

O indivíduo não fuma porque quer, fuma para repor a substância psicoativa, fuma porque se tornou dependente da droga.

Prochaska e DiClemente descrevem muito bem esse conflito que ajuda na compreensão do comprometimento do livre arbítrio. Segundo estes autores o estágio motivacional de mudança de comportamento conhecido como *contemplação*, remete a um conflito na tomada de decisão. Neste estágio, o fumante experimenta um fenômeno conhecido como *ambivalência*, ou seja, uma parte de si deseja fortemente parar de fumar, mas por outro lado, acaba postergando o propósito da cessação do fumo. Isto ocorre em função do forte desconforto causado pela redução ou eliminação da nicotina circulante no sangue, associado ao medo da perda do prazer - que é rapidamente obtido com apenas uma tragada -, o que gera sofrimento, angústia e indecisão.[14]

Antes do *estágio contemplativo*, o fumante passa pelo processo de negação da sua condição de dependente químico e de que o cigarro

---

12 THE AMERICAN PSYCHIATRIC ASSOCIATION. **Diagnostic and Statistical Manual of Mental Disorders** -DSM III [Internet]. Washington, D.C: The American Psychiatric Association; 1980. http://displus.sk/DSM/subory/dsm3.pdf

13 BENOWITZ NL, 2010, 2295-2303; THE AMERICAN PSYCHIATRIC ASSOCIATION. **Diagnostic and Statistical Manual of Mental Disorders** -DSM III [Internet]. Washington, D.C: The American Psychiatric Association; 1980. http://displus.sk/DSM/subory/dsm3.pdf

14 DICLEMENTE CC, PROCHASKA JO. Self-change and therapy change of smoking behavior: a comparison of processes of change in cessation and maintenance. **Addict Behav**. 1982;7(2):133-42.

faz mal a sua saúde, essa fase foi denominada pelos mesmos autores como *estágio pré-contemplativo*. Cabe ao profissional de saúde, durante o tratamento, estimular o fumante a refletir e a ponderar sua balança de decisão, as perdas e ganhos relacionados tanto a manter-se fumando, quanto a interromper o tabagismo. Esse processo é considerado um pilar no acompanhamento da interrupção do fumo, pois ajuda a tomada de decisão de forma mais consciente, culminando com o *estágio de determinação* onde o tabagista se sente pronto, preparado e amparado para optar por parar de fumar, a fase seguinte é o *estágio de ação*, no qual o indivíduo para de fumar. [15]

Outro fato que precisa ser levado em consideração quando dos argumentos da indústria do tabaco em relação ao livre arbítrio é que o córtex pré-frontal - estrutura cerebral responsável pelas tomadas de decisões e avaliação das suas consequências -, só completa sua formação aos 21 anos de idade. [16] Dessa forma quando a iniciação no tabagismo ocorre ainda na adolescência, como acontece em 70-80% dos tabagistas, promove alterações na função do cérebro, ainda em formação, ou seja, no processo denominado neuroplasticidade cerebral. [17] A neuroplasticidade é a capacidade de o sistema nervoso modificar sua estrutura e função em decorrência dos padrões de experiência, como, por exemplo, o consumo de drogas. Ela pode ser concebida e avaliada a partir de uma perspectiva estrutural (configuração das sinapses nervosas) ou funcional (modificação do comportamento). [18]

---

15 DICLEMENTE CC, 1982, 133-42; MILLER WR, ROLLNICK S. **Princípios da Entrevista Motivacional:** Preparando as pessoas para a mudança de comportamentos aditivos. 1ª edição. Porto Alegre: Artmed; 2000.

16 JUNIOR M, ALBERTO C, MELO LBR. Integration of three concepts: executive function, working memory and learning. **Psicologia Teoria e Pesquisa.** 2011;27(3):309–14. http://www.scielo.br/pdf/ptp/v27n3/06.pdf

17 VOLKOW ND, KOOB G. Brain Disease Model of Addiction: why is it so controversial? **The Lancet Psychiatry.** 2015;2(8):677-679. doi:10.1016/S2215-0366(15)00236-9.

18 DENNIS M. Developmental plasticity in children: the role of biological risk, development, time, and reserve. **Journal of Communication Disorders.** 2000;33:321-332.

O conhecimento, que saiu da esfera da ciência e veio a público, sobre os malefícios à saúde causados pelo tabaco e, a descoberta que a nicotina é uma substância capaz de induzir a dependência, ocasionou uma grande preocupação nas empresas de tabaco, que criaram o *Tobacco Institute* em 1958, com o objetivo de contestar a posição oficial do Serviço de Saúde Pública dos EUA (Surgeon General), que em 12 de junho de 1957, declarou que as evidências científicas apontavam para uma relação causal entre o fumo e o câncer de pulmão. [19] Nessa época, os pesquisadores que trabalhavam para a indústria do tabaco já alertavam que o conhecimento do potencial de adição da nicotina anularia os argumentos de defesa das indústrias de tabaco sobre o argumento do "livre arbítrio" como sendo uma decisão e, portanto, responsabilidade exclusiva do fumante.[20]

Segundo a conceituada neurocientista Nora Volkow "*quando o córtex frontal não funciona corretamente, as pessoas não podem tomar a decisão de parar de usar a droga - mesmo que percebam que o preço que devem pagar para consumi-la é extremamente alto e que pode inclusive levá-las a perder a custódia de seus filhos ou acabar na prisão, mas ainda assim elas consomem*". [21]

O tabagismo se associa a diversos comportamentos que criam um ritual cotidiano para o indivíduo dependente, como por exemplo, fumar ao tomar café; após as refeições; ao consumir bebida alcoólica; ao telefonar; para aliviar situação de estresse, como o trânsito engarrafado, etc., *todavia, fumar não se configura em um hábito que se possa deixar a hora que se queira, é uma dependência química das mais difíceis de o indivíduo deixar.*[22]

---

19 UNITED STATES OF AMERICA VS. PHILIP MORRIS, USA, Inc. et al, 1,683 Page Final Opinion; Civil Action N° 99-2496, District of Columbia, 2006 [Internet]. http://www.publichealthlawcenter.org/sites/default/files/resources/doj-final-opinion.pdf

20 National Institutes of Health, Department of HealtH. **The Reports of the Surgeon General The 1964 Report on Smoking and Health**. U.S. National Library of Medicine, 8600 Rockville Pike, Bethesda, MD 20894. [Internet] https://profiles.nlm.nih.gov/ps/retrieve/Narrative/NN/p-nid/60

21 VOLKOW ND, 2015, 677-79.

22 BENOWITZ NL, 2010, 2295-2303; VOLKOW ND, 2015, 677-79.

3. TABAGISMO – EXISTE NÍVEL SEGURO DE EXPOSIÇÃO À FUMAÇA DO TABACO?

Há evidências científicas consistentes que indicam não haver níveis seguros para a exposição ambiental às mais de 7 mil substâncias presentes na fumaça do tabaco, sendo que a implementação de ambientes 100% livres de fumo é a única maneira eficaz de proteger a população dos efeitos prejudiciais da exposição passiva à fumaça do cigarro.[23] É fato reconhecido pela comunidade científica que a ventilação e áreas reservadas para fumantes – fumódromos -, equipadas ou não com sistema de ventilação independente, não reduzem a exposição a níveis seguros e não são recomendadas. A OMS recomenda que todos os países, a exemplo do Brasil, cuja Lei Antifumo (12.546/2011) passou a vigorar em 5 de dezembro de 2014,[24] que sancionem, implementem e fiscalizem leis que exijam que todos os locais de trabalho e ambientes públicos fechados sejam 100% livres de fumo, promovendo, assim, proteção universal contra os efeitos do tabagismo passivo.[25]

---

[23] Office on Smoking and Health (US). **The Health Consequences of Involuntary Exposure to Tobacco Smoke:** A Report of the Surgeon General. Atlanta (GA): Centers for Disease Control and Prevention (US); 2006. Available from: https://www.ncbi.nlm.nih.gov/books/NBK44324/

[24] BRASIL. Presidência da República. Casa Civil. **Lei nº 12.546**, de 14 de dezembro de 2011.

[25] World Health Organization. **Protection from exposure to second-hand tobacco smoke**. Policy recommendations. Genève: WHO; 2007.

4. TABAGISMO – DOENÇAS CRÔNICAS RELACIONADAS AO CONSUMO DE TABACO

Nenhum produto conhecido é capaz de provocar tantos malefícios ao ser humano quanto o consumo de tabaco. A fumaça do tabaco contém mais de 7 mil substâncias químicas nocivas que não poupam nenhum órgão do corpo.[26] Fumar leva a uma doença – tabagismo – caracterizada por intensa dependência química à nicotina, classificada com o código CID 10 – F17, da Organização Mundial da Saúde (OMS).[27] Além disso, o fumo do tabaco causa mais de 55 doenças associadas, que reduzem a expectativa e a qualidade de vida dos tabagistas. O tabagismo é a principal causa de doenças crônicas não transmissíveis.[28]

"O cigarro é o único produto de consumo no mercado que mata metade dos seus usuários regulares, ao ser consumido conforme as instruções dos fabricantes", discurso da Dra. Gro Harlem Brundtland, Diretora da OMS durante a negociação da Convenção-Quadro para

---

26 Centers for Disease Control and Prevention (US). National Center for Chronic Disease Prevention and Health Promotion (US). Office on Smoking and Health (US). **How Tobacco Smoke Causes Disease**: The Biology and Behavioral Basis for Smoking-Attributable Disease: A Report of the Surgeon General. Atlanta (GA): Centers for Disease Control and Prevention (US); 2010. https://www.ncbi.nlm.nih.gov/books/NBK53017/

27 Organização Mundial de Saúde (OMS). **Classificação estatística internacional de doenças e problemas relacionados à saúde** – Décima Revisão (CID 10). Traduzido pela Faculdade de Saúde Pública de São Paulo – Centro Colaborador da OMS para Classificação de Doenças em Português. 4ª ed. São Paulo: Editora da Universidade de São Paulo; 1997.

28 Centers for Disease Control and Prevention (CDC). **Smoking-attributable mortality, years of potential life lost, and productivity losses**: United States, 2000-2004. MMWR Morb Mortal Wkly Rep. 2008;57(45):1226-8; WORLD HEALTH ORGANIZATION. (WHO 2011A). **Global status report on non-communicable diseases**. 2010. Geneva: WHO.

o Controle do Tabaco (CQCT), em 2003.[29] O tabagismo, por si só, é considerado uma doença crônica, sistêmica, recorrente, que se inicia no período da adolescência em 70-80% dos fumantes, por isso é reconhecida também como uma doença pediátrica.[30]

No relatório sobre a epidemia de tabagismo no mundo, publicado em 2008, a OMS reconhece a indústria do tabaco como "um vetor que dissemina doença e morte".[31] A Dra. Dra. Margaret Chan, Diretora-Geral da OMS, em discurso na abertura do "Fórum Global: Enfrentamento dos Desafios das Doenças Não-Transmissíveis", com os chefes de Estado na ONU, em setembro de 2011, reforçou esse entendimento ao afirmar:[32]

"Hoje, muitas das ameaças à saúde que contribuem para doenças não transmissíveis vêm de empresas que são grandes, ricas e poderosas, movidas por interesses comerciais, e muito menos amigável para a saúde. Esqueçam a colaboração com a indústria do tabaco. Nunca confiem nessa indústria em qualquer circunstância, sob qualquer acordo. Implementem a CQCT, assim, podemos evitar cerca de 5,5 milhões de mortes, a cada ano."

---

29   Ministério da Saúde (Brasil). Instituto Nacional do Câncer. **Convenção-quadro para o controle do tabaco:** texto oficial. [Internet]. Rio de Janeiro, INCA, 2011, 58 p. http://www.saude.pr.gov.br/arquivos/File/convencao_quadro_texto_oficial.pdf

30   CENTERS FOR DISEASE CONTROL AND PREVENTION (US), 2010; Peto R, Darby S, Deo H, Silcocks P, Whitley E, Doll R. Smoking, smoking cessation, and lung cancer in the UK since 1950: combination of national statistics with two case-control studies. **BMJ.** 2000;321(7257):323-329.

31   World Health Organization. **Report on the global tobacco epidemic 2008**. The MPOWER Package. Geneva: WHO; 2008.

32   UNITED NATIONS. WORLD ECONOMIC FORUM. **The Global Economic Burden of Non-communicable Diseases**. UN (September 2011). http://apps.who.int/medicinedocs/documents/s18806en/s18806en.pdf

5. TABAGISMO – UMA DOENÇA CIENTIFICAMENTE CLASSIFICADA

Em 1980, pela primeira vez, o Manual Estatístico e Diagnóstico das Desordens Mentais (DSM-III) da Associação Americana de Psiquiatria descreveu a Dependência à Nicotina e a Síndrome de Abstinência a Nicotina.[33] Em 1994 o DSM-IV estabeleceu como critério para se estabelecer o diagnóstico de dependência a drogas, a necessidade da presença de três ou mais sintomas que surjam dentro de um período de 12 meses (Quadro 1).[34]

Quadro 1 - Critérios para diagnóstico de dependência de substâncias do CID-10

Diagnóstico definitivo de dependência deve usualmente ser feito somente se três ou mais dos seguintes requisitos tenham sido experimentados ou exibidos, em algum momento, pelo indivíduo no ano anterior:

A – *Forte desejo ou senso de compulsão* para consumir a substância (fissura ou *craving*);

B – *Dificuldade em controlar o comportamento* de consumir a substância em termos de seu início, término e níveis de consumo (padrão de uso compulsivo);

C – *Estado de abstinência fisiológica* quando o uso da substância cessou ou foi reduzido, evidenciado por: síndrome de abstinência para a substância ou o uso da mesma substância (ou outra intimamente relacionada) com intenção de aliviar ou evitar sintomas de abstinência;

D – *Evidência de tolerância*, de tal forma que doses crescentes da substância psicoativa são requeridas para alcançar efeitos originalmente produzidos por doses mais baixas;

E – *Abandono progressivo de prazeres e interesses alternativos* em favor do uso da substância psicoativa, aumento da quantidade de tempo necessário para se recuperar de seus efeitos;

F – *Persistência no uso da substância*, a despeito de evidência clara de consequências manifestamente nocivas. Devem-se fazer esforços claros para determinar se o usuário estava realmente consciente da natureza e extensão do dano (síndrome de dependência).

---

33 THE AMERICAN PSYCHIATRIC ASSOCIATION; 1980.

34 ASSOCIAÇÃO AMERICANA DE PSIQUIATRIA. **DSM-IV**: manual diagnóstico e estatístico de transtornos mentais. 4ª ed. Porto Alegre: Artes Médicas; 1994.

Em 1997, a Organização Mundial da Saúde (OMS) definiu o tabagismo como um distúrbio mental e comportamental, descrito de forma detalhada na 10ª Classificação Internacional de Doenças (CID-10) com a codificação CID F17. Os critérios preconizados pela OMS para descrever a doença são: *"um conjunto de fenômenos comportamentais, cognitivos e fisiológicos que se desenvolve após uso repetido da nicotina e que tem como características: forte desejo de fumar; dificuldade em controlar seu uso; persistência no uso, a despeito de consequências nocivas; tolerância à nicotina aumentada e estado de abstinência".*[35] Recentemente, em 2014, o DSM-V definiu a dependência ao tabagismo como adição à nicotina e apresenta critérios semelhantes a CID-10 para o diagnóstico (Quadro 2).[36]

Quadro 2 – DSM IV – Critérios diagnósticos para a dependência a nicotina

Critério	Descrição	Características
1	Consumo diário de nicotina	Por semanas
2	Sintomas com súbita interrupção ou acentuada redução do consumo de nicotina por 24 horas ou mais	Estado depressivo ou humor disfórico, insônia, irritabilidade, ansiedade, dificuldades para concentrar-se, inquietude, queda da frequência cardíaca, aumento do apetite e/ou do peso
3	Sintomas descritos no critério 2 que produzem mal-estar clinicamente significativo	Com deterioração social, laboral ou em áreas importantes da atividade do indivíduo
4	Sintomas que não se originam de uma doença clínica	Sintomas que não são explicados pela presença de outro transtorno mental

---

35 ORGANIZAÇÃO MUNDIAL DE SAÚDE (OMS), 1996.

36 THE AMERICAN PSYCHIATRIC ASSOCIATION. **Diagnostic and Statistical Manual of Mental Disorders** -DSM-5 [Internet]. Fifth. Arlington: American Psychiatric Association; 2014. https://www.psychiatry.org/psychiatrists/practice/dsm/updates-to-dsm-5

6. DEPENDÊNCIA DE NICOTINA – PODEROSA DROGA ADITIVA

A nicotina é um alcaloide volátil ($C_{10}H_{14}N_2$) que tem como fonte principal a folha do tabaco (*Nicotiana tabacum* e *Nicotiana rústica*), dessa forma qualquer produto derivado dessa planta, como o cigarro industrializado, cigarro de palha, charuto, cachimbo, cigarrilha, fumo de rolo, fumo desfiado, tabaco mascado, *snus*, rapé, *bidis* e *kreteks*, *blunt* (usado como envoltório de produto fumígeno), narguilé, narguilé eletrônico, cigarro eletrônico, tabaco aquecido, por possuírem nicotina têm capacidade de tornar seus usuários adictos.[37]

A nicotina presente na fumaça pode ser absorvida tanto pela mucosa oral (charuto e cachimbo) quanto através dos alvéolos pulmonares (cigarro). Dessa forma os usuários dos dois primeiros produtos derivado do tabaco não necessitam tragar a fumaça para absorverem a sua cota de nicotina. Seu alto potencial de desencadear a dependência deve-se ao fato de ser uma droga de rápido impacto cerebral, ou seja, em apenas 7 a 19 segundos após a tragada alcança os receptores nicotínicos cerebrais, localizados no *nucleus accumbens*, na região denominada córtex pré-frontal.[38]

Os receptores nicotínicos, uma vez sensibilizados pela nicotina liberam, entre outros neurotransmissores, a dopamina, que propicia sensações imediatas de prazer e euforia, motivando o indivíduo a continuar fumando. Dessa forma, podemos inferir que *o indivíduo tabagista não fuma porque quer, mas sim porque precisa manter seus*

---

[37] BENOWITZ NL.; 2010; INSTITUTO NACIONAL DE CÂNCER JOSÉ ALENCAR GOMES DA SILVA. **Cigarros eletrônicos: o que sabemos?** Estudo sobre a composição do vapor e danos à saúde, o papel na redução de danos e no tratamento da dependência de nicotina. Organização de Stella Regina Martins. Rio de Janeiro: INCA, 2016. http://www1.inca.gov.br/inca/Arquivos/cigarros_eletronicos.pdf

[38] BENOWITZ NL. Drug therapy. Pharmacologic aspects of cigarette smoking and nicotine addiction. **N Engl J Med.** 1988;319(20):1318-30; SLADE J. Nicotine delivery devices. In: Orleans CT, Slade J, eds. Nicotine addiction: principles and management. New York: Oxford University Press; 1993.

níveis de nicotina em concentrações adequadas para não sentir os efeitos desagradáveis da abstinência. [39]

Uma droga tem maior potencial de instalação da dependência quanto mais rápido for o seu início de ação, quanto maior for a sua intensidade de impacto cerebral e quanto menor for o seu tempo de ação e duração do efeito. Como a nicotina tem curta ação a nível cerebral, o tabagista precisa consumir essa droga várias vezes ao dia, sendo assim um fumante que consome 20 cigarros/dia, tragando 10 vezes, em média, por cada cigarro, totalizará 200 impactos cerebrais de nicotina e, em um ano serão 73 mil impactos. [40]

O cérebro do fumante na presença da nicotina sofre neuroadaptação, estimulando a super-regulação dos receptores nicotínicos, como consequência há a necessidade física do consumo (fissura), dificuldade em controlar o uso com necessidade de quantidades cada vez maiores para a manutenção do prazer (mecanismo conhecido como tolerância) e evitação da síndrome de abstinência, *completando assim o ciclo da instalação da dependência onde há a persistência no uso, a despeito das nocivas consequências.* [41]

Entre os sintomas da síndrome de abstinência a fissura (vontade incontrolável de fumar) é o mais desagradável, mas também estão presentes a irritabilidade, ansiedade, alterações do sono, dificuldade de concentração, desconforto abdominal, anedonia, depressão, bradicardia, aumento do apetite com ganho de peso. [42]

---

39 ORGANIZAÇÃO MUNDIAL DE SAÚDE. **Neurociência do uso e da dependência de substâncias psicoativas** [Internet]. São Paulo: Roca; 2006. Disponível em: https://extranet.who.int/iris/restricted/bitstream/10665/42666/2/9788572416665_por.pdf.

40 ROSEMBERG J, ARRUDA AM, MORAES MA. **Nicotina**: droga universal [Internet]. São Paulo: Secretaria da Saúde. Centro de Vigilância Epidemiológica; 2003. 178 p.

41 VOLKOW ND.; 2015; BENOWITZ NL.; 2010; ROSEMBERG J.; 2003.

42 Jarvis MJ. Why people smoke. **BMJ**. 2004;328(7434):277-9. doi:10.1136/bmj.328.7434.277. https://www.ncbi.nlm.nih.gov/pmc/articles/PMC324461/; BENOWITZ NL. Clinical pharmacology of nicotine: implications for understanding, preventing, and treating tobacco addiction. Clin Pharmacol Ther. 2008;83(4):531-41. doi:10.1038/clpt.2008.3.

Todo esse conhecimento já era de domínio da indústria do tabaco, como consta em documento de 1963 disponibilizado por decisão judicial, onde afirma que *"nicotina causa dependência, e o negócio da indústria do tabaco é vender nicotina, uma droga que causa dependência e é efetiva no alívio do estresse"*. Os fabricantes de cigarros também sabiam, como comprova outro documento de 1969, que *"a motivação principal para fumar é obter o efeito farmacológico (de prazer) da nicotina"*. [43]

O acesso a esses documentos da indústria do tabaco foi possível graça a uma ação judicial movida pelo governo americano em 1999 contra 11 empresas de tabaco, e que teve a sentença histórica dada pela Juíza Gladys Kessler, em 2006, que demonstrava que a indústria do tabaco está por trás da epidemia tabagista e atuava em conjunto e coordenadamente para enganar a opinião pública, governo, comunidade de saúde e consumidores. [44]

---

43 UNITED STATES OF AMERICA VS. PHILIP MORRIS, USA, 2006; CAMPAIGN FOR TOBACCO-FREE KIDS (USA). **Action on smoking and health** (UK) - Confíe en nosotros. Somos la industria tabacalera. Washington: ASH; 2001.

44 UNITED STATES OF AMERICA VS. PHILIP MORRIS, USA, 2006; CAMPAIGN FOR TOBACCO-FREE KIDS (USA); 2011.

7. A EVOLUÇÃO NA TECNOLOGIA DOS CIGARROS – PASSADO, PRESENTE E FUTURO

Em 1964 saiu o primeiro relatório do *"Surgeon General"* dos Estados Unidos, o órgão máximo de saúde do país, que alertava os americanos sobre as consequências mortais do consumo do cigarro e, assim os Estados Unidos fizeram um enorme progresso na redução do consumo do tabaco. O índice de adultos fumantes foi reduzido para menos da metade – de 42,4 % em 1965 para 18,1 % em 2012. O consumo anual per capita foi reduzido em mais de 70% desde seu ápice em 1963. Entretanto, o consumo de tabaco permanece sendo a causa número um de mortes preveníveis e prematuras nos Estados Unidos.[45]

O mais recente relatório do *"Surgeon General"*, publicado em janeiro de 2014, denominado "As Consequências do Fumo para a Saúde – 50 Anos de Progresso", constatou que o consumo de cigarro cobra um preço ainda mais alto em saúde, vidas e recursos do que previamente havia sido relatado. O relatório concluiu que o fumo mata atualmente 480 mil americanos por ano, provoca doenças em outros milhões e custa à nação pelo menos $289 bilhões de dólares por ano em gastos de atendimento à saúde e prejuízos econômicos.[46]

Em estudo recente, Bank et al. (2015) concluíram que cerca de dois terços das pessoas que continuarem fumando morrerão prematura-

---

[45] CENTERS FOR DISEASE CONTROL AND PREVENTION. **Trends in Current Cigarette Smoking Among High School Students and Adults**, United States, 1965–2014. National Health Interview Survey. Office on Smoking and Health, National Center for Chronic Disease Prevention and Health Promotion, 2014. https://www.cdc.gov/tobacco/data_statistics/tables/trends/cig_smoking/index.htm

[46] U.S. DEPARTMENT OF HEALTH AND HUMAN SERVICES. **The Health Consequences of Smoking:** 50 Years of Progress. A Report of the Surgeon General [Internet]. Atlanta, GA: U.S. Department of Health and Human Services, Centers for Disease Control and Prevention, National Center for Chronic Disease Prevention and Health Promotion, Office on Smoking and Health, January 2014. https://www.surgeongeneral.gov/library/reports/50-years-of-progress/full-report.pdf

mente como resultado da dependência, perdendo pelo menos uma década de vida, em média, quando comparadas a não-fumantes.[47]

De forma surpreendente, o relatório do *Surgeon General*, de 2014, constatou que *os cigarros de hoje representam um risco ainda maior de doenças do que os cigarros vendidos na época da publicação de seu primeiro relatório, em 1964*. O relatório concluiu que "*a evidência é suficiente para inferir que o risco relativo de morte causada pelo consumo de cigarros aumentou ao longo dos últimos 50 anos em homens e mulheres nos EUA*". [48]

Os cigarros que eram fumados na década de 50-60, ao longo dos anos foram manipulados e otimizados para que se tornassem mais viciantes e atrativos, e infelizmente, ainda mais letais. Ao longo dos últimos 50 anos, os fabricantes de tabaco desenvolveram e comercializaram produtos ainda mais sofisticados, altamente eficazes para criar e manter a dependência à nicotina, mais sedutores e atraentes para jovens novos fumantes e, ainda mais nocivos. [49]

Este artigo é baseado em uma ampla análise dos estudos científicos e documentos da indústria do tabaco divulgados em razão de ação judicial movida contra a indústria. Ele ainda se baseou nas conclusões dos relatórios do *Surgeon General* e na sentença de 2006 da Juíza Distrital Gladys Kessler, que na ação U.S. v. Philip Morris, Inc., o qual concluiu que "*os grandes fabricantes de cigarros violaram leis contra a fraude civil e o crime organizado, ao enganar a população dos Estados Unidos sobre a dependência e os riscos à saúde representados por seus produtos*". [50]

---

[47] BANKS E, JOSHY G, WEBER MF, LIU B, GRENFELL R, EGGER S. et al. **Tobacco smoking and all- cause mortality in a large Australian cohort study**: Findings from a mature epidemic with current low smoking prevalence. BMC Medicine. 2015. https://doi.org/10.1186/s12916-015-0281-z

[48] U.S. DEPARTMENT OF HEALTH AND HUMAN SERVICES, 2014.

[49] U.S. DEPARTMENT OF HEALTH AND HUMAN SERVICES, 2014.

[50] U.S. vS. Philip Morris, USA Inc., 449 F. Supp. 2d (D. D. C. 2006) [Internet]. https://www.tobaccocontrollaws.org/files/live/litigation/596/US_United%20States%20v.%20Philip%20Morris.pdf.

As provas irrefutáveis colhidas a partir dos próprios memorandos internos da indústria do tabaco demonstram, que os produtos de tabaco – especialmente os cigarros – empregam sofisticada engenharia no desenvolvimento de seus produtos, no sentido de aumentar cada vez mais sua atratividade e favorecer o consumo e a subsequente dependência à nicotina, que é uma droga psicoativa com alta capacidade de gerar a dependência química. As companhias de tabaco também reconheceram em seus documentos internos *"quase todos os novos fumantes começam a fumar ainda crianças ou adolescentes e que fumar é desagradável para os novos consumidores"*. [51]

Os produtos são cuidadosamente projetados para atrair este importante mercado – crianças e adolescentes -, estimado pelo Banco Mundial entre 80-100 mil a cada dia, visando substituir as vítimas do tabaco que morrem em decorrência das doenças causadas por seu consumo mortal. [52]

As tabageiras gastam vultosas somas em pesquisa para definir a aparência de seus produtos para garantir que eles atinjam seus objetivos, ainda que o resultado destas modificações torne o produto ainda mais perigoso.

---

51 FREIBERG M, CORK K, MAHONEY. **The verdict is in:** Findings from United States vs. Philip Morris. U.S vs. Philip Morris, USA. Versão em português: http://actbr.org.br/uploads/arquivo/98_1209-livro-veredicto-final.pdf

52 THE WORLD BANK GROUP. **Curbing the epidemic:** governments and economics of tobacco control [Internet]. Washington: The World Bank; 1999. http://www1.worldbank.org/tobacco/book/html/chapter1.htm

8. AUMENTANDO O PODER DE DEPENDÊNCIA DOS CIGARROS

Evidências independentes e documentos fornecidos pela própria indústria do tabaco deixam claro que as companhias utilizam características de *design* e aditivos químicos no processo de fabricação de modo a aumentar o impacto da nicotina, a substância que causa a dependência nos produtos de tabaco.[53] Ao longo da história, o poder viciante dos cigarros foi maximizado de algumas maneiras, dentre elas: [54]

- *Tecnologias para liberação de níveis cada vez mais altos de nicotina;*
- *Adição de amônia ou seus componentes: maximiza a velocidade de entrega da nicotina ao sistema nervoso central;*
- *Adição de açúcares: aumenta os efeitos de dependência da nicotina, além de tornar a fumaça do tabaco mais fácil de ser inalada.*

De acordo com a conclusão da sentença da Juíza Kessler: *"os réus desenvolveram seus cigarros de modo a controlar com precisão os níveis de liberação da nicotina para ministrar doses suficientes de nicotina para criar e manter a dependência"*. [55]

---

53 COURTEMANCHE CJ, PALMAR MK, PESKO MF. Influence of the Flavored Cigarette Ban on Adolescent Tobacco Use. **Am J Prev Med**. 2017;52(5):e139-e146. doi:10.1016/j.amepre.2016.11.019.

54 CAMPAIGN FOR TOBACCO-FREE KIDS (USA). **Projetado para viciar**. 2014. Disponível em: https://www.tobaccofreekids.org/assets/global/pdfs/pt/TFK_DesignedforAddiction_pt.pdf.

55 U.S. VS. PHILIP MORRIS, USA INC., 449 F. Supp. 2d, 2006; CAMPAIGN FOR TOBACCO-FREE KIDS (USA); 2014.

9. MAXIMIZAR A ATRATIVIDADE DO CIGARRO – ESTRATÉGIA PARA CAPTAR JOVENS E MANTER A FIDELIDADE DE OUTROS PÚBLICOS

Além de controlar as propriedades que causam dependência de seus produtos, as companhias de tabaco também manipulam seus produtos de maneira a atrair novos fumantes e aumentar a probabilidade de que eles se tornem fumantes regulares. Ao usarem aditivos de sabores e aromas, como menta e cravo, que tornam os cigarros mais palatáveis e atraentes, além de modificar o cheiro e outros atributos sensoriais de seus produtos, as companhias de tabaco tornam mais fácil para os novos consumidores – a vasta maioria composta por crianças e adolescentes – a começarem e a continuarem a fumar. [56]

Como a nicotina deixa a fumaça do tabaco desagradável e difícil de ser fumada, os fabricantes utilizam aditivos químicos para alterar o sabor e suavizar o consumo do tabaco de modo a deixar esses produtos mais atraentes para os fumantes jovens. [57] Os aditivos utilizados pela indústria para atrair novos consumidores de tabaco incluem, dentre outros: [58]

- *Acido levulínico*: reduz a aspereza da nicotina e torna a fumaça mais suave e menos irritante.
- *Saborizantes*: como chocolate e alcaçuz, conferem sabor adocicado ao tabaco, mascaram a aspereza da fumaça e tornam os produtos mais atraentes para os jovens.
- *Broncodilatadores*: expandem as vias aéreas respiratórias, favorecendo a passagem da fumaça do tabaco através dos pulmões.
- *Mentol*: refresca e entorpece a garganta, reduzindo a irritação e suavizando a sensação desagradável provocada pela fumaça.

---

56 COURTEMANCHE CJ, PALMAR MK, PESKO MF, 2016.
57 TUCCI SRB, FIGUEIREDO VC, COSTA E SILVA VL. **A regulação de aditivos que conferem sabor e aroma aos produtos derivados do tabaco no Brasil**. Cad. Ibero-Amer. Dir. Sanit., Brasília, 2014:3(1):44-67. http://actbr.org.br/uploads/conteudo/946_125-501-1-PB.pdf
58 INSTITUTO NACIONAL DE CÂNCER JOSÉ ALENCAR GOMES DA SILVA. Comissão Nacional para a Implementação da Convenção-Quadro para o Controle do Tabaco e de seus Protocolos (CONICQ). **Aditivos em cigarros** [Internet]. Rio de Janeiro: Inca, 2014, 47 p.

10. MODIFICAÇÕES NO DESIGN TORNARAM OS CIGARROS AINDA MAIS LETAIS

O último relatório do *Surgeon General*, em 2014, constatou que os fumantes de cigarros de hoje apresentam um risco muito maior de desenvolver câncer de pulmão e Doença Pulmonar Obstrutiva Crônica (DPOC) do que havia sido constatado no relatório de 1964, *e este aumento do risco foi atribuído às modificações no design e na composição dos cigarros introduzidos pela indústria do tabaco.* O relatório identificou duas modificações específicas como as razões mais prováveis para o aumento do risco de desenvolver câncer de pulmão: [59]

- O aumento nos níveis de nitrosaminas específicas do tabaco (TSNAs) altamente carcinogênicas nos cigarros fabricados nos Estados Unidos.
- A introdução de orifícios de ventilação nos filtros dos cigarros obriga o fumante a inalar com mais frequência e maior intensidade e, com isso transportam os carcinógenos da fumaça até as áreas mais profundas dos pulmões.

As companhias de tabaco desenvolveram os filtros ventilados para diluir a fumaça e reduzir os teores de alcatrão e nicotina mensurados nas máquinas de medição. Os chamados "cigarros com baixos teores" e os "cigarros light" foram comercializados como sendo menos nocivos, apesar de saberem que, na verdade, não traziam qualquer benefício à saúde, porque os fumantes modificaram a forma de fumar para inalar mais nicotina. [60]

Hoje há um crescente reconhecimento de que estas mesmas alterações no design que diminuíram as taxas de alcatrão e nicotina aferidos nas máquinas de medição são a provável causa de aumento dos riscos de doenças relacionadas ao fumo.

---

59 U.S. DEPARTMENT OF HEALTH AND HUMAN SERVICES, 2014.
60 U.S. DEPARTMENT OF HEALTH AND HUMAN SERVICES, 2014.

11. CONSEQUÊNCIAS DO TABAGISMO – RELATÓRIO DE 50 ANOS DO *SURGEON GENERAL*

Ao longo dos últimos 60 anos, inúmeros estudos e análises estatísticas regionais e internacionais vêm fornecendo evidências sólidas sobre tabagismo e danos à saúde. Os tópicos variaram amplamente, incluindo efeitos do tabagismo ativo e passivo. Alguns destes estudos sintetizam as evidências disponíveis chegando a conclusões claras sobre a causalidade.[61]

Para chegar a essas conclusões, os relatórios seguiram um modelo que culminou com o pioneiro relatório do *Surgeon General* publicado em 1964: compilação de todas as linhas relevantes de evidência científica, avaliação crítica da evidência, avaliação da evidência através do uso de diretrizes e uma conclusão sumária sobre o nexo de causalidade.[62]

Ao longo dos anos, esses relatórios estabeleceram uma lista de consequências para a saúde e doenças causadas pelo uso do tabaco e exposição à fumaça do tabaco que continua a se expandir à medida que novas conclusões causais estão sendo adicionadas a essa longa lista, como o diabetes, câncer colorretal e artrite reumatoide.[63]

Este artigo apresenta as evidências definidas como suficientes ou consistentes para estabelecer a relação causal entre o consumo de tabaco e os efeitos para saúde humana.

---

61 BENOWITZ NL. Cigarette smoking and cardiovascular disease: pathophysiology and implications for treatment. **Prog Cardiovasc Dis** 2003;46(1):91-111; MACACU A, AUTIER P, BONIOL M, BOYLE P. Active and passive smoking and risk of breast cancer: a meta-analysis. **Breast Cancer Res Treat**. 2015;154(2):213-24. doi:10.1007/s10549-015-3628-4; FOREY BA, THORNTON AJ, LEE PN. Systematic review with meta-analysis of the epidemiological evidence relating smoking to COPD, chronic bronchitis and emphysema. **BMC Pulm Med**. 2011 Jun 14;11:36. doi:10.1186/1471-2466-11-36.

62 U.S. DEPARTMENT OF HEALTH AND HUMAN SERVICES, 2014.

63 CENTERS FOR DISEASE CONTROL AND PREVENTION (US), 2010; U.S. DEPARTMENT OF HEALTH AND HUMAN SERVICES, 2014.

12. METODOLOGIA – BUSCA DE INFORMAÇÕES PARA ESTABELECER AS EVIDÊNCIAS CIENTÍFICAS

Neste artigo, as afirmações relativas à relação de causalidade entre o consumo de tabaco e a exposição à fumaça do tabaco e seus efeitos, foram baseadas em evidências que estão consolidadas do ponto de vista científico. As principais bases de informação científica, tais como a MEDLINE/PubMed, EMBASE, SciELO, Biblioteca Cochrane etc., foram consultadas, sendo utilizadas estratégias de busca específica para cada doença com probabilidade de associação causal com o tabagismo.

Foram selecionadas as revisões sistemáticas, estudos experimentais e observacionais, série de casos e consensos / diretrizes que pudessem responder a cada pergunta formulada pelo pesquisador, que foram relacionadas principalmente ao diagnóstico e prognóstico, como, por exemplo, "há uma relação entre o câncer de laringe e o consumo de tabaco?".

A graduação da evidência seguiu a tabela de força e grau de recomendação do Centro de Medicina Baseada em Evidência de Oxford, de 2002, acessível em www.CEBM.net. Os graus de recomendação e a força da evidência científica são graduados de A (maior força) a D (menor força), conforme demonstra o quadro 3, de acordo com os tipos de estudos realizados que foram utilizados para classificar a evidência.[64]

Quadro 3 – Graduação da evidência científica, segundo a força e o grau de recomendação

Grau de Recomendação e Força de Evidência
A – Estudos experimentais e observacionais de melhor consistência
B – Estudos experimentais e observacionais de menor consistência.
C – Relatos de casos
D – Baseadas em consensos/diretrizes ou opiniões de especialistas.

---

64 HOWICK J, CHALMERS I, GLASZIOU P, GREENHALGH T, HENEGHAN C, LIBERATI A et al. **Explanation of the 2011 Oxford Centre for Evidence-Based Medicine (OCEBM) Levels of Evidence** (Background Document). Oxford Centre for Evidence-Based Medicine, 2016. http://www.cebm.net/index.aspx?o=5653

13. TABAGISMO E NEXO DE CAUSALIDADE

- *Como a Ciência Recomenda que se estabeleça o Nexo de Causalidade?*
- *Como se Aplica a Relação de Causa e Efeito entre o Tabaco e as Doenças?*

Na definição da gênese das doenças, baseada na relação de causa e efeito, já não se usa mais a denominada "Teoria da Unicausalidade". A ciência evoluiu, de forma extraordinária, para reconhecer que a grande maioria das doenças que afeta o ser humano se origina a partir de uma combinação de fatores de risco, e assim surge a "Teoria de Multicausalidade" ou Multifatorialidade.[65]

Há evidências científicas de que os fatores de risco interagem entre si, tendo um papel determinante no desencadeamento das doenças em geral, como por exemplo, aquelas relacionadas ao consumo do tabaco. A determinação da causalidade – relação de causa e efeito – passa por distintos níveis hierárquicos, e alguns dos fatores causais podem estar mais próximos do que outros no desenvolvimento de determinada doença. Atualmente o que vigora é a teoria da multicausalidade baseada nos 9 critérios de causalidade de Bradford-Hill, conforme demonstra o quadro 4. [66]

Quadro 4 - Relação de causa e efeito segundo os critérios de causalidade de Bradford-Hill

Força da associação	↔	Consistência
Especificidade	↔	Sequência temporal
Efeito dose-resposta	↔	Plausibilidade biológica
Coerência	↔	Evidência experimental
Analogia		

---

65 KIENE H, HAMRE HJ, KIENLE GS. In Support of Clinical Case Reports: A System of Causality Assessment. **Global Advances in Health and Medicine.** 2013;2(2):64-75. doi:10.7453/gahmj.2012.061.

66 HILL B, 1965; HOWICK J, CHALMERS I, GLASZIOU P, GREENHALGH T, HENEGHAN C, LIBERATI A et al., 2011; KIENE H, HAMRE HJ, KIENLE GS, 2013.

1º Critério: Força da associação e magnitude: quanto mais elevada for a medida de efeito encontrada, maior é a plausibilidade de que a relação seja causal.

A força de associação pode ser exemplificada pelo estudo de Malcon et al. (2000), que demonstrou que adolescentes com três ou mais amigos fumantes tinham maior chance de se tornarem tabagistas. E a magnitude deste risco foi 17 vezes maior quando comparada aos adolescentes que não têm amigos fumantes [B].[67]

2º Consistência: a associação também é observada em estudos realizados em outras populações ou utilizando diferentes metodologias? É possível que, simplesmente por chance, tenha sido encontrada determinada associação causal?

Se as associações encontradas foram consequência do acaso, os estudos realizados posteriormente não deverão detectar os mesmos resultados. Contudo, quando elas não ocorrem ao acaso, quase todos os estudos detectam determinado agente como um dos principais fatores associados à doença. Como exemplo clássico, a totalidade dos estudos detectou o fumo como o principal fator associado ao câncer de pulmão [B].[68]

3º Especificidade: a exposição está especificamente associada a um tipo de doença, e não a vários tipos. A exposição à poeira contendo sílica cristalina livre e formação de múltiplos nódulos fibrosos no pulmão são características da silicose pulmonar [B].[69]

---

67 MALCON M. **Prevalência de tabagismo em adolescentes de Pelotas**: um estudo de base populacional [Dissertação de Mestrado]. Pelotas: Universidade Federal de Pelotas; 2000.

68 GANDINI S, BOTTERI E, IODICE S, BONIOL M, LOWENFELS AB, MAISONNEUVE P, et al. Tobacco smoking and cancer: a meta-analysis. **Int J Cancer.** 2008;122(1):155-64.

69 CALVERT GM, RICE FL, BOIANO JM, SHEEHY JW, SANDERSON WT. Occupational silica exposure and risk of various diseases: an analysis using death certificates from 27 states of the United States. **Occup Environ Med.** 2003;60(2):122-9.

4° Temporalidade ou sequência cronológica: a causa precede o efeito?

Nem sempre é fácil estabelecer a sequência cronológica nos estudos realizados quando o período de latência é longo entre a exposição e a doença, como ocorre com o tabagismo [A].[70] O período de latência é o intervalo de tempo observado entre a exposição a agentes químicos tóxicos, como, por exemplo, a fumaça do tabaco e o início dos sinais e sintomas da doença.[71]

A prevalência do tabagismo aumentou nos países desenvolvidos na primeira metade do século 20, todavia houve um lapso de várias décadas até que fosse possível detectar o aumento do número de mortes por câncer de pulmão [A].[72] Nos EUA, o consumo médio diário de cigarros em adultos jovens aumentou de um (1910), para quatro (1930), e 10 (1950), sendo que o aumento da mortalidade ocorreu após várias décadas [B].[73]

5° Efeito dose-resposta: o aumento da exposição causa um aumento do efeito? Quando é positiva essa relação, há mais um indício do fator causal.

Estudo de coorte prospectiva com médicos ingleses, realizado por *Doll e Peto*, com seguimento ao longo de 50 anos, demonstrou a

---

70 PETO R, DARBY S, DEO H, SILCOCKS P, WHITLEY E, DOLL R. Smoking, smoking cessation, and lung cancer in the UK since 1950: combination of national statistics with two case-control studies. **BMJ**. 2000;321(7257):323-9.

71 SECRETARIA ESTADUAL DE SAÚDE DE SANTA CATARINA. **Saúde e Cidadania**. Vigilância em Saúde Pública. Glossário de termos. [Internet] http://portalses.saude.sc.gov.br/arquivos/sala_de_leitura/saude_e_cidadania/ed_07/10.html

72 WYNDER EL, GRAHAM EA. Tobacco smoking as a possible etiologic factor in bronchogenic carcinoma: a study of 684 proved cases. **J Am Med Assoc**. 1950;143(4):329-36; DOLL R, HILL AB. A study of the aetiology of carcinoma of the lung. **Br Med J**. 1952;2(4797):1271-86.

73 CENTERS FOR DISEASE CONTROL AND PREVENTION (CDC). **Smoking-attributable mortality, years of potential life lost, and productivity losses:** United States, 2000-2004. MMWR Morb Mortal Wkly Rep. 2008;57(45):1226-8.

associação entre mortalidade por câncer de pulmão e fumo [A].[74] As primeiras publicações dos autores já demonstravam o efeito dose-resposta do fumo na mortalidade por câncer de pulmão.[75]

6° Plausibilidade biológica: a associação é consistente com outros conhecimentos?

A associação entre tabagismo passivo e câncer de pulmão é um dos exemplos da plausibilidade biológica [B].[76] Os carcinógenos do tabaco têm sido encontrados no sangue e na urina de indivíduos não fumantes expostos ao fumo passivo. A associação entre o risco de câncer de pulmão em não fumantes e o número de cigarros fumados e anos de exposição do fumante é diretamente proporcional (efeito dose-resposta) [B].[77]

7° Coerência: os achados devem ser coerentes com tendências temporais, padrões geográficos, distribuição por sexo, estudos experimentais em animais, etc.

8° Evidências experimentais: alterações na exposição resultam em mudanças na incidência de doença.

Como exemplo, sabe-se que os alérgenos inalatórios (como a poeira) podem ser promotores, indutores ou desencadeantes da asma; portanto, o afastamento do paciente asmático desses alérgenos é capaz de alterar a hiperresponsividade das vias aéreas, a incidência da doença ou a precipitação da crise. A fumaça ambiental do tabaco se enquadra nessa definição, assim, a promoção de ambientes livres de tabaco está associada a evidência de redução das crises asmáticas [B].[78]

---

74 PETO R.; 2000, 323-9; DOLL R, PETO R, BOREHAM J, SUTHERLAND I. Mortality from cancer in relation to smoking: 50 years observations on British doctors. **Br J Cancer.** 2005;92(3):426-9.

75 DOLL R, HILL AB. A study of the aetiology of carcinoma of the lung. **Br Med J.** 1952;2(4797):1271-86.

76 TAYLOR R, NAJAFI F, DOBSON A. Meta-analysis of studies of passive smoking and lung cancer: effects of study type and continent. **Int J Epidemiol.** 2007;36(5):1048-59.

77 HIRAYAMA T. Non-smoking wives of heavy smokers have a higher risk of lung cancer: a study from Japan. **Br Med J** (Clin Res Ed) 1981;282(6259):183-5.

Outro exemplo foi o estudo conduzido por Abe et al. (2017) que demonstrou redução das hospitalizações e da taxa de mortalidade de infarto agudo do miocárdio nos primeiros meses após a lei abrangente de proibição de fumar ter sido implementada no estado de São Paulo. [79]

9º *Analogia: o fato observado é análogo ao que se sabe sobre outra doença ou exposição?*

Há evidência que a imunossupressão causa várias doenças; portanto, explica-se a forte associação entre AIDS e tuberculose, já que, em ambas, a imunidade está diminuída. O tratamento da infecção tuberculosa latente reduz o risco de tuberculose ativa em indivíduos soropositivos [A].[80]

Os critérios de causalidade de Bradford-Hill servem como um guia para determinar se existe uma determinada associação, contudo cabe destacar que raramente será possível comprovar todos os nove critérios para uma determinada associação, o que não invalida as conclusões sobre a relação de causa e efeito.[81]

Os relatórios do *Surgeon General* publicados em 2010, e em 2014, concluíram que *há evidência suficiente para inferir relação de nexo causal entre tabagismo e mais de 55 doenças*, dentre elas, por exemplo, os cânceres de pulmão, laringe, boca, faringe, esôfago, pâncreas, bexiga, rins, colo uterino, estômago, fígado e leucemia mieloide aguda [A].[82]

---

78 RAYENS MK, BURKHART PV, ZHANG M, et al. Reduction in asthma-related emergency department visits after implementation of a smoke-free law. **J Allergy Clin Immunol.** 2008;122(3):537-41.

79 Abe TMO, Scholz J, de Masi E, Nobre MRC, Filho RK et al. **Decrease in mortality rate and hospital admissions for acute myocardial infarction after the enactment of the smoking ban law in São Paulo city, Brazil Tob Control** 2016;0:1–7. doi:10.1136/tobaccocontrol-2016-05326141.

80 AKOLO C, ADETIFA I, SHEPPERD S, VOLMINK J. **Treatment of latent tuberculosis infection in HIV infected persons.** Cochrane Database Syst Rev. 2010;20;(1): CD000171.

81 HILL B, 1965; HOWICK J, CHALMERS I, GLASZIOU P, GREENHALGH T, HENEGHAN C, LIBERATI A et al., 2011; KIENE H, HAMRE HJ, KIENLE GS, 2013.

82 CENTERS FOR DISEASE CONTROL AND PREVENTION (US), 2010; U.S. DEPARTMENT OF HEALTH AND HUMAN SERVICES, 2014.

14. DOENÇAS RELACIONADAS AO CONSUMO DE TABACO

Nenhum produto conhecido é capaz de provocar tantos malefícios ao ser humano quanto o consumo de tabaco. A fumaça do tabaco contém mais de 7 mil substâncias químicas nocivas que não poupam nenhum órgão do corpo. [83] *Fumar leva a uma doença – tabagismo – caracterizada por intensa dependência química à nicotina, e que é classificada pela CID-10 da OMS, com o código F17.* [84] *Além disso, o fumo do tabaco causa 55 doenças associadas, que reduzem a expectativa e a qualidade de vida dos fumantes* [A]. [85]

---

[83] CENTERS FOR DISEASE CONTROL AND PREVENTION (US), 2010. http://www.saude.pr.gov.br/arquivos/File/convencao_quadro_texto_oficial.pdf

[84] ORGANIZAÇÃO MUNDIAL DE SAÚDE (OMS). **Classificação estatística internacional de doenças e problemas relacionados à saúde** – Décima Revisão (CID 10), 1997. http://www.saude.pr.gov.br/arquivos/File/convencao_quadro_texto_oficial.pdf

[85] CENTERS FOR DISEASE CONTROL AND PREVENTION (US), 2010; U.S. DEPARTMENT OF HEALTH AND HUMAN SERVICES, 2014. http://www.saude.pr.gov.br/arquivos/File/convencao_quadro_texto_oficial.pdf

15. TABAGISMO CAUSA MORTES – NÚMEROS DA PANDEMIA

Os efeitos adversos à saúde provocados pelo tabaco levam a 7 milhões de mortes por ano mundo, segundo estimativas da OMS para 2017. [86] Nos Estados Unidos, estima-se que uma a cada cinco mortes é associada ao tabagismo, ou seja, morrem 443 mil norte-americanos por ano. [87] No Brasil 23 pessoas morrem por hora, o que corresponde a 156 mil mortes por ano de doenças associadas ao tabaco.[88]

- O tabaco causa mais mortes por ano, do que a soma dos óbitos por HIV, uso de drogas ilícitas, abuso de álcool, acidentes de trânsito e homicídios. [89]
- Estima-se que 90% de todas as mortes por câncer de pulmão nos homens e 80% nas mulheres sejam causados pelo tabaco. [90]
- Cerca de 90% de todas as mortes por Doença Pulmonar Obstrutiva Crônica (DPOC) são causadas pelo tabaco. [91]

---

86 WORLD HEALTH ORGANIZATION. **Tobacco**. WHO, Geneva, Fact Sheet, updated May 2017. http://www.who.int/mediacentre/factsheets/fs339/en/

87 MOKDAD AH, MARKS JS, STROUP DF, GERBERDING JL. Actual Causes of Death in the United States. **JAMA: Journal of the American Medical Association** 2004;291(10):1238-45.

88 PINTO M, BARDACH A, PALACIOS A, BIZ AN, ALCARAZ A, RODRÍGUEZ B, AUGUSTOVSKI F, PICHON-RIVIERE A. **Carga de doença atribuível ao uso do tabaco no Brasil e potencial impacto do aumento de preços por meio de impostos.** Documento técnico IECS N° 21 [Internet]. Instituto de Efectividad Clínica y Sanitaria, Buenos Aires, Argentina, maio de 2017. www.iecs.org.ar/tabaco

89 MOKDAD AH, 2004, 1238-45; Centers for Disease Control and Prevention. **Annual Smoking-Attributable Mortality, Years of Potential Life Lost, and Productivity Losses** - United States, 2000–2004. Morbidity and Mortality Weekly Report 2008;57(45):1226-8.

90 CENTERS FOR DISEASE CONTROL AND PREVENTION (US), 2010.

91 CENTERS FOR DISEASE CONTROL AND PREVENTION (US), 2010.

16. TABAGISMO E O AUMENTO DOS RISCOS PARA A SAÚDE HUMANA

Os estudos científicos têm estimado os riscos de fumar para as doenças associadas ao consumo de tabaco, excluindo outros fatores que contribuem para a sua ocorrência. O risco encontrado para os fumantes é comparado ao risco para os não fumantes, conforme demonstra o quadro 5.[92]

Quadro 5 – Estimativas de risco de doenças comparando fumante vs. não fumante

Riscos do Tabagismo	
Doença	Risco atribuído ao Fumo
Acidente Vascular Encefálico	↑ 2-4 vezes
Doença Isquêmica Coronariana	↑ 2-4 vezes
Câncer de pulmão em homens	↑ 23 vezes
Câncer de pulmão em mulheres	↑ 13 vezes
DPOC (bronquite crônica e enfisema)	↑ 12-13 vezes (morte)

---

92 CENTERS FOR DISEASE CONTROL AND PREVENTION (US), 2010; U.S. DEPARTMENT OF HEALTH AND HUMAN SERVICES, 2014.

17. TABAGISMO ASSOCIADO AO CÂNCER

Força de Evidência [A, B]: *fumar está associado ao câncer, com relação de causa e efeito no pulmão e em vários sítios e órgãos, conforme demonstra o quadro 6.* [93]

Quadro 6 – Cânceres associados ao tabaco por órgão alvo

Órgãos alvo dos principais Cânceres relacionados ao Tabaco		
Câncer da cavidade oral	Câncer de bexiga	Câncer hepatocelular
Câncer de faringe	Câncer de rim	Câncer de esôfago
Câncer de laringe	Câncer de cervix	Câncer gástrico
Câncer de brônquios e pulmão	Câncer de útero	Câncer colorretal
Leucemia Mieloide aguda	Câncer de pâncreas	

Fatos documentados cientificamente:

- Os mecanismos pelos quais a exposição cumulativa às 69 substâncias carcinogênicas presentes na fumaça do tabaco gera o câncer estão bastante estudados e documentados [B]. [94]

- O tabagismo é o maior fator de risco para o câncer de pulmão, sendo responsável por 80% dos casos nos homens e, em 50%, nas mulheres, no mundo [B]. [95]

---

93 DOLL R, PETO R, BOREHAM J, SUTHERLAND I, 2005; Mackay J, Jemal A, Lee NC, Parkin DM. **The cancer atlas**. Atlanta: American Cancer Society; 2006. Global patterns of cancer incidence and mortality rates and trends. Cancer Epidemiol Biomarkers Prev. 2010;19:1893.

94 International Agency for Research on Cancer. **IARC monographs on the evaluation of carcinogenic risks to humans:** tobacco smoke and involuntary smoking. Vol. 83¬ [Internet]. Lyon: International Agency for Research on Cancer; 2004; Church TR, Anderson KE, Caporaso NE, Geisser MS, Le CT, Zhang Y, et al. A prospectively measured serum biomarker for a tobacco-specific carcinogen and lung cancer in smokers. **Cancer Epidemiol**. Biomarkers Prev. 2009;18(1):260-6.

95 EZZATI M, LOPEZ AD. Estimates of global mortality attributable to smoking in 2000. **Lancet**. 2003;362(9387):847-52.

- O risco de câncer aumenta rapidamente de acordo com a idade mais precoce de início; a quantidade de cigarros e o número de anos que a pessoa fuma [B].[96]
- O risco de câncer de pulmão também aumenta com a idade do fumante [B].[97]
- O aumento do risco de adenocarcinoma do pulmão em fumantes resulta de mudanças na concepção e composição de cigarros desde a década de 1950 [B].[98]
- A evidência é suficiente para inferir uma relação causal entre tabagismo e câncer colorretal [B].[99]
- Há evidência em recente revisão sistemática conduzida por Sollie e Billie (2017) de aumento em 30 vezes o risco de mortalidade nas pacientes fumantes com diagnóstico de câncer de mama [B].[100]

---

96 MACKAY J., 2010; CHURCH TR., 2009; WIENCKE JK, THURSTON SW, KELSEY KT, VARKONYI A, WAIN JC, MARK EJ, et al. Edad temprana en el inicio del consumo de tabaco y el daño del ADN cancerígeno en el pulmón. **J Natl Cancer Inst.** 1999;91(7):614-9.

97 FLANDERS WD, LALLY CA, ZHU BP, HENLEY SJ, THUN MJ. Lung cancer mortality in relations to age, duration of smoking, and daily cigarette consumption: results from Cancer Prevention Study II. **Cancer Research** 2003;63(19):6556-62.

98 U.S. DEPARTMENT OF HEALTH AND HUMAN SERVICES, 2010.

99 ORDÓÑEZ-MENA JM, SCHÖTTKER B, MONS U, et al. Quantification of the smoking-associated cancer risk with rate advancement periods: meta-analysis of individual participant data from cohorts of the CHANCES consortium. **BMC Medicine.** 2016;14:62. doi:10.1186/s12916-016-0607-5.

100 SOLLIE M, BILLE C. **Smoking and mortality in women diagnosed with breast cancer—a systematic review with meta-analysis based on 400,944 breast cancer cases.** *Gland Surgery*. 2017;6(4):385-393. doi:10.21037/gs.2017.04.06.

- Fumar é um fator de risco para o câncer e um fator dificultador para o tratamento e o controle do câncer (Quadro 7), além disso pode reduzir os efeitos da quimioterapia e favorecer o crescimento do tumor [C].[101]

Quadro 7 – Evidências científicas sobre a associação do câncer ao tabaco

Doença / Condição clínica	Mecanismos	Risco atribuível	Força de evidência
Câncer de pulmão	• Associação com a oncogênese • Associação com a progressão tumoral • Associação com metástases para outros sítios	FR FD	A
Câncer em Outros sítios	• Associação com câncer: trato gastrintestinal, pâncreas, renal, de bexiga e leucemia mieloide • Associação com a oncogênese • Associação com a progressão tumoral • Associação com metástases para outros sítios	FR	B

Obs. *Fator de Risco para a doença: FR; Fator Dificultador no Controle da doença: FD*

---

101 CENTERS FOR DISEASE CONTROL AND PREVENTION (US), 2010; U.S. DEPARTMENT OF HEALTH AND HUMAN SERVICES, 2014.

18. CÂNCER ASSOCIADO AO TABAGISMO PASSIVO

Força de Evidência [A]: *entre as pessoas que nunca fumaram a exposição à fumaça ambiental do tabaco, em longo prazo, causa câncer de pulmão.*[102]

Fatos documentados cientificamente:

- O risco de câncer de pulmão pela exposição ao tabagismo passivo é 20 a 30 vezes maior para aqueles que para aqueles que são expostos ao fumo passivo em residências [A].[103]

- No Brasil, morrem 72 pessoas acima de 35 anos, por ano, de câncer de pulmão por exposição à fumaça do tabaco, somente no ambiente domiciliar [D].[104]

---

102 HIRAYAMA T., 1981, 183-5; U.S. DEPARTMENT OF HEALTH AND HUMAN SERVICES. **The Health Consequences of Involuntary Exposure to Tobacco Smoke**: A Report of the Surgeon General. Atlanta: U.S. Department of Health and Human Services, Centers for Disease Control and Prevention, National Center for Chronic Disease Prevention and Health Promotion, Office on Smoking and Health, 2006.

103 HIRAYAMA T., 1981, 183-5; U.S. DEPARTMENT OF HEALTH AND HUMAN SERVICES, 2006.

104 FIGUEIREDO V, COSTA AJ. **Mortalidade Atribuível ao tabagismo passivo na população urbana do Brasil**, 2003. Trabalho apresentado como parte das comemorações do Dia Nacional de Combate ao Fumo. Instituto Nacional do Câncer. Coordenação de Prevenção e Vigilância, 2003. http://www.inca.gov.br/inca/Arquivos/Tabagismo/estudomorte_tabagismo_passivofinal.ppt

19. DOENÇAS CARDIOVASCULARES ASSOCIADAS AO TABAGISMO

Força de Evidência [A, B]: *há evidências epidemiológicas consistentes que fumar está associado ao aumento do risco de morte súbita em adultos, infarto agudo do miocárdio, angina de peito, doença vascular periférica e acidente vascular encefálico.*[105]

Fatos documentados cientificamente:

- As doenças cardiovasculares (DCV) se referem às condições que afetam a estrutura e a função cardíaca. A doença isquêmica coronariana é a mais comum DCV e a que leva a um maior risco de eventos agudos e morte [B].[106]

- A fumaça do tabaco contém diversas substâncias químicas que contribuem para o endurecimento das artérias (aterosclerose), o que dificulta o trabalho do coração e favorece a ocorrência de ataques cardíacos [D].[107]

- A nicotina, o monóxido de carbono (CO) são os principais agentes da agressão endotelial e consequentemente das DCV. Além destes, os hidrocarbonetos policíclicos aromáticos policíclicos e outros oxidantes da combustão do tabaco também contribuem para a lesão da parede dos vasos [D].[108]

---

105 TONSTAD S, FARSANG C, KLAENE G, et al. Bupropion SR for smoking cessation in smokers with cardiovascular disease: a multicentre, randomised study. **Eur Heart J.** 2003;24(10):946-55.

106 JOSEPH AM, NORMAN SM, FERRY LH, et al. The safety of transdermal nicotine as an aid to smoking cessation in patients with cardiac disease. **N Engl J Med.** 1996;335(24):1792-8.

107 BHATNAGAR A. Environmental cardiology: studying mechanistic links between pollution and heart disease. **Circ Res.** 2006;99(7):692-705.

108 RODGMAN A, PERFETTI TA. **The chemical components of tobacco and tobacco smoke.** Florida: CRC Press; 2009.

- Os mecanismos da lesão vascular induzida pelo tabaco na aterosclerose compreendem a hipercoagulabilidade, a redução da oferta de O_2 devido ao CO, vasoconstrição coronariana e efeitos hemodinâmicos da nicotina [A].[109]

O quadro 8 sumariza os principais mecanismos envolvidos com as doenças circulatórias associadas ao tabaco, o risco atribuível e a força de evidência científica. [110]

Quadro 8 – Evidências científicas sobre a associação de doenças circulatórias e o tabaco

Doença / Condição clínica	Mecanismos	Risco atribuível	Força de evidência
Doenças cardiovasculares	• Associação com doença arterial coronariana • Associação com aterosclerose • Associação com aneurismas arteriais.	FR	A
Doenças Vasculares Periféricas	• Vasculopatias periféricas • Tromboangeíte obliterante (Doença de Buerger)	FR	A

Obs. Fator de Risco para a doença: FR

---

109 LUDVIG J, MINER B, EISENBERG MJ. Smoking cessation in patients with coronary artery disease. **Am Heart J.** 2005;149(4):565-72.

110 CENTERS FOR DISEASE CONTROL AND PREVENTION (US), 2010; U.S. DEPARTMENT OF HEALTH AND HUMAN SERVICES, 2014.

20. DOENÇA ISQUÊMICA CORONARIANA ASSOCIADA AO TABAGISMO

Força de Evidência: *fumar aumenta o risco de doença isquêmica coronariana (DIC), a causa mais frequente de doença cardíaca* [A].[111]

Fatos documentados cientificamente:

- O risco de DIC aumenta com ambos, o tempo, em anos, que se fuma e o número de cigarros fumados por dia [B].[112]
- Há risco de DIC em todos os níveis de consumo, assim mesmo que uma pessoa fume menos de 5 cigarros/dia há um aumento do risco para DIC [A].[113]
- A razão de chance para o infarto agudo do miocárdio (IAM) é 3 vezes maior em fumantes comparados aos não-fumantes. O risco para ter um IAM aumenta em 9 vezes nos indivíduos que fumam mais de 40 cigarros/dia [B].[114]
- Os fumantes apresentam um risco 4 vezes maior de ter uma morte súbita do que os não fumantes [B].[115]

---

111 JOSEPH AM, 1996, 1792-8.

112 TEO KK, OUNPUU S, HAWKEN S, et al. Tobacco use and risk of myocardial infarction in 52 countries in the INTERHEART study: a case-control study. **Lancet.** 2006;368(9536):647-58; ZHANG QL, BAUMERT J, LADWIG KH, et al. Association of daily tar and nicotine intake with incident myocardial infarction: results from the population-based MONICA/KORA Augsburg Cohort Study 1984-2002. **BMC Public Health.** 2011;11:273.

113 TONSTAD S, 2003, 946-55; LUDVIG J, 2005, 565-72.

114 YUSUF S, HAWKEN S, OUNPUU S, et al; INTERHEART Study Investigators. Effect of potentially modifiable risk factors associated with myocardial infarction in 52 countries (the INTERHEART study): case-control study. **Lancet.** 2004;364(9438):937-52; AVEZUM A, PIEGAS LS, PEREIRA JC. Risk factors associated with acute myocardial infarction in the São Paulo metropolitan region: a developed region in a developing country. **Arq Bras Cardiol.** 2005;84(3):206-13.

115 FROST PH, DAVIS BR, BURLANDO AJ, et al. Coronary heart disease risk factors in men and women aged 60 years and older: findings from the Systolic Hypertension in the Elderly Program. **Circulation.** 1996;94(1):26-34.

- As doenças isquêmicas coronarianas representam a 2ª principal causa de morte no Brasil.[116]
- As pessoas expostas à fumaça ambiental do tabaco também têm o risco aumentado entre 25 a 30 vezes para DIC fatais e não fatais [B].[117]
- As DIC foram responsáveis por 1224 mortes atribuídas ao tabagismo passivo no ambiente domiciliar, em não fumantes, acima de 35 anos, por ano, no Brasil [D].[118]
- A promoção de ambientes livres de tabaco levou a 33% de declínio na incidência de IAM e de 17% de redução na incidência de morte súbita quando comparado ao período anterior em que se podia fumar em ambientes fechados [B].[119]

---

116 PINTO M., 2017.

117 ALBERT CM, CHAE CU, GRODSTEIN F, et al. Prospective study on sudden cardiac death among women in the United States. **Circulation.** 2003;107(16):2096-101

118 FIGUEIREDO V., 2003.

119 HURT RD, WESTON SA, EBBERT JO, et al. Myocardial infarction and sudden cardiac death in Olmsted county, Minnesota, before and after smoke-free workplace laws. **Arch Intern Med.** 2012;172(21):1635-41.

21. DOENÇAS VASCULARES ASSOCIADAS AO TABAGISMO

Força de Evidência [B]: *fumar é causa da tromboangeíte obliterante, também conhecida como "doença de Buerger", que leva à amputação dos membros.* [120] *O acidente vascular encefálico (AVE) tem no tabagismo a sua principal causa. O tabaco está associado ao aumento do risco de morte súbita e de AVE.* [121]

Fatos documentados cientificamente:

- O estreitamento das artérias periféricas ao dificultar o fluxo sanguíneo, aumenta o risco de os fumantes desenvolverem doenças vasculares periféricas [D].[122]

- O tabagismo se associa ao início, progressão e recorrência da tromboangeíte obliterante (doença de Buerger). Os portadores desta doença que fumam há mais de 20 anos têm maior risco de sofrerem amputação dos membros [B].[123]

---

120 FAZELI B, RAVARI H, ASSADI R. Natural history definition and a suggested clinical approach to Buerger's disease: a case-control study with survival analysis. **Vascular.** 2012;20(4):198-202; JIN J, ARIF B, GARCIA-FERNANDEZ F, ENNIS TL, et al. Novel mechanism of aortic aneurysm development in mice associated with smoking and leukocytes. **Arterioscler Thromb Vasc Biol.** 2012;32(12):2901-9; SODE BF, NORDESTGAARD BG, GRONBAEK M, DAHL M. **Tobacco smoking and aortic aneurysm:** Two population-based studies. Int J Cardiol. 2012.

121 HAHEIM LL, HOLME I, HJERMANN I, LEREN P. Smoking habits and risk of fatal stroke: 18 years follow up of the Oslo study. **J Epidemiol Community Health.** 1996;50(6):621-4; GORDON T, KANNEL WB. Predisposition to atherosclerosis in the head, heart, and legs. The Framingham study. **JAMA.** 1972;221(7):661-6.

122 OLIN JW. Thromboangiitis obliterans (Buerger's disease). **N Engl J Med.** 2000;343(12):864-9.

123 JIN J., 2012, 2901-9.

- Fumar é o mais importante preditor do aneurisma de aorta abdominal [B].[124]
- O tabaco é fator de risco importante para o tromboembolismo venoso, doença que engloba a trombose venosa profunda e a tromboembolia pulmonar [B].[125]
- O risco de AVE é 4 vezes maior entre fumantes comparado ao de não fumantes. Esse risco aumenta com a quantidade de cigarros fumados ao dia [B].[126]

---

124 JIN J., 2012, 2901-9.

125 HOLST AG, JENSEN G, PRESCOTT E. Risk factors for venous thromboembolism: results from the Copenhagen City Heart Study. **Circulation.** 2010;121(17):1896-903.

126 HAHEIM LL, 1996, 621-4

22. DOENÇAS CEREBROVASCULARES ASSOCIADAS AO TABAGISMO

Força de Evidência [B]: *há evidências consistentes de que fumar é a principal causa de acidente vascular encefálico (AVE) e de aumento do risco de morte súbita em adultos.* [127]

Fatos documentados cientificamente:

- O Acidente Vascular Encefálico é a principal causa de morte no Brasil [C].[128]

- O AVE é resultado de lesão por isquemia ou hemorragia de vaso sanguíneo no cérebro. Os sintomas surgem subitamente, podem levar a severas incapacidades, tais como paralisia parcial ou total, perda da fala ou da visão [B].[129]

- O risco de AVE é cerca de 2-4 vezes maior entre os fumantes comparado aos não fumantes. O risco aumenta com a quantidade de cigarros fumados por dia [B].[130]

- Os fumantes que sobreviveram a um episódio de AVE e não param de fumar têm elevado risco de morte por subsequente AVE. Este risco é mais do que o dobro em relação aos que deixaram de fumar ou que nunca fumaram [B].[131]

---

127 HAHEIM LL, 1996, 621-4; Gordon T, 1972, 661-6.

128 SCHMIDT MI, DUNCAN BB, AZEVEDO E SILVA G, MENEZES AM, et al. Chronic non-communicable diseases in Brazil: burden and current challenges. **Lancet**. 2011;377(9781):1949-61.

129 HAHEIM LL, 1996, 621-4

130 HAHEIM LL, 1996, 621-4

131 MYINT PK, WELCH AA, BINGHAM SA, et al. Smoking predicts long-term mortality in stroke: The European Prospective Investigation into Cancer (EPIC)-Norfolk prospective population study. **Prev Med.** 2006;42(2):128-31.

- Há evidências de forte associação entre a exposição à fumaça ambiental do tabaco e o risco de AVE. O risco aumentou em 16 vezes para exposição de até 5 cigarros/dia e em 56 vezes para exposição superior a 40 cigarros/dia [D].[132]
- Não existe limite seguro de exposição à fumaça do tabaco ambiental com relação ao risco de AVE para o não-fumante [D].[133]
- No Brasil morrem 1.359 pessoas não fumantes, acima de 35 anos de idade, por AVE devido à exposição à fumaça ambiental do tabaco [D].[134]
- O fumo duplica o risco para demência, e é um fator significativo de risco para doença de Alzheimer [D].[135]

---

132 OONO IP, MACKAY DF, PELL JP. Meta-analysis of the association between secondhand smoke exposure and stroke. **J Public Health (Oxf)**. 2011;33(4):496-502.

133 OONO IP, 2011, 496-502.

134 FIGUEIREDO V., 2003.

135 CATALDO JK, PROCHASKA JJ, GLANTZ SA. Cigarette smoking is a risk factor for Alzheimer's disease: an analysis controlling for tobacco industry affiliation. **J Alzheimers Dis**. 2010;19(2):465-80.

23. DOENÇAS RESPIRATÓRIAS ASSOCIADAS AO TABAGISMO

Força de Evidência [A, B]: *há evidências epidemiológicas consistentes de que fumar é a principal causa de doença pulmonar obstrutiva crônica (DPOC) e de câncer de pulmão.*[136] *O tabagismo está associado com doenças intersticiais pulmonares, asma brônquica e tuberculose pulmonar [B].* [137]

Fatos documentados cientificamente:

- Os constituintes da fumaça do tabaco produzem danos nos brônquios e alvéolos pulmonares, provocando inflamação crônica das vias aéreas (bronquite tabágica) e doença degenerativa dos alvéolos (enfisema pulmonar) [C].[138]

- O tabaco é fator de risco para o desenvolvimento e exacerbação da asma em adultos [B].[139]

---

136 U.S. DEPARTMENT OF HEALTH AND HUMAN SERVICES, 2014.; U.S. DEPARTMENT OF HEALTH AND HUMAN SERVICES, 2010.

137 U.S. DEPARTMENT OF HEALTH AND HUMAN SERVICES, 2014; BAUMGARTNER KB, SAMET JM, STIDLEY CA, et al. Cigarette smoking: a risk factor for idiopathic pulmonary fibrosis. **Am J Respir Crit Care Med.** 1997;155(1):242-8; BATES MN, KHALAKDINA A, PAI M, et al. Risk of tuberculosis from exposure to tobacco smoke: a systematic review and meta-analysis. **Arch Intern Med.** 2007;167(4):335-42; HANCE AJ, BASSET F, SAUMON G, et al. Smoking and interstitial lung disease. The effect of cigarette smoking on the incidence of pulmonary histiocytosis X and sarcoidosis. **Ann N Y Acad Sci.** 1986;465:643-56.

138 US SURGEON GENERAL. **The health consequences of smoking.** Chronic obstructive lung disease. A report of the Surgeon General. Rockville: US Department of Health and Human Services; Public Health Service; 1984. http://www.surgeongeneral.gov/library/reports/index.html DHHS (PHS) 84-50205.

139 KIM YK, KIM SH, TAK YJ, et al. High prevalence of current asthma and active smoking effect among the elderly. **Clin Exp Allergy.** 2002;32(12):1706-12.

- Há piora dos sintomas e menor resposta ao tratamento quando os pacientes asmáticos fumam ou estão expostos à fumaça ambiental do tabaco [B].[140]
- A exposição ao tabagismo passivo induz a asma brônquica na infância [B].[141] Fumar durante a gestação aumenta em 85 vezes o risco de asma na infância; e o tabagismo pós-natal aumenta em 70 vezes o risco de chiados na infância [B].[142]
- O tabagismo é o principal fator de risco para a Histiocitose X. A incidência do tabagismo é muito elevada nos pacientes com esta doença. Parar de fumar leva à estabilização da doença e, em alguns casos, resulta em regressão [B].[143]
- O prognóstico das doenças intersticiais pulmonares é mais grave se o indivíduo fuma, pois, a fumaça do tabaco ajuda a manter o processo inflamatório [B].[144]
- Fumar é o fator de risco mais associado com a fibrose pulmonar idiopática (FPI). A prevalência de fumantes é elevada na FPI. Fumar aumenta em mais de 2vezes o risco para o desenvolvimento da FPI [B].[145]

---

140 HALTERMAN JS, BORRELLI B, TREMBLAY P, et al. Screening for environmental tobacco smoke exposure among inner-city children with asthma. **Pediatrics.** 2008;122(6):1277-83; THOMPSON NC, SPEARS M. The influence of smoking on the treatment response in patients with asthma. Curr Opin Allergy Clin Inmunol 2005;5:57-63.

141 KIM YK.; 2002, 1706-12; HALTERMAN JS., 2008, 1277-83.

142 BURKE H, LEONARDI-BEE J, HASHIM A, et al. Prenatal and passive smoke exposure and incidence of asthma and wheeze: systematic review and meta-analysis. **Pediatrics.** 2012;129(4):735-44.

143 HANCE AJ., 1986, 643-56.

144 BAUMGARTNER KB, 1997, 242-8.

145 Baumgartner KB, 1997, 242-8; AMERICAN THORACIC SOCIETY. Idiopathic pulmonary fibrosis: diagnosis and treatment. International consensus statement. American Thoracic Society (ATS), and the European Respiratory Society (ERS). **Am J Respir Crit Care Med.** 2000;161(2 Pt.1):646-64;

- A silicose e a asbestose, têm seus cursos clínicos agravados na presença do tabaco. O fumante exposto às fibras de asbesto tem um risco aumentado para desenvolver o câncer de pulmão e o mesotelioma de pleura [B].[146]
- A evidência é suficiente para inferir uma relação causal entre o tabagismo e risco aumentado de tuberculose e de mortalidade por tuberculose [B].[147]
- O tabaco é fator de agravamento para outras infecções respiratórias [C].[148]
- A exposição à fumaça ambiental do tabaco está associada com infecção e doença por tuberculose. Fumar é um fator de aumento do risco para tuberculose [B].[149]

O quadro 9 sumariza os principais mecanismos envolvidos com as doenças respiratórias associadas ao tabaco, o risco atribuível e a força de evidência científica.[150]

---

146 SELIFKOFF IJ, HAMMOND EC, SEIDMAN H. Mortality experience of asbestos insulation workers in the United States and Canada. 1943. **Ann NY Acad Sci.** 1979; 330: 91-116.

147 U.S. DEPARTMENT OF HEALTH AND HUMAN SERVICES, 2010; Bates MN, 2007, 335-42.

148 U.S. DEPARTMENT OF HEALTH AND HUMAN SERVICES. **The health consequences of smoking**. A report of the Surgeon General [Internet]. Atlanta: U.S. Department of Health and Human Services, Centers for Disease Control and Prevention, National Center for Chronic Disease Prevention and Health Promotion, Office on Smoking and Health; 2004.

149 BATES MN, 2007, 335-42.

150 U.S. DEPARTMENT OF HEALTH AND HUMAN SERVICES, 2014; U.S. Department of Health and Human Services, 2010; US Surgeon General, 1984.

Quadro 9 – Evidências científicas da associação de doenças respiratórias e o tabaco

Doença / Condição clínica	Mecanismos	Risco atribuível	Força de evidência
DPOC	• Associação com o desenvolvimento da doença • Associação com o declínio acentuado do VEF1	FR	A
Asma	• Piora dos sintomas da doença • Redução da resposta ao tratamento • Aumento da severidade e frequência das crises	FR FD	B
Doenças Intersticiais Pulmonares	• Associação: Histiocitose X, fibrose pulmonar idiopática, bronquiolite, pneumonite descamativa • Manutenção do processo inflamatório do parênquima pulmonar	FR FD	B
Tuberculose Pulmonar	• Associação com TB infecção e TB doença • Aumento da severidade da doença	FR FD	B

Obs. Fator de Risco para a doença: FR; Fator Dificultador no Controle da doença: FD

24. DOENÇA PULMONAR OBSTRUTIVA CRÔNICA ASSOCIADA AO TABAGISMO

Força de Evidência [A, B]: *a evidência é suficiente para inferir que o tabagismo é a causa dominante de doença pulmonar obstrutiva crônica (DPOC) em homens e mulheres. Há evidências de dose resposta, com aumento do risco de desenvolvimento da DPOC em razão direta com a quantidade de cigarros, a idade de início, e o estado atual do tabagismo.*[151]

Fatos documentados cientificamente:

- Em torno de 15% dos indivíduos que fumam um maço/dia e 25% daqueles que fumam mais de um maço/dia desenvolvem a DPOC [B].[152] O risco atribuível ao tabaco na gênese da DPOC situa-se entre 80-90% [C].[153]

---

151 U.S. DEPARTMENT OF HEALTH AND HUMAN SERVICES, 2014; U.S. DEPARTMENT OF HEALTH AND HUMAN SERVICES, 2010; US SURGEON GENERAL, 1984.

152 LOKKE A, LANGE P, SCHARLING H, et al. Developing COPD: a 25 year follow up study of the general population. **Thorax.** 2006;61(11):935-9; MENEZES AM, JARDIM JR, PÉREZ-PADILLA R, et al. **Prevalence of chronic obstructive pulmonary disease and associated factors**: the PLATINO Study in Sao Paulo, Brazil. Cad Saude Publica. 2005;21(5):1565-73.

153 US SURGEON GENERAL, 1984; MANNINO DM. **COPD**: epidemiology, prevalence, morbidity and mortality, and disease heterogeneity. Chest. 2002;121(5 Suppl.):121S-6S; GLOBAL INITIATIVE FOR CHRONIC OBSTRUCTIVE LUNG DISEASE. **Global Strategy for the diagnosis, management, and prevention of chronic obstructive pulmonary disease** (Updated 2007). Disponível em: http://www.goldcopd.com/Guidelineitem.asp?l1=2&l2=1&intId=989

- Os sintomas da DPOC, como a dispneia, tosse crônica e chiados progridem ao longo dos anos e levam a insuficiência cardíaca e respiratória [D].[154]
- A DPOC é uma doença crônica irreversível, que requer uso contínuo de drogas e fisioterapia; oxigenioterapia, cirurgia e transplante de pulmão podem ser requeridos nos estágios mais avançados da doença [D].[155]
- O risco da DPOC em fumantes é dose relacionada, há relação direta entre o consumo de cigarros e o declínio do volume expiratório forçado no primeiro segundo (VEF1) [B].[156]
- O risco de morte por DPOC aumenta em função do número de cigarros fumados por dia e do número de anos fumados. Metade dos fumantes com DPOC terá uma expectativa de morrer nos primeiros 10 anos após o diagnóstico [D].[157]
- A exposição ao fumo passivo também contribui para o surgimento de sintomas respiratórios e para o desenvolvimento da DPOC, por aumentar a carga total de partículas e gases tóxicos inalados [B].[158]

154 RABE KF, HURD S, ANZUETO A, BARNES PJ, BUIST SA, CALVERLEY P; GLOBAL INITIATIVE FOR CHRONIC OBSTRUCTIVE LUNG DISEASE, et al. Global strategy for the diagnosis, management, and prevention of chronic obstructive pulmonary disease: GOLD executive summary. **Am J Respir Crit Care Med.** 2007;176(6):532-55.

155 RABE KF, 2007, 532-55.

156 BURROWS B, KNUDSON RJ, CLINE MG, LEBOWITZMD. Quantitative relationships between cigarette smoking and ventilatory function. **Am Rev Respir Dis.** 1977;115(2):195-205. 101; Lee PN, Fry JS. Systematic review of the evidence relating FEV1 decline to giving up smoking. **BMC Med.** 2010;8:84.

157 US SURGEON GENERAL, 1984.

158 EISNER MD, BALMES J, KATZ BP, et al. Lifetime environmental tobacco smoke exposure and the risk of chronic obstructive pulmonary disease. **Environ Health.** 2005;4(1):7; LEUENBERGER P, SCHWARTZ J, ACKERMANN-LIEBRICH U, et al. Passive smoking exposure in adults and chronic respiratory symptoms (SAPALDIA Study). Swiss Study on Air Pollution and Lung Diseases in Adults, SAPALDIA Team. **Am J Respir Crit Care Med.** 1994;150(5 Pt 1):1222-8.

25. DOENÇAS PSIQUIÁTRICAS ASSOCIADAS AO TABAGISMO

Força de Evidência [B]: *há evidências epidemiológicas consistentes de que fumar é um fator de risco para o desenvolvimento de transtornos mentais.*[159]

Fatos documentados cientificamente:

- A prevalência de fumantes na população psiquiátrica é 2 a 3 vezes maior do que na população geral [B].[160] A frequência varia de 45-50% entre os portadores de depressão maior, de 50-70% entre os bipolares e de 70-90% entre os esquizofrênicos [B].[161]
- A prevalência de tabagismo é maior em pessoas com depressão do que na população geral [B].[162]
- O risco de depressão é 4 vezes maior entre os fumantes quando comparados aos não-fumantes; o risco aumenta em função do tempo prolongado de uso e do maior número de cigarros fumados ao dia [B].[163]

---

159 U.S. DEPARTMENT OF HEALTH AND HUMAN SERVICES, 2014; PEDERSEN W, VON SOEST T. Smoking, nicotine dependence and mental health among young adults: a 13-year population-based longitudinal study. **Addiction.** 2009;104(1):129-37.

160 U.S. DEPARTMENT OF HEALTH AND HUMAN SERVICES, 2014; MORRIS CD, GIESE AA, TURNBULL JJ, DICKINSON M, JOHNSON-NAGEL N. Predictors of tobacco use among persons with mental illnesses in a statewide population. **Psychiatr Serv.** 2006;57(7):1035-8.

161 MORRIS CD, 2006, 1035-8.

162 MARTINI S, WAGNER FA, ANTHONY JC. The association of tobacco smoking and depression in adolescence: evidence from the United States. **Subst Use Misuse.** 2002;37(14):1853-67.177.

163 KLUNGSOYR O, NYGARD JF, SERENSEN T, SANDANGER I. Cigarette smoking and incidence of first depressive episode: an 11-year, population-based follow-up study. **Am J Epidemiol.** 2006;163(5):421-32.

- O distúrbio bipolar está associado a elevada prevalência de tabagismo em comparação à população em geral [B].[164]
- Os pacientes fumantes com distúrbios psiquiátricos, tais como esquizofrenia, transtornos de humor e de ansiedade, transtornos por uso de álcool e de outras drogas, apresentam maior dificuldade para cessação do tabagismo [B].[165]
- A razão de chance de um paciente esquizofrênico ser fumante é 5 vezes maior do que na população em geral [B].[166]
- Cerca de 2/3 dos pacientes com esquizofrenia fumam 20 ou mais cigarros por dia, o que contribui para aumentar o risco de mortalidade nesse grupo de pacientes [B].[167]
- Os pacientes com transtorno de estresse pós-traumático apresentam um uma razão de chance entre 2-4 vezes de serem tabagistas [B].[168]
- As dependências do álcool e da nicotina estão geralmente relacionadas. O consumo de álcool é maior entre os fumantes, a maioria dos alcoolistas fuma mais de 20 cigarros por dia [D].[169]

---

164 DIAZ FJ, JAMES D, BOTTS S, MAW L, SUSCE MT, DE LEON J. Tobacco smoking behaviors in bipolar disorder: a comparison of the general population, schizophrenia, and major depression. **Bipolar Disord.** 2009;11(2):154-65.

165 WEINBERGER AH, DESAI RA, MCKEE SA. Nicotine withdrawal in U.S. smokers with current mood, anxiety, alcohol use, and substance use disorders. **Drug Alcohol Depend.** 2009;108(1-2):7-12.

166 DE LEON J, DIAZ FJ. A meta-analysis of worldwide studies demonstrates an association between schizophrenia and tobacco smoking behaviors. **Schizophr Res.** 2005;76(2-3):135-57.

167 SALOKANGAS RK, HONKONEN T, STENGARD E, et al. Cigarette smoking in long-term schizophrenia. **Eur Psychiatry.** 2006;21(4):219-23.

168 FU SS, MCFALL M, SAXON AJ, et al. Post-traumatic stress disorder and smoking: a systematic review. **Nicotine Tob Res.** 2007;9(11):1071-84. doi:10.1080/14622200701488418

169 DANI JA, HARRIS RA. Nicotine addiction and comorbidity with alcohol abuse and mental illness. **Nat Neurosci.** 2005;8(11):1465-70.

O quadro 10 sumariza os principais transtornos psiquiátricos associados ao tabaco.[170]

Quadro 10 – Evidências científicas da associação de doenças psiquiátricas e o tabaco

Transtornos Mentais Associadas ao Tabagismo		
Transtornos depressivos	Transtornos de Ansiedade	Transtorno de Déficit de Atenção e Hiperatividade
Distúrbio bipolar	Distúrbio de estresse pós-traumático	Esquizofrenia e outros transtornos psicóticos

---

170 U.S. DEPARTMENT OF HEALTH AND HUMAN SERVICES, 2014; PEDERSEN W., 2009, 129-37; MINICHINO A, BERSANI FS, CALÒ WK, et al. **Smoking Behaviour and Mental Health Disorders - Mutual Influences and Implications for Therapy**. International Journal of Environmental Research and Public Health. 2013;10(10):4790-4811. doi:10.3390/ijerph10104790.

26. DOENÇAS DA OROFARINGE E LARINGE ASSOCIADAS AO TABAGISMO

Força de Evidência [B]: *há evidências epidemiológicas consistentes de que fumar aumenta em até 6 vezes o risco de periodontite crônica, que leva à perda dentária.*[171]

Fatos documentados cientificamente:

- As principais doenças bucais associadas ao tabagismo incluem a ceratose do tabaco mascado, a fibrose submucosa oral, a estomatite nicotínica, a periodontite e o câncer bucal [D].[172]

- A prevalência de perda óssea grave, é cerca de 5 vezes maior entre fumantes ou ex-fumantes quando comparados a não fumantes [B].[173]

- Dentre os fatores extrínsecos, o fumo é o fator comportamental mais importante no desenvolvimento do câncer bucal. O consumo de tabaco sem fumaça aumenta em até 8 vezes a razão de chance de câncer bucal de células escamosas [B].[174]

- Fumar cachimbos ou charutos aumenta ainda mais o risco de câncer bucal de células escamosas quando comparado ao de fumantes de cigarros [D].[175]

---

171 GROSSI SG, ZAMBON JJ, HO AW, et al. Assessment of risk for periodontal disease. I. Risk indicators for attachment loss. **J Periodontol.** 1994;65(3):260-7.

172 BARBOSA EP, FERREIRA V. Qual é a fisiopatogenia das lesões bucais relacionadas como tabaco? In: Araujo AJ, org. **Manual de condutas e práticas em tabagismo – Sociedade Brasileira de Pneumologia e Tisiologia.** São Paulo: Gen Editorial; 2012. p.58-62.

173 GROSSI SG, 1994, 260-7.

174 GUPTA B, JOHNSON NW. **Systematic Review and Meta-Analysis of Association of Smokeless Tobacco and of Betel Quid without Tobacco with Incidence of Oral Cancer in South Asia and the Pacific.** Li Y, ed. PLoS ONE. 2014;9(11):e113385. doi:10.1371/journal.pone.0113385.

175 ZYGOGIANNI AG, KYRGIAS G, KARAKITSOS P, et al. **Oral squamous cell cancer:** early detection and the role of alcohol and smoking. Head Neck Oncol. 2011;3:2.

- O tabagismo é um fator de risco para distúrbios na laringe. Fumar é a maior causa de câncer oral e de laringe, e é um fator de risco para ceratose de laringe, edema de Reinke e leucoplasia de laringe. [B]. [176]
- O tabagismo passivo aumenta significativamente o risco de desenvolver o câncer bucal [B].[177]

O quadro 11 sumariza as principais doenças da cavidade oral associadas ao tabaco. [178]

Quadro 11 - Evidências científicas da associação de doenças bucais e o tabaco

Doenças Bucais Associadas ao TABAGISMO		
Periodontite crônica	Estomatite nicotínica	Ceratose do tabaco mascado
Gengivite ulcerativa necrosante	Fibrose submucosa oral	Câncer bucal

---

176 BYEON H. **The association between lifetime cigarette smoking and dysphonia in the Korean general population:** findings from a national survey. Lo Presti A, ed. PeerJ. 2015;3:e912. doi:10.7717/peerj.912.

177 TAYLOR R.; 2007, 1048-59.

178 U.S. DEPARTMENT OF HEALTH AND HUMAN SERVICES, 2014; U.S. DEPARTMENT OF HEALTH AND HUMAN SERVICES, 2010; US SURGEON GENERAL, 1984.

27. DOENÇAS DO APARELHO DIGESTIVO ASSOCIADAS AO TABAGISMO

Força de Evidência [B]: *há evidências epidemiológicas consistentes de que fumar é um fator de risco para o desenvolvimento de úlcera péptica, para a doença de Crohn e para as doenças hepáticas.*[179]

Fatos documentados cientificamente:

- O risco de desenvolver a úlcera péptica é 4 vezes maior em tabagistas quando comparado ao de não fumantes [B].[180]
- O risco de desenvolver a doença de Crohn é o dobro em fumantes quando comparado ao de não fumantes [D].[181]
- O tabagismo passivo é prejudicial para a evolução dos pacientes com doença de Crohn. A exposição à fumaça ambiental do tabaco é um fator de risco para a doença de Crohn [B].[182]
- O tabagismo é um fator de risco independente para fibrose hepática na cirrose biliar primária, a progressão desta grave doença aumenta à razão de 5% ao ano de acordo com a intensidade do tabagismo [B].[183]

---

179 U.S. DEPARTMENT OF HEALTH AND HUMAN SERVICES, 2014; U.S. DEPARTMENT OF HEALTH AND HUMAN SERVICES, 2010; BYEON H., 2015, e912.

180 ROSENSTOCK S, JORGENSEN T, BONNEVIE O, ANDERSEN L. Risk factors for peptic ulcer disease: a population based prospective cohort study comprising 2416 Danish adults. **Gut.** 2003;52(2):186-93.

181 CALKINS BM. A meta-analysis of the role of smoking in inflammatory bowel disease. **Dig Dis Sci.** 1989;34(12):1841-54.

182 VAN DER HEIDE F, DIJKSTRA A, WEERSMA RK, et al. Effects of active and passive smoking on disease course of Crohn's disease and ulcerative colitis. **Inflamm Bowel Dis.** 2009;15(8):1199-207.

183 CORPECHOT C, GAOUAR F, CHRÉTIEN Y, et al. Smoking as an independent risk factor of liver fibrosis in primary biliary cirrhosis. **J Hepatol.** 2012;56(1):218-24.

- O tabagismo pode agravar a doença hepática autoimune, levando à progressão para fibrose [D].[184]
- Há efeito sinérgico entre tabagismo e infecção pelo vírus da hepatite (HBV) e, também, pelo vírus da hepatite C (HCV). Os portadores crônicos do HBV ou HCV devem ser orientados a interromperem o fumo [B].[185]
- Os tabagistas apresentam um risco aumentado em 50 vezes para o câncer de fígado e de 45 vezes para o câncer de vesícula biliar [B].[186]

O quadro 12 sumariza as principais doenças do aparelho digestivo associadas ao consumo do tabaco, os mecanismos de ação, o risco atribuível e o nível/força de evidência científica. [187]

---

184 SMYK DS, RIGOPOULOU EI, MURATORI L, et al. Smoking as a risk factor for autoimmune liver disease: what we can learn from primary biliary cirrhosis. **Ann Hepatol.** 2012;11(1):7-14.

185 CHUANG SC, LEE YC, HASHIBE M, et al. Interaction between cigarette smoking and hepatitis B and C virus infection on the risk of liver cancer: a metaanalysis. **Cancer Epidemiol Biomarkers Prev.** 2010;19(5):1261-8.

186 LEE YC, COHET C, YANG YC, et al. Meta-analysis of epidemiologic studies on cigarette smoking and liver cancer. **Int J Epidemiol.** 2009;38(6):1497-511; WENBIN D, ZHUO C, ZHIBING M, et al. The effect of smoking on the risk of gallbladder cancer: a meta-analysis of observational studies. **Eur J Gastroenterol Hepatol.** 2013;25(3):373-9.

187 U.S. DEPARTMENT OF HEALTH AND HUMAN SERVICES, 2014.

Quadro 12 – Evidências sobre a associação de doenças do aparelho digestivo e o tabaco

Doença / Condição clínica	Mecanismos	Risco atribuível	Força de evidência
Úlcera péptica	• Desequilíbrio entre os fatores de proteção e de agressão • Associação no desenvolvimento, perpetuação e recidiva da úlcera.	FR	B
Doença de Crohn	• Aumenta a susceptibilidade e gravidade • Menor resposta ao tratamento • Recorrência após intervenção cirúrgica • Aumento do risco de mortalidade	FR FD	B
Doença hepática	• Associação com cirrose biliar primária • Associação na evolução da fibrose hepática • Diminuição da resposta ao tratamento	FR	B

Obs. Fator de Risco para a doença: FR; Fator Dificultador no Controle da doença: FD

28. DOENÇAS DOS ÓRGÃOS DOS SENTIDOS ASSOCIADAS AO TABAGISMO

Força de Evidência [B]: *há evidências epidemiológicas consistentes de que fumar aumenta o risco de doenças oftalmológicas, além dos riscos associados à própria doença de Graves.*[188]

Fatos documentados cientificamente:

- Há forte evidência de associação causal entre tabagismo e doença de Graves associada à proptose ocular, conhecida como doença tireoide-olho [D].[189]
- O tabaco é um fator de risco para a doença de Graves em mulheres [B].[190]
- Fumar aumenta em 3 vezes o risco de desenvolver catarata nuclear incidente. Há evidência de dose-resposta, relação temporal com a exposição e reversibilidade do efeito após a cessação do tabagismo [B].[191]
- Há forte relação de dose-resposta entre a rinossinusite crônica e a exposição à poluição tabágica ambiental (PTA), em fumantes passivos [B].[192]
- O tabagismo passivo associa-se ao aumento da prevalência da perda auditiva em baixas frequências. A exposição à PTA dobra as chances de perda auditiva em adolescentes [B].[193]

---

188 U.S. DEPARTMENT OF HEALTH AND HUMAN SERVICES, 2014; U.S. DEPARTMENT OF HEALTH AND HUMAN SERVICES, 2010.

189 KELLY SP, THORNTON J, EDWARDS R, et al. Smoking and cataract: review of causal association. **J Cataract Refract Surg.** 2005;31(12):2395-404.

190 HOLM IA, MANSON JE, MICHELS KB, et al. Smoking and other lifestyle factors and the risk of Graves' hyperthyroidism. **Arch Intern Med.** 2005;165(14):1606-11.

191 KELLY SP, 2005, 2395-404.

192 TAMMEMAGI CM, DAVIS RM, BENNINGER MS, et al. Secondhand smoke as a potential cause of chronic rhinosinusitis: a case-control study. **Arch Otolaryngol Head Neck Surg.** 2010;136(4):327-34.

193 LALWANI AK, LIU YH, WEITZMAN M. Secondhand smoke and sensorineural hearing loss in adolescents. **Arch Otolaryngol Head Neck Surg.** 2011;137(7):655-62.

29. DOENÇAS DERMATOLÓGICAS ASSOCIADAS AO TABAGISMO

Força de Evidência [D]: *há evidências epidemiológicas consistentes de que fumar acelera o processo de envelhecimento cutâneo.*[194]

Fatos documentados cientificamente:

- O tabagismo acelera o processo de envelhecimento cutâneo; a vasoconstrição leva à isquemia crônica dos tecidos, gerando lesão das fibras elásticas e redução da síntese do colágeno [D].[195]

- Fumar está associado ao surgimento de diversas dermatopatias, incluindo alopecia, psoríase, hidradenite supurativa, câncer da derme e envelhecimento prematuro da pele [D].[196]

- O tabaco exerce um impacto negativo na evolução das lesões cutâneas observadas no diabetes, lúpus e na síndrome de imunodeficiência adquirida (SIDA/AIDS) [D].[197]

---

194 U.S. DEPARTMENT OF HEALTH AND HUMAN SERVICES, 2014; MORITA A. Tobacco smoke causes premature skin aging. **J Dermatol Sci.** 2007;48(3):169-75.

195 MORITA A., 2007, 169-75.

196 FREIMAN A, BIRD G, METELITSA AI, BARANKIN B, LAUZON GJ. Cutaneous effects of smoking. **J Cutan Med Surg.** 2004;8(6):415-23.

197 FREIMAN A., 2004, 415-23.

30. DOENÇAS DO SISTEMA ENDÓCRINO ASSOCIADAS AO TABAGISMO

Força de Evidência [B, C]: *há evidências epidemiológicas consistentes de que fumar é um fator de risco para o diabetes mellitus, hipertiroidismo e osteoporose.*[198]

Fatos documentados cientificamente:

- O tabagismo está associado a maior incidência de hipertiroidismo [B].[199]
- Parar de fumar parece ter efeitos reversíveis sobre a função da tireoide [B].[200]
- A tireoidite de Hashimoto e a disfunção pós-parto da tireoide estão associadas ao tabagismo [B].[201]
- O tabagismo é um fator de risco para o desenvolvimento de doença de Graves nas mulheres [B].[202]
- Fumar é um dos principais fatores causais da osteoporose nas mulheres [D]. [203]
- Há evidências para inferir que o tabagismo é uma causa de diabetes. Fumar aumenta o risco de incidência e a mortalidade relacionada ao diabetes [B].[204]

---

198 U.S. DEPARTMENT OF HEALTH AND HUMAN SERVICES, 2014; U.S. DEPARTMENT OF HEALTH AND HUMAN SERVICES, 2010; U.S. DEPARTMENT OF HEALTH AND HUMAN SERVICES, 2004.

199 ASVOLD BO, BJORO T, NILSEN TI, VATTEN LJ. Tobacco smoking and thyroid function: a population-based study. **Arch Intern Med.** 2007;167(13):1428-32.

200 ASVOLD BO. 2007, 1428-32.

201 VESTERGAARD P. Smoking and thyroid disorders: a meta-analysis. **Eur J Endocrinol.** 2002;146(2):153-61.

202 VESTERGAARD P., 2002, 153-61.

203 BROOK JS, BALK EB, ZHANG C. The smoking patterns of women in their forties: their relationship to later osteoporosis. **Psychol Rep.** 2012;110(2):351-62.

- O risco de desenvolver diabetes tipo 2 é 30 a 40 vezes maior para fumantes ativos do que para não fumantes. Existe uma relação dose-resposta positiva entre o número de cigarros fumados e o risco de desenvolvimento diabetes [B].[205]
- Os diabéticos fumantes apresentam elevada probabilidade de morte em razão do alto risco para DCV causada pelo tabagismo [D].[206]

O quadro 13 sumariza as principais doenças endócrinas associadas ao consumo do tabaco, os mecanismos de ação, o risco atribuível e o nível/força de evidência científica. [207]

Quadro 13 – Evidências sobre as doenças endócrinas associadas com o tabaco

Doença / Condição clínica	Mecanismos	Risco atribuível	Força de evidência
Diabetes Mellitus	• Aumenta o risco de desenvolvimento do Diabetes mellitus tipo 2 • Aumento o risco de complicações: microangiopática e macroangiopática	FR	B
Doenças da tireoide	• Capacidade de redução dos níveis de TSH • Fator de Risco para Doença de Graves	FR	B
Osteoporose	• Aumento da perda óssea em mulheres, principalmente na fase pós-menopausa. • Ação tóxica na célula óssea: redução da absorção do cálcio, síndrome de Cushing	FR	D B

Obs. Fator de Risco para a doença: FR.

204 JEE SH, FOONG AW, HUR NW, SAMET JM. Smoking and risk for diabetes incidence and mortality in Korean men and women. **Diabetes Care.** 2010;33(12):2567-72.

205 WILLI C, BODENMANN P, GHALI WA, FARIS PD, CORNUZ J. Active smoking and the risk of type 2 diabetes: a systematic review and meta-analysis. **JAMA.** 2007;298(22):2654-64.

206 TONSTAD S. Cigarette smoking, smoking cessation, and diabetes. **Diabetes Res Clin Pract.** 2009;85(1):4-13.

207 U.S. DEPARTMENT OF HEALTH AND HUMAN SERVICES, 2014; U.S. DEPARTMENT OF HEALTH AND HUMAN SERVICES, 2010; U.S. DEPARTMENT OF HEALTH AND HUMAN SERVICES, 2004.

31. DOENÇAS DO SISTEMA IMUNOLÓGICO ASSOCIADAS AO TABAGISMO

Força de Evidência [B]: *há evidências epidemiológicas consistentes para inferir que fumar cigarros compromete o sistema imunológico. Alguns desses efeitos são ativadores e outros são imunossupressores, e isso está associada ao aumento do risco de infecções pulmonares.*[208]

Fatos documentados cientificamente:

- O tabagismo está associado a uma ampla gama de alterações no sistema imunológico e nos marcadores de inflamação nos fumantes mais idosos e naqueles que fumam há mais tempo [B].[209]
- A cessação do tabagismo pode resultar em níveis de marcadores da inflamação que retornam àqueles de não fumantes, ao longo do tempo [B].[210]
- O tabagismo reduz a efetividade dos inibidores do fator de necrose tumoral alfa (TNF-alfa), que mediam a inflamação sistêmica.[211]

---

208 U.S. DEPARTMENT OF HEALTH AND HUMAN SERVICES, 2014; U.S. DEPARTMENT OF HEALTH AND HUMAN SERVICES, 2010; SHIELS MS, KATKI HA, FREEDMAN ND, PURDUE MP, et al. Cigarette Smoking and Variations in Systemic Immune and Inflammation Markers. **Journal of the National Cancer Institute**, 2014;106(11). https://doi.org/10.1093/jnci/dju294

209 SHIELS MS., 2014.

210 SHIELS MS., 2014.

211 TANNI SE, PELEGRINO NR, ANGELELI AY, et al. Smoking status and tumor necrosis factor-alpha mediated systemic inflammation in COPD patients. **J Inflamm (Lond)**. 2010;7:29. doi:10.1186/1476-9255-7-29.

- Há evidências consistentes de relação causal entre tabagismo e artrite reumatoide. A razão de chance é 2 vezes maior em homens com 20 ou mais maços/ano e com fator reumatoide positivo [B].[212]
- A prevalência do tabagismo na população HIV+ é duas a três vezes mais elevada do que na população geral [B].[213]
- O tabagismo contribui para um pior prognóstico, com aumento nas taxas de morbidade e de mortalidade na população infectada pelo HIV [B].[214]
- As doenças relacionadas ao tabaco afetam de modo significativo as pessoas infectadas com HIV. O câncer de pulmão e outras neoplasias são importantes causas de morte entre as pessoas soropositivas [B].[215]
- As mulheres fumantes HIV+ apresentam pior resposta viral e imunológica, com maior risco de progressão da doença e risco de morte em 5 anos [B].[216]

---

212 SUGIYAMA D1, NISHIMURA K, TAMAKI K, et al. Impact of smoking as a risk factor for developing rheumatoid arthritis: a meta-analysis of observational studies. **Ann Rheum Dis.** 2010;69(1):70-81. doi 10.1136/ard.2008.096487.

213 LIFSON AR, NEUHAUS J, ARRIBAS JR, VAN DEN BERG-WOLF M, LABRIOLA AM, READ TR; INSIGHT SMART STUDY GROUP. Smoking-related health risks among persons with HIV in the Strategies for Management of Antiretroviral Therapy clinical trial. **Am J Public Health.** 2010;100(10):1896-903.

214 LIFSON AR., 2010, 1896-903; FELDMAN JG, MINKOFF H, SCHNEIDER MF, et al. Association of cigarette smoking with HIV prognosis among women in the HAART era: a report from the women's interagency HIV study. **Am J Public Health.** 2006;96(6):1060-5.164.

215 LIFSON AR., 2010, 1896-903; BONNET F, BURTY C, LEWDEN C, COSTAGLIOLA D, MAY T, BOUTELOUP V, et al; **Agence Nationale de Recherches sur le Sida et les Hépatites Virales EN19 Mortalité Study Group**; MORTAVIC STUDY GROUP. Changes in cancer mortality among HIV-infected patients: the Mortalité 2005 Survey. **Clin Infect Dis.** 2009;48(5):633-9.

216 LIFSON AR., 2010, 1896-903.

- O tabagismo durante a gravidez triplica o risco de transmissão do vírus HIV para o feto [B].[217]
- Os pacientes fumantes infectados com HIV perdem mais anos de vida do que aqueles que são HIV+ e não fumam [B].[218]
- O risco atribuível de morte associado com o tabagismo é duplicado entre pacientes com HIV em comparação com a população controle [B].[219]

---

217 LIFSON AR., 2010, 1896-903.
218 HELLEBERG M, AFZAL S, KRONBORG G, et al. Mortality attributable to smoking among HIV-1-infected individuals: a nationwide, population-based cohort study. **Clin Infec Dis**. 2013;56(5):727-34.221.
219 HELLEBERG M., 2013, 727-34.

32. DISFUNÇÃO SEXUAL E INFERTILIDADE MASCULINA ASSOCIADA AO TABAGISMO

Força de Evidência [B]: *há evidências epidemiológicas consistentes para inferir que o tabagismo é um fator de risco independente para a ocorrência de impotência sexual. O risco de disfunção erétil é 2 vezes maior entre os fumantes comparados aos não fumantes. Fumar pode afetar a fertilidade masculina.* [220]

Fatos documentados cientificamente:

- O bloqueio arterial é um dos mecanismos das doenças relacionadas ao tabaco, o que resulta em maior chance de ataques cardíacos e acidentes vasculares encefálicos nos tabagistas. A impotência é outro resultado do bloqueio arterial. O tabagismo está associado à queda anormal da pressão arterial no pênis [B]. [221]

- A função sexual requer a coordenação do sistema nervoso central (estímulo mental), que coordena a liberação dos hormônios, e do sistema vascular, que bombeia o sangue para o músculo que mantém a ereção. O tabagismo pode afetar a ambos os sistemas, causando assim a impotência [B].[222]

---

[220] U.S. DEPARTMENT OF HEALTH AND HUMAN SERVICES, 2014; U.S. DEPARTMENT OF HEALTH AND HUMAN SERVICES, 2010; FELDMAN HA, JOHANNES CB, DERBY CA, et al. Erectile dysfunction and coronary risk factors: prospective results from the Massachusetts male aging study. **Prev Med**. 2000;30(4):328-38; HARLEV A, AGARWAL A, GUNES SO, et al. Smoking and Male Infertility: An Evidence-Based Review. **The World Journal of Men's Health**. 2015;33(3):143-160. doi:10.5534/wjmh.2015.33.3.143.

[221] FELDMAN HA., 2000, 328-38.

[222] HIRSHKOWITZ M, KARACAN I, HOWELL JW, et al. Nocturnal penile tumescence in cigarette smokers with erectile dysfunction. **Urology**. 1992;39(2):101-7.

- O efeito do tabagismo sobre a fertilidade masculina pode resultar de alterações genéticas e epigenéticas, que se correlacionam diretamente com a redução da função espermática e da fertilidade. [B].[223]
- Há correlações dose-dependentes entre o tabagismo e a qualidade do sêmen e a função espermática. Parar de fumar deve ser recomendado aos fumantes do sexo masculino, especialmente se estiverem planejando a concepção [B].[224]

---

223 HARLEV A., 2015, 143-160.
224 HARLEV A., 2015, 143-160.

33. DOENÇAS ASSOCIADAS AO TABAGISMO NAS MULHERES

Força de Evidência [B]: *há evidências epidemiológicas consistentes para inferir que o tabagismo aumenta o risco de cardiopatia isquêmica, doença pulmonar obstrutiva crônica, câncer, menopausa precoce, osteoporose, fraturas de quadril e morte prematura entre as mulheres.*[225]

Fatos documentados cientificamente:

- O risco para tensão pré-menstrual (TPM) aumenta em até 2 vezes em mulheres fumantes, especialmente nas adolescentes e mulheres jovens. O risco de TPM está diretamente relacionado à carga tabágica [B].[226]

- A osteoporose é prevalente em mulheres acima de 50 anos e é responsável por inúmeras fraturas e mortes relacionadas. O tabagismo é um dos principais fatores causais da osteoporose [B].[227]

- O tabagismo aumenta em 80 vezes a chance de menopausa precoce, que pode ser antecipada em 2 anos [B].[228]

- Há forte dose-resposta entre a quantidade de cigarros fumados por dia e a menopausa em idade mais jovem [D].[229]

---

225 U.S. DEPARTMENT OF HEALTH AND HUMAN SERVICES, 2014; U.S. DEPARTMENT OF HEALTH AND HUMAN SERVICES, 2010; BROOK JS, BALK EB, ZHANG C. The smoking patterns of women in their forties: their relationship to later osteoporosis. **Psychol Rep.** 2012;110(2):351-62.

226 BERTONE-JOHNSON ER, HANKINSON SE, JOHNSON SR, MANSON JE. Cigarette smoking and the development of premenstrual syndrome. **Am J Epidemiol.** 2008;168(8):938-45.

227 BROOK JS., 2012, 351-62.

228 HAYATBAKHSH MR, CLAVARINO A, WILLIAMS GM, et al. Cigarette smoking and age of menopause: a large prospective study. Maturitas. 2012;72(4):346-52; Saraç F, Öztekin K, Çelebi G. Early menopause association with employment, smoking, divorced marital status and low leptin levels. **Gynecol Endocrinol.** 2011;27(4):273-8.

229 MIDGETTE AS, BARON JA. Cigarette smoking and the risk of natural menopause. **Epidemiology.** 1990;1(6):474-80.

- As mulheres que fumam após a menopausa têm menor densidade óssea e apresentam um maior risco de fraturas de quadril. O risco para osteoporose é 2 vezes maior nas mulheres que fumam acima de 20 cigarros/dia, quando comparadas às não-fumantes [D].[230]

- O tabagismo é o maior fator de risco para o desenvolvimento de câncer de pulmão, sendo responsável por 80% dos casos nos homens e em 50% nas mulheres, no mundo [B]. [231]

- As mulheres têm a mesma suscetibilidade e risco para contrair o câncer de pulmão que os homens, desde que haja exposição em tempo e grau equivalente ao do tabagismo masculino [B].[232]

- O câncer de pulmão é a principal causa de morte por câncer entre os homens e a segunda entre as mulheres [B].[233]

- O tabagismo está associado a 38% das mortes por câncer em homens e a 23% das mortes por câncer nas mulheres [C].[234]

- As mulheres fumantes têm risco 7 vezes maior de morrer por câncer comparadas às não-fumantes [B].[235]

---

230 BROOK JS., 2012, 351-62.
231 BAIN C, FESKANICH D, SPEIZER FE, THUN M, HERTZMARK E, ROSNER BA, et al. Lung cancer rates in men and women with comparable histories of smoking. **J Natl Cancer Inst**. 2004;96(11):826-34.
232 BAIN C, 2004, 826-34.
233 FERLAY J, SHIN HR, BRAY F, FORMAN D, MATHERS C, PARKIN DM. GLOBOCAN 2008, **Cancer incidence and mortality worldwide**: IARC Cancer Base No. 10. Lyon: IARC; 2010. http://globocan.iarc.fr.
234 SHOPLAND DR. Tobacco use and its contribution to early cancer mortality with a special emphasis on cigarette smoking. **Environ Health Perspect**. 1995;103(Suppl 8):131-42.188.
235 KENFIELD SA, STAMPFER MJ, ROSNER BA, COLDITZ GA. Smoking and smoking cessation in relation to mortality in women. **JAMA**. 2008;299(17):2037-47.

- A probabilidade de ter câncer colorretal é 63 vezes maior nas mulheres fumantes e 23 vezes maior na ex-fumante quando comparadas às mulheres não-fumantes [B].[236]
- Há evidência suficiente para inferir que a exposição ao tabagismo passivo está associada ao desenvolvimento de câncer de pulmão nas mulheres [B].[237]
- O risco para câncer de pulmão na mulher que convive com um marido fumante é 30 vezes maior [B].[238]
- O risco de câncer de pulmão aumenta em proporção diretamente relacionada ao aumento da carga tabágica na exposição a fumaça ambiental do tabaco pela esposa [B].[239]
- No Brasil, no ano de 2003, foram diagnosticados 43 casos de câncer de pulmão em mulheres na faixa etária acima de 35 anos, decorrentes de tabagismo passivo, apenas ao nível dos domicílios urbanos [B].[240]

---

236 KREUZER M, BOFFETTA P, WHITLEY E, et al. Gender differences in lung cancer risk by smoking: a multicentre case-control study in Germany and Italy. **Br J Cancer.** 2000;82(1):227-33.

237 HIRAYAMA T., 1981, 183-5.

238 HIRAYAMA T., 1981, 183-5.

239 FONTHAM ET, CORREA P, REYNOLDS P, et al. Environmental tobacco smoke and lung cancer in nonsmoking women. A multicenter study. **JAMA.** 1994;271(22):1752-9.

240 FIGUEIREDO V., 2003.

34. DISTÚRBIOS NO SISTEMA REPRODUTIVO FEMININO ASSOCIADOS AO TABAGISMO

Força de Evidência [B]: *há evidências epidemiológicas consistentes de que fumar aumenta em 60 vezes o risco de infertilidade, afeta a implantação do óvulo no útero (nidação) sendo mais acentuada nas grandes fumantes. Fumar retarda a gravidez, e reduz a chance de concepção.*[241]

Fatos documentados cientificamente:

- O fumo tem impacto negativo sobre a fertilidade feminina. As mulheres fumantes apresentam maior dificuldade para engravidar. As mulheres fumantes, em idade reprodutiva, apresentam em 60 vezes o risco de infertilidade, quando comparadas ao risco de mulheres não fumantes [B].[242]

- As chances de concepção nas mulheres fumantes caem entre 10 a 40% por ciclo, sendo mais suscetíveis aquelas que fumam maior número de cigarros [B].[243]

- As mulheres que fumam 5-9 cigarros/dia duplicam a chance de a concepção demorar mais de um ano para acontecer comparadas às não fumantes [B].[244]

- O tabagismo do marido e o tabagismo passivo e ativo pelas mulheres estão associados com o retardo da concepção [C].[245]

---

241 U.S. DEPARTMENT OF HEALTH AND HUMAN SERVICES, 2014; U.S. DEPARTMENT OF HEALTH AND HUMAN SERVICES, 2010; CURTIS KM, SAVITZ DA, ARBUCKLE TE. Effects of cigarette smoking, caffeine consumption, and alcohol intake on fecundability. **Am J Epidemiol.** 1997;146(1):32-41.

242 AUGOOD C, DUCKITT K, TEMPLETON AA. Smoking and female infertility: a systematic review and meta-analysis. **Hum Reprod.** 1998;13(6):1532-9.

243 CURTIS KM, 1997, 32-41.

244 BOLUMAR F, OLSEN J, BOLDSEN J. Smoking reduces fecundity: a European multicenter study on infertility and subfecundity. The European Study Group on Infertility and Subfecundity. **Am J Epidemiol.** 1996;143(6):578-87.

- Os efeitos do tabaco no sistema reprodutivo incluem níveis mais reduzidos de estrogênio, que causam menopausa precoce e infertilidade [C].[246]
- O tabagismo tem grande impacto para a saúde materna, o aconselhamento sobre os riscos de fumar na gravidez deve considerar os riscos fetais e os riscos para a saúde da gestante [D].[247]
- As substâncias tóxicas do tabaco interferem com o funcionamento das trompas de Falópio, aumentam o risco de gestações de risco, tais como a gravidez ectópica, abortos espontâneos e nascimento de bebês com baixo peso ao nascer [D].[248]
- Tanto as gestantes fumantes ativas, quanto as gestantes não fumantes expostas ao tabagismo passivo têm um risco aumentado para abortos espontâneos, quando comparadas a gestantes não fumantes e não expostas a fumaça do tabaco [B].[249]
- A gravidez ectópica é a mais comum causa de mortalidade materna no primeiro trimestre da gravidez. O tabagismo é o maior fator de risco para gravidez ectópica. A razão de chance para desenvolver gravidez tubária é 5 vezes maior nas mulheres fumantes quando comparadas às não-fumantes [D].[250]
- O risco de partos prematuros é 30 vezes maior quando a gestante é fumante [B].[251]

---

245 HULL MG, NORTH K, TAYLOR H, et al. Delayed conception and active and passive smoking. The Avon Longitudinal Study of Pregnancy and Childhood Study Team. **Fertil Steril**. 2000;74(4):725-33.

246 HULL MG, 2000, 725-33.

247 ROELANDS J, JAMISON MG, LYERLY AD, JAMES AH. Consequences of smoking during pregnancy on maternal health. **J Womens Health (Larchmt)**. 2009;18(6):867-72.

248 DECHANET C, ANAHORY T, MATHIEU DAUDE JC, et al. Effects of cigarette smoking on reproduction. **Hum Reprod Update**. 2011;17(1):76-95.

249 GEORGE L, GRANATH F, JOHANSSON AL, et al. Environmental tobacco smoke and risk of spontaneous abortion. **Epidemiology**. 2006;17(5):500-5.

250 ROELANDS J, 2009, 867-72.

251 SHAH NR, BRACKEN MB. A systematic review and meta-analysis of prospective studies on the association between maternal cigarette smoking and preterm delivery. **Am J Obstet Gynecol**. 2000;182(2):465-72.

35. EFEITOS DO TABAGISMO NO DESENVOLVIMENTO DO FETO

Força de Evidência [B]: *há evidências epidemiológicas consistentes de que o tabagismo na gravidez é prejudicial para o desenvolvimento do feto, levando a aumento de abortos espontâneos, aumento das taxas de partos prematuros, baixo do peso ao nascimento e doenças cardiovasculares congênitas. O maior risco foi observado para os defeitos septais. Há evidência de forte dose-resposta com os defeitos dos septos atriais e atrioventriculares do coração.*[252]

Fatos documentados cientificamente:

- A fumaça do tabaco é muito prejudicial ao desenvolvimento do feto, em função de diversas substâncias químicas que atravessam a placenta, dentre elas a nicotina e o monóxido de carbono [D].[253]

- A nicotina se concentra no sangue fetal, no fluido amniótico e no leite materno. A nicotina aumenta a pressão arterial e a frequência cardíaca materna; o que eleva o batimento cardíaco do feto [D].[254]

- As grávidas fumantes têm grande risco de abortos espontâneos, partos prematuros e bebês com defeitos congênitos. Durante o parto, as gestantes tabagistas são mais propensas a apresentarem complicações [B].[255]

---

252 U.S. DEPARTMENT OF HEALTH AND HUMAN SERVICES, 2014; U.S. DEPARTMENT OF HEALTH AND HUMAN SERVICES, 2010; LEE LJ, LUPO PJ. Maternal smoking during pregnancy and the risk of congenital heart defects in offspring: a systematic review and meta analysis. **Pediatr Cardiol**. 2013;34(2):398-407.

253 ROGERS JM. Tobacco and pregnancy. **Reprod Toxicol**. 2009;28(2):152-60.

254 LAMBERS DS, CLARK KE. The maternal and fetal physiologic effects of nicotine. **Semin Perinatol**. 1996;20(2):115-26.

255 MCELROY JA, BLOOM T, MOORE K, et al. Perinatal mortality and adverse pregnancy outcomes in a low-income rural population of women who smoke. **Birth Defects Res A Clin Mol Teratol**. 2012;94(4):223-9.

- A exposição das gestantes ao tabagismo passivo aumenta em 22 vezes o risco de baixo peso ao nascimento (peso < 2.500g) [B].[256]
- As chances de um bebê morrer ao nascer ou logo após o parto (mortalidade perinatal) são aumentadas se a mãe fumou durante a gestação [B].[257]

O quadro 14 sumariza as principais doenças associadas ao consumo do tabaco durante a gravidez.[258]

Quadro 14 – Complicações na gravidez em consequência do tabagismo

Complicações Relacionadas com o Fumo durante a Gestação		
Abortamento espontâneo	Placenta prévia	Malformação congênita
Gravidez ectópica	Parto prematuro	Baixo peso ao nascimento
Descolamento da placenta	Redução do crescimento fetal	Natimortalidade

---

256 LEONARDI-BEE J, SMYTH A, BRITTON J, COLEMAN T. Environmental tobacco smoke and fetal health: systematic review and metaanalysis. **Arch Dis Child Fetal Neonatal Ed**. 2008;93(5): F351-61.

257 MCELROY JA., 2012, 223-9.

258 U.S. DEPARTMENT OF HEALTH AND HUMAN SERVICES, 2014; U.S. DEPARTMENT OF HEALTH AND HUMAN SERVICES, 2010; Oken E, Levitan EB, Gillman MW. Maternal smoking during pregnancy and child overweight: systematic review and meta-analysis. **Int J Obes (Lond)**. 2008;32(2):201-10.

36. EFEITOS ASSOCIADOS AO TABAGISMO EM RECÉM NASCIDOS E CRIANÇAS

Força de Evidência [B, C]: *há evidências epidemiológicas consistentes que a exposição de bebês e crianças ao tabagismo passivo é o maior fator de risco para a síndrome de morte súbita infantil (SIDS), otites de repetição, alergias, infecções respiratórias, bronquiolite e asma. A exposição das crianças ao tabagismo dos pais, em longo prazo, pode ocasionar dificuldades no desempenho escolar, retardo no crescimento, distúrbios comportamentais e desenvolvimento de transtornos mentais.*[259]

Fatos documentados cientificamente:

- A exposição pré-natal do bebê à PTA aumenta em 50 vezes o risco de sobrepeso nas crianças, quando comparadas às crianças de mães não fumantes durante a gravidez, na faixa etária entre 3 e 33 anos de vida [B].[260]

- Fumar na gravidez aumenta o risco de doenças infecciosas, de hospitalizações e de mortalidade, tanto para os bebês com baixo peso ao nascimento e pré-termos quanto para os bebês nascidos a termo, com peso normal para idade gestacional [B].[261]

---

259 U.S. DEPARTMENT OF HEALTH AND HUMAN SERVICES, 2014; U.S. DEPARTMENT OF HEALTH AND HUMAN SERVICES, 2010; BOLDO E, MEDINA S, OBERG M, et al. Health impact assessment of environmental tobacco smoke in European children: sudden infant death syndrome and asthma episodes. **Public Health Rep**. 2010;125(3):478-87.

260 OKEN E., 2008, 201-10.

261 METZGER MJ, HALPERIN AC, MANHART LE, HAWES SE. Association of maternal smoking during pregnancy with infant hospitalization and mortality due to infectious diseases. **Pediatr Infect Dis J**. 2013;32(1):e1-7.

- O tabagismo na gravidez está associado a baixo rendimento regular, transtorno de déficit de atenção com hiperatividade e idade mais precoce da iniciação do tabagismo nos filhos [B].[262]
- O tabagismo pós-natal é um importante fator de risco ambiental para a SIDS. A exposição à PTA responde por cerca de um terço dos casos de SIDS e pode levar a aumento de crises asmáticas nas crianças menores [C].[263]
- O tabagismo passivo no ambiente domiciliar exerce forte influência sobre o risco de infecções respiratórias nas crianças, sendo até 60 vezes maior quando o pai e a mãe são fumantes [B].[264]
- Os bebês filhos de pais fumantes têm maior probabilidade de apresentar asma e outras infecções respiratórias. O risco de infecções respiratórias nas crianças é particularmente maior em relação ao tabagismo materno pós-natal [B].[265]
- Há associação significativa entre a exposição fetal ao tabagismo passivo materno no terceiro trimestre da gestação. Os bebês apresentam risco aumentado de desenvolverem crise de chiados, rinite alérgica e eczema quando comparados àqueles de mães que não foram fumantes passivas [B].[266]

---

262 AGRAWAL A, SCHERRER JF, GRANT JD, et al. The effects of maternal smoking during pregnancy on offspring outcomes. **Prev Med**. 2010;50(1-2):13-8.

263 BOLDO E., 2010, 478-87.

264 JONES LL, HASHIM A, MCKEEVER T, et al. Parental and household smoking and the increased risk of bronchitis, bronchiolitis and other lower respiratory infections in infancy: systematic review and meta-analysis. **Respir Res**. 2011;12:5.

265 JONES LL, 2011.

266 LEE SL, LAM TH, LEUNG TH, et al. Foetal exposure to maternal passive smoking is associated with childhood asthma, allergic rhinitis, and eczema. **Scientific World Journal**. 2012:542983.

- As crianças expostas à PTA são mais propensas à tosse noturna [B].[267]
- Os efeitos da exposição das crianças ao tabagismo dos pais, em longo prazo, podem levar a dificuldades na aprendizagem, principalmente para leitura, cálculo e tarefas relacionadas; retardo no crescimento e alterações no comportamento [B].[268]

---

267 CORBO GM, FUCIARELLI F, FORESI A, DE BENEDETTO F. Snoring in children: association with respiratory symptoms and passive smoking. **BMJ**. 1989;299(6714):1491-4.

268 WEITZMAN M, GORTMAKER S, SOBOL A. Maternal smoking and behavior problems of children. **Pediatrics**. 1992;90(3):342-9.

37. O DESAFIO DE PARAR DE FUMAR: POR QUE NEM TODOS OS FUMANTES CONSEGUEM?

No Brasil, apesar de a prevalência de tabagismo vir caindo de forma sistemática, estima-se que ainda há 20 milhões de tabagistas (Pesquisa Nacional de Saúde, IBGE, 2013), dentre os quais há subgrupos específicos com relevantes comorbidades clínicas e psiquiátricas, que apresentam grande dificuldade para deixar de fumar, a despeito dos problemas de saúde que os afligem e de obterem ajuda em um serviço de saúde. [269]

É importante compreender que o tabagismo se caracteriza por ser uma dependência à nicotina, é uma doença crônica, recorrente, exigindo por parte do fumante a realização de várias tentativas para conseguir parar de fumar, de forma definitiva. As recaídas são também bastante frequentes, como em qualquer dependência química, o que requer a oferta de tratamentos continuados para o tabagista.

Um percentual pequeno de fumantes (entre 3-5%) consegue parar sozinho e se manter em abstinência por 1 ano ou mais. Contudo, a maioria dos fumantes necessita de auxílio profissional para deixar de fumar, através de orientações para mudanças comportamentais associadas a apoio terapêutico com medicamentos, naqueles que apresentam uma dependência mais elevada e sintomas de abstinência mais severos. [270]

O Sistema Único de Saúde – SUS – disponibiliza um exitoso programa de tratamento para a cessação do tabagismo, com medicamentos e cartilhas de suporte, na rede pública de saúde, desde 2004, alcançando um número expressivo de municípios e de unidades de saúde com equipes capacitadas para assistir o indivíduo fumante, em toda a linha do cuidado, incluindo a Estratégia de Saúde da Família. [271]

---

269 Instituto Brasileiro de Geograũa e Estatística (IBGE). **Pesquisa Nacional de Saúde 2013**. Rio de Janeiro: IBGE; 2013. ftp://ftp.ibge.gov.br/PNS/2013/pns2013.pdf

270 FIORE MC, JAÉN CR, BAKER TB, et al. Treating tobacco use and dependence: 2008 update U.S. Public Health Service Clinical Practice Guideline executive summary. **Respir Care**. 2008 Sep;53(9):1217-22.

271 MINISTÉRIO DA SAÚDE. Instituto Nacional do Câncer. **Programa Nacional de Controle do Tabagismo (PNCT)**: Tratamento do Tabagismo. http://www1.inca.gov.br/inca/Arquivos/tire_duvidas_pnct_2014.pdf

CONSIDERAÇÕES FINAIS

Como mensagem final, destacamos que não há nível seguro para o consumo do tabaco sob qualquer forma ou disfarce, tampouco para exposição à fumaça ambiental do fumo do tabaco. Os riscos para o desenvolvimento de doenças relacionadas ao tabaco estão bem estabelecidos e documentados em inúmeros estudos científicos, em revisões sistemáticas com metanálise. O tabagismo atinge toda a economia orgânica sendo responsável por mais de 55 doenças, afetando do feto ao idoso. É a principal causa de adoecimento e morte evitável no mundo.

Em síntese, o tabagismo é uma doença crônica, que requer tratamento e seguimento médico, pois é sujeita a recaídas. O tratamento aumenta as chances de o indivíduo parar de fumar e, em geral combina aconselhamento cognitivo-comportamental com o uso de medicamentos. A melhor forma de prevenir a ocorrência ou agravamento de doenças associadas ao consumo de tabaco é a cessação do fumo.

O reconhecimento dos danos produzidos pelo tabaco vem sendo objeto de demandas judiciais pelas vítimas e/ou suas famílias, que buscam compensações pelos danos causados pelo tabagismo. A maioria absoluta dos fumantes experimenta o fumo na infância ou na adolescência, e em pouco tempo já se tornam dependentes da nicotina, antes mesmo de atingirem a vida adulta, portanto em uma fase em que não tinham consciência, em absoluto, dos riscos que o tabaco lhes ocasionaria no futuro.

O tabagismo ocasiona gastos exorbitantes à União que não são compensados com a arrecadação de impostos pagos pela indústria do tabaco. O Sistema Único de Saúde arca com os custos do tratamento dos dependentes de nicotina, e também custeia o tratamento das patologias tabaco relacionadas, como a DPOC, doenças cardíacas, câncer de pulmão e outros tipos de cânceres, AVE, pneumonia e doenças causadas pelo tabagismo passivo que custam R$ 39 bilhões ao país. Por outro lado, à Previdência cabe desembolsar verba para cobrir as perdas de produtividade com incapacidades e pensões pagas aos familiares por mortes prematuras decorrentes do tabagismo o que equivale a R$ 17 bilhões. Todo esse custo leva a perdas anuais de

R$ 56,9 bilhões aos cofres públicos, o equivalente a 1% do Produto Interno Bruto do Brasil. [272]

O objetivo deste capítulo foi revisar as últimas evidências científicas sobre os riscos associados ao tabagismo, para efeito de contribuição para os deslindes relacionados a este tema no Poder Judiciário brasileiro.

---

272 PINTO M, BARDACH A, PALACIOS A, BIZ AN, ALCARAZ A, RODRÍGUEZ B, AUGUSTOVSKI F, PICHON-RIVIERE A. **Carga de doença atribuível ao uso do tabaco no Brasil e potencial impacto do aumento de preços por meio de impostos.** Documento técnico IECS N° 21 [Internet]. Instituto de Efectividad Clínica y Sanitaria, Buenos Aires, Argentina, maio de 2017. www.iecs.org.ar/tabaco

REFERÊNCIAS BIBLIOGRÁFICAS

AGRAWAL A, SCHERRER JF, GRANT JD, SARTOR CE, PERGADIA ML, DUNCAN AE, et al. The effects of maternal smoking during pregnancy on offspring outcomes. *Prev Med.* 2010;50(1-2):13-8.

AKOLO C, ADETIFA I, SHEPPERD S, VOLMINK J. Treatment of latent tuberculosis infection in HIV infected persons. Cochrane Database Syst Rev. 2010;20;(1): CD000171.

ALBERT CM, CHAE CU, GRODSTEIN F, ROSE LM, REXRODE KM, RUSKIN JN, et al. Prospective study on sudden cardiac death among women in the United States. *Circulation.* 2003;107(16):2096-101

AMERICAN THORACIC SOCIETY. Idiopathic pulmonary fibrosis: diagnosis and treatment. International consensus statement. American Thoracic Society (ATS), and the European Respiratory Society (ERS). *Am J Respir Crit Care Med.* 2000;161(2 Pt.1):646-64.

ASSOCIAÇÃO AMERICANA DE PSIQUIATRIA. *DSM-IV*: manual diagnóstico e estatístico de transtornos mentais. 4ª ed. Porto Alegre: Artes Médicas; 1994.

ASVOLD BO, BJORO T, NILSEN TI, VATTEN LJ. Tobacco smoking and thyroid function: a population-based study. *Arch Intern Med.* 2007;167(13):1428-32.

AUGOOD C, DUCKITT K, TEMPLETON AA. Smoking and female infertility: a systematic review and meta-analysis. *Hum Reprod.* 1998;13(6):1532-9.

AVEZUM A, PIEGAS LS, PEREIRA JC. Risk factors associated with acute myocardial infarction in the São Paulo metropolitan region: a developed region in a developing country. *Arq Bras Cardiol.* 2005;84(3):206-13.

BAIN C, FESKANICH D, SPEIZER FE, THUN M, HERTZMARK E, ROSNER BA, et al. Lung cancer rates in men and women with comparable histories of smoking. *J Natl Cancer Inst.* 2004;96(11):826-34.

BANKS E, JOSHY G, WEBER MF, LIU B, GRENFELL R, EGGER S. et al. Tobacco smoking and all- cause mortality in a large Australian cohort study: Findings from a mature epidemic with current low smoking prevalence. *BMC Medicine.* 2015. https://doi.org/10.1186/s12916-015-0281-z

BARBOSA EP, FERREIRA V. Qual é a fisiopatogenia das lesões bucais relacionadas como tabaco? In: Araujo AJ, org. *Manual de condutas e práticas em tabagismo* – Sociedade Brasileira de Pneumologia e Tisiologia. São Paulo: AC Farmacêutica; 2012. p.58-62.

BATES MN, KHALAKDINA A, PAI M, CHANG L, LESSA F, SMITH KR. Risk of tuberculosis from exposure to tobacco smoke: a systematic review and meta-analysis. *Arch Intern Med.* 2007;167(4):335-42.

BAUMGARTNER KB, SAMET JM, STIDLEY CA, COLBY TV, WALDRON JA. Cigarette smoking: a risk factor for idiopathic pulmonary fibrosis. *Am J Respir Crit Care Med.* 1997;155(1):242-8.

BENOWITZ NL. Cigarette smoking and cardiovascular disease: pathophysiology and implications for treatment. *Prog Cardiovasc Dis* 2003;46(1):91-111.

BENOWITZ NL. Clinical pharmacology of nicotine: implications for understanding, preventing, and treating tobacco addiction. *Clin Pharmacol Ther.* 2008;83(4):531-41. doi:10.1038/clpt.2008.3.

BENOWITZ NL. Drug therapy. Pharmacologic aspects of cigarette smoking and nicotine addiction. *N Engl J Med.* 1988;319(20):1318–30. DOI: 10.1056/NEJM198811173192005

BENOWITZ NL. Nicotine addiction. *N Engl J Med.* 2010;362(24):2295-303. doi:10.1056/NEJMra0809890. Disponível em: https://www.ncbi.nlm.nih.gov/pmc/articles/PMC2928221/

BERTONE-JOHNSON ER, HANKINSON SE, JOHNSON SR, MANSON JE. Cigarette smoking and the development of premenstrual syndrome. *Am J Epidemiol.* 2008;168(8):938-45.

BHATNAGAR A. Environmental cardiology: studying mechanistic links between pollution and heart disease. *Circ Res.* 2006;99(7):692-705.

BONNET F, BURTY C, LEWDEN C, COSTAGLIOLA D, MAY T, BOUTELOUP V, et al; *Agence Nationale de Recherches sur le Sida et les Hépatites Virales EN19 Mortalité Study Group; Mortavic Study Group.* Changes in cancer mortality among HIV-infected patients: the Mortalité 2005 Survey. Clin Infect Dis. 2009;48(5):633-9.

BOLDO E, MEDINA S, OBERG M, PUKLOVÁ V, MEKEL O, PATJA K, et al. Health impact assessment of environmental tobacco smoke in European children: sudden infant death syndrome and asthma episodes. *Public Health Rep.* 2010;125(3):478-87.

BOLUMAR F, OLSEN J, BOLDSEN J. Smoking reduces fecundity: a European multicenter study on infertility and subfecundity. The European Study Group on Infertility and Subfecundity. *Am J Epidemiol.* 1996;143(6):578-87.

BROOK JS, BALK EB, ZHANG C. The smoking patterns of women in their forties: their relationship to later osteoporosis. *Psychol Rep.* 2012;110(2):351-62.

BURKE H, LEONARDI-BEE J, HASHIM A, PINE-ABATA H, CHEN Y, COOK DG, et al. Prenatal and passive smoke exposure and incidence of asthma and wheeze: systematic review and meta-analysis. *Pediatrics.* 2012;129(4):735-44.

BURROWS B, KNUDSON RJ, CLINE MG, LEBOWITZ MD. Quantitative relationships between cigarette smoking and ventilatory function. *Am Rev Respir Dis.* 1977;115(2):195-205. 101.

BYEON H. *The association between lifetime cigarette smoking and dysphonia in the Korean general population:* findings from a national survey. Lo Presti A, ed. PeerJ. 2015;3:e912. doi:10.7717/peerj.912.

CALKINS BM. A meta-analysis of the role of smoking in inflammatory bowel disease. *Dig Dis Sci.* 1989;34(12):1841-54.

CALVERT GM, RICE FL, BOIANO JM, SHEEHY JW, SANDERSON WT. Occupational silica exposure and risk of various diseases: an analysis using death certificates from 27 states of the United States. *Occup Environ Med.* 2003;60(2):122-9.

CAMPAIGN FOR TOBACCO-FREE KIDS (USA). *Action on smoking and health (UK)* - Confíe en nosotros. Somos la industria tabacalera. Washington: ASH; 2001.

CATALDO JK, PROCHASKA JJ, GLANTZ SA. Cigarette smoking is a risk factor for Alzheimer's disease: an analysis controlling for tobacco industry affiliation. *J Alzheimers Dis.* 2010;19(2):465-80.

CENTERS FOR DISEASE CONTROL AND PREVENTION. Annual Smoking-Attributable Mortality, Years of Potential Life Lost, and Productivity Losses - United States, 2000–2004. Morbidity and Mortality Weekly Report 2008;57(45):1226-8.

CENTERS FOR DISEASE CONTROL AND PREVENTION (CDC). *Smoking-attributable mortality, years of potential life lost, and productivity losses:* United States, 2000-2004. MMWR Morb Mortal Wkly Rep. 2008;57(45):1226-8.

CENTERS FOR DISEASE CONTROL AND PREVENTION. *Trends in Current Cigarette Smoking Among High School Students and Adults, United States, 1965–2014*. National Health Interview Survey. Office on Smoking and Health, National Center for Chronic Disease Prevention and Health Promotion, 2014. https://www.cdc.gov/tobacco/data_statistics/tables/trends/cig_smoking/index.htm

CHUANG SC, LEE YC, HASHIBE M, DAI M, ZHENG T, BOFFETTA P. Interaction between cigarette smoking and hepatitis B and C virus infection on the risk of liver cancer: a metaanalysis. *Cancer Epidemiol Biomarkers Prev*. 2010;19(5):1261-8.

CHURCH TR, ANDERSON KE, CAPORASO NE, GEISSER MS, LE CT, ZHANG Y, et al. A prospectively measured serum biomarker for a tobacco-specific carcinogen and lung cancer in smokers. *Cancer Epidemiol. Biomarkers Prev*. 2009;18(1):260-6.

CORPECHOT C, GAOUAR F, CHRÉTIEN Y, JOHANET C, CHAZOUILLÈRES O, POUPON R. Smoking as an independent risk factor of liver fibrosis in primary biliary cirrhosis. *J Hepatol*. 2012;56(1):218-24.

COURTEMANCHE CJ, PALMAR MK, PESKO MF. Influence of the Flavored Cigarette Ban on Adolescent Tobacco Use. *Am J Prev Med*. 2017;52(5):e139-e146. doi:10.1016/j.amepre.2016.11.019.

CURTIS KM, SAVITZ DA, ARBUCKLE TE. Effects of cigarette smoking, caffeine consumption, and alcohol intake on fecundability. *Am J Epidemiol*. 1997;146(1):32-41.

DANI JA, HARRIS RA. Nicotine addiction and comorbidity with alcohol abuse and mental illness. *Nat Neurosci*. 2005;8(11):1465-70.

DIAZ FJ, JAMES D, BOTTS S, MAW L, SUSCE MT, DE LEON J. Tobacco smoking behaviors in bipolar disorder: a comparison of the general population, schizophrenia, and major depression. *Bipolar Disord*. 2009;11(2):154-65.

DICLEMENTE CC, PROCHASKA JO. Self-change and therapy change of smoking behavior: a comparison of processes of change in cessation and maintenance. *Addict Behav*. 1982;7(2):133-42.

DECHANET C, ANAHORY T, MATHIEU DAUDE JC, QUANTIN X, REYFTMANN L, HAMAMAH S, et al. Effects of cigarette smoking on reproduction. *Hum Reprod Update*. 2011;17(1):76-95.

DE LEON J, DIAZ FJ. A meta-analysis of worldwide studies demonstrates an association between schizophrenia and tobacco smoking behaviors. *Schizophr Res.* 2005;76(2-3):135-57.

DOLL R, HILL AB. A study of the aetiology of carcinoma of the lung. *Br Med J.* 1952;2(4797):1271-86.

DOLL R, PETO R, BOREHAM J, SUTHERLAND I. Mortality from cancer in relation to smoking: 50 years observations on British doctors. *Br J Cancer.* 2005;92(3):426-9.

EISNER MD, BALMES J, KATZ BP, TRUPIN L, YELIN E, BLANC PD. Lifetime environmental tobacco smoke exposure and the risk of chronic obstructive pulmonary disease. *Environ Health.* 2005;4(1):7.

EZZATI M, LOPEZ AD. Estimates of global mortality attributable to smoking in 2000. *Lancet.* 2003;362(9387):847-52.

FAZELI B, RAVARI H, ASSADI R. Natural history definition and a suggested clinical approach to Buerger's disease: a case-control study with survival analysis. *Vascular.* 2012;20(4):198-202.

FELDMAN JG, MINKOFF H, SCHNEIDER MF, GANGE SJ, COHEN M, WATTS DH, et al. Association of cigarette smoking with HIV prognosis among women in the HAART era: a report from the women's interagency HIV study. *Am J Public Health.* 2006;96(6):1060-5.164.

FELDMAN HA, JOHANNES CB, DERBY CA, KLEINMAN KP, MOHR BA, ARAUJO AB, et al. Erectile dysfunction and coronary risk factors: prospective results from the Massachusetts male aging study. *Prev Med.* 2000;30(4):328-38.

FERLAY J, SHIN HR, BRAY F, FORMAN D, MATHERS C, PARKIN DM. GLOBOCAN 2008, *Cancer incidence and mortality worldwide:* IARC CancerBase No. 10. Lyon: IARC; 2010. http://globocan.iarc.fr.

FERREIRA ABH. *Mini Aurélio.* O Dicionário de Língua Portuguesa. 6ª ed. Curitiba: Positivo; 2004.

FIGUEIREDO V, COSTA AJ. *Mortalidade Atribuível ao tabagismo passivo na população urbana do Brasil*, 2003. Trabalho apresentado como parte das comemorações do Dia Nacional de Combate ao Fumo.

INSTITUTO NACIONAL DO CÂNCER. *Coordenação de Prevenção e Vigilância*, 2003. Disponível em: http://www.inca.gov.br/inca/ Arquivos/Tabagismo/estudomorte_tabagismo_passivofinal.ppt

FLANDERS WD, LALLY CA, ZHU BP, HENLEY SJ, THUN MJ. Lung cancer mortality in relations to age, duration of smoking, and daily cigarette consumption: results from Cancer Prevention Study II. *Cancer Research* 2003;63(19):6556-62.

FONTHAM ET, CORREA P, REYNOLDS P, WU-WILLIAMS A, BUFFLER PA, GREENBERG RS, et al. Environmental tobacco smoke and lung cancer in nonsmoking women. A multicenter study. *JAMA*. 1994;271(22):1752-9.

FOREY BA, THORNTON AJ, LEE PN. Systematic review with meta-analysis of the epidemiological evidence relating smoking to COPD, chronic bronchitis and emphysema. *BMC Pulm Med*. 2011 Jun 14;11:36. doi:10.1186/1471-2466-11-36.

FREIMAN A, BIRD G, METELITSA AI, BARANKIN B, LAUZON GJ. Cutaneous effects of smoking. *J Cutan Med Surg*. 2004;8(6):415-23.

FROST PH, DAVIS BR, BURLANDO AJ, CURB JD, GUTHRIE GP, ISAACSOHN JL, et al. Coronary heart disease risk factors in men and women aged 60 years and older: findings from the Systolic Hypertension in the Elderly Program. *Circulation*. 1996;94(1):26-34.

FU SS1, MCFALL M, SAXON AJ, BECKHAM JC, CARMODY TP, BAKER DG, JOSEPH AM. Post-traumatic stress disorder and smoking: a systematic review. *Nicotine Tob Res*. 2007;9(11):1071-84. doi:10.1080/14622200701488418

GANDINI S, BOTTERI E, IODICE S, BONIOL M, LOWENFELS AB, MAISONNEUVE P, et al. Tobacco smoking and cancer: a meta-analysis. *Int J Cancer*. 2008;122(1):155-64.

GAO J, SHAN G, SUN B, THOMPSON PJ, GAO X. Association between polymorphism of tumour necrosis factor alpha-308 gene promoter and asthma: a meta-analysis. *Thorax*. 2006;61(6):466-71.

GEORGE L, GRANATH F, JOHANSSON AL, ANNERÉN G, CNATTINGIUS S. Environmental tobacco smoke and risk of spontaneous abortion. *Epidemiology*. 2006;17(5):500-5.

GLOBAL INITIATIVE FOR CHRONIC OBSTRUCTIVE LUNG DISEASE. *Global Strategy for the diagnosis, management, and prevention of chronic obstructive pulmonary disease* (Updated 2007). http://www.goldcopd.com/Guidelineitem.asp?l1=2&l2=1&intId=989

GORDON T, KANNEL WB. Predisposition to atherosclerosis in the head, heart, and legs. The Framingham study. *JAMA*. 1972;221(7):661-6.

GROSSI SG, ZAMBON JJ, HO AW, KOCH G, DUNFORD RG, MACHTEI EE, et al. Assessment of risk for periodontal disease. I. Risk indicators for attachment loss. *J Periodontol.* 1994;65(3):260-7.

GUPTA B, JOHNSON NW. Systematic *Review and Meta-Analysis of Association of Smokeless Tobacco and of Betel Quid without Tobacco with Incidence of Oral Cancer in South Asia and the Pacific.* Li Y, ed. PLoS ONE. 2014;9(11):e113385. doi:10.1371/journal.pone.0113385.

HAHEIM LL, HOLME I, HJERMANN I, LEREN P. Smoking habits and risk of fatal stroke: 18 years follow up of the Oslo study. *J Epidemiol Community Health.* 1996;50(6):621-4.

HANCE AJ, BASSET F, SAUMON G, DANEL C, VALEYRE D, BATTESTI JP, et al. Smoking and interstitial lung disease. The effect of cigarette smoking on the incidence of pulmonary histiocytosis X and sarcoidosis. *Ann N Y Acad Sci.* 1986;465:643-56.

HALTERMAN JS, BORRELLI B, TREMBLAY P, CONN KM, FAGNANO M, MONTES G, et al. Screening for environmental tobacco smoke exposure among inner-city children with asthma. *Pediatrics.* 2008;122(6):1277-83.

HARLEV A, AGARWAL A, GUNES SO, SHETTY A, DU PLESSIS SS. Smoking and Male Infertility: An Evidence-Based Review. *The World Journal of Men's Health.* 2015;33(3):143-160. doi:10.5534/wjmh.2015.33.3.143.

HAYATBAKHSH MR, CLAVARINO A, WILLIAMS GM, SINA M, NAJMAN JM. Cigarette smoking and age of menopause: a large prospective study. *Maturitas.* 2012;72(4):346-52.

HELLEBERG M, AFZAL S, KRONBORG G, LARSEN CS, PEDERSEN G, PEDERSEN C, et al. Mortality attributable to smoking among HIV-1-infected individuals: a nationwide, population-based cohort study. *Clin Infec Dis.* 2013;56(5):727-34.221.

HILL AB. The environment and disease: association or causation? *Proc R Soc Med.* 1965;58:295-300.

HIRAYAMA T. Non-smoking wives of heavy smokers have a higher risk of lung cancer: a study from Japan. *Br Med J (Clin Res Ed)* 1981;282(6259):183-5.

HIRSHKOWITZ M, KARACAN I, HOWELL JW, ARCASOY MO, WILLIAMS RL. Nocturnal penile tumescence in cigarette smokers with erectile dysfunction. *Urology.* 1992;39(2):101-7.

HOLM IA, MANSON JE, MICHELS KB, ALEXANDER EK, WILLETT WC, UTIGER RD. Smoking and other lifestyle factors and the risk of Graves' hyperthyroidism. *Arch Intern Med.* 2005;165(14):1606-11.

HOLST AG, JENSEN G, PRESCOTT E. Risk factors for venous thromboembolism: results from the Copenhagen City Heart Study. *Circulation.* 2010;121(17):1896-903.

HOUAISS A, VILLAR MS. *Dicionário Houaiss da Língua Portuguesa.* Rio de Janeiro: Objetiva; 2001.

HOWICK J; CHALMERS I, GLASZIOU P, GREENHALGH T, HENEGHAN C, LIBERATI A et al. *Explanation of the 2011 Oxford Centre for Evidence-Based Medicine (OCEBM) Levels of Evidence (Background Document).* Oxford Centre for Evidence-Based Medicine, 2016. http://www.cebm.net/index.aspx?o=5653

HULL MG, NORTH K, TAYLOR H, FARROW A, FORD WC. Delayed conception and active and passive smoking. The Avon Longitudinal Study of Pregnancy and Childhood Study Team. *Fertil Steril.* 2000;74(4):725-33.

HURT RD, WESTON SA, EBBERT JO, MC-NALLAN SM, CROGHAN IT, SCHROEDER DR, et al. Myocardial infarction and sudden cardiac death in Olmsted county, Minnesota, before and after smoke-free workplace laws. *Arch Intern Med.* 2012;172(21):1635-41. 130.

INTERNATIONAL AGENCY FOR RESEARCH ON CANCER. *IARC monographs on the evaluation of carcinogenic risks to humans*: tobacco smoke and involuntary smoking. Vol. 83 [Internet]. Lyon: International Agency for Research on Cancer; 2004.

INSTITUTO NACIONAL DE CÂNCER (INCA). Coordenação de Prevenção e Vigilância (CONPREV). *Implantando um programa de controle do tabagismo e outros fatores de risco em unidades de saúde.* Rio de Janeiro: Ministério da Saúde; 2001.

INSTITUTO NACIONAL DE CÂNCER JOSÉ ALENCAR GOMES DA SILVA. *Cigarros eletrônicos: o que sabemos?* Estudo sobre a composição do vapor e danos à saúde, o papel na redução de danos e no tratamento da dependência de nicotina. Organização de Stella Regina Martins. Rio de Janeiro: INCA, 2016. Disponível em: <http://www1.inca.gov.br/inca/Arquivos/cigarros_eletronicos.pdf>.

INSTITUTO NACIONAL DE CÂNCER JOSÉ ALENCAR GOMES DA SILVA. Comissão Nacional para a Implementação da Convenção-

Quadro para o Controle do Tabaco e de seus Protocolos (CONICQ). *Aditivos em cigarros* [Internet]. Rio de Janeiro: Inca, 2014, 47 p.

JARVIS MJ. Why people smoke. *BMJ*. 2004;328(7434):277-9. doi:10.1136/bmj.328.7434.277. Disponível em <https://www.ncbi.nlm.nih.gov/pmc/articles/PMC324461/>

JEE SH, FOONG AW, HUR NW, SAMET JM. Smoking and risk for diabetes incidence and mortality in Korean men and women. *Diabetes Care*. 2010;33(12):2567-72.

JIN J, ARIF B, GARCIA-FERNANDEZ F, ENNIS TL, DAVIS EC, THOMPSON RW, et al. Novel mechanism of aortic aneurysm development in mice associated with smoking and leukocytes. *Arterioscler Thromb Vasc Biol*. 2012;32(12):2901-9.

JONES LL, HASHIM A, MCKEEVER T, COOK DG, BRITTON J, LEONARDI-BEE J. Parental and household smoking and the increased risk of bronchitis, bronchiolitis and other lower respiratory infections in infancy: systematic review and meta-analysis. *Respir Res*. 2011;12:5.

JOSEPH AM, NORMAN SM, FERRY LH, PROCHAZKA AV, WESTMAN EC, STEELE BG, et al. The safety of transdermal nicotine as an aid to smoking cessation in patients with cardiac disease. *N Engl J Med*. 1996;335(24):1792-8.

JUNIOR M, ALBERTO C, MELO LBR. Integration of three concepts: executive function, working memory and learning. *Psicologia Teoria e Pesquisa*. 2011;27(3):309-14. http://www.scielo.br/pdf/ptp/v27n3/06.pdf

KELLY SP, THORNTON J, EDWARDS R, SAHU A, HARRISON R. Smoking and cataract: review of causal association. *J Cataract Refract Surg*. 2005;31(12):2395-404.

KENFIELD SA, STAMPFER MJ, ROSNER BA, COLDITZ GA. Smoking and smoking cessation in relation to mortality in women. *JAMA*. 2008;299(17):2037-47.

KIENE H, HAMRE HJ, KIENLE GS. In Support of Clinical Case Reports: A System of Causality Assessment. *Global Advances in Health and Medicine*. 2013;2(2):64-75. doi:10.7453/gahmj.2012.061.

KIM YK, KIM SH, TAK YJ, JEE YK, LEE BJ et al. High prevalence of current asthma and active smoking effect among the elderly. *Clin Exp Allergy*. 2002;32(12):1706-12.

KLUNGSOYR O, NYGARD JF, SERENSEN T, SANDANGER I. Cigarette smoking and incidence of first depressive episode: an 11-year, population-based follow-up study. *Am J Epidemiol.* 2006;163(5):421-32.

KOOB GF, VOLKOW ND. Neurocircuitry of addiction. *Neuropsychopharmacology.* 2010 Jan;35(1):217-38. doi:10.1038/npp.2009.110. Disponível em: <https://www.ncbi.nlm.nih.gov/pmc/articles/PMC2805560/>

KREUZER M, BOFFETTA P, WHITLEY E, AHRENS W, GABORIEAU V, HEINRICH J, et al. Gender differences in lung cancer risk by smoking: a multicentre case-control study in Germany and Italy. *Br J Cancer.* 2000;82(1):227-33.

LALWANI AK, LIU YH, WEITZMAN M. Secondhand smoke and sensorineural hearing loss in adolescents. *Arch Otolaryngol Head Neck Surg.* 2011;137(7):655-62.

LAMBERS DS, CLARK KE. The maternal and fetal physiologic effects of nicotine. *Semin Perinatol.* 1996;20(2):115-26.

LEE LJ, LUPO PJ. Maternal smoking during pregnancy and the risk of congenital heart defects in offspring: a systematic review and meta analysis. *Pediatr Cardiol.* 2013;34(2):398-407.

LEE PN, FRY JS. Systematic review of the evidence relating FEV1 decline to giving up smoking. *BMC Med.* 2010;8:84.

LEE SL, LAM TH, LEUNG TH, WONG WH, SCHOOLING M, LEUNG GM, et al. Foetal exposure to maternal passive smoking is associated with childhood asthma, allergic rhinitis, and eczema. *Scientific World Journal.* 2012:542983.

LEE YC, COHET C, YANG YC, STAYNER L, HASHIBE M, STRAIF K. Meta-analysis of epidemiologic studies on cigarette smoking and liver cancer. *Int J Epidemiol.* 2009;38(6):1497-511.

LEONARDI-BEE J, SMYTH A, BRITTON J, COLEMAN T. Environmental tobacco smoke and fetal health: systematic review and metaanalysis. *Arch Dis Child Fetal Neonatal Ed.* 2008;93(5): F351-61.

LEUENBERGER P, SCHWARTZ J, ACKERMANN-LIEBRICH U, BLASER K, BOLOGNINI G, BONGARD JP, et al. Passive smoking exposure in adults and chronic respiratory symptoms (SAPALDIA Study). Swiss Study on Air Pollution and Lung Diseases in Adults, SAPALDIA Team. *Am J Respir Crit Care Med.* 1994;150(5 Pt 1):1222-8.

LIFSON AR, NEUHAUS J, ARRIBAS JR, VAN DEN BERG-WOLF M, LABRIOLA AM, READ TR; INSIGHT SMART Study Group. Smoking-related health risks among persons with HIV in the Strategies for Management of Antiretroviral Therapy clinical trial. *Am J Public Health*. 2010;100(10):1896-903.

LOKKE A, LANGE P, SCHARLING H, FABRICIUS P, VESTBO J. Developing COPD: a 25 year follow up study of the general population. *Thorax*. 2006;61(11):935-9.

LUDVIG J, MINER B, EISENBERG MJ. Smoking cessation in patients with coronary artery disease. *Am Heart J*. 2005;149(4):565-72.

MACACU A, AUTIER P, BONIOL M, BOYLE P. Active and passive smoking and risk of breast cancer: a meta-analysis. *Breast Cancer Res Treat*. 2015;154(2):213-24. doi:10.1007/s10549-015-3628-4.

MACKAY J, JEMAL A, LEE NC, PARKIN DM. The cancer atlas. Atlanta: American Cancer Society; 2006. Global patterns of cancer incidence and mortality rates and trends. *Cancer Epidemiol Biomarkers Prev*. 2010;19:1893.

MALCON M. *Prevalência de tabagismo em adolescentes de Pelotas*: um estudo de base populacional [Dissertação de Mestrado]. Pelotas: Universidade Federal de Pelotas; 2000.

MANNINO DM. *COPD*: epidemiology, prevalence, morbidity and mortality, and disease heterogeneity. Chest. 2002;121(5 Suppl.):121S-6S.

MARTINI S, WAGNER FA, ANTHONY JC. The association of tobacco smoking and depression in adolescence: evidence from the United States. *Subst Use Misuse*. 2002;37(14):1853-67.177.

MCELROY JA, BLOOM T, MOORE K, GEDEN B, EVERETT K, BULLOCK LF. Perinatal mortality and adverse pregnancy outcomes in a low-income rural population of women who smoke. *Birth Defects Res A Clin Mol Teratol*. 2012;94(4):223-9.

MENEZES AM, JARDIM JR, PÉREZ-PADILLA R, CAMELIER A, ROSA F, NASCIMENTO O, et al. *Prevalence of chronic obstructive pulmonary disease and associated factors*: the PLATINO Study in Sao Paulo, Brazil. Cad Saude Publica. 2005;21(5):1565-73.

METZGER MJ, HALPERIN AC, MANHART LE, HAWES SE. Association of maternal smoking during pregnancy with infant hospitalization and mortality due to infectious diseases. *Pediatr Infect Dis J*. 2013;32(1):e1-7.

MIDGETTE AS, BARON JA. Cigarette smoking and the risk of natural menopause. *Epidemiology*. 1990;1(6):474-80.

MILLER, WR, ROLLNICK, S. *Princípios da Entrevista Motivacional:* Preparando as pessoas para a mudança de comportamentos aditivos. 1ª edição. Porto Alegre: Artmed; 2000.

MINICHINO A, BERSANI FS, CALÒ WK, et al. Smoking Behaviour and Mental Health Disorders - utual Influences and Implications for Therapy. International Journal of Environmental *Research and Public Health*. 2013;10(10):4790-4811.doi:10.3390/ijerph10104790.

MINISTÉRIO DA SAÚDE (BRASIL). Instituto Nacional do Câncer. *Convenção-quadro para o controle do tabaco:* texto oficial. [Internet]. Rio de Janeiro, INCA, 2011, 58 p. Disponível em: <http://www.saude.pr.gov.br/arquivos/File/convencao_quadro_texto_oficial.pdf>

MIRRA AP; et al. *Projeto Diretrizes*. Evidências Científicas sobre Tabagismo para Subsídio ao Poder Judiciário [Internet]. Associação Médica Brasileira. Ministério da Saúde/Instituto Nacional de Câncer José Alencar Gomes da Silva Aliança de Controle do Tabagismo; 2013. Disponível em: <http://www.projetodiretrizes.org.br/diretrizes12/tabagismojudiciario.pdf>

MOKDAD AH, MARKS JS, STROUP DF, GERBERDING JL. Actual Causes of Death in the United States. *JAMA*: Journal of the American Medical Association 2004;291(10):1238-45.

MORRIS CD, GIESE AA, TURNBULL JJ, DICKINSON M, JOHNSON-NAGEL N. Predictors of tobacco use among persons with mental illnesses in a statewide population. *Psychiatr Serv*. 2006;57(7):1035-8.

MORITA A. Tobacco smoke causes premature skin aging. *J Dermatol Sci*. 2007;48(3):169-75.

MYINT PK, WELCH AA, BINGHAM SA, LUBEN RN, WAREHAM NJ, DAY NE, et al. Smoking predicts long-term mortality in stroke: The European Prospective Investigation into Cancer (EPIC)-Norfolk prospective population study. *Prev Med*. 2006;42(2):128-31.

OKEN E, LEVITAN EB, GILLMAN MW. Maternal smoking during pregnancy and child overweight: systematic review and meta-analysis. *Int J Obes (Lond)*. 2008;32(2):201-10.

OLIN JW. Thromboangiitis obliterans (Buerger's disease). *N Engl J Med*. 2000;343(12):864-9

OONO IP, MACKAY DF, PELL JP. Meta-analysis of the association between secondhand smoke exposure and stroke. *J Public Health (Oxf)*. 2011;33(4):496-502.

ORDÓÑEZ-MENA JM, SCHÖTTKER B, MONS U, et al. Quantification of the smoking-associated cancer risk with rate advancement periods: meta-analysis of individual participant data from cohorts of the CHANCES consortium. *BMC Medicine*. 2016;14:62. doi:10.1186/s12916-016-0607-5.

ORGANIZAÇÃO MUNDIAL DE SAÚDE. Organização Mundial de Saúde. *CID-10*: classificação estatística internacional de doenças. São Paulo: OMS; 2007 [Internet]. http://www.edusp.com.br/detlivro.asp?ID=31401933

ORGANIZAÇÃO MUNDIAL DE SAÚDE (OMS). *Classificação de transtornos mentais e de comportamento da CID-10*. Porto Alegre: Artmed; 1993.

ORGANIZAÇÃO MUNDIAL DE SAÚDE. *Neurociência do uso e da dependência de substâncias psicoativas* [Internet]. São Paulo: Roca; 2006. Disponível em: <https://extranet.who.int/iris/restricted/bitstream/10665/42666/2/9788572416665_por.pdf>

PEDERSEN W, VON SOEST T. Smoking, nicotine dependence and mental health among young adults: a 13-year population-based longitudinal study. *Addiction*. 2009;104(1):129-37.

PETO R, DARBY S, DEO H, SILCOCKS P, WHITLEY E, DOLL R. Smoking, smoking cessation, and lung cancer in the UK since 1950: combination of national statistics with two case-control studies. *BMJ*. 2000;321(7257):323-9.

PINTO M; et al. *Carga de doença atribuível ao uso do tabaco no Brasil e potencial impacto do aumento de preços por meio de impostos*. Documento técnico IECS N° 21 [Internet]. Instituto de Efectividad Clínica y Sanitaria, Buenos Aires, Argentina, maio de 2017. Disponível em: www.iecs.org.ar/tabaco

PONTIERI FE, TANDA G, ORZI F, DI CHIARA G. Effects of nicotine on the nucleus accumbens and similarity to those of addictive drugs. *Nature*. 1996;382(6588):255–7. DOI: 10.1038/382255a0. Disponível em: http://www.nature.com/nature/journal/v382/n6588/abs/382255a0.html?foxtrotcallback=true

RABE, KF: et al. Global Initiative for Chronic Obstructive Lung Disease, et al. Global strategy for the diagnosis, management, and prevention of chronic obstructive pulmonary disease: GOLD executive summary. *Am J Respir Crit Care Med.* 2007;176(6):532-55.

RAYENS MK, BURKHART PV, ZHANG M, LEE S, MOSER DK, MANNINO D, et al. Reduction in asthma-related emergency department visits after implementation of a smoke-free law. *J Allergy Clin Immunol.* 2008;122(3):537-41.

RODGMAN A, PERFETTI TA. *The chemical components of tobacco and tobacco smoke.* Florida: CRC Press; 2009.

ROELANDS J, JAMISON MG, LYERLY AD, JAMES AH. Consequences of smoking during pregnancy on maternal health. *J Womens Health (Larchmt).* 2009;18(6):867-72.

ROGERS JM. Tobacco and pregnancy. *Reprod Toxicol.* 2009;28(2):152-60.

ROSEMBERG J, ARRUDA AM, MORAES MA. *Nicotina:* droga universal [Internet]. São Paulo: Secretaria da Saúde. Centro de Vigilância Epidemiológica; 2003. 178 p.

ROSENSTOCK S, JORGENSEN T, BONNEVIE O, ANDERSEN L. Risk factors for peptic ulcer disease: a population based prospective cohort study comprising 2416 Danish adults. *Gut.* 2003;52(2):186-93.

SALOKANGAS RK, HONKONEN T, STENGARD E, KOIVISTO AM, HIETALA J. Cigarette smoking in long-term schizophrenia. *Eur Psychiatry.* 2006;21(4):219-23.

SARAÇ F, ÖZTEKIN K, ÇELEBI G. Early menopause association with employment, smoking, divorced marital status and low leptin levels. *Gynecol Endocrinol.* 2011;27(4):273-8.

SCHMIDT MI, DUNCAN BB, AZEVEDO E SILVA G, MENEZES AM, MONTEIRO CA, BARRETO SM, et al. Chronic non-communicable diseases in Brazil: burden and current challenges. *Lancet.* 2011;377(9781):1949-61.

SELIFKOFF IJ, HAMMOND EC, SEIDMAN H. Mortality experience of asbestos insulation workers in the United States and Canada, 1943. *Ann NY Acad Sci* 1979; 330: 91-116.

SHAH NR, BRACKEN MB. A systematic review and meta-analysis of prospective studies on the association between maternal cigarette smoking and preterm delivery. *Am J Obstet Gynecol.* 2000;182(2):465-72.

SHIELS MS, KATKI HA, FREEDMAN ND, PURDUE MP, WENTZENSEN N, TRABERT B, et al. Cigarette Smoking and Variations in Systemic Immune and Inflammation Markers. *Journal of the National Cancer Institute*, 2014;106(11). https://doi.org/10.1093/jnci/dju294

SHOPLAND DR. Tobacco use and its contribution to early cancer mortality with a special emphasis on cigarette smoking. *Environ Health Perspect*. 1995;103(Suppl 8):131-42.188.

SLADE J. Nicotine delivery devices. In: Orleans CT, Slade J, eds. *Nicotine addiction*: principles and management. New York: Oxford University Press; 1993.

SMYK DS, RIGOPOULOU EI, MURATORI L, BURROUGHS AK, BOGDANOS DP. Smoking as a risk factor for autoimmune liver disease: what we can learn from primary biliary cirrhosis. *Ann Hepatol*. 2012;11(1):7-14.

SODE BF, NORDESTGAARD BG, GRONBAEK M, DAHL M. Tobacco smoking and aortic aneurysm: Two population-based studies. *Int J Cardiol*. 2012.

SOLLIE M, BILLE C. Smoking and mortality in women diagnosed with breast cancer—a systematic review with meta-analysis based on 400,944 breast cancer cases. *Gland Surgery*. 2017;6(4):385-393. doi:10.21037/gs.2017.04.06.

SUGIYAMA D1, NISHIMURA K, TAMAKI K, TSUJI G, NAKAZAWA T, MORINOBU A, KUMAGAI S. Impact of smoking as a risk factor for developing rheumatoid arthritis: a meta-analysis of observational studies. *Ann Rheum Dis*. 2010;69(1):70-81. doi 10.1136/ard.2008.096487.

TAMMEMAGI CM, DAVIS RM, BENNINGER MS, HOLM AL, KRAJENTA R. Secondhand smoke as a potential cause of chronic rhinosinusitis: a case-control study. *Arch Otolaryngol Head Neck Surg*. 2010;136(4):327-34.

TANNI SE, PELEGRINO NR, ANGELELI AY, CORREA C, GODOY. Smoking status and tumor necrosis factor-alpha mediated systemic inflammation in COPD patients. *J Inflamm (Lond)*. 2010;7:29. doi:10.1186/1476-9255-7-29.

TAYLOR R, NAJAFI F, DOBSON A. Meta-analysis of studies of passive smoking and lung cancer: effects of study type and continent. *Int J Epidemiol*. 2007;36(5):1048-59.

TEO KK, OUNPUU S, HAWKEN S, PANDEY MR, VALENTIN V, HUNT D, et al. Tobacco use and risk of myocardial infarction in 52 countries in the INTERHEART study: a case-control study. *Lancet.* 2006;368(9536):647-58.

THE AMERICAN PSYCHIATRIC ASSOCIATION. *Diagnostic and Statistical Manual of Mental Disorders -DSM III* [Internet]. Washington, D.C: The American Psychiatric Association; 1980. Disponível em: http://displus.sk/DSM/subory/dsm3.pdf

THE AMERICAN PSYCHIATRIC ASSOCIATION. *Diagnostic and Statistical Manual of Mental Disorders -DSM-5* [Internet]. Fifth. Arlington: American Psychiatric Association; 2014. Disponível em: https://www.psychiatry.org/psychiatrists/practice/dsm/updates-to-dsm-5

THE WORLD BANK GROUP. *Curbing the epidemic*: governments and economics of tobacco control [Internet]. Washington: The World Bank; 1999. Disponível em: http://www1.worldbank.org/tobacco/book/html/chapter1.htm

THOMPSON NC, SPEARS M. The influence of smoking on the treatment response in patients with asthma. *Curr Opin Allergy Clin Inmunol* 2005;5:57-63.

TONSTAD S. Cigarette smoking, smoking cessation, and diabetes. *Diabetes Res Clin Pract.* 2009;85(1):4-13.

TONSTAD S, FARSANG C, KLAENE G, LEWIS K, MANOLIS A, PERRUCHOUD AP, et al. Bupropion SR for smoking cessation in smokers with cardiovascular disease: a multicentre, randomised study. *Eur Heart J.* 2003;24(10):946-55.

TUCCI SRB, FIGUEIREDO VC, COSTA E SILVA VL. A regulação de aditivos que conferem sabor e aroma aos produtos derivados do tabaco no Brasil. *Cad. Ibero-Amer. Dir.* Sanit., Brasília, 2014:3(1):44-67. Disponível em: http://actbr.org.br/uploads/conteudo/946_125-501-1-PB.pdf

UNITED STATES OF AMERICA VS. PHILLIP MORRIS, USA, Inc. et al, 1,683

U.S. DEPARTMENT OF HEALTH AND HUMAN SERVICES. *How Tobacco Smoke Causes Disease:* The Biology and Behavioral Basis for Smoking-Attributable Disease: A Report of the Surgeon General. Atlanta, GA: U.S. Department of Health and Human Services, Centers for Disease Control and Prevention, National Center for Chronic Disease Prevention and Health Promotion, Office on Smoking and Health, 2010.

U.S. DEPARTMENT OF HEALTH AND HUMAN SERVICES. *The Health Consequences of Involuntary Exposure to Tobacco*

Smoke: A Report of the Surgeon General. Atlanta: U.S. Department of Health and Human Services, Centers for Disease Control and Prevention, National Center for Chronic Disease Prevention and Health Promotion, Office on Smoking and Health, 2006.

U.S. DEPARTMENT OF HEALTH AND HUMAN SERVICES. *The Health Consequences of Smoking: 50 Years of Progress*. A Report of the Surgeon General [Internet]. Atlanta, GA: U.S. Department of Health and Human Services, Centers for Disease Control and Prevention, National Center for Chronic Disease Prevention and Health Promotion, Office on Smoking and Health, January 2014. https://www.surgeongeneral.gov/library/reports/50-years-of-progress/full-report.pdf

U.S. DEPARTMENT OF HEALTH AND HUMAN SERVICES. *The health consequences of smoking. A report of the Surgeon General* [Internet]. Atlanta: U.S. Department of Health and Human Services, Centers for Disease Control and Prevention, National Center for Chronic Disease Prevention and Health Promotion, Office on Smoking and Health; 2004.

U.S v. Philip Morris, USA Inc., 449 F. Supp. 2d (D. D. C. 2006) [Internet]. Disponível em: https://www.tobaccocontrollaws.org/files/live/litigation/596/US_United%20States%20v.%20Philip%20Morris.pdf

U. S. v. Philip Morris, USA, Inc., 449 F. Supp. 2d (D. D. C. 2006) page 309 [Internet]. https://www.courtlistener.com/opinion/2509111/united-states-v-philip-morris-usa-inc/

US SURGEON GENERAL. *The health consequences of smoking*. Chronic obstructive lung disease. A report of the Surgeon General. Rockville: US Department of Health and Human Services; Public Health Service; 1984. http://www.surgeongeneral.gov/library/reports/index.html DHHS (PHS) 84-50205.

VAN DER HEIDE F, DIJKSTRA A, WEERSMA RK, ALBERSNAGEL FA, VAN DER LOGT EM, FABER KN, et al. Effects of active and passive smoking on disease course of Crohn's disease and ulcerative colitis. *Inflamm Bowel Dis*. 2009;15(8):1199-207.

VESTERGAARD P. Smoking and thyroid disorders: a meta-analysis. *Eur J Endocrinol*.2002;146(2):153-61.

VOLKOW ND, KOOB G. Brain Disease Model of Addiction: why is it so controversial? *The Lancet Psychiatry*. 2015;2(8):677-679. doi:10.1016/S2215-0366(15)00236-9.

WEINBERGER AH, DESAI RA, MCKEE SA. Nicotine withdrawal in U.S. smokers withcurrent mood, anxiety, alcohol use, and substance use disorders. *Drug Alcohol Depend.* 2009;108(1-2):7-12.

WENBIN D, ZHUO C, ZHIBING M, CHEN Z, RUIFAN Y, JIE J, et al. The effect of smoking on the risk of gallbladder cancer: a meta-analysis of observational studies. *Eur J Gastroenterol Hepatol.* 2013;25(3):373-9.

WIENCKE JK, THURSTON SW, KELSEY KT, VARKONYI A, WAIN JC, MARK EJ, et al. Edad temprana en el inicio del consumo de tabaco y el daño del ADN cancerígeno en el pulmón. *J Natl Cancer Inst.* 1999;91(7):614-9.

WEITZMAN M, GORTMAKER S, SOBOL A. Maternal smoking and behavior problems of children. *Pediatrics.* 1992;90(3):342-9.

WILLI C, BODENMANN P, GHALI WA, FARIS PD, CORNUZ J. Active smoking and the risk of type 2 diabetes: a systematic review and meta-analysis. *JAMA.* 2007;298(22):2654-64.

WORLD HEALTH ORGANIZATION. *Tobacco.* WHO, Geneve, Fact Sheet, updated May 2017. http://www.who.int/mediacentre/factsheets/fs339/en/

WYNDER EL, GRAHAM EA. Tobacco smoking as a possible etiologic factor in bronchogenic carcinoma: a study of 684 proved cases. *J Am Med Assoc.* 1950;143(4):329-36.

YUSUF S, HAWKEN S, OUNPUU S, DANS T, AVEZUM A, LANAS F, et al; INTERHEART Study Investigators. Effect of potentially modifiable risk factors associated with myocardial infarction in 52 countries (the INTERHEART study): case-control study. *Lancet.* 2004;364(9438):937-52.

ZHANG QL, BAUMERT J, LADWIG KH, WICHMANN HE, MEISINGER C, DÖRING A. Association of daily tar and nicotine intake with incident myocardial infarction: results from the population-based MONICA/KORA Augsburg Cohort Study 1984-2002. *BMC Public Health.* 2011;11:273.

ZYGOGIANNI AG, KYRGIAS G, KARAKITSOS P, PSYRRI A, KOUVARIS J, KELEKIS N, et al. Oral squamous cell cancer: early detection and the role of alcohol and smoking. *Head Neck Oncol.* 2011;3:2.

DIREITO À SAÚDE E O TABACO NO MERCOSUL: UM PARADOXO[1]

SANDRA REGINA MARTINI[2]
PAULO HENRIQUE TESTON[3]

---

1   Título em inglês: *Right to health and tobacco in mercosul: a paradox*.

2   Possui graduação em Ciências Sociais pela Universidade do Vale do Rio dos Sinos (1983), mestrado em Educação pela Pontifícia Universidade Católica do Rio Grande do Sul (1997), doutorado em Evoluzione dei Sistemi Giuridici e Nuovi Diritti pela Università Degli Studi di Lecce (2001), Pós-doutorado em Direito (Roma Tre, 2006) e Pós-doutorado em Políticas Públicas (Universidade de Salerno, 2010). Foi Professora titular da Universidade do Vale do Rio dos Sinos, da Scuola Dottorale Internazionale Tullio Ascarelli e professora visitante da Universita Degli Studi Di Salerno. Foi diretora da Escola de Saúde Pública do Rio Grande do Sul (janeiro de 2007 a fevereiro de 2011), foi membro (de janeiro de 2008 a dezembro de 2013) do Conselho Superior da Fundação de Amparo à Pesquisa do Estado do Rio Grande do Sul (FAPERGS). Atualmente é Pesquisadora Produtividade 2 CNPq, Coordenadora do Mestrado em Direitos Humanos e professora do Centro Universitário Ritter dos Reis (Uniritter), professora-visitante no programa de pós-graduação em Direito da UFRGS (PPGD). É avaliadora do Basis do Ministério da Educação e Cultura e do Basis do Instituto Nacional de Estudos e Pesquisas Educacionais Anísio Teixeira. Parecerista *ad hoc* CNPq e CAPES. Conferencista no Brasil e no exterior. Tem experiência na área de Direito, com ênfase em sociologia jurídica, atuando principalmente nos seguintes temas: Saúde Pública, Políticas Públicas, Sociologia Jurídica e Sociedade e Direitos Humanos.

3   Doutor em Direito pela Università degli studi Roma Tre – Roma. Mestre em Direito Público pela Universidade do Vale do Rio dos Sinos (UNISINOS) – São Leopoldo. E-mail: paulohenriqueteston@msn.com

SUMÁRIO: *Introdução. Fundamentação teórico-metodológica. Saúde como bem da comunidade e o direito como consolidador deste bem. O paradoxo do risco. O tabagismo e o estado da arte segundo a OMS. Considerações Finais*

INTRODUÇÃO

> "(...) E onde não há pensamento a longo prazo, nenhuma expectativa de vamos nos ver novamente, dificilmente pode haver um sentimento de irmandade, um impulso de cerrar fileiras, ficar ombro a ombro ou marchar no mesmo passo."[4]

O direito à saúde implica diretamente na relação com o tempo, em especial com o futuro. Por isso, pensar na saúde como ponte para a cidadania e como bem comum significa projetar novos horizontes, significa ter um sentimento de autorresponsabilização, pois é algo que implica diretamente o outro. É neste sentido que o presente artigo parte do pressuposto de que construir novas possibilidades de vida em sociedade depende da forma como nos relacionamos com os demais e como enfrentamos as paradoxalidades e complexidade do mundo atual, no qual os componentes decisão e riscos estão sempre presentes. A característica fundante da sociedade atual é a necessidade de constantemente decidir, de escolher uma alternativa deixando de lado muitas outras possibilidades, com isso, correndo sempre diferentes riscos.

Reconhecemos o direito à liberdade[5] individual; ao mesmo tempo, não podemos deixar de reconhecer que a vida em sociedade ultrapassa

---

4 BAUMAN, Zygmunt. Vidas desperdiçadas. Trad. Carlos Alberto Medeiros. Rio de Janeiro: Zahar, 2005, pg. 161

5 Tem razão Amantya Sen quando afirma que o futuro do mundo está ligado à liberdade do mundo: "La relazione fra liberta e progresso va ben oltre l'idea che La prima sia un fine Del secondo. La libertà è anche il principale mezzo per arricchire le nostre vite." (SEN, Amartya. Traduzione Giovanni Bono. Milano: Mondadori, 2005, pg.135)

e perpassa a individualidade. Não basta dizer que temos direito de fazer o que queremos fazer sem pensar no impacto que nossos atos e ações terão na vida em sociedade. Liberdade implica também na autorresponsabilização com o outro. O referencial teórico deste artigo está na Metateoria do Direito Fraterno. O problema principal desta reflexão é qual direito estará em "jogo": de fumar ou de não fumar? Importante destacar que entendemos o direito de fumar, mas não podemos deixar de considerar os dados significativos sobre os problemas causados pela dependência do cigarro não apenas nos seus aspectos individuais, mas, sobretudo, coletivos. A dependência do cigarro é uma epidemia e, como tal, deve ser tratada seguindo os parâmetros de saúde pública, a saúde individual importa tanto quanto a saúde coletiva.

Quando se trata de epidemia global, a questão da liberdade individual de fumar ou não diz respeito não somente ao indivíduo, mas à coletividade. Este não é um tema pacífico na área do direito; a postura adotada aqui é de que a saúde é um bem da comunidade. Fumar ou não fumar diz respeito à autorreponsabilização individual e coletiva; portanto, liberdade, fraternidade e igualdade devem caminhar conjuntamente[6].

O argumento teórico será explicitado no primeiro ponto do artigo. A seguir, o presente trabalho disporá da saúde como um direito relacionada com a ideia de bem comum. A paradoxalidade do direito está relacionada com a ideia de risco, por isso, dedicamos a ela um ponto específico. No final do artigo, apresentaremos dados da OMS que demonstram a gravidade da situação da epidemia global do tabagismo.

---

6   Rodotà, no texto Solidarietà Un'Utopia necessária, observa: "...Si è così scelta la strada di affidare non più alla natura, aí liberi comportamenti individuali, ma all'artificialità del diritto e alle sue regole La tutela dell'iguaglianza, che sarà proclamata come principio insieme alla liberta e alla fraternità. La rilevanza di quest'ultima , non più principio solo morale, ma forte riferimento giuridico, troverà poi una sua diretta e condivisa espressione in quel principio di solidarietà destinato a guidare l'azione pubblica e quella privata. " (RODOTÀ, Stefano. Solidarietà Un'Utopia necessária. Roma-BariLaterza, 2016. pg. 15)

1. FUNDAMENTAÇÃO TEÓRICO-METODOLÓGICA

> *L'umanità è come l'ecologia che non è fatta soltanto di fiumi incontaminati e di ária pulita ma anche del loro contrario: l'umanitá, si diceva, si può minaciare soltanto da se stessa. Il suo paradosso sta tutto inquesta sua dimesione ecológica; cosi i diritti inviolabili dell' umanità non possono che essere minacciati se non dall' umanità stessa. Luogo e soggetto di un' ambivalenza irrisolta, l'umanità se presenta come portatrice di una sua minaccia ma anche della sua neutralizzazione; lavora per la guerra come per la pace[7].*

A fundamentação teórica adotada implica resgatar a ideia da vida na comunidade, a humanidade da própria humanidade. Assim, a Metateoria do Direito Fraterno, proposta por Eligio Resta, resgata vários autores e teorias[8] utilizando muitos pressupostos da teoria sistêmica e também trabalha com a teoria habermasiana, com os pressupostos da psicanálise, da filosofia, entre outros. Desta construção/desconstrução, aparecem os principais pontos desta Metateoria: a fraternidade como possibilidade e a necessidade de ver o outro como um outro eu; os pactos que são estabelecidos entre pares, nos quais não existe lugar para um soberano; a necessidade de superar o dogma da soberania dos Estados; a não violência e a inclusão sem limites, mesmo sabendo que, muitas vezes, temos uma inclusão que se dá através da exclusão.

Por isso, a Metateoria do Direito Fraterno apresenta-se como anacrônica e, ao mesmo tempo, como uma aposta no processo de transformação social. Neste processo, o direito à saúde é um tema que ultrapassa as fronteiras de todos os tipos, pois a ideia do outro como irmão não suporta delimitações territoriais, nem outras delimitações. Para Resta, a fraternidade referida na revolução iluminista continua

---

7 RESTA, Eligio. **Il diritto frateno**. Roma – Bari: Laterza, 2002, p. 29.

8 No caso específico deste artigo, utilizaremos muitas referências de Stefano Rodotà, contemporâneo e colega de Resta, ambos tem posições importantes sobre fraternidade de solidariedade.

inédita e não resolvida em relação à igualdade e à liberdade e retorna, agora, vinculada à ideia de globalização e à necessária ruptura de fronteiras, na qual a condição de dependência de tudo e de todos é cada dia mais evidente. Assim, ao mesmo tempo em que cresce o sentimento de que tudo poderia ser diferente do que ocorre, mas se pode fazer pouco para que este diferente efetivamente ocorra, temos, também, o pensamento na ligação *uni-versali* capaz de interpretar o presente, já que o nosso tempo, como afirma Resta, vive uma rearticulação decisiva na ideia de *spazi politici* e, exatamente por isso, impõe um repensar no léxico dos nossos conceitos, como o de fraternidade, que se manteve em silêncio por muito tempo, mas se apresenta agora com mais força, ainda que de modo anacrônico. São estes fundamentos que nos guiam para demonstrar que fumar não pode ser considerado um ato de liberdade individual, mas existe uma responsabilidade com o outro, no caso, como os danos causados aos outros e a si mesmo.

A Metateoria do Direito Fraterno pressupõe o desvelamento de paradoxos[9], ou seja, como é possível, em uma sociedade cosmopolita, termos fronteiras ainda intransponíveis? De fato, elas são instransponíveis? Qual a função da fraternidade neste jogo? Sobre estas indagações, temos muito ainda a refletir, mas é fundamental entender o que significa o Direito Fraterno, suas possibilidades e suas limitações[10]. A fraternidade, esquecida por muito tempo e por muitos, é consagrada

---

9   O conceito de paradoxo utilizado por Resta (o qual também utilizamos) é oriundo da Teoria Geral dos Sistemas Sociais. Segundo Luhmann, *in* glossário: "I paradossi si creano quando le condizioni della possibilita di un'operazione sono contemporaneamente anche le condizioni della sua impossibilita. I padarossi sorgno quando l'osservatore, che in quanto tale traccia delle distinzioni, pone la questione dell'unità delle distinzione che sta utlizando." BARALDI, Claudio. CORSI, Giancarlo. ESPOSITO, Elena. Luhmann in glossário. Milano: Franco Angeli, 1996.pg. 171.

10 Oportuno lembrar Luhmann sobre a função das teorias. Para isso, ver, especialmente, o texto Oragnizzazione e decisione. Tradução Ginacarlo Corsi. Milano: Bruno Mondadori, 2005. p. 387 e 388

na Declaração Universal dos Direitos do Homem e do Cidadão[11], bem como pela Organização Internacional do Trabalho e por várias constituições modernas. Mesmo assim, é o pressuposto iluminista menos debatido e de maior complexidade para ser efetivado, pela ambivalência e pela padoroxalidade que lhe são inerentes. Assim como são inerentes as paradoxalidades do fumar ou não fumar. Aqui, outro questionamento se faz necessário: quem está ganhando com hábito de fumar? Quais os limites entre os fumadores dependentes e não dependentes? Embora não sejam estes os questionamentos fundantes do artigo, são temas que precisam ser desvelados e discutidos.

2. SAÚDE COMO BEM DA COMUNIDADE E O DIREITO COMO CONSOLIDADOR DESTE BEM

> *Nessuna società, avanzata o depressa, può fare a meno della politica quale luogo della ricerca del bene comune, delle scelte collettive conseguenti e di difesa dell'esistenza delle singole società politiche*[12].

Aprofundar o conceito de saúde como bem da comunidade e a ideia de saúde como ponte da cidadania no contexto do MERCOSUL é foco deste artigo. Para tanto, objetiva-se fazer uma análise dos dados sobre tabagismo e seus impactos no direito à saúde, já que este direito tem como escopo a índole social do ser humano, além de ser exigência que brota da condição de ser membro ativo e solidário de um grupo social. Assim, os direitos sociais são, sem dúvida alguma, direitos humanos e, por esta razão, exigem não só o seu cumprimento por parte do Estado, mas também a sua ampla e irrestrita proteção.

---

11 **ARTIGO 1.º**: Todos os seres humanos nascem livres e iguais em dignidade e em direitos. Dotados de razão e de consciência, devem agir uns para com os outros em espírito de fraternidade.

12 Possenti, Vittorio. Solidarietà sotto l'aspetto internazionale. p.9

O direito à saúde, fruto de um processo de lutas sociais[13], passou a ser recentemente entendido como um bem da comunidade que, ao longo do processo evolutivo, entendeu que cidadania só é possível aliada a direitos e deveres[14]. Uma comunidade que reconhece este processo de aquisição de direitos é aquela que proporciona uma vida saudável para os indivíduos. A crescente solicitação e, ao mesmo tempo, a negação/efetivação de direitos têm no direito a saúde um lócus especial, pois a saúde deixou de ser entendida como ausência de doença ou como direito de alguns, mas tem um caráter de universalização. Refletir sobre o direito à saúde como bem da comunidade não significa delimitar a ideia de "saúde", mas ampliá-la, pois a comunidade (no caso, o MERCOSUL) precisa estar vinculada ao global, aos cosmopolitismos. Só assim, poderá ter seu espaço reforçado e, ao mesmo tempo, reforçar um espaço de efetivação de direitos.

A noção de bem comum vem sendo estudada desde os tempos gregos, período desde o qual o conceito vem ampliando sua abrangência. O questionamento sobre o conceito segue sendo objeto de estudos políticos, jurídicos e filosóficos. Além da necessidade de uma definição mais apurada de bem comum, também se questiona o que é comum quando o bem é comum? Quem cuida do bem comum? Como a saúde entra nesta área? De que forma o município pode ser o guardião e o promotor da saúde como bem comum. Qual a relação do bem comum com a fraternidade? Esses questionamentos não podem mais ser respondidos fora do contexto de uma sociedade não ideal, mas uma sociedade que é como é, ou seja, uma sociedade altamente

---

13   Os movimentos sociais pela saúde são mundiais. Se até a década de 60 questionávamos o direito à saúde universal, hoje, novas demandas surgem a partir da identificação de novas doenças ou epidemias, como é o caso da dependência do tabaco. Mundialmente, temos movimentos e legislações que determinam e regulamentam o não uso do cigarro.

14   A forma direitos/deveres está relacionada com a ideia de liberdade/ responsabilidade, conforme Sen: "È piuttosto interessante notare che la libertà è non solo tra le idee più rispettate, ma anche le più temute. La liberta porta con sé sia opportunità sia responsabilità . Mentre le prime possono essere gradite, le seconde generano a volte ânsia e pre-occupazzione."SEN, Amartya. Globalizzazione e liberta. Traduzione Giovanni Bono. Milano: Oscar Mondadori, 2002. Pg. 136

complexa, contingente e paradoxal. Atualmente, não podemos mais pensar em sociedades perfeitas, mas nas sociedades que temos, nas quais os espaços públicos apresentam novas dimensões[15].

O direito à saúde tem condições de ser este novo elo entre o espaço público e a amizade, ou melhor: o espaço público como um lugar de amizade. Em que pese todo o processo de mudança social, é fundamental retomar os trajetos da amizade para compreender o sentido da própria humanidade.

Retomar as definições e as dimensões dos bens comuns significa retornar a velhos conceitos como aqueles de amizade, pactos, acordos, inclusão; em uma palavra: retornar à fraternidade como um código capaz de desvelar paradoxos, inclusive o paradoxo do público, do individual ao coletivo. Além disso, refletir sobre direito à saúde e fraternidade implica retomar o conceito de comunidade. Ou, ainda, a amizade aparece na sociedade diferenciada funcionalmente como diferença entre interação de identidade individual e as relações burocráticas dos mecanismos internos dos sistemas sociais. Como segue afirmando Eligio Resta[16], exatamente porque introjeta a diferença entre interação e sociedade, a amizade reproduz, no seu interior, toda a ambivalência da diferenciação. Estas ideias não se apresentam como românticas, mas se apresentam pela sua "falta", pela "não presença", assim como a noção de bem comum:

> Con l'idea di bene comune non si rincorre il mito romantico di una comunità perfettamente solidale e armoniosa, ma un concetto che è vitale per l'intera filosofia pubblica e la cui assenza la rende inintelligibile. Conduciamo un esperimento mentale: si provi a cancellarne l'idea e si verifichi se sussistano ancora motivi perché gli uomini vivano insieme. Essi potranno forse ancora stipulare

---

15 "L'erosione degli spazi pubblici dell'amicizia e il suo rintanarsi nei retrobottega della vita privata è ovviamente effetto e non causa di profondi processi di mutamento. Sarebbe interessante ripercorrere i tragitti dell'amicizia accanto a quelli del dono, come a fatto Derrida, e della solidarietà per capire quanto della semantica prodotta dai sistemi sociali sia stata depositaria di tracce che mostrano la progressiva riduzione di una dimensione comunitaria." Eligio Resta. P.13.

16 RESTA, p.12.

contratti privati, ma non esisterà più una società politica, perché non vi sarà più un bene globale intenzionato dai "cittadini" e che su essi rifluisce. Se non vi fosse un bene comune da raggiungere, la società non esisterebbe. [17]

Para Vittório Possenti, o bem comum se apresenta como constitutivo de um novo modelo de sociedade: é "o" objetivo que cada comunidade deve buscar. O autor apresenta nove aspectos que compõem a construção de um conceito de bem comum, os quais também nos auxiliam na construção da ideia de saúde como um bem comum.

Na sociedade contemporânea, a saúde pode ser considerada como um bem comum[18] a todos, como um direito humano necessário à manutenção da vida. Entretanto, o reconhecimento de sua eficácia é um forte argumento colocado em discussão nos dias atuais, principalmente em relação aos direitos sociais e às externalidades que não podem ser internalizadas na avaliação da saúde enquanto bem econômico. Para Ferrajoli:

17 Vittorio Possenti, *Le società liberali al bivio*, Marietti, 1991
18 Para a definição de bens comuns, cita-se MELO, Osvaldo Ferreira de. Dicionário de Direito Político. Rio de Janeiro: Forense, 1978, p. 12: Bem-Comum: Diz-se dos fatores propiciados pelo Estado com vistas ao bem-estar coletivo, formando o patrimônio social e configurando o objetivo máximo da Nação. Valor organizador da coletividade que caracteriza seu estado ou sua condição. A ordem social justa. O mesmo que interesse público. Oportunas também são as palavras de SILVA, De Plácido e. Vocabulário jurídico. Edição Universitária. Volume I. 2. ed. Rio de Janeiro: Forense, 1990, p. 304-305: O sentido de bens comuns pode ser tido em duas acepções perfeitamente distintas. Podem ser entendidos no sentido de bens inapropriáveis, isto é, que não são suscetíveis de um apoderamento por parte da pessoa, a fim de que os particularize em proveito ou utilidade própria. Serão os bens comuns a todos (*res omnium communes*) ou *communia, omnium*, na linguagem romana, mas, para os distinguir da outra espécie, dos bens comuns apropriados, também se dizem, no primeiro sentido, bens de uso público, para indicar que são bens de uso de todos os habitantes de um lugar. São bens que se dizem públicos, justamente, por quê, mesmo quando apreensíveis, não estão no comércio, não podendo, assim, ser objeto de apropriação ou ocupação pelo particular. No segundo sentido, bens comuns designam os bens que são possuídos em comunhão: têm dois ou mais titulares, pertencem a todos eles em comunidade.

Il diritto alla salute si configura peraltro come un diritto tipicamente molecolare. Esso include da un lato un diritto negativo di immunità, garantito dal divieto di lesioni: che l'aria e l' acqua non vengono inquinate, che non si mettano in commercio cibi adulterati, in breve che non si rechino danni alla salute; dall' altro, esso include un diritto positivo, tipicamente sociale, all' erogazione di prestazioni sanitarie[19].

São oportunas as contribuições de Ferrajoli[20] no que concerne ao aspecto prestacional da saúde. O autor enfatiza que o direito à saúde é de alto custo, mas é muito mais valioso, para o Estado, propiciá-lo do que negligenciá-lo, pois essa negligência gera exclusão. A proposta do Estado de Bem-Estar Social foi incorporar a questão social, o que acarretou a ele um caráter eminentemente finalístico, propondo-lhe um caráter interventivo e promocional. Assim, o Estado Social passa a assumir funções atreladas diretamente ao seu principal ator: o indivíduo.

A constitucionalização do direito à saúde, nos países do MERCOSUL, foi uma tentativa de reduzir a complexidade, porquê, na medida que se positiva um direito, em tese, atende-se à demanda social de redução da complexidade, mas, ao positivá-lo, tem-se a complexidade aumentada, pois, a partir disso, teremos um leque de ações que se constituem obrigação para o Estado, e cria-se uma série de direitos advindos desse. Com a positivação do direito à saúde, assim como de qualquer outro direito, precisamos construir uma estrutura capaz de dar conta da concretização desse direito; temos, também, a possibilidade de exigi-lo judicialmente. Ou seja, torna-se mais complexo ainda. Esta análise não exclui outras possibilidades de observação, como, por exemplo, a importância dos movimentos sociais ou o processo de redemocratização do país.

---

19 O direito à saúde se configura como um direito tipicamente molecular. Este inclui, de um lado, um direito negativo de imunidade, garantindo a proibição de lesões: que o ar e a água não sejam poluídos, que não se coloquem no comércio alimentos adulterados, rapidamente, que não se causem danos à saúde; de outro, esse inclui um direito positivo, tipicamente social, a prestação sanitária. Tradução livre.

20 FERRAJOLI, Luigi. *Principia Iuris I*: teoria del diritto. Roma-Bari. Laterza, 2007. p. 409

Saúde como um direito humano implica ver as limitações e, ao mesmo tempo, as possibilidades que o tema suscita. Os direitos humanos estão vinculados a uma concepção holística e a sua materialização no direito positivado, o qual nos permite constantemente e, ao mesmo tempo, respeitar e desrespeitar estes direitos. O grande desafio é criar novas alternativas para a reversão do desrespeito em respeito. É neste sentido que a fraternidade retorna com toda sua força integradora e inclusiva. A fraternidade nos faz ver o outro e ver que a intolerância se combate com a tolerância; a violência com a não violência; tudo isso, através da comunicação, a qual pode "escavar/ou não" profundamente o oposto do que estamos acostumados.

3. O PANORAMA DO TABACO: O TABAGISMO E O ESTADO DA ARTE SEGUNDO A OMS

Para a Organização Mundial de Saúde (OMS), o tabagismo é conceituado como doença, tal como uma epidemia. Também fora constatada a possibilidade de prevenção do referido mal. São mais de cinco milhões de mortes todos os anos em decorrência do tabaquismo. As projeções são ainda mais terrificantes: o número pode chegar a oito milhões de mortes. O perfil projetado para o tabagista é ser cidadão de países em desenvolvimento[21].

A despeito do seu início, quando o consumo entre os homens aumentava exponencialmente, o uso do tabaco entre as mulheres cresce, enquanto o uso por parte dos homens cai[22]. A OMS já afere que a utilização do tabaco entre as mulheres tende a dobrar até 2025. Este dado é preocupante, pois revela uma alta paradoxalidade: ao mesmo tempo em que as mulheres defendem várias liberdades, buscam maior informação e, concomitantemente, temos esta expectativa em termos

---

21 Eriksen M, Mackay J, Schluger N, Gomeshtapeh FI, Drope J. **The Tobacco Atlas.** 5th ed. Atlanta, GA: American Cancer Society; New York, NY: World Lung Foundation; 2015

22 Regueira G, Suárez-Lugo N, Jakimczuk S. **Tobacco control strategies from a gender perspective in Latin America Article in Spanish.** Salud Publica Mex. 2010;52 Suppl. 2: S315-20.

de mundo. Sabe-se, também, que as zonas menos desenvolvidas[23] são as que mais consomem cigarros.

Dados ainda apontam que 22% do mundo fazem uso regular do tabaco. São 820 milhões de homens e 176 milhões de mulheres. Ainda é preciso levar em consideração que as mortes relacionadas ao tabaco entre os homens representam 34% do total de mortes e 22% entre as mulheres[24].

Cabe salientar que, em 2003, a luta contra o tabagismo ganhou notoriedade com a assinatura da Convenção-Quadro sobre o Controle do Uso do Tabaco, da qual 192 países-membros da OMS foram signatários. Depois isso, a utilização começou a ser combatida também com políticas regionais – como o caso do Mercosul.

De 2004 até 2008, as políticas de combate ao tabagismo tomaram corpo, efetivando-se no controle da publicidade (art. 6 da Convenção-Quadro sobre o Controle do Uso do Tabaco) e nas políticas de incentivo ao abandono de tabaco (art. 14 da Convenção-Quadro sobre o Controle do Uso do Tabaco).

Importa mencionar que, em se tratando da publicidade, as restrições começaram a ser definidas regionalmente, dividindo-se em três: proibição total, parcial e ausência de proibição. No Brasil e no Uruguai, vislumbram-se restrições parciais, que podem ser observadas nos pontos internos de venda[25]. Argentina, Bolívia e Colômbia são os

---

23 Embora saibamos que o consumo está relacionado com educação, vemos aqui outra paradoxalidade, pois, com frequência, encontramos pessoas com alto nível de qualificação que fizeram a "opção" de fumar com um direito individual. Outro aspecto relevante é que, na sociedade atual, é difícil encontrar países que não tenham fortes contradições, como o caso da China, onde se tem, ao lado de um alto nível de desenvolvimento, também alto nível de subdesenvolvimento. Ainda, temos questões culturais que impactam fortemente no consumo de cigarros, álcool e outras drogas.

24 World Health Organization. **WHO Report on the Global Tobacco Epidemic**, 2013. Enforcing bans on tobacco advertising, promotion and sponsorship. Geneva: World Health Organization; 2013

25 **Controle do Tabaco no MERCOSUL**, Relatório Evolutivo 2004-2008. Disponível em: http://www.cictmercosur.org/esp/index.php

países onde há maior publicidade do tabaco e que podem, também, difundir o uso por meio de rádio, televisão, jornais, *outdoors*, revistas, com indicação, até mesmo, de pontos de venda.

> Houve visível evolução em relação a este tema nos países avaliados. Em 2004, a inclusão de advertências sanitárias com conteúdos estipulados pelo governo nas embalagens de produtos derivados do tabaco já ocorria em todos países. No entanto, poucos países determinavam por lei especificações mais detalhadas sobre o local e espaço que as advertências devem ocupar nas embalagens e as características gráficas das mensagens. E somente o Brasil já inseria imagem ilustrando a mensagem de advertência e definia ainda que esta ocuparia uma das fácies principais. Em 2006, Chile, Uruguai e Venezuela, e em 2008 o Peru também passaram a incluir imagens ilustrativas. Sobre a localização das advertências, em 2008 Chile, Equador, Peru, Uruguai e Venezuela já as inseriam também em pelo menos uma das fácies principais[26].

Nesse mesmo âmbito da restrição, estão as imagens de advertência, presentes no art. 11 da supramencionada Convenção-Quadro, que fazem parte do banco de imagens sustentado pela Comissão Intergovernamental para o Controle do Tabaco.

No MERCOSUL, as alíquotas federais, no que tange à carga de impostos sobre o cigarro – como meio de coibir o uso – variam muito. Os impostos provenientes do Estado podem chegar a 70%, como no caso do Uruguai, e a 10%, no caso do Paraguai[27]. Menciona-se que, no Paraguai, o tabaco corresponde ao Imposto Seletivo de Consumo. Dos poucos tributados, o tabaco se faz presente, justamente, pela importância que o MERCOSUL deu, buscando valorizar países que combatam o tabagismo.

> Se, por um lado, para demover governos de aumentarem os impostos e preços dos produtos de tabaco, companhias de tabaco usam o argumento de que essa medida gera contrabando, falsificação e perda de arrecadação, por outro, a cumplicidade da própria indústria do

---

26 **Controle do Tabaco no MERCOSUL**, Relatório Evolutivo 2004-2008. Disponível em: http://www.cictmercosur.org/esp/index.php

27 **Controle do Tabaco no MERCOSUL**, Relatório Evolutivo 2004-2008. Disponível em: http://www.cictmercosur.org/esp/index.php

tabaco em operações de contrabando tem sido bem documentada através de ações judiciais em outros países e documentos internos de várias companhias de fumo abertos ao público[28].

Um número que preocupa no MERCOSUL é que 80% dos fumantes desejam largar a dependência. Todavia, os que conseguem fazer isso por conta própria correspondem a meros 3% do total[29]. Nesse sentido, os medicamentos que diminuem a dependência entraram no Banco de Preços do MERCOSUL, ou seja, há a possibilidade de comprar um medicamento que possibilite cessar o uso do tabaco por um custo menor no MERCOSUL[30].

Menciona-se que diversas ações recomendadas pela Assembleia Mundial de Saúde não são advindas de uma governabilidade direta do Ministério da Saúde. Por isso, o referido ministério busca lavorar com ações transetoriais. Essas ações se dariam, em grande parte, pela mobilização de medidas legislativas e econômicas.

À guisa de conscientização, na história do combate, observa-se que a propaganda não era regulada em décadas anteriores e foi justamente nessas décadas que o consumo aumentou de maneira desenfreada. Inclusive, a maior parte dos fumantes de hoje são oriundos de épocas em que não havia nenhuma forma de regulação.

Por isso, uma preocupação verificada é a proteção dos jovens, em sua maioria adolescentes, em relação ao mercado do tabaco. Regular por meio de medidas legislativas as propagandas e demais estratégias que promovam o consumo do tabaco foi uma saída encontrada e é uma estratégia cada vez mais utilizada. O próprio aumento dos preços e o controle do mercado ilegal são exemplos clássicos na história do combate ao tabagismo.

Essa regulação importa para o combate, pois a mídia influencia diretamente nos hábitos, nos desejos e no processo de aculturação do

---

28   **Controle do Tabaco no MERCOSUL**, Relatório Evolutivo 2004-2008. Disponível em: http://www.cictmercosur.org/esp/index.php

29   **Controle do Tabaco no MERCOSUL**, Relatório Evolutivo 2004-2008. Disponível em: http://www.cictmercosur.org/esp/index.php

30   **Controle do Tabaco no MERCOSUL**, Relatório Evolutivo 2004-2008. Disponível em: http://www.cictmercosur.org/esp/index.php

indivíduo. Isso repercute, por óbvio, na forma como o ser conduz sua existência. Quando um comportamento é difundido por entre o sistema rizomático de relacionamento, é necessária uma árdua atuação para fazer o indivíduo existente tornar crítica a visão acerca de si mesmo.

Cumpre salientar que o subversivo, aquilo que escapa ao padrão, também faz parte desse meio[31]. Há um duplo sistema de criação e tendências. Quando se trata do combate ao tabagismo, é preciso levar isso em consideração também, inclusive podendo ser objeto de estudos posteriores.

A Organização Pan-americana de Saúde crê que estratégias de divulgação têm papel fulcral na aceitação do consumo no contexto social, causando, portanto, a expansão do tabagismo. Os estudos recentes da OMS apontam que, quanto maior a exposição do jovem, mais cresce a probabilidade de ele se tornar fumante.

A questão da propaganda e do cigarro pode ser facilmente verificada nos experimentos e estudos de Edward Bernays. Bernays realizou um experimento midiático para trazer o público feminino para o consumo do tabaco. O intuito era duplicar a venda de cigarros da marca Lucky Strike, da American Tobacco Corporation; o experimento foi bem-sucedido, e ele conseguiu introduzir o hábito tabagista no público feminino. Na época, existia um tabu enorme entre o consumo feminino do tabaco em público[32].

Em 1920, a moda tendia a favorecer o corpo magro. Aproveitando-se disso, a American Tobacco Corporation lançou uma campanha dizendo que o cigarro era um instrumento pelo qual a mulher poderia alcançar o corpo desejado e a beleza.

No Brasil, as propagandas tiveram o mesmo formato e a mesma temática, apesar da advertência do Ministério da Saúde. Mesmo com a primeira estratégia para a redução do consumo em meados de 2000, aprovada pela lei n° 10.167/2000, houve um crescimento do tabagismo.

---

31 TEUBNER, Gunther. **As Duas Faces de Janus**: Pluralismo Jurídico na Sociedade Pós-Moderna. In: _____. Direito, Sistema e Policontexturalidade. Piracicaba: UNIMEP, 2005.p. 81.

32 BRANDT, Allan M. **Recruiting women smokers: the engineering of consent**. Journal of the American Medical Women's Association, v. 51, n. 1-2, p. 63-66, 1996

Todavia, na época, existiam ainda propagandas informais e, além disso, resquícios das duas décadas anteriores – 80 e 90 –, nas quais a propaganda era difundida de maneira não regulamentada e não havia uma política efetiva de combate ao tabagismo no país.

Alerta-se, ainda, que a literatura aponta que, no MERCOSUL, a tolerância em relação ao consumo de cigarro ainda é alta[33]. Outras normatizações e legislações acerca do tema emergem no país. Todas elas têm como base a Lei Federal n° 9.294/96, mas alguns estados, como São Paulo, buscam normatizar de maneira pontual. Exemplo é a Lei Estadual n° 13.541/2009 – essa legislação proíbe manter áreas reservadas e extingue locais para o uso do tabaco no trabalho, na ânsia de deixar lugares livres do tabaco.

É um caminho árduo para ser trilhado, visto que, a despeito dos avanços nas regulamentações provenientes do MERCOSUL, por exemplo, o tabaco ainda mata muito. Acerca da regulamentação, a maior questão seria como prosseguir de agora em diante.

Visualizando o fato de que muito já foi implantado, a questão que permanece é se o que foi implementado no âmbito do MERCOSUL se consolida como o necessário. Em outras palavras: deve o MERCOSUL continuar na guerra contra epidemia do tabagismo ou deve regredir e deixar que os Estados cuidem por meio de regulamentações específicas?

O Brasil é um dos países que mais sofre com o mercado ilegal: 30% do consumo doméstico de cigarros é proveniente dele[34]. Nesse sentido, Brasil, Paraguai, Uruguai e Chile estão negociando de forma ativa uma convenção entre os Estados para adotar um protocolo detalhado acerca de medidas que poderiam encerrar o ciclo que abastece o mercado ilegal[35].

---

33 NIEL, M. Redução de danos para drogas fumadas. Em M. Niel & D. X. Silveira (Eds.), **Drogas e redução de danos: Uma cartilha para profissionais de saúde** (pp. 47-51). São Paulo: Imprensa Oficial. 2008.

34 **Controle do Tabaco no MERCOSUL**, Relatório Evolutivo 2004-2008. Disponível em: http://www.cictmercosur.org/esp/index.php

35 **Controle do Tabaco no MERCOSUL**, Relatório Evolutivo 2004-2008. Disponível em: http://www.cictmercosur.org/esp/index.php

4. POR FIM, O PARADOXO DO RISCO

A sociedade atual se caracteriza pelo risco e pela necessidade de decidir. Cada decisão poderia ser diferente da que foi tomada, e o impacto deste fato para o sistema e para as políticas de saúde é enorme. O risco como um paradoxo que constitui a modernidade da sociedade contemporânea, apresentado como um dado, uma informação objetiva, e que está vinculado a decisões e ações futuras. O conceito de segurança, certeza assumida como racional e alternativa ao risco é tema inerente ao direito à saúde.

O sistema da saúde se caracteriza por demandas urgentes, por novos conhecimentos; os eventos ocorrem de modo simultâneo, e a complexidade do decidir e assumir risco cresce no cotidiano. As técnicas que salvam podem ser, ao mesmo tempo, as técnicas que matam; porém, não podemos viver sem a técnica. O problema, então, para o sistema da saúde, é como administrar estes riscos.

Atualmente, observamos que a Administração Pública da saúde, constantemente, tenta encobrir o paradoxo do risco e a própria construção paradoxal; considera o risco um "objeto", como objeto de algum saber, que, para muitos, apresenta-se como obscuro. Considerar o risco como objeto é ocultar o próprio objeto. Quando a Administração Pública age deste modo, delimita a participação nas decisões aos "especialistas no tema", ou seja, exclui a possibilidade de participação da população, exclui a efetivação da saúde como um direito.

Se o saber sobre o risco, como objeto, está delimitado à comissão de especialistas, vemos que estes produzem um não saber do próprio saber da população. Além disso, desconhecemos os riscos do que os especialistas dizem que é um risco. Nesta circunstância, temos uma indiferenciação do risco e do perigo. O risco do não saber da comissão de especialistas torna-se um perigo. É preciso identificar os riscos do saber sobre o risco produzido. O risco, diferente do perigo, nos permite agir em relação ao futuro. O risco torna-se também decisão, assim como as decisões necessitam dos riscos para serem tomadas. Importante a observação de Luhmann sobre a distinção entre risco e perigo:

"La distinzione pressupone (distinguendosi così da altre distinzioni) che sussita incertezza in riferimento a die danni futuri. Ci sono allora dua possibilita: o l'eventuale danno viene visto come conseguenza della decisione, cioè viene atribuito ad essa, e parliamo allora di rischio, per la precisione di rischio della decisione; oppure se pensa che l'eventuale dano sia dovuto a fattori esterni e viene quindi attribuito all'ambiente: parliamo allora di pericolo."[36]

O senso comum trata do risco como algo negativo; porém, é preciso refletir o outro lado desta dita "negatividade". O risco evidencia os paradoxos da sociedade atual, enquanto o perigo anula os paradoxos e os substitui por medos ou por regras morais. O risco é capaz de romper com as certezas, com as irracionalidades (muitas vezes racionalizadas). Colocamos no risco um valor negativo e na segurança um valor positivo, mas qual a segurança nos dá a segurança? O risco como objeto pode ser entendido como substitutivo da moral, já o risco como paradoxo rompe com a ordem natural e ameaça a realidade. O desvelamento do risco pode questionar valores, técnica, medidas de segurança. Como diminuímos o risco, como objeto, do sistema da saúde? A resposta é evidente: privatizando a saúde, privatizando a vida, privatizando ou terceirizando os cuidados de saúde. A saúde passa de um bem da comunidade para uma "mercadoria", algo que se compra e se vende. Este risco é algo real, não é apenas um dado. Um exemplo clássico: o porte de armas reduz a epidemia da violência? O risco como paradoxo diz respeito a decisões que poderiam ser tomadas de forma diferente da que foi.

CONSIDERAÇÕES FINAIS

"Beni e diritti fondamentali sono inclusivi quando um individuo non può goderne se nello stesso momento non ne godono tutti gli altri."[37]

Vimos que a consecução do direito saúde, entendida agora como um bem comum, depende de uma cooperação de indivíduos e a incorporação da noção de codivisão, no sentido que é a saúde é dever de todos. Visualizamos que sustentar a saúde como um bem comum é plenamente possível, já que o conceito de bem comum

---

36 LUHMANN, Niklas. Sociologia Del Rischio. Milano : Bruno Mondadori, 1996 , Pg. 32

37 RESTA, Eligio. Il diritto fraterno. Roma – Bari: Laterza. 2002, Pg. 133

está permanentemente aberto, preenchível pelas intenções do grupo social, incorporadas ou não por meio de leis e decisões políticas ou jurídicas. Do mesmo modo, compreendemos que o bem comum não é distribuído de acordo com as capacidades individuais, sociais ou econômicas dos indivíduos: é distribuído de acordo com as necessidades prementes; mais saúde para que, mais precisa.

A consequência é a homogeneização da distribuição e, de fato, mais saúde para todos. Nesse sentido, a saúde, enquanto direito e bem da comunidade (bem comum), é um exemplo marcante: não só a constitucionalização da saúde, mas também a permanente reforma e o reagrupamento de recursos em busca da efetividade constitucional são indicativos de que a finalidade da sociedade foi perseguir um objetivo que transcenda os interesses individuais, mas que encontre nos outros indivíduos seu fundamento.

Essa homogeneização evoca questionamentos que, dificilmente, podem ser sanados com algo mensurável ou com legislação específica. Não se pode medir saúde ou quanto exatamente algum ato cometido por uma pessoa afeta a outra. O que se sabe é que medir saúde é algo que está diretamente ligado à saúde do outro. O obstáculo do tabaco se apresenta como tarefa complexa e subjetiva, pois ele afeta diferente o bem-estar físico, mental e social, que são, hoje, os termômetros que tentam mensurar o quão saudável é um determinado ambiente.

Importa mencionar que existem diversos exercícios biopolíticos que atuam quase que invisivelmente para determinar o que seria ou não uma vida saudável. Dentro do panorama do tabaco, é quase consenso que a luta deve ser vencida a despeito de qualquer direito subjetivo de uso. Isso se explica, justamente, pelas realidades biopolíticas introjetadas pela indústria para tornar o uso frequente dentro de uma sociedade que não conhecia o tabaco.

Ainda que o presente trabalho não tenha como mérito determinar como deve ser combatido e se deve ser proibido de forma absoluta ou aceito como algo normal, faz-se oportuno dizer que não se pode cerrar os olhos para todo arcabouço desvelado pela história. O tabaco se tornou um problema pela própria interação do homem com a propaganda. Resta ao sistema lidar com suas consequências e utilizar as mesmas armas para interromper o efeito cascata que a utilização do tabaco causa na saúde em conjetura com os demais sistemas sociais.

PARTE II
A EXPERIÊNCIA INTERNACIONAL NA TENTATIVA DE SE RESPONSABILIZAR A INDÚSTRIA DO CIGARRO PELOS DANOS RELACIONADOS AO TABACO

ACIONANDO A INDÚSTRIA DO FUMO POR DANOS CAUSADOS À SAÚDE – CRONOLOGIA DE UMA MUDANÇA DA MARÉ[1]

EUGÊNIO FACCHINI NETO[2]

> **SUMÁRIO:** *Introdução. 1 A difusão do tabagismo e a invulnerabilidade da indústria do fumo. Explicações para um sucesso inusitado. 2 A revelação dos malefícios tabaco-relacionados e a comprovação da má-fé da indústria do fumo. 3 As diversas "ondas" de ações indenizatórias nos Estados Unidos. 3.1 A primeira onda. 3.2 A segunda onda. 3.3 A terceira onda. 4 Ações de resssarcimento movidas pelos Estados-membros. O Master Settlement Agreement. 5 A União entra na luta – o caso United States v. Philip Morris et al. 6 A maré crescente. Demandas contra a indústria do fumo fora dos Estados Unidos. 6.1 O caso italiano. 6.2 O caso canadense. 7 A tardia admissão de uma responsabilidade. Considerações finais. Referências bibliográficas.*

---

1 Título em inglês: *Suing the tobacco industry for damages to health: chronology of a tide change.*
2 Doutor em Direito Comparado (Florença/Itália), Mestre em Direito Civil (USP). Professor Titular dos Cursos de Graduação, Mestrado e Doutorado em Direito da PUC/RS. Professor e ex-diretor da Escola Superior da Magistratura/AJURIS. Desembargador do TJ/RS.

INTRODUÇÃO

"Acte I
Scène I
Sganarelle, Gusman
Sganarelle, tenant une tabatière.

Quoi que puisse dire Aristote et toute la Philosophie, il n'est rien d'égal au tabac : c'est la passion des honnêtes gens, et qui vit sans tabac n'est pas digne de vivre. Non seulement il réjouit et purge les cerveaux humains, mais encore il instruit les âmes à la vertu, et l'on apprend avec lui à devenir honnête homme. Ne voyez vous pas bien, dès qu'on en prend, de quelle manière obligeante on en use avec tout le monde, et comme on est ravi d'en donner à droit et à gauche, partout où l'on se trouve ? On n'attend pas même qu'on en demande, et l'on court au devant du souhait des gens : tant il est vrai que le tabac inspire des sentiments d'honneur et de vertu à tous ceux qui en prennent."[3]

Assim começava Molière sua peça *Don Juan*, há 360 anos atrás. O hábito de fumar, à luz do que é dito na peça, não só era difundido entre os membros da elite econômica e social, como tinha grande prestígio[4]. Uma tal apologia ao cigarro e ao hábito de fumar, hoje

---

[3] Trata-se da primeira cena do primeiro ato da peça "Don Juan ou le festin de Pierre", de Molière, encenado pela primeira vez em 1655, no Teatro do Palácio Real. Texto acessado no site http://www.dominiopublico.gov.br/download/texto/lv000002.pdf, em 05.12.2015 Em tradução livre: "Não importa o que diga Aristóteles e toda a filosofia, não há nada igual ao tabaco: é a paixão da gente honesta, e quem vive sem tabaco não merece viver. Não apenas limpa e alegra os cérebros humanos, como também instrui as almas para a virtude, e aprende-se com ele a se tornar homem honesto. Não estão vendo, desde que fumantes, como se trata todo o mundo com gentileza e como nos deliciamos em oferecê-lo a torto e a direita, onde quer que nos encontremos? Nem esperamos ser solicitados, corremos logo a agradar as pessoas: tanto é verdade que o tabaco inspira sentimentos de honra e de virtude em todos que o fumem"

seria vista como incorreta, inadequada, ou, quiçá, como sarcástica[5].

4   Todavia, tal apologia ao tabaco naquele período histórico estava longe de ser unânime. Do outro lado do canal da Mancha, nas ilhas britânicas, o Rei James I, no seu "Counterblaste to Tobacco," em 1604, descreveu o tabaco em termos extremamente depreciativos: "*A custome lothsome to the eye, hatefull to the Nose, harmefull to the braine, dangerous to the Lungs, and in the blacke stinking fume thereof, neerest resembling the horrible Stigian smoke of the pit that is bottomlesse.*" Disponível em http://www.luminarium.org/renascence-editions/james1.html, acesso em 28.01.2016. Em tradução livre: "Um costume repugnante aos olhos, odioso para o nariz, prejudicial para o cérebro, perigoso para os pulmões, cuja fumaça enegrecida e mal-cheirosa mais parece com a fumaça do Estige [um dos rios do Inferno, na mitologia grega], oriundo das profundezas da terra".

5   Como disse a Dra. Gro Brundtland, Diretora da Organização Mundial da Saúde - OMS à época da negociação da Convenção Quadro para o Controle do Tabaco: "O cigarro é o único produto de consumo no mercado que mata metade dos seus usuários regulares ao ser consumido conforme as instruções dos fabricantes" – *apud* HOMSI, Clarissa Menezes. *As Ações Judiciais Envolvendo o Tabagismo e seu Controle.* In HOMSI, Clarissa Menezes (coord.). **Controle do Tabaco e o Ordenamento Jurídico Brasileiro.** Rio de Janeiro: Lumen Juris, 2011, p. 56, n.r. n. 21. Afirmação semelhante foi feita pelo Professor G. Robert Blakey, da Universidade de Notre Dame, Indiana/USA, perante o *Committee on the Judiciary*, do Senado Federal norte-americano, durante a investigação denominada "Department of Justice Oversight: Management of the Tobacco Litigation", no dia 05 de setembro de 2001: "The industry produces the only consumer product that injures or kills when used as directed" (em trad. livre: "a indústria [do tabaco] produz o único produto de consumo que lesa ou mata quando usado conforme as instruções". Na mesma ocasião, também foi dito que "the industry manipulates the nicotine content in cigarettes". Sobre a conduta ignóbil da indústria do fumo, escondendo informações e falsificando dados sobre o caráter viciante do cigarro e seus malefícios, disse ainda que "after a meeting in the Plaza Hotel in New York City on December 15, 1953, called to develop a public relations response to a Sloan-Kettering Institute report, that established cigarette smoke condensate as a cause of cancer in mice, the tobacco industry began its conspiracy to mislead, deceive, and confuse smokers, physicians, health care payers, and government officials about nicotine, its lethal and addictive properties" – United States Congress Senate Committee on Judiciary. Department of Justice Oversight: Management of the tobacco litigation. Washington: U.S. Government Printing Office, 2002, p. 39.

O próprio Molière, renascido fosse e tendo lido o que hoje se sabe sobre os reais efeitos do tabaco, certamente teria reescrito sua peça ou simplesmente abolido a conhecida abertura de seu primeiro ato.

Basta comparar o elogio de Molière com o que, em 15.04.2017, foi publicado pelo médico cancerologista Dráuzio Varella no Jornal Folha de São Paulo ("Um mundo de fumantes"), onde se afirma que "o cigarro é a principal causa de morte precoce em mais de cem países"[6].

---

6 `Eis as partes principais do artigo:

"Acaba de ser publicado na revista "The Lancet" o estudo mais completo sobre o tabagismo no mundo. Foram avaliados 2.818 bancos de dados existentes em 195 países, no período de 1990 a 2015. As principais conclusões são as seguintes:

1) No mundo inteiro, fumam diariamente 25% dos homens e 5,4% das mulheres.

3) Entre 2005 e 2015, essas porcentagens aumentaram apenas em quatro países: Congo e Azerbaijão para os homens, e Kuwait e Timor-Leste para as mulheres.

4) Embora o tabagismo tenha caído cerca de 30% entre 1990 e 2015, o crescimento populacional elevou o número total de fumantes de 870 milhões para 933 milhões, no mesmo período.

5) Apesar da redução da prevalência, a mortalidade aumentou 4,7%.

6) Em 2015, houve 6,4 milhões de mortes atribuíveis ao cigarro. Esse número corresponde a 11,5% do total de mortes no mundo. Metade delas ocorreu em quatro países: China, Índia, Estados Unidos e Rússia.

7) Em 1990, fumar estava entre as cinco principais causas de incapacitação para o trabalho em 88 países, número que aumentou para 109, em 2015.

9) A prevalência de fumantes do sexo masculino é mais alta nos países de desenvolvimento socioeconômico intermediário. Entre as mulheres, é mais elevada nos países industrializados.

15) Graças ao bombardeio das campanhas publicitárias, no Leste Europeu a prevalência entre as mulheres aumentou a partir de 1990 e se manteve em níveis altos entre os homens (chega a 60% na Ucrânia).

Segundo Emmanuela Gakidou que liderou o estudo, "o Brasil tem sido uma enorme história de sucesso". No período de 1990 a 2015, o país apresentou a terceira maior queda mundial na prevalência em ambos os sexos: 55%. Em 1990, cerca de 30% dos brasileiros com mais de 15 anos fumavam; hoje, são pouco mais de 10%.

A inversão da tendência – do elogio e difusão do consumo à diminuição e crítica - foi lenta, muito lenta.

Assistindo-se a filmes realizados em meados do século XX, impressiona a quantidade de cenas em que os atores e atrizes, principais ou secundários, aparecem fumando. Por um lado, "a arte imita a vida", pois efetivamente era muito difundido o hábito de fumar. Os filmes, portanto, simplesmente espelhavam a realidade. Por outro lado, sabendo a indústria do fumo que "a vida imita a arte", durante décadas ela pagou para artistas e diretores introduzirem cenas de personagens fumando nos filmes, como forma de publicidade subliminar, buscando eficazmente influenciar condutas humanas. Essa sua estratégia está atualmente bastante documentada[7].

De qualquer sorte, fumava-se intensamente. Era simplesmente uma questão de gosto. Ninguém parecia se incomodar com o cigarro e sua fumaça. Poucos falavam dos riscos à saúde.

A diminuição foi alcançada graças a um conjunto de políticas públicas: aumento de impostos, restrições à publicidade e ao fumo em lugares públicos, imagens expostas nos maços de cigarro e divulgação dos malefícios pelos meios de comunicação de massa. (...)

Em sua trajetória criminosa, a indústria do fumo se volta agora para os mercados emergentes dos países africanos situados abaixo do deserto do Saara, em que as leis de combate ao tabagismo são frouxas e onde faltam recursos para enfrentar o marketing milionário das companhias."

7   Dentre tantas situações comprovadas, "Sylvester Stallone recebeu US$500 mil para fumar cigarros em cinco de seus filmes, a fim de associar o ato de fumar com a força e a boa saúde" - RICARD, Matthieu. **A revolução do altruísmo.** São Paulo: Palas Athena, 2015, p. 441.

Posteriormente a situação se inverteu: "o tabaco tornou-se o grande vilão e o inimigo principal da saúde pública[8], além de fator de exclusão de meios sociais, sendo identificado com maus hábitos de higiene"[9].

A partir do momento em que houve uma maior conscientização de tais males e, principalmente, a partir do momento em que os países do primeiro mundo passaram a proibir ou restringir a publicidade do cigarro[10], a tendência começou a se inverter.

Este artigo pretende expor as razões do crescimento do tabagismo e da aparente invulnerabilidade da indústria do fumo, mesmo após a comprovação dos enormes malefícios causados à saúde dos fumantes pelo uso contínuo do tabaco. Na sequência serão analisadas as diversas ondas de demandas envolvendo a responsabilidade civil

---

8 "O consumo do tabaco e de seus derivados é um dos mais graves males que afetam o direito à saúde (...). Por essa razão, e tendo em conta que da disseminação do consumo de tabaco e do estímulo ao aumento do número de consumidores decorrem graves efeitos sociais, inclusive sobre pessoas que não são consumidoras diretas mas que sofrem os efeitos do tabagismo, impõe-se o controle do tabaco" - DALLARI, Dalmo de Abreu. "Controle do uso do tabaco: constitucionalidade do controle da distribuição e da publicidade". In: PASQUALOTTO, Adalberto (org.). **Publicidade de Tabaco – Frente e Verso da Liberdade de Expressão Comercial.** São Paulo: Atlas, 2015, p. 38.

9 MULHOLLAND, Caitlin Sampaio. **A responsabilidade civil por presunção de causalidade.** Rio de Janeiro: GZ Editora, 2010, p. 244.

10 No Brasil, a Lei 9.294/96, posteriormente alterada pela Lei 10.167/2000, restringiu a propaganda de cigarros à parte interna dos pontos de venda (com uso de pôsteres, cartazes, painéis). Desde 2001, a propaganda de cigarros foi excluída dos meios de comunicação de massa.

Os autores são concordes ao afirmar a influência da publicidade sobre o vício do tabagismo. Isabella Henriques refere que "de forma geral as pesquisas demonstraram que a publicidade de cigarros – mesmo sob outras formas de comunicação mercadológica, como a exposição de cigarros nos pontos de venda – tem uma enorme influência no encorajamento ao início da atividade de fumar entre adolescentes" - HENRIQUES, Isabella. "Controle do Tabaco X Controle do Álcool: Convergências e Diferenciações Necessárias. In: HOMSI, Clarissa Menezes (coord.). **Controle do Tabaco e o Ordenamento Jurídico Brasileiro.** Rio de Janeiro: Lúmen Juris Editora, 2011, p. 254.

da indústria do fumo, nos Estados Unidos, desde o êxito inicial das teses defensivas até o momento em que a maré começou a mudar, a partir de meados da década de noventa do século passado, com as primeiras ações, coletivas e individuais, sendo acolhidas. Na parte final será feita referência à experiência italiana e canadense, onde igualmente se verifica uma mudança da maré, com o acolhimento de pretensões indenizatórias. A cidadela da indústria do fumo finalmente mostrou-se vulnerável.

1. A DIFUSÃO DO TABAGISMO E A INVULNERABILIDADE DA INDÚSTRIA DO FUMO. EXPLICAÇÕES PARA UM SUCESSO INUSITADO

Poucos produtos fabricados pelo homem tiveram uma história de tão difuso e crescente êxito quanto o cigarro. Até cerca de sete décadas atrás não se sabia dos malefícios ligados ao hábito de fumar, o que explicava sua crescente expansão. O hábito de fumar, vício para os fumantes, disseminou-se por todo o globo e por todas as classes sociais ao longo do século XX. A indústria do fumo, verdadeiro oligopólio empresarial, embolsou somas bilionárias ano após ano ao longo do período, lucrando em cima das mortes e doenças sofridas pelos consumidores dos seus produtos.

De fato, "ao contrário de outras epidemias, há um setor que recebe benefícios econômicos diretos na medida em que esta epidemia se agrava e que, portanto, promove atividades para que isso aconteça". Tal setor econômico é a indústria do tabaco, que gasta bilhões de dólares a cada ano para comercializar (lembrando-se que muitos países subdesenvolvidos não proíbem a publicidade do cigarro), direta ou indiretamente, os seus produtos, utilizando uma combinação de táticas de publicidade, promoção e patrocínio para influenciar diretamente o consumo do tabaco e o comportamento relacionado ao tabaco. Está demonstrada "uma clara correlação no impacto das estratégias de publicidade, promoção e patrocínio nos níveis de consumo, especialmente entre os jovens"[11].

Posteriormente, quando a partir da década de cinquenta a medicina passou a correlacionar o tabagismo com um número crescente de doenças, especialmente as pulmonares, algumas ações indenizatórias foram ajuizadas por fumantes, ou seu familiares, contra a indústria do fumo.

A indústria do fumo, desde esta primeira onda de demandas indenizatórias, adotou uma estratégica básica, da qual jamais se afastou nas décadas posteriores, ao enfrentar novas ondas de demandas, nos Estados Unidos e em outros países: além de usar recursos ilimitados para vencer as demandas, jamais transigiram, jamais negociaram acordos, jamais reconheceram qualquer parcela de responsabilidade[12]. Somente no final da década de noventa é que passaram a fazer alguns acordos – tendência que se acentuou na primeira década do presente século.

Durante os primeiros quarenta anos de litígio, porém, a indústria do fumo adotou a estratégia de negar sempre, e veementemente, qualquer responsabilidade: esse o mantra transmitido pela Diretoria de tais empresas aos seus advogados, que fielmente jamais se afastaram do *script*.

Na implementação da estratégia de sempre contestar, jamais reconhecer, nunca foram poupados recursos. Sempre foram as melhores bancas advocatícias chamadas para a defesa das causas. Foram contratados consultores, analistas, psicólogos, enfim, uma série de

---

11 CABRERA, Oscar; GUILLEN, Paula Ávila; CARBALLO, Juan. "Viabilidade Jurídica de uma Proibição Total da Publicidade de Tabaco. O Caso perante a Corte Constitucional da Colômbia". In: PASQUALOTTO, Adalberto (org.). **Publicidade de Tabaco – Frente e Verso da Liberdade de Expressão Comercial.** São Paulo: Atlas, 2015, p. 258 e 259.

12 "Tobacco companies have refused to offer settlements in any of the cases brought against them" - SCHWARTZ, Gary T. *"Tobacco Liability in the Courts"*, in: RABIN & SUGARMAN (eds.), **Smoking Policy: Law, Politics, and Culture.** New York: Oxford University Press, 1.993, p. 131.

profissionais para analisar a reação de juízes e jurados[13] e indicarem quais os argumentos mais bem recebidos pelos julgadores. Assim, tratando-se de autêntico litigante habitual (em oposição ao ocasional)[14],

---

13 Considere-se que, nos Estados Unidos, em virtude da previsão da Emenda Constitucional n. VII (garantia do julgamento pelo tribunal do júri para muitas causas cíveis, dentre as quais as ações de responsabilidade civil), essas ações são julgadas pelo tribunal do júri e não pelo juiz singular. Assim, como esclarece Gary T. Schwartz, *"company lawyers have engaged in extensive efforts to better understand the psychology and thinking of jurors"* (os advogados da indústria do fumo empreenderam intensos esforços para melhor entender a psicologia e modo de pensar dos jurados"). Esse mesmo autor cita trecho de outro artigo doutrinário referindo que "advogados providenciam em espécies de júris simulados para testar as reações dos jurados leigos aos argumentos jurídicos da indústria do fumo. Antes dos julgamentos reais, sondagens profissionais de opinião pública são encomendadas para sentir o pulso da população sobre temas como publicidade de cigarro, informação que poderá ser úteis para os advogados, ao selecionarem o corpo de jurados. Após os julgamentos, entrevistas minuciosas e demoradas com os jurados procuram reconstruir as deliberações minuto a minuto". O mesmo autor prossegue, dizendo que a indústria do fumo gasta fortunas em tais esforços por saberem que o acolhimento de uma demanda tem potencial efeito de estimular novas demandas, razão pela qual "what the company saves by winning a verdict in any individual case is vastly more than what the individual plaintiff loses". Também se descreve as táticas usadas pela indústria do fumo "to make life as painful as possible for the smoker who begins a lawsuit" (para tornar a vida o mais difícil possível para o fumante que inicia uma demanda judicial) – SCHWARTZ, Gary T. *"Tobacco Liability in the Courts"*, in: RABIN & SUGARMAN (eds.), **Smoking Policy: Law, Politics, and Culture.** New York: Oxford University Press, 1.993, p. 144/145 e 158, n. 33.

14 Dentre as três razões que Clarissa M. Honsi identifica para explicar o sucesso da indústria fumageira nos litígios envolvendo sua responsabilidade civil, há um destaque para a *vasta experiência nacional e internacional da indústria do tabaco em litígios,* ao contrário dos fumantes e familiares, *litigantes eventuais* que, em suas ações individuais, muitas vezes se ressentem de recursos e informações para bem instruir seus pleitos - HOMSI, Clarissa Menezes. *As Ações Judiciais Envolvendo o Tabagismo e seu Controle.* In HOMSI, Clarissa Menezes (coord.). **Controle do Tabaco e o Ordenamento Jurídico Brasileiro.** Rio de Janeiro: Lumen Juris, 2011, p. 67ss.

que enfrenta as mesmas demandas incontáveis vezes, puderam as empresas aprender com eventuais erros, aprimorar suas estratégias, afastar teses que não foram bem sucedidas, selecionar argumentos vencedores, etc.

O caso da defesa das indústrias do fumo é um autêntico *case* de sucesso. Não se levando em conta os aspectos éticos envolvidos[15], foram elas profissionalmente competentes e bem sucedidas. Além da estratégia de defesa técnica, envolvendo os argumentos jurídicos propriamente ditos – praticamente uniforme no mundo todo, pois as grandes bancas advocatícias são orientadas a seguirem as linhas defensivas traçadas na matriz estadunidense – sua estratégia também passa pela escolha de competentes advogados locais para acompanharem as demandas, preferentemente advogados com bom trânsito e grande prestígio junto ao Judiciário (se forem renomados magistrados aposentados, tanto melhor), visitas aos juízes instrutores e julgadores, com entrega não só de memoriais (invariavelmente subscritos por juristas de renomes, para melhor impressionar os julgadores), mas também de organizado material de leitura informativa (cuidadosamente selecionado, por óbvio, e exclusivamente direcionado a sustentar seus pontos de vista, dando a impressão, pelo seu volume, que as teses defensivas representariam consenso absoluto no meio jurídico).

As teses sustentadas na defesa da indústria do fumo são substancialmente as seguintes:

1. Ausência de provas concludentes e indiscutíveis de que a doença noticiada nos autos decorresse do hábito de fumar. Sendo o câncer uma doença multifatorial, não seria possível excluir a possibilidade de que a causa do tumor da vítima tivesse outra origem que não o fumo.[16]

---

15 Sob o aspecto ético, dever-se-ia refletir sobre a indagação feita por Ricard Matthieu: "Um motorista em estado de embriaguez que provoque um acidente mortal será condenado 'por ter causado a morte sem intenção de matar'. O que dizer daqueles que causam a morte sem 'intenção' de matar, sabendo perfeitamente que provocam a morte?" - RICARD, Matthieu. **A revolução do altruísmo**. São Paulo: Palas Athena, 2015, p. 442.

2. Livre-arbítrio: as pessoas teriam liberdade e autonomia para começar e para parar de fumar.
3. Para as demandas brasileiras, alega-se também que o cigarro não seria produto 'defeituoso'[17], nos termos do CDC (art. 12),

---

16 Atualmente, para contornar esse óbice, cada vez mais se lança mão de dados estatísticos, para se elaborar modelos de cálculos de probabilidade. Assim, por exemplo, "os estudos epidemiológicos, convertidos em modelos estatístico-matemáticos, confirmam amplamente, com índices percentuais de probabilidade superiores a 80%, no plano genérico, a correlação causal existente entre o surgimento de patologias específicas ou agravamento de outras, e o consumo de cigarros". Isso permite a que se chegue "ao resultado útil de transferir o custo do dano da vítima a aquele ou aqueles que o provocaram, segundo um significativo grau de probabilidade". Caso assim não se proceda, e "não existindo opções 'neutras' no mundo jurídico, insistir sobre a necessidade de se provar que o fumo provocou câncer num sujeito específico e atribuir tal ônus ao lesado/consumidor, equivale a afirmar, em qualquer caso, a indemonstrabilidade prática do nexo, com óbvias consequências sobre o plano de alocação do custo do dano"– nesse sentido, BALDINI, Gianni. **Il danno da fumo – Il problema della responsabilità nel danno da sostanze tossiche**. Napoli: Edizioni Scientifiche Italiane, 2008, p. 171, 172 e 173. Ainda segundo Baldini, o recurso ao critério de causalidade científico-probabilistica permitirá ter como juridicamente fundada a correlação causal exclusiva ou concorrente entre o fumo e a patologia discutida, sobre a base de resultados científicos baseados em leis estatísticas idôneas a confirmar a relação causal – *op. cit.*, p. 191.

17 Nos Estados Unidos, a jurisprudência desenvolveu substancialmente três critérios para a identificação de um defeito do produto (focando especialmente o caso de defeito de projeto): 1) *consumer expectation test*; 2) *risk-utility test*; 3) *Learned Hand test*. Gianni Baldini (*Op. cit*, p. 483/487) nos fornece uma boa síntese de como funcionam tais critérios ou testes. Relativamente ao critério da expectativa do consumidor, sua aplicação era feita sob o enfoque de uma responsabilidade objetiva (*strict liability*), de forma que a demonstração do dano e da sua derivação (nexo causal) do produto já estariam a demonstrar a violação da razoável expectativa de segurança do consumidor médio. Em relação ao *risk-utility test* (critério do risco-benefício), o raciocínio se desenvolve mediante a avaliação comparativa entre a amplitude do risco criado pelo produto e os benefícios dele derivados. Quando o homem médio, adequadamente informado, entende, de modo razoável e racional, que o perigo,

pois se trata de periculosidade inerente e conhecida, inexistindo expectativa de segurança da parte do consumidor. Não haveria defeito de concepção, de fabricação, ou de informação.

4. Inaplicabilidade do CDC a fatos ocorridos em décadas anteriores; assim, inexistia dever de informar antes da legislação impositiva de tal obrigação.

Cada um desses argumentos será eficazmente enfrentado nos artigos doutrinários que compõem essa obra coletiva.

Por vezes outros argumentos menores são trazidos à baila, como o fato de se tratar de atividade lícita, que gera empregos e paga tributos, estimulando, ainda a fumicultura. Esse tipo de argumento obviamente

---

mais ou menos previsível, conexo ao produto, é superior às utilidades conexas ao uso do produto, este deve ser considerado defeituoso. As consequências danosas consideradas serão unicamente aquelas conexas a um uso razoável e previsível; os benefícios consistirão no conjunto de expectativas, desejos e necessidades que o uso/consumo do produto é capaz de satisfazer. De qualquer forma, quando fosse demonstrado que as mesmas necessidades e desejos poderiam ser satisfeitas com um menor risco de dano, através da adoção de um razoável projeto alternativo, o provável resultado judicial seria igualmente no sentido da afirmação da responsabilidade do produtor. Segundo S. D. Sugarman (SUGARMAN, S. D., La responsabilità civile delle imprese produttici di sigarette. **Danno e Responsabilità**, n. 12, 2001, p. 1236s), a Corte Suprema de New Jersey já adotou esse critério (caso Bryan), afirmando que cigarros devem ser considerados produtos defeituosos, uma vez que não oferecem nenhum benefício apreciável que seja proporcional ao risco introduzido, ou tal que possa ser considerado socialmente aceitável o perigo produzido. Relativamente ao terceiro critério – *Learned Hand Test* – trata-se do conhecido critério introduzido pelo magistrado federal norte-americano, no caso *United States v. Carroll Towing Co.* (1977), segundo o qual uma espécie de *design deffect* é de se ter como configurada quando os custos do dano produzido são superiores àqueles que seriam necessários para elaborar um útil projeto alternativo. Tal doutrina, destinada a ter enorme difusão e aceitação nos Estados Unidos, foi acolhido pelo *Restatement of Torts, 3rd* (terceiro), de 1999, onde se define como defeituoso o projeto do produto cujos riscos de danos poderiam ter sido reduzidos ou eliminados mediante a adoção de um razoável projeto alternativo.

não se sustenta e não merece análise detida. Isso porque os tribunais estão abarrotados de demandas envolvendo danos decorrentes de atividades regulares e lícitas. Mas se delas resultarem danos, pretensões reparatórias são logicamente cabíveis, quando atendidos determinados pressupostos, como hipóteses de responsabilidade objetiva, cada vez mais amplas, além dos casos de responsabilidade por atos lícitos[18].[19]

---

18 Com a devida vênia, portanto, discordamos de Tereza Ancona Lopez, quanto à passagem de parecer que lhe fora encomendado pela indústria do fumo, onde sustenta que "o produto comercializado pela indústria e as substâncias que naturalmente compõem o tabaco, dentre as quais se inclui a nicotina (...) são legalizadas e altamente controladas/reguladas pelo Estado, sendo basilar em nosso ordenamento jurídico o não reconhecimento de ato ilícito imputável à conduta desenvolvida no mais regular exercício de direitos e em conformidade com as normas legais" – LOPEZ, Tereza Ancona. "Das consequências jurídicas da dependência ao tabaco: conceito jurídico e aptidão para constituir dano indenizável". *In*: LOPEZ, Teresa Ancona (coord.). **Estudos e Pareceres sobre Livre-arbítrio, Responsabilidade e Produto de Risco Inerente – O paradigma do tabaco. Aspectos civis e processuais.** Rio de Janeiro: Renovar, 2009, p. 499.

19 Do mesmo sentir é Lúcio Delfino, ao referir que *"a ilicitude, portanto, reside na imperfeição do produto (extrínseca ou intrínseca), e não na atividade necessária à sua produção e/ou comercialização"* - DELFINO, Lúcio. Responsabilidade Civil da Indústria do Tabaco. In HOMSI, Clarissa Menezes (coord.). **Controle do Tabaco e o Ordenamento Jurídico Brasileiro.** Rio de Janeiro: Lumen Juris, 2011, p. 81 e 83.

Também Rui Stoco, embora desfavorável à responsabilização da indústria fumageira por outras razões, sustenta que "o só fato de uma atividade ser lícita não se apresenta como fator de irresponsabilidade" - STOCO, Rui. *Responsabilidade civil das empresas fabricantes de cigarro*. Disponível em http://www.fat.edu.br/saberjuridico/publicacoes/Artigo_RuiStoco.pdf, acessado em 06.12.2015.

Daniel Ustárroz, discorrendo sobre a responsabilidade civil por atos lícitos, sua tese de doutoramento, referiu que "o fundamento da responsabilidade civil pelo ilícito é a justiça corretiva, ao passo que a compensação do ato lícito ocorre mediante a consideração de ideias relativas à justiça distributiva" - USTÁRROZ, Daniel. **Responsabilidade civil por ato lícito.** São Paulo: Atlas, 2014, p. 193.

Por outro caminho, mas com idêntico desemboco prático, pode ser invocada a lição de Jamil Sayah, quando procura destacar que a preocupação maior das sociedades contemporâneas é com a segurança, em face da perspectiva de danos imprevistos, referindo que um papel de garantir tal segurança vem sendo desempenhado pela moderna responsabilidade civil. Esta vem revelando uma certa inversão de seus paradigmas: "au lieu de constater une faute, um dommage et un lien de causalité les unissant, le préjudice est d'abord relevé, vient ensuite la question de savoir s'il est juste de laisser telle personne dans telle situation, puis celle de savoir comment indemniser"[20].

Por outro lado, se é verdade que as indústrias do fumo pagam muitos tributos, também é certo que o custo econômico causado à previdência social somente em razão de tratamentos de doenças relacionadas ao fumo supera em muito o valor desse ingresso. De fato, dados de 2012 apontam que o Brasil gastou cerca de 21 bilhões de reais anuais em

---

A mesma orientação – no sentido de que a licitude da atividade não significa impossibilidade de responsabilização do produtor – tem trânsito no direito comparado, como se vê da lição de José Maria López Olaciregui que há tempos já havia sustentado que "la teoria del responder civil no debe ser construída como una teoria del acto ilícito, sino como una teoría del acto dañoso y de la repartición de los daños. [...] Se trata de evitar el daño injusto ... un daño civil puede ser injusto tanto por haber sido injustamente causado como por el hecho que sea injusto que lo soporte quién lo sofrió" - OLACIREGUI, José M. López. "Esencia y fundamento de la responsabilidad civil.". **Revista del Derecho Comercial y de las Obligaciones,** año II, n. 64, ago.1978 – citado por HIRONAKA, Giselda Maria F. Novaes. **Responsabilidade Pressuposta.** Belo Horizonte: Del Rey, 2005, p. 341.

[20] Em tradução livre : "em vez de constatar uma culpa, um dano e um nexo de causalidade que os una, o dano é primeiramente identificado, depois se coloca a questão de saber se é justo deixar tal pessoa em tal situação, e por fim se verifica como indenizá-la" - SAYAH, Jamil. "Vulnérabilité et Mutation du Droit de la Responsabilité." In : COHET-CORDEY, Frédérique (coord.). **VULNÉRABLITÉ ET DROIT.** Le développement de la vulnérabilité et ses enjeux en droit. Grenoble : Presses Universitaires de Grenoble, 2000, p. 218.

tratamento de doenças relacionadas ao cigarro[21], o que representou valor cerca de 3,5 vezes superior à arrecadação de impostos incidentes sobre produtos do tabaco, segundo denunciou a Associação Médica Brasileira[22]. Portanto, para a sociedade civil como um todo, mesmo examinando-se apenas os aspectos econômicos envolvidos, a indústria do fumo é um peso (literalmente) morto, não um benefício. E isso sem falar dos dramas humanos envolvidos – com mortes lentas e dolorosas para os diretamente envolvidos e dor e sofrimento para os incontáveis parentes daqueles[23].

Como já foi dito, a equação supra está a revelar que a indústria do fumo privatiza os lucros e socializa os custos[24], suportados, em grande parte, pelo Sistema Único de Saúde (e indiretamente por toda a sociedade).

Esses custos, por óbvio, são percebidos em todos os países. Na Itália, por exemplo, há estudos comprovando que o fumante custa para o sistema de saúde pública: 80% mais do que um não-fumante para as doenças cardíacas; 1.000% a mais para tumores pulmonares; 25% a mais para o complexo dos demais tumores; 100% a mais para as

---

21 Segundo estudo da Fundação Oswaldo Cruz, publicado no Jornal O Estado de São Paulo, edição de 31.05.2012.

22 EVIDÊNCIAS CIENTÍFICAS SOBRE TABAGISMO PARA SUBSÍDIO AO PODER JUDICIÁRIO. Projeto Diretrizes, da AMB. Documento elaborado pela Associação Médica Brasileira; Ministério da Saúde/Instituto Nacional de Câncer; Aliança de Controle do Tabagismo. 2013, p. 40.

23 Situação assemelhada é vivida em outros países: dados do Canadá revelam que, em 2002, o Ministério da Saúde estimou os custos atribuídos ao tabagismo em 15,8 bilhões de dólares, ao passo que naquele mesmo ano o governo do Canadá arrecadou apenas 7,4 bilhões de dólares em tributos no setor fumo. – QUÉBEC COALITION FOR TOBACCO CONTROL. **Update on smoking costs to society**. Montréal, 2004. Disponível em http://www.cqct.qc.ca/Documents_docs/ETUD_04_01_15_GroupeDAnalyseCourTabacENG.PDF. A situação é substancialmente a mesma em todos os países.

24 Nesses termos, FARIAS, Cristiano Chaves de; BRAGA NETTO, Felipe Peixoto; ROSENVALD, Nelson. **Novo Tratado de Responsabilidade Civil**. São Paulo: Atlas, 2015, p. 827.

doenças respiratórias crônicas; 10% a mais para as patologias obstétricas e neonatais. Tais cifras somadas representam um excesso global de custos sanitários relacionados ao fumo na ordem de 40%[25], o que representaria 5 bilhões de euros. Além desse custo, estima-se uma perda de outros 10 bilhões de euros anuais, a título de custos sociais (perda de riqueza por doença e morte prematura)[26].

2. A REVELAÇÃO DOS MALEFÍCIOS TABACO-RELACIONADOS E A COMPROVAÇÃO DA MÁ-FÉ DA INDÚSTRIA DO FUMO

Em meados do século XX pesquisadores começaram a relacionar o fumo a certas doenças – inicialmente, às pulmonares. A primeira publicação científica aprofundada, divulgada em revista mundialmente reconhecida, foi o artigo denominado "Smoking and Carcinoma in the Lung – Preliminary Report", assinado pelos médicos e pesquisadores Richard Doll e A. Bradford Hill e publicado no conceituado *British Medical Journal*, em 30 de setembro de 1950. A partir de então, no mundo inteiro centros de pesquisas passaram a aprofundar pesquisas nesse setor, identificando um número cada vez maior de doenças tabaco-relacionadas. Impactante, pela sua maior difusão, foi a publicação, no *Reader's Digest* (revista presente em boa parte das casas de classe média do mundo, à época), de reportagem intitulada "Câncer em Maços", em 1953, divulgando as descobertas científicas que apontavam para os malefícios associados ao fumo. Posteriormente, em 1961, os editores do *New England Journal of Medicine* [que é a mais prestigiada publicação mundial no âmbito da medicina] afirmavam que.... 'a maior parte das provas é estatística e demonstra uma forte associação entre o consumo intensivo de cigarro e o câncer de pulmão'.

---

25 GARATTINI, Silvio; LA VECCHIA, Carlo. **Il fumo in Italia: prevenzione, patologie & costi**. Milano: Kurtis, 2005, p. 2s.

26 BALDINI, Gianni. **Il danno da fumo – Il problema della responsabilità nel danno da sostanze tossiche**. Napoli: Edizioni Scientifiche Italiane, 2008, p. 35.

Em 1964, outra publicação de impacto foi o Relatório do Surgeon General dos Estados Unidos, de 1964, intitulado "Smoking and Health", onde se afirmou claramente que *"Cigarette smoking is causally related to lung cancer in men; the magnitude of the effect of cigarette smoking far outweighs all other factors. The risk of developing lung cancer increases with duration of smoking and the number of cigarettes smoked per day"*[27].

Todavia, se a sociedade ficou impactada com a notícia – pela extensão dos reais e potenciais prejuízos à saúde de milhões de pessoas – mais impactada ainda ficou ao saber que a indústria do fumo não só já sabia desses malefícios (em razão de suas próprias pesquisas), como vinha ocultando as informações que tinha a respeito, chegando ao ponto de dolosamente manipulá-las, continuando a fazer publicidade de seus produtos, buscando assimilá-los, no inconsciente dos potenciais usuários, a maior desempenho intelectual, vigor físico, charme e masculinidade.

De fato, as informações internas detidas pela indústria do fumo, dando conta de sua perfeita ciência, desde a década de 50, dos malefícios associados ao hábito de fumar, foram deliberadamente mantidas em sigilo e somente vieram a público por um ato ilícito praticado por um funcionário de uma grande firma de advogados que trabalhava para uma das indústrias fumageiras. Referido funcionário copiou ilegalmente, entre 1988 e 1992, 70.000 páginas de documentos internos dos fabricantes de tabaco. Tratava-se de milhares de páginas de memorandos, relatórios, cartas, cópias de atas, correspondente a um período de 30 anos de atividade da *British American Tobacco* e de sua subsidiária norte-americana, a *Brown and Williamson Tobacco Corporation*. Em 1994, ao ser demitido do emprego, remeteu o material para o Professor Stanton Glantz, médico especializado em doenças causadas pelo tabaco, pesquisador e conhecido ativista na

---

27 Todavia, já muito antes da publicação deste famoso relatório, já havia consenso entre a comunidade científica e médica sobre os malefícios associados ao tabaco – nesse sentido a informação do professor de história da Medicina, de Harvard, BRANDT, Allan M. **The Cigarette Century** – The Rise, Fall, and Deadly Persistence of the Product that Defined America. New York: Basic Books, 2007, p. 493.

luta contra o tabaco, nos EUA[28]. Tais documentos comprovavam que os fabricantes de cigarros já sabiam desde a década de 50 que a nicotina vicia[29] e torna o fumante um dependente dessa droga psicoativa, reduzindo drasticamente sua força de vontade. Apesar disso, continuavam a negar publicamente tal conhecimento.

Ulteriormente, outro ex-funcionário da *Brown and Williamson Tobacco Corporation*, Merry Williams, igualmente repassou ao Prof. Stanton outra grande quantidade de documentos relevantes, que igualmente revelavam o quanto a indústria do fumo sabia dos malefícios causados por seus produtos. Tais documentos (popularizados pelo nome de *The Cigarette Papers*, que foi o nome dado ao livro publicado pelo Prof. Stanton e outros, pela University of Califórnia Press, em 1996) foram entregues pelo prof. Stanton ao SubComitê de Saúde e Ambiente do Congresso Norte-americano[30].

---

28 MARQUES, Cláudia Lima. **Prefácio** a HOMSI, Clarissa Menezes (coord.). **Controle do Tabaco e o Ordenamento Jurídico Brasileiro.** Rio de Janeiro: Lumen Juris, 2011, p. XXII.

29 Eis a forma como uma ex-fumante (Pamela DeNardo) narrou o poder do vício, em nome da *American Lung Association*, perante a Comissão do Senado norte-americano que investigou a indústria do fumo, na sessão de 05.09.2001: "I was a smoker. I started to smoke at the age of 17. I started smoking because it was cool. And for many years, I truly believed that I could quit any time I wanted to, that is, until I really tried. That is when I understood the word 'addiction'. And now I am sick. I have been diagnosed with chronic obstructive pulmonary disease. Even after being diagnosed, quitting was extremely difficult. It was literally the hardest thing I have ever done. I actually know people who will smoke a cigarette, suck on an inhaler, and smoke another cigarette. That is addiction". In: UNITED STATES CONGRESS SENATE COMMITTEE ON JUDICIARY. DEPARTMENT OF JUSTICE OVERSIGHT: MANAGEMENT OF THE TOBACCO LITIGATION. Washington: U.S. Government Printing Office, 2002, p.18.

30 Diligências ulteriores reuniram o impressionante volume de 14 milhões de documentos internos, estendendo-se por dezenas de milhões de páginas, disponíveis para consulta no site http://www.library.ucsf.edu/tobacco (excelente site universitário que, no item *Tobacco Control Archives*, disponibiliza três gigantesca coleções: a *Truth Tobacco Industry Documentos – TTID*, que reúne os aludidos 14 milhões de documentos

Referida documentação refletia dois gêneros de documentos: os científicos e os memorandos do alto escalão da indústria. O mais antigo dos textos científicos revelados é de fevereiro de 1953, oito meses antes de a pesquisa com os ratos pintados com nicotina ter sido apresentada pela primeira vez (trata-se da célebre pesquisa laboratorial que associou a nicotina ao câncer pela primeira vez). Assinado por Claude Teague, um pesquisador da fumageira R.J. Reynolds, o texto associa com câncer o uso de cigarros por períodos longos: "Estudos de dados clínicos tendem a confirmar a relação entre o uso prolongado de tabaco e a incidência de câncer no pulmão." Logo em seguida, o pesquisador descreve quais seriam os agentes cancerígenos do cigarro: "compostos aromáticos plinucleares ocorrem nos produtos pirológicos [ou seja, que queimam] do tabaco. Benzopireno e N-benzopireno, ambos cancerígenos, foram identificados".[31]

À medida que as descobertas científicas relativas aos efeitos do tabagismo tornaram-se consenso científico e passaram a ser divulgadas, as pessoas começaram a se conscientizar de que as doenças que desenvolveram estavam relacionadas ao vício do tabagismo e que lhes fora negada a informação disponível a respeito. Quando isso aconteceu, ações judiciais foram ajuizadas desde a década de cinquenta, nos Estados Unidos.

Boa parte destas demandas foi ajuizada no mesmo período em que se reforçava a ideia de proteção dos consumidores[32]. Recorde-se que foi

---

produzidos pela indústria fumageira; a *Paper and Midia Collection* que reúne artigos e outras publicações sobre o tema do controle de tabaco; e o *Tobacco Litigation Documents*, que disponibiliza as petições iniciais das 46 ações movidas pelos Estados Norte-americanos, pelo Governo Federal e outras ações movidas contra a indústria fumageira).

31 CARVALHO, Mário Cesar. **O cigarro.** São Paulo: Publifolha, 2001, p. 16/17.

32 G. Baldini recorda, a propósito, a origem jurisprudencial da proteção do consumidor na tradição anglo-americana, com os casos *Donoghue v. Stevenson* (1932, na Inglaterra) e *MacPherson v. Buick Motors Co.* (1916, nos Estados Unidos), os quais superaram a estreiteza da doutrina da *privity of contract* e afirmaram subsistir uma obrigação genérica de *duty of care* (dever de cuidado), da parte do produtor, em relação à

em 05 de março de 1962 que John Kennedy pronunciou seu célebre discurso referindo que "todos nós somos consumidores" e enunciou os quatro direitos básicos do consumidor: (1) o direito à saúde e segurança, (2) o direito à informação, (3) o direito à escolha e (4) o direito a ser ouvido. Pois bem, uma das razões da necessidade de se proteger os consumidores reside exatamente na sua vulnerabilidade, expressa muitas vezes pelo seu déficit informacional.[33]

Desde a década de cinquenta a ciência reiteradamente vem comprovando o caráter extremamente tóxico do cigarro, constantemente ampliando o leque de doenças tabaco-relacionadas. Afirma que não há níveis seguros de consumo de cigarro, salientando também o grande problema do emprego da nicotina, pelo seu poder escravizante do consumidor. Aliás, a Convenção-Quadro para o Controle do Uso do Tabaco, primeiro tratado internacional de saúde pública, elaborada sob patrocínio da OMS/ONU em 2003, objeto de adesão de praticamente todos os países do mundo, ratificada pelo Brasil em 2005 e incorporada ao direito positivo brasileiro através do Dec. nº 5.658, de 2 de janeiro de 2006, entre seus considerandos inclui os seguintes:

> "(....) Reconhecendo que a ciência demonstrou de maneira inequívoca que o consumo e a exposição à fumaça do tabaco são causas de mortalidade, morbidade e incapacidade e que as doenças rela-

---

> generalidade dos consumidores, por força do qual 'cada um deve prever as consequências que possam derivar a terceiros, de seus próprios atos" e que "qualquer coisa que possa representar um perigo acarreta ao produtor uma obrigação de proteção em relação à generalidade dos consumidores, inclusive além de sua contraparte contratual" – BALDINI, Gianni. **Il danno da fumo** – Il problema della responsabilità nel danno della sostanze tossiche. Napoli: Edizioni Scientifiche Italiane, 2008, p. 289/290.

33 "La vulnerabilité du consommateur s'explique par la situation d'infériorité dans laquelle il se trouve généralement par rapport au professionnel. Cette infériorité se situe sur un double plan: au plan économique (1) et au plan cognitif, ou informationnel (2)" - CHAZAL, Jean-Pascal. "Vulnérabilité et Droit de la Consommation". In : COHET-CORDEY, Frédérique (coord.). **VULNÉRABLITÉ ET DROIT.** Le développement de la vulnérabilité et ses enjeux en droit. Grenoble : Presses Universitaires de Grenoble, 2000, p. 247.

cionadas ao tabaco não se revelam imediatamente após o início da exposição à fumaça do tabaco e ao consumo de qualquer produto derivado do tabaco;
Reconhecendo ademais que os cigarros e outros produtos contendo tabaco são elaborados de maneira sofisticada de modo a criar e a manter a dependência, que muitos de seus compostos e a fumaça que produzem são farmacologicamente ativos, tóxicos, mutagênicos, e cancerígenos, e que a dependência ao tabaco é classificada separadamente como uma enfermidade pelas principais classificações internacionais de doenças; (...)"

Exatamente em razão desses achados científicos, "é nítido o deslocamento do tabaco para o *status* de um objeto qualificado pela rejeição social e macroeconômica, o que naturalmente o macula no campo jurídico"[34].

Segundo dados incontroversos de 2011, informados pela OMS – Organização Mundial da Saúde -, morrem mais de 6 milhões de pessoas vítimas do tabagismo, sendo mais de 200 mil delas no Brasil. O século XX viu cem milhões de pessoas morrerem desta causa, mais do que mataram todas as guerras daquele século somadas", sendo que "das oito principais causas de morte no mundo, seis estão ligadas ao uso do tabaco"[35].

---

34 MOURA, Walter. "O Fumo e a Sociedade de Consumo: o Novo Sentido da Saúde". In: HOMSI, Clarissa Menezes (coord.). **Controle do Tabaco e o Ordenamento Jurídico Brasileiro.** Rio de Janeiro: Lúmen Juris Editora, 2011, p. 45.

35 WHO – REPORT ON THE GLOBAL TOBACCO EPIDEMIC, 2008: The MPOWER package. World Health Organization, http://whqlibdoc.who.int/publications/2009/9789241563918_eng_full.pdf, acesso 13/8.2010 – apud HOMSI, Clarissa Menezes. "As Ações Judiciais Envolvendo o Tabagismo e seu Controle". In: HOMSI, Clarissa Menezes (coord.). **Controle do Tabaco e o Ordenamento Jurídico Brasileiro.** Rio de Janeiro: Lúmen Juris Editora, 2011, p. 50, e O.M.S. – *Relatório sobre epidemia mundial de tabaco: advertências sobre os peritos do tabaco*, 2011, p. 8, apud CABRERA, Oscar; GUILLEN, Paula Ávila; CARBALLO, Juan. "Viabilidade Jurídica de uma Proibição Total da Publicidade de Tabaco. O Caso perante a Corte Constitucional da Colômbia". In: PASQUALOTTO, Adalberto (org.). **Publicidade de Tabaco – Frente e Verso da Liberdade de Expressão Comercial.** São Paulo: Atlas, 2015, p. 254.

Lamentavelmente, os efeitos deletérios do tabagismo tornam-se cada vez mais amplos. Dados atualizados da Organização Mundial da Saúde, divulgados em 2017, referem que o número de mortes anuais relacionadas ao tabaco subiu para 7 milhões, estimando-se em 1 bilhão de mortes por tabagismo no planeta ao longo do século 21. No mesmo relatório, estima-se em 1,4 trilhões de dólares os gastos governamentais e privados com saúde e perda de produtividade em razão do tabaco. Atualmente, segundo a mesma fonte, metade das pessoas fumantes morrerão por causas relacionadas ao tabaco[36]. [37]

Em artigo recentemente publicado na prestigiosa revista científica *The Lancet*, John Britton referiu que "o tabagismo e a consequente

---

[36] Segundo reportagem intitulada "Consumo de tabaco mata 7 milhões ao ano", publicada no jornal Zero Hora (editado em Porto Alegre), no dia 31.05.2017, p. 29.

[37] No Brasil, o "Observatório da Política Nacional de Controle do Tabaco", do INCA – Instituto Nacional de Câncer, apresenta os seguintes dados sobre a mortalidade no Brasil associada ao tabagismo (extraído do site http://www2.inca.gov.br/wps/wcm/connect/observatorio_controle_tabaco/site/destaques/?contentIDR=ed26b500454853d6a0e5e-0ba7c1d3624&useDefaultText=0&useDefaultDesc=0, acessado em 01.03.2018):

"Carga do tabagismo

A carga do tabagismo em 2011, em termos de mortalidade, morbidade e custos da assistência médica das principais doenças relacionadas ao consumo de produtos de tabaco no Brasil aponta que naquele ano, o tabagismo foi responsável por pelo menos:

147.072 óbitos; 2,69 milhões anos de vida perdidos; 157.126 infartos agudos do miocárdio; 75.663 acidentes vasculares cerebrais, e 63.753 diagnósticos de câncer.

Estes dados contemplam apenas as doenças e agravos considerados neste estudo. São mais de 400 óbitos por dia, que correspondem a 14,7% do total de mortes ocorridas no país (1.000.490 mortes).

"As mortes por câncer de pulmão e por DPOC corresponderam a 81% e a 78%, respectivamente, enquanto que 21% das mortes por doenças cardíacas e 18% por AVC também estiveram associadas a esse fator de risco. O conjunto das neoplasias revelou que 31% das mortes foram devidas ao consumo de derivados do tabaco. O tabagismo passivo e as causas perinatais totalizaram 16.920 mortes. (...)"

morbidade e mortalidade atualmente estão caindo na maioria (mas não todos) dos países ricos, mas futura mortalidade em países de baixo e médio poder aquisitivo provavelmente aumentará exponencialmente. Em todo o mundo, estima-se que uma em quatro pessoas, num total de 933 milhões de pessoas, são fumantes diários, e 80% destes fumantes moram em países de baixo e médio poder aquisitivo. A metade destes, ou metade de um bilhão de pessoas, deverá morrer prematuramente em razão do tabagismo, a não ser que parem de fumar. (...) Hoje, a epidemia do fumo está sendo exportada do mundo rico para os países de baixa e média renda...".[38]

Vários produtos também são nocivos à saúde, como é curial. Todavia, além dos gravíssimos – e, em várias hipóteses, mortais – efeitos relacionados ao uso do tabaco, há outras duas caracte-

---

[38] No original: "Smoking prevalence and consequent morbidity and mortality are now falling in most (but not all) rich countries, but future mortality in low-income and middle-income countries is likely to be huge. Worldwide, one in four men, and a total of 933 million people, are estimated to be current daily smokers, and 80% of these smokers live in low-income and middle-income countries. Half of these, or half a billion people alive today, can be expected to be killed prematurely by their smoking unless they quit. (...) Today, the smoking epidemic is being exported from the rich world to low-income and middle-income countries ..." - BRITTON, John. "Death, disease, and tobacco", in: "The Lancet", edição de 05.04.2017, acessível em http://thelancet.com/journals/lancet/article/PIIS0140-6736(17)30867-X/fulltext. Acesso em 15.04.2017. No mesmo número foi publicado outro importante artigo, intitulado "Smoking prevalence and attributable disease burden in 195 countries and territories, 1990–2015: a systematic analysis from the Global Burden of Disease Study 2015" (http://www.thelancet.com/journals/lancet/article/PIIS0140-6736(17)30819-X/fulltext, acessado em 15.04.2017), para o qual contribuíram cerca de três centenas de pesquisadores científicos do mundo inteiro, onde se afirmou que "Smoking was the second leading risk factor for early death and disability worldwide in 2015. It has claimed more than 5 million lives every year since 1990, and its contribution to overall disease burden is growing, especially in lower income countries. The negative effects of smoking extend well beyond individual and population health as billions of dollars in lost productivity and health-care expenditure are related to smoking every year."

rísticas que o distinguem dos demais: o tabaco contem elementos desencadeadores de dependência química e seu uso causa danos imediatos àqueles que estão próximos aos consumidores de tabaco, ou seja, o dano causado à saúde do fumante passivo[39].[40] Por outro lado, ao contrário de alguns outros vícios nefastos à saúde, como o alcoolismo, pode-se consumir moderada e ocasionalmente o álcool (o chamado "consumo social") sem risco de se tornar um alcoolista e sem prejuízos de algum relevo à saúde. Já o cigarro, graças à nicotina, inevitavelmente vicia o consumidor, não havendo níveis seguros de consumo. Salvo o caso patológico do alcoolista, doente que raramente consegue abandonar o vício sem auxílio externo, quem bebe socialmente pode passar longos períodos sem nada ingerir, não sentindo qualquer compulsão a fazê-lo. Já o viciado no tabagismo tem extrema dificuldade de abandonar o vício.

Como refere Gary Schwartz, costuma-se citar automóveis e bebidas alcoólicas como outros produtos socialmente tolerados e desejados que igualmente tem grande potencial lesivo. Todavia, produtos como automóveis e álcool realmente podem ser altamente perigosos, mas tais perigos normalmente resultam do seu uso abusivo ou de seu manuseio imprudente ou negligente. Cigarros, ao contrário, são altamente perigosos mesmo quando objeto de um uso regular e ordinário[41].

---

39   VEDOVATO, Luís Renato. "A Convenção-Quadro sobre Controle do uso do Tabaco – Consequências para o ordenamento jurídico brasileiro". In: HOMSI, Clarissa Menezes (coord.). **Controle do Tabaco e o Ordenamento Jurídico Brasileiro.** Rio de Janeiro: Lúmen Juris Editora, 2011, p. 5.

40   DELFINO refere que um estudo do *Worldwatch Institute* demonstrou que trabalhadores tais como músicos ou garçons, ou quem tem cônjuge tabagista, acabam inalando uma dose diária equivalente a quatorze cigarros. Muitos desses não fumantes acabam morrendo de câncer pulmonar ou outras doenças provocadas pelo tabaco, sem nunca terem fumado voluntariamente um único cigarro, já que a fumaça do cigarro contém todos os componentes tóxicos que o fumante inala, porém em concentrações maiores – DELFINO, Lúcio. **Responsabilidade Civil e tabagismo no Código de Defesa do Consumidor.** Belo Horizonte: Del Rey, 2002, p. 28 e 29,

Assim, com todas as informações que foram trazidas à luz do dia nas últimas décadas, não havia como, do ponto de vista lógico-jurídico, sustentar-se por muito mais tempo a invulnerabilidade da indústria do fumo. De fato, censurar um comportamento que configura, do ponto de vista do consumidor, uma atividade 'normal', 'razoável', 'previsível' e de acordo com o conhecimento que se extrai da experiência comum sobre a forma e intensidade de utilização daquele produto (o cigarro), representa uma escolha que flagrantemente subverte os princípios sobre os quais se apóiam tanto as regras comuns de responsabilidade como as normas peculiares da responsabilidade do produtor. Com isso, corre-se o risco de deitar por terra as garantias previstas pelo ordenamento ao sujeito débil da relação – o consumidor.[42]

3. AS DIVERSAS "ONDAS" DE AÇÕES INDENIZATÓRIAS NOS ESTADOS UNIDOS

É comum, nos Estados Unidos, fazer-se referência às diversas 'ondas' de demandas que, a partir da década de cinquenta, passaram a ser ajuizadas, numa tentativa de reuni-las ou pelos resultados alcançados, ou então pelo tipo de argumentação invocado a sustento das pretensões.

A referência às ondas de demandas foi feita pela primeira vez por Gary T. Schwartz[43], um dos maiores *tort lawyers* norte-americano,

---

41 No original: "Products like automobiles and alcohol may be highly dangerous, but those dangers usually result from the ways in which those products are abuse or negligently handled. Cigarettes, by contrast, are highly dangerous even in the course of altogether 'ordinary use'. - SCHWARTZ, Gary T. *"Tobacco Liability in the Courts"*, in: RABIN & SUGARMAN (eds.), **Smoking Policy: Law, Politics, and Culture.** New York: Oxford University Press, 1993, p. 141.

42 BALDINI, Gianni. **Il danno da fumo – Il problema della responsabilità nel danno da sostanze tossiche.** Napoli: Edizioni Scientifiche Italiane, 2008, p. 181.

43 Artigo inserido na obra coordenada por RABIN & SUGARMAN, **Smoking Policy: Law, Politics, and Culture.** New York: Oxford University Press, 1.993, p. 131/160.

indicando uma primeira onda no período de 1954 a 1982, uma segunda de 1983 a 1991 e uma terceira onda a partir de então.

Todavia, na página oficial do *Tobacco Control Legal Consortium*[44], embora também se faça referência às ondas de demandas, usa-se outra periodização: a primeira onda de ações, segundo tal impostação, teria ocorrido nas décadas de cinquenta e sessenta. Na década de setenta e início dos anos oitenta, algumas ações foram ajuizadas, mas nenhuma chegou ao final, razão pela qual se tem como início da segunda onda o ano de 1984, prolongando-se até 1995. A partir de então teria início a terceira onda.

As duas primeiras não foram bem sucedidas, mas a terceira onda representou a mudança da maré. É o que passaremos a analisar.

3.1. A PRIMEIRA ONDA

Na primeira onda – décadas de cinquenta e sessenta -, as demandas fundamentavam-se substancialmente nas teorias da culpa e violação da garantia (de segurança). A primeira ação foi proposta em 1954 junto ao United States District Court do Eastern Judicial District of Missouri. Tratava-se do caso *Ira Charles Lowe v. R. J. Reynolds et al.* É conhecido como caso *Lowe*. Tratava-se de uma ação indenizatória movida por um trabalhador que contraíra câncer de pulmão. O caso encerrou-se sem julgamento em 1957, após o falecimento da vítima.

A principal estratégia de defesa da indústria do fumo residia em negar o nexo de causalidade entre o hábito de fumar e as doenças que acometeram as vítimas, aproveitando-se do fato de que as pesquisas científicas ainda eram relativamente pouco numerosas, além do fato da indústria do fumo invocar pesquisas (pagas por ela), tentando demonstrar que havia dúvidas científicas sobre os reais malefícios do fumo. Além disso, argumentava-se, também, que se tratava de 'risco de desenvolvimento' (que na época não implicava responsabilização do produtor).

---

44 Disponível em http://www.publichealthlawcenter.org/sites/default/files/resources/tclc-legal-update-winter-2016.pdf, acesso em 20.02.2018.

Esta primeira onda teria abrangido 103 demandas ajuizadas entre 1954 e 1970, das quais apenas sete (*Ross v Philip Morris; Pritchard v Liggett & Myers; Lartigue v RJ Reynolds, Liggett & Myers; Green v American Tobacco; Zagurski v American Tobacco; Weaver v American Tobacco; Thayer v Liggett & Myers*) chegaram a julgamento final, mas todas favoráveis à indústria do fumo[45].

Um desses casos – *Green v American Tobacco* – foi destacado e analisado por Donald W. Garner[46], já que seria o caso que mais perto chegou da vitória da responsabilização da indústria do fumo pela morte de um fumante naquele período. A ação fora proposta em 1957 na Florida. Depois de 12 anos de litígio, seis apelações e dois júris, a *Supreme Court* dos Estados Unidos, negou *certiorari* (ou seja, negou-se a analisar o caso), restando mantida, assim, o acórdão de segundo grau que não reconheceu a responsabilidade da indústria do fumo. De forma bastante crítica, o autor, após referir o caso único da indústria do fumo, que conseguiu obter uma "imunidade judiciária" que a indústria automobilista, de bebidas e de aparelhos elétricos jamais conseguira em relação a produtos inerentemente perigosos, o autor sugere um novo tipo de dano: o dano da dependência de cigarros, em razão do caráter viciante da nicotina. A mesma ideia foi posteriormente retomada por Lucia Di Costanzo[47], observando que "i recenti sviluppi della *tobacco litigation* americana, ove è stato individuata una nuova fattispecie di pregiudizio – 'il danno della dipendenza come danno biologico' – costituisce un importante passo nella direzione dello spostamento dell'attenzione dal comportamento del fumatore (*assumption of the risk*) a quello dei produttori" (em tradução livre: os recentes desenvolvimentos dos litígios envolvendo o tabaco, nos EUA, onde se identificou uma nova espécie de dano – 'o dano

---

45 Informações obtidas no site da *Tobacco on Trial* (http://www.tobaccoontrial.org/?page_id=187), patrocinado pelo *Tobacco Policy & Control Program at the Medical University of South Carolina* – acesso em 20.02.2018.

46 GARNER, Donald W. Cigarette Dependency and Civil Liability: a Modest Proposal. In: **Southern California Law Review**, vol. 53 (1979/80), p. 1423s.

47 DI COSTANZO, Lucia. I prodotti da fumo: responsabilità e regolamentazione. In: **Rassegna di Diritto Civile**, 2/2004, p. 454.

da dependência como dano biológico' – constitui um importante passo na direção do deslocamento da atenção do comportamento do fumador (assunção do risco) para aquele dos produtores).

3.2. A SEGUNDA ONDA

A segunda onda importante começou em meados dos anos oitenta e se prolongou até 1994. Desta vez, as demandas baseavam-se nas teorias de falta de informação adequadas sobre a periculosidade associada ao fumo[48] (*failure to warm*) e na responsabilidade objetiva do produtor (*strict product liability*).

Essa segunda onda igualmente não teve sucesso, com exceção do caso *Cipollone v. Liggett Group* (em que o júri, pela primeira vez, condenou uma indústria do fumo – Liggett Group – ao pagamento de uma indenização de US$400.000, em 1988, mas cuja decisão foi revertida em 1992, pela Suprema Corte)[49], pois as indústrias do

---

[48] Em lúcidas páginas, G. Ponzanelli, ao descrever a mudança do cenário da *Tobacco Litigation* nos Estados Unidos, a partir dos anos 80, refere que o que faltava na primeira onda era o status de 'consumidor inocente' da parte autora, pois se entendia que ele não podia não saber dos malefícios do fumo. Nessa segunda fase (ou onda), segundo Ponzanelli, descobre-se que a 'liberdade de escolha do consumidor' (premissa maior sobre a qual se fundava o princípio da autoresponsabilidade) não existia ou estava comprometida. Isso porque, segundo ele, a indústria do fumo bem conhecia, através de estudos e análises internas realizadas há décadas, mas mantidas em sigilo, o caráter viciante da nicotina (o que obviamente elimina a liberdade de escolha). Isso caracterizava uma clássica situação de assimetria informacional, contribuindo, primeiro culturalmente, depois juridicamente, para remover a imagem de 'vítima consciente' do fumante (substituída pela de vítima inocente) – PONZANELLI, Giulio. Responsabilità da prodotto da fumo: il 'grande freddo' dei danni punitivi. **Foro it.**, 2000, IV, p. 450.

[49] No caso Cipollone, o júri reconheceu a culpa concorrente da indústria do fumo e da senhora Cipollone (já que essa teria voluntariamente começado a fumar), imputando a proporção de 80% de culpa para a senhora Cipollone (substancialmente porque fora diagnosticada com câncer de pulmão em 1981 e mesmo assim, contrariou a orientação de seu médico e continuou a fumar – embora seus advogados tenham sustentado que isso se deu em razão do vício, e não por vontade livre) e 20% para a indústria do fumo.

fumo persuadiram os jurados de que os fumantes sabiam dos riscos que corriam e que se tratava de uma *personal choice* do fumante. Além disso, a indústria do fumo bateu-se no argumento de que as doenças dos fumantes eram multifatoriais e de que inexistia prova convincente do nexo de causalidade entre o hábito de fumar e a doença desenvolvida pelos autores das demandas.

Os casos mais relevantes (e sua duração) desse período foram os seguintes: *Cipollone v Liggett & Myers, Philip Morris, Lorillard* 1983-1991; *Galbraith v RJ Reynolds, American Tobacco* 1983-1985; *Roysdon v RJ Reynolds* 1984-1985; *Marsee v U.S. Tobacco; Horton v American Tobacco* 1984-1995; *Haines for Rossi v Liggett & Myers, Lorillard, RJ Reynolds, Philip Morris, The Tobacco Institute* 1984-2004; *Kotler v American Tobacco* 1986-1990; *Girton for Gunsalus v American Tobacco, Owens Corning Fiberglass, Eagle-Picher, Keene Corp.* 1988; *Hayes v General Cigar; Kueper v RJ Reynolds, Tobacco Institute* 1991-1993; *Wilks for Smith v American Tobacco* 1991-1993; *Covert v Lorillard et al* 1992-1994 ; *Mangini v RJ Reynolds, Joe Camel* 1992-1997; *Horowitz* 1993-1995; *Yvonne Rogers for Richard v RJ Reynolds* 1994-1996; *Mississippi v American Tobacco et al* 1994; *Raulerson for Connor v RJ Reynolds* 1995-1997. As datas indicam o ano da propositura da ação e do seu término.

Calcula-se em torno de 7.000 ações individuais movidas nos Estados Unidos envolvendo o tema, nessas duas primeiras fases.

3.3. A TERCEIRA ONDA

Somente por ocasião da terceira onda de demandas judiciais, iniciada por volta de 1994, a maré começou a mudar. A terceira onda envolveu também ações coletivas (*class actions*) e ações de ressarcimento de gastos com saúde, movidas pelos Estados-membros. Os fundamentos foram ampliados, abrangendo alegação de fraude, falsidade, conspiração, legislação antitrust, violação de normas consumeristas e enriquecimento indevido. Os acordos bilionários então celebrados incentivaram a propositura de inúmeras ações, individuais e coletivas.

Decisivo para a deflagração de tais demandas foi a publicização de documentos internos da indústria do fumo e as audiências públicas do Congresso Norte-americano, em 1994, durante a *Wasman Committee*. Com base em tais elementos, afastaram-se todas as eventuais dúvidas no sentido de que não só efetivamente o cigarro causa enormes danos à saúde dos seus consumidores – o que cientificamente já se sabia desde a década de cinquenta -, como também a indústria do fumo não só tinha pleno conhecimento disto, mas que havia tentado, durante décadas, ocultar tais fatos. Igualmente ficou demonstrado que a indústria do fumo tinha conhecimento de todos os males associados ao tabagismo, mas mesmo assim manipulava e dissimulava informações, além de usar agressivas técnicas para ampliar o número de seus consumidores, especialmente junto ao público jovem.

O mais famoso foi o acordo bilionário celebrado em 1998[50], sobre o qual falaremos mais adiante. Antes sintetizaremos algumas das ações individuais bem sucedidas ajuizadas nessa última onda[51].

---

50 `Também a União Europeia e o Japão já se insurgiram contra empresas de cigarro pelos males causados aos usuários, ao sistema público de saúde e ao meio ambiente, o que resultou na celebração de acordos semelhantes, envolvendo pagamento de indenizações bilionárias e a adoção de medidas aptas a minimizar os danos futuros e os consumados, segundo informam os Procuradores da República Alexandre Caminho de Assis e Luna Veronese e Veronese, no artigo "Os males da indústria tabagista e o direito brasileiro", publicado na Revista Jurídica **Consulex**, ano XVIII, n. 429, 1º.12.2014, número especial: "TABAGISMO – Polêmica Reacesa", p. 40

51 `Referências a estas demandas, com os respectivos valores indenizatórios, são feitas também no recente Relatório do *Surgeon General* (http://www.surgeongeneral.gov/library/reports/50-years-of-progress/sgr50-chap-14-app14-3.pdf, acessado em 17.11.2015), a mais alta autoridade da saúde norte-americana, equivalente, *grosso modo*, ao nosso Ministro da Saúde (com a diferença de que lá, diferentemente daqui, o cargo é ocupado por especialistas respeitados academicamente, escolhidos por critério técnico, e não por acordos políticos ou barganhas partidárias, como tristemente por aqui ocorre. Daí por que seus relatórios sobre saúde pública, lá, têm enorme impacto na sociedade, em razão da credibilidade científica que os rodeia).

Um dos primeiros casos individuais vencedores foi **Milton Horowitz *v* Lorillard** (por vezes denominado de *Micronite case*), ajuizado em 1994 na justiça estadual da Califórnia. Milton Horowitz era um psicólogo clínico que contraiu um câncer raro e fatal (mesothelioma), causado pela absorção de *asbestos* (amianto). Ele havia fumado cigarros Kent de 1952 a 1956. Referido cigarro estava equipado com o famoso *"micronite filter"*, que continha *'blue asbestos'* (ou *crocodilite asbestos)*, a mais carcinogênica variedade de amianto. Alegou-se – e isso ficou demonstrado – que a demandada anunciava que o filtro fornecia proteção aos fumantes, mas já sabia que aquele tipo de filtro liberava partículas de asbestos e que isso era prejudicial à saúde. Em 1995 houve veredicto de primeiro grau favorável ao autor, condenando a ré ao pagamento de 1,3 milhões de dólares a título de danos compensatórios e 700 mil dólares a título de *punitive damages*. Em agosto de 1997 a *California Appeals Court* confirmou o julgamento favorável e em novembro do mesmo ano a Suprema Corte da Califórnia rejeitou o pedido de revisão formulado pela *Lorillard Tobacco Company*, que em 30 de dezembro pagou à família do falecido Milton Horowitz a quantia de U$1,5 milhões de dólares. Foi a primeira vez que uma indústria do fumo teve que pagar pelos danos causados pelo seu produto.[52]

O caso seguinte foi **Grady Carter *v* Brown & Williamson**, ajuizado em 1995 junto à corte estadual da Florida. Carter padecera de câncer de pulmão e enfisema pulmonar. Em 1996 houve o julgamento, com a condenação da ré ao pagamento de U$750 mil dólares. Em 1998 a Corte de Apelações reverteu a decisão, entendendo que ocorrera a prescrição, mas em 2000 a Suprema Corte da Florida entendeu de forma diversa e restabeleceu a condenação. Em 2001 a Suprema Corte dos Estados Unidos se recusou a conhecer o recurso da parte

---

52   Informações obtida no site http://www.tobaccoontrial.org/?page_id=109, acesso em 17.11.2015, e https://www.nytimes.com/1995/09/03/us/former-smoker-wins-2-million-in-lawsuit-over-cigarette-filter.html, acessado em 12.03.2018.

(*certiorari denied*) e no mesmo ano houve o pagamento da condenação (um total de U$ 1,09 milhões de dólares, com os juros). [53]

Outro caso que integra a terceira onda, embora ajuizado em 1991, é **Norma R. Broin v Philip Morris, et al.**, ajuizado em 1991 em Dade County, Florida. O caso envolvia sete aeromoças não fumantes que ajuizaram uma *class action* contra as seis maiores indústrias do fumo, pela exposição ao fumo passivo. Depois de muita discussão judicial, com inerentes recursos, sobre a possibilidade ou não do caso tramitar como *class action*, em 2006 foi determinada a notificação coletiva de 150 a 200 mil aeromoças para aderirem à class action ou solicitarem sua exclusão. Em outubro de 1997 as partes anunciaram estarem negociando um acordo, que foi homologado em 1999. Pelo acordo, as companhias de cigarro concordaram em pagar 300 milhões de dólares para estabelecer uma fundação de pesquisa médica[54]. Pelo acordo (*Broin settlement*) ficou também definido que autores subseqüentes, que se enquadrassem na classe, poderiam ajuizar suas ações indenizatórias individuais, nas quais teriam apenas que provar terem sofrido danos à saúde pelo fumo passivo, e o montante dos danos. Não seria necessária a prova dos demais elementos da demanda indenizatória[55].

De enorme importância foi o caso **Minnesota and Blue Cross Blue Shield vs Philip Morris et al**, ajuizado em janeiro de 1998. Em maio, as fabricantes de cigarro resolveram fazer um acordo bilionário, de U$6,1 bilhões de dólares. Além dessa enorme cifra, comprometeram-se a cessar toda a publicidade direcionada a crianças e a tornar público milhões de páginas de documentos até então secretos, encerrar as atividades do *Council for Tobacco Research* (órgão de

---

53 Informações obtidas no site http://www.surgeongeneral.gov/library/reports/50-years-of-progress/sgr50-chap-14-app14-3.pdf, acessado em 17.11.2015; e http://www.tobaccoontrial.org/?page_id=191, acesso em 05.03.2018.

54 A *Flight Attendant Medical Research Institute (FAMRI)* iniciou suas atividades em 2001, e é a única fundação de pesquisa no mundo dedicada a bancar pesquisas sobre os riscos para a saúde em razão do fumo passivo.

55 Informações obtidas no http://www.tobaccoontrial.org/?page_id=191, acesso em 05.03.2018.

pesquisa e propaganda da indústria do fumo), bem como cessar os pagamentos secretos feitos a diretores e artistas para usar cigarros em cenas de filmes. Os documentos revelados por conta desse acordo foram encaminhados ao *Minnesota Document Depository*, que desde então alberga mais de 27 milhões de páginas de documentos sigilosos das empresas de fumo, memorandos, cartas, relatórios científicos e materiais conexos[56].

Na sequência, importância paradigmática teve o caso **Howard Engle v Philip Morris et al,** uma *class action* ajuizada também em Dade County, Florida, em 1994[57]. Referida *class action* foi movida em proveito de todos os residentes do Estado da Flórida (ou seus familiares, acaso falecidos) que tivessem sofrido doenças relacionados ao tabaco. Estimava-se que beneficiasse cerca de 700.000 pessoas. Dr. Howard Engle, um médico pediatra, representava a classe. Ele havia fumado desde a Faculdade e não tinha conseguido deixar o vício, apesar das múltiplas tentativas. Mesmo após ter contraído enfisema pulmonar, continuou fumando, até falecer. Tratou-se do mais longo julgamento pelo júri na história forense norte-americana (18 meses!), resultando na condenação de 145 bilhões de dólares contra a indústria do fumo. Todavia, após anos de litígio, a *Supreme Court* da Florida, em 2006, *decertified* a *class action* (ou seja, afirmou que o caso não podia seguir na forma de ação coletiva). Ao mesmo tempo, porém, aquela Suprema Corte permitiu que ações individuais possam ser ajuizadas, com base nos elementos probatórios obtidos naquela *class action*, ou seja, dando-se como comprovado o nexo causal entre o fumo e determinadas doenças, bem como sobre o poder viciante da nicotina, dentre outras coisas. Tais ações deveriam ser ajuizadas até 2008. Milhares de ações foram então ajuizadas – chamadas de *Engle progeny*. Sobre esse caso, há artigo específico nesta coletânea.

---

56 Informações obtidas no http://www.tobaccoontrial.org/?page_id=191, acesso em 05.03.2018.

57 Os fundamentos para a demanda, na terminologia norte-americana, eram os seguintes: strict liability, fraud and misrepresentation, conspiracy to commit fraud and misrepresentation, breach of implied warranty of merchantability and fitness, negligence, breach of express warranty, intentional infliction of mental distress.

Dentre as comprovações fáticas que a justiça da Florida aceitou como inequívocas, dispensando a prova a respeito nas ações individuais que seriam posteriormente ajuizadas, enumeram-se as seguintes: a nicotina é viciante; fumo causa câncer de bexiga, câncer cervical, câncer de esôfago, câncer de rim, câncer de laringe, câncer de pulmão (especificamente, adenocarcinoma, carcinoma de células grandes, carcinoma de células pequenas e carcinoma de células escamosas), câncer de boca / língua, câncer de pâncreas, câncer de faringe, câncer de estômago, complicações da gravidez, doença vascular periférica, aneurisma de aorta, doença cerebrovascular, doença pulmonar obstrutiva crônica (DPOC), doenças coronarianas.

Também se deu como provado que as demandadas (indústria do fumo) combinaram entre si para omitir informações relativas aos efeitos do cigarro na saúde das pessoas, ou o poder viciante do cigarro, com a intenção de fazer com que os fumantes e o público confiassem em suas informações, em detrimento de sua própria saúde.[58]

O caso **Patricia Henley v Philip Morris** foi ajuizado em 1998, em San Francisco, Califórnia. Em 1999 o júri concedeu à autora $1,5 milhões de dólares a título de danos compensatórios e $50 milhões de dólares por *punitive damages*, que o juiz condutor do caso reduziu para $25 milhões de dólares. A partir daí houve uma sucessão de recursos. A ré recorreu e a California Court of Appeal manteve o julgamento. A Suprema Corte da California desconstituiu o acórdão e determinou novo julgamento à luz das orientações dos casos *Myers v. Philip Morris* e *Naegele v. R. J. Reynolds*. Em 2003 a *Court of Appeals* rejulgou o caso, mas manteve o valor da condenação. Novo recurso faz com que a Suprema Corte da California novamente decidiu por desconstituir o julgamento da corte inferior e determinou novo julgamento, desta vez à luz do caso *State Farm v. Campbell*. Desta vez a Corte de Apelações desconstitui os *punitive damages* e ordenou um novo júri, a não ser que a autora aceitasse receber $9 milhões de dólares a tal título. A autora concordou com a redução. Apesar de inúmeros outros recursos e incidentes, a condenação nesse valor ficou mantida.[59]

---

58 Informações obtidas no http://www.tobaccoontrial.org/?page_id=191, acesso em 05.03.2018.

O caso **Mayola Williams for Jesse, deceased v Philip Morris** foi ajuizado em 1999, na justiça estadual de Oregon, mas acabou chegando duas vezes até a Suprema Corte dos Estados Unidos. Mayola Williams, viúva de Jesse Williams, falecido de câncer de pulmão, em 1997, ajuizou essa ação indenizatória contra a Philip Morris, sob a alegação de fraude, pois ela havia feito publicidade e pago por pesquisas que fizeram com o que cigarro parecesse menos perigoso do que realmente era. Ainda em 1999, o júri condenou a indústria ao pagamento de U$821.485,00 a título de indenização compensatória e $79,5 milhões de dólares em *punitive damages*. Na época, foi a maior condenação individual de uma indústria do fumo. O juiz que presidia o júri entendeu que os valores eram "grossly excessive" e reduziu os mesmos para $521 mil e $32 milhões de dólares, respectivamente.

Em grau de recurso, a *Court of Appeals* de Oregon reverteu a decisão e manteve a condenação de $79,5 milhões de dólares. Fez referências aos parâmetros fixados pela U.S. Supreme Court no caso *BMW of North America, Inc. v. Gore* e considerou que a conduta da demandada era tão repreensível que justificava a imposição de *punitive damages* em valor superior a 97 vezes os danos compensatórios. A Suprema Corte de Oregon manteve a decisão.

Em 2007 a Suprema Corte dos Estados Unidos aceitou rever o caso, desconstituiu a condenação e determinou que o caso retornasse à *Court of Appeals* para rejulgar o caso, quanto aos *punitive damages*, à luz dos critérios fixados no caso *State Farm Mutual Automobile Insurance Co. v. Campbell*[60]

Surpreendentemente, a Corte de Apelações de Oregon novamente fxou o valor da condenação em $79,5 milhões de dólares. A ré recorreu, inicialmente, para a Suprema Corte do Estado de Oregon, que

---

59 Informações obtidas no http://www.tobaccoontrial.org/?page_id=191, acesso em 05.03.2018.

60 No caso *State Farm Mutual Automobile Insurance Co. v. Campbell*, julgado em 2003, a Suprema Corte norte-americana fixou o entendimento de que a cláusula do devido processo legal normalmente limita os *punitive damages* a até 10 vezes o valor dos danos compensatórios, advertindo ainda que fixar *punitive damages* em 4 vezes o valor dos danos compensatórios fica "próximo à linha de impropriedade constitucional".

manteve o valor da condenação, justificando-o à luz do caso concreto. A Philip Morris novamente recorreu à Suprema Corte dos Estados Unidos, que em 2009 manteve, na prática, a decisão de Oregon, ao não conceder o *writ of certiorari*.

Ainda em 2009 a Philip Morris pagou os $79,5 milhões de dólares à família Williams, além de $56 milhões ao Estado de Oregon, em razão de uma lei estadual que obrigava o pagamento de um percentual dos *punitive damages* para um fundo de compensação estadual em favor de vítimas de crimes[61].

Outro caso importante foi **Richard Boeken v Philip Morris,** ajuizado em 2001 em Los Angeles. A viúva de Boeken, que morrera aos 57 anos, em 2002, ganhou a maior indenização concedida a um fumante, até aquele momento. O júri reconheceu a ela a expressiva quantia de U$5.539.127 a título de indenização compensatória e 3 bilhões de dólares a título de *punitive damages.* O Juiz que presidiu o júri reduziu os *punitive damages* para 100 milhões de dólares, ainda em 2001. Na decisão, reconheceu-se a responsabilidade do fabricante de cigarros por *a)negligence; b) strict liability; c) deceit/fraudulent concealment; d) false representation; e) breach of express warranty.* Em 2003 a Corte de Apelações da Califórnia reduziu a indenização total para 50 milhões de dólares. Em 20 de março de 2006 a Suprema Corte dos Estados Unidos manteve a indenização. Em 2011, o filho de Boeken ajuizou uma ação sua contra a Philip Morris por "loss of his father's love, affection, guidance and training", vindo a receber uma indenização de U$12,8 milhões.[62]

Em 2001 foi ajuizado o caso **Bette Bullock v Philip Morris** em Los Angeles, California. A senhora Bullock sempre fumara Benson & Hedges, da *Philip Morris* e ajuizou a ação quando soube que estava com câncer de pulmão, tendo seus médicos dito que a cau-

---

[61] Uma boa análise do desenrolar desse caso, desde sua origem até o julgamento da Suprema Corte, encontra-se em VIDMAR, Neil; HANS, Valerie P. **American Juries – The Verdict.** Amherst/New York: Prometheus Books, 2007, p. 316/319.

[62] Informações obtidas no http://www.tobaccoontrial.org/?page_id=191, acesso em 05.03.2018.

sa era o cigarro. Em 2002 o júri condenou a ré ao pagamento de $850 mil dólares a título de indenização e $28 bilhões a título de *punitive damages*. Esse valor foi tido como excessivo pela instância recursal, que determinou novo julgamento. Em 2009 realizou-se o novo julgamento, quando então os *punitive damages* foram fixados em $13,8 milhões. Em 2011 a Corte de Apelações manteve o valor. Afirmou-se na decisão que *"Philip Morris' conduct was reprehensible and that a substantial award of punitive damages is necessary to have a deterrent effect upon the defendant"*[63] (em tradução livre: a conduta da Philip Morris foi repreensível e um valor substancial de *punitive damages* é necessário para que possa ter um efeito inibitório sobre o demandado").

Uma *class action* foi ajuizada em 1996 contra diversos fabricantes de cigarro, em proveito dos fumantes do Estado de Louisiana. Trata-se do caso **Gloria Scott v American Tobacco, R.J. Reynolds, Brown & Williamson, Philip Morris, Lorillard, United States Tobacco, and the Tobacco Institute.** Quem representava a classe era Gloria Scott, fumante que fora diagnosticada com câncer de pulmão e obstrução pulmonar crônica. Através de ação, pretendia-se a condenação da demandada a custear programas para desintoxicação e cessação do vício.

Após uma série de recursos, bem como depois da superveniência da morte de Gloria, a Corte de Apelações de Louisiana condenou os réus ao pagamento de U$241.540.488,00. A Suprema Corte de Louisiana confirmou a condenação. Em 2008 foi ordenado o pagamento.

Outra ação foi ajuizada em 2004, no Estado de Massachusetts, contra a indústria de cigarros Lorillard. Tratava-se do caso **Willie Evans Executor for Marie R. Evans v Lorillard.** Tratava-se de um convencional caso envolvendo responsabilidade pelo fato do produto, tendo como peculiaridade o fato de estar focado na prática da Lorillard de fornecer amostra grátis de cigarros para menores. A ação fora movida pelo filho de uma mulher que morrera de câncer de pulmão em 2002, com 54 anos, alegando que ela começou a fumar quando ainda criança, em razão de ter recebido gratuitamente cigarros

---

63 Informações obtidas no http://www.tobaccoontrial.org/?page_id=191, acesso em 05.03.2018.

Newport fornecidos pela indústria demandada, em campanha destinada primordialmente a crianças negras. Segundo as alegações, uma van da demandada percorria regularmente o bairro pobre onde ela morava, dando às crianças negras pacotes contendo de 4 a 10 maços de cigarros. O autor Willie Evans estimou que sua mãe recebera de 25 a 50 vezes tais exemplares grátis, sendo a primeira vez quando ela tinha 9 anos e a última quando ela tinha 13 anos, idade em que foi dominada pelo vício e começou a fumar regularmente.

Em 2010 o júri proferiu julgamento condenando a ré ao pagamento de 35 milhões de dólares como danos compensatórios e 81 milhões como *punitive damages*. Em 2011 a Superior Court manteve a decisão. Em 2012 a Lorillard recorreu à Supreme Judicial Court de Massachusetts e em 2013 resolveu fazer um acordo com a parte autora, pagando o valor de $79 milhões de dólares.[64]

Relativamente aos chamados **Engle Progeny Cases,** ações individuais movidas com base nos achados probatórios da *class action* **Howard Engle v Philip Morris et al** (sobre qual fizemos referência acima e que é objeto de artigo próprio nesta coletânea), as demandas, que deveriam ser ajuizadas até 2008, começaram a ser julgadas a partir de 2009. Até 2014, 185 casos haviam sido julgados, a maioria de forma favorável aos autores. Em 2015 a indústria do fumo (Philip Morris, R.J. Reynolds e Lorillard) resolveu fazer um acordo envolvendo todos os casos que tramitavam na justiça federal, no valor total de $100 milhões de dólares. Aproximadamente 3.200 demandas individuais ainda estão em andamento junto à justiça estadual da Florida[65], de um total de mais de 8.000 ações que foram ajuizadas nas justiças federal e estadual da Florida, segundo informações colhidas no jornal do equivalente à OAB da Florida (Florida Bar)[66].

Uma dessas ações individuais derivadas do caso *Engle* foi julgada em 11 de setembro de 2015, na primeira instância (júri civil). Condenou-se

---

64 Informações obtidas no http://www.tobaccoontrial.org/?page_id=191, acesso em 05.03.2018.

65 Informações obtidas no site http://www.publichealthlawcenter.org/sites/default/files/resources/tclc-fs-engle-progeny-2015.pdf, acesso em 12.03.2018, bem como em http://www.tobaccoontrial.org/?page_id=191, acesso em 12.03.2018.

a R. J. Reynolds ao pagamento de uma indenização de U$34,7 milhões em favor da família de Garry O'Hara, ex-sargento da aeronáutica americana, que havia ganho uma medalha de bronze e morrido de câncer em 1996, aos cinquenta anos – 15 anos após ter parado de fumar. Trata-se do caso *Colette O'Hara v. R.J. Reynolds Tobacco Co.*[67], julgado pelo *First Judicial Circuit of Florida*, n. 2007-CA-003065.

Tão importante – ou mais – do que essas demandas individuais ou coletivamente ajuizadas por consumidores, foram as demandas indenizatórias ajuizadas pelos Estados-membros contra a indústria do fumo, para se verem ressarcidas dos gastos com a saúde pública. É o que passaremos a ver em seguida.

4. AÇÕES DE RESSSARCIMENTO MOVIDAS PELOS ESTADOS-MEMBROS – O *MASTER SETTLEMENT AGREEMENT*

Em maio de 1994 o *Attorney General* do Estado do Mississipi, Michael Moore, moveu uma ação, em nome daquele Estado, contra a indústria do fumo, visando recobrar-se das despesas públicas com doenças derivadas do tabaco, além de outros prejuízos relacionados ao fumo. Alegou-se um amplo leque de acusações de práticas fraudulentas e enganosas por parte da indústria do fumo, que induziam os cidadãos a fumar, viciava-os e causavam-lhe inúmeros danos à saúde, sendo que boa parte dos custos econômicos com o tratamento dos cidadãos de Mississipi eram suportados pelo sistema estadual de saúde (*Medicaid*). Eram esses custos cujo ressarcimento estava sendo pleiteado. Nesse contexto, as fabricantes de cigarro não podiam invocar o tradicional argumento da 'responsabilidade pessoal' (livre-arbítrio) dos fumantes, que até então vinha sendo bem sucedido nas ações individuais.

---

66 Informações obtidas no site https://www.floridabar.org/news/tfb-journal/?durl=/DIVCOM%2FJN%2FJNJournal01%2Ensf%2F4f0361bef4af101e85256f4e004d0fef%2Fa0b86fb25b4e9cca85257aa6004b58d1%21OpenDocument, acesso em 12.03.2018.

67 Uma síntese desta decisão encontra-se em http://verdictsearch.com/verdict/tobacco-companies-failed-to-warn-of-cancer-risks-suit/ - acesso em 09.12.2015.

Tal iniciativa foi seguida imediatamente pelos Estados da Florida, Texas e Minnesota, e pouco depois, por todos os demais Estados. Em 1997 a indústria do fumo resolveu fazer um acordo com os quatro primeiros Estados, em valores bilionários (35 bilhões de dólares de ressaricmento). No ano seguinte (1998), o acordo envolveu todos os 46 Estados restantes[68]. Tratava-se do importantíssimo *Master Settlement Agreement – MSA*[69].

Este célebre acordo (MSA) foi celebrado para encerrar as demandas promovidas contra as quatro maiores indústrias fumageiras norte-americanas - Philip Morris Inc., R. J. Reynolds, Brown & Williamson e Lorillard.[70] Posteriormente outras três indústrias também foram incorporadas no acordo visando o ressarcimento dos gastos públicos com doenças relacionadas ao tabaco. Como parte do acordo, as indústrias concordaram em abandonar algumas práticas de marketing de cigarro, admitiram dissolver algumas entidades financiadas por elas - a *Tobacco Institute*, o *Center for Indoor Air Research*, e o *Council for Tobacco Research* – bem como a pagar de forma perpétua aos Estados um valor anual ressarcitório de despesas com doenças relacionadas

---

68 O advogado líder que representava os interesses da Philip Morris, Steve Susman, vaticinou que referido acordo inspiraria uma maré de novos litígios. Ele estava certo. Por todo o país, advogados sentiram que a indústria estava vulnerável e ajuizaram ações indenizatórias. Uma excelente crônica dos bastidores daqueles anos febris em que se decidia o futuro da indústria do fumo e sua responsabilização pelos danos causados aos fumantes nos é dada por OREY, Michael. **Assuming the Risk**: The Mavericks, The Lawyers, And the Whistle-Blowers Who Beat Big Tobacco. Boston: Little, Brown and Company, 1999. A informação supra encontra-se à fl. 366.

69 Na rede mundial de computadores encontram-se abundantes notícias sobre esse acordo. Parte das informações aqui reproduzidas foram extraídas de tais fontes, dentre as quais o site https://oag.ca.gov/tobacco/msa, que é o site oficial do equivalente ao Ministério Público do Estado da Califórnia (na verdade, o Attorney General é um cargo singular, que cumula funções que, no Brasil, são exercidas separadamente pelo Secretário da Justiça, Procurador-Geral da Justiça e Procurador-Geral do Estado, ou seu equivalente federal).

70 A indústria Liggett & Myers celebrou, em 1997, acordos separados, pelos quais também se comprometeu a disponibilizar inúmeros documentos confidenciais, o que foi feito.

ao tabaco, sendo que nos primeiros 25 anos seria paga – como vem sendo - a quantia de 246 bilhões de dólares a título de indenização, findos os quais seguiriam pagando 10 bilhões de dólares ao ano. O Congresso norte-americano, ainda em 1998, majorou esse valor para 516 bilhões de dólares[71].[72]

Os números podem impressionar. Todavia, se considerarmos os lucros anuais bilionários da indústria de tabaco, percebe-se que o pagamento de tais indenizações não representou grande insuportável para as empresas[73].

---

71 Essa última informação é trazida por KOENIG, Thomas H. & RUSTAD, Michael L. **In Defense of Tort Law.** New York: New York University Press, 2003, p. 209.

72 GIFFORD criticou, porém, o fato de que pouco dessa indenização bilionária reverteu em favor da prevenção do fumo e tratamento das doenças tabaco-relacionadas – GIFFORD, Donald G. **Suing the Tobacco and Lead Pigment Industries** – Government Litigation as Public Health Prescription. Ann Arbor: The University of Michigan Press, 2010, p. 216.

73 Apesar do controle do tabaco ter passado a ser uma questão de política pública na maioria dos países, após a entrada em vigor da Convenção-Quadro, os lucros da indústria do fumo continuam a crescer. Basta refletir que em 1998 a receita das três então maiores empresas de tabaco do mundo (Philip Morris, BAT e Japan Tobacco) foi acima de 88 bilhões de dólares, valor que excedeu o PIB da Albânia, Armênia, Bahrain, Bolívia, Botswana, Bulgária, Cambodja, Camarões, Estônia, Guiania, Honduras, Jamaica, Jordânia, Laos, Latvia, Madagascar, Moldova, Mongólia, Nepal, Nicarágua e Togo somados! – dados divulgados na 11ª Conferência Mundial: tabaco ou saúde, no ano 2000 – *Tobacco Fact Sheet: Tobacco Facts*, referidos na publicação organizada por MUST, Emma; EFROYMSON, Debra; TANUDYAYA, Flora. **Controle do Tabaco e Desenvolvimento – Manual para Organizações Não Governamentais. Guia PATH Canadá.** Rio de Janeiro: Rede de Desenvolvimento Humano, 2004, p. 23, 24. Por outro lado, a Revista Exame (na edição de n. 1050, ano 47, n. 18, de 02.10.2013, p. 77) informou que de janeiro de 2008 a 2013 o preço das ações da empresa Souza Cruz quadruplicou. Mesmo com as vendas em queda (substancialmente em razão das crescentes restrições à publicidade do tabaco), o aumento do preço do cigarro fez o lucro da empresa crescer 40%, o que permitiu a distribuição de 7 bilhões de reais de dividendos aos acionistas.

5. A UNIÃO ENTRA NA LUTA – O CASO *UNITED STATES V. PHILIP MORRIS ET AL*

A divulgação dos documentos por força de acordo celebrado no aludido **Master Settlement Agreement**, bem como a publicização de outros documentos internos das fabricantes de cigarro, pelas razões antes referidas, demonstrando a prática de uma série de crimes e outros ilícitos por parte da indústria do fumo, motivou a propositura de uma importante ação judicial, movida pelos Estados Unidos contra as 11 indústrias fumageiras em atividade nos Estados Unidos. Tratava-se do caso **United States v. Philip Morris et al.**[74] A ação foi proposta em 1999, em Washington, D.C., julgada em primeiro grau em 2006. Em 22 de maio de 2009 a apelação foi julgada pelo *District of Columbia Circuit*, que, numa decisão de 92 páginas, manteve integralmente a sentença. Segundo Eubanks e Glantz, a corte federal de apelações "inequivocamente colocou as companhias de tabaco no mesmo barco das demais organizações de crime organizado"[75]. Em 28 de junho de 2010 a Suprema Corte denegou o *writ of certiorari*, negando-se a reexaminar a causa, consolidando definitivamente a decisão.

Esta histórica decisão, proferida pela juíza federal Gladys Kessler, em uma sentença com 1.682 páginas[76], não deixou pedra sobre pedra. Analisando minuciosamente todas as dezenas de milhares de documentos que instruíram os autos, as centenas de depoimentos colhidos, bem como discriminando a atuação de cada uma das onze

---

74 A denominação completa, oficial, do caso é **United States v Philip Morris, R.J. Reynolds, Brown & Williamson, Lorillard, Liggett, American Tobacco Co., British American Tobacco, the Council for Tobacco Research, and the Tobacco Institute.**

75 No original: "unequivocally place the tobacco companies in the same boat as other organized crime organization" – in: EUBANKS, Sharon Y.; GLANTZ, Stanton A. **Bad Acts** – The racketeering case against the tobacco industry. Washington: American Public Health Association, 2012, p. 282.

76 Disponível em http://publichealthlawcenter.org/sites/default/files/resources/doj-final-opinion.pdf , acesso em 06.12.2015. Para se ter uma ideia desse verdadeiro tratado, somente o índice que abre a sentença se estende por 30 páginas!

fabricantes de cigarro, concluiu a magistrada que "a indústria está por trás da epidemia tabagista e atua em conjunto e coordenadamente para enganar a opinião pública, governo, comunidade de saúde e consumidores."

A demanda alegava que a indústria do fumo havia violado o *Racketeer Influenced and Corrupt Organizations Act (RICO)* (importante lei norte-americana, de 1970, que busca combater o crime organizado), ao se engajar em antiga, contínua e ilegal conspiração para enganar o povo americano a respeito dos efeitos maléficos associados ao cigarro, além de outras condutas penalmente reprováveis, ao ludibriar a população sobre os danos do tabaco à saúde e ao meio ambiente, além da manipulação da fórmula do cigarro para torná-lo ainda mais viciante.

Até mesmo para divulgar entre nós as conclusões irrefutáveis dessa magistrada – em decisão transitada em julgado -, convém sintetizar algumas das mais importantes afirmações contidas na monumental sentença. Ressalte-se que não se trata de uma opinião ou de uma convicção pessoal – trata-se de uma decisão apoiada em literalmente dezenas de milhares de documentos e centenas de depoimentos técnicos, recorrentemente citados na referida decisão.

No tópico da sentença destinada a avaliar os danos derivados do tabagismo, a juíza Kessler explica como as provas demonstram que os réus sabiam, há mais de cinqüenta anos, que o cigarro causa doenças, mas sempre negaram seus efeitos danosos para a saúde. Descreve ela, ainda, como os réus durante todo esse tempo empreenderam esforços no sentido de atacar e desacreditar as provas científicas da ligação entre tabagismo e doenças.

No item 594 da sentença, refere-se que "documentos internos revelam que o conhecimento dos réus sobre os danos potenciais causados pelo tabagismo contrastava bastante com suas negativas públicas sobre o assunto". "Em 1962, [Alan] Rodgman [cientista da indústria fumageira R. J. Reynolds] admitiu, em seu parecer interno, que 'os resultados de 34 diferentes estudos estatísticos mostram que fumar cigarros aumenta o risco de desenvolver câncer de pulmão'." (item 603).

A partir daí a juíza federal demonstra como, durante a década de 1950, os réus iniciaram uma campanha conjunta para, de má fé, negar e deturpar a existência de uma relação entre o tabagismo e doenças, ainda que seus documentos internos reconhecessem essa existência.

No item V.A.5 (fls. 278 e 279 da sentença), a Juíza Kessler afirma que "a. Após a publicação do Relatório de 1964, a comunidade científica continuou a documentar a relação entre o fumo e uma variedade de sérias conseqüências para a saúde", e que "b. Documentos internos e estudos compreendidos pelos réus nas décadas de 1960, 1970 e posteriores revelam seu reconhecimento consistente de que fumar causa sérios malefícios à saúde, bem como o medo do impacto de tal conhecimento em litígios judiciais", razão pela qual chegou à conclusão de que "c. A despeito de seu conhecimento interno, os réus continuaram, após 1964, a desonestamente negar e distorcer os sérios danos à saúde causados pelo tabagismo".

À fl. 324 da sentença, item 6, a juíza Kesser esclarece que "até 2005 os réus ainda não admitiam as sérias conseqüências do tabagismo para a saúde, que há décadas eles reconheciam internamente". No item (7 – Conclusões parciais) 824, afirma que de 1953 até pelo menos o ano 2000, todos os réus, sem exceção, repetidamente negaram com consistência e vigor – e má-fé – a existência de qualquer efeito nocivo do fumo para a saúde. Ademais, coordenaram-se para montar e financiar uma sofisticada campanha de relações públicas para atacar e deturpar as provas científicas que demonstravam a relação entre tabagismo e doenças, alegando que esta relação permanecia 'uma questão em aberto'. Finalmente, ao fazê-lo, ignoraram a massiva documentação guardada em seus arquivos internos, gerada por seus próprios cientistas, executivos e profissionais de relações públicas, que admitia haver 'pouca base, naquele momento, para refutar as descobertas relatadas no Relatório do *Surgeon General* de 1964'."

Outro estratagema usado pela indústria do fumo consistiu em criar revistas pseudocientíficas, nas quais a indústria do tabaco patrocinou a publicação de artigos que nunca teriam passado pelo crivo dos comitês de leitura das revistas científicas sérias, e em organizar congressos para os quais convidava cientistas simpáticos à sua causa, cujas opiniões eram em seguida impressas nos 'anais do congresso'. Todas essas estratégias serviam à constituição de uma série de referências que, ainda que desprovidas de valor científico, tinham como finalidade contradizer as pesquisas sérias[77].

O impacto desta decisão, com a revelação, fundada em provas documentais inequívocas e referendadas por outras fontes probatórias, da conduta criminosa das fabricantes de cigarro e dos incontroversos efeitos extraordinariamente lesivos do cigarro, representou mais um forte elemento para reforçar a mudança da maré, não só nos Estados Unidos como também fora de lá. É o que passaremos a analisar.

6. A MARÉ CRESCENTE. DEMANDAS CONTRA A INDÚSTRIA DO FUMO FORA DOS ESTADOS UNIDOS

Essas primeiras brechas que se abriram na cidadela da indústria do fumo começam a se alargar. Antes, a 'estória' contada pela indústria de fumo, em produção bilionária, gozava de absoluto sucesso. Agora o *script* já não tem mais a mesma força convincente de outrora. A mudança da maré nos Estados Unidos afetou também outros países, como exemplificativamente Itália e Canadá, onde demandas individuais ou coletivas começam a ser acolhidas na justiça, mesmo que de forma ainda incipiente[78].

---

77 RICARD, Matthieu. **A revolução do altruísmo.** São Paulo: Palas Athena, 2015, p. 441.

78 Todavia, a batalha contra o fumo está longe do seu fim, diante da versatilidade da indústria, que rapidamente se adapta aos novos argumentos, altera seu modo de produção e, até que essas alterações venham a ser desmascaradas levam-se décadas. Quando já não podia mais sustentar a inocuidade do fumo, passou a comercializar cigarros *lights*, *ultralights*, *milds*, passando a impressão de que não eram tão danosos (o que se revelou uma falácia). Ao perceber o risco de diminuição dos fumantes, passou a acrescentar aditivos e sabores aos seus produtos, tornando-os mais palatáveis. Tais aditivos revelaram-se potencialmente mais deletérios ainda. Sua última cartada é o cigarro eletrônico (*e-cig*), cujo consumo vem aumentando mundo afora. Referido produto teria a capacidade de levar nicotina ao cérebro de forma mais rápida que o cigarro convencional, com a vantagem de não acarretar a combustão

De fato, em artigo publicado ainda em setembro de 2002[79], intitulado *"Responsabilità del produttore di sigarette in Itália, Francia e Stati Uniti d'America"*, Luisa Nava resumindo extensa pesquisa comparada, conclui sua análise dizendo que *"di conseguenza, ora gli analisti sono tutti concordi nel ritenere che i fumatori non tarderanno a vincere"* (em tradução livre: "consequentemente, agora todos os analistas concordam que os fumantes não tardarão a vencer").

6.1. O CASO ITALIANO

Na Itália, já em 1991 a Corte Constitucional[80], em demanda que visava a proteção do fumante passivo involuntário, havia afirmado

do tabaco e alcatrão. Todavia, estudo realizado pelo Instituto do Câncer Roswell Park, nos Estados Unidos, revelou que o vapor emitido contém substâncias cancerígenas, como o formaldeído (utilizado na conservação de cadáveres e fertilizantes), o benzeno (igualmente presente em pesticidas, detergentes e gasolina), nitrosamina NNK (quando associado ao álcool – o que é frequente – tem ampliado o seu efeito carcinogênico) e nitrosamina NNN, ainda que em quantidades menores em relação ao cigarro convencional. Não por outra razão é que a ANVISA, invocando o princípio da precaução, proibiu sua venda, importação e propaganda no Brasil, pela Resolução-RDC n. 46 – ANVISA -, de 28.08.2009. Sobre o cigarro eletrônico, bem como sobre outros relevantes aspectos da luta contra os efeitos do tabagismo, v. SOARES, Renata Domingues Balbino Munhoz. **Direito e Tabaco** – Prevenção, Reparação e Decisão. São Paulo: Atlas, 2016, esp. p. 125.

79 Disponível em http://www.diritto.it/articoli/civile/nava_tesi/nava_indice.html, acesso em 09.12.2015.

80 Corte Costituzionale, decisão n. 202, de 7 de maio de 1991 - in Foro Italiano, 1991, I, 2312. O trecho citado encontra-se à fl. 2317. Referida decisão fora proferida em razão de ação que questionava a constitucionalidade do art. 1 da Lei n. 584, de 11.11.1975, que proibia o fumo em determinados locais e nos meios de transporte público, por não estender a proibição também aos hospitais, aos serviços de correios e aos restaurantes (inconstitucionalidade por omissão). Buscava-se, na época, ampliar a proteção ao fumante passivo. Entre os comentários a essa decisão, v. ADAMO, Giovanni. "Cenni generali in materia di discipline applicabili al danno generato dall'utilizzo di prodotti da fumo", in: ***Diritto&Diritti***, maio de 2003, https://www.diritto.it/articoli/civile/adamo.html#_ftnref38, acesso em 06.03.2018.

que "o art. 32 da Constituição, combinado com o art. 2043 do Código Civil, prevê a vedação primária e geral de lesar a saúde. O reconhecimento do direito à saúde como direito fundamental da pessoa e bem primário, constitucionalmente garantido, é plenamente operante também nas relações de direito privado. Devendo-se reconhecer que a lesão ao direito subjetivo garantido no art. 32 da Constituição integra a *fattispecie* do art. 2043 C.C., não há dúvidas sobre a obrigação de reparar os danos pela violação daquele direito".[81]

A primeira vez que se reconheceu a responsabilidade da indústria do fumo pela morte causada a um fumante ocorreu em 2005[82], com a decisão da *Corte di Appello di Roma*, na *sentenza* n. 1015, de 07.03.2005[83]. No caso, a vítima havia fumado uma média de 20

---

81 Posição interessante, à luz do quadro normativo italiano, é a de Massimo Franzoni, ao afirmar que as atividades perigosas que, pela sua própria natureza ou pelos meios empregados, tornam provável – e não simplesmente possível – a ocorrência de um evento danoso e importam responsabilidade *ex-vi* do art. 2050 CC ("Chiunque cagiona danno ad altri nello svolgimento di un'attività pericolosa, per sua natura o per la natura dei mezzi adoperati, è tenuto al risarcimento, se non prova di avere adottato tutte le misure idonee a evitare il danno [1681, 2054]"), são diversas daquelas atividades normalmente inócuas, mas que podem tornar-se perigosas pela conduta de quem as exerce, as quais desafiam a aplicação do art. 2043 CC ("Qualunque fatto doloso o colposo che cagiona ad altri un danno ingiusto, obbliga colui che ha commesso il fatto a risarcire il danno") – FRANZONI, Massimo. L'illecito. In : **Diritto e Giustizia**, 2005, fasc. 1, p. 67.

82 Embora já em 2000 o *Tribunale di Roma*, em decisão de 11.02.2000, dera um passo "na direção de um genérico reconhecimento do fumo como substância intrinsecamente danosa, fonte certa de um possível prejuízo à saúde, que autoriza, na dependência das circunstâncias do caso concreto, a afirmação da correlação causal com a patologia de que se queixa o autor" - BALDINI, Gianni. **Il danno da fumo** – Il problema della responsabilità nel danno da sostanze tossiche. Napoli: Edizioni Scientifiche Italiane, 2008, p. 177 e n.r. 25 e 26.

83 Todavia, também na Itália a questão não está pacificada, pois convive-se com decisões ainda desfavoráveis ao consumidor - v.g.: Tribunale di Roma (lembrando-se que, na organização judiciária italiana, a expressão *Tribunale* se refere a cortes de primeiro grau de jurisdição, ao passo que *Corte d'Appello* representa os tribunais de segundo grau de

cigarros ao dia, durante 40 anos, o que foi tido pela Corte como um consumo que não podia ser tido como impróprio ou exagerado. Ao contrário, tratava-se de um comportamento que era razoável esperar-se de um fumante médio. Além disso, tratava-se de um professor que vivia numa pequena cidade interiorana, sem problemas de poluição, e sem qualquer história de câncer na família.

Referido *leading case* italiano apoiou a condenação no art. 2050 do Código Civil italiano (responsabilidade civil por atividades perigosas), afirmando que quem produz e comercializa produtos derivados de tabaco não pode ignorar os riscos para a saúde do consumidor, pois conhece a mistura dos milhares de componentes tóxicos e cancerígenos do cigarro, o que é conhecido cientificamente desde os anos 50. Afirmou, também, que o fabricante tinha o dever de alertar o consumidor de tais riscos, mesmo antes da lei específica que tornou obrigatório tais advertências (no caso italiano, Lei 428, de 1990, que entrou em vigor em 1991). Relativamente ao nexo causal, o acórdão apoiou-se na sólida corrente jurisprudencial do órgão de cúpula da justiça ordinária italiana - a Corte de Cassação -, desenvolvida no âmbito da responsabilidade médica, que reconhece a subsistência do nexo causal mesmo nas hipóteses em que haja uma simples correlação probabilística entre a conduta e o evento culposo (C. Cassazione, sent. n. 632, de 21.01.2000; C. Cass., sent. n. 11287, de 16.11.1993; C. Cass., sent. 3013, de 13.05.1982, dentre outras). Assim, afirmou-se existir um nexo de causalidade entre o consumo de cigarros e a neoplasia pulmonar "de acordo com um sério e razoável critério de probabilidade científica, além de qualquer dúvida razoável, ainda que não propicie uma certeza absoluta."

---

jurisdição) – sent. n. 23877, de 5.12.2007: "A differenza dei prodotti la cui potenzialità lesiva è intrinseca, il prodotto finale dell'attività produttiva, rappresentato dalla sigaretta, non ha in sé una capacità di provocare situazioni dannose, mentre può diventare dannoso, e quindi pericoloso, l'uso reiterato nel tempo dello stesso prodotto in base al comportamento proprio del consumatore che deve protrarsi per un periodo oggettivamente rilevante" (in: **Resp. Civile e Prev.**, 2008, 09, 1868.).

Mais recentemente, deve ser mencionada recente decisão do *Tribunale di Milano* (sent. n. 9235/14 de 11.07.2014)[84], reconhecendo a responsabilidade da indústria de fumo pelo câncer pulmonar que vitimou o autor, onde se afastou o argumento de que a vítima tinha conhecimento dos malefícios do fumo. No caso, a ação fora movida por familiares de uma vítima que havia começado a fumar com 15 anos, em 1965, e continuou a fumar até falecer, em 2004. A sentença condenou as três demandadas ao pagamento de 776.000 euros a título de indenização, já considerada a contribuição causal do fumante, no percentual de 20%. A sentença baseou-se fortemente na notável decisão da Corte de Cassação italiana (n. 26516, de 2009), segundo a qual "l'attività di commercializzazione e produzione delle sigarette è pericolosa e la pretesa conoscenza del rischio connesso al fumo non esclude la configurabilità della responsabilità del produttore."[85]

Ainda na Itália, deve-se fazer referência a uma importante sub-categoria de casos de responsabilização da indústria do fumo. Trata-se dos cigarros *light*. Firmou-se sólida jurisprudência, a partir de 2003/2005 (*Giudice di Pace di Portici*, sent. de 07.11.2003 e 20.11.2003; *Giudice di Pace di Napoli*, sent. de 01.09.2004 e – a mais famosa – de 18.03.2005; *Giudice di Pace di Torre Annunziata*, sent. de 22.02.2005), apoiada na legislação italiana e no art. 7º da Direttiva 2001/37 da União Europeia que proibiu, a partir de 30.09.2003, a utilização de qualquer indicação que sugerisse que um produto seria menos prejudicial para

---

84 Reprodução da sentença e amplos comentários sobre seus argumentos encontra-se no endereço eletrônico http://www.francocrisafi.it/web_secondario/sentenze%202015/tribunale%20Milano%20sez%2010%20sentenza%2011%2007%2014.pdf, acesso em 07.03.2018, com comentários de Edoardo Adducci e Ilaria Camiletti, sob o título "Danni da fumo: risarciti gli eredi di tabagista deceduto per tumore".

85 As mais recentes decisões italianas costumam aplicar o disposto nos artigos 114 a 127 do Código de Defesa do Consumidor, no sentido de que o consumidor deve limitar-se a provar a relação causal genérica entre o defeito do produto e o dano sofrido, incumbindo ao produtor – réu – a prova contrária relativamente ao fato específico - BALDINI, Gianni. **Il danno da fumo** – Il problema della responsabilità nel danno da sostanze tossiche. Napoli: Edizioni Scientifiche Italiane, 2008, p. 176, n.r. 24.

a saúde do que outro, o que abrangia (segundo o *considerando* n. 27 da Direttiva) "o uso, nos maços de cigarro, das palavras como 'baixo teor de alcatrão', *'ultralight'*, *'light'*, *'mild'*, de nomes, imagens ou elementos figurativos", que possam "induzir a engano do consumidor, dando-lhe a falsa impressão de que os referidos produtos sejam menos nocivos, acarretando um aumento do consumo".

A *Autorità Garante della Concorrenza e del Mercato*, com o *Provvedimento n. 11204*, de 12.09.2002, já havia afirmado que a expressão *"light"* impressa nos maços de cigarro constituíam mensagem publicitária enganosa, já que idônea a induzir em erro os consumidores, quanto às características do produto e à menor periculosidade do mesmo para a saúde, relativamente aos outros tipos de cigarro. Nas conclusões do bem fundamentado *Provvedimento*, a *Autorità Garante* afirmou que "allo stato attuale del dibattito scientifico, appare potersi ritenere che le sigarette "light" non sono meno dannose per la salute rispetto alle sigarette c.d. normali o full flavour", e que "il messaggio in esame configuri una violazione dell'articolo 5 del Decreto Legislativo n. 74/92, in quanto è suscettibile di porre in pericolo la salute dei consumatori i quali ritengono, erroneamente, di essere in presenza di un prodotto meno nocivo per la salute rispetto alle sigarette normali", razão pela qual deliberou que "che il messaggio pubblicitario descritto al punto 2 del presente provvedimento, diffuso dalle società Philip Morris GmbH, Philip Morris Holland BV e Philip Morris Products Inc., costituisce, per le ragioni e nei limiti esposti in motivazione, una fattispecie di pubblicità ingannevole ai sensi degli artt. 1, 2, 3, e 5 del Decreto Legislativo n. 74/92."[86]

Em alguns casos, afirmou-se que tal tipo de menção enganosa teria feito com que o consumidor tivesse perdido a chance de parar de fumar, pois induzido a pensar que poderia simplesmente mudar o tipo de produto (de cigarro normal para cigarros *lights*) para afastar os riscos à saúde.

---

86 Provvedimento n. 11204 (PI3741) SIGARETTE MARLBORO LIGHTS; L'AUTORITA' GARANTE DELLA CONCORRENZA E DEL MERCATO, sessão de 12.09.2002, disponível em http://www.amblav.it/Download/Provvedimento_antitrust_112004_02.pdf, acesso em 07.03.2018.

Importante sentença do *Giudice di Pace di Napoli*, de 22.03.2005, que condenou a demandada ao pagamento de 770 euros ao autor, pela perda da chance de parar de fumar, foi alterada, em alguns pontos, pela Corte de Cassação italiana (sent. n. 26516, de 17.12.2009). No essencial, porém, a Cassação confirmou que efetivamente o dano sofrido pelo consumidor em decorrência do fumo de cigarros *light* pode ser ressarcido como sendo um *danno ingiusto*.

De notável importância foi a decisão da Corte de Cassação n. 794, proferida pelas Seções Unidas da Cassação (órgão encarregado de uniformizar a jurisprudência, quando há divergência entre as diversas turmas – *sezioni* - da Cassação), em 15.01.2009. Afirmou-se, nessa ocasião, que se configura um ilícito causador de dano injusto, portanto ressarcível *ex vi* do art. 2043 e 2059 CC, no caso em que o produtor, incluindo a expressão *"light"* nos maços de cigarro, tenha induzido o consumidor a pensar que o produto fosse menos nocivo, ainda que imputando ao autor o ônus da prova de demonstrar o nexo causal entre tal situação e sua decisão de passar a consumir tal produto. Mais importante ainda, afirmou-se que tal hipótese (uso da expressão enganosa *"light"*) poderia acarretar a responsabilização da indústria do fumo, com base no art. 2043, ainda antes de 2003 (quando entrou em vigor a proibição de utilização de tais expressões). Afirmou-se, ainda, que o que é indenizável são os danos decorrentes da lesão à saúde, não sendo indenizável o chamado "perigo de contrair doenças". Também foi dito que na fixação do valor da indenização, pode-se levar em consideração a conduta do fumador. Essa mesma orientação já havia sido adotada pela sent. n. 15131, da Corte de Cassação (Sezione III), de 04.07.2007.[87] Também a importante sent. n. 26516, de 17.12.2009 (Sezione III), seguiu tais parâmetros, afirmando que a produção e distribuição de cigarros é claramente uma "atividade perigosa", no sentido do art. 2050 CC.

Também merece referência o ajuizamento, em razão do que foi afirmado na decisão por último citada (Cassação, n. 26516/09), de uma ação coletiva (*azione di classe*) pelo CODACONS - *Coordinamento*

---

87   Relativamente à evolução da jurisprudência italiana concernente aos cigarros *lights*, v. MODAFFARI, Luigi Bruno. **Il risarcimento del danno da fumo di sigaretta**. Milano: Giuffrè, 2016, esp. p. 20 a 30.

delle associazioni per la difesa dell'ambiente e dei diritti degli utenti e dei consumatori - junto ao *Tribunale di Roma*, com fulcro no art. 140-bis do *Codice del Consumo* italiano (que disciplina as ações de classe para tutela de direitos individuais homogêneos e direitos coletivos dos consumidores (ajuizáveis por cada integrante da classe ou por associações), juntamente com três associados da entidade. A ação foi ajuizada contra a BAT Italia (*British American Tobacco Italia*), em favor de todos os fumantes que aderissem à demanda, em razão da demandada ter aumentado o efeito da dependência da nicotina, acrescentando ao tabaco mais de 200 aditivos. Como dano, arguiu-se o temor de adoentar-se, bem como pediu-se o ressarcimento das despesas tidas com a aquisição de cigarro ao longo da vida, em razão do vício. A demanda foi tida como inadmissível em primeiro grau (11.04.2011) e em segundo grau (25.01.2012). Houve recurso para a Corte de Cassação, sendo que o colegiado a quem foi distribuído o recurso (Sezione III) remeteu o caso (em 24.04.2015) para as Seções Unidas, para prevenir contraste jurisprudencial sobre o tema. Em 01.02.2017 as *Sezione Unite* da C. Cassação publicaram sua decisão[88], entendendo que descabia o recurso constitucional para a Cassação, mas afirmou que "la dichiarazione di inammissibilità preclude altresì la riproposizione dell'azione della parte dei medesimi soggetti ma non da parte di chi non abbia aderito all'azione oggetto di quella dichiarazione", visando a obtenção do ressarcimento do dano. Em suma, firmou-se o entendimento da inadequação da ação coletiva, naquele caso, sem afastar a possibilidade de demandas individuais com base nos mesmos fatos.

Por último, merece referência a proteção dos lesados por fumo passivo na Itália. Já na década de cinquenta proibiu-se o fumo em determinados ambientes de trabalho (locais perigosos – d.P.R. n. 547, de 24.04.1955; locais subterrâneos – d.P.R. n. 128, de 09.04.1959), embora mais por questões de segurança do que por preocupação com o fumo passivo. Já em 1975, com a Lei 548, introduz-se a proibição de fumar em meios de transporte coletivo e em alguns locais públicos,

---

88 http://www.iurisprudentia.it/public/sentenze/636219299785161250_ SSUU%202610_2017%20ricorso%20straordinario%20e%20class%20 action.pdf , acesso em 07.03.2018.

como cinema e teatros. Com a Lei 833, de 23.12.1978 reconhece-se expressamente a problemática do fumo passivo como fator de risco para a saúde humana, com a obrigação de todos de adotar medidas idôneas para eliminar tal perigo. Em 1994, com o D.L. n. 626, de 19.09.1994, procura-se proteger o trabalhador não fumante. Mas foi só com a Lei n. 3, de 16.01.2003 que se introduziu uma proibição generalizada de fumar em todos os locais públicos.

Desde 1991 a *Corte Costituzionale* italiana (sent. n. 5002, de 07.05.1991) admitiu que o não fumante prejudicado pudesse agir contra o fumante, para ressarcir-se dos danos causados à sua pessoa, pela exposição ao fumo passivo, com base no art. 2043 (cláusula geral da culpa) do CC, combinado com o art. 32 da Constituição (que consagra o direito à saúde)[89]. Posteriormente tais demandas foram melhor enquadradas no art. 2087 do Código Civil, que tutela as condições de trabalho, dizendo que "o empresário é obrigado a adotar no exercício da empresa as medidas que, segundo as particularidades do trabalho, experiência e a técnica, sejam necessárias para tutelar a integridade física e a personalidade moral dos trabalhadores". [90]

Além de inúmeras decisões de graus inferiores, destaca-se decisão da Corte de Cassação (n. 24404, de 16.11.2006), que concedeu indenização a uma empregada que fora compelida a trabalhar em ambiente saturado de fumo e que havia contraído diversas doenças ao longo do período de trabalho, relacionadas ao fumo passivo. O empregador foi condenado por não fornecer ambiente de trabalho salubre. Outra decisão importante da mesma Corte foi a sent. n. 3227, de 10.02.2011, que garantiu indenização como doença profissional, "la patologia polmonare che, con rilevante grado di probabilità, sia riconducibile ad esposizione al fumo passivo in ambiente di lavoro". Recente decisão da mesma Corte di Cassazione (n. 4211, de

---

89 O caso envolvia dois não fumantes que pediam indenização pelos danos derivados do fumo passivo, contraídos em seus ambientes de trabalho – em um restaurante e no pronto socorro de um hospital.

90 No original: "L'imprenditore è tenuto ad adottare nell'esercizio dell'impresa le misure che, secondo la particolarità del lavoro, l'esperienza e la tecnica, sono necessarie a tutelare l'integrità fisica e la personalità morale dei prestatori di lavoro [Cost. 37, 41]".

03.3.2016) confirmou a condenação da RAI (empresa estatal italiana de televisão), no valor de quase 32.000 euros, pelos danos biológicos e morais provocados pelo fumo passivo, sofridos por uma sua jornalista, exposta ao fumo no seu ambiente de trabalho. A RAI alegava em defesa que ao longo dos anos sempre emitira circulares proibindo o fumo. A decisão da Cassação, rejeitando tal argumento, foi no sentido de que "circolari e direttive non costituiscono, evidentemente, misura idonea a contrastare i rischi da esposizione da fumo passivo", se tais orientações/proibições não são acompanhadas de efetivas sanções e providências ulteriores para garantir sua eficácia.

Não deixa de chamar atenção o fato que parece ser mais fácil condenar empresas de pequeno e médio porte, por não protegerem adequadamente seus empregados contra o fumo passivo involuntário, do que condenar a verdadeira fonte de todos esses malefícios – a indústria do fumo –, apesar de tudo o quanto já se sabe sobre sua conduta criminosa.

6.2. O CASO CANADENSE

No Canadá, merece referência importante decisão condenatória proferida pela *Superior Court* (*District of M ontreal, Province of Québec*), em 09.06.2015[91], que julgou procedente, de forma conjunta, duas ações coletivas (casos *Blais* e *Létourneau*: a primeira foi movida por Jean-Ives Blais e o Conseil Québécois sur le Tabac et la Santé contra JTI-Macdonald Corp., Imperial Tobacco Canada Limited e Rothmans, Benson & Hedges Inc; a segunda movida por Cecília Létourneau contra as mesmas três rés) e condenou as indústrias do fumo a indenizações milionárias.

As demandas haviam sido propostas separadamente, envolvendo dois grupos distintos de autores: no caso *Blais*, os autores representados na *class action* eram residentes de Quebec que alegavam ter contraído câncer de pulmão, de garganta e enfisema pulmonar em

---

91 Disponível em : http://citoyens.soquij.qc.ca/php/decision.php?ID=-5C56225E67C1EF7C8C5398D9A9A5361B&page=1, acesso em 20.09.2015.

razão do fumo; no caso *Létourneau*, os autores representados eram residentes de Quebec que alegavam serem viciados em nicotina e que não conseguiam parar de fumar. As ações foram ajuizadas em 1998 e reunidas em 2005 para instrução e julgamento conjuntos.

Mais de um milhão de moradores de Quebec estão representados nestas demandas. Durante o processamento, foram produzidos aproximadamente 27.000 documentos e inquiridas 78 testemunhas especializadas. A decisão, com 276 páginas, reconheceu a responsabilidade das três rés pelos danos sofridos pelas vítimas, afirmou que elas não informaram corretamente seus consumidores dos riscos e perigos associados aos seus produtos e violaram a legislação de Quebec por utilizarem publicidade enganosa (*unscrupulous marketing*).

A decisão especificou que seriam por ela beneficiados os moradores da Província de Québec que, no caso *Blais*, tenham fumado determinado número de cigarros (87.600 cigarros – ex.: 20 cigarros por dia, por 12 anos; 30 cigarros por dia por 8 anos; 10 cigarros por dia por 24 anos) até determinada data (novembro de 1998), e que tenham sido diagnosticados até 12 de março de 2012, com câncer de pulmão, câncer na garganta ou enfisema pulmonar. No caso *Létourneau*, o grupo de favorecidos abrangeu os residentes na Província de Québec que tenham iniciado a fumar antes de 30 de setembro de 1994 e que demonstrem ter fumado no mínimo 15 cigarros por dia entre 1998 e 2005.

Entre os danos morais coletivos e *punitive damages*, o valor da condenação, no caso *Blais*, chegou a 6.858.864.000,00 dólares canadenses (ou cerca de 4.924.312.615,38 dólares americanos), impostos às três rés, solidariamente. Além dessa indenização coletiva, houve a condenação por danos individuais a cada vítima integrante do grupo, em valores que variaram entre 24 mil, 30 mil, 80 mil e 100 mil dólares canadenses, conforme o tipo de doença desenvolvida e a época em que fumou.

No caso *Létourneau*, julgado conjuntamente, a condenação foi apenas de *punitive damages*, nos valores de 72.500.000,00, 46.000.000,00 e 12.500.000,00 dólares canadenses para cada uma das três rés (o que equivale a 94.051.282,00 dólares americanos).

Estima-se que o custo total da condenação, envolvendo os danos coletivos, individuais e punitivos, tenha ficado por volta de 15,6 bilhões de dólares canadenses (aproximadamente 10,8 bilhões de dólares americanos).

Essa importante decisão, com sólidos e aprofundados argumentos e amparada em provas irrefutáveis, colhidas ao longo de 251 dias de audiências (realizadas entre 12.03.2012 e 11.12.2014), com a oitiva de dezenas de especialistas e coleta de farto material documental, igualmente demonstrou como a indústria do fumo tinha pleno e precoce conhecimento dos malefícios ligados ao fumo que tentou esconder por tanto tempo quanto pode dos consumidores, além de manipular os teores de nicotina para mais profundamente viciar os consumidores dos seus produtos, de forma a evitar que abandonassem o vício. Tratou-se da primeira condenação da indústria do fumo em solo canadense[92]. Sobre essas demandas, remete-se o leitor interessado a artigo específico e aprofundado nesta mesma coletânea.

7. A TARDIA ADMISSÃO DE UMA RESPONSABILIDADE

Após ter se tornado cientificamente incontroversa a relação entre o tabagismo e a contração de inúmeras doenças, e após ter sido publicizado o fato de que por décadas a indústria do fumo, já sabedora de tal relação, continuava a negar a mesma, sonegando e falsificando dados, a indústria do fumo não teve alternativa senão reconhecer (até por força das condenações judiciais e acordos celebrados com órgãos governamentais), embora tardiamente, os malefícios ligados ao produto por ela lançado no mercado. De fato, a própria *British American Tobacco*, a maior empresa global de produção de cigarros e dona da Souza Cruz, a líder brasileira, no seu site oficial, reconhece expressamente os males associados ao consumo do cigarro e afirma que "a única forma de evitar os riscos do cigarro é não fumar", ou seja, não há níveis seguros de consumo do fumo. O texto que se

---

[92] Informações sobre a importância desta demanda podem ser obtidas no site http://www.publichealthlawcenter.org/sites/default/files/resources/tclc-legal-update-winter-2016.pdf, acesso em 15.12.2015.

encontra no site da B.A.T. sob a aba "Our Products" e, dentro dela, a aba "The health risks of our products", encontra-se igualmente no site da Souza Cruz, a subsidiária brasileira da B.A.T., sob a aba "Nossos produtos", e, dentro dela, na aba "Saúde"[93], mas em versão mais amena. Eis parte de seus termos:

"**Saúde**

A Souza Cruz reconhece os riscos à saúde associados ao consumo de produtos derivados do tabaco. (...)

Riscos reais

O cigarro é a forma mais comum de consumo do tabaco. No entanto, também é a que tem mais riscos associados. A queima de qualquer planta – e não do tabaco exclusivamente – produz milhares de novos componentes químicos, sendo parte deles tóxicos.

As conclusões a respeito dos riscos de fumar foram obtidas por meio de estudos epidemiológicos, que utilizam estatísticas para analisar efeitos em grandes grupos, ao invés de indivíduos isolados. No curso dos anos, foi possível identificar de forma consistente uma incidência maior de determinadas doenças entre fumantes em comparação com os não-fumantes. Esses estudos também relataram que os riscos se reduzem após abandonar o consumo de cigarros.

(...)

A única maneira de evitar o risco à saúde associado ao ato de fumar é não fumar e a melhor forma de diminuir esses riscos é parar de fumar.

Parar de fumar

A Souza Cruz entende que todas as pessoas são capazes de parar de fumar, desde que estejam realmente determinadas e motivadas para tanto. Estatísticas de autoridades mundiais de saúde pública demonstram que milhões de fumantes em todo o mundo já deixaram o cigarro sem qualquer ajuda profissional, mesmo antes da existência de quaisquer medicamentos para auxiliá-los."

---

93 http://www.souzacruz.com.br/group/sites/SOU_AG6LVH.nsf/vwPagesWebLive/DOAGFL6P, acesso em 10.03.2018.

Já no site da empresa-mãe (http://www.bat.com/group/sites/UK__9D9KCY.nsf/vwPagesWebLive/DO52AMG6, acessado em 08.03.2018) encontram-se afirmações bem mais categóricas:

"As well as being the most common way of consuming tobacco, cigarettes are also the most harmful. Burning any plant material like tobacco turns thousands of plant-based compounds into thousands of new compounds, some of which are toxic. Inhaling the smoke that contains these toxicants causes the overwhelming majority of smoking-related diseases.

Along with the pleasures of smoking, there are real risks of serious diseases such as lung cancer, respiratory disease and heart disease, and for many people, smoking is difficult to quit.

What people should consider about the risks of smoking:
- Smoking is a cause of various serious and fatal diseases.
- The health risks in groups vary by the amount smoked, being highest in those that smoke for more years and smoke more cigarettes per day.
- The risks reduce in groups of people who quit smoking, and the reductions increase from quitting earlier.
- Experts advise no smoking during pregnancy – and we agree.
- The only way to be certain of avoiding the risks of smoking is not to smoke."

Acessando-se o hiperlink disponibilizado no texto (real risks of serious diseases), abre-se uma página contendo menção às mais comuns doenças associadas ao fumo. Nas informações relativas a câncer do pulmão, candidamente se reconhece que "It has been estimated (though estimates vary considerably) that around 10-15 per cent of lifelong smokers get lung cancer and, that of all the people who get lung cancer, around 90 per cent are smokers."

Assim, a partir dos fatos admitidos pela própria B.A.T., considerando-se que existam cerca de 1,3 bilhões de fumantes no mundo (https://veja.abril.com.br/blog/letra-de-medico/o-tabagismo-no-mundo-e-no-brasil/, dados de 2017), isso significa, aplicando-se o percentual conservador de 10% reconhecido como mínimo pela própria indústria do fumo, que 130 milhões de pessoas contrairão câncer de pulmão. Dos que contraírem a doença, os mais felizardos terão uma sobrevida de até cinco anos (esses ficam entre uma faixa de 13 a 21% nos países desenvolvidos e entre 7 a 10% nos países em desenvolvimento[94]). Se computarmos todos os demais males associados ao fumo, percebe-se que a indústria do fumo é diretamente responsável por centenas de milhões de mortes abreviadas e pela drástica redução da qualidade de vida de um número ainda maior de habitantes. Diante de uma realidade tão incontroversa, são realmente incompreensíveis os malabarismos técnicos desenvolvidos pelos juristas para defender a cada vez mais indefensável indústria do fumo.

CONSIDERAÇÕES FINAIS

A partir dos dados reconhecidos pela própria indústria do fumo, como visto no item anterior, têm os fabricantes de cigarro expressa consciência, publicamente admitida, de que seu produto ceifará a vida de 130 milhões de pessoas e afetará outro tanto número de famílias – e isso só considerando os fumantes que contrairão câncer de pulmão, na mais conservadora estatística por ela aceita, sem considerar todas as demais doenças comprovadamente associadas ao fumo.

Considerando tudo isso, não deixa de pasmar a atitude de absoluta complacência do Judiciário, mundo afora, por tanto tempo, em relação a esse descalabro. Com toda a cultura de proteção ao consumidor, de valorização dos direitos fundamentais à saúde e à integridade física, seria inimaginável que o judiciário tivesse complacência com qualquer outro produtor a respeito do qual se descobrisse que tivesse lançado um produto cujo consumo 'normal' acarretasse vício (ou seja,

---

[94] Segundo informações obtidas no estudo denominado **"Tendência das taxas de mortalidade de câncer de pulmão corrigidas no Brasil e regiões"**, publicado por Deborah Carvalho Malta, Daisy Maria Xavier de Abreu, Lenildo de Moura, Gustavo C Lana, Gulnar Azevedo, Elisabeth França, na *Revista de Saúde Pública*, 2016, vol. 50, p. 33 - http://www.rsp.fsp.usp.br/, acessado através do site http://www.scielo.br/pdf/rsp/v50/pt_0034-8910-rsp-S1518-87872016050006209.pdf, em 01.03.2018.

dificultando enormente ao consumidor de interromper o consumo), que durante tanto tempo fizesse propaganda enganosa dirigida aos jovens (quase a totalidade dos fumantes começam a fumar ainda na adolescência, fase em que se é absolutamente vulnerável e facilmente sugestionável), que escondesse os dados de que tinha conhecimento, demonstrando os malefícios associados ao fumo, que subornasse supostos pesquisadores a publicarem artigos pseudocientíficos em seu favor, e cujo produto comprovadamente tenha causado centenas de milhões de mortes de consumidores, a cada geração. A história forense da luta pela responsabilização da indústria do fumo é um vergonhoso capítulo escrito pelo Judiciário de todos os países, inclusive pelo nosso, que não registra, até o momento, decisões condenatórias transitadas em julgado contra os fabricantes de cigarros. Felizmente, a maré está começando a mudar. As águas dessa mudança certamente em breve começarão a respingar em *terra brasilis*.

REFERÊNCIAS BIBLIOGRÁFICAS

ADAMO, Giovanni. "Cenni generali in materia di discipline applicabili al danno generato dall'utilizzo di prodotti da fumo", in: *Diritto&Diritti*, maio de 2003, https://www.diritto.it/articoli/civile/adamo.html#_ftnref38, acesso em 06.03.2018.

ADDUCCI, Edoardo; CAMILETTI, Ilaria. *Danni da fumo: risarciti gli eredi di tabagista deceduto per tumore.* In: http://www.francocrisafi.it/web_secondario/sentenze%202015/tribunale%20Milano%20sez%2010%20sentenza%2011%2007%2014.pdf, acesso em 07.03.2018.

ASSIS, Alexandre Caminho de; VERONESE E VERONESE, Luna. Os males da indústria tabagista e o direito brasileiro. *Revista Jurídica Consulex*, ano XVIII, n. 429, 1º.12.2014, número especial: "TABAGISMO – Polêmica Reacesa".

BALDINI, Gianni. *Il danno da fumo – Il problema della responsabilità nel danno da sostanze tossiche.* Napoli: Edizioni Scientifiche Italiane, 2008.

BRANDT, Allan M. *The Cigarette Century – The Rise, Fall, and Deadly Persistence of the Product that Defined America.* New York: Basic Books, 2007.

BRITTON, John. "Death, disease, and tobacco", in: *"The Lancet"*, edição de 05.04.2017, Disponível em http://thelancet.com/journals/lancet/article/PIIS0140-6736(17)30867-X/fulltext. Acesso em 15.04.2017.

CABRERA, Oscar; GUILLEN, Paula Ávila; CARBALLO, Juan. Viabilidade Jurídica de uma Proibição Total da Publicidade de Tabaco. O Caso perante a Corte Constitucional da Colômbia. In: PASQUALOTTO, Adalberto (org.). *Publicidade de Tabaco – Frente e Verso da Liberdade de Expressão Comercial.* São Paulo: Atlas, 2015.

CARVALHO, Mário Cesar. O cigarro. São Paulo: *Publifolha*, 2001, p. 16/17.

CHAZAL, Jean-Pascal. "Vulnérabilité et Droit de la Consommation". In : COHET-CORDEY, Frédérique (coord.). *VULNÉRABLITÉ ET DROIT. Le développement de la vulnérabilité et ses enjeux en droit.* Grenoble: Presses Universitaires de Grenoble, 2000.

DALLARI, Dalmo de Abreu. "Controle do uso do tabaco: constitucionalidade do controle da distribuição e da publicidade". In: PASQUALOTTO, Adalberto (org.). *Publicidade de Tabaco – Frente e Verso da Liberdade de Expressão Comercial.* São Paulo: Atlas, 2015.

DELFINO, Lúcio. *Responsabilidade Civil e tabagismo no Código de Defesa do Consumidor.* Belo Horizonte: Del Rey, 2002.

DELFINO, Lúcio. Responsabilidade Civil da Indústria do Tabaco. In HOMSI, Clarissa Menezes (coord.). *Controle do Tabaco e o Ordenamento Jurídico Brasileiro.* Rio de Janeiro: Lumen Juris, 2011.

DI COSTANZO, Lucia. I prodotti da fumo: responsabilità e regolamentazione. *Rassegna di Diritto Civile*, 2/2004.

EUBANKS, Sharon Y.; GLANTZ, Stanton A. *Bad Acts – The racketeering case against the tobacco industry.* Washington: American Public Health Association, 2012.

EVIDÊNCIAS CIENTÍFICAS SOBRE TABAGISMO PARA SUBSÍDIO AO PODER JUDICIÁRIO. Projeto Diretrizes, da AMB. Documento elaborado pela Associação Médica Brasileira; Ministério da Saúde/Instituto Nacional de Câncer; Aliança de Controle do Tabagismo, 2013.

FARIAS, Cristiano Chaves de; BRAGA NETTO, Felipe Peixoto; ROSENVALD, Nelson. *Novo Tratado de Responsabilidade Civil.* São Paulo: Atlas, 2015.

FRANZONI, Massimo. L'illecito. In : *Diritto e Giustizia*, 2005, fasc. 1.

GARNER, Donald W. Cigarette Dependency and Civil Liability: a Modest Proposal. *Southern California Law Review*, vol. 53 (1979/80), p. 1423s.

GIFFORD, Donald G. *Suing the Tobacco and Lead Pigment Industries – Government Litigation as Public Health Prescription*. Ann Arbor: The University of Michigan Press, 2010.

HENRIQUES, Isabella. "Controle do Tabaco X Controle do Álcool: Convergências e Diferenciações Necessárias. In: HOMSI, Clarissa Menezes (coord.). *Controle do Tabaco e o Ordenamento Jurídico Brasileiro*. Rio de Janeiro: Lúmen Juris Editora, 2011.

HOMSI, Clarissa Menezes. As Ações Judiciais Envolvendo o Tabagismo e seu Controle. In HOMSI, Clarissa Menezes (coord.). *Controle do Tabaco e o Ordenamento Jurídico Brasileiro*. Rio de Janeiro: Lumen Juris, 2011.

KOENIG, Thomas H. & RUSTAD, Michael L. *In Defense of Tort Law*. New York: New York University Press, 2003.

LOPEZ, Tereza Ancona. Das consequências jurídicas da dependência ao tabaco: conceito jurídico e aptidão para constituir dano indenizável. In: LOPEZ, Teresa Ancona (coord.). *Estudos e Pareceres sobre Livre-arbítrio, Responsabilidade e Produto de Risco Inerente – O paradigma do tabaco. Aspectos civis e processuais*. Rio de Janeiro: Renovar, 2009.

MALTA, Deborah Carvalho; XAVIER DE ABREU, Daisy Maria MOURA, Lenildo de; LANA, Gustavo C., AZEVEDO, Gulnar; FRANÇA, Elisabeth. Tendência das taxas de mortalidade de câncer de pulmão corrigidas no Brasil e regiões. In: *Revista de Saúde Pública*, 2016, vol. 50, p. 33.

MARQUES, Cláudia Lima. Prefácio a HOMSI, Clarissa Menezes (coord.). *Controle do Tabaco e o Ordenamento Jurídico Brasileiro*. Rio de Janeiro: Lumen Juris, 2011.

MODAFFARI, Luigi Bruno. *Il risarcimento del danno da fumo di sigaretta*. Milano: Giuffrè, 2016.

MOURA, Walter. O Fumo e a Sociedade de Consumo: o Novo Sentido da Saúde. In: HOMSI, Clarissa Menezes (coord.). *Controle do Tabaco e o Ordenamento Jurídico Brasileiro*. Rio de Janeiro: Lúmen Juris Editora, 2011.

MULHOLLAND, Caitlin Sampaio. *A responsabilidade civil por presunção de causalidade*. Rio de Janeiro: GZ Editora, 2010.

MUST, Emma; EFROYMSON, Debra; TANUDYAYA, Flora. *Controle do Tabaco e Desenvolvimento – Manual para Organizações Não Governamentais. Guia PATH Canadá*. Rio de Janeiro: Rede de Desenvolvimento Humano, 2004.

OLACIREGUI, José M. López. Esencia y fundamento de la responsabilidad civil. *Revista del Derecho Comercial y de las Obligaciones*, año II, n. 64, ago.1978, *apud* HIRONAKA, Giselda Maria F. Novaes. Responsabilidade Pressuposta. Belo Horizonte: Del Rey, 2005.

OREY, Michael. *Assuming the Risk*: The Mavericks, The Lawyers, And the Whistle-Blowers Who Beat Big Tobacco. Boston: Little, Brown and Company, 1999.

PASQUALOTTO, Adalberto (org.). *Publicidade de Tabaco – Frente e Verso da Liberdade de Expressão Comercial*. São Paulo: Atlas, 2015.

PONZANELLI, Giulio. Responsabilità da prodotto da fumo: il 'grande freddo' dei danni punitivi. *Foro it.*, 2000, IV.

RICARD, Matthieu. *A revolução do altruísmo*. São Paulo: Palas Athena, 2015.

SAYAH, Jamil. Vulnerabilité et Mutation du Droit de la Responsabilité. In : COHET-CORDEY, Frédérique (coord.). *VULNÉRABLITÉ ET DROIT. Le développement de la vulnérabilité et ses enjeux en droit*. Grenoble: Presses Universitaires de Grenoble, 2000.

SCHWARTZ, Gary T. Tobacco Liability in the Courts. In: RABIN & SUGARMAN (eds.), *Smoking Policy*: Law, Politics, and Culture. New York: Oxford University Press, 1993.

SOARES, Renata Domingues Balbino Munhoz. *Direito e Tabaco – Prevenção, Reparação e Decisão*. São Paulo: Atlas, 2016.

STOCO, Rui. *Responsabilidade civil das empresas fabricantes de cigarro*. Disponível em http://www.fat.edu.br/saberjuridico/publicacoes/Artigo_RuiStoco.pdf, acesso em 06.12.2015.

SUGARMAN, Stephen D. La responsabilità civile delle imprese produttici di sigarette. *Danno e Responsabilità*, n. 12, 2001.

UNITED STATES CONGRESS SENATE COMMITTEE ON JUDICIARY. *Department of justice oversight*: management of the tobacco litigation. Washington: U.S. Government Printing Office, 2002.

USTÁRROZ, Daniel. *Responsabilidade civil por ato lícito*. São Paulo: Atlas, 2014.

VEDOVATO, Luís Renato. A Convenção-Quadro sobre Controle do uso do Tabaco – Consequências para o ordenamento jurídico brasileiro. In: HOMSI, Clarissa Menezes (coord.). *Controle do Tabaco e o Ordenamento Jurídico Brasileiro*. Rio de Janeiro: Lúmen Juris Editora, 2011.

VIDMAR, Neil; HANS, Valerie P. *American Juries – The Verdict*. Amherst/New York: Prometheus Books, 2007.

WORLD HEALTH ORGANIZATION. *Who – Report On The Global Tobacco Epidemic*, 2008: The MPOWER package. World Health Organization, http://whqlibdoc.who.int/publications/2009/9789241563918_eng_full.pdf, acesso em: 13.08.2010.

AS LIÇÕES DE QUEBEC E OS CAMINHOS DO BRASIL[1]

ADALBERTO PASQUALOTTO[2]

SUMÁRIO: *Introdução. 1 O julgamento de Québec. 1.1 Risco do produto e conhecimento público. 1.2 Política do silêncio. 1.3 A dependência da nicotina. 1.4 Publicidade. 1.5 Nexo causal entre fumo e doenças. 2 As vias do direito brasileiro para a responsabilização da indústria do tabaco. 2.1 O fato do cigarro no art. 12, CDC. 2.1.1 Risco e nocividade. 2.1.2 O sofisma da expectativa de segurança. 2.2 O fato do cigarro no art. 931, CC. 2.2.1 Leis especiais e diálogo das fontes. 2.2.2 Elementos para a interpretação do art. 931. 3 Leitura civil-constitucional da responsabilidade civil. Conclusão. Referências bibliográficas.*

INTRODUÇÃO

A ciência e o direito nem sempre andam juntos. A responsabilidade civil da indústria do tabaco é disso um exemplo. No Brasil, essa responsabilidade não existe, conforme decide a maioria dos nossos tribunais.

---

1   Título em inglês: *The quebec lessons and the paths of Brazil.*
2   Doutor em Direito pela UFRGS. Professor Titular de Direito do Consumidor no Programa de Pós-Graduação em Direito da PUCRS. Organizador do livro *Publicidade de tabaco: frente e verso da liberdade de expressão comercial*. São Paulo: Atlas, 2015.

Este trabalho procura demonstrar dois caminhos distintos. O primeiro caminho foi trilhado pela Corte Superior da província canadense do Quebec, em julgamento de 2015. Aquele tribunal condenou três grandes fabricantes internacionais de cigarros[3] a indenizar dependentes de nicotina e vítimas de doenças decorrentes do tabagismo, levando em consideração argumentos que no Brasil, ao inverso, costumam ser rejeitados pela jurisprudência.

O segundo caminho é uma trilha a ser aberta e, para tanto, procura-se demonstrar que o instrumental normativo que temos no ordenamento jurídico brasileiro é rico, oferecendo mais de uma alternativa para que se chegue a um resultado justo, de acordo com os princípios constitucionais.

O texto estrutura-se em três partes:[4] a primeira relata o julgamento de Quebec; a segunda, palmilha duas vias ordinárias de alcance da responsabilidade civil da indústria do tabaco; a terceira e última parte demonstra a harmonia dessas vias com os princípios constitucionais.

1. O JULGAMENTO DE QUEBEC

A Corte Superior da Província de Québec,[5] Canadá, proferiu, em 27 de maio de 2015, decisão histórica sobre a responsabilidade civil da indústria do tabaco. Naquela data chegaram ao fim duas grandes e demoradas demandas, iniciadas em 1998, contra três companhias tabaqueiras internacionais. Trata-se de duas ações coletivas, conhecidas como processo Létourneau e processo Blais, promovidas contra JTI

---

[3] "Cigarro" será usado no texto como referência de todos os produtos derivados do tabaco.

[4] O presente texto aproveita, em parte, dois trabalhos publicados anteriormente. PASQUALOTTO, Adalberto. O direito dos fumantes à indenização. **AJURIS**, 2014, vol. 41, p. 13-45; Tribunal de Québec impõe condenação histórica a fabricantes de cigarros (comentário). **Revista de Direito do Consumidor**, vol. 101, set.-out. 2015, p. 547-553.

[5] A Corte Superior tem competência residual de primeiro grau em toda matéria que não é atribuída formalmente e com exclusividade a outra jurisdição. Ela detém competência exclusiva para as ações e mandados de injunção. Art. 33, do **Code de Procédure Civil** do Quebec.

McDonald Corp. (JTM), Imperial Tobacco Canada Limited (ITL) e Rothmans, Benson & Hedges Inc (RBH).[6] É a primeira vez, nesse nível de jurisdição e de importância, que um tribunal reconhece a responsabilidade dos fabricantes de cigarros pelos abalos de saúde sofridos pelos fumantes.

Em 1998, foram ajuizadas duas ações coletivas (*class action*) contra as já referidas empresas de tabaco. As ações foram reunidas para efeito de instrução e julgamento. Algumas emendas foram autorizadas pelo Tribunal, de modo que a configuração final dos processos ficou assim:

a) o processo Blais compreendia todas as pessoas residentes no Québec que: 1) tivessem fumado, antes de 20/11/1998, um mínimo de 5 maços de cigarro por ano de fabricação das empresas rés, em qualquer proporção diária (20 cigarros por dia durante 5 anos, 5 cigarros por dia durante 20 anos etc.), de modo a completar o total de 36.500 cigarros, em maior ou menor período de tempo; 2) tenham diagnóstico de câncer de pulmão, de garganta ou enfisema; 3) tivessem morrido depois de 20/11/1998, desde que se enquadrassem nos dois primeiros critérios.

b) o processo Létourneau compreendia todas as pessoas residentes no Québec que, na data de 30/9/1998, eram dependentes da nicotina contida nos produtos das empresas rés, desde que: 1)

---

6 Proc. n° 500-06-000070-983: Cécilia L'Étourneau *vs* JTI McDonald Corp., Imperial Tobacco Canada Limited e Rothmans, Benson & Hedges Inc.; proc. n° 500-06-000076-980: Conseil Québécois sur le Tabac et la Santé e Jean-Yves Blais *vs* JTI McDonald Corp., Imperial Tobacco Canada Limited e Rothmans, Benson & Hedges Inc. Disponível em:<http://citoyens.soquij.qc.ca/php/decision.php?g=-recaptcha-response-03AA7ASh135RPXDGCZGXFU8cUJ0zGWiX455RTDstmD-FaXE7f4JfXpzzZ9rB4kUCtlOd8Ngls6eKCmaYhwMHqD_JW Qx4reQ2-GsV0HbiLZ-zTFlhnUjnNCjIdcvyIxkcTRLMnF52 ZNo229I8zRLAP8seUozczKDaaC9W7vwU3aTxeRELn5dfFOgPjs_LCRkTFbYxkMkKWLxkjujfyZ0eOSvEzcvPZqbmP1iDzLLE T7BKxuojcfuIOGI1B1T1UUk3_MesNs2P2wBnHLDXfAI3SqtIJb QyaQ9FcbqOXVDEo0EfcjZcfs_lVPdaD63ixOgg6ONjmetixufr-pp&ID=5C56225E67C1EF7C8C5398D9A9A5361B>. Acesso em: 17 fev.2018.

tivessem começado a fumar antes de 30/9/1994 e que consumissem os produtos das empresas rés; 2) fumassem diariamente os produtos das empresas rés em 30/9/1998, pelo menos um cigarro por dia, no período de 30 dias anterior à referida data; 3) em 21/2/2005 continuassem fumando os produtos das empresas rés ou os tivessem fumado até o eventual óbito. O grupo incluía os herdeiros dos fumantes falecidos que satisfizessem os critérios.

As duas ações coletivas contra as companhias de tabaco foram acolhidas em parte. Houve renúncia à indenização por danos individuais. As condenações ocorreram por danos morais e danos punitivos.

No processo Blais, promovido por um grupo de pessoas com diagnóstico de câncer de pulmão, garganta ou enfisema, o tribunal reconheceu quatro infrações distintas cometidas pelas empresas rés: ao dever geral de não causar dano a ninguém, ao dever do fabricante de informar o público sobre os riscos e perigos de seus produtos, à Carta Quebequense de Direitos Humanos e Liberdades e à Lei de Proteção dos Consumidores de Québec. Os danos morais foram fixados em 6,8 bilhões de dólares canadenses. Como a ação foi ajuizada em 1998, essa soma deve ser elevada a aproximadamente 15,5 bilhões de dólares canadenses com os juros e encargos adicionais. A dívida de cada empresa foi calculada *pro rata*, conforme a proporção da responsabilidade de cada uma.

No processo Létourneau, promovido em nome de um grupo de pessoas dependentes de nicotina, o Tribunal entendeu que as empresas rés são responsáveis pelos dois tipos de danos, por terem cometido os quatro ilícitos já referidos. Malgrado essa conclusão, o Tribunal deixou de ordenar o pagamento de danos morais, porque a prova não permitiu estabelecer com precisão o montante total dos pedidos dos membros do grupo. Os danos punitivos foram impostos com base em autorização legislativa da Carta quebequense e da lei de proteção dos consumidores. O tribunal utilizou como base de cálculo do valor da indenização a receita declarada pelas empresas para efeito de imposto. A ITL e a JTMainda foram condenadas por comportamento processual inaceitável. No conjunto, os danos punitivos nesse processo chegaram a 1,3 bilhão de dólares canadenses, divididos *pro rata*.

Considerando-se cada processo em separado, o tribunal atribuiu 90% do total da condenação ao grupo Blais, levando em conta o impacto consideravelmente maior das infrações cometidas neste caso, e 10% ao grupo Létourneau. Todavia, levando em conta o valor dos danos morais relativos ao grupo Blais, o Tribunal limitou os danos punitivos a esse processo e condenou cada ré a pagar uma soma simbólica de 30 mil dólares canadenses. Isso representa um dólar canadense pela morte de cada cidadão do país causada pela indústria do tabaco a cada ano, conforme foi constatado em julgamento da Corte Suprema do Canadá em 1995. No processo Létourneau, a condenação total por danos punitivos chega à cifra de 131 milhões de dólares canadenses, ou seja, 10% do total. Uma vez que o grupo Létourneau totaliza perto de um milhão de pessoas, essa soma não representa mais do que 130 dólares canadenses para cada membro do grupo. Ademais, levando em conta que não foram reconhecidos danos morais nesse processo, o Tribunal deixou de atribuir um valor para cada membro do grupo, por ser impraticável ou a divisão se tornar muito onerosa.

As questões levadas a julgamento foram as seguintes:

a) As rés fabricaram, colocaram no mercado e comercializaram um produto perigoso, nocivo à saúde dos consumidores?[7]

b) As rés sabiam ou presumidamente sabiam dos riscos e perigos associados ao consumo dos seus produtos?[8]

c) As rés conscientemente puseram no mercado um produto que cria dependência e decidiram não empregar um nível de nicotina suficientemente baixo que poderia permitir que uma grande parte da população de fumantes se livrasse da dependência?

d) As rés banalizaram ou negaram ou puseram em prática uma política de não divulgação dos riscos e perigos?

e) As rés empregaram estratégias de *marketing* divulgando informações falsas sobre as características dos produtos que vendiam?

---

7   A pergunta pode ser formulada do mesmo modo frente ao art. 12, CDC, e ao art. 931, CC.

8   Pergunta pertinente frente ao art. 10, "capu", CDC.

f) As rés conspiraram entre elas para manter uma frente comum de modo a impedir que os consumidores dos seus produtos não fossem informados dos perigos inerentes ao consumo?

g) As rés, intencionalmente, atentaram contra a vida, a segurança pessoal e a inviolabilidade dos membros dos grupos [que compõem as ações coletivas]?

O julgamento cobriu o período de 1950 a 1998 (quando houve o ajuizamento das duas ações), *the Class period*. Portanto, todas as questões fáticas são referidas a esse período.

A seguir, uma resenha sobre as principais questões do julgamento.

1.1. RISCO DO PRODUTO E CONHECIMENTO PÚBLICO

As empresas admitiram que no começo dos anos 50 seus cientistas passaram a trabalhar com a hipótese de que havia uma relação entre cigarro e doença, o que convenceu o Tribunal de que a partir de então as rés sabiam que estavam colocando no mercado um produto nocivo à saúde.

Naturalmente, as empresas usaram o conhecido argumento de que o cigarro não é um produto defeituoso porque o risco que ele acarreta à saúde é conhecido do público. O Tribunal rejeitou o argumento, fazendo uma relação entre datas: a) em 1964, foi divulgado o célebre Relatório do *Surgeon General*, a autoridade máxima da saúde pública nos Estados Unidos, sobre a nocividade do tabaco; b) somente em 1972 apareceram as advertências nos maços de cigarro; c) mesmo assim, apenas em 1994 as advertências passaram a mencionar a possibilidade de dependência da nicotina.

O grau de consciência dos fumantes começou a crescer somente após a introdução das advertências sanitárias obrigatórias, em 1972. Em um ano, o índice de inconsciência dos riscos saiu de 59% para 56%, mas nos anos seguintes progrediu em média apenas 1% ao ano até 1991[9].

---

9   Item 336 do julgamento.

Com base em pesquisa de campo, o Tribunal assumiu que nos anos setenta mais de metade da população tinha consciência dos males do cigarro e que a noção de dependência só se consolidou na opinião pública a partir da publicação do Surgeon General, em 1988. As pesquisas diziam respeito aos Estados Unidos, mas o Tribunal considerou que as semelhanças entre aquele país, o Reino Unido e o Canadá, nessa matéria, autorizavam adotar as mesmas conclusões para o efeito do julgamento. Particularmente quanto ao Quebec, um pesquisador afirmou que em 1963 havia uma alta taxa de 88% da população consciente de que fumar causava câncer de garganta e outros males. Já em 1954 esse percentual era de 82%. Quanto à dependência, em 1979 uma pesquisa demonstrou que 80% da população conhecia o risco de se tornar adicto ao tabaco, e 84% afirmavam que eram muito difícil deixar de fumar. Em 1986, a maioria da população considerava que fumar gerava dependência.

O apontado percentual de 80%, resultante da pesquisa de 1979, serviu de redutor para efeito do cálculo dos danos punitivos estimados pelo Tribunal no processo Blais. O ano de 1979 também foi adotado pelo Tribunal como referência para a época em que o público tomou consciência de que fumar era causa de doenças mortais, como o câncer de garganta, conforme diversos argumentos estatísticos e opiniões de *experts* levados ao processo. Em consequência, o Tribunal fixou a data simbólica de 1/1/1980 como *knowledge date* no processo Blais. Enquanto isso, no processo Létourneau, o marco *knowledge date* foi fixado em 1/3/1996, dezoito meses depois que entrou em vigor no Canadá a advertência obrigatória de que "cigarros causam dependência". O tribunal considerou que leva um tempo para que o impacto de uma mensagem como essa se propague - tempo que foi estimado em dezoito meses.

As companhias não apenas se demonstraram displicentes quanto ao seu dever de informar como também revelaram má vontade em informar adequadamente o público, tudo no interesse de maximizar os lucros [10].

---

10   Itens 337-338 do julgamento.

1.2. POLÍTICA DO SILÊNCIO

Durante o período do processo, as companhias de tabaco adotaram uma política de silêncio em relação ao que sabiam sobre o risco do produto, especialmente o potencial de dependência da nicotina. Justificaram-se afirmando que as mensagens sanitárias impostas pelo governo já eram alertas suficientes para a população e que estariam impedidas de adicionar outras informações, tendo em conta que a lei descreve o que pode ser inscrito nas embalagens. O tribunal entendeu que não havia impedimento para que as companhias fossem além das mensagens oficiais e que negligenciaram o dever de informar o público [11].

Contraditoriamente, as empresas resistiram às advertências sanitárias, fazendo o possível para dificultá-las ou atenuar o seu impacto.

Um exemplo desse esforço foi a correspondência enviada pelo presidente do CTMC - *Canadian Tobacco Manufacturers' Council* - a um representante do Ministério da Saúde, opondo-se à inclusão do termo "dependência" nas mensagens sanitárias. Essa providência demorou seis anos, provavelmente em razão daquela intervenção.[12]

As companhias só estariam dispensadas de dizer aquilo que o público já soubesse, mas omitir a informação sobre um defeito de segurança constitui uma falta frente ao art. 1.457 do Código Civil do Québec.[13]

Havia um vácuo entre o que as companhias sabiam a respeito dos riscos do tabaco e o que o governo sabia e era informado ao público.[14]

O tribunal foi minucioso em relatar a política de silêncio promovida pelas indústrias do tabaco, o que passou a inquietar os cientistas por elas contratados, até que, em 1972, o dr. J. S. Green, cientista-chefe da British American Tobacco (BAT), empresa que àquela altura era a detentora das ações da Imperial Tobacco Canada, redigiu um documento interno denunciando a associação entre o fumo e as doenças (*The association of smoking and disease*). O relatório foi exibido como prova no Tribunal.

---

11   Itens 275 a 278 do julgamento.
12   Itens 273-274 do julgamento.
13   Item 282 do julgamento.
14   Itens 297 e 300 do julgamento.

Outra prova do processo foi um memorando interno da Imperial Tobacco, datado de 1977, em que o chefe do Departamento de Pesquisa e Desenvolvimento da empresa afirmava que a questão já não era saber *se* o tabaco era uma causa de doenças, mas *como* o produto agia e *quais* eram os seus elementos nocivos.

Também constou do processo um documento que circulou internamente entre os escalões superiores das empresas de tabaco, criticando a posição que elas adotavam em relação ao nexo causal entre fumo e doenças. Segundo o documento, enquanto as empresas se esforçavam para convencer o público a acreditar que seus produtos eram seguros, nada faziam de efetivo nesse sentido. Deliberadamente, as empresas orientaram seus executivos no sentido de esconder o documento dos países que ainda não tivessem conhecimento dele.

Finalmente, em abril de 1998, já desligado do cargo de diretor de pesquisa da BAT, o dr. Green concedeu uma reveladora entrevista à televisão britânica, tratando de cigarros e questões de saúde. Uma de suas declarações foi que estava convencido da nocividade do tabaco como causa de câncer de garganta e que a redução da prevalência do fumo poderia determinar uma queda na incidência dessa doença. Em uma troca interna de informações, a BAT traçou a orientação de alegar que o dr. Green não trabalhava mais na companhia e que suas opiniões tinham caráter individual. A empresa ratificava sua posição de que a relação causal entre fumo e doenças era controvertida e que não existia consenso científico a esse respeito. Contudo, em 1981, Robert Gibb, chefe da equipe de pesquisadores da ITL, que somente em Montreal era constituída de aproximadamente 70 cientistas, expressou o seu ceticismo na política de colocar em dúvida as afirmações estatísticas que indicavam uma epidemia do tabaco. Segundo ele, a única afirmação científica cabível era que as doenças têm causas múltiplas.[15] Afirmava ainda que os cientistas que desafiavam a ideia de epidemia tinham perdido credibilidade.

15　Este é um dos argumentos de defesa mais frequentes em ações de indenização no Brasil. O STJ tem acolhido o argumento, com base na teoria da necessariedade, que exige a demonstração da causa específica do dano. Como os laudos médicos e atestados de óbito não afirmam expressamente que a doença ou o óbito teve como causa direta e imediata o consumo continuado de tabaco, a responsabilidade da empresa tabaqueira não é reconhecida.

1.3. A DEPENDÊNCIA DA NICOTINA

Particularmente a respeito de dependência, foi considerado um relatório interno da ITL, de outubro de 1976, no qual se afirmava que a empresa poderia ficar muito vulnerável se fosse explorada externamente essa questão, haja vista a dificuldade de alguém deixar de fumar. O relatório sugeria que a empresa desenvolvesse um produto que não "escravizasse" os consumidores. Isso sinalizou para o Tribunal que por aquela época a indústria do tabaco já tinha conhecimento da potencialidade do tabaco em causar dependência.

O Tribunal rejeitou a estratégia das empresas rés, no sentido de que o diagnóstico de dependência só pode ser verificado caso a caso, mediante o exame individual do paciente. Os julgadores entenderam que a dependência é um fenômeno comportamental e, nessa medida, pode ser verificada no seio de uma população como uma epidemia. Dessa forma, a dependência pode ser objeto de ação coletiva.[16]

A dependência do tabaco é causa de risco de morbidade e de morte prematura, determinando uma baixa qualidade de vida nos aspectos físicos e sociais. O maior problema é a dependência em si, por implicar a compulsiva necessidade de fumar, ainda que o indivíduo preferisse não o fazer.[17]

A dependência decorre dos efeitos da nicotina sobre o cérebro, o que provoca degradação da liberdade e da dignidade da pessoa. Especialmente quando se trata de uma substância tóxica, a dependência atinge o direito à vida e à inviolabilidade pessoal. Por essa razão, o Tribunal concluiu que a dependência da nicotina é causa de responsabilidade civil dos fabricantes de cigarros. Considerando-se que as empresas rés sabiam que seus produtos tinham a propriedade de criar dependência, havia o correspondente dever de informar adequadamente o público. A omissão desse dever constituiu um ilícito, capaz de ensejar a aplicação de *punitive damages* com base na Carta de Québec e na Lei de Defesa dos Consumidores.[18]

---

16   Itens 167 a 170 do julgamento.

17   Item 172 do julgamento.

18   Itens 183-184 do julgamento.

Nos anos 60, a ITL desenvolveu uma espécie de tabaco chamado Delhi, com níveis mais altos de nicotina, como forma de compensar a menor quantidade de alcatrão. A redução de alcatrão pretensamente seria positiva para maior preservação da saúde dos fumantes. O problema, porém, é que o aumento do teor de nicotina elevou o grau de dependência dos fumantes. A empresa tinha a possibilidade de desenvolver um cigarro não viciante, mas optou por promover a venda dos seus produtos com o argumento de que o rebaixamento dos níveis de alcatrão tornava o cigarro menos nocivo. Dessa forma, entendeu o tribunal, a empresa faltou com um dever de informação ao público consumidor.[19]

Segundo o tribunal, por não haver informado o público e as autoridades competentes sobre o que sabiam, as empresas "lucraram em cima da saúde dos consumidores", o que constitui, nos termos expressos utilizados no julgamento,"uma falta odiosa e que deve ser levada em consideração para efeito de *punitive damages*".[20]

O tribunal considerou que o dever de informar sobre o risco do produto, presente na fórmula "sabia ou devia saber" do Código Civil do Quebec,[21] não cessa mesmo depois que o consumidor tome conhecimento do risco.

1.4. PUBLICIDADE

A respeito da publicidade de tabaco, o tribunal a considerou invasiva, persuasiva, e fundamentalmente falsa e enganosa, inerentemente lesiva para o consumidor, porque promove um produto sem utilidade, que causa dependência, um instrumento de morte. Afirmou que a promoção de publicidade de produtos derivados do tabaco constitui

---

19 Itens 193-201 do julgamento.

20 No original: "By choosing not to inform either the public health authorities or the public directly of what they knew, the Companies chose profits over the health of their customers. Whatever else can be said about that choice, it is clear that it represents a fault of the most egregious nature and one that must be considered in the context of punitive damages".

21 Assim como no art. 10, do CDC.

um ato ilícito, especialmente quando visa às crianças, que não têm capacidade de discernimento. A maioria dos fumantes participantes da ação tornou-se dependente na infância.[22]

Analisando as regras dos códigos voluntários de publicidade adotados pelas empresas de tabaco, o tribunal entendeu que se tratava de meros artifícios para evitar a imposição de regras legais. Embora tenham sido aprovados pelo governo canadense, os códigos, no entender do tribunal, eram uma política de relações públicas enganosa. As empresas concordavam em fazer determinadas concessões em troca de não se submeterem a regras mais rígidas. Em 1988, foi proibida por lei a publicidade de tabaco no Canadá. JTM e ITL propuseram ação e obtiveram a declaração de inconstitucionalidade parcial da lei em 1995. Dois anos mais tarde foi editada uma nova lei (*Tobacco Act*, de 1997), atenuando a proibição.[23]

O tribunal consignou que a publicidade usa artifícios como as designações "leve", "suave", "brando" (*light, smooth, mild*), que sugerem um benefício à saúde e cigarros mais seguros. Contudo, não há uma medida industrial de redução de alcatrão ou nicotina que configure qualquer um daqueles conceitos. Um cigarro *light, smooth* ou *mild* apenas possui uma menor quantidade de alcatrão ou de nicotina do que o tipo regular da mesma marca. Desse modo, um cigarro *light* derivado de uma marca com altos teores de alcatrão, nicotina ou monóxido de carbono pode ser mais forte do que outro com fórmula original mais branda. O tribunal considerou que as companhias cometeram um ato ilícito em sua frustrada e cínica contestação do conhecimento científico sobre os riscos do tabaco e em se omitir de informar o público correspondentemente.

O tribunal não encontrou prova suficiente de que as empresas desenvolveram estratégias comerciais diretamente voltadas para o público juvenil. É assim considerado o público a quem é proibido vender cigarros: os menores de 16 anos e, após mudança legislativa em 1993, os menores de

---

22   Item 380 do julgamento.
23   Afirma a lei em vigor atualmente que é proibida a publicidade que descreva ou evoque, no todo ou em parte, um produto de tabaco, sua embalagem ou um elemento da marca.

18 anos. Isso apesar das alegações dos autores no sentido de que algumas marcas de cigarro faziam associações com qualidades como "independente", "autoconfiante", "espírito de aventura", "audacioso" etc.[24]

O tribunal rejeitou enfaticamente o argumento frequente de que a publicidade de cigarro visa apenas os que já fumam, com o objetivo de fazê-los mudar de marca, embora isso não constitui em si uma infração.

As empresas insistiram que os membros das duas classes que propuseram as ações deveriam provar que tinham visto a publicidade das marcas por elas produzidas. A esse propósito, o tribunal usou uma metáfora, comparando a publicidade a uma árvore que tombasse no meio de uma floresta: a árvore poderia não fazer barulho algum ou não atingir nada ao seu redor?[25]

1.5. NEXO CAUSAL ENTRE FUMO E DOENÇAS

A respeito do nexo causal entre o fumo e doenças como o câncer de laringe, o tribunal ressaltou o acordo firmado entre as empresas em 1962 e renovado em 1977. As empresas convieram em deixar de

---

24 Recorde-se que o STJ manteve condenação da Souza Cruz a pagar danos morais coletivos em razão de publicidade de cigarro feita anteriormente à proibição legal. A Quarta Turma entendeu que a publicidade feriu o princípio da identificação, porque a mensagem não era clara e direta, de modo que pudesse permitir a sua identificação imediata e fácil, em razão do público a que se dirigia. Ao mesmo tempo, era enganosa, porque "(...) O comportamento e a linguagem utilizada pelo protagonista da publicidade atinge em cheio as dificuldades vivenciadas por pré-adolescentes e adolescentes e, considerando este aspecto, são grandes as chances de haver um processo de identificação entre o público pertencente às referidas faixas etárias e o padrão verbal e comportamental utilizado no monólogo, o que associado a outras variáveis pode compor um quadro facilitador de acesso ao produto veiculado, especialmente para o público alvo citado acima". **Recurso Especial nº 1.101.949-DF**. Quarta Turma. Rel. Min. Marco Buzzi. Julgado em 10/5/2016.

25 Em outras palavras: fatos evidentes (o efeito difuso da publicidade) não precisam ser provados.

falar em alcatrão, nicotina e outros elementos químicos de composição dos cigarros ou transformar argumentos que os mencionassem em fator competitivo. Questionados eventualmente sobre as notícias insistentes a respeito da associação entre fumo e doenças, elas deveriam se limitar a dizer que se tratava de mera afirmação estatística, sem comprovação em testes de laboratório. Essa posição de descrédito da ciência continuou mesmo depois que o Conselho da Indústria Canadense do Tabaco admitiu, em 1980, que o podia causar "certos riscos à saúde". O tribunal considerou que os acordos foram uma colusão para impedir a informação do público. Literalmente, o tribunal verberou que as empresas adotaram uma "cínica recusa em levar em conta conhecimentos científicos reconhecidos e contemporâneos sobre os riscos dos seus produtos e informar devidamente o público".[26]

O tribunal se convenceu de que as referências estatísticas são suficientes para reconhecer que a dependência do tabaco causa falta de liberdade (o que implica infração à Carta Quebequense de Direitos e Liberdades) ao fumante e a necessidade de fumar, mesmo quando não o quisesse fazer. O julgado acrescentou que, frente à Carta Quebequense, a dependência afeta também a dignidade e a inviolabilidade pessoal.

Comentando este aspecto do julgamento, Marie-Eve Arbour afirmou que a constitucionalização da responsabilidade civil, neste caso, abre a porta para novas possibilidades de julgamento.[27] Segundo a autora, embora pendente de apelação, o julgamento contribuiu para um rico e variado mosaico normativo do direito do consumidor, embora se deva receber a decisão com entusiasmo cauteloso, uma vez que foi tomada sobre as particularidades da lei de Quebec – o que não significa que poderá ser recepcionado em outras jurisdições dentro do Canadá.

---

26 No original: "Where fault can be found, however, is in the failure or, worse, the cynical refusal to take account of contemporaneous, accepted scientific knowledge about the dangers of the Companies' products and to inform consumers accordingly" (item 474).

27 ARBOUR, Marie-Eve. Lifestyle Torts, Market Manipulation and the Tobacco Industry: A Comment on Létourneau v JTI-MacDonald Corp. Journal Of European Tort Law, 2016, vol. issue 3, p. 328-352.

2. AS VIAS DO DIREITO BRASILEIRO PARA A RESPONSABILIZAÇÃO DA INDÚSTRIA DO TABACO

Nesta segunda parte, serão analisados os possíveis fundamentos para a responsabilidade civil da indústria do tabaco relativamente aos danos causados pelos seus produtos aos consumidores. Três serão os fundamentos alvitrados: o Código de Defesa do Consumidor, o Código Civil e a via constitucional.

2.1. O FATO DO TABACO NO ART. 12, DO CDC

Sinteticamente, dispõe o art. 12, do Código de Defesa do Consumidor, que os fornecedores responderão, independentemente de culpa, pelos danos causados aos consumidores por defeitos de seus produtos, defeitos esses originários de concepção (ou projeto), fabricação e de informação (ou comercialização). O defeito caracteriza-se, nos termos do parágrafo primeiro do mesmo artigo, quando o produto não atende a legítima expectativa de segurança dos consumidores, aferida por alguns indícios, entre os quais a sua apresentação, os usos e os riscos que dele podem ser esperados e a época em que foi lançado no mercado. Conforme o parágrafo terceiro do mesmo art. 12, o fornecedor não responde pela indenização quando provar que não lançou no mercado o produto causador do dano, ou que o produto não apresentava defeito, ou que tenha havido culpa exclusiva do consumidor ou de terceiro na causa do dano.[28]

---

[28] A maioria dos autores que atribui responsabilidade civil à indústria tabaqueira o faz com supedâneo no CDC. Assim: DELFINO, Lúcio. **Responsabilidade civil e tabagismo no Código de Defesa do Consumidor**. Belo Horizonte, Del Rey, 2002; ANDRIGHI, Fátima Nancy; ANDRIGHI, Vera Lúcia; KRÜGER, Cátia Denise Gress. Responsabilidade civil objetiva da indústria fumageira pelos danos causados a direito fundamental do consumidor de tabaco. **Responsabilidade civil contemporânea em homenagem a Sílvio de Salvo Venosa**. Otávio Luiz Rodrigues Júnior, Gladson Mamede e Maria Vital da Rocha (coord.). São Paulo: Atlas, 2011.

Segundo um entendimento em voga na doutrina (não toda) e na jurisprudência (majoritária), o tabaco é um produto de "risco inerente", por isso não corresponde a expectativas de segurança do consumidor, não se caracterizando, por conseguinte, como produto defeituoso.[29] Também é entendido que o fumante exerce seu livre arbítrio[30] ao decidir fumar, sendo conhecedor da nocividade do tabaco, haja vista o cumprimento das advertências legais, sendo de sua culpa exclusiva os danos que venha a sofrer na sua saúde.

O que se pretende demonstrar a seguir é a ambiguidade do conceito de produto de "risco inerente" e que o cigarro, sendo nocivo por sua própria natureza, é um produto defeituoso em razão de sua concepção.

2.1.1. RISCO E NOCIVIDADE

A primeira linha de raciocínio a ser desenvolvida faz uma distinção entre os conceitos de risco e nocividade. Registre-se, desde logo, que a expressão "risco inerente", associando o adjetivo diretamente ao substantivo, não está presente no CDC. Trata-se de um construto doutrinário que, *data venia*, é impreciso, pois mistura risco com nocividade - estes, sim, conceitos legais distintos, que serão dissecados a seguir.

De risco, propriamente dito, trata o art. 8°. Esse dispositivo institui uma norma de segurança negativa, dispondo que os produtos e serviços não acarretem riscos à saúde e segurança dos consumidores, "exceto os considerados normais e previsíveis em decorrência de sua natureza e fruição". É o caso das facas. O risco de que o usuário venha a se cortar é normal e previsível, em decorrência da sua natureza e fruição. Poder-se-ia, com propriedade, falar de "risco inerente", desde que o produto não seja nocivo. A nocividade é uma outra categoria de risco, tratada à parte.

---

29 Nesse sentido: STJ. 4ª Turma. **REsp 1.113.804-SP**. Min. Luís Felipe Salomão, relator, un. 27/04/2010; STJ. 4ª Turma. REsp 1.197.660-SP. Ministro Raul Araújo, relator, un. 15/12/2011.

30 As questões envolvendo o livre arbítrio não serão especificamente enfrentadas neste artigo. Em outro capítulo deste livro, a matéria é desenvolvida sob o ponto de vista da medicina, onde a dependência da nicotina é tratada como doença crônica recorrente, capaz de afetar o livre arbítrio.

O art. 9º já não se expressa em termos de risco, mas de "nocividade potencial". Diz a norma que "o fornecedor de produtos e serviços potencialmente nocivos ou perigosos à saúde ou segurança deverá informar, de maneira ostensiva e adequada, a respeito de sua nocividade ou periculosidade." Aqui já não se fala apenas de um risco inerente à natureza do produto, mas de uma possibilidade de dano mais grave (nocividade potencial) que pode estar associada ao uso. O fornecedor deverá adotar as medidas cabíveis em cada caso concreto. É o caso dos medicamentos. A bula deverá informar as indicações de uso e as propriedades terapêuticas, mas também as contraindicações, os efeitos colaterais e as interações medicamentosas.

Embora, grosso modo, se possa dizer que há uma relação de grau de risco entre os artigos 8º e 9º (no primeiro, um risco normal e no segundo um risco agravado), a verdade é que a lei trata expressamente de risco tão somente no primeiro e de nocividade no segundo.[31] O adjetivo "inerente" poderia ser usado assim num caso como no outro. Isto é, pode-se dizer que há um "risco inerente" a determinados produtos (facas), assim como uma "nocividade inerente" a outros (medicamentos). No último caso, o legislador preferiu "nocividade

---

31 Zelmo Denari afirma que o art. 9º supõe a exacerbação dos riscos referidos no art. 8º, alinhando, entre os produtos de nocividade potencial, as bebidas alcoólicas e o fumo (DENARI, Zelmo. Comentários ao art. 9º. *In:* GRINOVER, Ada Pellegrini *et al.* **Código Brasileiro de Defesa do Consumidor: comentado pelos autores do anteprojeto.** 8ª ed. São Paulo: Forense Universitária, 2004, p. 168-169). Lúcio Delfino compartilha da mesma posição de Denari quanto a classificar o fumo como produto de nocividade potencial, fazendo-o por eliminação do art. 10. Segundo Delfino, «crer que foi intenção do legislador pátrio, com o prescrito no art. 10, proibir a venda de cigarro no País, seria apaixonar-se demasiadamente pelo tema». Entende que «[S]e a publicidade do tabaco é permitida, obviamente, sua venda também o é». Por isso, descarta o enquadramento do tabaco no art. 10 como produto altamente nocivo, concluindo: «O legislador, com o art. 9º, procurou regular aqueles produtos e serviços que, apesar de potencialmente nocivos, podem ser colocados no mercado. Nesse ponto, encaixa-se o fornecimento de bebidas alcoólicas e o fumo". DELFINO, Lúcio. **Responsabilidade civil e tabagismo no Código de Defesa do Consumidor.** Belo Horizonte: Del Rey, 2002, p. 101.

potencial", separando risco de nocividade. Por conseguinte, falar pura e simplesmente de "risco inerente" resulta em imprecisão, ainda mais quando o que realmente se pretende expressar é o contrário do que literalmente se diz. Em outras palavras: quem se refere ao tabaco como produto de "risco inerente" pretende significar que, por isso mesmo, trata-se de um produto isento de defeito. Ora, "risco inerente" (art. 8º) ou "nocividade inerente" (art. 9º) não implica, necessariamente, isenção de defeito. As facas, assim como quaisquer outros produtos de uso (e risco) "normal e previsível" podem apresentar defeito e acarretar danos ao consumidor. Se isso ocorrer, haverá responsabilidade civil do fabricante. Os produtos que se enquadram no art. 8º - produtos de "risco inerente", se assim se quiser chamar - podem ser comparados com os produtos portadores de "vícios aparentes ou de fácil constatação", de que trata o art. 26. O risco e o vício são evidentes. Os produtos que evidenciam o risco inerente ao uso são produtos intrinsecamente benéficos. O risco é um efeito marginal e aleatório da sua utilidade. Esses produtos não podem ser, por sua própria natureza, nocivos, pois a nocividade é uma outra categoria de risco.

No direito brasileiro, o introdutor do conceito de risco inerente (por ele chamado de periculosidade inerente) foi Antônio Herman Benjamin, ao expor a teoria da qualidade. Benjamin referiu-se a duas espécies de periculosidades: a *inerente ou latente* (normal e previsível em decorrência da natureza e fruição do produto) e a *adquirida* (produtos que se tornam perigosos pela presença de um defeito). A essas duas categorias Benjamin acrescentou uma terceira: a *periculosidade exagerada*, sobre ela dizendo: "ao contrário dos bens de periculosidade inerente, a informação adequada aos consumidores não produz maior resultado na mitigação de seus riscos. Seu potencial danoso é tamanho que o requisito da previsibilidade não consegue ser totalmente preenchido pelas informações prestadas pelos fornecedores". Anotou ainda haver, nesses casos, "imensa desproporção entre custos e benefícios sociais da sua [de tais bens] produção e comercialização". Como não há um critério para a avaliação do alto grau de nocividade e de periculosidade de um produto, Benjamin considera que a definição cabe aos tribunais, caso a caso, mas lista como úteis alguns pontos arrolados no direito norte-americano, dentre os quais são aqui destacados: se o dano hipoteticamente causado pelo produto é de grande gravidade; se o risco do produto não pode ser eliminado pelo exercício de cuidado razoável; e que valor tem a atividade (ou o produto) para a comunidade.[32]

A "periculosidade exagerada" de que fala Benjamin é a que está presente no art. 10. Trata-se de outro patamar de nocividade: a nocividade de alto grau. Não se cogita mais de mera potencialidade, mas sim de uma nocividade inevitável ou de um dano já não mais marginal ao uso, mas "inerente". Poder-se-ia falar, com propriedade em produtos de "nocividade inerente". João Marcello de Araújo Júnior socorreu-se da *teoria dos padrões* para expressar o significado de "nocividade de alto grau". Segundo tal teoria, o grau de perigo é considerado elevado, "sempre que o produto ou serviço estiver contido entre aqueles que a experiência internacional ou nacional relacionou dentre os que provocam, necessariamente, danos à vida e à saúde dos consumidores"[33]. A experiência internacional, especialmente influenciada pelas evidências científicas da nocividade do tabaco, resultou na Convenção Quadro para o Controle do Tabaco, celebrada sob os auspícios da Organização Mundial da Saúde, promulgada em 2005, pela Assembleia Geral da INU, por unanimidade, e assinada por 168 países, inclusive o Brasil.

Produtos detentores de alto grau de nocividade ou periculosidade à saúde ou segurança dos consumidores não podem ser colocados no mercado, como expressamente consigna o art. 10. Em que categoria

---

32 BENJAMIN, Antônio Herman. Comentários aos artigos 12 a 27. *In*: OLIVEIRA, Juarez(Coord.). **Comentários ao Código de Proteção do Consumidor**. São Paulo: Saraiva, 1991, especialmente p. 49 a 53. Também pode ser encontrado em: BENJAMIN, Antônio Herman V.; MARQUES, Claudia Lima; BESSA, Leonardo Roscoe. **Manual de Direito do Consumidor**. 3ª ed. São Paulo: Revista dos Tribunais, 2010, p. 142 a 145.

33 ARAÚJO JÚNIOR, João Marcello de. Comentários aos artigos 8º a 17. In: CRETELLA JÚNIOR, José; DOTTI, René Ariel (coord.); ALVES, Geraldo Magela (org.). **Comentários ao Código do Consumidor**. Rio de Janeiro: Forense, 1992. Ressalte-se que nem Araújo Júnior, nem Benjamin, citado anteriormente, referem-se expressamente ao tabaco ou a outro produto específico. Ambos falam apenas em tese.

se enquadra o tabaco: é um produto de risco normal e previsível em decorrência de sua natureza e fruição? É um produto potencialmente nocivo? Ou é um produto de alto grau de nocividade?

Produtos de risco inerente ao uso são produtos úteis, preponderantemente benéficos, que oferecem risco apenas incidentalmente, de modo geral por uso irregular ou impróprio. O tabaco, não. O uso do tabaco pode ser prazeroso para o fumante (benefício), mas o malefício é indissociável e muito mais expressivo, individual e socialmente, do que o benefício.

Se o tabaco não pode ser compreendido como um produto de "risco inerente", nos termos do art. 8º, resta classificá-lo como produto nocivo - nocividade não apenas potencial (a despeito das opiniões de Denari e de Delfino), mas de alto grau.

Essa é a posição de Luiz Guilherme Marinoni,[34] que extrai da condição de nocividade de alto grau do cigarro a consequência de que deve ser retirado do mercado - nos estritos termos do art. 10.

Conforme Marinoni, a nocividade do cigarro não advém "da forma do consumo, mas sim do próprio consumo". Por conseguinte, não restaria ao Estado alternativa senão proibir a sua comercialização, exercendo o que Canaris chama de "imperativo de tutela". Marinoni considera "um escárnio aos direitos básicos da população" a contradição entre as advertências de que o cigarro é causador de câncer e o dever do Estado de proteger a saúde pública.[35]

---

34 MARINONI, Luiz Guilherme. A tutela do consumidor diante das noções de produto e serviço defeituosos: a questão do tabaco. **Revista Jurídica**, nº 370, agosto 2008, p. 29 a 41.

35 MARINONI. A tutela do consumidor diante das noções de produto e serviço defeituosos: a questão do tabaco. **Revista Jurídica**. 2008, p. 38 a 41. Amanda Flávio de Oliveira propõe o desenvolvimento de uma política econômica de desestímulo ao consumo e à produção de tabaco, a partir da ponderação entre valores ou das vantagens e desvantagens da produção e consumo concorrencialmente livres. Seu fundamento teórico é o "direito de não fumar", decorrente da conjugação dos direitos à vida e à liberdade, que demandam defesa e prestação por parte do Estado. A política de desestímulo ao tabaco seria uma forma de acesso à vida digna (OLIVEIRA, Amanda Flávio. **Direito de (não) fumar: uma abordagem humanista**. Rio de Janeiro: Renovar, 2008, especialmente p. 123 e seguintes).

Nada obstante as corretas observações de Marinoni, sabe-se que, ao menos nos âmbitos administrativo e legislativo, a retirada do cigarro do mercado é praticamente inviável, em razão da pressão econômica da indústria do tabaco e do poderoso *lobby* político que ela exerce. Além do mais, há razões (que aqui não cabe discutir) de conveniência política para que o tabaco continue sendo comercializado licitamente: a sua proibição poderia resultar (e certamente resultaria) na criação de um mercado negro.[36]Nesse contexto, restaria ao Poder Judiciário um pronunciamento sobre a matéria, assim como já fez em outras oportunidades a respeito de produtos também nocivos em alto grau. É preciso, porém, que o julgador seja provocado.

O tabaco reúne as três características, anteriormente citadas, que identificam produtos de periculosidade exagerada: 1) o dano hipoteticamente causado pelo tabaco é de grande gravidade, sendo um dos maiores causadores de câncer, especialmente de pulmão, assim como de cardiopatias e de acidentes vasculares cerebrais; 2) o risco do tabaco não pode ser eliminado pelo exercício de cuidado razoável, pois não há uma quantidade segura para o consumo de tabaco; consumido ainda que em quantidades mínimas, pode ser altamente nocivo; além do mais, o tabaco produz dependência, o que leva o fumante a fumar mais e constantemente; 3) ainda que se possa argumentar com os empregos e os impostos gerados pela indústria do tabaco, o balanço

---

36 O mercado negro do tabaco foi um fator que influenciou a decisão da Corte Constitucional da Colômbia, na já mencionada **Sentencia-830/10.**: "es necesario tener en cuenta que existen ocupaciones o transacciones económicas que un legislador democrático puede considerar dañinas socialmente, y que por ende juzga que deben ser limitadas. Sin embargo, ese mismo legislador puede concluir que es equivocado prohibir esas actividades, por muy diversas razones. Por ejemplo, con base en diversos estudios sociológicos, los legisladores pueden considerar que la interdicción total es susceptible de generar un mercado negro ilícito, que en vez de reducir el daño social ligado a los intercambios económicos no deseados, tienda a agravarlo". COLOMBIA. Corte Constitucional. Sala Plena. **SentenciaC-830/10.** 20/10/2010. Disponível em: <http://www.corteconstitucional.gov.co/relatoria/2010/c%2D830%2D10.htm>. Acesso em: 10 jan.2018. A Convenção Quadro para o Controle do Tabaco propõe medidas contra o contrabando e o comércio ilegal do tabaco.

dos benefícios e dos malefícios sociais é altamente desfavorável para a sociedade; basta um dado para demonstrá-lo: em 2011, as doenças tabaco-relacionadas representaram um custo de 20,68 bilhões de reais para o SUS, enquanto os impostos federais recolhidos pela indústria do tabaco no mesmo ano foram de 6,3 bilhões de reais.[37] Ou seja, o custeio público das doenças foi aproximadamente sete vezes maior do que a arrecadação tributária.

Do que se viu até aqui, pode-se concluir que produto que oferece risco "normal e previsível" e produto nocivo não significam a mesma coisa. O traço distintivo é o benefício do produto. O risco é efeito marginal e aleatório de um produto benéfico, risco que pode ser evitado com o uso adequado. Já o produto nocivo é um produto em que o malefício é considerável (nocividade potencial) ou até mesmo preponderante (alto grau de nocividade). É possível que o produto nocivo tenha alguma função de utilidade para o usuário, mas ela é inseparável do malefício. O fumante acha o cigarro prazeroso, mas a nocividade é indissociável do consumo.[38]

---

[37] Segundo pesquisa coordenada por Márcia Teixeira Pinto, do Instituto Fernandes Figueira e da Fundação Oswaldo Cruz, e por Andrés Pichon Riviere, do **Instituto de Efectividad Clínica y Sanitária**, da Argentina. Disponível em: <https://portal.fiocruz.br/pt-br/content/pesquisa-mostra-dados-sobre-doencas-associadas-ao-tabagismo>. Acesso em: 18 fev.2018. Somente com vítimas do fumo passivo, o SUS gasta por ano, segundo estimativa de 2008, 19,15 milhões de reais com diagnóstico e tratamento, mais 18 milhões de reais com pensões e benefícios relacionados à mesma causa. Dados disponíveis em: <http://www.inca.gov.br/releases/press_release_view_arq.asp?ID=1958>. Acesso em: 18 fev.2018.

[38] *"Los productos de tabaco y sus derivados tienen una particularidad que los distinguen de otros bienes e servicios que concurren al mercado: son intrínsecamente nocivos para la salud de quienes los consumen y para el medio ambiente"*. Trecho do acórdão da Corte Constitucional da Colômbia: COLOMBIA. Corte Constitucional. Sala Plena. **SentenciaC-830/10**. 20/10/2010. Disponível em: <http://www.corteconstitucional.gov.co/relatoria/2010/c%2D830%2D10.htm>. Acesso em: 10 jan.2014.

2.1.2. O SOFISMA DA EXPECTATIVA DE SEGURANÇA

O defeito de um produto que causa dano é aferido por um conceito jurídico indeterminado: é defeituoso o produto que não oferece a segurança que dele legitimamente se espera (art. 12, § 1°). É nessa cunha que entra o argumento da indústria: como o tabaco sabidamente é nocivo à saúde, e assim é informado, não poderia haver legítima expectativa de segurança no seu consumo. Logo, afirma-se, o tabaco não é um produto defeituoso e os danos dele advindos não são passíveis de reparação.

Trata-se de um sofisma, pois conduz a uma conclusão paradoxal: embora seja um produto de alta nocividade à saúde, como essa nocividade é amplamente conhecida, o tabaco não é considerado defeituoso, porque dele não pode ser esperada nenhuma segurança; logo, basta que seja amplamente conhecida a nocividade de um produto para que nenhuma segurança dele possa ser exigida.[39]

Um raciocínio assim, apegado à lógica formal de um conceito legal, acaba por renegar o escopo do direito à reparação de danos. É como se a lei contivesse uma armadilha: há direito à reparação dos danos causados por produtos de periculosidade baixa ou média. Em relação aos produtos altamente nocivos ou perigosos, a proteção legal desaparece, desde que a alta nocividade ou periculosidade seja informada ao consumidor. A informação teria o condão de inverter o risco, deslocando-o do fornecedor para o consumidor.

Essa interpretação é lacunosa, porque não correlaciona o art. 12, § 1°, II (em que pretende se apoiar) com o art. 8°. Esses artigos constroem conceitos superpostos, na medida em que utilizam palavras iguais ou equivalentes para descrevê-los. O art. 8° diz que os produtos não deverão acarretar *riscos* à saúde ou segurança dos consumidores, exceto os considerados *normais e previsíveis* em decorrência de sua *natureza e fruição*. O art. 12, § 1°, II, considera defeituosos os produtos que não oferecem expectativa legítima de segurança, considerados

---

[39] Recorde-se que a Corte Superior do Quebec afirmou que o dever de informar sobre o risco do produto, presente na fórmula "sabia ou devia saber", não cessa mesmo depois que o consumidor toma conhecimento do risco.

o uso e os riscos que razoavelmente dele se esperam. A correlação é evidente entre *riscosnormais e previsíveis* com a expectativa de segurança conforme *uso e riscos* que *razoavelmente dele se esperam* em decorrência da *natureza e fruição* de tais produtos.

Note-se que o art. 12, § 1º, II, não menciona produtos *nocivos*.[40] Estariam eles então excluídos da esfera de risco do fornecedor? Ou seja, os produtos nocivos não dariam margem à indenização? Seria um paradoxo afirmá-lo, na medida em que eles constituem risco agravado. A conclusão lógica é que os produtos nocivos excedem os *usos e riscos normais e previsíveis* que constituem o conceito de legítima expectativa de segurança. Produtos nocivos e produtos seguros são conceitos contraditórios. Cabe indagar, então, se a informação abastada sobre a nocividade é suficiente para afastar a obrigação de indenizar.

"Legítima expectativa de segurança" é um conceito jurídico indeterminado, construído para abarcar o maior número possível de casos sob o manto da proteção legal. Por efeito da abertura do conceito, as circunstâncias denotativas da insegurança do produto não são apenas aquelas três expressamente mencionadas nos incisos do parágrafo primeiro do art. 12, mas também outras, compreendidas na expressão *entre as quais*. Dentre as outras circunstâncias não consignadas modo expresso na norma está a nocividade do produto, indiciadora de muito maior insegurança do que os riscos inerentes ao uso normal de um produto não nocivo.

Os conceitos jurídicos indeterminados são espécies do gênero conceito aberto ou abstrato. Tais conceitos são formados de *notas distintivas que são desprendidas, abstraídas, dos objetos em que aparecem*.[41] Excluir o tabaco do conceito de produto inseguro (e, por conseguinte,

---

40   "Produtos geneticamente perigosos", conforme a denominação adotada por OYAGUE, Olenka Woolcot. **La responsabilidad del productor: estudio comparativo del modelo norteamericano y el régimen de la Comunidad Europea**. Lima, Perú: Pontificia Universidad Católica del Perú, 2003, p. 149.

41   Tradução livre para: "*Se llaman 'abstractos' [os conceitos], porque son formados de notas distintivas que son desprendidas, abstraídas, de los objetos en que aparecen* (...)". LARENZ, Karl. **Metodología de la ciencia del derecho**. Barcelona: Ariel, 2001, p. 440.

de produto defeituoso), é ignorar que a sua nocividade é nota que o assemelha a todos os demais produtos inseguros, com o acréscimo de uma gravidade dificilmente encontrável em outros. Segundo Larenz, decorre da lógica que o conceito supremo de uma categoria abstrata, aquele sob o qual muitos outros são compreendidos, tem o menor conteúdo, mas tem a extensão ou o campo de aplicação mais amplo, enquanto que o conceito mais rico em conteúdo apresenta o maior número de notas distintivas, tendo, por isso mesmo, a menor extensão.[42] Desse modo, produto que não atende a legítima expetativa de segurança ou produto defeituoso é um conceito de escasso conteúdo, mas de larga extensão, de modo a poder abranger produtos benéficos com risco inerente (art. 8º), produtos potencialmente nocivos (art. 9º) e produtos com lato grau de nocividade (art. 10). Em contrapartida, quanto mais denso for o conteúdo de insegurança de um produto, menor extensão ele terá. Se somente os produtos com alto grau de nocividade contrariassem a expectativa de segurança dos consumidores, seria muito menos extenso o conceito de produtos defeituosos. Em outras palavras: por ser um produto de alta nocividade, o tabaco tem um concentrado conteúdo de insegurança (poderia alguém duvidar?), mas certamente não é paradigma para o conceito de produto defeituoso, possuindo nesse aspecto escassa extensão. O inverso também é verdadeiro: por ser um produto de forte densidade de insegurança, o tabaco, com certeza, não atende a legítima expectativa de segurança dos consumidores.

Na mesma trilha de Larenz, Engisch entende por conceito indeterminado "um conceito cujo conteúdo e extensão são em larga medida incertos".[43] Engisch classifica os conceitos indeterminados

---

42 Extraído livremente do trecho: "*Aquí rige la ley lógica de que el concepto 'supremo' - es decir, aquel bajo el cual (añadiendo notas distintivas diferenciables) pueden subsumirse muchos otros - tiene el menor contenido, puesto que sólo está caracterizado por pocas notas distintivas, y, en cambio, tiene la extensión o ámbito de aplicación más amplios; mientras que, el más rico en contenido, que presenta mayor número de notas distintivas, tiene, en cambio, le menor extensión*" . LARENZ. **Metodología de la ciencia del derecho**. 2001.

43 ENGISCH, Karl. **Introdução ao pensamento jurídico**. 3ª ed. Lisboa: Fundação Calouste Gulbenkian, 1977, p. 173.

em descritivos e normativos, sendo estes "frequentemente indeterminados num grau particularmente elevado", fazendo referência a valores que são revelados no caso concreto.[44] Ao se analisar o risco do tabaco, não há como ignorar o consenso científico sobre os malefícios do produto, a menos que se queira persistir no sofisma da falta de legítima expectativa de segurança.

O silogismo, pois, é o seguinte: produto nocivo é inseguro (premissa maior); o tabaco é produto nocivo (premissa menor); logo, o tabaco é inseguro.

Argumentar que a informação da nocividade, prestada à abastança no caso do tabaco, desautoriza a expectativa de segurança é persistir no sofisma. O tabaco é um produto vocacionalmente nocivo e nenhuma informação será suficiente para evitar o dano. Que outra utilidade terá a informação senão a de prevenir ou tentar evitar o dano (o que, no entanto, nem sempre alcança)? No tabaco, a informação é inócua para esse fim (o que não significa que as advertências sanitárias devam deixar de ser veiculadas, porque têm função educativa, auxiliando no esforço de diminuir o consumo de tabaco). O livre arbítrio do fumante não é razão para excluí-lo do direito à indenização. Se o fabricante de cigarros se vale da livre iniciativa para colocar o produto no mercado e obter lucro lícito, o fumante tem o livre arbítrio de fumar, pagando para obter o prazer que procura. Essa é a troca justa, que se desequilibra a favor da indústria se o eventual dano do fumante fica sem possibilidade de indenização. A informação deve servir para a decisão de não fumar, mas não para exonerar a indústria de responsabilidade.

Nos estritos termos do Código de Defesa do Consumidor, se o defeito do cigarro não está na informação, está necessariamente na concepção. Sendo um produto inevitavelmente nocivo à saúde, o cigarro é defeituoso por natureza. No direito norte-americano, o defeito de *design* pode ser inferido do balanço entre as vantagens e desvantagens do produto. Por esse critério, ao impor a indenização dos danos, a responsabilidade civil assume uma função dissuasória (*deterrence*).[45]

---

44 ENGISCH. **Introdução ao pensamento jurídico.** 1977, p. 174 a 178, *passim*.

2.2. O FATO DO TABACO NO ART. 931, CC

A responsabilidade civil da indústria tabagista não é necessariamente alicerçada no Código de Defesa do Consumidor, embora fumar caracterize uma relação de consumo. Com a superveniência do Código Civil em 2002, ampliou-se a base legal dos direitos do consumidor, na conformidade do que prevê o art. 7º, "caput", do CDC, que incorpora às suas próprias normas direitos outros decorrentes de tratados, convenções internacionais, legislação nacional e regulamentos, numa cláusula de abertura do sistema codificado, chamada por Claudia Lima Marques de diálogo das fontes.[46]

Um dos dispositivos que expande o catálogo de direitos do consumidor (entre outros efeitos) é o art. 931, do Código Civil.[47]

---

45 Comentários sobre a matéria em OYAGUE, Olenka Woolcott. **La responsabilidad del productor: estudio comparativo del modelo norteamericano y el régimen de la Comunidad Europea**. Lima, Perú: Pontificia Universidad Católica del Perú, 2003, p. 195 e seguintes.

46 Entre outros textos da autora sobre o mesmo tema: MARQUES, Claudia Lima. Três tipos de diálogos entre o Código de Defesa do Consumidor e o Código Civil de 2002: superação das antinomias pelo diálogo das fontes. Código de Defesa do Consumidor e o Código Civil de 2002: convergências e assimetrias. Roberto A. C. Pfeiffer e Adalberto Pasqualotto (coord). São Paulo: **Revista dos Tribunais**, 2005.

47 O ponto de vista aqui defendido contraria o que pensa a maioria da doutrina, podendo ser citados, entre outros: STOCO, Rui. A responsabilidade civil. **O novo Código Civil: homenagem ao Prof. Miguel Reale**. Domingos Franciulli Netto, Gilmar Ferreira Mendes e Ives Gandra da Silva Martins Filho (coord.). 2ª ed. São Paulo: LTr, 2005 (considerando o art. 931, CC, redundante com o CDC); LOPEZ, Teresa Ancona. **Nexo causal e produtos potencialmente nocivos: a experiência brasileira do tabaco**. São Paulo: Quartier Latin, 2008; a mesma autora coordenou a publicação de uma coletânea de pareceres sobre as questões jurídicas ligadas ao tabaco, tais como publicidade e responsabilidade civil, na qual se alinham posições de diversos autores de pareceres em ações relativas a tabagismo, sustentando a ausência de responsabilidade civil das empresas tabagistas. Entre eles, mais proximamente ao ponto aqui tratado, ou seja, infirmando a incidência do art. 931, do CC, Gustavo Tepedino. Outros autores, em pareceres

reproduzidos na mesma obra, analisam os casos de tabaco limitadamente no âmbito normativo do CDC, afastando a responsabilidade civil dos fabricantes por não considerarem o cigarro um produto defeituoso, argumento ao qual, geralmente, associam o livre arbítrio do fumante para considerarem presente uma causa de exclusão da obrigação de indenizar (culpa exclusiva da vítima). Nessa linha: Maria Celina Bodin de Moraes, Nelson Nery Júnior, Ruy Rosado de Aguiar Júnior e a própria Teresa Ancona Lopez. **In: Estudos e pareceres sobre livre-arbítrio, responsabilidade e produto de risco inerente: o paradigma do tabaco: aspectos civis e processuais.** Teresa Ancona Lopez, coord. Rio de Janeiro: Renovar, 2009. De outro lado, em alguma medida concordando com o ponto de vista aqui sustentado: TARTUCE, Flávio. **Responsabilidade civil objetiva e risco: a teoria do risco concorrente.** Rio de Janeiro: Forense; São Paulo: Método, 2011 (entendendo que o art. 931, CC, aplica-se subsidiariamente ao CDC). Em favor de uma interpretação expansiva do art. 931, a I Jornada de Direito Civil, de 2002, aprovou, por maioria, um enunciado ampliando o conceito de fato do produto, do art. 12, do CDC, e outro, incluindo no seu âmbito normativo a responsabilidade civil pelos riscos do desenvolvimento: ENUNCIADO 42. "O art. 931 amplia o conceito de fato do produto existente no art. 12, do Código de Defesa do Consumidor, imputando responsabilidade civil à empresa e aos empresários individuais vinculados à circulação dos produtos". ENUNCIADO 43. "A responsabilidade civil pelo fato do produto, prevista no art. 931 do novo Código Civil, também inclui os riscos do desenvolvimento". Nada obstante, em 2013, a V Jornada rejeitou proposta de enunciado com o seguinte teor: "Embora sejam produtos com risco inerente, o tabaco e as bebidas alcoólicas obrigam os seus fabricantes a indenizar os usuários pelos danos à saúde, nos termos do art. 931, do Código Civil". Entendendo pela procedência dos dois primeiros enunciados, FACCHINI NETO, Eugênio. Da responsabilidade civil no novo Código Civil. **Revista do TST**, vol. 76, nº 1, jan.-mar. 2010. Igualmente concordando, mas excetuando da incidência do art. 931 o dano decorrente de produto potencialmente nocivo, desde que haja informação suficiente, Tula WESENDONCK, em tese de doutorado defendida e aprovada na Pontifícia Universidade Católica do Rio Grande do Sul em 2013, **O regime da responsabilidade civil pelo fato dos produtos postos em circulação: uma proposta de interpretação do art. 931 do Código Civil sob a perspectiva do direito comparado.** Porto Alegre: Livraria do Advogado, 2015.

Segundo o art. 931, os empresários individuais e as empresas respondem, independentemente de culpa, pelos danos causados pelos produtos postos em circulação. Esse dispositivo não foi bem recebido pela maioria da doutrina nacional. A crítica fundamenta-se na sua origem histórica para concluir pela sua inutilidade ou por interpretação reducionista. A norma foi inserida no projeto de Código Civil para proteção dos consumidores, uma vez que, na época, não havia uma lei específica que os protegesse. Com o advento do Código de Defesa do Consumidor, em 1990, ela teria perdido a sua função. De acordo com essa crítica, interpretado ao pé da letra, o art. 931 instituiria uma responsabilidade objetiva integral, obrigando as empresas a indenizar danos causados pelos riscos normais dos produtos, como é o caso sempre lembrado das facas. Para evitar essa demasia, essa corrente de pensamento considera implícito como pressuposto da indenização (e causa do dano) o defeito do produto.[48] Como essa interpretação produziria redundância com o art. 12, do CDC, acrescentam que o art. 931, CC, só seria aplicável quando o fato que originasse o dano não constituísse relação de consumo.[49] Afirmam em geral esses autores que a ressalva que antecipa a regra nuclear do art. 931 ("Ressalvados

---

[48] Está neste caso Sérgio Cavalieiri Filho: "O que faz o empresário responder objetivamente pelos danos causados pelos produtos postos em circulação? Essa é a questão fundamental. São os eventuais *defeitos* que esses produtos tiverem". CAVALIEIRI FILHO, Sérgio. **Programa de responsabilidade civil**. 11ª ed. São Paulo: Atlas, 2014, p. 228.

[49] Nesse sentido: ALVES, José Carlos Moreira. A causalidade nas ações indenizatórias por danos atribuídos ao consumo de cigarros. **In: Estudos e pareceres sobre livre-arbítrio, responsabilidade e produto de risco inerente: o paradigma do tabaco: aspectos civis e processuais.** Teresa Ancona Lopez, coord. Rio de Janeiro: Renovar, 2009. Na mesma obra, o já citado Gustavo Tepedino. Também Teresa Ancona Lopez, na obra já citada (**Nexo causal e produtos potencialmente nocivos: a experiência brasileira do tabaco.** São Paulo: Quartier Latin, 2008), especialmente p. 49 a 52. Ainda: TEPEDINO, Gustavo; BARBOZA, Heloísa Helena; MORAES, Maria Celina Bodin de. **Código Civil interpretado conforme a Constituição da República.** Vol. II. Rio de Janeiro: Renovar, 2006, comentários ao art. 931; VENOSA, Sílvio de Salvo. **Código Civil interpretado.** 3ª ed. São Paulo: Atlas, 2013.

outros casos previstos em lei especial ...") refere-se exatamente ao CDC, haja vista a razão da sua inserção no projeto de Código Civil (defesa do consumidor).[50]

2.2.1. LEIS ESPECIAIS E DIÁLOGO DAS FONTES

Não se contesta que, em princípio, a ressalva exclui do âmbito normativo do art. 931 hipóteses fáticas já reguladas em outras leis.[51] Dessa forma, as leis especiais de responsabilidade civil mantiveram-se inalteradas. É o caso do Código de Defesa do Consumidor, que regula a responsabilidade civil dos fornecedores com base no defeito dos produtos e serviços. Daí a previsão expressa da causa excludente da obrigação de indenizar o dano quando o produto ou o serviço que lhe deu origem não tinha defeito, conforme o art. 12, parágrafo 3º, II, e art. 14, parágrafo 3º, I.

Porém, é preciso compatibilizar a ressalva do art. 931, do CC, com a abertura do CDC a outras leis, propiciada pelo seu art. 7º, "caput".

---

50 Especificamente nesse sentido, entre outros, o ilustrado parecer do eminente José Carlos Moreira Alves, na obra já citada: LOPEZ, Teresa Ancona (coord.). **Estudos e pareceres sobre livre-arbítrio, responsabilidade e produto de risco inerente: o paradigma do tabaco: aspectos civis e processuais.** Teresa Ancona Lopez, coord. Rio de Janeiro: Renovar, 2009.

51 Além do CDC, outras leis especiais podem ser citadas como objetos da ressalva, dentre elas as que dispõem sobre a responsabilidade civil por danos nucleares - Lei 6.453, de 17/10/77 - e por acidentes aeronáuticos - Lei 7.565, de 19/12/96, Código Brasileiro de Aeronáutica. Por conseguinte, o âmbito normativo do art. 931, do Código Civil, são os danos que não são objeto de nenhuma lei especial e também não constituam matéria já prevista no próprio Código Civil, a saber: os atos ilícitos por culpa e por abuso de direito (artigos 186 e 187), o exercício de atividades que expõem terceiros a risco (art. 927, parágrafo único), os fatos do incapaz, de outrem, dos animais e das coisas (respectivamente, artigos 928, 932, 936, 937 e 938) e o exercício de atividades profissionais com negligência, imprudência ou imperícia (art. 935). Depois de todo esse conjunto excluído, o art. 931 aparece como verdadeira cláusula residual de responsabilidade civil (não é o caso de comentar aqui o art. 927, parágrafo único).

O CC, como lei geral, preserva o regime das leis especiais, mas se o CDC promove a integração de normas de outras leis (entre elas o CC), a regra mais ampla do art. 931 deve ser aplicada também às relações de consumo, não para transformá-las (pura e simplesmente abolindo a exigência de defeito do produto), mas para completá-las. Se a abertura do art. 7º fosse obstruída pela ressalva do art. 931, o sistema se tornaria autoimune. A ressalva do art. 931, do CC, mantém a integralidade do Código de Defesa do Consumidor como lei especial, mas não o imuniza em relação à lei geral. O art. 7º, do CDC, opera como cláusula de reenvio ao Código Civil.

Por conseguinte, os danos a consumidores continuam sendo inteiramente regulados pelo CDC, com a necessária ressalva de hipóteses verificáveis em outras leis, conforme a cláusula de abertura do art. 7º, "caput". Nesses casos, haverá de se verificar o que a lei em causa dispuser.

O art. 931, ao vincular a responsabilidade empresarial apenas a "produtos postos em circulação", não institui uma responsabilidade objetiva desmesurada, obrigando a indenizar o dano de quem não teve habilidade no manuseio de uma faca. Para esses casos, continuam em pleno vigor as normas do CDC. A sua aplicação é para os casos em que o produto, por sua natureza, extrapola a margem de risco razoável e evitável pelo próprio consumidor.

Eis, portanto, uma encruzilhada: ou se minimiza a importância do art. 931 (a esse resultado chegam aqueles que afirmam que no art. 931 está implícita a existência de defeito do produto causador do dano ou que ele só é aplicável fora das relações de consumo) ou se lhe dá uma interpretação mais abrangente, compatível com um avanço considerável da responsabilidade civil objetiva, de modo a nele incluir casos de danos que, de outro modo, ficariam sem indenização.

2.2.2. ELEMENTOS PARA A INTERPRETAÇÃO DO ART. 931

A melhor opção é dar ao art. 931 uma interpretação evolutiva, propiciando-lhe alcance correspondente a um efetivo avanço da responsabilidade civil no país, de modo a proteger as vítimas do desenvolvimento de uma sociedade cada vez mais complexa e ao mesmo tempo individualista, que transforma pessoas em meras referências estatísticas e objetivos de *marketing*. Os princípios constitucionais fundamentais da dignidade humana e da justiça social exigem uma nova postura da doutrina e da jurisprudência, no sentido da valorização da vida, assim como dos interesses coletivos, colocando-os acima dos interesses puramente econômicos.

Tomando essa diretriz, o art. 931 pode ser a sede do direto das vítimas do tabaco a uma indenização, o que viria a confirmar a premissa da responsabilidade civil contemporânea: nenhuma vítima deve ficar sem indenização. Com efeito, a redação do art. 931, contentando-se com um fator causal objetivo (a mera colocação do produto no mercado) para responsabilizar o fabricante pelo dano, sem explicitação de defeito, permite à jurisprudência brasileira um avanço significativo, consistente em adotar uma linha de responsabilidade civil absoluta para casos extremos em que o defeito de concepção decorre de uma decisão consciente do fabricante.[52]

Aceitar-se essa tese não significa, *ipso facto*, atribuir a obrigação de indenizar todas as doenças dos fumantes ativos e passivos às empresas fumageiras. Ainda restam duas questões importantes a resolver: o nexo causal e a medida da indenização.

Tem sido sustentado que as evidências médicas das moléstias causadas pelo tabaco não dispensam a demonstração cabal da etiologia da

---

[52] No direito norte-americano, os defeitos de concepção têm dupla configuração: ou decorrem de um erro inadvertido, sobrelevando, nesse caso, o dever de informação do fabricante, ou têm origem na decisão livre do fabricante em lançar no mercado um produto geneticamente perigoso. Neste último caso, cabe ao juiz fazer uma ponderação entre as vantagens e desvantagens oferecidas pelo produto. As alternativas de decisão judicial são: a) imposição de uma responsabilidade absoluta; b) isentar o produtor do dever de proteção das vítimas; c) os juízes deveriam indicar padrões de razoabilidade para maior segurança do produto. OYAGUE, Olenka Woolcott. **La responsabilidad del productor: estudio comparativo del modelo norteamericano y el régimen de la Comunidad Europea.** Lima, Perú: Pontificia Universidad Católica del Perú, 2003, p. 149 e seguintes. O tabaco só comporta as duas primeiras alternativas; a jurisprudência brasileira, inegavelmente, tem preferido a segunda.

doença em cada caso particular.[53] Trata-se de um apego extremado à teoria da causalidade adequada ou da necessariedade.[54]

Outros olhares são possíveis sobre a causalidade. Jorge Cesa Ferreira da Silva afirma que, na responsabilidade objetiva, a equivalência das condições pode melhor explicar algumas imputações de responsabilidade, apontando como exemplo a responsabilidade solidária dos fornecedores pelos vícios dos produtos e serviços.[55]

Uma teoria propícia é a causalidade alternativa, também chamada de causalidade suposta ou cumulativa. Um dos primeiros a tratar dessa matéria no Brasil foi Clóvis do Couto e Silva (os escritos que deixou a esse respeito estão apenas em língua francesa e espanhola). Segundo o emérito professor da Universidade Federal do Rio Grande do Sul, precocemente desaparecido, "muitas vezes os danos são causados sem que se saiba quem os causou; e, de outro lado, sabe-se que todos o causaram, sem que se tenha uma ideia exata da participação de cada um".[56] Couto e Silva filiava-se à teoria da causalidade adequada, em oposição à clássica causalidade real. O critério naturalista foi subs-

---

53 Nesse sentido, o **REsp 1.113.804-SP**.

54 Importante contributo às questões de causalidade no tabagismo foi prestado pelo Projeto Diretrizes, conduzido pela Associação Médica Brasileira, ao lançar em 2013 o relatório intitulado **"Evidências científicas sobre tabagismo para subsídio ao Poder Judiciário"**. Disponível em: <http://actbr.org.br/uploads/conteudo/841_diretrizes_AMB.pdf>. No presente livro, há capítulo escrito por médicos que aborda a causalidade de inúmeras associadas ao tabagismo. Os autores explicam que a ciência evoluiu para a multifatorialidade em várias doenças, não apenas nas tabaco-relacionadas.

55 SILVA, Jorge Cesa Ferreira da. **Inadimplemento das obrigações**. São Paulo: Revista dos Tribunais, 2007, p. 190.

56 Livre tradução para: "(...) los daños son causados de manera tal que no se sabe a veces quien los causó; y, por otra parte, se sabe que todos los causaron, pero no se tiene una idea exacta sobre la participación de cada uno en la producción del daño". **O direito privado brasileiro na visão de Clóvis do Couto e Silva**. Vera Maria Jacob de Fradera (org.). Porto Alegre: Livraria do Advogado, 1997.

tituído por uma noção jurídica, que permite ao juiz uma valoração dos fatores contributivos do dano.[57]

Sobre a mesma teoria, é clássica a monografia de Vasco Della Giustina, editada já sob a égide do Código de Defesa do Consumidor. O autor entende que o CDC acolheu, ao menos implicitamente, a causalidade alternativa, na medida em que obriga o fornecedor a provar que não colocou o produto no mercado para eximir-se da obrigação de indenizar. Em senso contrário, diz Della Giustina, pesaria sobre ele uma presunção de causalidade quando pretendesse se eximir afirmando que o produto causador do dano fora fabricado por um concorrente.[58]

Julio Alberto Díaz publicou outro trabalho monográfico, em que lembra a teoria de Guido Calabresi do *deep pocket*: deve reparar o dano com quem está em melhores condições do que a vítima para suportá-lo.[59]

Caitlin Sampaio Mullholand traz interessantíssimos aportes à matéria. Ela anota que, na responsabilidade alternativa, deixa-se de lado a ideia de punição do autor do dano; o objetivo é a reparação da vítima, daí a extensão da responsabilidade para o grupo, efetivando-se os princípios da dignidade humana e da responsabilidade social. Sua contribuição é relevante em matéria de nexo causal. Segundo a autora, rompe-se o conceito "para cada dano, uma causa". O liame que se estabelece é entre o dano e o grupo que o possível agente causador integra. É uma causalidade externa. Esse nexo pode ser presumido, presunção que pode estar explicitada na lei ou ser assumida pelo juiz, estando presente um alto grau de probabilidade do fato narrado e grande dificuldade probatória. A presunção, acrescenta, pode ser absoluta ou relativa. No primeiro caso, a lei deduz diretamente da alta probabilidade e da dificuldade probatória a afirmação do fato. No

---

57 "Cuando se considera a la causalidad adecuada, se asume una noción jurídica de causalidad, en que ya no se trata más de la noción física. (...) se incluyó allí una ponderación, un criterio de valoración; el juez es capaz de valorar". SILVA. **O direito privado brasileiro na visão de Clóvis do Couto e Silva**. 1977, p. 238.

58 DELLA GIUSTINA, Vasco. **Responsabilidade civil dos grupos**. Rio de Janeiro: Aide, 1991, p. 155.

59 DIAZ, Julio Alberto. **Responsabilidade coletiva**. Belo Horizonte: Del Rey, 1998, p. 158.

segundo caso, o que ocorre na prática é uma inversão do ônus da prova, transferindo-se o encargo do favorecido pela presunção para quem tem melhores condições de demonstrar o contrário. Dirigindo-se a imputação a diversos réus que reúnem as características de um grupo, a causalidade pressuposta pode ser complementar ou cumulativa. Na causalidade complementar, o dano só se perfaz pela soma das causas parciais (concausa); na cumulativa, a causa produzida por um dos agentes, apenas, seria suficiente para provocar o dano.[60]

Gisela Sampaio da Cruz é cautelosa, preferiria esperar por uma regulamentação legal da causalidade alternativa, mas entre aplicá-la analogicamente ao dano *de effusis et dejectis*, conforme é frequentemente proposto na doutrina, prefere justificá-la com base nos princípios constitucionais da solidariedade social e da dignidade da pessoa humana.[61]

Ainda que se resolva o vínculo etiológico pela causalidade alternativa, restaria saber qual foi o específico produto, dentre as diversas marcas e fabricantes, o causador do dano. Essa questão pode interferir com a medida da indenização.

A maioria das doenças derivadas do cigarro apresenta causalidade cumulativa, ou seja, há concorrência de dois ou mais fabricantes, conforme a origem das marcas de cigarros consumidos pela vítima ao longo dos anos. A responsabilidade solidária dos fabricantes se imporia, com fundamento no art. 7º, parágrafo único, do CDC. Porém, fixar com precisão a cota da indenização a ser atribuída a cada fabricante é virtualmente impossível, porque implicaria descobrir quanto de cada marca a vítima fumou. Duas soluções podem ser alvitradas. Uma seria calcular a medida individual da indenização proporcionalmente à participação de cada empresa no mercado.

---

[60] MULLHOLAND, Caitlin Sampaio. A responsabilidade civil e a causalidade alternativa. In: **Temas de responsabilidade civil**. Guilherme Magalhães Martins (coord.). Rio de Janeiro: Lumen Juris, 2012, p. 88-115, *passim*. A autora trata da matéria em tese, sem se referir às questões do tabaco, como, de resto, nenhum autor citado a propósito de causalidade alternativa.

[61] CRUZ, Gisela Sampaio da. **O problema do nexo causal na responsabilidade civil**. Rio de Janeiro: Renovar, 2005, p. 306 e seguintes.

Essa foi a solução pioneiramente adotada no célebre caso Sindell *vs.* Abbot Laboratories, julgado pela Suprema Corte da Califórnia em 1980. O tribunal deparou-se com a seguinte questão: pode alguém que sofreu danos em virtude de uma droga administrada à sua mãe durante a gravidez, sabendo qual é a droga, mas sem poder identificar precisamente quem era o fabricante, responsabilizar quem produzia uma fórmula idêntica?[62] A ação foi proposta contra onze fabricantes da mesma droga preventiva de aborto, conhecida como DES, causadora de câncer em fetos femininos. A corte californiana julgou a demanda procedente e determinou que cada empresa ré pagasse parte da indenização correspondente à sua participação nas vendas daquela droga no mercado.

A situação é semelhante às doenças dos fumantes. Ao longo dos anos, os fumantes mudam de marca. É praticamente impossível relacionar a doença com uma marca definida. A responsabilidade recairia sobre todas as empresas que vendem cigarros no mercado ou que o fizeram durante os anos de consumo ativo do fumante. A proporcionalidade atenderia à equidade.

A segunda hipótese seria a coletivização da responsabilidade e das reparações. Os fabricantes seriam obrigados a constituir um fundo para financiar os tratamentos das doenças derivadas do cigarro, indistintamente de quem fosse a vítima. Adotada por via legislativa, esta poderia ser uma solução mais aceitável para aqueles que receiam uma jurisprudência intuitiva como consequência de uma flexibilização temerária de pressupostos garantistas, como é o nexo causal.[63]

---

[62] " may a plaintiff, injured as the result of a drug administered to her mother during pregnancy, who knows the type of drug involved but cannot identify the manufacturer of the precise product, hold liable for her injuries a maker of a drug produced from an identical formula?". **Sindell vs. Abbot Laboratories**, 26 Cal. 3d 588. Disponível em: <http://www.lexisnexis.com/clients/CACourts/>. Acesso em: 21 jan.2014.

[63] Genericamente nessa linha, sem especificar questões particulares, como o tabaco, SCHREIBER, Anderson. Flexibilização do nexo causal em relações de consumo. In: **Temas de direito do consumidor**. Guilherme Magalhães Martins (coord.). Rio de Janeiro: Lumen Juris, 2010.

De outra parte, também é necessário tomar em conta que, na maioria dos casos dos fumantes ativos (não seria o caso quanto aos fumantes passivos), haverá de se considerar a culpa concorrente da vítima como moderadora do montante da indenização devida.[64] A concorrência de culpa não arrepia o sistema do CDC.[65] Se a culpa exclusiva do consumidor é uma causa de exclusão da responsabilidade do fornecedor, por que o comportamento contributivo da vítima não haverá de servir de atenuante, abatendo proporcionalmente o montante da indenização?[66] O princípio da reparação integral (art. 6º, VI) não pode ser obstáculo, pois a equidade também é um princípio geral no CDC (art. 7º, "caput", art. 51, IV). Pela sua própria natureza, a equidade não pode ser uma aplicada unilateralmente para beneficiar apenas uma das partes, ainda que no âmbito de um diploma protetivo, porque se trata de um princípio geral do direito, não apenas de um sistema ou microssistema.

Finalmente: a interpretação de norma conformadora de um regime jurídico novo não dispensa a tomada em consideração dos princípios

---

64 Artigo crítico sobre o argumento da culpa exclusiva da vítima foi escrito por Fernanda Nunes Barbosa e Mônica Andreis. Indo na contramão da maioria, as autoras afirmam que a doutrina e a jurisprudência, de modo geral, "defendem o indefensável: a inocência das empresas de tabaco no processo de estímulo ao consumo de cigarros". Discordam que se possa tratar como livre arbítrio "o complexo conflito vivenciado por um adicto entre os 'efeitos da dependência' e 'o desejo genuíno de parar de fumar' ". BARBOSA, Fernanda Nunes; ANDREIS, Mônica. O argumento da culpa da vítima como excludente da responsabilidade civil da indústria do cigarro: proposta de reflexão. **Revista de Direito do Consumidor**. nº 82, Abr./Jun. 2012, p. 60-83.

65 Nesse sentido, SANSEVERINO, Paulo de Tarso Vieira. **Responsabilidade civil no Código do Consumidor e a defesa do fornecedor**. 3ª ed. São Paulo: Saraiva, 2010, p. 296 e seguintes.

66 Há vários precedentes dos STJ admitindo a concorrência de culpa para atenuação da obrigação de indenizar, dos quais são aqui citados, exemplificativamente, apenas o primeiro e o mais recente: 4ª Turma. REsp 287.849-SP, Min. Ruy Rosado de Aguiar, relator, maioria, 17/04/2011; 3ª Turma. REsp 1.349.894-SP, Min. Sidnei Beneti, relator, 04/04/2013. Conforme, na doutrina: CAVALIERI FILHO, Sérgio. **Programa de Direito do Consumidor**. São Paulo: Atlas, 2008, p. 253-254.

constitucionais, o que pode implicar uma escolha ideológica.[67] É facilmente defensável a posição contrária ao direito dos fumantes à indenização. Basta que o discurso se mantenha conservador do ponto de vista dogmático e apegado ao que se pode chamar de valores radicalmente liberais (ou neoliberais). Assim, o argumento do livre arbítrio do fumante, a inafastabilidade da causalidade naturalística, o fechamento circular de conceitos abertos como a legítima expectativa de segurança, a dúvida paralisadora, tudo isso concertado como apelo à segurança jurídica fulmina qualquer avanço que se proponha em terreno tão vivo e dinâmico como o da responsabilidade civil. Por isso, o art. 931 é visto como redundante (para impedir que inove e aperfeiçoe o regime das relações de consumo) e simultaneamente perigoso (porque ameaça a livre iniciativa pelo fato mesmo de empreender).

A Constituição, porém, aponta para rumos diferentes, como se verá a seguir.

3. LEITURA CIVIL-CONSTITUCIONAL DA RESPONSABILIDADE CIVIL

Nenhum dos argumentos conservadores parece suficientemente sólido quando se lança o olhar para a Constituição. Lá residem princípios que vêm iluminando a releitura de muitos preceitos normativos ordinários. É a esses princípios que se deve submeter a interpretação do art. 931, do Código Civil (e sem dúvida o Código de Defesa do Consumidor), não para torná-lo um subversor do sistema existente, mas para nele integrá-lo, deixando fluir a sua potencialidade inovadora. O poder transformador de uma norma jurídica depende, em grande parte, da compreensão dos princípios sob os quais é interpretado. Os princípios que guiam a interpretação das normas jurídicas nascem na Constituição.

---

67 "(...) longe de ser axiologicamente neutro, o ordenamento brasileiro se baseia em uma específica concepção sobre o direito, materializada nos princípios fundamentais contemplados na Constituição". BARCELLOS, Ana Paula de; BARROSO, Luís Roberto. Comentário ao art. 1º, IV. *In*: CANOTILHO, J. J. Gomes; MENDES, Gilmar F.; SARLET, Ingo W.; STRECK, Lenio L. **Comentários à Constituição do Brasil**. São Paulo: Saraiva-Almedina, 2013, p. 133.

Da constelação constitucional, serão apenas brevemente aludidos dois princípios sobre os quais muito já se tem escrito, a dignidade humana e a solidariedade, e um terceiro, cuja aplicação ao caso é de grande significado: o valor social da livre iniciativa.

A negativa de indenização aos fumantes é uma segregação jurídica que premia a quem coopta e condiciona a sua vontade a um comportamento vicioso. O risco do tabaco é alienado totalmente à vítima do efeito deletério do produto. A empresa que explora a dependência física e psíquica induzida pelo tabaco é recompensada com o lucro e imunizada à contrapartida da indenização - indenização que tem por função reequilibrar os interesses afetados pelo dano em qualquer relação de mercado. O fumante é alijado da condição de dignidade inerente a qualquer vítima, pois a ele não é reconhecida a chance da reparação.

Por outro lado, as barreiras que historicamente mantinham a incolumidade dos limites individualistas da responsabilidade civil foram derrubadas com avanços que sempre pareceram transgressores da razoabilidade, conforme o ponto de vista conservador do *status quo*. A partir da admissão da responsabilidade objetiva como critério distributivista de justiça social (e quando a responsabilidade objetiva nascia a *forceps* os defensores da culpa escandalizavam-se), chegou-se à convicção de que é a solidariedade o verdadeiro fundamento ético-jurídico da reparação das vítimas, entendendo-se justo e adequado que a comunidade arque com o ônus, por meio de mecanismos de transferência, como o seguro ou simplesmente a internalização dos custos.

Conectado aos princípios da dignidade e da solidariedade está o valor social da livre iniciativa. A Constituição Federal de 1988 ressignificou o conceito liberal de livre iniciativa. Já não se trata simplesmente da permissão de empreender por conta própria, como exercício natural da individualidade, e competir livremente com os pares do mercado. Em dois preceitos a livre iniciativa é referida no texto constitucional: como um dos fundamentos republicanos ("os valores sociais do trabalho e da livre iniciativa", art. 1º, IV) e também da ordem econômica, "fundada na valorização do trabalho humano e na livre iniciativa" (art. 170, "caput").

A ordem econômica como *dever ser* somente se completa com a legislação infraconstitucional, como afirma Eros Grau.[68] Com efeito, a livre iniciativa somente poderá revelar o seu valor social (ou valores sociais) em situações verificadas concretamente, no nível da realização imediata do direito extraído da aplicação da norma tangente à realidade. É então que se saberá se as empresas deverão ou não indenizar os danos causados pelos produtos postos em circulação, e se essa obrigação realiza o princípio do valor social da livre iniciativa, integrando-se, portanto, à ordem constitucional idealizada na Constituição. A interpretação do texto do art. 931, à luz dos princípios constitucionais, vai revelar o teor da norma nele contida.[69]

Ao se referir, no plural, aos "valores sociais do trabalho e da livre iniciativa" (art. 1º, IV), a Constituição imanta ambos, trabalho e livre iniciativa, de valor social. A livre iniciativa "não é tomada, enquanto fundamento da República Federativa do Brasil, como expressão individualista, mas sim no quanto expressa de socialmente valioso".[70] Nesse sentido, "o uso da expressão 'valores sociais' evoca uma ideia de transindividualidade: o fundamento da República não é constituído apenas pela livre iniciativa e pela valorização do trabalho, mas também, e especialmente, pela repercussão social de ambas figuras".[71]

A pergunta que se põe, portanto, é se a possibilidade fática e jurídica de produzir e comercializar cigarros é bastante em si própria. Ou se

---

68 GRAU, Eros Roberto. Comentário ao art. 170, "caput". *In*: CANOTILHO, J. J. Gomes; MENDES, Gilmar F.; SARLET, Ingo W.; STRECK, Lenio L. **Comentários à Constituição do Brasil**. São Paulo: Saraiva-Almedina, 2013, p. 1.788.

69 "Não se interpreta normas. O que em verdade se interpreta são os textos normativos; da interpretação dos textos normativos resultam as normas". GRAU. **Comentários à Constituição do Brasil**. 2013, p. 1.789); "O produto da interpretação é a norma. Mas ela já se encontra, potencialmente, no *invólucro do texto normativo*" (GRAU. **Comentários à Constituição do Brasil**. 2013, p. 1.790; grifo do autor.

70 GRAU. **Comentários à Constituição do Brasil**. 2013, p. 1.791.

71 BARCELLOS, Ana Paula de; BARROSO, Luís Roberto. Comentário ao art. 1º, IV. *In*: CANOTILHO, J. J. Gomes; MENDES, Gilmar F.; SARLET, Ingo W.; STRECK, Lenio L. **Comentários à Constituição do Brasil**. São Paulo: Saraiva-Almedina, 2013, p. 134.

será preciso levar em conta os *efeitos* que essa atividade produz na comunidade.[72] A resposta está nos princípios constitucionais que se acabam de considerar, indicativos da revelação do grande potencial normativo do art. 931. Daí se pode extrair um novo regime de responsabilidade civil, adequado aos tempos atuais. Não se trata, em absoluto, de uma criação original, pois dele já tratam alguns autores. No Brasil, Giselda Hironaka é legítima representante dessa vanguarda de pensamento, com a sua tese da responsabilidade pressuposta, calcada no conceito *mise en danger*. A finalidade, segundo a autora, não é evitar todo e qualquer perigo decorrente de produtos no mercado, mas diminuir os danos, reduzindo o custo social que eles acarretam. A responsabilidade pressuposta se caracterizaria por uma potencialidade de dano de grave intensidade, contida numa determinada atividade, insuscetível de ser inteiramente eliminada, não obstante toda a diligência que se pudesse adotar. O risco de dano deveria ter alta probabilidade de ocorrer e elevada intensidade quanto ao índice de ocorrências. Uma vez estabelecido o nexo causal entre o dano e a atividade perigosa, o executor da atividade seria considerado responsável pela reparação, sem qualquer abertura a causas exonerativas.[73]

---

[72] Embora não possa ser considerado um precedente na matéria, cabe citar o acórdão em que o Supremo Tribunal Federal manteve a cassação administrativa da licença especial de uma fábrica de cigarros que sonegara impostos em vultosa quantia. A Corte levou deu prevalência ao direito à saúde, afetado pelo tabaco, em detrimento da livre iniciativa. Na ocasião, disse o Min. Ayres Brito: "(...) pelos efeitos nocivos à saúde dos consumidores do tabaco, é um tipo de atividade que muito dificilmente se concilia com o princípio constitucional da função social da propriedade. (...) Por outra parte, ela parece mesmo se contrapor a uma política pública explícita na Constituição Federal. Quero me referir ao artigo 196, caput, que faz da saúde pública um dever do Estado, exigente de políticas sociais e econômicas de redução do risco da doença e doutros agravos à saúde"(**STF**. Pleno. Medida Cautelar em Ação Cautelar 1.657-6 - RJ. 27/07/2007. Relator para o acórdão o Min. Cezar Peluso).

[73] HIRONAKA, Giselda Maria Fernandes Novaes. Responsabilidade pressuposta: evolução de fundamentos e de paradigmas da responsabilidade civil na contemporaneidade. **In: O direito e o tempo: embates jurídicos e utopias contemporâneas: estudos em homenagem ao professor Ricardo Pereira Lira**. Gustavo Tepedino e Luiz Edson Fachin (coord.). Rio de Janeiro: Renovar, 2008.

A leitura do art. 931 à luz dos princípios da dignidade humana, da solidariedade e do valor social da livre iniciativa (visto este último pelo viés dos seus efeitos) é coerente com a evolução universal da responsabilidade civil, no sentido de assegurar às vítimas o direito à reparação.

Não é cabido admitir, à luz dos princípios constitucionais, que um o fabricante de um produto que causa efeitos sociais tão deletérios quanto o tabaco fique imune à obrigação de indenizar.

CONCLUSÃO

Este texto traz duas perspectivas diferentes sobre a responsabilidade civil decorrente dos danos sofridos pelos fumantes em sua saúde pelo uso dos produtos derivados do tabaco. Uma avançada, fundada em evidências, que rejeita teses conservadoras de causalidade, e que agrega aos fundamentos de sua decisão em favor das vítimas o estilo de presença dos fabricantes de cigarro no mercado, usando de publicidade sibilina e de estratégias de ocultação de informações relevantes. Outra, apegada a conceitos oitocentistas, especialmente de nexo causal, que alega a complexidade dos fatores causais decorrente do estilo de vida contemporâneo para decidir por dúvida formal, ignorando as afirmações universais da ciência. O resultado desta segunda conduta é a imunidade a uma indústria que só retira benefícios do mercado, sem acrescentar valor – ao contrário, só produzindo efeitos negativos.

A solução, mais uma vez, é cumprir-se a Constituição.

REFERÊNCIAS BIBLIOGRÁFICAS

ALVES, José Carlos Moreira. A causalidade nas ações indenizatórias por danos atribuídos ao consumo de cigarros. In: Estudos e pareceres sobre livre-arbítrio, responsabilidade e produto de risco inerente: o paradigma do tabaco: aspectos civis e processuais. Teresa Ancona Lopez, coord. Rio de Janeiro: Renovar, 2009.

ANDRIGHI, Fátima Nancy; ANDRIGHI, Vera Lúcia; KRÜGER, Cátia Denise Gress. Responsabilidade civil objetiva da indústria fumageira pelos danos causados a direito fundamental do consumidor de tabaco. *Responsabilidade civil contemporânea em homenagem a Sílvio de Salvo Venosa*. Otávio Luiz Rodrigues Júnior, Gladson Mamede e Maria Vital da Rocha (coord.). São Paulo: Atlas, 2011.

ARAÚJO JÚNIOR, João Marcello de. Comentários aos artigos 8° a 17. *In*: CRETELLA JÚNIOR, José; DOTTI, René Ariel (coord.); ALVES, Geraldo Magela (org.). *Comentários ao Código do Consumidor*. Rio de Janeiro: Forense, 1992.

ARBOUR, Marie-Eve. Lifestyle Torts, Market Manipulation and the Tobacco Industry: A Comment on *Létourneau v JTI-MacDonald Corp*. *Journal Of European Tort Law*, 2016, vol. issue 3, p. 328-352.

ASSOCIAÇÃO MÉDICA BRASILEIRA; INSTITUTO NACIONAL DO CÂNCER JOSÉ ALENCAR GOMES DA SILVA; ALIANÇA DE CONTROLE DO TABAGISMO. *Evidências científicas sobre tabagismo para subsídio ao Poder Judiciário*. AMB, 2013.

BARBOSA, Fernanda Nunes; ANDREIS, Mônica. O argumento da culpa da vítima como excludente da responsabilidade civil da indústria do cigarro: proposta de reflexão. *Revista de Direito do Consumidor* n° 82, abr.-jun. 2012, p. 60-83.

BARCELLOS, Ana Paula de; BARROSO, Luís Roberto. Comentário ao art. 1°, IV. *In*: CANOTILHO, J. J. Gomes; MENDES, Gilmar F.; SARLET, Ingo W.; STRECK, Lenio L. *Comentários à Constituição do Brasil*. São Paulo: Saraiva-Almedina, 2013.

BENJAMIN, Antônio Herman V.; MARQUES, Claudia Lima; BESSA, Leonardo Roscoe. *Manual de Direito do Consumidor*. 3ª ed. São Paulo: Revista dos Tribunais, 2010.

_____. Comentários aos artigos 12 a 27. *In*: OLIVEIRA, Juarez (Coord.). *Comentários ao Código de Proteção do Consumidor*. São Paulo: Saraiva, 1991, especialmente p. 49 a 53.

BRASIL. SUPERIOR TRIBUNAL DE JUSTIÇA. 4ª Turma. REsp 1.113.804-SP. Min. Luís Felipe Salomão, relator, un. 27/04/2010; STJ. 4ª Turma. REsp 1.197.660-SP. Ministro Raul Araújo, relator, un. 15/12/2011.

_____. *SUPREMO TRIBUNAL FEDERAL*. Pleno. Medida Cautelar em Ação Cautelar 1.657-6 - RJ. Relator para o acórdão o Min. Cezar Peluso. Julgamento em 27/07/2007.

CANADÁ. PROVINCE OF QUÉEBEC. SUPERIOR COURT. Proc. n° 500-06-000070-983: Cécilia L'Étourneau *vs* JTI McDonald

Corp., Imperial Tobacco Canada Limited e Rothmans, Benson & Hedges Inc.; proc. n° 500-06-000076-980: Conseil Québécois sur le Tabac et la Santé e Jean-Yves Blais vs JTI McDonald Corp., Imperial Tobacco Canada Limited e Rothmans, Benson & Hedges Inc.

CAVALIEIRI FILHO, Sérgio. *Programa de responsabilidade civil.* 11ª ed. São Paulo: Atlas, 2014, p. 228.

COLOMBIA. Corte Constitucional. Sala Plena. *SentenciaC-830/10.* Julgamento em 20/10/2010.

CRUZ, Gisela Sampaio da. *O problema do nexo causal na responsabilidade civil.* Rio de Janeiro: Renovar, 2005.

DELFINO, Lúcio. *Responsabilidade civil e tabagismo no Código de Defesa do Consumidor.* Belo Horizonte, Del Rey, 2002.

DELLA GIUSTINA, Vasco. *Responsabilidade civil dos grupos.* Rio de Janeiro: Aide, 1991, p. 155.

DENARI, Zelmo. Comentários ao art. 9°. *In:* GRINOVER, Ada Pellegrini *et al. Código Brasileiro de Defesa do Consumidor: comentado pelos autores do anteprojeto.* 8ª ed. São Paulo: Forense Universitária, 2004.

DIAZ, Julio Alberto. *Responsabilidade coletiva.* Belo Horizonte: Del Rey, 1998.

ENGISCH, Karl. *Introdução ao pensamento jurídico.* 3ª ed. Lisboa: Fundação Calouste Gulbenkian, 1977.

FACCHINI NETO, Eugênio. Da responsabilidade civil no novo Código Civil. *Revista do TST,* vol. 76, n° 1, jan.-mar. 2010.

GRAU, Eros Roberto. Comentário ao art. 170, "caput". *In:* CANOTILHO, J. J. Gomes; MENDES, Gilmar F.; SARLET, Ingo W.; STRECK, Lenio L. *Comentários à Constituição do Brasil.* São Paulo: Saraiva-Almedina, 2013.

HIRONAKA, Giselda Maria Fernandes Novaes. Responsabilidade pressuposta: evolução de fundamentos e de paradigmas da responsabilidade civil na contemporaneidade. *In: O direito e o tempo: embates jurídicos e utopias contemporâneas: estudos em homenagem ao professor Ricardo Pereira Lira.* Gustavo Tepedino e Luiz Edson Fachin (coord.). Rio de Janeiro: Renovar, 2008.

LARENZ, Karl. *Metodología de la ciencia del derecho.* Barcelona: Ariel, 2001.

LOPEZ, Teresa Ancona (coord.). *Estudos e pareceres sobre livre-arbítrio, responsabilidade e produto de risco inerente: o paradigma do tabaco: aspectos civis e processuais.* Teresa Ancona Lopez, coord. Rio de Janeiro: Renovar, 2009.

_____. *Nexo causal e produtos potencialmente nocivos: a experiência brasileira do tabaco.* São Paulo: Quartier Latin, 2008.

MARINONI, Luiz Guilherme. A tutela do consumidor diante das noções de produto e serviço defeituosos: a questão do tabaco. *Revista Jurídica*, nº 370, agosto 2008.

MARQUES, Claudia Lima. Três tipos de diálogos entre o Código de Defesa do Consumidor e o Código Civil de 2002: superação das antinomias pelo diálogo das fontes. *Código de Defesa do Consumidor e o Código Civil de 2002: convergências e assimetrias.* Roberto A. C. Pfeiffer e Adalberto Pasqualotto (coord). São Paulo: Revista dos Tribunais, 2005.

MULLHOLAND, Caitlin Sampaio. A responsabilidade civil e a causalidade alternativa. *In: Temas de responsabilidade civil.* Guilherme Magalhães Martins (coord.). Rio de Janeiro: Lumen Juris, 2012.

OLIVEIRA, Amanda Flávio. *Direito de (não) fumar: uma abordagem humanista.* Rio de Janeiro: Renovar, 2008.

OYAGUE, Olenka Woolcot. *La responsabilidad del productor: estudio comparativo del modelo norteamericano y el régimen de la Comunidad Europea.* Lima, Perú: Pontificia Universidad Católica del Perú, 2003.

SANSEVERINO, Paulo de Tarso Vieira. *Responsabilidade civil no Código do Consumidor e a defesa do fornecedor.* 3ª ed. São Paulo: Saraiva, 2010.

SCHREIBER, Anderson. Flexibilização do nexo causal em relações de consumo. *In: Temas de direito do consumidor.* Guilherme Magalhães Martins (coord.). Rio de Janeiro: Lumen Juris, 2010.

SILVA, Clóvis do Couto e. *O direito privado brasileiro na visão de Clóvis do Couto e Silva.* Vera Maria Jacob de Fradera (org.). Porto Alegre: Livraria do Advogado, 1997.

SILVA, Jorge Cesa Ferreira da. *Inadimplemento das obrigações.* São Paulo: Revista dos Tribunais, 2007.

STOCO, Rui. A responsabilidade civil. *O novo Código Civil: homenagem ao Prof. Miguel Reale.* Domingos Franciulli Netto, Gilmar Ferreira Mendes e Ives Gandra da Silva Martins Filho (coord.). 2ª ed. São Paulo: LTr, 2005.

TARTUCE, Flávio. *Responsabilidade civil objetiva e risco: a teoria do risco concorrente*. Rio de Janeiro: Forense; São Paulo: Método, 2011.

TEPEDINO, Gustavo; BARBOZA, Heloísa Helena; MORAES, Maria Celina Bodin de. *Código Civil interpretado conforme a Constituição da República*. Vol. II. Rio de Janeiro: Renovar, 2006, comentários ao art. 931.

VENOSA, Sílvio de Salvo. *Código Civil interpretado*. 3ª ed. São Paulo: Atlas, 2013.

WESENDONCK, em tese de doutorado defendida e aprovada na Pontifícia Universidade Católica do Rio Grande do Sul em 2013, *O regime da responsabilidade civil pelo fato dos produtos postos em circulação: uma proposta de interpretação do art. 931 do Código Civil sob a perspectiva do direito comparado*. Porto Alegre: Livraria do Advogado, 2015.

O CASO ENGLE E A REPERCUSSÃO DA DECISÃO DA SUPREMA CORTE DA FLÓRIDA EM CASOS ENVOLVENDO A RESPONSABILIDADE CIVIL DA INDÚSTRIA TABAGISTA[1]

AUGUSTO TANGER JARDIM[2]
FERNANDA NUNES BARBOSA[3]

SUMÁRIO: *1 O Caso; 2 As vantagens processuais advindas do seu julgamento; 3 Repercussões possíveis na responsabilização da indústria extramuros; Conclusões; Referências Bibliográficas.*

---

1   Título em inglês: *The Engle case and the repercussion of Florida's Supreme Court decision in cases involving the civil liability of the tobacco industry.*

2   Doutorando em Direito Processual Civil pela Universidade Federal do Rio Grande do Sul (UFRGS), Mestre em Direito Processual Civil pela Pontifícia Universidade Católica do Rio Grande do Sul (PUC-RS). Professor de Direito Processual Civil da Fundação Escola Superior do Ministério Público do RS e do Centro Universitário Ritter dos Reis (UniRitter). Advogado.

3   Doutora em Direito Civil pela Universidade do Estado do Rio de Janeiro (UERJ), Mestre em Sociedade e Estado em Perspectiva de Integração pela Universidade Federal do Rio Grande do Sul (UFRGS). Professora de Direito Civil da Faculdade de Direito da FAPA/UniRitter. Advogada.

*"Os bons vi sempre passar
No mundo graves tormentos,
E para mais me espantar,
Os maus vi sempre nadar
Em mar de contentamentos.
Cuidando alcançar assim
O bem tão mal ordenado,
Fui mau, mas fui castigado.
Assim que só pera mim
Anda o mundo concertado".*

Luís de Camões, *Ao desconcerto do mundo.*

1. O CASO

Em maio de 1994[4], seis autores, entre eles o médico pediatra de Miami Beach Howard Engle, ajuizaram uma *class*

---

[4] A doutrina norte-americana, ao realizar uma análise histórica dos litígios envolvendo a questão do tabaco, costuma identificar três momentos distintos de abordagem sobre o tema. O primeiro caso em que a indústria do tabaco teria sido responsabilizada teria sido Pritchard v. Liggett & Myers Tobacco Co. em 1954. Entretanto, mesmo após esse julgamento, a indústria obteve mais de 300 vitórias legais nos anos seguintes. Uma mudança substancial nos resultados dos processos judiciais envolvendo o tema somente veio a ocorrer em 1965 quando, em resposta ao Relatório "Fumar e Saúde: Relatório do Comitê Consultivo para o Surgeon General" (1964) em que foi vinculado o ato de fumar com várias doenças mortais, incluindo câncer de pulmão, enfisema e bronquite e declarado que fumar era um "risco à saúde de importância suficiente", o Congresso promulgou o Federal Cigarette Labeling and Advertising Act exigindo, dentre outras coisas, que houvesse uma advertência aos consumidores em cada pacote de cigarro sobre os riscos à saúde. O movimento em direção a litígios coletivos que levaram a uma evolução na abordagem do problema teve como ponto de partida o caso Castano v. American Tobacco Co. (1995). SIRABIONIAN, Andrei. Why Tobacco Litigation Has Not Been Successful in the United Kingdom: A Comparative Analysis of Tobacco Litigation in the United States and the United Kingdom. *Northwestern Journal of International Law & Business*, 25:485, 2005, p. 486/487.

action[5] contra diversas empresas da indústria fumígera no estado norte-americano da Flórida, em razão da dependência química causada pela nicotina, que, como resultado, causou às vítimas uma série de doenças, como câncer e patologias cardíacas.[6] A título de *compensatory damages* (indenização compensatória), pediram a condenação dos réus ao pagamento da quantia de 100 bilhões de dólares em razão de sua responsabilidade objetiva (*strict liability*), além do reconhecimento de negligência, da quebra de garantia (*breach of express warranty* e *breach of implied warranty*), de cometimento de fraude, de conspiração para cometer fraude e de abalo emocional intencional (*intentional infliction to emotional distress*). E a título de *punitive damages* (indenização punitiva), a mesma quantia de 100 bilhões de dólares por fraude, conspiração para cometer fraude e abalo emocional (*emotional distress*). A ação foi aceita (*certified*[7]) em outubro daquele mesmo ano na Corte do condado de Miami-Dade (*Dade County Circuit Court*), em Miami/Flórida, como uma *class action* de alcance nacional. Dois anos depois, em 1996, uma apelação

---

5   A *class action* norte-americana, criada em 1938 com a Rule 23 da Federal Rules of Civil procedure, tinha por objetivo "provide compensation for many relatively small harms or injuries by opening access to justice to groups of people who were presumably not able or not inclined to seek redress by means of individual actions", mas, especialmente a partir das décadas de 1960 e 1970, com a mudança das configurações dos conflitos de massa, "the scope of class actions has broadened substantially and progressively to include new and different types of cases, characterized by purposes that can be defined as regulatory or policy oriented." TARUFFO, Michele. Some Remarks on Group Litigation in Comparative Perspective. *Duke Journal Of Comparative & International Law*, v. 11, a. 2001, pp. 405/422, p. 408/409.

6   Supreme Court of Florida. Howard A. ENGLE, M.D., et al., Petitioners, v. LIGGETT GROUP, INC., et al., Respondents. No. SC03-1856. Decided: December 21, 2006. Disponível em: <http://caselaw.findlaw.com/fl-supreme-court/1303403.html.> Acesso em 10 de jan. 2018.

7   Estabelece o item "c" da Rule 23 da Federal Rule of Civil Procedure que a Corte deve emitir, o mais cedo possível, uma *Certification Order* indicando se tratar o caso de uma *class action*, e define "the class and the class claims, issues, or defenses, and must appoint class counsel under Rule 23(g)."

dos réus conseguiu restringir o alcance da ação apenas aos fumantes do estado da Flórida.

Em fevereiro de 1998, a Corte emitiu seu primeiro plano de julgamento. Considerando o tamanho assustador da ação (que chegaria à, aproximadamente, 700 mil pessoas, sendo que a população do estado da Flórida era de cerca de 20 milhões de habitantes), os juízes que trabalharam na ação decidiram fazer um plano para o julgamento, dividindo-o em três fases.

Na primeira fase do julgamento seriam determinadas as responsabilidades comuns entre os réus, bem como se a ação poderia englobar *punitive damages*. A primeira fase do júri terminou após o primeiro ano, com um veredito que concluiu que o cigarro causava mais de dezenove doenças, que a nicotina é viciante, que os cigarros eram defeituosos e irrazoavelmente perigosos, que os réus[8] ocultaram e falsearam tais perigos e que todos os réus haviam sido negligentes. Com isso, decidiu-se que a ação estava autorizada a englobar *punitive damages*.

Na segunda fase, o plano era realizar o julgamento completo para os autores conhecidos na ação de classe, a saber: Mr. Frank Amodeo, Ms. Mary Farnan e Ms. Angie Della Vecchia. Se a responsabilidade individual em relação a eles fosse estabelecida, deveria ser definida a quantia de *compensatory damages* e o percentual de *punitive damages* individualmente devidos a cada autor. Na terceira fase, por fim, o plano era realizar espécies de mini-julgamentos individuais parciais para cada membro da classe, a fim de abordar questões relativas à causalidade, argumentos defensivos, possíveis prescrições e os danos.

A segunda e a terceira fases, no entanto, sofreram modificações. Na fase dois, foi abandonado o método de "base ou razão" para a incidência dos *punitive damages* devidos a cada autor. No lugar, a Corte determinou que o júri deveria avaliar uma quantia de *punitive damages* para toda a classe, sem a alocação para membros determinados. Nessa segunda fase, que estava limitada a uma amostra de três representantes para economizar tempo, e que foi concluída em

---

[8] São réus nessa ação: Phillip Morris, RJ Reynolds, Lorillard Tobacco, Brown & Williamson e Liggett Group.

julho de 2000, o veredito foi a favor dos três representantes da classe, com o estabelecimento de indenizações compensatórias médias de 4 milhões de dólares para cada um, tendo sido levada em conta a culpa concorrente das vítimas (*comparative faults*): Frank Amodeo 25%, Mary Farnan 20% e Angie Della Vecchia 15%. No total, a indenização estabelecida foi de 12.7 milhões de dólares. Já os *punitive damages* foram fixados em 145 bilhões de dólares, para serem partilhados entre os réus de acordo com sua representação no mercado (*market share*) e, repise-se, sem a alocação de quantia determinada para cada membro da classe. O júri então foi dissolvido após quase dois anos e a oitiva de mais de 150 testemunhas.

A terceira fase, no entanto, não se concretizou. Isso porque, em julho de 2006, a Suprema Corte da Flórida reverteu (*decertified*[9]) a *class action*. Pela Suprema Corte da Flórida foi dito, basicamente, que: a despeito da "decertificação", certas constatações comuns de responsabilidade poderiam ser mantidas da primeira fase, com força de coisa julgada; que questões como a causação individual e a repartição de culpa entre os acusados são altamente individualizadas e não se prestam ao tratamento de ação de classe; que os *punitive damages* somente poderiam ser propriamente determinados após a fixação das indenizações compensatórias para todos os membros da ação e que a condenação em 145 bilhões de dólares se mostrara contrária ao direito.[10] Assim, a terceira fase do julgamento, que consistiria justa-

---

9   Hipótese procedimentalmente prevista na Rule 23 (c, 1, C) da Federal Rules of Civil Procedure que permite alterar ou emendar a certificação.

10 Em resumo, decidiu a Corte, no tópico, que: "PHASE I FINDINGS: A majority of the Court (Anstead, Pariente, Lewis, and Quince) concludes that the Third District erred as a matter of law in conducting a plenary review of the trial court's decision to certify the Engle Class after completion of an extended Phase I trial and after a different panel of the Third District upheld the certification. This same majority concludes that it was proper to allow the jury to make findings in Phase I on Questions 1 (general causation), 2 (addiction of cigarettes), 3 (strict liability), 4(a) (fraud by concealment), 5(a) (civil-conspiracy-concealment), 6 (breach of implied warranty), 7 (breach of express warranty), and 8 (negligence). Therefore, these findings in favor of the Engle Class can stand. The Court unanimously agrees that the nonspecific findings in favor

mente em chamar cada um dos membros da ação, não chegou a ter início, mas dois dos três vereditos individuais anteriores, da segunda fase, foram acolhidos. Apenas em relação ao representante de classe Frank Amodeo, foi revertida a decisão de procedência da ação em razão da prescrição (*statute of limitations*).

Embora a *class action* não tenha alcançado seu objetivo inicial, a decisão e as vantagens processuais garantidas pela Suprema Corte da Flórida resultaram em milhares de ações individuais ajuizadas contra os fabricantes de cigarros nas cortes estadual e federal da Flórida, resultando em uma série de condenações contra a indústria. Da mesma forma, é de se destacar que esse foi o primeiro caso de certificação de uma *class action* contra a indústria do cigarro, o que, por si só, já constitui um marco importante no tratamento material e processual do tema.

2. AS VANTAGENS PROCESSUAIS ADVINDAS DO SEU JULGAMENTO

As tutelas coletivas, em geral, representam técnicas de racionalização da prestação jurisdicional. Em uma perspectiva ampla, como na *class action*, elas conduzem a uma grande economia na prestação jurisdicional. Em especial nas hipóteses de proteção de direitos individuais homogêneos[11], a economia se revela na medida em que uma única demanda evita a propositura de diversos proces-

---

of the plaintiffs on Questions 4 (fraud and misrepresentation) and 9 (intentional infliction of emotional distress) are inadequate to allow a subsequent jury to consider individual questions of reliance and legal cause. Therefore, these findings cannot stand. Because the finding in favor of the plaintiffs on Question 5 (civil conspiracy-misrepresentation) relies on the underlying tort of misrepresentation, this finding also cannot stand."

11 Particularidade reconhecida pela Suprema Corte dos Estados Unidos no julgamento do processo General Telephone Co of Southwest v Falcon em 1982. Sobre o tema, ver: MULHERON, Rachael. *The class action in common law legal systems*: a comparative perspective. Portland: Hart Publishing, 2004, p. 58.

sos para o exercício de pretensão a um mesmo direito. Além disso, a tutela coletiva pode determinar a mudança do comportamento substancial da parte que sofre os efeitos de uma *class action*, pois, em geral, torna economicamente desvantajosa a reiteração do ilícito perpetrado[12].

No caso analisado no presente artigo, essa eficiência processual se manifesta ao menos em duas dimensões importantes: a suspensão da prescrição das ações individuais e a estabilização de questões decididas no bojo da *class action*.

Inicialmente, o ajuizamento da *class action* e o seu juízo provisório de certificação produziram efeitos quanto à fluência do prazo de prescrição (*statute of limitations*) dos direitos discutidos. Isso porque a *certification* tem o condão de suspender o prazo de prescrição[13], tanto para as partes que tenham ajuizado suas ações individuais dentro do aludido prazo[14], quanto para aqueles que se aproveitaram da suspensão da prescrição em face da certificação da *class action*[15]. Assim, a Suprema Corte da Flórida, ao jugar o caso em 2006, portanto 12 anos após o ajuizamento da *class action*, afastou a possibilidade de

---

12 "If a class action has the potential (if liability is indeed proven or admitted) to provide guidance and behaviour modification across an industry, then it will be the preferable procedure. Due to the media exposure which such actions can garner, the litigation may increase public awareness of the issues, may instigate public or political support for reform, and may provide heightened awareness in an industry of the standards of behaviour which are expected of a reasonable person or Corporation". MULHERON, Rachael. *The class action in common law legal systems*: a comparative perspective. Portland: Hart Publishing, 2004, p. 250/251.

13 ROQUE, André Vasconcelos. *Class actions*: Ações coletivas nos Estados Unidos: o que podemos aprender com eles? Salvador: Juspodivm, 2013, p. 267/268.

14 American Pipe v. Utah (1974)

15 Crown Cork & Seal Co. v. Parker (1983).

prescrição das ações individuais pelo prazo de um ano para os antigos membros da ação[16].

Além disso, o julgamento permitiu que algumas das constatações de responsabilidade da fase um, como dito, fossem aproveitadas nos processos individuais. Antes de abordá-las, porém, cabe sinalar uma distinção entre os ordenamentos jurídicos brasileiro e norte-americano.

A projeção dos efeitos de uma decisão proferida em processo coletivo para pretensões individuais é consequência comum, inclusive, nos países ditos da família da civil law[17]. Isso se deve, em sentido amplo, à incidência de regras de preclusão típicas do sistema norte-americano. Assim, como no direito brasileiro existe o reconhecimento dos efeitos à coisa julgada, no direito estadunidense se reconhece que existe a aplicação da *claim preclusion*. Segundo essa dinâmica processual, "uma sentença é vinculativa entre as partes, se favorável ao autor, quando torna absorvidas (*merged*) naquele julgamento todas as demandas posteriores sobre a mesma *cause of action*; e, se favorável ao réu, quando atua para impedir (*bar*) qualquer outra demanda futura

---

16 No âmbito do direito brasileiro, Sérgio Cruz Arenhart refere que "A melhor solução é aquela que advoga que, proposta a demanda coletiva, ocorre a interrupção do prazo prescricional para ações individuais, até a conclusão deste feito, quando então, em princípio, poderá ser postulado o direito de forma individual, no caso de improcedência daquela. Essa interpretação elimina o risco de que, na expectativa do resultado da ação coletiva, o indivíduo possa ver prescrita (no caso de improcedência daquela) sua pretensão individual. Esse risco, obviamente, induz o indivíduo, por precaução, a ajuizar sua ação própria – a despeito da ação coletiva – porque sabe que outra conduta pode resultar em prejuízo irreparável para si. Isso, consequentemente, faz com que o objetivo de reduzir a quantidade de ações repetidas ante o judiciário não seja alcançado, pondo também em risco a tentativa de dar tratamento uniforme às pretensões de massa". ARENHART, Sérgio Cruz. *A tutela coletiva de interesses individuais*: para além da proteção dos interesses individuais homogêneos. 2ª ed., São Paulo: Revista dos Tribunais, 2014, p. 295.

17 GRINOVER, Ada Pelegrini; WATANAMBE, Kazuo; MULLENIX, Linda. *Os processos coletivos nos países de civil law e common law*: uma análise de direito comparado. 2ª ed., São Paulo: Revista dos Tribunais, 2011, p. 243/244.

a respeito daquela mesma causa"[18]. Então, "a judgment's preclusive effect prescribes a rule of decision for the resolution of future disputes: It proclaims one or more elements of a cause of action to be satisfied, provides an affirmative defense to the assertion of transactionally related claims, or establishes a rule of evidence for the resolution of factual disputes"[19].

Entretanto, o direito americano ainda consagra a regra da *issue preclusion* (também conhecida como *collateral estoppel*). Nela, ao contrário do que ocorre com a *claim preclusion*, não há a proibição da "repetição integral do litígio (como na *res iudicata*), mas torna preclusas apenas certas *issues* resolvidas no processo anterior, sem qualquer consideração sobre se as partes eram as mesmas ou se a causa de pedir[20] era idêntica"[21]. Para que seja aplicado o *collateral estoppel*, basta a demonstração por parte de quem pretende se valer do instituto de que a questão foi debatida e decidida em um processo anterior (*actual litigation requirement*); e que a questão era necessá-

---

18 CABRAL, Antonio do Passo. *Coisa julgada e preclusões dinâmicas*: entre continuidade, mudança e transição de posições processuais estáveis. 2ª ed., Salvador: Juspodivm, 2014, p. 185.

19 WOLF, Tobias Barrington. Preclusion in class action litigation. *Columbia Law Review*, Vol. 105:717, 2005, p. 753.

20 Adverte-se que a compreensão que se tem no Brasil acerca da causa de pedir, como um elemento composto de fatos e de fundamentos jurídicos, não é a mesma do direito norteamericano. Isso porque, tradicionalmente, a doutrina da *issue preclusion* "sólo resulta aplicable cuando se trata de cuestiones de hecho (*issues of fact*) y no de derecho (issues of law). Esta concepción -que no se presenta libre de ambigüedades debido a lo difícil que resulta distinguir entre cuestiones de hecho y de derecho - se sustenta en la premisa que las cuestiones de derecho son generales por naturaleza, mientras que la doctrina de la issue preclusion tiene por finalidad aplicarse en términos restrictivos a decisiones muy específicas". VERBIC, Francisco. La cosa juzgada en el proceso civil estadounidense y su influencia sobre el proyecto de reformas a la ley general del ambiente de la república argentina. *Revista de Processo*, v. 167, a. 2009, p. 187 – 229.

21 CABRAL, Antonio do Passo. *Coisa julgada e preclusões dinâmicas*: entre continuidade, mudança e transição de posições processuais estáveis. 2ª ed., Salvador: Juspodivm, 2014, p. 195.

ria ou essencial para a decisão de fundo no processo que servirá de paradigma.[22-23]

Esse efeito preclusivo favorece uma maior uniformidade das decisões, especialmente em casos individuais homogêneos, pois diante desse tipo de conflito massificado, em essência, há similitude do contexto fático-jurídico. Não existe razão, portanto, para que, diante do ajuizamento de ações individuais sobre o mesmo conflito, pudessem as cortes chegar a soluções diferentes. Cogitar dessa hipótese seria, sem sombra de dúvidas, atentar contra a indispensável ideia de segurança jurídica[24] e, via de consequência, promover o afastamento das noções de igualdade e de justiça[25]. Além disso, havendo a definição prévia da veracidade de determinado complexo fático, a fase probatória do processo fica consideravelmente abreviada, possibilitando uma prestação da tutela jurisdicional de forma efetiva e tempestiva.

---

22 VERBIC, Francisco. La cosa juzgada en el proceso civil estadounidense y su influencia sobre el proyecto de reformas a la ley general del ambiente de la república argentina. *Revista de Processo*, v. 167, a. 2009, p. 187 – 229.

23 No mesmo sentido, aponta Antonio Gidi que "According to the traditional doctrine, issue preclusion is applicable only if the decision was essential to the judgment. Decisions that were not a "necessary step" or essential to the final judgment have no binding effect. The rationale for this exclusion is that the parties and the court do not give exhaustive attention to incidental issues". GIDI, Antonio. Issue preclusion effect of class certification orders. *Hastings Law Journal*, Vol. 63:1023, may 2012, p. 1052.

24 Nas palavras de Maria Celina Bodin de Moraes, "A previsibilidade das decisões judiciais é também uma questão de justiça, pois decorre da necessária coerência e harmonia que devem caracterizar o sistema". BODIN DE MORAES, Maria Celina. Do juiz boca-da-lei à lei segundo a boca-do-juiz: notas sobre a aplicação-interpretação do direito no início do século XXI. *Revista de Direito Privado*, vol. 56, p. 11, Out / 2013.

25 Cogitando do aspecto material da segurança jurídica de acordo com a Constituição Federal do Brasil (1988), Humberto Ávila define como sendo "Um estado de cogniscibilidade, de confiança e de calculabilidade". ÁVILA, Humberto (1970-). *Teoria da segurança Jurídica* (2011). 3ª ed., São Paulo: Malheiros, 2014, p. 264/270.

Contudo, considerando que no caso em análise a certificação da *class action* foi revista (*decertification*), poderia existir dúvida a respeito da possibilidade de aproveitamento das questões decididas na ação coletiva nas ações individuais. O caso sob análise, neste ponto, é um precedente importante para a aplicação do direito norte-americano. Isso porque, a partir desse julgamento, permitiu-se que a corte, mesmo diante da não certificação da *class action*, pudesse estabelecer que algumas questões (*issues*) fossem dadas como previamente decididas para fins de propositura de ações individuais[26].

Nos julgamentos individuais que ocorreriam a partir de então, em processos que ficaram conhecidos como "casos de descendência Engle" (*Engle progeny cases*), deveriam ter-se por pressuposto determinadas questões previamente decididas na ação coletiva a respeito das quais incidiria a imutabilidade.

Um exemplo para ilustrar os desdobramentos do caso Engle é o caso Brown v. R.J. Reynolds Tobacco Company. Neste caso, o julgamento perante o júri foi desdobrado em duas fases: na primeira fase, foi permitido ao júri determinar se o Sr. Brown é um membro da classe Engle; na segunda fase, fez-se com que o júri se concentrasse nos elementos específicos das alegações, mas não estabelecidas de outra forma pelas descobertas de Engle.

Uma vez reconhecido se tratar o caso do Sr. Brown de ascendência Engle, o júri foi instruído no sentido de que determinados fatos não estavam em discussão, pois foram previamente reconhecidos. Quais sejam: "(i) A nicotina existente em cigarros é viciante; (ii) os cigarros da RJR contêm nicotina; (iii) as marcas Camel, Pall Mall, e Winston são cigarros da RJR (iv) fumar cigarros causa câncer no pulmão; e (v) fumar cigarro causa câncer no esôfago"[27]. No julgamento, o júri considerou que a negligência da Empresa foi uma das causas da morte

---

26 TULUMELLO, Andrew S.; WHITBURN, Mark. Res judicata and collateral estoppel issues in class litigation. In *A practitioner's guide to class actions*. GREER, Marcy Hogan. Chicago: American Bar Association, 2010, pp. 605-620, p. 613

27 Disponível em: <https://caselaw.findlaw.com/fl-district-court-of-appeal/1580652.html.> Acesso em 10 de março de 2018.

do Sr. Brown, em face do enorme risco que os cigarros causavam à saúde. No entanto, entendeu o júri que o Sr. Brown foi responsável por 50% da causa da sua morte, razão pela qual concedeu a Sra. Brown US$ 1,2 milhão em indenizações compensatórias, que a corte reduziu para US$ 600.000 com base no rateio de culpa.

Em sede recursal, a District Court of Appeal of Florida reconheceu a incidência da *issue preclusion* promovida pelo julgamento Engle no caso Brown ao consignar que nos casos de tabaco pós-Engle, os queixosos devem provar mais do que a simples participação na classe (que estabelecem precocemente os elementos de conduta das reclamações de *strict liability* e negligência, não sujeitos à relitigação) e o acontecimento dos danos, devem comprovar também, em uma segunda fase de julgamento, os elementos remanescentes das reivindicações subjacentes (ou seja, *legal causation* e danos). Assim, a aludida corte reafirmou a aprovação do método do tribunal de primeira instância de conduzir o estudo em duas fases: na primeira fase, reconhecendo o caso em análise se tratar de ascendência Engle (ao reconhecer que o vício de Brown nos cigarros RJR era uma causa de sua morte) e, na segunda fase, analisando a negligência e a *strict liability*.

Como resultado da dinâmica do reconhecimento da *issue preclusion*, o ônus da prova dos autores em casos de ascendência Engle ficou substancialmente reduzido, já que em processos subsequentes (ações individuais) poderia ser alegado como causas de ação a negligência, a responsabilidade objetiva, a dissimulação fraudulenta e a conspiração para cometer fraude, independentemente de nova instrução. O espectro probatório, portanto, ficaria limitado, em especial, à questão dos danos e da eventual culpa concorrente das vítimas

Quanto aos danos, o júri nas respectivas ações individuais deveria definir, primeiramente, a existência e a extensão dos *compensatory damages* (os quais incluem tanto danos patrimoniais, como os extrapatrimoniais). E qualquer dano compensatório estaria sujeito à redução baseada no percentual de *"fault"*, pelo qual o júri entendesse que o autor da ação seria responsável (culpa concorrente da vítima). Se o juiz, por sua vez, permitisse que o júri decidisse sobre *punitive damages*, haveria uma fase adicional de julgamento na qual se examinaria a capacidade de pagamento do réu, as evidências adicionais de infração e qualquer mitigação de responsabilidade que este apresentasse.

Essas, basicamente, foram as vantagens processuais ocasionadas pela decisão da Suprema Corte da Flórida no caso Engle. Além disso, foi possibilitado às vítimas candidatarem-se na distribuição de 600 milhões de dólares de um fundo de segurança (*trust fund*), que se estabeleceu a partir de provisões da Philip Morris USA em razão de um acordo feito com os advogados dos autores para que eles não questionassem a validade de uma legislação precedente da Flórida, o que permitiu que as empresas recorressem no caso Engle sem que tivessem de depositar a quantia total à qual haviam sido condenadas.[28] Mais de 60 mil consumidores que não ajuizaram suas ações individuais posteriores receberam, cada um, cerca de 9 mil dólares desse fundo.[29]

Desde o primeiro julgamento, em fevereiro de 2009, foram aproximadamente 140 julgamentos até setembro de 2015, dos quais aproximadamente 65% foram a favor dos consumidores e 35% foram a favor dos réus, totalizando cerca de meio bilhão de dólares em indenizações, dos quais apenas cerca de 200 milhões de dólares foram pagos às vítimas até aquele ano.[30] Considerando a média de 50 julgamentos por ano, há uma previsão de que os casos derivados do paradigmático *Engle Case* terminem apenas no ano de 2075.[31]

Algumas das somas advindas do *Engle case* divulgadas pela organização não governamental *Public Health Law Center* foram as seguintes:

Tobacco Industry, Ryan vs. R.J. Reynolds — **Verdict $46.5 Million**

Tobacco Industry, Alexander vs. Lorillard Tobacco Company — **Verdict $45 Million**

---

28 Cabe lembrar aqui que foi a partir desse recurso que o resultado da *class action* foi revertido a favor da indústria, ocasionando a sua decertificação.

29 Disponível em: <www.publichealthlawcenter.org/sites/default/files/resources/tclc-fs-engle-progeny-2015.pdf.> Acesso 10 de jan. 2017. Acesso em 10 de jan. 2017.

30 Disponível em: <www.publichealthlawcenter.org/sites/default/files/resources/tclc-fs-engle-progeny-2015.pdf.> Acesso 10 de jan. 2017. Acesso em 10 de jan. 2017.

31 Disponível em: <https://www.schlesingerlawoffices.com/documents/Schlesinger-Blog-Article-5-22.pdf.> Acesso 10 de jan. 2017.

Tobacco Industry, Schoeff vs. R.J. Reynolds—**Verdict $40.5 Million**

Tobacco Industry, Ledoux vs. Phillip Morris and R.J. Reynolds— **Verdict $35 Million**

Tobacco Industry, Cohen vs. R.J. Reynolds and Philip Morris USA—**Verdict $30 Million**

Tobacco Industry, Tate vs. Philip Morris USA—**Verdict $24 Million**

Tobacco Industry, Schleider vs. R.J. Reynolds—**Verdict $21 Million**

Tobacco Industry, Larkin vs. R.J. Reynolds—**Verdict $13.4 Million**

Tobacco Industry, Duignan vs. Philip Morris and R.J. Reynolds— **Verdict $12 Million**

Tobacco Industry, Hess vs. Phillip Morris USA—**Verdict $8 Million**

Tobacco Industry, Cheeley vs. R.J. Reynolds—**Verdict $5 Million**

No entanto, mesmo diante do avanço promovido, parece acertada a crítica lançada pela District Court of Appeal of Florida ao julgar o caso Brown v. R.J. Reynolds Tobacco Company, no sentido de que, enquanto todas as questões típicas do caso (ou a grande maioria delas) não forem resolvidas de forma clara pela Suprema Corte dos Estados Unidos[32], os julgamentos ainda estarão sujeitos à insegurança jurídica e fadados à uma tramitação menos eficiente do que se poderia ter.[33]

---

32 Destaque-se que a estrutura do poder judiciário norte-americano é reflexo do seu sistema federativo e que, portanto, possui grandes distinções se comparada com a estrutura do poder judiciário brasileiro. No Brasil, cumpre ao Superior Tribunal de Justiça, quanto às questões infraconstitucionais, e ao Supremo Tribunal Federal, quanto às questões constitucionais, formar os precedentes que pautam a aplicação do direito. Sobre o tema ver: MARINONI, Luiz Guilherme. *O STJ enquanto Corte de Precedentes*. São Paulo: Revista dos Tribunais, 2013 e MITIDIERO, Daniel. *Cortes Superiores e Cortes Supremas:* do controle à interpretação, da jurisprudência ao precedente (2013). 2. Ed. São Paulo: Revista dos Tribunais, 2014.

3. REPERCUSSÕES POSSÍVEIS NA RESPONSABILIZAÇÃO DA INDÚSTRIA EXTRAMUROS

Por que esse caso é importante nas questões de responsabilização da indústria do tabaco no Brasil? Casos como *Engle v. Liggett Group Incorp.* são importantes para a discussão do tema da responsabilidade da indústria no Brasil, antes de mais nada, porque esse não é um debate regional.

Com efeito, a perspectiva da saúde pública enquanto direito humano não possui fronteiras. O direito fundamental à saúde apresenta-se como tal em diversos documentos nacionais e internacionais, sendo de destacar que os países membros da Organização Mundial da Saúde (OMS) escolheram o controle do tabagismo como tema de seu primeiro tratado internacional de saúde, a Convenção-Quadro para o Controle do Tabaco (CQCT), ratificada por mais de 170 países dentre os quais o Brasil (Decreto n° 5.658/2006). Considerando a inegável e crescente mercantilização da saúde (como também a agressividade mercadológica de seus agentes ofensores, cujo maior exemplo são os produtos tabaco-relacionados) e a fundamentalidade do bem que se busca resguardar, tem-se como indispensável que seus mecanismos de proteção sejam também partilhados por todos os países do globo e de forma eficaz.

---

33 Nos seus exatos dizeres: "What the trial courts are playing is a form of legal poker. They must use the legal cards they have been dealt—the Engle factual findings are binding. But, as R.J. Reynolds argues, a number of ultimate factual issues remain unresolved as identified by the dissent in Engle and the Eleventh Circuit in Brown. And, a lurking constitutional issue hovers over the poker game: To what extent does the preclusive effect of the Engle findings violate the manufacturer's due process rights? Until our supreme court answers these and other questions, parties to the tobacco litigation will continue to play legal poker, placing their bets on questions left unresolved by Engle and calling the bluff of trial courts on a myriad of issues sure to rise from the hundreds, no thousands, of cases pending in trial courts throughout our State".

Assinala Taruffo que no mundo globalizado há um número cada vez mais expressivo de situações que transcendem os limites do estado nacional e, consequentemente, o impacto dessas relações são sentidos em pessoas, ou grupo de pessoas, de forma igual em lugares diferentes do mundo. Diante desse problema, o comparatista italiano propõe que "What we can reasonably do is acknowledge that these are the main challenges facing us in the future, and that to some extent they are already present in modem societies all around the world. Our primary task is to find ways to cope with these challenges in order to preserve and improve the concrete realization of the value of real access to justice for all and the effective judicial protection of every person's rights"[34]. O acesso a medidas que transcendam a escala do indivíduo e o âmbito local (como a *class action* ou a *group litigation*) podem promover, além da regulação da situação posta em juízo, modificações práticas de comportamento por parte dos envolvidos nestas questões[35].

Além disso, não se pode esquecer que a indústria que se pretende responsabilizar é a mesma ao redor do mundo. São empresas multinacionais que atuam em diversos países, sendo, por vezes, mais poderosas que nações inteiras,[36] exercendo sua atividade inclusive com subsídios dos próprios governos, que, mirando apenas os empregos oferecidos pela indústria e os impostos provenientes da atividade

---

34 TARUFFO, Michele. Some Remarks on Group Litigation in Comparative Perspective. *Duke Journal Of Comparative & International Law*, v. 11, a. 2001, pp. 405/422, p. 421/422.

35 TARUFFO, Michele. Some Remarks on Group Litigation in Comparative Perspective. *Duke Journal Of Comparative & International Law*, v. 11, a. 2001, pp. 405/422, p. 408.

36 É o caso do Uruguai, em demanda arbitral proposta pela Philip Morris perante o CIADI/ICSID (Centro Internacional de Arreglo de Disputas entre Inversionista Extranjero y Estado/International Centre for Settlement of Investment Disputes) do Banco Mundial no ano de 2010 em razão da adoção de advertências sanitárias pelo país sul-americano a partir do ano de 2006. Em 2016 a sentença arbitral foi proferida, em favor do Urugurai. Para a leitura da íntegra da decisão, veja-se: https://www.italaw.com/sites/default/files/case-documents/italaw7417.pdf. Acesso em 20 de dez. 2017.

econômica, leiloam o futuro de gerações de jovens e trabalhadores rurais, pagando um alto custo pela liberação de um produto mortal e poluente. Então, cada vitória é importante para a causa da saúde pública e da defesa dos vulneráveis,[37] como são os trabalhadores da indústria do fumo e os jovens seduzidos pelas promessas de rebeldia e glamour que ainda hoje envolvem o consumo do cigarro.

Além disso, também é de se ressaltar que as técnicas de indução ao consumo, muitas vezes, trabalham de forma indireta, por meio da promoção da marca, cuja associação com o produto será feita em momento posterior e, frequentemente, sem a completa e adequada

---

[37] Na Austrália, a iniciativa de adotar embalagens padronizadas como estratégia para diminuir o consumo de produto extremamente nocivo e letal à saúde de seus consumidores foi pioneira. Em vigor desde dezembro de 2012, após um ano de implementação da medida houve redução de 10% no número de fumantes. O *Tobacco Plain Packaging Act 2011*, de 01 de dezembro de 2011, constitui-se em importante estratégia do governo daquele país para reduzir as taxas de consumo de cigarro, mas por conta disso o Estado enfrentou uma disputa internacional com a Philip Morris, submetida às regras de arbitragem da Comissão das Nações Unidas para o Direito Comercial Internacional (UNCITRAL). O tribunal arbitral, constituído em 15 de maio de 2012 para decidir sobre a alegação de que a Austrália teria violado tratado comercial com Hong Kong, por fim concluiu em favor do Estado, emitindo, em dezembro de 2015, decisão unânime concordando com a posição da Austrália de que o tribunal não tinha jurisdição para ouvir a alegação da Philip Morris Asia. Em 17 de maio de 2016, o tribunal publicou a decisão, que considerou que a alegação da Philip Morris Asia era um abuso processual (abuso de direitos), porque a Philip Morris Asia adquiriu uma subsidiária australiana, a Philip Morris (Austrália) Limited, com o objetivo justamente de iniciar a arbitragem sob o acordo de Hong Kong. Disponível em: <https://www.ag.gov.au/Internationalrelations/InternationalLaw/Pages/Tobaccoplainpackaging.aspx.> Acesso em 10 de jan. 2018. A Austrália enfrentou disputa semelhante também na OMC, restando igualmente vencedora. Sobre o modelo australiano das embalagens padronizadas, confira-se: LIBERNAN, Jonathan e PERRIAM, Laura. A verdade na embalagem: embalagens genéricas contendo imagens e advertências sobre os riscos do tabaco à saúde na Austrália. In: PASQUALOTTO, Adalberto (Org.). *Publicidade de tabaco*: frente e verso da liberdade de expressão comercial. São Paulo: editora Atlas, 2015, p. 184-201.

percepção do público alvo (o jovem). Não fosse o papel da publicidade do tabaco definidor para o seu consumo (publicidade essa que, destaque-se aqui, não se limita às fronteiras de um único país), não teria, a Convenção Quadro para o Controle do Tabaco, referido em seu preâmbulo estarem as Partes *"Seriamente preocupadas* com o impacto de todos os tipos de publicidade, promoção e patrocínio destinados a estimular o uso de produtos de tabaco".[38]

Terceiro, porque os argumentos usados nas defesas das vítimas e nas decisões judiciais podem ser usados na construção de argumentos para a defesa da causa no Brasil também, como a extensão da coisa julgada, a distribuição do ônus da prova, os limites e reflexos da ação coletiva e, em termos práticos extraprocessuais, a criação de fundos de amparo às vitimas desse produto, trazendo para o debate uma questão maior que a própria responsabilidade da indústria perante as vítimas singularmente consideradas.

A formatação desses fundos deve ser discutida, é claro, mas o estabelecimento de uma espécie de seguro para cobrir as indenizações às vítimas, substituindo-se desse modo a responsabilidade civil individualmente considerada por um sistema de seguridade, fazendo-se aplicar o princípio solidarista presente já no art. 3º, I, da nossa Constituição Federal,[39] parece-nos uma ideia que merece especial atenção. Em alguma medida, essa pode ser uma saída de curto prazo.

A título de exemplo, na França, uma lei de março de 2002 determinou a reparação de vítimas de acidentes médicos, isto é, pessoas que tivessem sofrido danos independentemente de qualquer culpa ou

---

[38] Desenvolvemos mais profundamente essas ideias em ANDREIS, Mônica; BARBOSA, Fernanda Nunes. O argumento da culpa da vítima como excludente da responsabilidade civil da indústria do cigarro: proposta de reflexão. *Revista de Direito do Consumidor*, v. 82, p. 63-81, 2012.

[39] "Art. 3º Constituem objetivos fundamentais da República Federativa do Brasil: I - construir uma sociedade livre, justa e solidária; II - garantir o desenvolvimento nacional; III - erradicar a pobreza e a marginalização e reduzir as desigualdades sociais e regionais; IV - promover o bem de todos, sem preconceitos de origem, raça, sexo, cor, idade e quaisquer outras formas de discriminação."

erro médicos, por meio de fundos públicos. Tida por revolucionária, a Lei Kouchner n. 2002 – 303, de 4 de março de 2002, veio a dar solução à "álea terapêutica", tendo como fundamento a solidariedade nacional, dentro da lógica de que nenhum paciente viesse a ficar sem indenização.[40]

Parece-nos adequado ponderar que, em países com alto índice de corrupção e desvios de dinheiro público e uma já excessiva carga tributária, como o Brasil, a criação de um fundo de garantia desse porte poderia ser questionável, considerando o risco de que o dinheiro das indenizações não chegasse às vítimas. Além disso, a socialização levada a tal extremo poderia gerar um esvaziamento da responsabilidade civil em sentido estrito e de sua função dissuasória, o que tampouco seria benéfico para a saúde pública. Acreditamos, no entanto, que os benefícios superam os riscos apontados.

Abordando o tema específico da violência urbana no Brasil e os danos que dela decorrem, André Rodrigues Corrêa[41] examinou, a partir dos atos de violência traduzidos nos assaltos a coletivos e suas consequências sociais, a aplicação do princípio de solidariedade e da diretriz da socialidade para, ao final, defender em sua tese a necessidade da criação de um seguro obrigatório a benefício das vítimas, constituído por recursos provenientes da tributação dos lucros obtidos no desempenho de atividades lícitas relacionadas com o mercado da violência, ou seja, os lucros da chamada "indústria do controle do crime". Esse fundo seria pago por todos aqueles que, de algum modo, lucram com a violência urbana no país. Assim, embora a indústria do armamento e da segurança de modo geral não causem o problema, elas obtêm com ele vantagens econômicas significativas, as quais fariam incidir os princípios da solidariedade e da equidade, este também traduzido na máxima latina *ubi commoda, ibi incommoda* (aquele que desfruta dos benefícios deve também arcar com os prejuízos).

---

40   LOPEZ, Teresa Ancona. *Princípio da precaução e evolução da responsabilidade civil*. São Paulo: Quartier Latin, 2010, p. 208.

41   CORRÊA, André Rodrigues. *Solidariedade e responsabilidade*: o tratamento jurídico dos efeitos da criminalidade violenta no transporte público de pessoas no Brasil. São Paulo: Saraiva, 2009, *passim*, esp. p. 552-554.

Nessa linha, considerando que a própria indústria do cigarro usa o argumento de que "todos hoje sabem dos malefícios do cigarro, portanto fumam porque querem";[42] bem como que não é preciso

---

42   Conforme bem defende o jornalista David MacRaney em *Você não é tão espero quanto pensa*, há falácias comuns de pensamento que nos levam à autoilusão para que possamos lidar melhor com a realidade. O autor abre seu livro com o que, em Psicologia, se chama de Primado. É como se você tivesse duas mentes funcionando ao mesmo tempo, uma, inconsciente, está todo o tempo sugerindo coisas para a sua mente consciente, que, frequentemente, inventa narrativas para explicar seus sentimentos, decisões e meditações porque não está consciente da recomendação que recebeu da mente inconsciente. Isso acontece o tempo todo em nossas vidas. Um exemplo importante na seara do marketing é dado pelo autor: "A Coca-Cola usa o poder que o Papai Noel tem sobre você durante os feriados. Pensamento como a felicidade da infância e valores familiares aparecem no seu subconsciente quando você escolhe entre a Coca ou uma outra marca de refrigerante. Supermercados notaram um aumento nas vendas quando o cheiro de pão fresco influenciava as pessoas a comprarem mais comida. [...]. Em todo canto do mundo moderno, publicitários estão lançando ataques sobre seu inconsciente em uma tentativa de influenciar seu comportamento e torná-lo mais favorável a seu cliente. As empresas descobriram o primado antes dos psicólogos, mas quando a psicologia começou a estuda a mente, mais e mais exemplos de automatismo foram descobertos, e até hoje não está claro quanto do seu comportamento está sob controle consciente." MACRANEY, David. *Você não é tão espero quanto pensa*: quarenta e oito maneiras de se autoiludir. Trad. Marcelo Barbão. São Paulo: Leya, 2012, p. 14-23, esp. p. 20-21. Não se desconhece, por certo, o conceito de acrasia, assim exposto por Maria Celina Bodin de Moraes: "Embora sujeitos racionais e conscientes, podemos praticar com intenção atos que podem ser avaliados como 'irracionais'. Tal irracionalidade, consciente e voluntária, confunde-se na realidade com a falta de razoabilidade objetiva (mas não subjetiva). A discussão filosófica em torno deste paradoxo da irracionalidade – sujeitos racionais podem agir conscientemente de forma vista como irracional (ou irrazoável) – é conhecida na história da filosofia como o problema da *acrasia* ou da fraqueza da vontade. Segundo Aristóteles, em tais casos o agente conhece as premissas (portanto pode concluir, enunciando a conclusão), contudo não age de acordo com a conclusão". BODIN DE MORAES, Maria Celina. Uma aplicação do princípio da liberdade. In: Bodin de Moraes, Maria Celina. *Na medida da pessoa humana*: estudos

haver nexo causal para que um seguro e/ou um fundo sejam criados, mas apenas que haja vítimas de determinada atividade; e, ainda, que a atividade gera lucros para os verdadeiros causadores do perigo, por que não socializar o prejuízo com a indústria de maneira mais efetiva?

CONCLUSÕES

Noam Chomsky, linguista e intelectual americano, em documentário intitulado *Requiem for the american dream*[43] que mostra quatro anos de entrevistas, enumera os dez princípios da concentração de riqueza e de poder nos Estado Unidos - que bem poderiam ser traduzidos para o Brasil em sua quase totalidade, defendendo que se vive hoje o período de maior desigualdade da história norte-americana. E, acrescentamos, é indiscutível o fato de poderosas indústrias estarem à frente deste processo, de que é exemplo, a indústria do cigarro.

Considerando que a indústria tabagista é uma das mais poderosas do mundo, a ponto de ter força suficiente para litigar com países inteiros, percebe-se que os princípios apontados pelo autor têm direta relação com a discussão da (não)responsabilização da indústria fumígera e seus reflexos inclusive no Poder Judiciário. Destacamos, dos dez princípios apontados por Chomsky, em especial os seguintes:

Riqueza gera poder (que gera riqueza): há um círculo vicioso, na medida em que o dinheiro elege os candidatos, que são aqueles que fazem as leis, que fiscalizam, que regulamentam, que criam os tributos. *Redesenhar a economia:* o aumento do capital especulativo e da complexidade das operações gera uma insegurança no setor produtivo, e também nos trabalhadores e na sociedade, o que os torna mais facilmente controláveis. *Atacar a solidariedade*: a solidariedade é

---

de direito civil-constitucional. Rio de Janeiro: Renovar, 2010, p. 193. O ponto que ora defendemos é, resumidamente, a dissimulada influência (esta sim consciente e direcionada) da indústria do tabaco na indução ao consumo e na criação, portanto, da dependência dos sujeitos para, em momento futuro, imputar somente a esses as consequências dos danos à sua saúde e à sua qualidade de vida.

43 *Requiem for the american dream.* Direção: Kelly Nyks e Jared P. Scott. Gênero Documentário, Estados Unidos, 2015.

perigosa. As pessoas devem se preocupar consigo mesmas e não com os outros. É o que se vê nos ataques à seguridade social, que é um sistema baseado fundamentalmente num princípio de solidariedade (se importar com os outros), tanto nos Estados Unidos como no Brasil. E uma das formas de destruí-la é atacando a ideia dos fundos.

E segue o linguista apontando, ainda, a importância do que chama de *Consentimento na produção*. A indústria de relações públicas e de publicidade, dedicada ao consumidor, desenvolve-se muito nos países livres. A razão: não seria possível conquistar essa população à força. Então se controlam atitudes, fabricando-se vontades, superficialidades, assim os consumidores não pensam no que é realmente importante (cria-se uma distração). Os consumidores devem ser expectadores e não partícipes do processo decisório. Por fim, *Marginalizar a população*: 70% da população não influencia na política. Poderiam estar em qualquer outro lugar. Isso levou a uma população frustrada e com ódio. Isso é corrosivo para as relações sociais, mas a ideia é essa, fazer as pessoas se odiarem e não quererem fazer nada umas pelas outras, preocupando-se apenas consigo mesmas.

Nesse contexto, não restam dúvidas de que o caso ora examinado serve para reflexão sobre o tema da responsabilidade civil da indústria pelos danos em massa causados a fumantes e não fumantes. Isto não só nos Estado Unidos, mas também no Brasil, a despeito das inúmeras diferenças entre os sistemas jurídico-normativos americano e brasileiro.

Uma das questões destacadas pela Corte Distrital de Apelação da Flórida no Caso Engle (e que, no Brasil, não seria um problema) foi o fato de a causa da ação, em aproximadamente 65% dos membros da classe, ter sido iniciado em outro estado que não a Flórida. Isto é, muitas das vítimas mudaram-se para a Flórida depois de alcançar a idade de 50 anos, quando já haviam se tornado fumantes regulares. Isso, considerando o sistema americano de distribuição de competência legislativa dos entes federados, que estabelece uma soberania legislativa muito maior aos estados e suas instituições, causa maior dificuldade em se julgar uma ação coletiva como essa, tendo em vista que se deve observar o chamado teste ou regra da "relação mais significativa" (*most significant relationship rule*) para determinar em qual estado deveria a vítima ter ajuizado a demanda. Tal dificuldade não se verificaria em um país como o Brasil, considerando a unidade legislativa processual e civil estabelecida na Constituição Federal de 1988 e que molda o nosso sistema de federação desde o fim da República Velha.

Relativamente às questões ligadas ao direito material, mais evidentemente ainda se mostra a repercussão de uma decisão como a do caso Engle, uma vez que a indústria é a mesma ao redor do mundo, sendo os mesmos comportamentos perpetrados ao longo de décadas com o fim de angariar mais consumidores para seus produtos e afastar as consequências jurídicas da causação de danos à saúde de fumantes e não fumantes (ditos fumantes passivos) como as patologias tabaco-relacionadas. Tanto é verdade que nos casos de derivação Engle, quando dos julgamentos individuais, ficou estabelecido que o juiz da ação deveria ler para o júri instruções como estas, de um caso contra a R.J. Reynolds: Fumar cigarro causa câncer de pulmão; a nicotina nos cigarros é viciante; R.J. Reynolds Tobacco Company colocou no mercado cigarros defeituosos e irrazoavelmente perigosos; R.J. Reynolds Company ocultou ou omitiu informações com relação aos efeitos do cigarro para a saúde e ao seu potencial viciante; R.J. Reynolds Tobacco Company concordou em ocultar ou omitir informações com relação aos efeitos do cigarro para a saúde e ao seu potencial viciante com a intenção de que os fumantes e o público confiassem nas suas informações mesmo em seu próprio prejuízo; R.J. Reynolds Tobacco Company vendeu ou forneceu cigarros que eram defeituosos e R.J. Reynolds Tobacco Company foi negligente.[44]

Assim, desconsiderar as importantes repercussões de uma decisão como a proferida no paradigmático caso Engle significaria menosprezar o poder de uma poderosa indústria internacional. O que, portanto, serviria de grande desestímulo à atuação do Poder Judiciário ao redor do mundo.

---

44 Disponível em: http://www.publichealthlawcenter.org/sites/default/files/resources/tclc-fs-engle-progeny-2015.pdf. Acesso 10 de jan. 2017.

REFERÊNCIAS BIBLIOGRÁFICAS

ANDREIS, Mônica; BARBOSA, Fernanda Nunes. O argumento da culpa da vítima como excludente da responsabilidade civil da indústria do cigarro: proposta de reflexão. *Revista de Direito do Consumidor*, v. 82, p. 63-81, 2012.

ARENHART, Sérgio Cruz. *A tutela coletiva de interesses individuais:* para além da proteção dos interesses individuais homogêneos. 2ª ed., São Paulo: Revista dos Tribunais, 2014.

ÁVILA, Humberto (1970-). *Teoria da segurança Jurídica* (2011). 3ª ed., São Paulo: Malheiros, 2014.

BODIN DE MORAES, Maria Celina. Do juiz boca-da-lei à lei segundo a boca-do-juiz: notas sobre a aplicação-interpretação do direito no início do século XXI. *Revista de Direito Privado*, vol. 56, p. 11, Out /2013.

———. Uma aplicação do princípio da liberdade. In: Bodin de Moraes, Maria Celina. *Na medida da pessoa humana:* estudos de direito civil-constitucional. Rio de Janeiro: Renovar, 2010.

CABRAL, Antonio do Passo. *Coisa julgada e preclusões dinâmicas:* entre continuidade, mudança e transição de posições processuais estáveis. 2ª ed., Salvador: Juspodivm, 2014.

CORRÊA, André Rodrigues. *Solidariedade e responsabilidade*: o tratamento jurídico dos efeitos da criminalidade violenta no transporte público de pessoas no Brasil. São Paulo: Saraiva, 2009, *passim*.

GIDI, Antonio. Issue preclusion effect of class certification orders. *Hastings Law Journal*, Vol. 63:1023, may 2012, p. 1052.

GRINOVER, Ada Pelegrini; WATANAMBE, Kazuo; MULLENIX, Linda. *Os processos coletivos nos países de civil law e common law:* uma análise de direito comparado. 2ª ed., São Paulo: Revista dos Tribunais, 2011.

LIBERNAN, Jonathan e PERRIAM, Laura. A verdade na embalagem: embalagens genéricas contendo imagens e advertências sobre os riscos do tabaco à saúde na Austrália. In: PASQUALOTTO, Adalberto (Org.). *Publicidade de tabaco:* frente e verso da liberdade de expressão comercial. São Paulo: editora Atlas, 2015, p. 184-201.

LOPEZ, Teresa Ancona. *Princípio da precaução e evolução da responsabilidade civil*. São Paulo: Quartier Latin, 2010, p. 208.

MACRANEY, David. *Você não é tão espero quanto pensa*: quarenta e oito maneiras de se autoiludir. Trad. Marcelo Barbão. São Paulo: Leya, 2012.

MARINONI, Luiz Guilherme. *O STJ enquanto Corte de Precedentes*. São Paulo: Revista dos Tribunais, 2013.

MITIDIERO, Daniel. *Cortes Superiores e Cortes Supremas:* Do controle à interpretação, da jurisprudência ao precedente (2013). 2. Ed. São Paulo: Revista dos Tribunais, 2014.

MULHERON, Rachael. *The class action in common law legal systems*: a comparative perspective. Portland: Hart Publishing, 2004.

REQUIEM for the American Dream. Direção: Kelly Nyks e Jared P. Scott. Gênero Documentário, Estados Unidos, 2015.

ROQUE, André Vasconcelos. *Class actions* - Ações coletivas nos Estados Unidos: o que podemos aprender com eles? Salvador: Juspodivm, 2013.

SIRABIONIAN, Andrei. Why Tobacco Litigation Has Not Been Successful in the United Kingdom: A Comparative Analysis of Tobacco Litigation in the United States and the United Kingdom. *Northwestern Journal of International Law & Business*, 25:485, 2005.

TARUFFO, Michele. Some Remarks on Group Litigation in Comparative Perspective. *Duke Journal Of Comparative & International Law*, v. 11, a. 2001, pp. 405/422.

VERBIC, Francisco. La cosa juzgada en el proceso civil estadounidense y su influencia sobre el proyecto de reformas a la ley general del ambiente de la república argentina. *Revista de Processo*, v. 167, a. 2009, p. 187 – 229.

WOLF, Tobias Barrington. Preclusion in class action litigation. *Columbia Law Review*, Vol. 105:717, 2005, p. 753.

PARTE III
AS DEMANDAS INDIVIDUAIS DE RESPONSABILIDADE CIVIL, OS ARGUMENTOS DEFENSIVOS DA INDÚSTRIA DO FUMO E SUAS INCONSISTÊNCIAS

SÍNTESE INTRODUTÓRIA: O NEXO DE CAUSALIDADE E O LIVRE ARBÍTRIO COMO DEFESAS (SUPERÁVEIS) DA INDÚSTRIA DO FUMO[1]

ADALBERTO PASQUALOTTO
EUGÊNIO FACCHINI NETO
FERNANDA NUNES BARBOSA

SUMÁRIO: *Introdução.* **I – A questão do nexo de causalidade.** *1 Da desnecessidade da produção de prova inequívoca do nexo de causalidade entre o consumo de tabaco e as doenças tabaco-relacionadas. 2 Da relativização da lógica da certeza e abertura de espaço para a lógica da probabilidade. 3 Teorias que implicam uma relativização da lógica da certeza no campo da causalidade. 3.1 A doutrina da res ipsa loquitur. 3.2 Teoria da preponderance of the evidence (ou da more probable than not). 3.3 A doutrina da redução do módulo probatório. 3.4 A teoria da presunção de causalidade. 3.5 Teorias probabilísticas. 3.6 Doutrina da market share liability.* **II – A questão do livre-arbítrio.** *1 O argumento do livre-arbítrio e sua relativização: o caso dos fumantes jovens. 2 A força da publicidade e a relativização do livre-arbítrio. 3 A estratégia da indústria do fumo para continuar conquistando consumidores para seu produto e mantê-los cativos. 4 O argumento do livre-arbítrio e sua relativização: o caso dos adultos. 5 Livre-arbítrio para parar de fumar? 6 O exercício do livre-arbítrio supõe informações suficientes e adequadas. Considerações finais. Referências bibliográficas.*

---

[1] Título em inglês: *Introductory summary: the causal link and the free will as (beatable) defense arguments of the tobacco industry.*

INTRODUÇÃO

A indústria do fumo vem sendo acionada judicialmente desde a década de cinquenta do século passado. Vencedora absoluta nas primeiras quatro décadas, acumulou notável know-how, testando e descartando argumentos de defesa, até identificar aqueles mais eficazes e que são mais comumente acolhidos judicialmente.

Dentre os argumentos mais invocados, dois se sobressaem: um deles diz respeito à ausência de prova da presença de um nexo causal inequívoco entre o ato de fumar e a doença contraída pela vítima, já que quase todas as patologias são multifatoriais e, portanto, poderiam ter se desenvolvido por outras causas que não o vício do cigarro; o outro argumento diz respeito ao livre-arbítrio. Esse segundo argumento é simples: as pessoas são livres e fumam porque querem, mesmo sabendo que o cigarro faz mal. Portanto, como todo ato de liberdade atrai a conexa responsabilidade, não haveria como transferir à indústria do fumo os males que alguém tenha contraído consciente e voluntariamente.

Cada um dos argumentos da indústria do fumo está sendo refutado nos artigos que compõem a terceira parte dessa coletânea. Nesse capítulo introdutório, passaremos em breve revista ambos os temas, iniciando pela questão do nexo de causalidade.

I. A QUESTÃO DO NEXO DE CAUSALIDADE[2]

Nas ações em que é demandada, a indústria do fumo costuma alegar a inexistência de nexo de causalidade adequada, ou direta e imediata[3], entre o vício de fumar e a patologia (ou *as patologias*, já que não raro o fumante desenvolve mais de uma) desenvolvida pelo fumante.

---

2   Parte substancial desse item foi extraído de artigo publicado pelo co-autor Eugênio Facchini Neto, denominado "A Revitalização do nexo de causalidade e a responsabilização da indústria do fumo - a aceitação lógica da probabilidade", publicada na **Civilistica.com** - Revista Eletrônica de Direito Civil, v. 1, p. 1-41, 2016

O argumento da indústria do fumo é singelo: sendo multifatoriais quase todas as doenças tabaco-relacionadas, haveria necessidade de demonstrar, em cada demanda, que a patologia desenvolvida por aquele particular fumante está relacionada ao fumo e somente a ele, com exclusão de todos os demais fatores que igualmente poderiam ter levado ao desenvolvimento daquela doença. Como essa prova praticamente nunca poderá ser obtida, o sucesso da tese estaria garantido. O acolhimento irrestrito da tese leva a um absurdo lógico: levando-se a sério as conclusões da ciência médica que demonstram que determinadas doenças (especialmente as pulmonares) estão necessariamente vinculadas ao vício do fumo num percentual que por vezes se situa entre 80 e 90% dos casos, conclui-se coerentemente que de cada cem portadores de tais doenças e que também sejam fumantes, entre 80 e 90 indivíduos a contraíram em razão do vício de fumar. A *contrario sensu*, os outros 10 a 20 indivíduos desenvolveram a doença em razão de outros fatores, que não o tabagismo. É quase impossível afirmar-se, categoricamente, quais dessas cem pessoas se encontram num grupo ou no outro. Isso não abala, porém, a certeza científica de que abstratamente 80 a 90% deles realmente desenvolveram a doença em razão do tabagismo. Inequívoco, por-

---

3   Como se sabe, a teoria da causalidade adequada e a teoria do dano direto e imediato (especialmente na vertente da necessariedade) disputam entre nós as preferências dos autores para explicar o nexo de causalidade. Historicamente prevaleceu a teoria da causalidade adequada. Mais recentemente, especialmente após a vigência do novo Código Civil, passou a difundir-se mais intensamente a segunda teoria. Segundo Moreira Alves, "a diferença entre ambas as teorias – a da causa adequada e a do dano direto e imediato na vertente da subteoria da necessariedade -, estaria, em última análise, na medida do grau de probabilidade, que na subteoria da necessariedade exigiria pelo menos a conseqüência extremamente provável, a traduzir a quase certeza, ao passo que a teoria da causa adequada ficaria apenas em probabilidade menos intensa" – MOREIRA ALVES, José Carlos, "A causalidade nas ações indenizatórias por danos atribuídos ao consumo de cigarros". *In:* LOPEZ, Teresa Ancona (coord.). **Estudos e Pareceres sobre Livre-arbítrio, Responsabilidade e Produto de Risco Inerente** – O paradigma do tabaco. Aspectos civis e processuais. Rio de Janeiro: Renovar, 2009, p. 250.

tanto, o nexo de causalidade científico e irrefutável entre a conduta (consumo do produto) e o efeito (desenvolvimento da doença). Todavia, se todas essas cem pessoas ajuizassem ações individuais, a invocação da tese defensiva faria com que todas as cem pretensões fossem desacolhidas, apesar da certeza científica e irrefutável de que entre 80 a 90% daqueles autores tinham inteira razão. Para se evitar que a indústria do fumo seja injustamente condenada num percentual de 10 a 20% das causas, prefere-se, assim, injustamente desacolher as justas pretensões de 80 a 90% dos autores. A fragmentação dos litígios, portanto, favorece amplamente a indústria do fumo com esse absurdo lógico e de intuitiva injustiça, com o qual não se pode concordar.

Todavia, é possível superar o argumento levantado pela defesa da indústria de fumo, dentro do maior rigor científico e dogmático, à luz das novas teorias e concepções sobre o nexo de causalidade que estão presentes não só no universo acadêmico, mas também no mundo forense de diversos países[4].

1. DA DESNECESSIDADE DA PRODUÇÃO DE PROVA INEQUÍVOCA DO NEXO DE CAUSALIDADE ENTRE O CONSUMO DE TABACO E AS DOENÇAS TABACO-RELACIONADAS

Claro que tem razão a indústria fumageira no sentido da necessidade de se trazer aos autos de todo processo prova convincente não só do dano em si – a patologia contraída pelo fumante –, mas também do fato de que tal dano teria decorrido do prolongado vício de fumar, uma vez que quase todas essas patologias são efetivamente multifatoriais.

Todavia, nosso sistema probatório não exige uma prova uníssona e indiscutível, mas sim uma prova que possa convencer o juiz, dentro do princípio da persuasão racional. Afinal de contas, "na dimensão atual da ética da responsabilidade (...) não pode o aplicador do direito

---

[4] Na segunda parte desta obra, a intenção dos autores foi justamente trazer um pouco desta experiência internacional na tentativa de se responsabilizar a indústria do cigarro pelos danos tabacorelacionados.

enredar-se nas construções retóricas do nexo de causalidade, para que as consequências dos danos não sejam mais suportadas pela vítima e pela sociedade"[5].

De fato, ainda que se admita a impossibilidade de se aferir, com *absoluta certeza*, que o cigarro foi o causador ou teve participação preponderante no desenvolvimento da enfermidade ou na morte de um consumidor, é perfeitamente possível chegar-se, a partir da análise de todo o conjunto probatório, a um *juízo de presunção* sobre a relação do tabagismo com tal enfermidade. Afinal de contas: "nada há de errado em permitir ao juiz decidir por meio de um critério pautado em presunções (prova indiciária), sobretudo diante de casos complexos envolvendo pluralidade de causas e condições, em que a relação desenvolvida é eminentemente de consumo"[6].

Por outro lado, tratando-se de relação de consumo, é direito básico do consumidor a "facilitação da defesa de seus direitos, inclusive com a inversão do ônus da prova, a seu favor, no processo civil, quando, a critério do juiz, for verossímil a alegação ou quando for ele hipossuficiente, segundo as regras ordinárias de experiências" (art. 6°, inc. VIII, do CDC). Trata-se da chamada inversão *ope judicis* do ônus da prova, também presente no art. 373, §1°, do NCPC/2015 ao prever a atribuição dinâmica do ônus probatório a partir do caso concreto, a fim de atender à paridade de armas entre os litigantes e às especificidades do direito material em litígio. Para impor tal inversão do ônus probatório pelo CDC, basta ser verossímil a alegação do autor da demanda. E a alegação, em muitos casos, é dotada de enorme verossimilhança, à luz das estatísticas disponíveis e das certezas médicas hoje indiscutíveis no setor.[7] Além disso, a inversão

---

5   LÔBO, Paulo N. Prefácio à obra de FROTA, Pablo Malheiros da Cunha. **Responsabilidade por danos** – Imputação e Nexo de Causalidade. Curitiba: Juruá, 2014, p. 14.

6   DELFINO, Lúcio. *Responsabilidade Civil da Indústria do Tabaco.* In HOMSI, Clarissa Menezes (coord.). **Controle do Tabaco e o Ordenamento Jurídico Brasileiro.** Rio de Janeiro: Lumen Juris, 2011, p. 91 e 92.

7   Relativamente às questões que envolvem tabaco e saúde, remetemos o leitor à primeira parte desta obra.

ope judicis convive com a inversão *ope legis*, ou seja, determinada aprioristicamente pelo próprio legislador, como está previsto no art. 12, §3°, do CDC, ao prescrever que

> § 3° O fabricante, o construtor, o produtor ou importador só não será responsabilizado quando provar:
> I - que não colocou o produto no mercado;
> II - que, embora haja colocado o produto no mercado, o defeito inexiste;
> III - a culpa exclusiva do consumidor ou de terceiro.

Portanto, pelo próprio texto legal expresso e vigente, o consumidor tem o direito básico de ver facilitada a prova do seu direito. Sua pretensão é mais do que verossímil a respeito do nexo de causalidade. Caberia, assim, ao réu, fornecedor do produto, o ônus da prova em contrário.[8]

---

[8] Em causas de outra natureza o STJ já aplicou a inversão do ônus da prova nos termos aqui propostos, com base no art. 12, parágrafo 3°, inc. II, do CDC. Tratava-se de acidente de automóvel em que se suspeitava haver defeito de fabricação causador da quebra do banco do motorista. O condutor colidiu numa árvore e a perícia, realizada tardiamente, não conseguiu determinar a causa do acidente. O laudo não teve condições de concluir "se o banco quebrou em função do acidente ou se o acidente foi provocado pela quebra do banco". A Terceira Turma negou provimento ao Recurso Especial porque o fabricante não provou que o produto não tinha defeito. Confira-se: "QUEBRA DO BANCO DO MOTORISTA. DEFEITO DE FABRICAÇÃO. PERDA DO CONTROLE DO VEÍCULO. ACIDENTE GRAVE. RECALL POSTERIOR AO EVENTO DANOSO. ÔNUS DA PROVA DO FABRICANTE. 1 - Ação de indenização proposta com base em defeito na fabricação do veículo, objeto de posterior recall, envolvido em grave acidente de trânsito. 2 - Comprovação pelo consumidor lesado do defeito do produto (quebra do banco do motorista com o veículo em movimento na estrada) e da relação de causalidade com o acidente de trânsito (perda do controle do automóvel em estrada e colisão com uma árvore), que lhe causou graves lesões e a perda total do veículo. 3 - A dificuldade probatória ensejada pela impossibilidade de perícia direta no veiculo sinistrado, no curso da instrução do processo, não caracteriza cerceamento de defesa em relação ao fabricante. 4 - Inocorrência de violação às regras dos incisos II e III do § 3o do art. 12 do CDC. 5 - Precedente desta Corte. 6 - Recurso especial desprovido" (Superior Tribunal de Justiça. Recurso Especial n° 1.168.775-RS. Terceira Turma. Rel. Min. Paulo de Tarso Sanseverino. Data do julgamento: 10/4/2012. Unânime).

Aliás, já decidiu o E. STJ, em ação coletiva movida pela Associação de Defesa da Saúde do Fumante contra a Philip Morris e outra indústria tabagista, que o CDC poderia ser invocado para se determinar a inversão do ônus da prova no que diz respeito ao caráter viciante ou não da nicotina. Trata-se do REsp n. 140.097, da 4ªT, relatado pelo Min. César Asfor Rocha e julgado, de forma unânime, em 4/5/2000.

Por outro lado, é perfeitamente possível a invocação de doutrinas e práticas jurisprudenciais que vem sendo adotadas em outros países, no que diz respeito à prova do nexo de causalidade, pois compatíveis com o nosso direito.

É do que trataremos na sequência.

2. DA RELATIVIZAÇÃO DA LÓGICA DA CERTEZA E ABERTURA DE ESPAÇO PARA A LÓGICA DA PROBABILIDADE

Examinando-se as atuais ideias sobre relação de causalidade, tal como transitam em outros ordenamentos jurídicos, nota-se uma nítida flexibilização da lógica da certeza e abertura de espaço para a lógica da probabilidade.

Nossos juristas já estão a par de tais desenvolvimentos e incorporam as novas tendências em suas lições.

Pablo Malheiros da Cunha Frota, por exemplo, referiu que "a discussão disseminada na atualidade em várias áreas do conhecimento, como a Filosofia, o Direito e a Física, refere-se à substituição da causalidade pela probabilidade ou à inserção da probabilidade no âmbito da causalidade". Mais adiante, volta a referir que "independentemente de se concordar com a substituição da causalidade pela probabilidade, mostra-se insuficiente, na atualidade, não inserir o critério da probabilidade nesta discussão"[9].

---

9 FROTA, Pablo Malheiros da Cunha. **Responsabilidade por danos –** Imputação e Nexo de Causalidade. Curitiba: Juruá, 2014, p. 47 e 283.

Maria Celina Bodin de Moraes[10], ao prefaciar a obra de Caitlin Mulholland, referiu que é possível "identificar a probabilidade de danos típicos associados às atividades de risco objetivamente imputadas e, portanto, obter-se um juízo probabilístico da causalidade. A própria Caitlin Mulholland refere o surgimento da "concepção através da qual a causalidade, mais do que certeza, é probabilidade. Um dado acontecimento não desencadeia um determinado efeito, mas aumenta significativamente a probabilidade de sua ocorrência".[11]

Também Gisela Sampaio da Cruz refere a "crescente preocupação do Direito com a vítima", o que provoca a admissão, em certas hipóteses, da "substituição da causalidade real ou efetiva pela causalidade suposta"[12].

A razão de ser desse posicionamento favorável às vítimas de danos nos é dada por Vasco Della Giustina[13]:

---

10 BODIN DE MORAES, Maria Celina. Prefácio à MULHOLLAND, Caitlin Sampaio. **A responsabilidade civil por presunção de causalidade.** Rio de Janeiro: G/Z Editora, 2010, p. XII. Deve ser dito, porém, que a autora não defende a responsabilidade da indústria do fumo, pois reconhece a preponderância do livre-arbítrio do fumante.

11 MULHOLLAND, Caitlin Sampaio. **A responsabilidade civil por presunção de causalidade.** Rio de Janeiro: G/Z Editora, 2010, p. 95. Em apoio do que afirma, a autora invoca autor italiano que sustenta que "falar de causa significa falar de probabilidade e de aumento do risco da produção de um evento" (Marco Capecchi. **Il nesso di causalità:** da elemento della fattispecie fatto illecito a critério di limitazione del risarcimento del danno. Padova: CEDAM, 2002, p. 213.).

12 CRUZ, Gisela Sampaio da. **O problema do Nexo Causal na Responsabilidade Civil.** Rio de Janeiro: Renovar, 2005, p. 307. À p. 297 de sua obra, fruto de dissertação de mestrado orientada por Gustavo Tepedino, refere opinião de Clóvis do Couto e Silva, prelecionando sobre causalidade alternativa, segundo o qual "não se trata de 'questão de presunção', mas de transformar a própria noção de causalidade real pela admissão de uma 'causalidade suposta' – COUTO E SILVA, Clóvis. **Príncipes fondamentaux de la responsabilité civile em droit brésilien et comparé.** Cours fait à la Faculté de Droit et Sciences Politiques de St. Maur, p. 77.

13 DELLA GIUSTINA, Vasco. **Responsabilidade civil dos grupos:** inclusive no Código do Consumidor. Rio de Janeiro: Aide, 1991, p. 14.

> "De que vale construir pressupostos da responsabilidade, distinguir entre autoria, antijuridicidade, culpabilidade, relação de causalidade e outras distinções mais, se na hora de provar calcamos toda esta pesada atividade na vítima ou nos herdeiros e não distinguimos entre situações onde é razoável que eles provem, porque lhes é fácil, e situações onde a prova, por razões, também, de facilidade, deve estar a cargo de quem se presume ou pode ser o agente danoso".

De fato, o exame de experiências estrangeiras – compatíveis com nosso ordenamento jurídico, frise-se desde logo – demonstra que paulatinamente se vem abandonando o modelo da exigência de certeza absoluta para se poder acolher uma pretensão autoral, admitindo-se julgar a partir de uma nova racionalidade, onde se aceita a probabilidade, troca-se a verdade (inatingível) pela verossimilhança, levam-se a sério os dados estatísticos fornecidos pela ciência (nítido exemplo de interdisciplinariedade no campo da prática jurídica).

No próximo item referiremos as novas teorias e práticas que, quando aplicadas, implicam um julgamento não calcado na certeza, mas na verossimilhança, na probabilidade ou numa superior razoabilidade.

3. TEORIAS QUE IMPLICAM UMA RELATIVIZAÇÃO DA LÓGICA DA CERTEZA NO CAMPO DA CAUSALIDADE

Como exemplos dessas novas ideias e práticas jurisprudenciais que estão apontando, há décadas, para uma flexibilização da prova do nexo de causalidade, citam-se as doutrinas: *res ipsa loquitur*; *market share liability*; perda de uma chance (*perte d'une chance*); causalidade alternativa; presunção de causalidade; *more probable than not*; redução do módulo da prova; a doutrina sueca da verossimilhança; bem como a admissão de probabilidades estatísticas (essa última especialmente importante para o caso em tela).

Em todas essas teorias, doutrinas ou práticas jurisprudenciais, troca-se a verdade pela verossimilhança, a certeza pela probabilidade, no intuito de se fazer justiça. Não são simples construções subjetivas que expressam um desejo íntimo e imperscrutável do julgador, mas sim construtos que guardam uma lógica e uma racionalidade que resistem ao diálogo intersubjetivo.

Boa parte dessas construções teóricas e jurisprudenciais são conhecidas pela nossa doutrina. Muitas dessas figuras encontram inclusive aplicação jurisprudencial.

Daquelas teorias, destacaremos algumas, que mais têm a ver com a questão da responsabilização da indústria do fumo pelos malefícios relacionados ao consumo do tabaco.

3.1. A DOUTRINA DA *RES IPSA LOQUITUR*

A doutrina da *res ipsa loquitur* ('a coisa fala por si') é de aplicação rotineira na jurisprudência anglo-americana. Trata-se de uma ideia que substancialmente visa a justificar a inversão do ônus da prova, quando "os fatos falam por si". É o caso, por exemplo, de alguém, em perfeitas condições de saúde, submeter-se a uma simples cirurgia eletiva – fimose, extração de adenóides, vasectomia, etc. Tais procedimentos, pela sua simplicidade, normalmente têm caráter ambulatorial, dispensando-se internação do paciente, apresentando prognóstico altamente positivo. Se alguém vem a se submeter a um desses procedimentos e morre, ou fica com graves sequelas, *res ipsa loquitur* – a coisa fala por si! Ou seja, da simples narrativa dos fatos presume-se ter havido alguma falha no procedimento, já que estatisticamente tal tipo de evento não causa qualquer sequela ao paciente. Por óbvio que isso não significa um automático juízo de procedência da ação, mas acarreta a inversão do ônus da prova, fazendo com que recaia sobre o cirurgião a prova de não ter havido nenhuma falha sua e que o evento danoso teria explicação científica passível de ser evidenciada. No fundo, também aqui, quando se aplica tal teoria, não se utiliza um juízo de certeza, mas sim de verossimilhança.

No caso de demandas de responsabilização da indústria do fumo por danos tabaco-relacionados, tal teoria poderia ser invocada na hipótese de um fumante que tenha desenvolvido uma doença estatisticamente muito ligada ao consumo do cigarro, como câncer de pulmão. Se o autor da demanda demonstrasse ser portador de câncer de pulmão, que é ou fora fumante inveterado por longo período de tempo, que não possui histórico familiar de tal tipo de doença, que não se enquadra em outros grupos de risco de tal doença, e que há estatísticas apontando que 80% dos casos de câncer de pulmão estão relacionados ao vício do cigarro, então *res ipsa loquitur* – a coisa fala por si. Seria muito mais lógico aceitar-se que a sua patologia decorreu daquela causa específica do que de outra abstrata causa.

3.2. TEORIA DA *PREPONDERANCE OF THE EVIDENCE (OU DA MORE PROBABLE THAN NOT)*

Trata-se de outra doutrina muito aplicada no direito anglo-americano. No direito norte-americano ela é mais conhecida como **preponderance of the evidence**, ao passo que na Inglaterra ela é mais conhecida como **more probable than not** (ou **more likely than not**), em razão de ter sido assim denominada pelo célebre magistrado inglês Lord Denning, ao julgar o caso *Miller v. Minister of Pensions*, em 1947. Trata-se de uma técnica de balanceamento de probabilidades. O *standard* utilizado para julgamento de situações em que não se tem certeza da real situação em disputa é simbolizado pela proposição de que uma versão é *"more likely to be true than not true"* (é mais provável que seja verdadeira do que não). Para que se tenha como alcançado tal *standard*, bastaria que houvesse mais de cinquenta por cento de chance de que a versão fosse verdadeira.

3.3. A DOUTRINA DA REDUÇÃO DO MÓDULO PROBATÓRIO

A doutrina da redução do módulo probatório, de origem alemã, é bastante utilizada em nossa jurisprudência, muito especialmente no âmbito dos Juizados Especiais Cíveis, em que, pelo princípio da informalidade que lá vigora, associado ao fato da possibilidade do ajuizamento de demandas sem a participação de advogados, muitas vezes se admite a verdade dos fatos alegados, mesmo que não haja provas totalmente concludentes a respeito dos mesmos.

Sobre esta doutrina, o processualista alemão Gerhard Walter[14] faz menção a um duplo significado: um referente a decisões tomadas no início ou no curso do processo; e outro quando, ao final, o magistrado julga com base não em certezas, mas sim em probabilidades. Na primeira hipótese, é a própria lei processual que autoriza a convicção de probabilidade (caso da antecipação de tutela, por exemplo, conforme art. 300 do NCPC/2015: "A tutela de urgência será concedida quando houver elementos que evidenciem a probabilidade do direito e o perigo de dano ou o risco ao resultado útil do processo". Já na segunda hipótese, a redução do módulo da prova é fruto da impossibilidade de o juiz chegar a um convencimento sobre a verdade de um fato, diante das particularidades do caso concreto, e de o direito material recomendar, autorizar ou aceitar uma convicção de probabilidade.

O doutrinador alemão sustenta a inexistência de um princípio unitário regulando uniformemente o ônus da prova para todos os tipos de processos. Afirma ser claramente diverso o nível de convicção judicial exigível no processo penal e no processo civil, por exemplo, variando tal nível também em conformidade com o tipo de processo civil. Refere, assim, que não há como deixar de levar em conta a matéria em discussão no processo. Tal redução deve ser aplicada aos casos em que, pela sua natureza, sejam difíceis de serem esclarecidos pelas vias normais, lembrando que os tribunais alemães reduzem o módulo da prova nas hipóteses em que a apuração dos fatos resulta em especiais dificuldades, especialmente quando o direito material indica que essas dificuldades probatórias não devem ser suportadas pela vítima.

Ainda na Alemanha, o professor Jurgen Prölls sustentou, já em 1966, a possibilidade de haver a facilitação da prova em processos de indenização civil, através da redução do standard probatório geral de convicção – *Reduzierung des allgemeinen Beweismasses der Uberzeugung*.[15]

---

14 *Apud* MARINONI, Luiz G.; ARENHART, Sérgio C.; MITIDIERO, Daniel (2015). **NOVO CURSO DE PROCESSO CIVIL**. Vol. 2 – Tutela dos Direitos Mediante Procedimento Comum. São Paulo: Editora Revista dos Tribunais, 2015, p. 421-422.

A redução do módulo probatório é amplamente aceita, debatida e aplicada entre nós. Sustenta-se, por aqui, que "a redução do módulo da prova nada mais significa que a prova plena há de ser atenuada, dependendo de cada situação particular, ou seja, não se pode exigir a mesma prova em todas as situações". Referida teoria defende que "em inúmeros casos, em especial onde há leis protetoras de determinadas categorias, cabe ao magistrado julgar com base na verossimilhança dos fatos aportados aos autos, nas presunções e na regra da inversão do ônus da prova".[16]

3.4. A TEORIA DA PRESUNÇÃO DE CAUSALIDADE

Sobre a teoria da presunção de causalidade é imprescindível a referência à monografia de Caitlin S. Mulholland,[17] baseada no mecanismo do cálculo de probabilidade estatística, especialmente aplicável aos casos de responsabilidade objetiva e nos chamados danos de massa. Segundo tal teoria, em casos de atividade impregnada de risco, resultando um dano tipicamente associado à referida atividade, em sendo impossível ou difícil a prova do nexo de causalidade, pode e deve o julgador contentar-se com um juízo de probabilidade estatística quanto à relação causal.

Segundo a referida autora, pode-se invocar a responsabilidade por presunção de causalidade quando houver: a) dificuldade considerável ou impossibilidade da vítima (autora da ação de indenização) de

---

15 *Apud* MIRANDA NETTO, Fernando Gama; LEAL, Stela Tannure; SERRANO, Thiago (2014). Responsabilidade civil em virtude de doenças associadas ao tabagismo: presunção de causalidade e redução do estândar da prova. **Revista Científica Virtual da Escola Superior da Advocacia da OAB-SP**, n. 17 (inverno 2014). Edição especial: Direito e Tabaco. São Paulo: OAB/SP, 2014, p. 134.

16 HIGINO NETO, Vicente (2005). A Teoria da redução do módulo da prova como instrumento de concretização dos princípios do devido processo legal e da igualdade substancial. **Revista Jurídica Consulex**, Ano IX, n° 195, 28/02/2005, p. 54-55.

17 MULHOLLAND, Caitlin Sampaio. **A responsabilidade civil por presunção de causalidade.** Rio de Janeiro: GZ Editora, 2010.

comprovar, em juízo, a ligação entre o dano que sofreu e a atividade referida como provável causa do dano; b) casos de responsabilidade coletiva (causalidade alternativa), em que a conduta ou atividade à qual deve ser relacionada a causalidade é desconhecida; e c) hipóteses em que existe o desenvolvimento de atividades perigosas, isto é, atividades que geram danos qualitativamente graves. (...) Uma vez identificados estes elementos ou requisitos, afigura-se legítimo ao magistrado a análise probabilística da causa para fins de imputar a responsabilidade.[18]

Na França, tal teoria vem sendo consistentemente aplicada pela Corte de Cassação, especialmente para casos envolvendo responsabilidade civil por danos causados por medicamentos. Referida Corte reconhece a presença de nexo de causalidade quando houver a presença de *sérias, precisas e concordantes* presunções de causalidade.[19]

3.5. TEORIAS PROBABILÍSTICAS

Passamos, agora, a abordar as doutrinas que admitem com grande liberdade a convicção judicial baseada em probabilidades estatísticas[20], as quais vêm sendo acolhidas nos mais variados ordenamentos jurídicos.

Canotilho[21] defende a possibilidade de se aceitar a causalidade probabilística. Embora refira que "só existe responsabilidade civil

---

18   MULHOLLAND, Caitlin Sampaio. **A responsabilidade civil por presunção de causalidade.** Rio de Janeiro: GZ Editora, 2010, p. 278-279.

19   GOLDBERG, Richard (2011). Using Scientific Evidence to Resolve Causation Problens in Product Liability: UK, US and French Experiences. In: GOLDBERG, Richard (ed.). **Perspectives on Causation.** Oxford: Hart Publishing, 2011, p. 178.

20   Interessante perceber a diferença como raciocina o profissional da estatística e o profissional do direito sobre a questão da causalidade: "statistician think of causality as an uncertain relation that needs to be described and qualified probabilistically, while lawyers may be more naturally inclined to a fundamentally deterministic view" (DAWID, 2011, p. 133).

21   GOMES CANOTILHO, José Joaquim (1998). **Introdução ao Direito do Ambiente.** Lisboa: Universidade Aberta, 1998, p. 142.

se houver provada a existência de uma relação causa-efeito entre o fato e o dano", explica que "esta relação de causalidade não tem que ser determinística, como uma relação mecânica, mas deve ser uma causalidade probabilística.".

Na Itália, Infantino[22] aborda as *teorie probabilistiche*, referindo que essas teorias procuram evitar que uma obscuridade probatória sobre os acontecimentos resulte sempre em julgamento desfavorável ao autor. De acordo com tais teorias, um fato pode ser considerado a causa de um resultado negativo se for alta a probabilidade, à luz de estatísticas científicas, de que este último tenha ocorrido em razão da presença do primeiro.

Raniero Bordon[23] refere-se aos julgamentos que aceitam as evidências estatísticas como o *modello della sussunzione sotto leggi scientifiche* (modelo da subsunção sob leis científicas) ou *teoria della causalità scientifica* (teoria da causalidade científica).

Cita este autor importante julgamento das Seções Criminais Unidas, da Corte de Cassação, órgão supremo da jurisdição ordinária italiana (*Cassazione Penale, Sezioni Unite*, 11.9.2002, n. 30328), que assim se posicionou: "O saber científico sobre o qual o juiz pode embasar suas decisões é constituído tanto por 'leis universais' (muito raras, na verdade), que identificam no encadeamento de determinados eventos uma invariável regularidade sem exceções, como por 'leis estatísticas', que se limitam a afirmar que a verificação de um efeito decorre da identificação de certo evento num certo percentual de casos e com uma relativa frequência"[24].

---

22   INFANTINO, Marta (2012). **La causalità nella responsabilità extracontrattuale**. Studio di diritto comparato. Napoli: ESI, 2012, p. 115 e seg.

23   BORDON, Raniero (2006). **Il nesso di causalità**. Torino: UTET, 2006, p. 50 e seg.

24   No original: "Il sapere scientifico su cui il giudice può basare le proprie decisioni è costituito sia da leggi 'universali' (invero assai rare), che asseriscono nella successione di determinati eventi invariabili regolarità senza eccezioni, sia da leggi 'statistiche' che si limitano ad afermare che il verificarsi di un evento è accompagnato dal verificarsi di un altro evento in una certa percentuale di casi e con una frequenza relativa".

Ainda segundo o mesmo autor, o modelo da subsunção sob leis científicas também é consensual na doutrina médico legal, que sustenta a validade de uma reconstrução da relação causal baseada 'sobre a essencialidade da documentação científica probatória da recorrência de um efetivo nexo de causalidade material'.

Guido Alpa, relevante autor italiano contemporâneo, igualmente refere que "a tendência da Corte Suprema (referindo-se à Corte de Cassação) é, portanto, dar relevo à construção do nexo etiológico aos fatos dos quais o dano teria podido derivar com uma certa probabilidade", já que "se reconhece que é suficiente provar, em matéria civil, a preponderância da evidência, ou da causa mais *provável*, enquanto que no processo penal vigora a regra da prova 'além da dúvida razoável'".[25]

Ariel Porat e Alex Stein[26] (2003, p. 667-702) analisam dois importantes casos britânicos envolvendo a espinhosa questão do nexo de causalidade. Os casos foram julgados pela *Court of Appeal* inglesa (a segunda corte mais importante, na hierarquia do Judiciário inglês). Citam também um terceiro caso (*Fairchild*), julgado pela então *House of Lords*.

Segundo tais professores, os julgamentos nos casos *Holtby*, *Allen* e *Fairchild* representam decisões revolucionárias, abordando um aspecto importante do problema da indeterminação do nexo de causalidade, tema que frequentemente surge em demandas de responsabilidade civil. Nos casos *Holtby*[27] e *Allen*[28], a *Court of Appeal*

---

25 ALPA, Guido. Hacia dónde se dirige la responsabilidad civil?. (Título original: *Dove va la responsabilità civile?*, publicado originalmente em *La nuova giurisprudenza civile commentata*, 2010, n. 3, p. 175/184). In: MORENO MORE, César E. (coord.). **Estudios sobre la responsabilidad civil**. Lima: Legales Ediciones, 2015, p. 768 e 769.

26 O abstract pode ser acessado através do site **http://ojls.oxfordjournals.org/content/23/4/667.abstract**, a partir do qual se acede ao texto integral.

27 Caso *Holtby v. Brigham & Cowan (Hull) Ltd.*, julgado em 2000 (3 ALL ER 423).

28 Caso *Allen v. British Rail Engeneering Ltd.*, julgado em 2001 (EWCA Civ 242).

afastou a tradicional abordagem dicotômica, segundo a qual ou o autor tem ganho integral em sua causa, obtendo a reparação da totalidade do seu dano, ou nada recebe, *depending on whether his or her case against the defendant is more probable than not* (em tradução literal: dependendo se seu caso contra o réu é mais provável do que não), ou seja, se a sua versão é mais verossímil (provável) do que a do réu.

Nos referidos casos, a Corte de Apelação substituiu esta abordagem binária pelo princípio da indenização proporcional, em que o réu repara os danos sofridos pelo autor na proporção de sua participação estatística na produção de tal dano. Nesse aspecto, aliás, tal enfoque se aproxima (embora não se identifique) da doutrina judicial do *market share liability* (responsabilidade por quota de mercado). Os autores elogiam a aplicação de tal enfoque, louvando tanto seu aspecto de justiça comutativa quanto seu potencial efeito dissuasório, embora ressalvem que tal novo enfoque deva ser aplicado apenas aos casos recorrentes (exatamente como é o caso das demandas envolvendo doenças tabaco-relacionadas). Já no caso *Fairchild*[29], a *House of Lords* igualmente entendeu preferível o critério da proporcionalidade da indenização, no lugar da tradicional abordagem do *"all or nothing"* (tudo ou nada).

---

29   O caso *Fairchild v Glenhaven Funeral Services Ltd* foi julgado em 2002 (UKHL 22). Ele envolvia o caso de uma viúva de um trabalhador que havia falecido em razão de um mesothelioma pleural maligno, contraído em razão da aspiração de fibras de *asbestos* (cimento amianto), um resistente material de baixo custo e muito usado, durante muito tempo, na construção civil. A aspiração de tais fibras, ao longo de anos, após um lento desenvolvimento da doença por cerca de 25 a 50 anos, pode causar a morte, como ocorreu no caso em tela. O problema residia em que o falecido Sr. Fairchild havia trabalhado para vários empregadores em cujos estabelecimentos fora utilizado o cimento amianto. O risco de contrair doença relacionada ao *asbestos* depende da quantidade e intensidade da exposição aos mesmos. Saber em que momento a tolerância aos asbestos foi ultrapassada e detonado o processo da doença é algo que não se pode identificar. Era impossível, no caso, atribuir-se a um particular empregador a responsabilidade pelo evento. No caso, "while it was possible to say 'it was one of them' it was impossible to say which" (ainda que fosse possível afirmar-se que fora um deles, era impossível dizer qual). Sob o entendimento então dominante a respeito da causalidade, tal incerteza levaria à improcedência da ação. Todavia,

3.6. DOUTRINA DA *MARKET SHARE LIABILITY*

A doutrina da *market share liability*, ou responsabilidade por quota de mercado, é uma espécie de teoria probabilística. Sua peculiaridade é que não procurou resolver dúvidas sobre a causalidade, mas sim sobre a autoria.

Tal doutrina foi aplicada, pela primeira vez, no famoso caso *Sindell v. Abbott Laboratories*, julgado pela Suprema Corte da Califórnia, em 1980. Tratava-se de julgar demanda envolvendo os efeitos danosos derivados da ingestão de medicamento contendo o princípio ativo denominado *Diethylstilbestrol* (mais conhecido pela sigla D.E.S.). Referido princípio ativo era componente importante de medicamento utilizado por gestantes que tinham propensão a ter abortos espontâneos. O medicamento havia se revelado muito eficaz para ajudar as gestantes a levarem a gestação a termo e foi muito utilizado a partir de 1941 até 1971, quando o F.D.A. (*Food and Drug Administration* – agência americana que regula o setor) proibiu sua fabricação.

Em típico caso de *development risk* (risco do desenvolvimento), a evolução dos fatos revelou que muitas mulheres, frutos de tais gestações, tendiam a desenvolver câncer após 10 a 12 anos de incubação da doença[30].

---

a então *House of Lords* desenvolvendo o entendimento já anteriormente firmado no caso *McGhee v. National Coal Board*, afirmou que o *test* apropriado para situações similares era saber se o réu havia "materialmente aumentado o risco de causar dano" (*materially increased the risk of harm*) ao autor. Sendo a resposta positiva, dever-se-ia condenar solidariamente o(s) réu(s) ao pagamento da totalidade do dano invocado pelo autor, ainda que pudessem os devedores solidários, posteriormente, distribuírem regressivamente entre si a responsabilidade. Tal decisão teve um impacto enorme. Estimou-se que a repercussão econômica da aplicação de tal decisão foi de 6,8 bilhões de libras esterlinas, considerando que diariamente morrem 13 britânicos de doenças relacionadas ao asbestos, sendo que essa estatística é crescente.

30 O acórdão refere estudo que estima entre 1,5 e 3 milhões de mulheres que consumiram o medicamento, sendo que várias centenas ou milhares de jovens desenvolveram câncer relacionado ao uso de tal medicamento. O acórdão está acessível no endereço: http://online.ceb.com/calcases/C3/26C3d588.htm., acesso em 20.11.15.

Uma dessas mulheres, chamada Sindell, moveu uma demanda de responsabilidade civil (na verdade, uma *class action*) contra o laboratório Abbott e outros 10 fabricantes de remédios contendo tal princípio ativo. Examinando-se o caso particular da autora Sindell, como ela não tinha mais condições de demonstrar qual medicamento sua mãe havia efetivamente ingerido (ninguém guarda caixas de remédio, recibos de pagamento ou prescrições médicas durante anos), e não se sabendo, portanto, qual laboratório efetivamente tinha fabricado o medicamento que efetivamente causou os danos à autora, a solução adotada no referido acórdão foi no sentido de se condenar o laboratório Abbott e os demais a pagarem os danos na proporção de sua participação no mercado daquele remédio no Estado da Califórnia, no ano da gestação da autora. Portanto, mesmo sem se ter certeza sobre qual laboratório produziu o remédio, cujo princípio ativo comprovadamente teria causado os danos provados pela autora, responsabilizou-se o laboratório pela sua quota de mercado (*market share liability*)[31],[32]

Ainda que tal doutrina não tenha sido aplicada para resolver dúvidas envolvendo nexo de causalidade, mas sim a autoria, pode ela ser aqui referida como uma experiência bem sucedida de se fazer justiça, mesmo com dúvidas remanescentes no espírito do julgador.

---

31 Pouco mais de uma década mais tarde, em 1992, a Suprema Corte da Holanda [Hoge Raad], apreciando caso semelhante, foi ainda mais ousada e acolheu a tese da solidariedade – todos os fabricantes seriam solidariamente responsáveis perante as vítimas, podendo posteriormente agirem, uns contra os outros, no exercício de regresso parcial. Sobre esse caso, v. Cees VAN DAM (2007, p. 289).

32 No campo do direito ambiental, importou-se a ideia básica da *market share liability* e se desenvolveu a *pollution-share liability*. Segundo essa adaptação, sendo impossível demonstrar qual a instalação industrial concretamente causou o dano, pode-se responsabilizar todas as plantas industriais que se apresentam em condições de ter causado a poluição, na proporção, não já das quotas de mercado, mas das respectivas emissões, sem necessidade de se demonstrar qual a emissão que concretamente conduziu ao dano. Nesses termos, OLIVEIRA, Ana Perestrelo de. **Causalidade e Imputação na Responsabilidade Civil Ambiental.** Coimbra: Almedina, 2007, p. 31.

Parece evidente que a solução dada ao caso foi bem melhor do que a alternativa de se julgar improcedente a ação, por dúvidas sobre qual réu fora o fabricante do medicamento que causara danos à autora.

Passemos, agora, ao outro argumento da indústria do fumo – a questão do livre-arbítrio.

II. A QUESTÃO DO LIVRE-ARBÍTRIO[33]

1. O ARGUMENTO DO LIVRE-ARBÍTRIO E SUA RELATIVIZAÇÃO: O CASO DOS FUMANTES JOVENS

O segundo importante argumento utilizado pela indústria do fumo em sua defesa nas ações judiciais consiste na invocação do livre-arbítrio. Essa linha defensiva sustenta que as pessoas têm liberdade e autonomia para começar e para parar de fumar – fumam apesar de saberem dos riscos do fumo. Por outro lado, sustentam que a publicidade não seria impositiva e não compeliria pessoas a fumar. Portanto, como todo ato de liberdade atrai a conexa responsabilidade, não haveria como transferir à indústria do fumo os males que alguém tenha contraído consciente e voluntariamente.

Entendemos que esses argumentos não se sustentam. Em primeiro lugar, há que considerar que quase a totalidade dos fumantes começa a fumar quando jovens. Em assim sendo, o suposto livre arbítrio de uma pessoa considerada (biológica, psicológica e legalmente) em formação, não pode ser levado realmente a sério, especialmente quando estão em jogo consequências que, a longo prazo, acarretarão a muitos deles uma baixa qualidade de vida ou a morte em razão do tabagismo. Vida e saúde são direitos indisponíveis, subtraídos ao livre-mercado.

---

[33] Parte substancial desse item foi extraído de artigo publicado pelo co-autor Eugênio Facchini Neto, denominado "A relatividade do livre-arbítrio e a responsabilização da indústria do fumo - a desconstrução de um mito", publicada na **Revista de Derecho Privado** (BOGOTA), v. 31, p. 189-225, 2016.

Segundo a psicóloga Mônica Andreis e a médica cardiologista Jaquelina Scholz Issa (Diretora do Programa de Tratamento ao Tabagismo do Hospital das Clínicas da Faculdade de Medicina da USP),

> "o termo livre-arbítrio tem sido utilizado para representar a possibilidade de livre escolha do ser humano. Supõe que o indivíduo seja dotado de plena capacidade de apreciação das opções de escolha e tenha preservada a liberdade de agir de acordo com a sua vontade. Nada mais distante da realidade quando refletimos sobre a iniciação e manutenção do tabagismo. Dados da Organização Mundial da Saúde (OMS) revelam que 90% das pessoas começam a fumar ainda na adolescência. No Brasil, pesquisa do CEBRID[34] apontou que a idade média de iniciação é de 13,3 anos. Assim, é preciso explicitar que quem decide experimentar produtos de tabaco, na esmagadora maioria das vezes, são crianças e jovens, e não adultos, no Brasil e no mundo todo"[35].

De fato, atualmente, "o tabagismo é considerado uma doença pediátrica, pois quase 90% dos fumantes regulares começam a fumar antes dos 18 anos[36]"[37]. E isto porque as pesquisas indicam que as pessoas

---

34 O **CEBRID** é o Centro Brasileiro de Informações sobre Drogas Psicotrópicas, que funciona no Departamento de Medicina Preventiva da UNIFESP (Universidade Federal de São Paulo).

35 ANDREIS, Mônica; ISSA, Jaqueline Scholz. *Livre-arbítrio e o consumo de cigarros e outros produtos de tabaco*. **Revista Científica Virtual da Escola Superior da Advocacia da OAB-SP**, n. 17 (inverno 2014). Edição especial: Direito e Tabaco. São Paulo: OAB/SP, 2014, p. 45.

36 Para confirmar tal afirmação, citam-se quatro amplos estudos, sendo dois patrocinados pela Organização Mundial da Saúde. Podem ser acessados nos seguintes sites: http://www.usaid.gov/policy/ads/tobacco.pdf; http://www.who.int/tobacco/mpower/mpower_report_full_2008.pdf, acesso em 07.12.15; http://siteresources.worldbank.org/HEALTHNUTRITIONANDPOPULATION/Resources/281627-1095698140167/Guindon-PastCurrent-whole.pdf, acesso em 07.12.15.

37 Informações colhidas no texto "ADITIVOS EM CIGARROS – Notas Técnicas para Controle do Tabagismo", publicado pelo Ministério da Saúde, através do Instituto Nacional de Câncer – INCA, pela Comissão Nacional para Implementação da Convenção-Quadro para o Controle do Tabaco e seus Protocolos – CONICQ. Rio de Janeiro: INCA, 2014.

que iniciam o tabagismo na adolescência têm maior probabilidade de se tornarem fumantes definitivos do que aquelas que experimentam seu primeiro cigarro quando adultas. Estudos recentes comprovam que os sintomas de dependência se desenvolvem logo após o primeiro cigarro, não havendo relação com o número de cigarros fumados, ou com a freqüência e duração do uso[38].

Na paradigmática ação judicial movida pelos Estados Unidos contra as onze indústrias fumageiras em atividade nos Estados Unidos (conhecida como *United States v. Philip Morris et al.*)[39], proposta em 1999 e julgada em primeiro grau em 2006, comentada também em outros artigos que compõem essa coletânea, a juíza federal Gladys Kessler dedicou 235 páginas (de fl. 972 a 1209) de sua decisão para demonstrar que a indústria do fumo realmente tinha os jovens como público preferencial e que dedicou esforços e ingentes quantias para tentar conquistar crianças e jovens para a dependência do fumo.

A 'opção preferencial' pelos jovens, como destinatários mais desejados para seus produtos, é facilmente explicável. O jovem é mais influenciável e suscetível a imitar comportamentos – portanto, a perfeita 'vítima' de campanhas publicitárias bem concebidas -, e representa um consumidor que provavelmente passará o resto de sua vida escravizado ao consumo, mercê do poder viciante da nicotina. De fato, segundo inúmeros estudos, "quanto mais cedo se dá a iniciação, maior a chance de tornar-se um fumante regular e menor a probabilidade de cessação"[40].

---

38 "ADITIVOS EM CIGARROS – Notas Técnicas para Controle do Tabagismo", *cit.*, fl. 27.

39 Disponível em http://publichealthlawcenter.org/sites/default/files/resources/doj-final-opinion.pdf , acesso em 06.12.2015.

40 Nesses termos, BARBOSA, Fernanda Nunes; ANDREIS, Mônica. "O argumento da culpa da vítima como excludente da responsabilidade civil da indústria do cigarro: proposta de reflexão". In: **Revista de Direito do Consumidor**. Ano 21, vol. 82, abr.-jun./2012, p. 70, citando vários estudos científicos estrangeiros: KHUDER S. A. et AL. Age at smoking onset and its effect on smoking cessation. **Addictive Behavior** 24(5):673-7; CHEN, J; MILLAR, W. J. Age of Smoking Initiation: Implications for Quitting. **Health Reports** 9(4):39-46; BRESLAU, N.;

Além disso, o jovem, pelas suas próprias características psicológicas, não consegue ter uma longa visão do futuro. Seus interesses e preocupações são imediatos, de curtíssimo prazo. O jovem vive o presente, valoriza recompensas imediatas e desconsidera ônus futuros. Um futuro longínquo é apenas uma miragem. Danos potenciais que ocorrerão apenas num tempo remoto simplesmente não existem. A própria OMS já constatou que os riscos do tabagismo são percebidos como muito distantes, facilmente compensados pelos benefícios psicológicos imediatos. Os jovens tendem ainda a subestimar a dependência de tabaco e as dificuldades associadas à cessação do vício. Somente mais tarde eles descobrirão que a dependência da nicotina continua muito tempo após qualquer benefício psicológico ter se esgotado[41].[42]

Sabendo de tudo isso, a indústria do fumo deliberadamente direcionou suas campanhas de publicidade preferencialmente ao público dos jovens, buscando aproveitar-se da sua maior vulnerabilidade. Sabendo-se que depois de viciado (e o vício se instala rapidamente),

---

PETERSON, El. Smoking cessation in young adults: Age at initiation of cigarette smoking and other suspected influences. **American Journal of Public Health** 86(2):214-20.

41 World Health Organization. **Tobacco and the rights of the child**. Geneva: WHO, 2001, p. 25 – *apud* BARBOSA, Fernanda Nunes; ANDREIS, Mônica. "O argumento da culpa da vítima como excludente da responsabilidade civil da indústria do cigarro: proposta de reflexão". In: **Revista de Direito do Consumidor**. Ano 21, vol. 82, abr.-jun./2012, p. 68.

42 Por vezes a sensibilidade dos poetas se antecipa às demonstrações científicas. Todas as conclusões da moderna psicologia cognitiva e da economia comportamental estão presentes na bela imagem poética do uruguaio Mario Benedetti, ao descrever como as pessoas, ao longo da vida, percebem de forma diferente os eventos. Refiro-me ao seu poema "Cuando éramos niños": " Cuando éramos niños, los viejos tenían como treinta, un charco era un océano, la muerte lisa y llana no existía. / Luego cuando muchachos, los viejos eran gente de cuarenta, un estanque era un océano, la muerte solamente una palabra. / Ya cuando nos casamos, los ancianos estaban en los cincuenta, un lago era un océano, la muerte era la muerte de los otros. / Ahora veteranos, ya le dimos alcance a la verdad, el océano es por fin el océano, pero la muerte empieza a ser la nuestra."

não é nada fácil deixar de fumar, revela-se difícil compactuar com o entendimento de que os danos sobrevindos à saúde do fumante não deveriam recair sobre a indústria do fumo, mas sim sobre os pais daquele que começa a fumar quando ainda menor de idade[43].

Assim, considerar livre-arbítrio a opção de fumar ou não para um jovem entre 12 e 18 anos, exposto à intensa publicidade do cigarro, vale tanto quanto considerar livre o consumidor que firma um con-

---

[43] Apesar do imenso respeito e admiração que dedicamos a esse grande jurista que é Gustavo Tepedino, dele discordamos veementemente quanto invoca tal argumento. Tal posicionamento só é explicável, à luz de toda a brilhante trajetória deste jurista, pelo fato de que foi expresso em parecer encomendado pela indústria do fumo, sabendo-se, por óbvio, que os melhores e mais verdadeiros momentos de um jurista acontecem quando escreve sem nenhum outro móvel que não o de tentar fazer avançar o conhecimento jurídico. Referimo-nos ao parecer "Liberdade de escolha, dever de informar, defeito do produto e boa-fé objetiva nas ações de indenização contra os fabricantes de cigarro", inserto *in*: LOPEZ, Teresa Ancona (coord.). **Estudos e Pareceres sobre Livre-arbítrio, Responsabilidade e Produto de Risco Inerente** – O paradigma do tabaco. Aspectos civis e processuais. Rio de Janeiro: Renovar, 2009, p. 227/229. Para refutar o argumento, basta pensar que os danos tabaco-relacionados se evidenciam normalmente décadas após o início da dependência de fumar. As ações são normalmente movidas, portanto, não pelos pais da vítima, mas sim pela própria, ou, em caso de morte, pela sua esposa e filhos. Ainda que se desconsidere o fato óbvio de que qualquer suposta responsabilidade dos genitores estaria prescrita nessa ocasião, o argumento desconsidera o fato de que normalmente os jovens começam a fumar escondido, ou o fato de que na fase da adolescência é muito difícil os pais, mesmo vigilantes, serem bem sucedidos na tarefa de controlar todos os passos e atitudes de seus filhos, pois essa é a fase em que o jovem passa mais tempo com sua turma do que com sua família. De qualquer sorte, o acolhimento de tal argumento implicaria que se 'inocentaria' a indústria do fumo (que deliberadamente procura chamar os jovens para o consumo de um produto que só lhe causará males, muitos fatais, e que, com o mecanismo da nicotina, lhes tornará escravizados ao vício) sob a desculpa de que os pais não a impediram de causar mal aos seus filhos.

trato eivado de cláusulas abusivas porque, afinal de contas, havia a opção de não contratar[44].

Outro argumento que deve ser invocado para neutralizar a força do princípio jurídico do livre-arbítrio diz respeito aos efeitos da publicidade sobre o processo de tomada de decisão. É disso que trata a seção seguinte.

2. A FORÇA DA PUBLICIDADE E A RELATIVIZAÇÃO DO LIVRE-ARBÍTRIO

A invocação do livre-arbítrio ignora a força da publicidade e de como ela influencia condutas.

De fato, ainda que atualmente a esmagadora maioria dos países ocidentais proíba ou limite a publicidade do tabaco, durante décadas todas as sociedades foram bombardeadas com maciça e exitosa propaganda direta. Além disso, a população foi e é exposta a uma propaganda ainda mais perniciosa, pois dissimulada, através do cinema e outras formas de comunicação social. Aliás, "as proibições parciais só fazem com que as companhias desviem os grandes recursos de uma tática promocional para outra"[45].

Na medida em que evoluíram as ações pró-saúde, também evoluíram as técnicas e recursos de *marketing* (especialmente os subliminares e imperceptíveis)[46], buscando alcançar o jovem em espaços familiares

---

44 BARBOSA, Fernanda Nunes; ANDREIS, Mônica. "O argumento da culpa da vítima como excludente da responsabilidade civil da indústria do cigarro: proposta de reflexão". In: **Revista de Direito do Consumidor**. Ano 21, vol. 82, abr.-jun./2012, p. 76.

45 CABRERA, Oscar; GUILLEN, Paula Ávila; CARBALLO, Juan. "Viabilidade Jurídica de uma Proibição Total da Publicidade de Tabaco. O Caso perante a Corte Constitucional da Colômbia". In: PASQUALOTTO, Adalberto (org.). **Publicidade de Tabaco** – Frente e Verso da Liberdade de Expressão Comercial. São Paulo: Atlas, 2015, p. 262.

46 MOURA, Walter. *O Fumo e a Sociedade de Consumo: o Novo Sentido da Saúde*. In HOMSI, Clarissa Menezes (coord.). **Controle do Tabaco e o Ordenamento Jurídico Brasileiro**. Rio de Janeiro: Lumen Juris, 2011, p. 39/40.

e de diversão (como cinemas, internet, revistas de moda, concertos de música e eventos desportivos)[47].

Em ação civil pública movida pelo Ministério Público do Distrito Federal houve o reconhecimento da enganosidade de peça publicitária do tabaco, bem como ficou evidenciada a estratégia da empresa de se utilizar de imagens subliminares. A sentença condenatória foi mantida pelo Tribunal de Justiça do DF (Proc. n. 2004011102028-0), em substancioso acórdão relatado pela Des ª Vera Andrighi, que apenas reduziu o valor da condenação, de R$14 milhões para R$4 milhões[48] a título de danos morais coletivos. Tal valor foi ulteriormente reduzido para R$1 milhão através do Recurso Especial n. 1101949/DF, julgado pela Quarta Turma, em 10.05.2016, tendo como relator o Min. Marco Buzzi.

Após mencionar que a maioria dos fumantes começa a fumar ainda na adolescência, Virgílio Afonso da Silva[49] refere que "imaginar que a propaganda de um produto não tem o poder de influenciar

---

47 Segundo a Organização Mundial da Saúde. *Relatório sobre epidemia mundial de tabaco: advertências sobre os peritos do tabaco*, 2011, p. 62 – *apud* CABRERA, Oscar; GUILLEN, Paula Ávila; CARBALLO, Juan. "Viabilidade Jurídica de uma Proibição Total da Publicidade de Tabaco. O Caso perante a Corte Constitucional da Colômbia". In: PASQUALOTTO, Adalberto (org.). **Publicidade de Tabaco** – Frente e Verso da Liberdade de Expressão Comercial. São Paulo: Atlas, 2015, p. 263

48 Constou do voto do eminente Revisor, Des. George L. Leite, que "a reparação por danos extrapatrimoniais decorre do poder persuasivo – e até mesmo condicionante – do comportamento dos consumidores atribuível à propaganda, especialmente aquela de cunho sub-reptício, disfarçada, insidiosa, que não permite às pessoas comuns perceberem o canto de sereia embutido na mensagem veiculada. Se o incremento de consumo promovido pela publicidade é coletivo e amplo, o dano por práticas abusivas também o é". A íntegra do acórdão está disponível no site http://actbr.org.br/uploads/conteudo/185_DF270851publicidade. pdf, acessado em 06.12.2015.

49 Em parecer elaborado em 2009, disponível no site http://www.actbr. org.br/uploads/conteudo/284_parecer_juridico_publicidade.pdf, acesso em 07.02.2016, p. 21 e 33.

as suas vendas seria contrária à própria razão de ser da propaganda." E conclui: "a propaganda de produtos derivados do tabaco não é algo que realiza o direito à informação, mas, ao contrário, é algo que pretende convencer o indivíduo a comprar algo que faz mal a sua saúde, não importa de que forma, com que freqüência e em que quantidade for consumido".

Portanto, sem levar na devida consideração os efeitos reais, concretos e documentados da publicidade sobre o processo de tomada de decisão, é no mínimo uma ingenuidade invocar[50] os ensinamentos de um Pontes de Miranda, de um Saleilles, de um Carvalho Santos, para defender o valor da autonomia da vontade, já que esses autores, ao tratar do tema da autonomia da vontade, preocuparam-se, como todos os de sua geração, apenas e tão somente com as questões dogmáticas e abstratas, numa época em que havia pouca interdisciplinaridade e o Direito desconhecia os *insights* e lições provenientes de outras ciências.

Em suma, "o livre arbítrio do fumante não é razão para excluí-lo do direito à indenização"[51].

O item que segue focará sobre as demais estratégias, além do *marketing* explícito, que seguem largamente utilizadas para conquistar consumidores.

---

50 A referência, aqui, é ao parecer de Galeno Lacerda, encomendado pelos advogados que patrocinam a defesa dos interesses das indústrias do fumo e publicado em coletânea que reúne outros pareceres do gênero (coletânea que costuma ser generosamente distribuído pelos mesmos advogados aos julgadores que devam apreciar casos envolvendo responsabilidade civil da indústria fumageira) – LACERDA, Galeno. "Liberdade-Responsabilidade: assunção de risco e culpa exclusiva do fumante como excludente de responsabilidade do fabricante de cigarros". *In*: LOPEZ, Teresa Ancona (coord.). **Estudos e Pareceres sobre Livre-arbítrio, Responsabilidade e Produto de Risco Inerente** – O paradigma do tabaco. Aspectos civis e processuais. Rio de Janeiro: Renovar, 2009, p. 185/187.

51 PASQUALOTTO, Adalberto. "O direito dos fumantes à indenização". **Revista Jurídica Luso-Brasileira** (R.J.L.B.), ano 2 (2016), n. 1, p. 567.

3. A ESTRATÉGIA DA INDÚSTRIA DO FUMO PARA CONTINUAR CONQUISTANDO CONSUMIDORES PARA SEU PRODUTO E MANTÊ-LOS CATIVOS

O principal objetivo das novas tecnologias empregadas pela indústria do fumo é facilitar os primeiros contatos de adolescentes com os produtos até que se estabeleça a dependência química. É nessa perspectiva que se insere a tecnologia dos aditivos. Segundo dados disponíveis, atualmente a indústria do tabaco utiliza 599 diferentes aditivos nos seus cigarros[52].

A estratégia adotada revelou-se eficaz: pesquisa feita com mais de 17.000 estudantes brasileiros de 13 a 15 anos de idade mostrou que os cigarros com sabor são os preferidos dos jovens. Por essa razão, a Agência Nacional de Vigilância Sanitária (Anvisa) editou a Resolução RDC 14/2012, proibindo o uso da maioria dos aditivos em todos os produtos derivados do tabaco. Ajuizada Ação Direta de Inconstitucionalidade (ADI) pela Confederação Nacional da Indústria (CNI), esta foi julgada improcedente pelo Supremo Tribunal Federal, que afirmou a legitimidade da Anvisa para a proibição do uso de aditivos nos produtos fumígenos derivados do tabaco.[53]

---

[52] "ADITIVOS EM CIGARROS – Notas Técnicas para Controle do Tabagismo", cit., fl. 18.

[53] A decisão da Corte na ADI 4874, julgada em 01 de fev. de 2018, foi no seguinte sentido: "O Tribunal, por unanimidade, conheceu da ação direta, nos termos do voto da Relatora. No mérito, relativamente ao pedido principal, de declaração de inconstitucionalidade do art. 7º, III, e XV, in fine, da Lei 9.782/1999, por maioria e nos termos do voto da Relatora, julgou improcedente o pedido, vencido, em parte, o Ministro Marco Aurélio. Quanto aos pedidos sucessivos, relativos às normas da Resolução da Diretoria Colegiada da ANVISA 14/2012, o Tribunal julgou improcedente a ação, em julgamento destituído de eficácia vinculante e efeitos erga omnes, por não se ter atingido o quorum exigido pelo artigo 97 da Constituição, cassando-se a liminar concedida, nos termos do voto da Relatora. Declarou suspeição o Ministro Roberto Barroso. Presidiu o julgamento a Ministra Cármen Lúcia. Plenário, 1º.2.2018."

Relativamente aos aditivos – publicizados como inovações tecnológicas que simplesmente melhoram a qualidade e o sabor do produto –, o que a indústria não torna público é que alguns desses ingredientes, como, por exemplo, o açúcar, além de ter o objetivo de melhorar o sabor e afastar a sensação de irritação causada pela fumaça do cigarro, também atua potencializando a capacidade de o produto causar dependência, e que alguns desses aditivos, após a combustão, transformam-se em substâncias tóxicas e cancerígenas[54].

De fato, nos documentos internos da indústria do tabaco estão registrados dados fundamentais sobre a função da nicotina e sobre modos de intensificar a velocidade de sua absorção pelos fumantes, com o objetivo de torná-la mais potente em termos farmacológicos. A adição de amônia aos cigarros figura como uma das mais importantes técnicas para aumentar o efeito da nicotina, pois aumenta a quantidade de nicotina 'livre' na fumaça e, portanto, a sua capacidade de atingir o cérebro[55]. Ao chegar ao cérebro, a nicotina produz uma resposta cerebral química por meio da liberação de dopamina e de outros neurotransmissores, que dão ao usuário a sensação descrita como impacto (*kick*). Com o tempo, os receptores cerebrais do fumante se condicionam à dose de nicotina esperada e, quando privados da sua presença, levam o fumante a experimentar os sintomas da síndrome de abstinência[56].

Um dos problemas ligados à adição desses novos produtos, para tornar o cigarro mais atrativo, mais saboroso e mais viciante, é que o cigarro se tornou ainda mais perigoso. Recente relatório do *Surgeon General* (maior autoridade em saúde pública norte-americana), de

---

54 TALHOUT, R.; OPPERHUIZEN, A; AMSTERDAM, J.G.C. *Sugar as tobacco ingredient: effects on mainstream smoke composition*. **Food and Chemical Toxicology**. Oxford, v. 44 (11), Nov. 2006, p. 1789-1798.

55 BATES, C; CONNOLLY, G.N.; JARVIS, M. **Tobacco Additives**: Cigarette Engineering and Nicotine Addiction. [London]: Action on Smoking and Health, 1999. Disponível em http://ash.org.uk/files/documents/ASH_623.pdf.

56 "ADITIVOS EM CIGARROS – Notas Técnicas para Controle do Tabagismo", *cit.*, fls. 18 e 20.

2014, revelou que o fumante tem hoje mais risco de ter câncer de pulmão do que tinha em 1964, mesmo fumando menos cigarros.[57]

Mas se o argumento do livre-arbítrio é inconsistente quando se fala de jovens e adolescentes que se iniciam no vício de fumar, pelas razões que acima referimos, tampouco tem a consistência pretendida pela indústria do fumo o mesmo argumento quando referidos a adultos, pelas razões que exporemos no item seguinte.

4. O ARGUMENTO DO LIVRE-ARBÍTRIO E SUA RELATIVIZAÇÃO: O CASO DOS ADULTOS

Numa sociedade livre e democrática, em que se reconhece ao indivíduo o direito de fazer opções, escolhas, mesmo que prejudiciais a si próprio, o apelo filosófico e ideológico à liberdade sempre é agregador[58].

---

57   U.S. Department of Health and Human Services. **The Health Consequences of Smoking** – 50 Years of Progress: A Report of the Surgeon General. Atlanta/Georgia: U.S. Department of Health and Human Services, Centers for Disease Control and Prevention, National Center for Chronic Disease Prevention and Health Promotion, Office on Smoking and Health, 2014, *apud* ANDREIS, Mônica; ISSA, Jaqueline Scholz. *Livre-arbítrio e o consumo de cigarros e outros produtos de tabaco*. **Revista Científica Virtual da Escola Superior da Advocacia da OAB-SP**, n. 17 (inverno 2014). Edição especial: Direito e Tabaco. São Paulo: OAB/SP, 2014, p.46.

58   Não teríamos a menor dificuldade de subscrever a bela defesa que Maria Celina Bodin de Moraes faz do princípio de liberdade e suas repercussões no mundo jurídico: "O princípio de liberdade foi positivado no direito, a partir de sua construção kantiana, como a ausência de coerções externas, a possibilidade de fazer escolhas, um espaço para autodeterminar-se. Consagrada como princípio constitucional, a liberdade não se resume às relações de direito público, sendo norma determinante também nas relações privadas. Nesse âmbito, ela se reflete no conceito de autonomia privada" (...) e também se projeta sobre as relações de consumo"– BODIN DE MORAES, Maria Celina. "Liberdade individual, acrasia e proteção da saúde". *In*: LOPEZ, Teresa Ancona (coord.). **Estudos e Pareceres sobre Livre-arbítrio, Responsabilidade e Produto de Risco Inerente** – O paradigma do tabaco. Aspectos civis e

Todavia, olhando-se mais de perto o argumento, percebe-se que não é tão sólido como os defensores da indústria do fumo gostariam.

Baseado em informações provindas da psicologia comportamental, da biologia, da sociologia, refere André Perin Schmidt Neto[59] que "o ser humano define quem ele é, imitando características que ele deseja possuir e aperfeiçoando-as à sua maneira". Assim, aproveitando-se dessa característica humana "os publicitários promovem um produto, associando-o a um personagem famoso", de forma a criar no consumidor a ideia de que se 'fulano' consume aquele produto então ele também deve consumi-lo. Cita Guy Debord (A sociedade do espetáculo) ao referir a infantilidade da "necessidade de imitação que o consumidor sente". Tal comportamento "tem uma lógica e um propósito: ser identificado por aqueles que comungam dos mesmos valores".

Tais informações, ainda que não propriamente inéditas, são relevantes, à medida em que hoje se sabe quanto as multinacionais do fumo investiram na indústria cinematográfica para povoar o imaginário das pessoas com glamorosas cenas em que os protagonistas apareciam fumando.

Nos Estados Unidos, o famoso relatório de 1964 do *Surgeon General* tornou público que, do ponto de vista científico, era absolutamen-

---

processuais. Rio de Janeiro: Renovar, 2009, p. 371 e 372. Todavia, pelas razões que expusemos no texto, discordamos dela quando transpõe tais noções abstratas e consensuais para o caso dos fumantes e afirma que "o consumo de cigarros é objeto de decisão de sujeitos racionais que dão prioridade aos prazeres decorrentes desse hábito apesar dos riscos potencialmente envolvidos". Entendemos ter demonstrado que tais escolhas não são tão livres e racionais como se sustenta, especialmente se levarmos em consideração a força da publicidade, mormente na época em que a maioria dos fumantes de hoje começou a fumar.

[59] Tese de doutoramento denominada "A superação da ótica voluntarista e o novo paradigma da confiança nos contratos", posteriormente publicada sob a forma de livro: **Contratos na Sociedade de Consumo** – Vontade e Confiança. São Paulo: Revista dos Tribunais, 2015.

te incontroverso que o tabaco fazia muito mal à saúde[60]. Buscando neutralizar o impacto de tal relatório, a indústria tabagista procurou apoiar-se nesse mecanismo psicológico a que aludimos, procurando explorar os mecanismos da racionalização e da negação utilizados pelos fumantes, como deixa claro memorando interno expedido pelo então Vice-Presidente Executivo da Philip Morris: "No futuro, devemos dar respostas que ofereçam aos fumantes uma muleta psicológica, uma racionalização para continuar fumando". Entre as 'muletas' e 'racionalizações' propostas constavam questões de teor médico, como 'mais pesquisas são necessárias' e 'existem contradições' e 'discrepâncias'.[61]

Ou seja, a indústria do fumo, de forma deliberada e consciente, usou de todos os recursos psicológicos disponíveis para 'vender' seu produto, buscando quebrar as barreiras de uma saudável liberdade de escolha, neutralizando informações de que tal produto seria maléfico e fornecendo falsas 'muletas' para neutralizar os alertas cada vez mais abundantes e inequívocos provindos do meio científico.

Por outro lado, se é difícil ao jovem largar o vício de fumar, tal possibilidade não fica nada mais fácil à medida em que ele envelhece, em razão do mecanismo do vício relacionado aos efeitos da nicotina. E aqui, novamente, falar-se em livre-arbítrio é olimpicamente desconhecer a realidade dos fatos.

E os fatos são os seguintes:

> "A privação de nicotina, mesmo que por poucas horas provoca sintomas de abstinência. Os receptores 'dessensibilizados' voltam a ficar responsivos e disto decorrem os sintomas de ansiedade e estresse que em geral levam o indivíduo ao desejo intenso de fumar

---

60 Referido relatório teve um grande impacto na opinião pública norte-americana. Uma pesquisa de opinião realizada em 1958 demonstrou que apenas 44% dos norte-americanos acreditavam que fumar causava câncer, ao passo que tal percentual subiu para 78% em outra pesquisa realizada em 1968, sobre o mesmo tema, segundo informação colhida no artigo "The Reports of the Surgeon General - The 1964 Report on Smoking and Health", publicado no site da *National Library of Medicine*, https://profiles.nlm.nih.gov/ps/retrieve/Narrative/NN/p-nid/60, acessado em 31.07.2016.

61 Informação contida no item 636 da citada sentença norte-americana proferida pela juíza Gladys Kessler.

– sensação de 'fissura'. Exatamente este desconforto provocado pela privação (reforço negativo) associado à perda do prazer de fumar (reforço positivo), faz com que muitos fumantes não tenham êxito nas tentativas de parar de fumar, mesmo motivados. Deste modo, partindo-se do pressuposto que o conceito de livre-arbítrio não pode ser aplicado quando a condição de dependência está presente, o fumante adulto dependente de tabaco também não agiria sob esta condição ao continuar fazendo uso de produtos de tabaco, apesar de conscientes dos riscos à sua saúde. Este é, aliás, um dos critérios para caracterização da dependência, a persistência no uso a respeito do conhecimento racional sobre os efeitos prejudiciais à saúde."[62]

Em acórdão da 8ª Câmara de Direito Privado do TJSP (n. 379.261-4/5-00, julgado em 08/10/2008), em que se manteve decisão condenatória da indústria do fumo, citou o redator do acórdão, Des. Joaquim Garcia, artigo do médico Dráuzio Varella, publicado no jornal Folha de São Paulo, intitulado "Mecanismo Diabólico", no qual o conhecido médico refere que

> "em artigo à revista *Scientific American*, Josef DiFranza revê estudos que explicam as raízes bioquímicas da dependência da nicotina e contradizem o dogma de que ela levaria anos para escravizar o usuário. (…) Aqueles que conseguiram abster-se por apenas três meses ou passaram décadas em abstinência, quando recaem voltam com a mesma rapidez ao número de cigarros diários anteriormente consumidos. A dependência da nicotina é uma doença crônica, incurável. O cérebro do fumante nunca mais voltará ao estado original. A farmacologia não conhece droga que cause tamanha dependência química. A nicotina não vicia por causar sensações inacessíveis aos mortais que enfrentam o cotidiano de cara limpa. Inundar o cérebro com ela não faz você experimentar a alegria do álcool, a onipotência da cocaína, o relaxamento da maconha ou as visões do LSD. Não existe barato nem viagem. Você fuma apenas para aplacar as crises de abstinência que a própria droga provoca a cada trinta minutos. O único prazer de quem fuma é sentir a paz de volta ao corpo suplicante, até que a próxima crise bata à porta para enlouquecê-lo. Parece invenção de Satanás."

---

[62] ANDREIS, Mônica; ISSA, Jaqueline Scholz. *Livre-arbítrio e o consumo de cigarros e outros produtos de tabaco*. In: **Revista Científica Virtual da Escola Superior da Advocacia da OAB-SP**, n. 17 (inverno 2014). Edição especial: Direito e Tabaco. São Paulo: OAB/SP, 2014, p. 47.

Entre nós, o Instituto Nacional do Câncer, do Ministério da Saúde, explica que a nicotina é uma substância psicoativa, isto é, produz a sensação de prazer, o que pode induzir ao abuso e à dependência. "Por ter características complexas, a dependência à nicotina é incluída na Classificação Internacional de Doenças da Organização Mundial de Saúde – CID 10ª revisão[63]." A dependência resulta do fato de que "com a ingestão contínua da nicotina, o cérebro se adapta e passa a precisar de doses cada vez maiores para manter o mesmo nível de satisfação que tinha no início". É o que se chama de tolerância à droga, que compele o fumante, com o passar do tempo, a ter necessidade de consumir cada vez mais cigarros[64].

É por isso que se afirma que a liberdade daquele que se inicia no tabaco, bem como a liberdade de quem já é fumante (para parar de fumar) são manifestações de vulnerabilidade. Esta se manifesta seja pela idade do fumante (menores), por sua incapacidade, por dependência (nicotina) ou mesmo em razão da vulnerabilidade informacional, por ausência de informação (como ocorreu durante o século XX) ou informação insuficiente, incompleta, imprecisa e sem credibilidade (no final do século XX e no século XXI).[65]

A Economia Comportamental traz bons *insights* para esse debate:

> "A EC descreve a dificuldade humana com a tomada de decisões intertemporais, assim definidas aquelas para as quais se faz um pequeno sacrifício hoje, à espera de um benefício maior no futuro. Descreve, igualmente, o chamado superotimismo humano, ou a crença dos indivíduos de que eles são mais propensos ao acontecimento de boas coisas em suas vidas que nas dos outros. Comprova, empiricamente, a afirmação de que, por vezes, as escolhas dos seres humanos baseiam-se em compulsões, ódio, paixões, vícios e não re-

---

63 "Transtornos mentais e comportamentais devidos ao uso de fumo – síndrome de dependência", CID 10 (F17)

64 *Tabagismo – Perguntas e Respostas,* acessível em http://www1.inca.gov.br/tabagismo/frameset.asp?item=faq.

65 Nesses termos, SOARES, Renata Domingues Balbino Munhoz. "O novo paradigma do *tabaco*: do '*senso comum teórico*' ao contexto científico". In: **Revista Científica Virtual, da OAB/SP – ESA,** número especial sobre **Direito e Tabaco.** Ano V, n. 17. São Paulo, outono de 2014, p. 117.

presentam, exatamente, uma expressão de escolha livre. Confirmam o caráter limitado da força de vontade humana. Demonstram que os seres humanos costumam selecionar, em tendo as opções possíveis, os argumentos que confirmam aquilo que eles previamente desejavam como conclusão.

[...] É de se reconhecer, por outro lado, que as seguintes afirmações são reconhecidamente corriqueiras entre os próprios fumantes: *'conheço alguém que fumou desde os 12 anos, hoje tem 90 e está bem'* (utilizando um caso excepcional para confirmar a ideia que lhe convém, em detrimento de inúmeras pesquisas sérias que comprovam ser essa circunstância rara e que a grande maioria dos fumantes morre mal e prematuramente em razão do tabaco); *'fumo porque quero, paro quando quiser'* (desconsiderando o caráter de vício do tabagismo e o fato de que a suposta 'escolha' que ele faz cotidianamente está longe de representar exercício de livre-arbítrio); *'quero parar de fumar, mas, só hoje, estou estressado, vou acender mais um cigarro'* (comprovando a necessidade humana de satisfações instantâneas, em detrimento de maiores recompensas futuras); entre tantos outros exemplos possíveis"[66].

Se não há verdadeiro livre-arbítrio para começar a fumar, será que existiria para parar de fumar? É a pergunta que tentaremos responder a seguir.

---

66 OLIVEIRA, Amanda Flávio de; MOURA, Walter José Faiad de. *É preciso proteger o fumante de si mesmo?* In: **Revista Científica Virtual da Escola Superior da Advocacia da OAB-SP**, n. 17 (inverno 2014). Edição especial: Direito e Tabaco. São Paulo: OAB/SP, 2014, p. 162/163. Dentro da mesma linha, refere Isabella Henriques que o mote da sociedade de consumo é o pensar no momento atual, no prazer imediato, pois é uma sociedade que prima pelo imediatismo, sem lembrar o passado ou preocupar-se com o futuro. E prossegue: "A ideia é curta agora tudo o que é possível, pois você é merecedor desse prazer. Essa ideia é muito eficaz porquanto o ser humano reconhece a sua condição de mortalidade. Por isso mensagens que induzem a esse prazer imediato são facilmente absorvidas, ainda que no caso de promoção de produtos notoriamente conhecidos por seus potenciais danos à saúde, inclusive com risco de morte, como são o tabaco e o álcool. A ideia aqui é: se eu vou morrer mesmo, que ao menos seja desfrutando algo que acredito me dê prazer e me faça feliz" - HENRIQUES, Isabella. "Controle do Tabaco X Controle do Álcool: Convergências e Diferenciações Necessárias. In: HOMSI, Clarissa Menezes (coord.). **Controle do Tabaco e o Ordenamento Jurídico Brasileiro.** Rio de Janeiro: Lúmen Juris Editora, 2011, p. 249.

5. LIVRE-ARBÍTRIO PARA PARAR DE FUMAR?

Livre-arbítrio, na noção corrente, tem a ver com a faculdade humana de autodeterminar-se sem sofrer coações ou diretas influências externas. De forma autônoma, o indivíduo escolhe, dentre as alternativas existentes, aquela que mais lhe convém. Diante de tal noção, será que abandonar o vício de fumar seria uma simples questão de escolha, de livre opção, uma simples questão de vontade? Se o cigarro vicia, como é induvidoso, até que ponto é possível falar em livre-arbítrio do fumante no que diz respeito à sua decisão de abandonar o vício?

Com a devida vênia daqueles que afastam a responsabilidade da indústria do fumo, invocando o livre-arbítrio do fumante, não há como superar o consenso científico a respeito do poder viciante da nicotina. No relatório publicado em 1988, intitulado *Nicotine Addiction*, o *Surgeon General*, que é a maior autoridade de saúde pública dos Estados Unidos, reconheceu que 'cigarros e outras formas de tabaco são viciadores', que 'a nicotina é droga que causa vício' e que 'características farmacológicas e comportamentais que determinam o vício tabagístico são semelhantes àquelas que determinam o vício em drogas como heroína e cocaína'[67].

As próprias fabricantes de cigarro recentemente passaram a admitir que parar de fumar é difícil[68].

Pesquisa efetuada junto à Universidade de Iowa, nos Estados Unidos, envolveu pacientes acometidos de um tipo específico de lesão cerebral (no córtex prefrontal ventromedial). Tais pacientes mantinham preservada sua capacidade cognitiva, mas eram incapazes de se conduzir de acordo com tal conhecimento abstrato. Um dos pesquisadores, Antoine Bechara, disse textualmente (em tradução livre) que "é como o vício em drogas. Viciados podem articular muito

---

67 1988 *Surgeon General's Report*, "*Nicotine Addiction*", disponível em http://profiles.nlm.nih.gov/NN/B/B/Z/D/_/nnbbzd.pdf .

68 www.souzacruz.com.br/OneWeb/sites/SOU_5RRP92.nsf/vwPagesWebLiveDO59D6J?opendocuments&SID=&DTC=&TMP=1 ; e www.philipmorrisusa.com/en/health_issues/addiction.asp?source=home_fca1, acesso em 08.12.15.

bem as consequências do seu comportamento. Mas não conseguem agir de acordo. Isto se deve a um problema no cérebro. Danos na área ventromedial causa uma desconexão entre o que você sabe e o que você faz"[69]. Portanto, o simples fato do viciado em nicotina ter consciência dos males associados ao fumo não o impede de continuar fumando. Mas isso não se explica como sendo um ato de liberdade, de livre-arbítrio, mas sim pela precisa falta de liberdade de se livrar do vício da nicotina.

Assim, do ponto de vista científico, não há, pois, como negar que o tabagista é vítima de uma síndrome de dependência que se caracteriza por um intenso desejo de tomar a droga, pela impossibilidade ou dificuldade de controlar o consumo e pela manutenção do uso, apesar das suas consequências nefastas[70].

---

69 GLADWELL, Malcolm. **BLINK – The Power of Thinking Without Thinking**. New York: Back Bay Books (Little, Brown and Company), 2005, p. 59/60.

70 Portanto, apesar do respeito que temos pelo jurista Nelson Nery Junior, dele discordamos quando sustenta que "o cigarro é um produto supérfluo, que pode ser dispensado, ainda por aqueles que contraíram um hábito." Tal colocação se choca não só com as conclusões científicas que melhor explicam o mecanismo do vício, a dificuldade de se subtrair aos efeitos escravizadores da nicotina, mas também com a realidade fática: para cada dois conhecidos bem sucedidos na decisão de parar de fumar, todos conhecemos outros oito que não lograram êxito. Todavia, mais uma vez aqui reconhecemos que se trata de opinião manifestada em parecer encomendado pela rica indústria do fumo, cuja força de convencimento naturalmente deve ser relativizada e contextualizada. NERY JUNIOR, Nelson. "Ações de indenização fundadas no uso de tabaco. Responsabilidade civil pelo fato do produto: julgamento antecipado da lide. Ônus da prova e cerceamento de defesa. Responsabilidade civil e seus critérios de imputação. Autonomia privada e dever de informar. Autonomia privada e risco social. Situações de agravamento voluntário do risco". *In*: LOPEZ, Teresa Ancona (coord.). **Estudos e Pareceres sobre Livre-arbítrio, Responsabilidade e Produto de Risco Inerente** – O paradigma do tabaco. Aspectos civis e processuais. Rio de Janeiro: Renovar, 2009, p. 396/397.

Documento oficial da União Europeia a respeito dos malefícios associados ao fumo e as graves consequências sociais e econômicas daí derivadas refere que a dependência do tabaco é caracterizada como uma verdadeira doença crônica, com altas taxas de reincidências de quem tenta parar de fumar.[71] Pesquisa realizada na Nova Zelândia mostrou que, por volta dos 18 anos, 75% dos adolescentes fumantes se arrependem de terem começado, e metade já tentou parar de fumar[72]. No Brasil, esse número é inclusive superior: 80%[73].

Também já está fartamente documentado que a maioria dos fumantes identifica o risco do tabagismo e expressa o desejo de deixar o consumo. Todavia, 85% dos que tentam deixar de fumar sozinhos recaem dentro de uma semana[74].

---

71 *Tabagismo & saúde nos países em desenvolvimento*. Documento organizado pela Comissão Europeia em colaboração com a Organização Mundial de Saúde e o Banco Mundial para a mesa Redonda de Alto nível sobre Controle do Tabagismo e Políticas de Desenvolvimento. Tradução: Instituto Nacional de Câncer/Ministério da Saúde do Brasil. Disponível em http://www.inca.gov.br. Acesso em 06.12.15.

72 NEW ZEALAND. Ministry of Health. **Smoking is highly addictive.** [Wellington: Ministry of Health], 2008. (Fact sheet, 9), disponível em: http://www.moh.govt.nz/moh.nsf/indexmh/tobacco-warnings-factsheets-addictive.

73 É o que se vê da reportagem publicada pela Revista Superinteressante, em junho de 2003: "Se os malefícios do cigarro são tão conhecidos, por que ainda há tantos fumantes? Bem, a primeira baforada deve-se ao marketing do cigarro. Outras a sucedem porque a nicotina vicia mais que a cocaína. Segundo o médico Daniel Deheinzelin, do Hospital do Câncer de São Paulo, com apenas 7 a 14 dias de uso contínuo o fumante está dependente. Já largar o cigarro é difícil. Só 3% das pessoas que tentam abandonar o cigarro conseguem fazê-lo, geralmente após tentar cinco vezes. E olha que não é pouca coisa tentar ficar longe da fumaça: 80% dos fumantes brasileiros dizem querer parar".

74 U.S. DEPARTMENT OF HEALTH AND HUMAN SERVICES. National Institutes of Health. National Institute on Drug Abuse. **Tobacco addiction.** [Bethesda]: National Institutes of Health, 2009. Disponível em: http://www.drugabuse.gov/ResearchRepports/Nicotine/Nicotine.html. Efetivamente, "o vício certamente anuvia as decisões do fumante, impedindo-o, muitas vezes, de adotar posição mais condizente

Diante desses dados, fica muito difícil continuar a falar em livre-arbítrio no sentido de que as pessoas fumam porque querem, no exercício de sua liberdade e autonomia, podendo parar de fazê-lo quando assim bem entenderem.

De fato, recente pesquisa científica do *International Tobacco Control (ITC)*[75], divulgada em maio de 2013, envolvendo coleta de dados entre os anos de 2009 e 2013, revelou que entre os fumantes, 87% responderam que se arrependem de ter iniciado o consumo do tabaco. A percepção de insatisfação com o ato de fumar, revelada depois de constatado o vício, demonstra um elemento que corrói o núcleo das generalizações que correlacionam fumo-prazer-livre-arbítrio. Assim, torna-se inconciliável a manutenção do postulado que defende o ato de fumar apoiado em um gozo livre e prazeroso, se as constatações percebidas do indivíduo que fuma apresentaram a percepção de arrependimento, associando o hábito mais a um vício que ao exercício de uma liberdade[76].

As indústrias do fumo sabem perfeitamente disso. Tanto que a juíza Kessler, em sua sentença, identificou claramente documentos que comprovam que os produtores de cigarro sabem o quanto a nicotina embota e anula o livre-arbítrio. Disse ela, no item 1269 de sua sentença: "O memorando interno do *Tobacco Institute* de 9/09/1980 alerta que, se as empresas-membro reconhecessem publicamente que

---

com a sua saúde. Não basta querer subtrair-se ao vício. Pesquisas demonstram que a grande maioria dos fumantes que tentaram abandonar o cigarro quedaram-se desgostosos pelo fracasso" - DELFINO, Lúcio. *Responsabilidade Civil da Indústria do Tabaco*. In HOMSI, Clarissa Menezes (coord.). **Controle do Tabaco e o Ordenamento Jurídico Brasileiro.** Rio de Janeiro: Lumen Juris, 2011, p. 101. Segundo Ronaldo Laranjeira e Analise Gigliotti, 'embora 70% dos fumantes desejem parar de fumar, apenas 5% destes conseguem fazê-lo por si mesmos" – in *Tratamento da dependência da nicotina*. Disponível em http://www.unifesp.br/dpsiq/polbr/ppm/atu1_02.htm.

75 Disponível em http://www.itcproject.org/files/ITC_BrazilNR-POR-Aug2-v18-web.pdf , acesso em 08.12.2015.

76 OLIVEIRA, Amanda Flávio de; MOURA, Walter José Faiad de. *É preciso proteger o fumante de si mesmo?* In: **Revista Científica Virtual da Escola Superior da Advocacia da OAB-SP**, n. 17 (inverno 2014). Edição especial: Direito e Tabaco. São Paulo: OAB/SP, 2014, p. 161.

a nicotina é viciante, isso anularia seu argumento de defesa – que a decisão de fumar é de 'livre-arbítrio'…".[77]

Não se pode olvidar, tampouco, que o exercício do livre-arbítrio supõe consciência. Consciência pressupõe informações suficientes, claras, adequadas e sem falsificações das opções existentes e de suas consequências. E isso está longe de ter ocorrido, como se verá na sequência.

6. O EXERCÍCIO DO LIVRE-ARBÍTRIO SUPÕE INFORMAÇÕES SUFICIENTES E ADEQUADAS

É possível se perguntar se, diante da espantosa capacidade de prejudicar do cigarro, teria o consumidor real consciência de todos os males a que está exposto?

Uma coisa é saber que "o cigarro faz mal" e que "causa câncer" como noção abstrata; outra coisa é saber, concretamente, se quem começa a fumar sabe de tudo isso, já que o normal é a pessoa imaginar que os males potenciais e futuros só acontecerão aos outros[78].

---

77 Como refere Baldini, se o consumidor é responsável porque sabia que o cigarro faz mal à saúde, com muito maior razão é responsável o fabricante que antes e melhor do que aquele conhecia as características do seu produto e, apesar disso, omitia informações, distorcia as comunicações e se abstinha de reduzir ou eliminar a nocividade do produto quando isso era tecnicamente possível – BALDINI, Gianni. **Il danno da fumo** – Il problema della responsabilità nel danno da sostanze tossiche. Napoli: Edizioni Scientifiche Italiane, 2008, p. 261.

78 Por essa razão não podemos concordar com Judith Martins-Costa, quando refere, em parecer encomendado pela indústria do cigarro, que "creio que o autor da ação não pode, razoavelmente, sustentar que 'não sabia' que o cigarro fazia mal à saúde. É uma afirmação que não seria crível segundo os padrões de razoabilidade. Estar-se-ia afrontando a razoabilidade supor que o autor nunca leu, em nenhum jornal, a notícia dos danos à saúde provocados pelo fumo; que nunca tenha ouvido, de parentes, amigos ou médicos, conselhos sobre o assunto (…)" – MARTINS-COSTA, Judith. "Ação indenizatória. Dever de informar do fabricante sobre os riscos do tabagismo". *In*: LOPEZ, Teresa Ancona (coord.). **Estudos e Pareceres sobre Livre-arbítrio, Responsabilidade e Produto de Risco Inerente** – O paradigma do tabaco. Aspectos civis e processuais. Rio de Janeiro: Renovar, 2009, p. 297.

De fato, aprofundando-se a questão da informação sobre os riscos associados ao vício de fumar, pode-se dizer que existem quatro níveis de informações, segundo Clarissa Homsi[79]:

No **primeiro nível**, as informações são elementares: o indivíduo já ouviu falar que fumar aumenta os riscos à saúde, nas não consegue identificar que riscos são esses;

No **segundo nível**, o indivíduo é capaz de identificar algumas das doenças causadas pelo tabagismo, como câncer de pulmão e enfisema pulmonar, mas não sabe as consequências de ser acometido por essa doença;

No **terceiro nível** de informação, o sujeito tem conhecimento da severidade da doença, seus sintomas e consequências, das chances de sobrevida, e do risco relativo de contrair uma doença em decorrência do tabagismo. Pesquisa realizada na Austrália revelou que apenas um terço dos fumantes crê que tenha riscos de morrer em razão do tabagismo.

No **quarto nível** de informação está o indivíduo que consegue concordar que fumar aumenta os seus próprios riscos de ter uma das doenças causadas pelo tabagismo.

Isto porque, não obstante as pessoas saibam que o tabagismo faz mal, consideram aos outros como possíveis vítimas, excluindo a si próprio, inclusive através de crenças que contribuem para manter-se fumando, como a ideia, assaz difundida, de que *tudo causa câncer hoje em dia*.

Segundo Homsi, somente se pode considerar como adequadamente informados os indivíduos situados nos níveis 3 e 4. Daí porque, sustenta a autora, a ideia de que *todos sabem que fumar faz mal* não pode, portanto, servir de argumento para deixar-se de fornecer ao consumidor informações essenciais sobre os riscos do produto.

---

79 HOMSI, Clarissa Menezes. *As Ações Judiciais Envolvendo o Tabagismo e seu Controle*. In HOMSI, Clarissa Menezes (coord.). **Controle do Tabaco e o Ordenamento Jurídico Brasileiro.** Rio de Janeiro: Lumen Juris, 2011, p. 56.

Não se pode olvidar, por outro lado, mesmo que se reconheça que de algum tempo para cá, em quase todos os países, foram os fabricantes obrigados a informar o fumante sobre as doenças tabaco-relacionadas, que é ainda nítida a assimetria informacional entre as partes (fabricante-consumidor). As informações não podem ser genéricas, mas sim adaptadas a cada tipo de consumidor, diferenciando aquelas destinadas aos adolescentes, aos idosos, aos analfabetos, às gestantes, às pessoas de baixa renda e outros, sempre levando em conta a situação existencial de cada um, conforme os grupos a que pertence. Não nos esqueçamos, também, que há pouco espaço para ilusão nessa temática: os fabricantes de cigarro somente passaram a advertir acerca dos danos causados à saúde nos maços de cigarro em razão de determinação legal, jamais de forma espontânea e leal para com seus consumidores.[80] Além disso, tais advertências são ineficientes

---

80 Registre-se, nesse sentido, que a indústria tem investido fortemente contra os países que buscam proteger seus cidadãos por meio da regulamentação deste dever de informar aos consumidores do produto cigarro através dos próprios maços, como determina a Convenção Quadro para o Controle do Tabaco em seu art. 11. O maior exemplo desse ataque foi sofrido pela Austrália, onde a iniciativa de adotar embalagens padronizadas como estratégia para diminuir o consumo de produto extremamente nocivo e letal à saúde de seus consumidores foi pioneira. Em vigor desde dezembro de 2012, após um ano de implementação da medida houve redução de 10% no número de fumantes. O *Tobacco Plain Packaging Act 2011*, de 01 de dezembro de 2011, constitui-se em importante estratégia do governo daquele país para reduzir as taxas de consumo de cigarro, mas por conta disso o Estado enfrentou uma disputa internacional com a Philip Morris, submetida às regras de arbitragem da Comissão das Nações Unidas para o Direito Comercial Internacional (UNCITRAL). O tribunal arbitral, constituído em 15 de maio de 2012 para decidir sobre a alegação de que a Austrália teria violado tratado comercial com Hong Kong, por fim concluiu em favor do Estado, emitindo, em dezembro de 2015, decisão unânime concordando com a posição da Austrália de que o tribunal não tinha jurisdição para ouvir a alegação da Philip Morris Asia. Em 17 de maio de 2016, o tribunal publicou a decisão, que considerou que a alegação da Philip Morris Asia era um abuso processual (abuso de direitos), porque a Philip Morris Asia adquiriu uma subsidiária australiana, a Philip Morris (Austrália) Limited, com o objetivo justa-

quando comparadas com as vultosas estratégias de *marketing*, como acontece, por exemplo, com o patrocínio de eventos televisionados para todo o globo. Além disso, ao adicionarem substâncias aditivas nos cigarros, aniquilam o livre-arbítrio do indivíduo, o que neutraliza as instruções, aconselhamentos ou advertências[81].

Sobre essa assimetria informacional, outros autores referem que se o conhecimento dos consumidores sobre os males do cigarro é amplo e inespecífico, o mesmo não se pode dizer, em absoluto, dos fabricantes, que conhecem como ninguém, concreta e cientificamente, os potenciais danos devastadores para a saúde humana do produto que continuam a disponibilizar[82].

Além disso, a afirmação de que os fumantes estão plena e adequadamente informados sobre os riscos que correm é falsa. E isto pelo simples fato de que ainda hoje novas doenças são relacionadas ao tabagismo, desmistificando a ideia de haver um conhecimento sedimentado sobre os riscos que acarreta à saúde[83].

---

mente de iniciar a arbitragem sob o acordo de Hong Kong. Assim em: https://www.ag.gov.au/Internationalrelations/InternationalLaw/Pages/Tobaccoplainpackaging.aspx. Acesso em 10 de jan. 2018. A Austrália enfrentou disputa semelhante também na OMC, restando igualmente vencedora. Sobre o modelo australiano das embalagens padronizadas, confira-se: LIBERNAN, Jonathan e PERRIAM, Laura. A verdade na embalagem: embalagens genéricas contendo imagens e advertências sobre os riscos do tabaco à saúde na Austrália. In: PASQUALOTTO, Adalberto (Org.). **Publicidade de tabaco**: frente e verso da liberdade de expressão comercial. São Paulo: editora Atlas, 2015, p. 184-201.

81 FRANZOLIN, Cláudio José. *Assimetria Informacional na Relação entre o Consumidor e o Fabricante de Produtos de Tabaco*. In: HOMSI, Clarissa Menezes (coord.). **Controle do Tabaco e o Ordenamento Jurídico Brasileiro**. Rio de Janeiro: Lumen Juris, 2011, p. 155 e 173.

82 FARIAS, Cristiano Chaves de; BRAGA NETTO, Felipe Peixoto; ROSENVALD, Nelson. **Novo Tratado de Responsabilidade Civil**. São Paulo: Atlas, 2015, p. 838.

83 HOMSI, Clarissa Menezes. *As Ações Judiciais Envolvendo o Tabagismo e seu Controle*. In: HOMSI, Clarissa Menezes (coord.). **Controle do Tabaco e o Ordenamento Jurídico Brasileiro**. Rio de Janeiro: Lumen Juris, 2011, p. 69. No mesmo sentido posicionam-se BARBOSA,

De fato, temos como evidente que livre-arbítrio supõe conhecimento integral das circunstâncias inerentes a determinado produto[84], o que, pelo que hoje se sabe, inexiste, pois a cada nova pesquisa se revela novos malefícios atrelados ao hábito de fumar.

É hora de concluir.

CONSIDERAÇÕES FINAIS

Foi visto que a indústria do fumo, onde quer que surjam ações de responsabilização civil pelos danos sofridos pelos consumidores, costuma apresentar as mesmas linhas defensivas. Dentre elas, duas se sobressaem: a questão do nexo de causalidade e a questão do livre-arbítrio[85].

Fernanda Nunes; ANDREIS, Mônica: "[a] advertência, presente nas carteiras de cigarro e levada a efeito pelo Ministério da Saúde (e não pelo fornecedor), não pode ser considerada como informação suficiente, bastando informalmente perguntar-se a uma fumante (habitual ou potencial) se ela sabe exatamente quais os riscos do fumo em combinação com o uso de contraceptivos, ou a relação entre o tabagismo e o câncer de colo uterino. Ainda que muitas mulheres saibam, genericamente considerando, que 'fumar é prejudicial à saúde', a informação específica é de difícil acesso, mesmo porque o conhecimento pleno da engenharia do produto, que possibilitaria análise mais aprofundada de seus efeitos na saúde, apenas a indústria possui" - "O argumento da culpa da vítima como excludente da responsabilidade civil da indústria do cigarro: proposta de reflexão". In: **Revista de Direito do Consumidor**. Ano 21, vol. 82, abr.-jun./2012, p. 78.

84 PIOVESAN, Flávia e SUDBRACK, Umberto Guaspari. *Direito à Saúde e Dever de Informar: Direito à Prova e a Responsabilidade Civil das Empresas de Tabaco.* In: HOMSI, Clarissa Menezes (coord.). **Controle do Tabaco e o Ordenamento Jurídico Brasileiro.** Rio de Janeiro: Lumen Juris, 2011, p. 127/128.

85 No item 3897 de sua sentença, a Juíza Kessler fez contar que em agosto de 1980, Kendrick Wells, então conselheiro [jurídico] corporativo da B&W, fez constar em um memorando interno as seguintes colocações: "Uma boa defesa em processos de responsabilização civil do produto e nossa oposição a leis desfavoráveis nos Estados Unidos dependem de dois argumentos essenciais: (1) As evidências científicas não demons-

Quanto ao nexo de causalidade, viu-se que, influenciada pelas aquisições científicas de outros saberes, onde se aceitam mais facilmente juízos de probabilidade, a ciência jurídica igualmente passou a transigir com a incerteza. Em praticamente todos os países ocidentais, seja a doutrina, seja a jurisprudência, ou até mesmo a legislação, vem lenta mas firmemente aceitando que se acolham demandas indenizatórias mesmo na ausência de provas contundentes sobre o nexo de causalidade entre uma conduta e determinado dano. Contenta-se, por vezes, com um juízo de séria probabilidade, à luz de dados científicos como são as estatísticas e as conclusões de especialistas em determinadas áreas (medicina, por exemplo).

O objetivo de tal mudança é facilitar a sorte processual de vítimas, em demandas judiciais contra alegados causadores dos danos. Aos olhos de muitos, parece tão injusto deixar-se irreparada uma vítima inocente, diante de dificuldades probatórias, quanto condenar-se um suposto responsável sem provas contundentes de sua responsabilidade. Se o dano é certo, e se estatisticamente aquele dano encontra-se ligado a determinada atividade do demandado, dentro de um grau elevado de probabilidade científica, então é mais aceitável acolher-se a pretensão condenatória, mesmo sem provas inequívocas, do que se deixar a vítima permanecer com o dano para o qual ela comprovadamente não deu causa.

Quanto à questão do livre-arbítrio, vimos também que a indústria fumageira tem perfeita consciência de que seu produto causa grandes males e que na verdade ninguém se inicia ou se mantém no vício do fumo por uma questão de livre-arbítrio, mas sim em razão das caríssimas iniciativas de marketing que ela promove e do fato que, uma vez instalado o vício, o consumidor transforma-se em seu escravo.

---

      tram o nexo causal entre o tabagismo e a saúde e (2) o fumante assume voluntariamente os riscos já conhecidos relacionados ao tabagismo. Se um fabricante de cigarros admitisse a acusação de que o cigarro causa doenças nos seres humanos, ou aceitasse uma contradição ao princípio de livre arbítrio do fumante, isto poderia prejudicar ou destruir a defesa da B&W em processos judiciais e sua oposição aos ataques dos legisladores. (...)'."

A indústria do fumo, desde a década de cinquenta, no mínimo, tinha perfeita ciência de quanto seu produto era maléfico para a saúde. Apesar disso, não só ocultou dos seus consumidores, das autoridades de saúde e do público em geral, tais malefícios, como inclusive, com escancarada má-fé, dolosamente, mentiu e procurou retardar, dificultar e obstaculizar que tais descobertas fossem divulgadas. Tinha, também, e desde sempre, não só perfeita consciência de que a nicotina vicia, como também manipulava sua dosagem de forma a manter cativo seus consumidores. Além disso, como decisão política empresarial, direcionou seu marketing, de forma agressiva, para conquistar o público jovem, usando conhecimentos sofisticados de marketing e de psicologia. Sabia e sabe que o público jovem é influenciável e não toma decisões refletidas e maduras. Explica-se, assim, todo o esforço feito para tentar atrair exatamente esses jovens para o vício, na confiança de que, após tê-los feito experimentar o cigarro, a nicotina os tornaria clientes cativos e perpétuos – um casamento verdadeiramente do tipo "até que a morte os separe".

Assim, pela lógica mais elementar, parece-nos evidente que não deveria ser o consumidor de cigarros a assumir os riscos do tabagismo, mas sim as empresas fabricantes que, ao colocarem um produto altamente danoso no mercado, forçosamente deveriam assumir o risco de responder pelos danos causados.

Não mais se pode aceitar que em nome do mito do livre-arbítrio continue a indústria do fumo impunemente a lucrar em cima das milhões de mortes que diretamente causa a cada ano. Está mais do que na hora de se aplicar também a ela a equação que seus advogados invocam nos processos: liberdade com responsabilidade.

REFERÊNCIAS BIBLIOGRÁFICAS

ADITIVOS EM CIGARROS – Notas Técnicas para Controle do Tabagismo. Rio de Janeiro: INCA (Instituto Nacional de Câncer), 2014.

ALPA, Guido. Hacia dónde se dirige la responsabilidad civil?. (Título original: *Dove va la responsabilità civile?*, publicado originalmente em *La nuova giurisprudenza civile commentata*, 2010, n. 3, p. 175/184). In: MORENO MORE, César E. (coord.). *Estudios sobre la responsabilidad civil*. Lima: Legales Ediciones, 2015.

ANDREIS, Mônica; ISSA, Jaqueline Scholz. "Livre-arbítrio e o consumo de cigarros e outros produtos de tabaco". *Revista Científica Virtual da Escola Superior da Advocacia da OAB-SP*, n. 17 (inverno 2014). Edição especial: *Direito e Tabaco*. São Paulo: OAB/SP, 2014.

BARBOSA, Fernanda Nunes; ANDREIS, Mônica. "O argumento da culpa da vítima como excludente da responsabilidade civil da indústria do cigarro: proposta de reflexão". In: *Revista de Direito do Consumidor*. Ano 21, vol. 82, abr.-jun./2012, p. 61/82.

BALDINI, Gianni. *Il danno da fumo* – Il problema della responsabilità nel danno da sostanze tossiche. Napoli: Edizioni Scientifiche Italiane, 2008.

BATES, C; CONNOLLY, G.N.; JARVIS, M. *Tobacco Additives*: Cigarette Engineering and Nicotine Addiction. [London]: Action on Smoking and Health, 1999. Disponível em http://ash.org.uk/files/documents/ASH_623.pdf. - acesso em 10.01.2016.

BODIN DE MORAES, Maria Celina. "Liberdade individual, acrasia e proteção da saúde". *In*: LOPEZ, Teresa Ancona (coord.). *Estudos e Pareceres sobre Livre-arbítrio, Responsabilidade e Produto de Risco Inerente – O paradigma do tabaco. Aspectos civis e processuais*. Rio de Janeiro: Renovar, 2009.

BODIN DE MORAES, Maria Celina (2010). Prefácio à MULHOLLAND, Caitlin Sampaio. *A responsabilidade civil por presunção de causalidade*. Rio de Janeiro: G/Z Editora, 2010.

BORDON, Raniero (2006). *Il nesso di causalità*. Torino: UTET, 2006.

CABRERA, Oscar; GUILLEN, Paula Ávila; CARBALLO, Juan. "Viabilidade Jurídica de uma Proibição Total da Publicidade de Tabaco. O Caso perante a Corte Constitucional da Colômbia". In: PASQUALOTTO, Adalberto (org.). *Publicidade de Tabaco* – Frente e Verso da Liberdade de Expressão Comercial. São Paulo: Atlas, 2015.

CAPECCHI, Marco. *Il nesso di causalità*: da elemento della fattispecie fatto illecito a critério di limitazione del risarcimento del danno. Padova: CEDAM, 2002.

Comissão Europeia; Organização Mundial de Saúde; Banco Mundial. Tabagismo & saúde nos países em desenvolvimento. Mesa Redonda de Alto nível sobre Controle do Tabagismo e Políticas de Desenvolvimento. Trad.: Instituto Nacional de Câncer/Ministério da Saúde do Brasil. Disponível em http://www.inca.gov.br. Acesso em 06.12.15.

CRUZ, Gisela Sampaio da (2005). *O problema do Nexo Causal na Responsabilidade Civil*. Rio de Janeiro: Renovar, 2005.

DAWID, Philip (2011). The Role of Scientific and Statistical Evidence in Assessing Causality. In: GOLDBERG, Richard (ed.). *Perspectives on Causation*. Oxford: Hart Publishing, 2011.

DELFINO, Lúcio. *Responsabilidade Civil da Indústria do Tabaco*. In HOMSI, Clarissa Menezes (coord.). *Controle do Tabaco e o Ordenamento Jurídico Brasileiro*. Rio de Janeiro: Lumen Juris, 2011.

DELLA GIUSTINA, Vasco (1991). *Responsabilidade civil dos grupos*: inclusive no Código do Consumidor. Rio de Janeiro: Aide, 1991.

FACCHINI NETO, Eugênio. A Revitalização do nexo de causalidade e a responsabilização da indústria do fumo - a aceitação lógica da probabilidade. *Civilistica.com* - Revista Eletrônica de Direito Civil, v. 1, p. 1-41, 2016.

FACCHINI NETO, Eugênio. A relatividade do livre-arbítrio e a responsabilização da indústria do fumo - a desconstrução de um mito. *Revista de Derecho Privado* (BOGOTA), v. 31, p. 189-225, 2016.

FARIAS, Cristiano Chaves de; BRAGA NETTO, Felipe Peixoto; ROSENVALD, Nelson. *Novo Tratado de Responsabilidade Civil*. São Paulo: Atlas, 2015.

FRANZOLIN, Cláudio José. *Assimetria Informacional na Relação entre o Consumidor e o Fabricante de Produtos de Tabaco*. In: HOMSI, Clarissa Menezes (coord.). *Controle do Tabaco e o Ordenamento Jurídico Brasileiro*. Rio de Janeiro: Lumen Juris, 2011.

FROTA, Pablo Malheiros da Cunha (2014). *Responsabilidade por danos* – Imputação e Nexo de Causalidade. Curitiba: Juruá, 2014.

GLADWELL, Malcolm. *BLINK – The Power of Thinking Without Thinking*. New York: Back Bay Books (Little, Brown and Company), 2005.

GOLDBERG, Richard (2011). Using Scientific Evidence to Resolve Causation Problens in Product Liability: UK, US and French Experiences. In: GOLDBERG, Richard (ed.). *Perspectives on Causation*. Oxford: Hart Publishing, 2011.

GOMES CANOTILHO, José Joaquim (1998). *Introdução ao Direito do Ambiente*. Lisboa: Universidade Aberta, 1998.

GUIMARÃES JÚNIOR, João Lopes. *Livre-Arbítrio do Viciado – Quando os Juízes Ignoram a Ciência*. In HOMSI, Clarissa Menezes (coord.). *Controle do Tabaco e o Ordenamento Jurídico Brasileiro*. Rio de Janeiro: Lumen Juris, 2011.

HENRIQUES, Isabella. "Controle do Tabaco X Controle do Álcool: Convergências e Diferenciações Necessárias. In: HOMSI, Clarissa Menezes (coord.). *Controle do Tabaco e o Ordenamento Jurídico Brasileiro*. Rio de Janeiro: Lúmen Juris Editora, 2011.

HIGINO NETO, Vicente (2005). A Teoria da redução do módulo da prova como instrumento de concretização dos princípios do devido processo legal e da igualdade substancial. *Revista Jurídica Consulex*, Ano IX, n° 195, 28/02/2005.

HOMSI, Clarissa Menezes. "As Ações Judiciais Envolvendo o Tabagismo e seu Controle". In: HOMSI, Clarissa Menezes (coord.). *Controle do Tabaco e o Ordenamento Jurídico Brasileiro*. Rio de Janeiro: Lúmen Juris Editora, 2011.

INFANTINO, Marta (2012). *La causalità nella responsabilità extracontrattuale*. Studio di diritto comparato. Napoli: ESI, 2012.

LACERDA, Galeno. "Liberdade-Responsabilidade: assunção de risco e culpa exclusiva do fumante como excludente de responsabilidade do fabricante de cigarros". *In*: LOPEZ, Teresa Ancona (coord.). *Estudos e Pareceres sobre Livre-arbítrio, Responsabilidade e Produto de Risco Inerente* – O paradigma do tabaco. Aspectos civis e processuais. Rio de Janeiro: Renovar, 2009.

LARANJEIRA, Ronaldo; GIGLIOTTI, Analise. *Tratamento da dependência da nicotina*. Disponível em http://www.unifesp.br/dpsiq/polbr/ppm/atu1_02.htm - acesso em 20.01.2016.

LIBERNAN, Jonathan e PERRIAM, Laura. A verdade na embalagem: embalagens genéricas contendo imagens e advertências sobre os riscos do tabaco à saúde na Austrália. In: PASQUALOTTO, Adalberto (Org.). *Publicidade de tabaco*: frente e verso da liberdade de expressão comercial. São Paulo: editora Atlas, 2015, p. 184-201

LÔBO, Paulo N (2014). Prefácio à obra de FROTA, Pablo Malheiros da Cunha. *Responsabilidade por danos* – Imputação e Nexo de Causalidade. Curitiba: Juruá, 2014.

MARINONI, Luiz G.; ARENHART, Sérgio C.; MITIDIERO, Daniel (2015). *NOVO CURSO DE PROCESSO CIVIL.* Vol. 2 – Tutela dos Direitos Mediante Procedimento Comum. São Paulo: Editora Revista dos Tribunais, 2015.

MARTINS-COSTA, Judith. "Ação indenizatória. Dever de informar do fabricante sobre os riscos do tabagismo". *In*: LOPEZ, Teresa Ancona (coord.). *Estudos e Pareceres sobre Livre-arbítrio, Responsabilidade e Produto de Risco Inerente* – O paradigma do tabaco. Aspectos civis e processuais. Rio de Janeiro: Renovar, 2009.

MIRANDA NETTO, Fernando Gama; LEAL, Stela Tannure; SERRANO, Thiago (2014). Responsabilidade civil em virtude de doenças associadas ao tabagismo: presunção de causalidade e redução do estândar da prova. *Revista Científica Virtual da Escola Superior da Advocacia da OAB-SP*, n. 17 (inverno 2014). Edição especial: Direito e Tabaco. São Paulo: OAB/SP, 2014.

MOREIRA ALVES, José Carlos, "A causalidade nas ações indenizatórias por danos atribuídos ao consumo de cigarros". *In*: LOPEZ, Teresa Ancona (coord.). *Estudos e Pareceres sobre Livre-arbítrio, Responsabilidade e Produto de Risco Inerente* – O paradigma do tabaco. Aspectos civis e processuais. Rio de Janeiro: Renovar, 2009.

MOURA, Walter. "O Fumo e a Sociedade de Consumo: o Novo Sentido da Saúde". In: HOMSI, Clarissa Menezes (coord.). *Controle do Tabaco e o Ordenamento Jurídico Brasileiro*. Rio de Janeiro: Lúmen Juris Editora, 2011.

MULHOLLAND, Caitlin Sampaio. *A responsabilidade civil por presunção de causalidade*. Rio de Janeiro: GZ Editora, 2010.

NERY JUNIOR, Nelson. "Ações de indenização fundadas no uso de tabaco. Responsabilidade civil pelo fato do produto: julgamento antecipado da lide. Ônus da prova e cerceamento de defesa. Responsabilidade civil e seus critérios de imputação. Autonomia privada e dever de informar. Autonomia privada e risco social. Situações de agravamento voluntário do risco". *In*: LOPEZ, Teresa Ancona (coord.). *Estudos e Pareceres sobre Livre-arbítrio, Responsabilidade e Produto de Risco Inerente* – O paradigma do tabaco. Aspectos civis e processuais. Rio de Janeiro: Renovar, 2009.

NEW ZEALAND. Ministry of Health. Smoking is highly addictive. [Wellington: Ministry of Health], 2008. (Fact sheet, 9), disponível em: http://www.moh.govt.nz/moh.nsf/indexmh/tobacco-warnings-factsheets-addictive.

OLIVEIRA, Ana Perestrelo de (2007). *Causalidade e Imputação na Responsabilidade Civil Ambiental.* Coimbra: Almedina, 2007.

OLIVEIRA, Amanda Flávio de; MOURA, Walter José Faiad de. *É preciso proteger o fumante de si mesmo?* In: *Revista Científica Virtual da Escola Superior da Advocacia da OAB-SP,* n. 17 (inverno 2014). Edição especial: *Direito e Tabaco.* São Paulo: OAB/SP, 2014.

PASQUALOTTO, Adalberto. "O direito dos fumantes à indenização". Revista Jurídica Luso-Brasileira (R.J.L.B.), ano 2 (2016), n. 1, p. 545-588.

PIOVESAN, Flávia e SUDBRACK, Umberto Guaspari. *Direito à Saúde e Dever de Informar: Direito à Prova e a Responsabilidade Civil das Empresas de Tabaco.* In: HOMSI, Clarissa Menezes (coord.). *Controle do Tabaco e o Ordenamento Jurídico Brasileiro.* Rio de Janeiro: Lumen Juris, 2011.

PORAT, Ariel & STEIN, Alex (2003). *Indeterminate Causation and Apportionment of Damages: An Essay on Holtby, Allen, and Fairchild.* In: *Oxford Journal of Legal Studies,* vol. 23, n. 4 (Winter), 2003, p. 667-702.

RICARD, Matthieu. *A revolução do altruísmo.* São Paulo: Palas Athena, 2015.

SCHWARTZ, Gary T. *"Tobacco Liability in the Courts"*, in: RABIN & SUGARMAN (eds.), *Smoking Policy: Law, Politics, and Culture.* New York: Oxford University Press, 1.993.

SOARES, Renata Domingues Balbino Munhoz. "O novo paradigma do *tabaco*: do *'senso comum teórico'* ao contexto científico". In: *Revista Científica Virtual, da OAB/SP – ESA,* número especial sobre *Direito e Tabaco.* Ano V, n. 17. São Paulo, outono de 2014.

TALHOUT, R.; OPPERHUIZEN, A; AMSTERDAM, J.G.C. *Sugar as tobacco ingredient: effects on mainstream smoke composition. Food and Chemical Toxicology.* Oxford, v. 44 (11), Nov. 2006, p. 1789-1798.

TEPEDINO, Gustavo. "Liberdade de escolha, dever de informar, defeito do produto e boa-fé objetiva nas ações de indenização contra os fabricantes de cigarro". *In*: LOPEZ, Teresa Ancona (coord.). *Estudos e Pareceres sobre Livre-arbítrio, Responsabilidade e Produto de Risco Inerente* – O paradigma do tabaco. Aspectos civis e processuais. Rio de Janeiro: Renovar, 2009.

U.S. DEPARTMENT OF HEALTH AND HUMAN SERVICES. National Institute of Health. National Institute on Drug Abuse. *Tobacco addiction*. [Bethesda]: National Institutes of Health, 2009. Disponível em: http://www.drugabuse.gov/ResearchRepports/Nicotine/Nicotine.html.

VAN DAM, Cees (2007). *European Tort Law*. Oxford: Oxford University Press, 2007.

A APLICABILIDADE DO CÓDIGO DE DEFESA DO CONSUMIDOR A LITÍGIOS ATINENTES À RESPONSABILIDADE CIVIL DA INDÚSTRIA DO FUMO ENVOLVENDO FUMANTES QUE PRINCIPIARAM NO TABAGISMO ANTES DA SUA VIGÊNCIA[1]

LÚCIO DELFINO[2]

SUMÁRIO: *Introdução. 1 O direito intertemporal. 2 Retroatividade ou irretroatividade da lei? 3 Efeitos retroativo e imediato da lei. 4 O Código de Defesa do Consumidor: aplicação retroativa ou imediata? 5 A relação entre consumidores e a indústria do tabaco na perspectiva do direito intertemporal. Referências Bibliográficas*

---

1 Título em inglês: *The applicability of The Consumer Defense code to litigations regarding the civil liability of the smoking industry involving smokers who started in tobacco before its effectiveness.*

2 Pós-doutor em Direito pela Universidade do Vale do Rio dos Sinos (UNISINOS). Doutor em Direito pela Pontifícia Universidade Católica de São Paulo (PUC-SP). Membro-fundador e Diretor de Publicações da Associação Brasileira de Direito Processual (ABDPro). Membro do Instituto dos Advogados Brasileiros (IAB). Membro do Instituto dos Advogados de Minas Gerais (IAMG). Diretor da Revista Brasileira de Direito Processual (RBDPro). Advogado.

INTRODUÇÃO

Superado o regime legislativo anterior e instituída a novidade no ordenamento jurídico, problemas surgem, sobretudo àqueles jungidos à interpretação jurídica. E a referência não diz respeito tão só aos equívocos de grafia, termos dúbios ou ainda normas exageradamente abertas, hipóteses, sem dúvida, responsáveis por dificultar o trabalho daquele que opera o direito. Afinal, há problemas outros, cuja natureza também é de ordem hermenêutica, e que amiúde implicam embaraços atentatórios ao próprio acerto da decisão quando não compreendidos de maneira adequada: os *conflitos de lei no tempo*.

Aqui o que se deseja é traçar as linhas dogmáticas gerais sobre o *conflito de leis no tempo*, e mais especificamente demonstrar que o Código de Defesa do Consumidor (CDC) tem aplicação *imediata* em litígios referentes à responsabilidade civil envolvendo a indústria do tabaco e fumantes que iniciaram o tabagismo antes da sua vigência.

1. O DIREITO INTERTEMPORAL

Esclarece Jônatas Milhomens que a lei, disposição de ordem geral, abstrata, projeta-se no tempo e espaço, voltando-se para o futuro. E desde que começa a vigorar, regula todas as hipóteses surgidas e que a ela se ajustem. O direito, entretanto, evolui, acompanha as mutações da vida social, o que implica a substituição de muitos preceitos legais por outros, estes últimos regulando a matéria diferentemente.[3]

Algumas vezes, a colisão da lei nova com a anterior acarreta problemas. Isso porque determinadas circunstâncias estabelecidas pela lei antiga podem permanecer sob a vigência da nova lei; ou, por outro lado, situações outras, que foram criadas pela lei velha, já não vão encontrar guarida na novel legislação. Destarte, há que se estudar até

---

3   MILHOMENS, Jônatas. *Hermenêutica do direito processual civil*. Rio de Janeiro: Forense. p. 19.

que ponto a lei antiga pode gerar efeitos e até que ponto a lei nova não pode impedir esses efeitos da lei antiga.[4]

Esse estudo, necessário para o desate de problemas jurídicos de apreço, recebe as denominações de *conflito de leis no tempo, retroatividade ou não retroatividade das leis, aplicação do direito em relação ao tempo, superveniência da lei no tempo, direito transitório* e, com tendência a prevalecer sobre as demais, *direito intertemporal*.[5]

2. RETROATIVIDADE OU IRRETROATIVIDADE DA LEI?

Seguindo o exemplo de seu criador, a lei nasce, vive e se esvai. Tem seu *dies a quo* e pode conter explícito o limite de sua vigência (*dies ad quem*).

Salvo disposição em contrário, a lei começa a vigorar em todo país 45 dias depois de oficialmente publicada na imprensa oficial, consoante previsão expressa contida no art. 1° da Lei de Introdução às Normas do Direito Brasileiro (LINDB) — é comum, no Brasil, enunciado que preveja a entrada em vigor da lei nova "a partir da sua publicação", ainda que tal hipótese restrinja-se a legislações que envolvam matéria de pequena repercussão.[6]

---

4 MACHADO, A. Paupério. *Introdução ao estudo do direito*. 7. ed. Rio de Janeiro: Forense, 1986. p. 282.

5 MONTORO, André Franco. *Introdução à ciência do direito*. 4. ed. São Paulo: Martins, 1973. v. 2, p. 152.

6 Confira-se, a este respeito, o que dispõe a Lei n° 95/98: "Art. 8°. A vigência da lei será indicada de forma expressa e de modo a contemplar prazo razoável para que dela se tenha amplo conhecimento, reservada a cláusula entra em vigor na data de sua publicação para as leis de pequena repercussão. §1° A contagem do prazo para entrada em vigor das leis que estabeleçam período de vacância far-se-á com a inclusão da data da publicação e do último dia do prazo, entrando em vigor no dia subsequente à sua consumação integral. §2° As leis que estabeleçam período de vacância deverão utilizar a cláusula esta lei entra em vigor após decorridos (o número de) dias de sua publicação oficial".

A lei publicada permanece sem efeito até que chegue o dia estabelecido para tanto. Em tal circunstância, diz-se que a lei é *vacante*, pois imersa no período de *vocatio legis*, o que lhe coloca em situação de inércia, sem poder de atuação ou vigência.

Não detendo a lei *vigência temporária*, permanecerá em vigor até que outra a modifique ou a revogue (LINDB, art. 2°, *caput*). Ressalte-se que a lei posterior revoga a anterior quando expressamente o declare (revogação expressa), quando seja com ela incompatível ou quando regule inteiramente a matéria de que tratava a lei anterior (revogação por incompatibilidade lógica) (LINDB, §1° do art. 2°).[7]

E é nesse cenário, no qual as leis novas colidem com as antigas, que surgem problemas afetos ao direito intertemporal. É necessário, neste ponto, considerar-se que essa problemática possui duas facetas igualmente relevantes: a) a repulsa irrestrita à retroatividade da lei; e b) a adoção da retroatividade da lei de maneira absoluta.

A admissão da retroatividade da lei, *como princípio absoluto*, geraria situações inaceitáveis, haja vista a atmosfera de insegurança que pairaria na sociedade. Aceitando-se, sem restrição, tal postura, situações anômalas ao atual regime democrático e mais aproximadas ao absolutismo propagar-se-iam no sistema social, em atentado à própria estabilidade jurídica. A confiança na lei e em sua autoridade estaria, portanto, prejudicada; relações jurídicas já concretizadas fragilizar-se-iam diante do perigo da publicação de novas leis prontamente hábeis a alterá-las.

Mas para alguns é aceitável, de outro lado, admitir que a preponderância do interesse público sobre as conveniências dos cidadãos, como consequência derivada da soberania da lei, seria circunstância apta a justificar, *antes de qualquer consideração*, sua aplicação a todos os fatos por ela regulados. Para que a legislação mais moderna possa realizar inteiramente sua finalidade benéfica, o interesse social exige que seja aplicada tão completamente quanto possível.[8] Parafraseando

---

7 Fala-se em *ab-rogação* para indicar que a revogação de uma lei foi total e absoluta, e em *derrogação* quando foi ela apenas parcial.

8 FARIA, Bento de. *Aplicação e retroatividade da lei*. Rio de Janeiro: A. Coelho Branco Filho, 1934. p. 20.

Paiva Pitta, se a lei nova tiver de respeitar a sua razão de ser no passado, restringindo o seu império somente ao que se fizer depois da sua promulgação, ver-se-á caminhar, de maneira paralela, o pretérito com o presente, o desengano com a esperança, a saudade com o gozo, a sombra com a luz, enfim, as velhas com as novas instituições.[9]

Pergunta-se, pois, qual será a solução adequada aos problemas envolvendo *conflitos de lei no tempo*. Dever-se-á dar privilégio à estabilidade jurídica e à paz social, impedindo a lei nova de abraçar situações concretamente abrangidas por leis anteriores, ou, ao invés, evitar a estagnação social, buscando, sempre, o progresso ante a aceitação da *retro-operância* da lei?

Colocadas essas diretrizes preliminares, esclareça-se desde já: não se duvide que a opção do constituinte, *como regra geral do sistema*, foi pelo *princípio da não retroatividade da lei*, admitindo a retroatividade apenas em situações excepcionais. Assim o fez ao prescrever que "a lei não prejudicará o direito adquirido, o ato jurídico perfeito e a coisa julgada" (CF/88, art. 5º, XXXVI). Também este o sentido oriundo do comando legal constante do art. 6º da LINDB: "A lei terá efeito imediato e geral, respeitados o ato jurídico perfeito, o direito adquirido e a coisa julgada".

A *regra de ouro*, portanto, estabelece que toda lei dispõe para o futuro e não para o passado, de modo que os *fatos jurídicos*[10] ocorridos e já consumados, e também seus efeitos já praticados e os ainda pendentes, não se regem pela lei nova que entra em vigor, mas continuam valorados segundo a lei do seu tempo, circunstância que encontra

---

9   FARIA. *Aplicação e retroatividade da lei*. 1934. p. 21.

10 Os "fatos" podem ser "jurídicos" ou "não jurídicos", conforme interessem ou não ao direito. Preocupam o jurista apenas os "fatos jurídicos", os quais, amplamente considerados, inclinam-se à deflagração de consequências jurídicas. Os exemplos de "fatos jurídicos *lato sensu*" são inúmeros, justamente por também deterem acepção larga, desde os mais conhecidos (nascimento, morte, adoção, casamento, contrato), até aqueles mais específicos, como os "atos processuais" estritamente considerados (petição inicial, citação, intimação).

fundamento no culto à segurança das relações jurídicas (*direito fundamental à segurança jurídica*).[11]

Ressalte-se que por ser o *princípio da irretroatividade* oriundo de preceito constitucional (art. 5°, XXXVI), é aplicável imperativamente a todos os ramos do direito, a todas as espécies de enunciados normativos — leis, decretos, resoluções, portarias, etc. —, e a todas as esferas do poder público, federal, estadual e municipal.[12] *Trata-se de uma conquista do mundo moderno contra a tirania de outrora.* Porém, é um desacerto crer que a Constituição Federal impôs absoluta vedação à retroatividade legal. O que fez foi instituir a proibição da irretroatividade da lei quando ela implicar prejuízo ao direito adquirido, ao ato jurídico perfeito e à coisa julgada. A retro-operância da lei, por sua vez, é aceita nas hipóteses devidamente previstas na própria Carta Magna.[13]

Em síntese: a) os fatos jurídicos ocorridos e já consumados no passado não se regem pela lei nova que entra em vigor, mas con-

---

11 Já na Constituição do Império (1824) havia preceito segundo o qual a lei não teria efeito retroativo (art. 179, §3°), garantia essa que se manteve na primeira Constituição da República ("É vedado aos Estados, como à União, prescrever leis retroativas"; art. 11, §3°). A partir de 1934, preferiu-se a fórmula adotada pela Constituição ora em vigor, sendo que a proscrição de leis retroativas, pelo menos como enunciado seco, já não existe mais entre as garantias constitucionais (MILHOMENS, Jônatas. *Hermenêutica do direito processual civil.* p. 20).

12 MONTORO. *Introdução à ciência do direito.* 1973. v. 2, p. 155.

13 Poder-se-ia advogar que não somente se admitiria a retro-operância nas hipóteses positivadas pelo constituinte, pois impedimento algum haveria de retroação da lei que não atentasse ao direito adquirido, ao ato jurídico perfeito e à coisa julgada. Adiante se evidenciará, contudo, que em tais casos o que ocorre não é propriamente a aplicação retroativa da lei, mas, sim, a sua aplicação imediata. A doutrina, aliás, acertadamente aponta existir uma situação intermediária entre a *retroatividade* e a *irretroatividade*, a saber: *a da aplicação imediata da nova Lei às relações nascidas sob a vigência da anterior e que ainda não se aperfeiçoaram.* O requisito *sine qua non* para a imediata aplicação é o respeito ao direito adquirido, ao ato jurídico perfeito e à coisa julgada (DINIZ, Maria Helena. *Lei de introdução ao Código Civil brasileiro interpretada.* São Paulo: Saraiva, 1994. p. 193).

tinuam valorados segundo a lei do seu tempo,[14] *sempre respeitados e preservados os efeitos deles já produzidos e aqueles ainda a serem produzidos*; b) a lei nova se aplicará aos fatos jurídicos presentes e aos efeitos deles oriundos (*tempus regit actum*); c) a lei nova se aplicará aos fatos jurídicos pretéritos (e aos seus efeitos futuros), originados sob a égide da lei precedente por ela revogada e *ainda não consumados*, que se encontram num *estado de transição*; d) a retroatividade da lei nova só é aceita nas hipóteses expressamente autorizadas pela Constituição Federal.

3. EFEITOS RETROATIVO E IMEDIATO DA LEI

É de importância elementar a distinção entre efeito *retroativo* e *imediato* da lei.

A LINDB (art. 6º) e a Constituição Federal (art. 5º, XXXVI) referem-se a *fatos jurídicos consumados* ao imporem que a lei não prejudicará o ato jurídico perfeito, o direito adquirido e à coisa julgada, opção legislativa cujo alicerce maior é justamente a proteção à segurança das relações jurídicas. O que pretendeu, com isso, foi *preservar os fatos jurídicos já consumados, bem assim os efeitos deles oriundos na vigência da antiga lei e aqueles ainda a produzir*.

Daí falar-se em *efeito imediato da lei* (CPC, art. 1.211) para retratar hipóteses em que ela é aplicável imediatamente, assim que vigente, aos fatos jurídicos presentes e aos efeitos por estes produzidos, e também aos efeitos futuros daqueles fatos jurídicos anteriores *ainda não consumados*, originados sob a égide da lei precedente revogada pela novel legislação.

Já quando se fala em *retro-operância ou retroatividade da lei* estar-se-á a referir àquelas hipóteses em que a lei nova incide diretamente em situações pretéritas, anteriormente regidas pela lei revogada *e já devidamente consumadas*. Em outros termos: a retroatividade da lei

---

14 DINAMARCO, Cândido Rangel. *Instituições de direito processual civil*. 5. ed. São Paulo: Malheiros, 2005. v. 1, p. 115.

se dá quando o seu império impõe-se a fatos jurídicos pretéritos (e seus efeitos) consumados antes da sua vigência.[15]

Repise-se: no Brasil se aceita a retroatividade apenas em situações devidamente previstas na própria Constituição Federal — *a retroatividade é, pois, circunstância excepcional*. Afinal, quando a lei nova incide em fatos jurídicos pretéritos *não absolutamente consumados* no império da antiga lei, não se está diante de um efeito retroativo, e sim imediato. Se a lei nova incide sobre fatos jurídicos anteriores que não se configuram em ato jurídico perfeito, direito adquirido, ou não se encontrem acobertados pela coisa julgada, essa incidência não é retroativa, e sim imediata.[16]

4. O CÓDIGO DE DEFESA DO CONSUMIDOR: APLICAÇÃO RETROATIVA OU IMEDIATA?

No que diz respeito ao CDC, não restam dúvidas sobre a sua aplicação *imediata* naquelas situações *não* definitivamente concluídas ou nos efeitos presentes e futuros decorrentes de fatos ainda não devida-

---

15 DINAMARCO, Cândido Rangel. *Instituições de direito processual civil*. 2005. v. 1, p. 116.

16 Elpídio Donizetti incide nesse equívoco e confunde os efeitos retroativo e imediato da lei. Confira-se sua lição: "Ressalte-se que nada obsta que a lei retroaja para alcançar atos já praticados na vigência da lei revogada. O que se veda, em nome da segurança jurídica, é a ofensa ao ato jurídico perfeito, ao direito adquirido e à coisa julgada (art. 5º, XXXVI, da CF e art. 6º da LICC). Admite-se, por exemplo, a retroatividade da lei que dá nova redação ao disposto no art. 38, dispensando o reconhecimento de firma, porquanto tal norma não fere a situação jurídica das partes, denominando-se, por isso, retroatividade legítima" (NUNES, Elpídio Donizetti. Tempus Regit Actum. *Revista Jurídica Consulex*, Brasília, n. 241, p. 26-28, jan. 2007). Quando a lei se aplica a fatos ou situações já praticados, mas que não se encontrem acobertados pela coisa julgada, ou não se configurem em ato jurídico perfeito ou direito adquirido, não se estará diante de uma aplicação retroativa, mas sim de aplicação imediata da lei. A aplicação retroativa é admitida excepcionalmente no sistema jurídico e apenas naqueles casos devidamente previstos na Constituição Federal.

mente consumados.[17] Advirta-se mais uma vez: não se tratará, nessas hipóteses, de efeito retroativo da lei, senão da *imediata* aplicação dela.

Não obstante, despontam-se as seguintes indagações: a legislação de ordem pública, em função da sua natureza, enquadrar-se-ia nas hipóteses excepcionais que permitem sua aplicação retroativa? O CDC, por ser uma lei de ordem pública (art. 1º), aplica-se retroativamente àquelas situações já consumadas?

Bento de Faria, referindo-se às normas de ordem pública ou cogentes, assenta que "na esfera do direito público há de sempre prevalecer a vontade do Estado, orientada, é bem de ver, pelo menor sacrifício dos direitos subjetivos". Igual entendimento é adotado por Lafayette: "É um princípio fundamental de direito — que as leis de administração e ordem pública têm efeito retroativo, isto é, são aplicáveis aos atos anteriores à sua promulgação, contanto que esses atos não tenham sido objeto de demandas e que não estejam sob o selo da coisa julgada".[18] Maria Helena Diniz, aduzindo posição semelhante, esclarece que os "direitos adquiridos devem ceder ao interesse da ordem pública; logo, as normas de ordem pública serão retroativas, desde que expressas e sem que haja desequilíbrio jurídico-social".[19]

A tese da retroatividade das normas de ordem pública, como se vê, é fundamentada na *prevalência dos interesses da coletividade* na *ordem jurídica e social*. Os particulares devem, segundo esse entendimento, subordinar-se às mudanças legais reclamadas naquele momento social, em razão de sua conveniência. Tratando-se de norma de *ordem pública* — argumentam os defensores da sua aplicação *retro-operante* — seria ilícito pretender direitos, como irrevogavelmente adquiridos, contrários a ela.

---

17 Assim já decidiu o Superior Tribunal de Justiça ao concluir que as normas de ordem pública econômica *"implicam derrogação de cláusulas de contratos em curso"*. (Superior Tribunal de Justiça, Quarta Turma, REsp 7.904-ES, Relator Ministro Athos Carneiro, julgada em 12/03/1991. Disponível em <http://www.stj.gov.br>. Acessado em 22 fev. 2003).

18 FARIA, Bento de. *Aplicação e retroatividade da lei*. 1934. p. 27.

19 DINIZ, Maria Helena. *Lei de introdução ao Código Civil brasileiro interpretada*. 1994. p. 194.

Entretanto, os apologistas da retroatividade da lei olvidam que a *manutenção da ordem social* também representa um interesse coletivo. O raciocínio que opõe interesses coletivos a interesses particulares com o intuito de sustentar a retro-operância da lei é falho. Se é certo afirmar que os particulares devem ceder às alterações legislativas necessárias num dado momento social, e isso em razão de sua conveniência para a ordem pública, mais acertada é a afirmativa de que os indivíduos não podem viver num ambiente de absoluta insegurança social, sujeito a alterações constantes, acarretadas pelo simples surgir de novas leis. A *segurança jurídica e social* traduz-se sobretudo num valor coletivo meritório, já que a própria Constituição Federal optou por aboná-la (preservação da coisa julgada, do direito adquirido e do ato jurídico perfeito).

Mais consentâneo à realidade nacional é o magistério de Caio Mário Pereira, quando ilumina o viés exegético que *sempre* deve guiar o intérprete ao se deparar com problemas vinculados ao direito intertemporal:

> Costuma-se dizer que as leis de ordem pública são retroativas. Há uma distorção de princípio nesta afirmativa. Quando a regra da não-retroatividade é de mera política legislativa, sem fundamento constitucional, o legislador, que tem o poder de votar leis retroativas, não encontra limites ultralegais à sua ação, e, portanto, tem a liberdade de estatuir o efeito retrooperante para a norma de ordem pública, sob o fundamento de que esta se sobrepõe ao interesse individual. Mas, quando o princípio da não-retroatividade é dirigido ao próprio legislador, marcando os confins da atividade legislativa, é atentatória da constituição a lei que venha ferir direitos adquiridos, ainda que sob inspiração da ordem pública. A tese contrária encontra-se defendida por escritores franceses ou italianos, precisamente porque, naqueles sistemas jurídicos, o princípio da irretroatividade é dirigido ao juiz e não ao legislador.[20]

Em países nos quais é a lei ordinária que proclama o *princípio da irretroatividade das leis*, tal prescrição é imposta *exclusivamente* ao Judiciário, de modo que se reserva ao legislador o direito de abrir-lhe exceções, aparentemente justificadas pelos invocados preceitos da moral e do

---

20 PEREIRA, Caio Mário da Silva. *Instituições de direito civil*. Rio de Janeiro: Forense, 1974. p. 155.

direito filosófico, ou pelas exigências da ordem social. Outra, todavia, é a conclusão quando o *princípio da irretroatividade* situa-se na seara constitucional — como é o caso do Brasil –, pois em tal circunstância seu alvo não é apenas o Judiciário, mas também o próprio legislador, de sorte que não se poderão abrir-lhe exceções. O legislador fica preso, manietado, não sendo legítima eventual intenção sua de dominar, mediante as novas leis, os fatos jurídicos pretéritos já devidamente consumados (e também seus efeitos já concretizados e aqueles a realizar). Os juízes, ainda com maior razão, igualmente se vinculam a esse raciocínio, de maneira que lhes é vedado aplicar a lei nova retroativamente àqueles fatos jurídicos consumados na vigência da legislação anterior (e aos seus efeitos já concretizados e àqueles ainda a se realizar).

Enfim, o CDC não tem efeito retroativo pelo mero fato de ser uma norma de ordem pública. O texto constitucional não faz distinção entre legislações de ordem pública e outras que não possuem essa natureza ao preceituar que a lei nova não prejudicará o ato jurídico perfeito, o direito adquirido e a coisa julgada. Quisesse o constituinte recepcionar a retroatividade das leis de ordem pública, deveria ter salvaguardado tal situação na própria Constituição, como fez, aliás, com questões envolvendo a lei penal benéfica ao réu. Ou seja, os fatos perfeitamente concluídos (e seus efeitos findos e aqueles ainda a se realizar) anteriormente à vigência da Lei *consumerista*, não serão atingidos, de forma alguma, por sua força e autoridade legislativa.

5. A RELAÇÃO ENTRE CONSUMIDORES E A INDÚSTRIA DO TABACO NA PERSPECTIVA DO DIREITO INTERTEMPORAL

O vício em cigarros gera o que se pode chamar de *consumo continuado*. Surge no organismo daquele que fuma uma nova implicação artificialmente criada pelo uso do produto: a necessidade de doses diárias de nicotina.[21]

O fumante, diante disso, debilita sua saúde dia-a-dia, consumindo um cigarro após o outro. Porém, os efeitos maléficos da prática normalmente surgem depois de décadas de consumo. Isto significa que muitos dos que hoje apresentam enfermidades advindas do vício do cigarro iniciaram o consumo antes da publicação da Lei 8.078/90. Importa também reconhecer que inexistiam àquela época restrições legais diretas à publicidade dos cigarros então veiculada no Brasil.[22]

As indagações que devem pautar o presente estudo são: como admitir-se a aplicação do CDC, visando ao ressarcimento civil de pessoas enfermas (ou de seus familiares em caso de falecimento) que se iniciaram no consumo de cigarros anos antes da Lei *consumerista* entrar em vigor? Qual o fundamento para se considerar uma publicidade como enganosa e/ou abusiva, numa época em que a publicidade era praticamente ignorada pelo Direito?

Até março de 1991 não vigorava o CDC, de modo que as entabuladas relações de consumo, naquele tempo, eram reguladas pelos Códigos Civil de 1916 (CC de 1916) e Comercial de 1950. Somente em 11 de setembro de 1990 foi promulgada a Lei 8.078/90, cujo art. 118 preteriu sua entrada em vigor para 180 dias após a sua publicação. Ou seja, apenas a partir de 11 de março de 1991 é que o consumidor brasileiro passou a contar com o CDC para a tutela dos seus direitos.

Como já demonstrado alhures, é errada a tese segundo a qual, em havendo interesse social a exigir a *imediata* aplicação da lei nova, a norma *retroagirá*, porque a sucessão de problemas ou situações é que

---

21 Sobre a capacidade viciante da nicotina e assuntos relacionados, consultar: CARVALHO, Mario César. *O cigarro*. São Paulo: Publifolha, 2001. KOOP, C. Everett; GLANTS, Stanton A.; SLADE, John; BERO, Lisa A.; HANAUER, Peter; BARNES Deborah E. *The cigarette papers*. University of California, San Francisco, [s.d.]. Organizacion Panamericana de la Salud; Banco Mundial. La epidemia de Tabaquismo. *Publicacion Científica n. 577*, D.C., U.S.A., 1998. Rigotti, Nancy. Vontade não basta. (Entrevista). **Revista Veja**, Editora Abril. Ano 37, n. 23, 9 de junho de 2004. p. 14-15. ROSEMBERG, José. *Nicotina*. Droga universal. São Paulo: SES/CVE, 2003. SILVA, Vera Luiza da Costa e; GOLDFARB, Luisa Mercedes da Costa e Silva; CAVALCANTE, Tânia Maria; FEITOSA, Tereza Maria Piccinini; MEIRELLES, Ricardo Henrique Sampaio. *Falando sobre tabagismo*. 3. ed. Instituto Nacional do Câncer, 1998.

22 Sobre a publicidade ilícita sobre cigarros difundida no Brasil e em outros países, consultar o nosso *Responsabilidade Civil e Tabagismo*, Editora Juruá.

finda por evidenciar a necessidade ou mesmo a urgência de novo preceito cogente. A resposta não se encontra no que prevê o art. 1º do CDC – dispositivo de suma importância para a compreensão do microssistema *consumerista* –, como se as normas cogentes detivessem, por natureza ontológica, força retroativa. Noutras palavras, não é porque o art. 1º da Lei 8.078/90 a define como de *ordem pública* e *interesse social* que poderá ela retroagir, atingindo situações já consumadas na égide das leis anteriores. Sem dúvida que os direitos emergentes das relações de consumo possuem majorada intensidade de interesse social envolvido, bastando, para assim concluir, observar que a *defesa do consumidor* foi erigida a cânon constitucional, ombro a ombro com o respeito aos direitos adquiridos, no mesmo art. 5º em que estão arroladas as garantias individuais constitucionais. No entanto, a Constituição ao preceituar que a lei nova não prejudicará o ato jurídico perfeito, o direito adquirido e a coisa julgada, não faz distinção entre legislações de ordem pública e outras que não possuem essa natureza. Enfim, a Carta Magna não recepcionou a retroatividade das leis de ordem pública no ordenamento jurídico nacional, de sorte que é absolutamente equivocada qualquer exegese que aponte a possibilidade de retroatividade da Lei *consumerista*.

Mas naquilo que toca especificamente o tema enfrentado, pouco importa que o tabagista tenha iniciado seu vício anos antes da vigência da Lei 8.078/90. *Surgindo as enfermidades tabaco-relacionadas após a data em que essa legislação entrou em vigor (11 de março de 1991), é o que basta para que seja ela aplicável, com prevalência sobre qualquer outra, nos processos cujo mérito envolva a responsabilidade civil das indústrias do fumo em função de danos que seus produtos causaram aos consumidores*. Assim é porque, naquelas situações nascidas quando vigente a lei antiga, *porém ainda não devidamente consumadas*, e que continuam a produzir efeitos sob o império da nova lei, ter-se-á a aplicação *imediata* desta última.[23]

A equação é simples: i) quando o dano (doença, morte ou simples vício) tiver ocorrido antes de março de 1991, os requisitos para eventual caracterização da responsabilidade civil das fabricantes de

---

23 Assim é o posicionamento de: PEREIRA, Caio Mário da Silva. *Instituições de direito civil*. 4. ed. São Paulo: Forense, [s.d.]. p. 145. v. 1.

cigarros devem ser avaliados a parir do art. 159 do CC de 1916; e ii) se os tais danos ocorreram depois de março de 1991, a legislação aplicável será o CDC.[24]

Nesse rumo, a lição de Claudia Lima Marques quando afirma que o CDC pode e *deve* ser aplicado em ações indenizatórias ajuizadas por fumantes (ou seus familiares) contra as indústrias do fumo, sempre que o momento de concretização do dano surgir *depois* da publicação da referida legislação. Suas ideias acerca do tema encontram-se descritas em brilhante e substancioso parecer, encomendado pelo Dr. Miguel Wedy, patrono dos integrantes da família de Eduardo Francisco da Silva, fumante morto em razão do consumo inveterado de cigarros, responsáveis pelo ajuizamento de uma *ação de reparação de danos* contra a Souza Cruz S.A. e a *Philip Morris* do Brasil S.A.[25,26]

No que se refere à publicidade, o raciocínio revela-se idêntico. É perfeitamente possível ao intérprete valer-se do CDC para conferir a uma publicidade o rótulo de enganosa e/ou abusiva, mesmo que

---

[24] O CDC, por exemplo, tem aplicação àqueles contratos assinados antes de sua vigência, anulando cláusulas leoninas ou abusivas cuja eficácia prática ocorreria agora, ou no futuro – os chamados contratos de trato sucessivo –, ferindo a nova ordem de valores impostas pela legislação consumerista. Nesse ponto, não há lesão alguma ao princípio da irretroatividade das leis pelo simples fato de inexistir direito adquirido ou ato jurídico perfeito. Não há que se falar aqui em retroatividade da lei, e sim em sua aplicação imediata, uma vez que a cláusula passível de anulação não se consumou ou se exauriu antes da publicação da Lei 8.078/90; embora constituído o contrato, algumas de suas cláusulas, agora abusivas, não se consumaram. Lembre-se da 9ª Conclusão do II Congresso Brasileiro de Direito do Consumidor: "*O Código de Defesa do Consumidor tem aplicação imediata aos contratos com eficácia duradoura, conforme o art. 170 da Constituição Federal e o art. 6o da Lei de Introdução ao Código Civil.*"

[25] MARQUES, Claudia Lima. Violação do dever de boa-fé de informar, corretamente, atos negociais omissivos afetando o direito/liberdade de escolha. Nexo causal entre a falha/defeito de informação e defeito de qualidade nos produtos de tabaco e o dano final morte. Responsabilidade do fabricante do produto, direito a ressarcimento dos danos materiais e morais, sejam preventivos, reparatórios ou satisfatórios. *Revista dos Tribunais*, n. 835. São Paulo: Revista dos Tribunais, 2005. p. 74-133.

tenha sido difundida anos antes da publicação de tal legislação. Se antes, na vigência do CC de 1916, o legislador não conferia à publicidade importância merecedora de regulamentação legal, após março de 1991, com a entrada em vigor da Lei *consumerista*, essa situação alterou-se, de modo que a publicidade ganhou, nesse microssistema, regramento ampliado, que atinge as ordens material, processual e penal. Publicidades elaboradas em desacordo com as regras previstas no CDC, porém disseminadas antes de março de 1991, poderão ser tidas como ilegítimas, bastando, para tanto, que as consequências negativas advindas de sua apresentação tenham surgido agora, após a entrada em vigor da Lei 8.078/90.

A publicidade é método eficaz, e assaz empregado, para se ofertar produtos e serviços no mercado. Indubitavelmente, seu maior escopo é produzir, no íntimo das pessoas, o ideal de consumo, incutindo nelas a intenção de adquirir ou contratar. Tanto assim que o CDC expressamente inseriu a *oferta publicitária* no contrato, sendo certo que aquilo prometido por intermédio de uma publicidade deverá ser efetivamente concretizado. Se a promessa veiculada por meio de uma peça publicitária falsa e insidiosa não foi cumprida por absoluta impossibilidade de concretização prática, gerando, ao revés, danos à saúde física e psíquica do consumidor, a Lei 8.078/90 será aplicável se os tais danos advieram depois de março de 1991; afinal, representam eles, os mencionados danos, *efeitos futuros originados de situações concretizadas numa época em que leis anteriores regulavam as relações de consumo*.

Por outro lado, adotando raciocínio alternativo e igualmente correto, as publicidades do cigarro, por terem feito apologia de um produto perigoso, vinculando-o a circunstâncias que dele verdadeiramente

---

26 Ressalte-se, ademais, que a jurisprudência, apreciando casos afetos ao tema em análise, agasalhou a tese da *aplicação imediata da lei novel (CDC) aos efeitos futuros de situações originadas sob a autoridade da lei anterior (CC de 1916)*, sendo imprescindível fazer menção dos substanciosos acórdãos de n.ºs 70007090798 e 70000144626, ambos proferidos pelo Tribunal de Justiça do Rio Grande do Sul, tendo por relatores, respectivamente, os Desembargadores Luiz Augusto Coelho Braga e Ana Lúcia Carvalho Pinto Vieira. Ambos os acórdãos encontram-se disponíveis, em seu inteiro teor, no site: <http://www.tjrs.jus.br>. Acesso em 14/07/2017.

se excluem (esportes, saúde, lazer, sucesso profissional, etc.), são consideradas ilegais por outra razão não menos vigorosa. É que o princípio da *boa-fé objetiva* era já aplicável mesmo antes do advento do microssistema *consumerista*. A postura perpetrada pela indústria do tabaco, ofertando cigarros por meio de uma publicidade insidiosa, revela por parte dela o exercício *irregular* de um direito, conduzindo-a à ilegalidade, sobretudo porque se valeu de expedientes contrários à moral, boa-fé e bons costumes, para garantir a distribuição em massa dos produtos perigosos que fabrica – e, obviamente, garantir seus lucros –, mesmo ao dissabor da própria saúde daqueles que foram alvo do engodo publicitário. A lesão ao dever de lealdade com o qual se deve tratar o parceiro contratual, *per se*, motiva a conclusão de considerar ilegais as várias publicidades patrocinadas pela indústria do fumo com o fito de garantir a comercialização dos produtos que fabrica.[27]

Em arremate: a) no desato de demandas que questionam a responsabilidade civil da indústria do fumo, é pertinente a aplicação *imediata* do CDC nas situações em que consumidores adquiriram doenças associadas ao tabaco (ou vieram a falecer) após a sua publicação (março de 1991), mesmo que tenham principiado o consumo de cigarros antes disso; e b) publicidades disseminadas antes de março de 1991 ainda assim poderão ser consideradas ilegais, seja com assento no CDC, quando as consequências negativas de sua apresentação tenham surgido após a sua entrada em vigor, seja com fundamento na *boa-fé objetiva*, mesmo se os danos ocorreram antes da mencionada data (*exercício irregular de um direito*).

REFERÊNCIAS BIBLIOGRÁFICAS

CARVALHO, Mario César. *O cigarro*. São Paulo: Publifolha, 2001

DINAMARCO, Cândido Rangel. *Instituições de direito processual civil*. 5. ed. São Paulo: Malheiros, 2005. v. 1

DINIZ, Maria Helena. *Lei de introdução ao Código Civil brasileiro interpretada*. São Paulo: Saraiva, 1994

---

27 Sobre o ponto, consultar o nosso *Responsabilidade Civil e Tabagismo*, Editora Juruá.

FARIA, Bento de. *Aplicação e retroatividade da lei.*
Rio de Janeiro: A. Coelho Branco Filho, 1934

KOOP, C. Everett; GLANTS, Stanton A.; SLADE, John; BERO, Lisa A.; HANAUER, Peter; BARNES Deborah E. *The cigarette papers.* University of California, San Francisco, [s.d.].

MACHADO, A. Paupério. *Introdução ao estudo do direito.* 7. ed. Rio de Janeiro: Forense, 1986

MARQUES, Claudia Lima. Violação do dever de boa-fé de informar, corretamente, atos negociais omissivos afetando o direito/liberdade de escolha. Nexo causal entre a falha/defeito de informação e defeito de qualidade nos produtos de tabaco e o dano final morte. Responsabilidade do fabricante do produto, direito a ressarcimento dos danos materiais e morais, sejam preventivos, reparatórios ou satisfatórios. *Revista dos Tribunais,* n. 835. São Paulo: Revista dos Tribunais, 2005. p. 74-133

MILHOMENS, Jônatas. *Hermenêutica do direito processual civil.* Rio de Janeiro: Forense

MONTORO, André Franco. *Introdução à ciência do direito.* 4. ed. São Paulo: Martins, 1973

NUNES, Elpídio Donizetti. Tempus Regit Actum. ***Revista Jurídica Consulex,*** Brasília, n. 241, p. 26-28, jan. 2007

Organizacion Panamericana de la Salud; Banco Mundial. La epidemia de Tabaquismo. *Publicacion Científica* n. 577, D.C., U.S.A., 1998

PEREIRA, Caio Mário da Silva. *Instituições de direito civil.* 4. ed. São Paulo: Forense, [s.d.]. p. 145. v. 1.

Rigotti, Nancy. Vontade não basta. (Entrevista). *Revista **Veja**,* Editora Abril. Ano 37, n. 23, 9 de junho de 2004. p. 14-15

ROSEMBERG, José. *Nicotina.* Droga universal.
São Paulo: SES/CVE, 2003

SILVA, Vera Luiza da Costa e; GOLDFARB, Luisa Mercedes da Costa e Silva; CAVALCANTE, Tânia Maria; FEITOSA, Tereza Maria Piccinini; MEIRELLES, Ricardo Henrique Sampaio. *Falando sobre tabagismo.* 3. ed. Instituto Nacional do Câncer, 1998

RESPONSABILIDADE CIVIL E CAUSALIDADE: O CASO DO TABACO[1]

MARILIA DE ÁVILA E SILVA SAMPAIO[2]

> **SUMÁRIO:** *Introdução; 1 Mudanças paradigmáticas da responsabilidade civil, o princípio da reparação integral e o consumo do tabaco. 2 Teorias do nexo causal e a responsabilidade civil das indústrias do tabaco. 3 A prova do nexo causal em juízo: a probabilidade lógica e a presunção de causalidade. 4 Apresentação do caso julgado no REsp 1.113.804/RS. Referências bibliográficas.*

INTRODUÇÃO

As mudanças paradigmáticas pelas quais vem passando o direito privado, notadamente a releitura dos institutos dos seus institutos à luz dos valores constitucionais, alçaram o princípio da restituição integral a um dos eixos da responsabilidade civil contemporânea. A dimensão de tal princípio tem ocasionado o ocaso dos filtros tradicionais da responsabilidade civil, principalmente a culpa, erigindo a questão da existência da causalidade como um dos mais importantes filtros na reparação de danos.

---

1 Título em inglês: *Tort law and causality: the case of tobacco.*

2 Pós-doutoranda em Direito do Consumidor pela PUC/RS. Doutora em Direito e Políticas Públicas pelo UNICeub – 2015. Mestre em Direito e Estado pela Universidade de Brasília – 2003. Especialista em Direito Privado e Direito Administrativo pela Universidade Católica de Brasília. Professora de Direito Civil e Direito do Consumidor da Escola da Magistratura do Distrito Federal e do Instituto Avançado de Direito – IAD/DF. Juíza de Direito.

Não obstante a sua importância, existem reconhecidas dificuldades na análise da causalidade como elemento da responsabilidade civil, o que se agudiza na hipótese de responsabilidade da indústria do tabaco, pois para a vítima do consumo de seus produtos, a demonstração da causalidade direta entre tabagismo e os prejuízos experimentados pelos fumantes é muito difícil e tem sido um dos maiores obstáculos nos processos judiciais sobre o tema.

Nesse contexto o presente texto pretende realizar um estudo de caso, tendo por base o REsp 1.113.804/RS, que, apesar de não ter sido julgado pelo procedimento dos recursos repetitivos, teve grande repercussão nos tribunais estaduais, avaliando os argumentos lançados no debate acerca do nexo causal e as consequências desse julgamento.

A pergunta central que motivou o estudo foi acerca da teoria do nexo causal aplicada no julgamento – a teoria do nexo direto e imediato – e se esta teoria é a mais adequada para dar cabo da tarefa de cumprir o projeto constitucional de reparação integral da vítima. Procurando dirimir essa questão, serão apresentadas as principais teorias do nexo causal, será debatida a questão da prova do nexo causal em juízo e, por fim a avaliação crítica do caso.

Defende-se aqui que a teoria que melhor garante a aplicação do projeto constitucional de proteção integral da dignidade da pessoa humana e de solidariedade social é a teoria da causalidade adequada, a partir de uma probabilidade lógica. Se reparar a vítima passou a ser a tarefa mais importante da responsabilidade civil, "não pode o aplicador do direito enredar-se nas construções retóricas do nexo de causalidade, para que as consequências dos danos não sejam mais suportadas pela vítima e pela sociedade "[3].

Principalmente em relação à responsabilidade civil da indústria do tabaco, diante da constatação científica de que o tabagismo é uma doença crônica, sendo considerado pelo Organização Mundial de Saúde (OMS) como a principal causa evitável de morte do mundo e, sendo certo que no caso de câncer de pulmão, como se verá a seguir, as estatísticas se aproximam de 100% de mortes dos fumantes, esse debate acerca da teoria de causalidade que melhor garanta a concretização dos valores constitucionais é necessárioe urgente.

---

3   LOBO, Paulo Luis. *Responsabilidade por danos. Imputação e nexo de causalidade*. Prefácio. Curitiba. Juruá. 2014, p. 15.

1. MUDANÇAS PARADIGMÁTICAS DA RESPONSABILIDADE CIVIL, O PRINCÍPIO DA REPARAÇÃO INTEGRAL E O CONSUMO DO TABACO

Nos últimos anos, o direito privado como um todo e, o direito civil em especial, passou por mudanças paradigmáticas intensas e importantes, que condicionaram uma releitura de seus institutos à luz dos valores constitucionais plasmados no texto constitucional de 1988, notadamente em relação à posição central agora ocupada em nosso ordenamento jurídico pela proteção à dignidade da pessoa humana e pela leitura do direito privado na perspectiva dos direitos fundamentais.

A responsabilidade civil, seja nas relações civis, seja nas relações de consumo, não passou incólume a esse processo, impondo-se o reconhecimento de que mesmo na sua função reparatória[4], a responsabilidade civil hoje não tem como principal função a localização de um responsável pela causação do evento danoso, mas a reparação integral dos prejuízos experimentados pela vítima. Nesse sentido, as palavras de Maria Celina Bodin de Moraes, "a reparação do dano sofrido, em qualquer caso, alcançou um papel muito mais relevante do que a sanção pelo dano causado"[5][6].

---

[4] Hoje existe um certo consenso em relação à multifuncionalidade da responsabilidade civil no ordenamento jurídico, pois a par da função reparatória a doutrina registra a existência das funções preventiva, punitiva e precaucional. A função originária e principal da responsabilidade civil é função reparatória/ compensatória dos prejuízos causados por danos patrimoniais/ extrapatrimoniais. Obviamente que debates existem em relação às demais funções da responsabilidade civil, seus limites e âmbito de aplicação, mas essa discussão foge aos limites do presente ensaio.

[5] MORAES. Maria Celina Bodin de. *Danos à pessoa humana. Uma leitura civil-constitucional dos danos morais.* Rio de Janeiro. Renovar. 2003, p.13.

[6] Maria Celina Bodin explica que "a responsabilidade civil tem hoje, reconhecidamente, um propósito novo: deslocou-se o eixo da obrigação do ofensor de responder por suas culpas para o direito da vítima de ter reparadas as suas perdas. Assim, o foco antes posto na figura do ofensor,

Nesse contexto o princípio da reparação integral passou a ser um instrumento de concretização de justiça distributiva[7] e veículo de realização do princípio da solidariedade social, superando o modelo de responsabilidade civil de viés individualista e liberal, segundo o qual o seu principal objetivo seria o de moralizar condutas individuais, deixando em segundo plano o propósito de reparar os prejuízos causados à vítima.[8]

---

em especial na comprovação de sua falta, direcionou-se à pessoa da vítima, seus sentimentos, suas dores e seus percalços". MORAES. *Danos à pessoa humana. Uma leitura civil- constitucional dos danos morais*, 2003, p. 12.

[7] Justiça distributiva entendida aqui não a partir do conceito clássico de Aristóteles, para quem a justiça distributiva preconizava a distribuição de bens segundo os méritos de cada um, mas a partir da perspectiva de que a justiça distributiva é um direito e não uma concessão, na esteira do pensamento de John Rawls. Não obstante, os indivíduos em geral, os consumidores em particular, como afirmação de sua dignidade, desejam respeito e não condescendência. Assim, para além da visão atomizada do sujeito de Rawls, entende-se aqui que a equalização de vantagens naturais e sociais demandam a participação do Estado, pois as parcelas distributivas somente podem ser livremente alocadas se existir uma estrutura social que garanta as condições existenciais mínimas a todos. A justiça distributiva, portanto, é aqui definida como o reconhecimento do direito que tem têm os cidadãos, todos detentores de igual dignidade, de não serem tratados como cidadãos de segunda categoria diante da intensa desigualdade socioeconômica que marca a sociedade brasileira contemporânea. Sobre o tema SAMPAIO. Marília de Ávila e Silva. Justiça e superendividamento. *Um estudo de caso sobre decisões judiciais no Brasil*. Rio de Janeiro. Lumen Juris. 2016, p. 342/352.

[8] Segundo Artur Thompsen Carpes tal modelo de responsabilidade civil, de cunho liberal e individualista, promoveu a noção de que a obrigação de indenizar o dano tinha como principal fundamento a culpa daquele que viola direito subjetivo de outrem. O principal objetivo era, por outras palavras, o juízo de reprovação da conduta do agente e, com base nisso, a sua condenação na reparação do prejuízo. (…) a influência de tal desenvolvimento clássico da responsabilidade civil é tão forte que é comum, pelo menos em linguagem coloquial, de nominar culpado àquele que é responsável pelo dano (ou pelo ilícito). Trata-se, para o bem da verdade, de costume que ilustra antiga consciência de que a noção de responsabilidade, de tão arraigada na noção de culpa, com esta se confundia ". CARPES, Artur Thompsen. *A prova do nexo de causalidade na responsabilidade civil*. São Paulo Revista dos Tribunais. 2016, p. 24.

Pelo princípio da reparação integral[9], entende-se que o direito da vítima de ter seu prejuízo reparado integralmente deve merecer tutela adequada e efetiva, o que impôs, de igual forma, uma releitura no conceito de dano, verificando-se um giro conceitual do ato ilícito, como um dos requisitos da obrigação de indenizar, para o conceito de dano injusto.

Dano injusto é aquele que, mesmo advindo de um ato lícito, sem intenção nem culpa, afeta aspecto fundamental da dignidade da pessoa humana, atingindo um bem jurídico, interesse ou direito da pessoa juridicamente tutelado. Segundo Maria Celina Bodin de Moraes, "o dano será injusto quando, ainda que decorrente de conduta lícita, afetando aspecto fundamental da dignidade da pessoa humana, não for razoável, ponderados os interesses contrapostos, que a vítima dele permaneça irresssarcida "[10].

Essa releitura do princípio da reparação integral, que propõe como tarefa primeira reparar os danos sofridos pela vítima, mesmo nas hipóteses em que o autor do dano não tenha agido culposamente na sua causação, advém principalmente da crescente aplicação da teoria do risco como nexo de imputação[11] da responsabilidade civil contemporânea, ao lado da culpa. Dessa forma, além da função tradicional de sancionar a conduta culposa do agente, a responsabilidade civil passa, em primeiro plano, a buscar a reparação dos danos injustos sofridos pela vítima.

---

9   Paulo de Tarso Sanseverino explica que o princípio da reparação integral ou plena, ou ainda, da equivalência entre os prejuízos e a indenização "busca colocar o lesado na medida do possível, em uma situação equivalente à que se encontrava antes de ocorrer o fato danoso ". SANSEVERINO. Paulo de Tarso Vieira. *Princípio da reparação integral*. Indenização no Código Civil. São Paulo. Saraiva. 2011, p. 48.

10   MORAES. *Danos à pessoa humana. Uma leitura civil- constitucional dos danos morais*, 2003, p.179.

11   Sobre a diferença entre os conceitos de nexo de causalidade e nexo de imputação ver PASQUALOTTO. Adalberto. Causalidade e imputação na responsabilidade civil objetiva: uma reflexão sobre os assaltos em estacionamentos. *Revista de Direito Civil Contemporâneo*. Vol. 7. Abr./Jun. 2016. p. 185/206.

Se antes a obrigação de reparar o dano era imposta unicamente àquele que por ação culposa o havia causado, contemporaneamente a obrigação deve ser reinterpretada "no sentido de considerar-se também responsável aquele que proporciona um risco de dano, calcando-se esta responsabilidade no princípio da solidariedade social que deve estar presente em todas as relações sociais "[12].

Com o ocaso dos filtros tradicionais da responsabilidade civil, notadamente a culpa, a questão da existência do nexo de causalidade passou a ser um dos mais importantes, senão o mais importante filtro na reparação dos danos. Em sua dupla função, o nexo causal busca identificar o responsável pelo dano causado e, ao mesmo tempo, servir de limitador da extensão dos danos indenizáveis.

A doutrina, entretanto, aponta para as dificuldades da análise do nexo de causalidade como elemento da responsabilidade civil[13]. Dentre os fatores mais comuns apontados pelos doutrinadores, encontram-se a multiplicidade de teorias justificadores da causalidade, que são utilizadas de forma atécnica e discricionária pelos julgadores, bem como o fato de que a análise da existência ou não do nexo causal pressupõe a avaliação, a um só tempo, de elementos de fato e de elementos jurídicos.

Tais dificuldades, no caso da responsabilidade civil relacionada ao tabagismo, ganham contornos dramáticos, pois a dificuldade na demonstração do nexo de causalidade entre o tabagismo e os danos experimentados pelos fumantes tem sido um dos maiores obstáculos nos processos judiciais referentes ao tema.[14]

---

12   MULHOLLAND, Caitlin Sampaio. *A responsabilidade por presunção de causalidade*. Rio de janeiro. 2010, p.20.

13   Sobre o tema CARPES. A *prova do nexo de causalidade na responsabilidade civil*. 2016 p. 28; MULHOLAND. A *responsabilidade por presunção de causalidade*. 2010, p. 58 e FROTA, Pablo Malheiros da Cunha. *Responsabilidade por danos. Imputação e nexo de causalidade*. Curitiba. Juruá. 2014, p. 68.

14   No Brasil, já foram ajuizadas 633 ações judiciais por fumantes, ex-fumantes e seus familiares contra as principais fabricantes de cigarros no país. Dessas, 400 possuem decisões rejeitando tais pretensões indenizatórias, 304 transitadas em julgado. Por outro lado, 16 desses processos já foram

Para ilustrar a discussão acerca do que os autores chamam de "utilização acrítica pelos tribunais das teorias jurídicas a respeito do nexo de causalidade"[15],foi escolhidopara análise no presente ensaio o REsp 1.113.804/RS, de relatoria do Ministro Luis Felipe Salomão.

O julgado afirma, entre outras questões, que a indenização ao fumante somente seria devida se comprovado o nexo causal a partir da constatação de que o dano experimentado foi consequência direta e imediata do "hábito" de fumar, sendo que, reconhecida a possibilidade " de vários fatores contribuírem para o resultado, elege-se apenas aquele que se filia ao dano mediante relação de necessariedade, vale dizer, dentre vários antecedentes causais, apenas aquele elevado à categoria de dano dará ensejo ao dever de indenizar. (...) somente se fosse possível, no caso concreto determinar quão relevante foi o cigarro para o infortúnio (morte), ou seja, qual a proporção causal existente entre o tabagismo e o falecimento, poder-se-ia cogitar de se estabelecer um nexo causal juridicamente satisfatório. "[16]

A simples leitura do trecho da ementa transcrito já deixa antever a importância da discussão sobre a aplicação das teorias do nexo de causalidade na defesa dos interesses da vítima de evento resultado do consumo do tabaco. A prova cabal de que o evento morte decorreu exclusivamente do consumo do tabaco é uma prova muito difícil, senão impossível. De outra parte, o próprio acordão reconhece que existem pesquisas e estatísticas robustas no sentido de atribuir ao consumo do tabaco um percentual altíssimo de mortes e doenças crônicas, que foram consideradas na teoria, mas refutadas na decisão da questão, ao argumento de que no caso concreto as demais possíveis causas de câncer não foram refutadas.

---

    julgados em sentido contrário, ou seja, aprovaram o pedido de indenização. Todas ainda estão pendentes de recurso. Dados obtidos até abril de 2010. Disponível em: <http://www.conjur.com.br/2010-abr-27/stj-define-souza-cruz-nao-indenizar-fumantes-cancer>. Acesso em: 16 abr. 2017.

15 CARPES. *A prova do nexo de causalidade na responsabilidade civil*. 2016, p. 36.

16 BRASIL. Superior Tribunal de Justiça. REsp 1.113804/RS. Relator Ministro Luis Felipe Salomão. 4ª Turma. Julgado em 27/04/2010. Disponível em: <http://www.stj.jus.br>. Acesso em: 16 abr. 2017.

Ocorre que, a despeito de o acordão em análise se referir à aplicação da teoria da causalidade direta e imediata como óbice ao reconhecimento da responsabilidade do fornecedor de cigarros, enfatizando a aplicação de uma causalidade jurídica para a solução do caso, não se pode perder de vista a dimensão fática do problema do nexo causal que torna ainda mais problemática a questão.

As teorias da equivalência dos antecedentes causais, da causalidade adequada, do dano direto e imediato e da imputação objetiva são utilizadas para explicar a importância que o direito confere aos fenômenos da natureza que constituem os fatos avaliados no caso. Entretanto, não é possível se atribuir ao nexo de causalidade no plano jurídico uma natureza distinta da que possui em sua perspectiva fenomenológica, ou daquela que o fenômeno possui em sua perspectiva epistemológica[17].

Isso significa, segundo Carpes, que "a compreensão da causalidade tem origem na sua explicação científica, notadamente nas ciências da natureza". Não obstante, "a doutrina e os tribunais no Brasil cingem-se a examinar o problema através das aludidas teorias construídas pela doutrina jurídica, omitindo-se assim, a qualquer investigação que tenha por base a análise de corte científico-epistemológico para o fenômeno"[18].

Além da dupla faceta de análise do nexo causal, que demanda a um só tempo uma verificação fática e jurídica, acresça-se o fato de que no direito brasileiro, diferente de outros ordenamentos jurídicos estrangeiros, não existem normas gerais sobre o nexo de causalidade. Há no Código Civil um único dispositivo, o art. 403, que trata do tema e assim mesmo na seara negocial. Essa ausência de limite legal para a causalidade talvez seja um dos fatores que mais contribui para acirrar a discussão e para dificultar a localização de um padrão decisório dos Tribunais em casos de responsabilidade civil da indústria do tabaco.

---

17   CARPES. *A prova do nexo de causalidade na responsabilidade civil.* 2016, p. 35.

18   CARPES. *A prova do nexo de causalidade na responsabilidade civil.* 2016, p. 36.

A escolha da teoria a ser aplicada no caso concreto pode variar discricionariamente de acordo com a vontade do julgador e a depender da teoria adotada como parâmetro decisório, o resultado varia consideravelmente, podendo, inclusive, subverter a moldura contemporânea imposta pelos valores constitucionais de proteção da dignidade humana e da solidariedade, deixando a vítima irresssarcida.

Assim, antes das discussões dos contornos do caso acima mencionado e da avaliação crítica do julgado, impõe-se uma breve explanação sobre as principais teorias utilizadas como critérios jurídicos para aferição do nexo de causalidade, o que será feito no próximo tópico, bem como uma breve apresentação de dados científicos sobre as mortes de fumantes associadas ao consumo do tabaco.

2. TEORIAS DO NEXO CAUSAL E A RESPONSABILIDADE CIVIL DAS INDÚSTRIAS DO TABACO

O primeiro passo para o estudo do tema da causalidade nas relações de consumo do tabaco é estabelecer-se um sentido compartilhado do que venha a ser o nexo de causalidade. Nesse sentido, pode o nexo de causalidade ser considerado "a ligação entre a conduta ou atividade antecedente e o dano, para fins de imputação ressarcitória"[19]. Trata-se da conexão que se estabelece entre uma causa antecedente e um efeito consequente, cuja verificação é imprescindível para que surja a obrigação de indenizar. Não obstante, o nexo causal ou nexo etiológico não advém de uma simples associação entre uma causa e um efeito, mas de uma relação na qual "um específico fato (causa) *determina* a sucessão de outro específico fenômeno (efeito) "[20].

No estudo das teorias do nexo de causalidade no direito Pablo Malheiros da Cunha Frota analisou quatorze teorias que pretendem estabelecer critérios interpretativos na sua avaliação. Um tal número

---

19 MULHOLAND. A *responsabilidade por presunção de causalidade*. 2010, p. 57.

20 CARPES. A *prova do nexo de causalidade na responsabilidade civil*. 2016, p. 29.

de teorias já deixa antever a complexidade do tema e a dificuldade de aplicação das referidas teorias na prática, de modo a garantir a integral reparação dos prejuízos experimentados pela vítima.

Dentro do que pretende o presente ensaio, impõe-se que sejam analisadas somente as teorias que mais aparecem nas decisões acerca do nexo de causalidade e que mais importam no debate acerca da reparação dos prejuízos experimentados pelos consumidores do tabaco.

Segundo Caitlin Sampaio Mulholland, as teorias do nexo de causalidade se dividem em duas grandes categorias, quais sejam, a generalizadora e as individualizantes, sendo que a primeira categoria equipara condições de um determinado evento danoso à causa do mesmo. Já as que compõem a segunda categoria notabilizam-se pela distinção entre as condições e causas do dano. [21]

A primeira teoria a ser analisada é a generalizadora, também conhecida como **teoria da equivalência das condições ou teoria da equivalência dos antecedentes causais** – *condiciosinequa non*. Segundo essa teoria todas as condições anteriores ao evento danoso se equivalem e todas aquelas sem as quais o evento não seria verificadose transformam em causa. Não há que se perquirir se próxima ou remota do evento é a condição praticada pelo agente, pois para que haja responsabilidade, basta que o agente tenha praticado uma condição qualquer na cadeia de produção do evento.

Na aferição do nexo causal segundo essa teoria, utiliza-se o método de eliminação hipotética *ex post*, de modo que, partindo do dano e retornando às causas, o agente será responsabilizado por todos os prejuízos que não ocorreriam se suprimido mentalmente o fato.

---

21 Para Caitlin Sampaio Mulholland há distinção semântica entre as expressões condição e causa. Condição "é um acontecimento ou uma situação que facilita ou possibilita a realização da consequência, ou ainda, segundo Fernando Noronha, condições são todos os fatores que estão na origem de um dano, são todos os elementos sem os quais ele não se teria produzido, são todas as circunstâncias de que não se pode abstrair, sem mudar o resultado danoso (...) Causa, por fim, é a condição que opera o resultado de maneira necessária ou adequada ou, ainda, eficiente ou preponderante." MULHOLAND. *A responsabilidade por presunção de causalidade*. 2010 p. 96.

A indistinção entre as causas é uma das maiores críticas a essa teoria na seara cível. Isso porque poderia estender a cadeia causal ao infinito, gerando situações absurdas em matéria de indenização de danos. Diferentemente do campo cível, no direito penal brasileiro a teoria encontra aplicação no art. 13 do Código Penal, mas nesse campo existem os freios da tipicidade das condutas definidas como crimes, e do dolo do agente com sua vontade dirigida para a produção do fato típico. Já na responsabilidade civil o filtro do dolo não existe, pois ou basta a prova da culpa em sentido amplo ou mesmo a sua dispensa nas hipóteses de responsabilidade objetiva.

Essa teoria tem pouca relevância no debate acerca da indenização de consumidores dos produtos do tabaco, pois não aparece de forma significativa nas decisões judiciais sobre o tema. Já a segunda categoria de teorias, as chamadas individualizantes, tem bastante aplicação nos casos em que se discute a reparação dos prejuízos sofridos pelas vítimas do consumo do tabaco. Tais teorias se subdividem em teoria da causalidade adequada e teoria do dano direto e imediato (ou teoria da interrupção do nexo causal).

De origem francesa, **a teoria da causalidade adequada** é assim resumida por Caio Mario da Silva Pereira:

> O problema da causalidade é uma questão científica de probabilidade. Dentre os antecedentes do dano, há que se destacar aquele que está em condições de necessariamente tê-lo produzido. Praticamente, em toda ação de indenização, o juiz tem de eliminar fatos menos relevantes, que possam figurar entre os antecedentes do dano. São aqueles que seriam indiferentes à sua efetivação. O critério eliminatório consiste em estabelecer se mesmo na sua ausência, o prejuízo ocorreria. Após este processo de expurgo, resta algum que, "no curso normal das coisas", provoca um dano dessa natureza. Em consequência, a doutrina que se constrói nesse processo técnico se diz da "causalidade adequada", porque faz salientar na multiplicidade de fatores causais, aquele que normalmente pode ser o centro do nexo de causalidade[22].

---

22 PEREIRA, Caio Mario da Silva. *Responsabilidade civil*. 6ª ed. Rio de Janeiro. Forense. 1995, p. 79.

Pelo emprego dessa teoria, o exame da cadeia causal se faz em abstrato, tendo como parâmetro a probabilidade de um fato ocorrer segundo o curso normal dos eventos (*id quod plerumque accidit*), num processo que Fernando Noronha chamou de prognose póstuma ou retrospectiva[23].

A avaliação retrospectiva sobre o fato de um determinado evento ser consequência do "curso natural das coisas" adequada a causar o dano pode ser feita a partir de duas perspectivas: uma positiva e outra negativa. Pelo viés positivo, "um evento será causa adequada de um dano sempre que este seja consequência típica daquele "[24]. Pelo viés negativo, avalia-se o problema da causa inadequada, ou seja, o nexo de causalidade será estabelecido, se for possível provar que o "dano não foi consequência extraordinária e indiferente à conduta imputada"[25][26].

---

[23] Segundo Fernando Noronha, diz-se "prognose, porque constitui uma tentativa de adivinhar, a partir de um determinado fato, o que pode vir a acontecer como sua consequência; essa prognose é retrospectiva, porque o exercício é feito depois de já se saber o que efetivamente aconteceu ". NORONHA, Fernando. *Direitos das obrigações*. São Paulo. Saraiva. 2007, p. 6001.

[24] MULHOLAND. *A responsabilidade por presunção de causalidade*. 2010, p. 157.

[25] MULHOLAND. *A responsabilidade por presunção de causalidade*. 2010, p. 158.

[26] Fernando Noronha resume a diferença entre as formulações positiva e negativa da causalidade adequada, explicando que para os adeptos da formulação positiva "um fato deve ser considerado causa adequada de um evento posterior, quando favoreça a produção deste. Como escreve Antunes Varela (1993, v.1, p. 888), nesta formulação" o fato será causa adequada do dano, sempre que este constitua uma consequência normal ou típica daquele, ou seja, quando verificado o fato, se possa prever o dano como uma consequência natural ou como um efeito provável dessa verificação. " Já para os partidários da formulação negativa, causa adequada é a que, segundo as regras de experiência, não é indiferente ao surgir do dano. Em vez de caracterizar a adequação, diz-se que é causa inadequada: nesta formulação, a causalidade só fica excluída quando se trate de consequências indiferentes ao fato, estranhas ou extraordinárias " NORONHA, Fernando. *Direitos das obrigações*. 2007, p. 604/605.

Nessa perspectiva, a avaliação da causalidade adequada deveria passar, assim, por um duplo filtro: primeiro se verifica se a condição é indispensável para a ocorrência do evento danoso; em segundo lugar, verifica-se a adequação da causa com base na sua previsibilidade e na probabilidade de o evento ter acontecido segundo normalmente acontecem as coisas.

É importante registrar que a doutrina não é unânime em relação à necessidade de avaliação da previsibilidade e evitabilidade do dano para a constatação de sua normalidade. Nesse sentido, Anderson Schreiber afirma que a ideia de normalidade se baseia num juízo de probabilidade sobre a conduta do sujeito e as consequências ocorridas no caso concreto em cotejo com aquilo que habitualmente ocorre. Adverte, entretanto, que em razão da tradição subjetivista do ilícito, a probabilidade veio a ser associada pela doutrina às noções de previsibilidade e evitabilidade do dano. Não obstante, no nosso modo de ver, essa leitura imputacional da teoria da causalidade adequada não pode ser considerada a mais adequada, pois a análise do nexo de causalidade não está baseada na noção de culpa e sim na busca da causa abstrata mais apta à produção do resultado danoso. [27]

No mesmo sentido, de que a aferição da causa adequada se faz de maneira objetiva, sem a necessidade de ser perquirir acerca da previsibilidade ou não do dano pelo agente, leciona Antunes Varela

---

[27] Segundo Anderson Schreiber, a associação da normalidade com os aspectos de previsibilidade e evitabilidade do dano fez com a que a teoria da causalidade adequada fosse alvo de críticas severas devido à incerteza inerente a avaliações de normalidade e probabilidade, chegando alguns juristas a afirmar que "probabilidade não é certeza". Na tentativa de fugir à incerteza reinante em matéria da causalidade, formulou-se a teoria da causalidade eficiente, segundo a qual "as condições que concorrem para um certo resultado não são equivalentes, existindo sempre um antecedente que, em virtude de um intrínseco poder qualitativo ou quantitativo, elege-se como verdadeira causa do evento. Aqui, o juízo da causalidade não se daria em abstrato, mas em concreto, observando qual, dentre as diversas causas, foi a mais eficiente na determinação do dano". SCHREIBER, Anderson. *Novos paradigmas da responsabilidade civil. Da erosão dos filtros da reparação á diluição dos danos*. 6ª ed. São Paulo. Atlas. 2015, p. 59/60.

que "para que um dano seja considerado como efeito adequado de certo facto não é necessário que ele seja previsível para o autor de desse facto"[28].

A segunda das teorias individualizantes é a **teoria do dano direito ou imediato ou teoria da interrupção do nexo causal**. Por essa teoria, só se reconhece o nexo de causalidade "a partir da constatação que o dano é efeito necessário de determinado evento, sendo que as expressões "direto" e "imediato" não dizem respeito a qualquer distância temporal entre os eventos, mas da sua respectiva proximidade lógica"[29]. Dessa forma, a causalidade estará configurada quando o dano for uma consequência direta e imediata da conduta ou atividade desenvolvida.

No que tange aos danos indiretos, mas que são consequência necessária da conduta ou da atividade, a doutrina criou uma subteoria, denominada de teoria da necessariedade da causa, segundo a qual "por direito e imediato entende-se, portanto, que o dano deve ser um efeito necessário da conduta, isto é, que o evento foi de tal maneira que sua consequência teria o efeito necessário que se verificou "[30].

A avaliação do nexo causal aqui se faz em concreto, a partir da cadeia causal no caso em exame, e não em abstrato, como na teoria da causalidade adequada. O dano, para ser indenizado, deve ser consequência direta e imediata da conduta ou atividade desenvolvida[31].

Sobre as teorias da causalidade adequada e da causalidade direta e imediata, merece destaque a conclusão de que, na prática, os efeitos da aplicação de ambas são próximos, na medida em que o critério da necessariedade entre a causa e o dano assemelha-se em ambas as teorias. Segundo Artur Thompsen Carpes:

---

28 VARELA, João de Matos Antunes. *Das obrigações em geral.* Vol. I, 110ª ed. Coimbra. Almedina. 2010, p.895.

29 CARPES. *A prova do nexo de causalidade na responsabilidade civil.* 2016, p. 43.

30 MULHOLAND. *A responsabilidade por presunção de causalidade.* 2010, p. 169.

31 MULHOLAND. *A responsabilidade por presunção de causalidade.* 2010, p. 173.

A noção de necessariedade, em síntese, também pressupõe exame a respeito da distância lógica existente entre eventos e juízo baseado na experiência comum. Não existem diferenças substanciais entre um e outro critério. Nada obstante o prestígio que a teoria do dano direto e imediato alcançou no direito brasileiro, o certo é que examinadas suas bases, verifica-se que esta constitui mera variante da teoria da causalidade adequada. Reconhecer que determinado evento foi mais determinante para provocar o resultado (dano), nada mais é do que reconhecer ter sido este o mais adequado para que o resultado tivesse ocorrido[32].

Diante de tal constatação, a questão mais importante acerca do nexo de causalidade passa a ser exatamente a sua prova, o que será analisado no próximo tópico.

3. A PROVA DO NEXO CAUSAL EM JUÍZO: A PROBABILIDADE LÓGICA E A PRESUNÇÃO DE CAUSALIDADE

O modelo contemporâneo de prova é "demonstrativo e dialético", sendo a prova obtida a partir da realidade empírica, mas em contraditório, ou seja, levando em conta a importância do diálogo no processo para a aferição da verdade e formação do juízo de fato. Tal diálogo não é exercitado com o objetivo de obter-se um consenso em relação aso fatos, mas com os objetivos de ampliar-se a possibilidade da prova e de inibir erros[33].

No que tange à prova do nexo de causalidade, é importante registrar que sua investigação é conduzida por limites existentes na busca da verdade no processo, limites estes condicionados principalmente por fatores de natureza prática, que dizem respeito ao fim da fase probatória na instrução processual e a necessidade de uma prestação jurisdicional que tempestivamente ponha fim ao processo. Daí a importância do contraditório e da função argumentativa da prova

---

32 CARPES. *A prova do nexo de causalidade na responsabilidade civil*. 2016, p. 44.

33 CARPES. *A prova do nexo de causalidade na responsabilidade civil*. 2016, p. 77.

no processo, pois diante da impossibilidade de obtenção de uma verdade absoluta, segura e incontestável no âmbito processual, há que se privilegiar a busca de uma verdade provável, ou seja, aquela mais aproximada possível da realidade, urdida no cotejo entre a demonstração dos enunciados fáticos da causa eo auxílio de outras ciências e do contraditório.

Na obtenção da verdade processual, a primeira premissa a ser assentada é a de que o julgador, ao decidir questões relativas ao nexo de causalidade parte de uma hipótese de probabilidade de conexão entre o fatos aceitos como provados e o conjunto de fatos adotados como probatórios, o que significa dizer que "a verdade não será demonstrada como sendo logicamente dedutível das premissas, mas apenas comprovada como logicamente provável ou razoavelmente plausível de acordo com um ou vários princípios de indução"[34].

Nessa operação de aferição de nexo causal e sua máxima aproximação com a realidade, dois aspectos influenciam diretamente a conclusão a ser obtida pelo julgador. O primeiro aspecto é o de que os fatos postos à apreciação são seletivamente apresentados pelas partes, selecionados a partir dos interesses buscados no processo, com vistas à aplicação de uma determinada norma jurídica. O objeto da prova do nexo de causalidade na responsabilidade civil envolve uma compreensão fenomenológica de que pode existir uma diferença entre os fatos e as alegações de fato. No ambiente processual, o objeto da prova não é constituído propriamente pelos fatos, mas pelos enunciados fáticos alegados. Os fatos que não são alegados, embora até possam ter ocorrido, não integram o objeto do processo e não se submetem ao objeto da prova[35].

O segundo aspecto é o de que a obtenção da prova está regulada por um procedimento que visa a prestação jurisdicional e a pacificação do meio social [36]. Dessa forma, a prova do nexo de causalidade em juízo, na medida em que é fortemente marcada pela miscigenação

---

34   CARPES. A *prova do nexo de causalidade na responsabilidade civil*. 2016, p. 84.

35   CARPES. A *prova do nexo de causalidade na responsabilidade civil*. 2016, p. 99.

entre fato e direito, é determinada "por um peculiar raciocínio de caráter lógico-inferencial informado pela definição do fenômeno no plano do direito material e mediante a leis científicas e máximas de experiência"[37].

A conclusão que se extrai desse quadro é a de que a avaliação da prova dos fatos não é um processo puramente cognitivo, mas envolve um juízo de valor, no qual se estabelece uma "conversão da probabilidade cognitiva ou científica, na certeza exigida pela vida prática"[38]. Há uma necessária conexão entre a percepção dos

---

[36] Para Artur Thompsen Carpes, no CPC é possível encontrar inúmeras regras e técnicas que comprometem a verdade do ponto de vista epistemológico, mas que buscam alcançar os fins visados no processo, notadamente a entrega da prestação jurisdicional e a pacificação do meio social, citando como exemplos: "i) a presunção de veracidade gerada pela ausência de impugnação específica das alegações de fato (art. 341) e em razão de revelia (art. 344); ii) a inadmissibilidade de provas ilícitas (art. 369); iii) a previsão do ônus da prova como regra de julgamento (art. 373); iv) o efeito da confissão que decorre da ausência ou recusa da parte ou quando esta responde evasivamente ao depor (art. 385, § 1º e art. 345); v) as regras de privilégio no depoimento da parte (art. 388); vi) a presunção de veracidade pela não exibição de documento (art. 400); vii) a inadmissibilidade de oitiva de testemunhas incapazes, impedidas ou suspeitas (art. 447); viii) as regras de privilégio em relação ao depoimento de testemunhas (art. 448); ix) ausência de impugnação tempestiva das decisões que concernem aos fatos da causa, em especial a respeito do juízo de fato firmado na sentença; além das x) preclusões que , nada obstante a possibilidade de sua relativização, constituem a regra de procedimento probatório, não apenas no que se refere à proposição da prova quando assim determinado pela lei ou pelo juiz, mas também na oportunidade de sua produção, como ocorre, por exemplo, com relação ao prazo para produção da prova documental (art. 434), para apresentação do rol de testemunhas (art. 357, §§ 4º, 6º e 7º) e dos quesitos a serem examinados na prova pericial (art. 465, §1º)." CARPES. *A prova do nexo de causalidade na responsabilidade civil.* 2016, p. 85.

[37] CARPES. *A prova do nexo de causalidade na responsabilidade civil.* 2016, p. 102.

[38] CARPES. *A prova do nexo de causalidade na responsabilidade civil.* 2016, p. 85.

fatos e a reflexão do direito na decisão acerca da causalidade, que é permeada por dimensão axiológica no juízo realizado pelo julgador acera dos fatos.

Assim, na aferição da probabilidade da causalidade na responsabilidade civil da indústria do tabaco, a prova deve se realizar a partir de um juízo probabilístico, mas não de uma probabilidade numérica ou quantitativa simplesmente[39]. A probabilidade quantitativa ente pode até possibilitar a aferição da correção interna do raciocínio empregado para a obtenção da probabilidade, mas não garante a correspondência dos resultados à realidade externa.[40]

A probabilidade mais consentânea com a tarefa de garantir a maior efetividade ao princípio da reparação integral na responsabilidade civil das indústrias do tabaco e os prejuízos experimentados pelos consumidores de seus produtos é a probabilidade lógica, que permite a equalização entre elementos probatórios abstratos,

---

[39] Segundo essa concepção a probabilidade "constitui uma medida ou grau de (in) certeza de um fenômeno do qual não se pode atestar sua falsidade (ou inexistência) nem sua verdade absoluta (ou existência)." A probabilidade estatística ou pascaliana se subdivide em duas modalidades: a probabilidade quantitativa ou objetiva e a probabilidade subjetiva. A primeira modalidade tem por base cálculos matemáticos de probabilidade, "indica características dos fenômenos do mundo real e, a partir daí a frequência com que determinado tipo de fato se verifica dentro de uma classe ou serie de fenômenos". Já a segunda modalidade "tem por escopo racionalizar o convencimento sobre a probabilidade objetiva, ou seja, sobre a eventualidade de que determinado evento se verifique ou tenha se verificado: o valor quantitativo da probabilidade representa, portanto, a medida de convencimento racional a respeito desse evento, isto é o grau em que é racional sustentar que é verdadeira a proposição que o afirma". CARPES. *A prova do nexo de causalidade na responsabilidade civil*. 2016, p. 92.

[40] Num feliz exemplo dado por CARPES, no caso dos fumantes, a probabilidade estatística pode demonstrar "que a pessoa que fuma três maços de cigarro por dia possui 75% de chances de contrair câncer de pulmão. Mas não possui o condão de demonstrar que o câncer de pulmão contraído pelo aquele específico fumante, que consumia três maços de cigarro por dia, decorreu do hábito de fumar". CARPES. *A prova do nexo de causalidade na responsabilidade civil*. 2016, p. 94.

tais como as máximas de experiência, as noções de senso comum e as leis científicas e o contraditório no caso concreto, além de permitir não somente uma avaliação não somente do alto grau de correspondência entre os fatos alegados e a verdade, mas também da exclusão das hipóteses alternativas. [41]

As provas necessárias na análise do nexo de causalidade baseiam-se principalmente nos critérios de pertinência e relevância da prova. Pertinente será a prova que "visa a demonstrar a alegação de fato afinada com a sintaxe fática da norma de direito material". Já a prova relevante será aquela que "pode efetivamente contribuir para a prestação da tutela jurisdicional"[42]. Fora de tais limites a prova deve ser considerada inútil e protelatória pelo juiz.

Em que pese a prova do nexo de causalidade deva ser analisada no âmbito da causalidade específica, aferida no caso concreto, a causalidade geral, principalmente no que diz respeito à prova estatística, pode contribuir para a presunção judicial do nexo de causalidade, notadamente nas hipóteses em que a frequência de associação entre os eventos seja próxima de 100% e, qualquer que seja a frequência,

---

41 Ainda na dicção de Artur Thompsen Carpes, " a probabilidade lógica tem por método o estabelecimento de conexões lógicas entre provas colhidas no curso do processo e as alegações de fato. Tais conexões são o que determinam o grau de apoio inferencial que, em última análise, corresponde à verdade da alegação de fato." Assim, "não basta que as provas disponíveis proporcionem um alto grau de apoio à hipótese; é necessário, além disso, que permitam excluir hipóteses alternativas. A concepção da probabilidade lógica, nesse sentido, possui a virtude de reunir três elementos fundamentais no processo de aferição da verdade e para a adequada formação do juízo de fato: a consideração de elementos probatórios abstratos (as máximas de experiência, as noções do senso comum e as leis científicas) e, por fim, a equalização de tais elementos mediante o contraditório. A concepção da verdade enquanto probabilidade lógica permite convergir tais elementos, cotejando a hipótese de fato, sua confirmação nas provas e em relação a elementos probatórios abstratos, além de considerar, sobretudo, o diálogo como método de investigação ". CARPES. *A prova do nexo de causalidade na responsabilidade civil*. 2016, p. 97.

42 CARPES. *A prova do nexo de causalidade na responsabilidade civil*. 2016, p. 105.

mediante a conexão com outras provas no contexto probatório, ou seja, "a prova estatística, em princípio tem pertinência com a responsabilidade civil, pois pode colaborar com a prova do nexo de causalidade"[43].

No que diz respeito à avaliação do nexo de causalidade na responsabilidade civil da indústria do tabaco, principalmente diante da dificuldade da prova direta entre o consumo do tabaco e dano experimentado pelo fumante, a prova estatística assume um aspecto extremante relevante no cumprimento do princípio da reparação integral da vítima.

Não obstante, além de relevante, a prova deve ser igualmente pertinente. Assim, no que concerne à pertinência da prova estatística na questão dos danos experimentados por fumantes, verifica-se que este tipo de prova não pode ser negada, sobretudo quando seus resultados levem a uma elevadíssima frequência entre os eventos cuja relação de causalidade se pretende demonstrar em juízo. Assim, a prova estatística no caso do tabaco deve ser admitida, pois mostra-se pertinente e relevante.

No caso dos danos experimentados pelos fumantes, as estatísticas demonstram uma altíssima incidência dos eventos deletérios decorrentes do uso prolongado do tabaco, principalmente o câncer de pulmão. Segundo números publicados pelo Ministério da Saúde, em projeto coordenado pela Associação Médica Brasileira, *"o tabagismo é responsável por 80% dos casos de câncer de pulmão. A incidência de câncer de pulmão ocasionado pelo tabagismo na população total é elevada, tanto entre homens (87%), como entre mulheres (84%)."*[44]

---

43 CARPES. A *prova do nexo de causalidade na responsabilidade civil.* 2016, p. 106.

44 *Evidencias científicas sobre tabaco para subsídio ao Poder Judiciário.* Associação Médica Brasileira/Instituto Nacional do Câncer. Coord. José Alencar Gomes da Silva e Aliança de controle ao tabagismo. Publicado em 12/03/2007. Disponível em: <www.actbr.org.br>. Acesso em: 9 mai. 2017.

O mesmo estudo conclui que *"há mais de 60 substâncias cancerígenas identificadas na fumaça do tabaco, que causam, iniciam ou promovem o câncer de vários órgãos, pois afetam o código genético das células (DNA). O câncer de pulmão, decorrente do fumo, é a primeira causa de mortes por câncer em homens e a segunda entre as mulheres."*[45] Aliás não só a relação com o câncer de pulmão é demonstrada pelo documento, mas nele também é apontado que o "relatório Consequências do tabagismo para a saúde, publicado em 2004, pelo *Surgeon General* (Departamento de saúde dos EUA), conclui que há evidência suficiente para inferir uma relação de nexo causal entre tabagismo e os cânceres de pulmão, laringe, cavidade oral, faringe, esôfago, pâncreas, bexiga, rins, colo uterino, estômago e leucemia mieloide aguda". [46]

As estatísticas próximas de 100% associando consumo do tabaco e morte por câncer, em conexão com outras provas do contexto probatório, principalmente ao tempo de utilização do produto pelo fumante e a idade em que começou o uso do tabaco, endossam a utilização da teoria da causalidade adequada, apontando para uma probabilidade lógica entre os danos experimentados e o uso do tabaco.

É a teoria da causalidade adequada, principalmente considerando-se os aspectos de pertinência e relevância da prova, a que melhor garante a aplicação do projeto constitucional de proteção integral da dignidade da pessoa humana e de solidariedade social. A aferição abstrata da causalidade com utilização dos métodos estatísticos, a partir de uma probabilidade lógica, é a que melhor harmoniza o

---

[45] *Evidências científicas sobre tabaco para subsídio ao Poder Judiciário*. Associação médica Brasileira/Instituto Nacional do Câncer. Coord. José Alencar Gomes da Silva e Aliança de controle ao tabagismo. Publicado em 12/03/2007. Disponível em: <www.actbr.org.br>. Acesso em: 9 mai. 2017.

[46] *Evidências científicas sobre tabaco para subsídio ao Poder Judiciário*. Associação Médica Brasileira/Instituto Nacional do Câncer. Coord. José Alencar Gomes da Silva e Aliança de controle ao tabagismo. Publicado em 12/03/2007. Disponível em: <www.actbr.org.br>. Acesso em: 9 mai. 2017.

sistema de direito privado com os valores constitucionais, antes de tudo, ao valor da pessoa humana.[47]

Em conclusão deve ser destacado o fato de que a argumentação da causalidade pressupõe que se estabeleça um referencial de observação do fenômeno. O referencial aqui estabelecido e que deve norteara avaliação do processo causal no caso dos consumidores do tabaco é a proteção da dignidade humana, consubstanciado no princípio da reparação integral da vítima.

A aplicação da teoria da causalidade adequada não é fruto do acaso ou da opção subjetiva do aplicador do direito, mas uma exigência do princípio da reparação integral, que é o ponto de partida, o referencial que deve nortear toda avaliação sobre a responsabilidade civil na legalidade constitucional contemporânea.

---

47 Em artigo publicado na Revista de Informação legislativa sobre a responsabilidade da indústria do tabaco e a o livre arbítrio, tratei da moldura constitucional do debate da seguinte forma: "qualquer discussão de direito civil hoje deve ser enquadrada na moldura constitucional de tratamento do tema, sobretudo no que concerne aos valores constitucionais previstos, aplicáveis na releitura dos institutos do direito civil. No caso da responsabilidade civil das industrias do tabaco, a discussão não poderia ter contornos diferentes. Conforme expõe Pietro Perlingieri, a doutrina do direito civil na legalidade constitucional impõe ao civilista um vasto e sugestivo programa de estudos, com vistas à concretização de objetivos específicos, quais sejam, "individuar um sistema de direito civil harmonizado com valores constitucionais e, antes de tudo, ao valor da pessoa humana; redefinir os fundamentos, as *rationes* e assim as extensões dos institutos, ressaltando-lhes seus perfis funcionais; adequar as técnicas e os conceitos tradicionais e sobretudo renovar *funditus* a argumentação jurídica, propondo uma teoria da interpretação respeitosa da legalidade constitucional" SAMPAIO, Marília de Ávila e Silva. Tabagismo, livre arbítrio e dignidade da pessoa humana: parâmetros científicos e dogmáticos para (re) pensar a jurisprudência brasileira sobre o tema. *Revista de Informação Legislativa*. N. 193. Jan./Mar. 2012, p. 153.

4. APRESENTAÇÃO DO CASO JULGADO NO RESP 1.113.804/RS

Como afirmado anteriormente, o caso escolhido para análise da questão do nexo de causalidade e a responsabilidade civil dos produtores de cigarros foi o REsp 1.113.804/RS. A escolha se pautou pela imensa repercussão que teve o julgado no Brasil, pois, a despeito de não ter sido julgado pelo sistema de recursos repetitivos[48], passou a balizar as decisões de instâncias inferiores, dificultando ainda mais a defesa dos danos experimentados pelos fumantes.

De início, necessária se faz uma pequena digressão acerca dos principais aspectos relacionados à metodologia do estudo de caso, para facilitar a compreensão do argumento que se pretende desenvolver neste ensaio. O estudo de caso tem por objetivo uma investigação empírica, que pretende a análise dos fenômenos dentro de seu contexto real, na qual o pesquisador objetiva apreender a totalidade de uma situação, de modo a descrever e interpretar a complexidade de um caso concreto. O enfoque do estudo de caso é uma compreensão mais detalhada das circunstâncias e de todas as complexidades que determinam a ocorrência de um determinado resultado, mas sem a utilização de um critério rígido. Para Robert K. Yin, uma das explicações que mais define um estudo de caso é que ele "tenta iluminar uma decisão ou um conjunto de decisões: porque elas são tomadas, como elas são implementadas e com que resultado "[49].

Dessa forma, os tópicos precedentes objetivaram o desenvolvimento de proposições teóricas e a apresentação, ainda que sucinta, da moldura paradigmática do debate e das principais teorias utilizadas como critérios jurídicos para aferição do nexo de causalidade.

---

[48] Em linhas bem gerais, os recursos repetitivos são recursos que trazem como fundamento teses jurídicas idênticas àquelas contidas em outros recursos, cuja regulamentação se dá nos arts. 1036 e seguintes do CPC/2015.

[49] YIN, R. K. *Estudo de caso: planejamento e métodos*. 4. ed. Porto Alegre: Bookman, 2010, p. 38.

O caso julgado envolveu um pleito indenizatório movido pela viúva e outros sete autores, filhos e netos do falecido, alegando que este, nascido em 25/06/1940, tornou-se tabagista ainda na adolescência e que, em meados de 1998, "foi diagnosticado com doença bronco-pulmonar obstrutiva crônica, acrescida de enfisema pulmonar avançado". Narra ainda o relatório que, "após evolução do quadro clínico e depois de submeter-se por anos a tratamento quimioterápico e radioterápico, Vitorino Mattiazzi veio a falecer em 24/12/2001, atestando-se como causa da morte *adenocarcinoma pulmonar*"[50]. Os autores, em relação ao nexo de causalidade, argumentaram que a patologia *adenocarcinoma* do falecido foi decorrência do consumo do cigarro, pois o mesmo fumava mais de dois maços por dia do cigarro produzido pela ré, sendo que a literatura médica abalizada mais recente associa a patologia ao tabagismo – responsável pela mutação genética do gene.

O Juízo de primeiro grau julgou improcedente o pedido reparatório, ao argumento da inexistência do nexo causal entre a conduta da ré, que estaria em regular exercício de direito, e a doença que vitimou o falecido. O Tribunal de Justiça do Rio Grande do Sul reformou a sentença, para julgar procedente o pedido e condenar a ré ao pagamento de indenização no valor de R$ 70.000,00 à viúva e a cada filho e de R$ 35.000,00 para cada neto. Em relação ao nexo causal, a ementa do acordão reconheceu "viável a aplicação da inversão do ônus da prova, cabendo à demandada desabonar a alegação da parte autora pertinente à causa da enfermidade. "[51]

O mesmo posicionamento foi mantido nos embargos infringentes, cuja ementa, em relação ao tema consignou: "inversão do encargo probatório. ADMISSIBILIDADE. Situação em que presentes ambos os requisitos configurados no art. 6º, VIII, do CDC. Lição de doutrina. Inexistência de prova impossível. Presença de risco profissional que

---

50 BRASIL. Superior Tribunal de Justiça. REsp 1.113804/RS. Relator Ministro Luis Felipe Salomão. 4ª Turma. Julgado em 27/04/2010. Disponível em: <http:// www.stj.jus.br>. Acesso em: 16 abr. 2017.

51 BRASIL. Superior Tribunal de Justiça. REsp 1.113804/RS. Relator Ministro Luis Felipe Salomão. 4ª Turma. Julgado em 27/04/2010. Disponível em: <http://www.stj.jus.br>. Acesso em: 16 abr. 2017.

deve ser suportado pela demandada. "[52]. Foi negado provimento ao recurso por maioria, mantendo-se a decisão da Turma.

Em seu voto, o Ministro relator consignou que o tabaco não se caracteriza como um produto defeituoso, mas de periculosidade inerente. Aduziu que o defeito que caracteriza o acidente de consumo não se relaciona com o a capacidade intrínseca do produto de produzir danos, mas a sua desconformidade com uma razoável expectativa do consumidor, baseadas nas informações veiculadas pelo fornecedor; Acresceu que se o tabaco fosse considerado um produto defeituoso, *"seria possível a troca do produto viciado por outro em perfeitas condições de uso, o que é impossível de se imaginar no caso do cigarro, pela simples razão de que todos os demais exemplares ostentam os mesmos problemas apontados."*

Aqui a primeira crítica ao julgado merece registro, muito embora não estejamos ainda na seara da avaliação do nexo causal propriamente dito. Ocorre que o pedido de indenização pelos prejuízos causados pelo uso prolongado do tabaco se fez com base na alegação de um fato do produto, um acidente de consumo, e não num vício do produto que ensejaria a sua substituição por outro, com afirmou o voto em exame. O defeito de que trata o art. 12 do CDC é aquele associado a uma falha na segurança legitimamente esperada do produto e que vem expressamente definido pelo § 1º do aludido artigo. Já o vício do produto, previsto no art. 18 do mesmo diploma legal, é aquele que torna o produto impróprio ou inadequado ao consumo a que se destina ou lhe diminui o valor, bem como os vícios decorrentes de disparidade das indicações constantes dos recipientes, da embalagem, da rotulagem ou mensagem publicitária.

A responsabilidade do fornecedor por vícios do produto ou do serviço decorre da violação aos deveres de qualidade, quantidade, informação, havendo a quebra do dever de adequação e impossibilitando que o produto se preste ao uso legitimamente esperado, principalmente no que tange à sua utilidade. Assim, ao que parece,

---

52 BRASIL. Superior Tribunal de Justiça. *REsp 1.113804/RS*. Relator Ministro Luis Felipe Salomão. 4ª Turma. Julgado em 27/04/2010. Disponível em: <http://www.stj.jus.br>. Acesso em: 16 abr.2017.

houve uma confusão entre os conceitos de fato do produto e vício do produto no trecho transcrito do voto, o que poderia comprometer a aplicação da inversão do ônus da prova em favor do consumidor, pois em se tratando de fato do produto, a inversão é *ope legis*, nos termos do art. 12, § 3º, do CDC.

Em relação ao nexo causal, o voto condutor do julgado afirmou que não houve a demonstração de sua ocorrência, segundo os "parâmetros jurídicos adotados pelo ordenamento". Segundo o relator, "em relação ao nexo causal, vigora no direito brasileiro (art. 403 do CC/02 e do art. 1060 do CC/16), sob a vertente da necessariedade, a teoria do dano direito e imediato, também conhecida como teoria do nexo causal direto e imediato" ou "teoria da interrupção do nexo causal". E continua, afirmando que "segundo a tese acolhida em nosso ordenamento jurídico, reconhecendo-se a possibilidade de vários fatores contribuírem para o resultado, elege-se apenas aquele que se filia ao dano mediante uma relação de necessariedade, vale dizer, dentre os vários antecedentes causais, apenas aquele elevado à categoria de causa necessária do dano dará ensejo ao dever de indenizar", transcrevendo parte do voto do Ministro Moreira Alves, no RE 130764-1.

Nesse ponto a segunda observação crítica do voto ora analisado merece registro. Conforme foi delineado anteriormente, não há uma unanimidade tanto na doutrina, como na jurisprudência brasileiras, acerca de qual a teoria de nexo causal tem prevalência no direito pátrio, oscilando as decisões entre as diversas teorias existentes. Uma afirmação apodítica de adoção da teoria da causalidade direta e imediata pelo ordenamento brasileiro, sem as devidas ressalvas, faz com que ela se torne problemática e arbitrária, pois a teoria apontada não é universal e nem necessária.

O próprio relator, no julgamento do REsp 1.185.100/MS[53], que tratou de um caso de seguro obrigatório – DPVAT, afirmou, com base no magistério de Gisele Sampaio Cruz, que a teoria adotada pelo direito brasileiro no âmbito da causalidade foi a teoria da causalidade adequada, conforme demonstra o excerto desse voto a seguir transcrito:

> 3.2. Com efeito, a celeuma se resolve no âmbito da causalidade, a qual deve ser aferida segundo as regras do direito civil comum. Nesse passo, segundo a teoria da causalidade adequada, examina-se

a adequação da ação em razão da possibilidade e da probabilidade de determinado resultado ocorrer, o que vale dizer que a ação supostamente indicada como causa deve ser idônea à produção do resultado. No particular, confira-se o magistério especializado quanto ao tema da causalidade na responsabilidade civil: de acordo com esta teoria, quanto maior é a probabilidade com que determinada causa se apresente para gerar um dano, tanto mais adequada é em relação a esse dano. Assim, diante de uma pluralidade de concausas, indaga-se qual delas, em tese, poderia ser considerada apta a causar o resultado ("domínio do saber ontológico"). Respondida esta primeira pergunta, questiona-se se essa causa, capaz de causar o dano, é também hábil segundo as leis naturais ("domínio do saber gnomológico") (CRUZ, Gisela Sampaio da. *O problema da causalidade na responsabilidade civil*. Rio de Janeiro: Renovar, 2005, p. 65)."[54]

A par do fato de que ambas as teorias chegam a resultados muito semelhantes, a doutrina registra a utilização atécnica e acrítica das teorias de causalidade nos tribunais brasileiros. Em interessante exemplo, Artur Thompsen Carpes registra voto no qual o relator, na mesma decisão, afirmou que "em matéria de responsabilidade civil – contratual ou extracontratual, objetiva ou subjetiva – vigora no direito brasileiro, o *princípio da causalidade adequada, também denominado princípio do dano direto e imediato*"[55].

---

[53] O acordão possui a seguinte ementa: CIVIL. SEGURO OBRIGATÓRIO. DPVAT. QUEDA DE VEÍCULO AUTOMOTOR INERTE. CAUSALIDADE ADEQUADA. AUSÊNCIA. DEVER DE INDENIZAR. INEXISTÊNCIA. (...) 2. *No caso concreto, tem-se que o veículo automotor, de onde caíra o autor, estava parado e somente fez parte do cenário do infortúnio, não sendo possível apontá-lo como causa adequada (possível e provável) do acidente.* BRASIL. Superior Tribunal de Justiça. REsp 1185100/MS. Relator Ministro Luis Felipe Salomão. 4ª Turma. Publicado em 18/02/2011. Disponível em <http://www.stj.jus.br>. Acesso em: 16 abr. 2017.

[54] BRASIL. Superior Tribunal de Justiça. *REsp 1185100/MS*. Relator Ministro Luis Felipe Salomão. 4ª Turma. Publicado em 18/02/2011. Disponível em: <http://www.stj.jus.br>. Acesso em: 16 abr.2017.

[55] CARPES. *A prova do nexo de causalidade na responsabilidade civil*. 2016, p. 37.

O voto conclui que no caso em exame as vítimas não mereciam a reparação dos prejuízos experimentados, pois "na hipótese de doenças neoplásticas ou carcinomas, como ocorreu no caso concreto, não há como se vislumbrar o nexo causal, baseado numa relação de necessariedade, entre o tabagismo e a moléstia desenvolvida pelo *de cujos*. Isso porque a arte médica está limitada a afirmar a existência de fator de risco entre o fumo e o câncer, tal como outros fatores, como a alimentação, o álcool, a carga genética e o modo de vida da pessoa. (...). Todavia, não há comprovadamente ainda na arte médica uma causalidade necessária, direta e exclusiva entre o tabaco e o desenvolvimento do câncer – tal como exigido pelo art. 403 do Código Civil de 2002. Isso porque se mostra relevante para o mundo jurídico, no tocante à determinação do nexo causal, o fato de que diversos fumantes notórios nunca desenvolveram qualquer tipo de câncer, ao passo que pessoas de vida saudável – mesmo crianças – que nunca fumaram, também são acometidas desse terrível mal."

Não obstante tais argumentos, o próprio voto afirma que "os dados estatísticos revelam que o câncer de pulmão é a mais grave e fulminante doença associada ao tabagismo, sendo que a maioria dos casos registrados no Brasil (90%) a moléstia se desenvolveu em fumantes."[56] Ou seja, o próprio julgado reconhece que a frequência de associação entre os eventos "uso do tabaco" e "câncer de pulmão" é próxima de 100%, não podendo a prova estatística ser desconsiderada, diante da elevadíssima frequência associativa entre os eventos.

Por fim, deve-se registrar que o fato de o julgado que não guardar coerência com outros tantos casos decididos pelo próprio relator, nos quais se aplicou a teoria da causalidade adequada e não da causalidade direta e imediata, ao que parece, se baseou no senso comum para desconstituir a cadeia causal. Contudo, todo magistrado, ao julgar, tem obrigação de explicitar quais os parâmetros utilizados na decisão, qualificando os argumentos com dados e fatos, sob pena de se impedir a apreciação crítica dos argumentos lançados na decisão, cuja função é legitimá-la. A ausência de um critério decisório claro

---

56 BRASIL. Superior Tribunal de Justiça. *REsp 1.113804/RS*. Relator Ministro Luis Felipe Salomão. 4ª Turma. Julgado em 27/04/2010. Disponível em: <http://www.stj.jus.br>. Acesso em: 16 abr. 2017.

acerca da teoria aplicável na avaliação da cadeia causal, notadamente quando a conclusão é desfavorável à vítima, subverte a moldura constitucional de análise do tema, o que impõe uma reflexão profunda sobre as consequências da decisão analisada.

Na medida em que as robustas estatísticas médicas sobre as consequências letais do uso do tabaco, aliadas às demais provas do processo, são desconsideradas na decisão, verifica-se o comprometimento do projeto constitucional de proteção integral da dignidade da pessoa humana e de solidariedade social, principalmente pela não aplicação da teoria da causalidade adequada na solução do caso ora avaliado.

Como foi dito na conclusão do tópico anterior, a aplicação da teoria da causalidade adequada não é fruto do acaso ou da opção subjetiva do aplicador do direito, mas uma exigência do princípio da reparação integral, que é o referencial que deve nortear toda avaliação sobre a responsabilidade civil na legalidade constitucional contemporânea.

REFERÊNCIAS BIBLIOGRÁFICAS

CARPES, Artur Thompsen. *A prova do nexo de causalidade na responsabilidade civil*. São Paulo Revista dos Tribunais. 2016.

DELFINO, Lúcio. *Responsabilidade civil e tabagismo*. Curitiba. Juruá. 2008.

FARIAS, Cristiano Chaves de, NETTO, Felipe Peixoto Braga e ROSENVALD, Nelson. *Novo tratado de responsabilidade civil*. São Paulo. Atlas. 2015.

FROTA, Pablo Malheiros da Cunha. *Responsabilidade por danos. Imputação e nexo de causalidade*. Curitiba. Juruá. 2014.

LOBO, Paulo Luis. *Responsabilidade por danos. Imputação e nexo de causalidade*. Prefácio. Curitiba. Juruá. 2014.

MIRAGEM, Bruno. *Curso de Direito do Consumidor*. 6ª ed. São Paulo. Revista dos Tribunais. 2016.

MORAES. Maria Celina Bodin de. *Danos à pessoa humana. Uma leitura civil-constitucional dos danos morais*. Rio de Janeiro. Renovar. 2003.

MULHOLLAND, Caitlin Sampaio. *A responsabilidade por presunção de causalidade*. Rio de janeiro. 2010.

NORONHA, Fernando. *Direitos das obrigações*. São Paulo. Saraiva. 2007.

PASQUALOTTO. Adalberto. Causalidade e imputação na responsabilidade civil objetiva: uma reflexão sobre os assaltos em estacionamentos. *Revista de Direito Civil Contemporâneo*. Vol. 7. Abr./Jun. 2016.

PEREIRA, Caio Mario da Silva. *Responsabilidade civil*. 6ª ed. Rio de Janeiro. Forense. 1995.

SAMPAIO. Marília de Ávila e Silva. *Justiça e superendividamento. Um estudo de caso sobre decisões judiciais no Brasil*. Rio de Janeiro. Lumen Juris. 2016.

_____. Tabagismo, livre arbítrio e dignidade da pessoa humana: parâmetros científicos e dogmáticos para (re)pensar a jurisprudência brasileira sobre o tema. *Revista de Informação Legislativa*. n. 193. Jan./Mar. 2012.

SANSEVERINO. Paulo de Tarso Vieira. *Princípio da reparação integral*. Indenização no Código Civil. São Paulo. Saraiva. 2011.

SCHREIBER, Anderson. *Novos paradigmas da responsabilidade civil*. Da erosão dos filtros da reparação á diluição dos danos. 6ª ed. São Paulo. Atlas. 2015.

VARELA, João de Matos Antunes. *Das obrigações em geral*. Vol. I, 110ª ed. Coimbra. Almedina. 2010.

YIN, R. K. *Estudo de caso: planejamento e métodos*. 4. ed. Porto Alegre: Bookman, 2010.

A TEORIA DO RISCO CONCORRENTE E O CIGARRO[1][2]

FLÁVIO TARTUCE[3]

Cumpre aqui demonstrar as aplicações práticas da *teoria do risco concorrente* nas questões relativas ao cigarro, ou seja, a responsabilidade civil que decorre do tabagismo. É preciso dizer que, quando a tese do *risco concorrente* foi criada, o foi justamente para tentar trazer uma solução viável para o dever de reparar que advém do uso do cigarro. Desse modo, verifica-se que a partir do *caso* foi concebida a presente premissa jurídica.

O tema do tabagismo está no cerne das discussões sociais e jurídicas da contemporaneidade, conforme demonstrado em momentos anteriores deste estudo, sobretudo pelos comentários a notícias jornalísticas.

---

1   Título em inglês: *The concurrent risk theory and the cigarette*.

2   Capítulo da tese de doutorado *A teoria do risco concorrente na responsabilidade objetiva*, defendida na Faculdade de Direito da USP no ano de 2010, sob orientação da Professora Titular Giselda Maria Fernandes Novaes Hironaka. O trabalho foi convertido no livro *Responsabilidade civil objetiva e risco. A teoria do risco concorrente*. São Paulo: GEN/Método, 2011. O autor cedeu esta parte da obra para publicação exclusiva pela *Aliança do Controle do Tabagismo*. O estudo foi atualizado com julgados mais recentes.

3   Doutor em Direito Civil pela USP. Mestre em Direito Civil Comparado pela PUCSP. Graduado pela Faculdade de Direito da USP. Coordenador e professor dos cursos de pós-graduação *lato sensu* da Escola Paulista de Direito. Professor titular permanente do programa de mestrado e doutorado da Faculdade Autônoma de Direito (FADISP-ALFA). Advogado e consultor jurídico. Autor de obras pelo Grupo GEN.

Destacam-se, nesse contexto, as fortes restrições legislativas ao uso do cigarro, especialmente em locais fechados, por uma questão de saúde pública e interesse social. Após a entrada em vigor, no Estado de São Paulo, da Lei n. 13.541/2009, outras unidades da federação resolveram copiar a iniciativa de tal proibição, como é o caso do Rio de Janeiro (Lei n. 5.517/2009).

O que se pode dizer, até o momento de elaboração deste estudo, é que citada *lei antifumo* passou a ter ampla aplicação na cidade de São Paulo. Muito mais do que a fiscalização por parte dos órgãos públicos, os cidadãos e as entidades privadas têm colaborado para sua efetivação. Isso porque a proibição ou o não uso do cigarro parece estar impregnado no senso comum, não só no Brasil, mas em todo o Planeta.

A demonstrar tal evidência, a revista *Veja* publicou notícia, em sua edição de 25 de novembro de 2009, com o título "A morte lenta do cigarro".[4] A reportagem inicia-se com a seguinte constatação mundial, após tratar da realidade brasileira de restrições ao cigarro: "A constatação dos tempos atuais é inequívoca: a moda contra o cigarro, que agora se espalha pelo Brasil, pegou. Pegou nas democracias do Ocidente e, em certos casos, até mesmo em países mais pobres. Em alguns, as restrições são ousadas (Irlanda, 2004: o cigarro é banido até do símbolo nacional, os pubs). E outros são proibições ainda tímidas (República Checa, 2006: começou o veto ao cigarro nas escolas). Há países onde a lei funciona perfeitamente bem (Suécia, 2005: o cigarro sumiu dos locais públicos). Há outros em que é ignorada (Paquistão, 2003: fuma-se até dentro dos órgãos públicos). Apesar das diferenças de ritmo e de intensidade o banimento do cigarro parece inexorável no Ocidente. O melhor exemplo talvez seja a França, a Paris dos cafés, dos maços de Gauloises colocados com o elmo alado dos gauleses outrora invencíveis. Em 1991, entrou em vigor uma lei que bania o cigarro dos locais públicos e exigia que os restaurantes criassem áreas para não fumantes. Foi francamente ignorada. No ano passado, uma nova lei, mas rígida que a anterior, pegou. O cigarro é a droga

---

4 Revista Veja. São Paulo: Abril, Edição 2.140, ano 42, n. 47, 25 nov. 2009, p. 163-166. Reportagem assinada pelo jornalista André Petry, de Nova York, Estados Unidos da América.

mais popular do século XX. Teve a mais espetacular trajetória de um produto no surgimento da sociedade de massas. No apogeu, era símbolo das mais instintivas ambições humanas: a riqueza, o poder, a beleza. No ocaso, virou câncer, dor e morte".[5]

Na verdade, parece-nos que a permissão para o uso totalmente livre e indiscriminado do cigarro foi um erro histórico da humanidade, por óbvio influenciado por questões econômicas e pelo poderio político latente das empresas de tabaco. Trata-se de um erro que necessita ser corrigido. A afirmação pode parecer forte, sobretudo para as pessoas que compõem as gerações anteriores. Todavia, para as gerações sucessivas, o erro é perfeitamente perceptível, em especial se for considerada a cultura contemporânea da saúde e do bem-estar de vida (*wellness life*).

Tal engano da humanidade foi constatado pelo sociólogo Sérgio Luís Boeira, em sua obra *Atrás da cortina de fumaça*.[6] Ao analisar a questão histórica, o pesquisador aponta para o fato de que a "expansão da manufatura de tabaco acentua globalmente após a Independência dos EUA. Primeiro, porque mesmo durante a guerra de independência os europeus incrementam a importação de fumo da América Latina e do Caribe e promovem o cultivo em outras regiões – como Áustria, Alemanha, Itália e Indonésia. Segundo, porque após a libertação estadunidense, a Inglaterra perde o monopólio da fabricação de pastilhas, rapé, cigarros e tabaco de pipa. Este fato provoca o surgimento de fábricas, ainda que rudimentares, baseadas na manufatura, e não em máquinas".[7] Mais à frente, demonstra o sociólogo que o cigarro tornou-se substancialmente popular na segunda metade do século XIX, estimulado o seu uso pela urbanização e pelo ritmo de vida da

---

5 Revista Veja. São Paulo: Abril, Edição 2.140, ano 42, n. 47, 25 nov. 2009, p. 163.

6 BOEIRA, Sérgio Luís. *Atrás da cortina de fumaça*. Tabaco, tabagismo e meio ambiente. Estratégias da indústria e dilemas da crítica. Tese – (Doutorado) Itajaí: Universidade Federal de Santa Catarina, 2002. Trata-se de tese de doutorado da área de ciências humanas, defendida perante a Universidade Federal de Santa Catarina.

7 BOEIRA, Sérgio Luís. *Atrás da cortina de fumaça*. Tabaco, tabagismo e meio ambiente. Estratégias da indústria e dilemas da crítica, cit., p. 48.

modernidade e do capitalismo, fortemente influenciado pelo modo de vida norte-americano (*American way of life*).[8] No século XX, incrementou-se o desenvolvimento concreto e efetivo das indústrias de tabaco, sobretudo americanas e britânicas, ocorrendo também, nesse período, o surgimento dos primeiros estudos relativos aos seus males.[9]

O pesquisador destaca que os movimentos antitabagistas e antifumo cresceram significativamente na segunda metade do século, encontrando o seu apogeu na virada para o século XXI e no seu início, conforme já demonstrado. Na década de 1990, as entidades públicas de saúde descobriram que as próprias empresas de cigarro haviam documentado os graves males do produto, não revelando tais dados, por óbvio, para a sociedade.[10] É interessante pontuar que muitos jul-

---

8 A respeito desse período, expõe o sociólogo: "Fumar cigarros torna-se mais prático do que fumar charuto ou cachimbo, o que induz muitos à experimentação e possivelmente ao hábito ou vício" (BOEIRA, Sérgio Luís. *Op. cit.*, p. 51).

9 "O governo dos Estados Unidos publica em 1964 um relatório de grande impacto na opinião pública e, em 1972, aprofunda a investigação sobre os riscos do tabagismo e estabelecendo uma relação entre tabaco e várias enfermidades graves (Fritscheler, 1975). Publicações do serviço público de saúde dos EUA provocam recuo nas vendas. A dinâmica entre produção e consumo torna-se mais complexa. Entre 1900 e 1950, as vendas de cigarros nos EUA somente deixam de superar as do ano anterior em quatro ocasiões, enquanto que entre 1950 e 1977 isto ocorre sete vezes. Depois de 1964 – portanto, na transição do capitalismo organizado para o capitalismo dito desorganizado –, quase todas as firmas do setor se dedicam a operações tanto no exterior como no mercado interno" (BOEIRA, Sérgio Luís. *Op. cit.*, p. 56).

10 Vejamos o teor da pesquisa de Sérgio Boeira: "Em meados da década de 1990, os órgãos públicos de saúde descobrem que desde a década de 1950, há, nos laboratórios das empresas fumageiras, pesquisa científica sigilosa e em profundidade sobre os efeitos do tabagismo. Obra capital neste sentido é *The Cigarette Papers*, que tende a ser reconhecida como um marco na história da luta antitabagista – embora seja limitada teórica e metodologicamente pelo paradigma disjuntor-redutor. O que Glanz e sua equipe chamam de irresponsabilidade e maneira enganosa é basicamente o fato de que a indústria mantém em segredo pesquisas científicas que contrariam frontalmente os seus próprios discursos públicos, tendo sido comprovadas alterações e supressões de

gadores utilizam a existência de tais documentos como argumento para as decisões, apesar de os *cultuadores do cigarro* ignorarem ou negarem a existência de tais estudos.

Para demonstrar a magnitude desse grave *engano humano*, Sérgio Boeira faz profunda análise dos efeitos biomédicos e epidemiológicos do consumo do cigarro, o que não deixa qualquer dúvida a respeito dos males do produto, diante das inúmeras fontes interdisciplinares pesquisadas.[11] Assim, a partir das conclusões divulgadas pela Organização Mundial da Saúde, evidencia-se que o cigarro constitui um *fator de risco de danos à saúde*.[12] O entendimento das entidades médicas é no sentido de que *não existe consumo regular de tabaco isento de risco à saúde*.[13] Os estudos demonstram que há 4.720 substâncias tóxicas na composição do cigarro, sendo 70 delas causadoras de câncer. E

---

trechos considerados perigosos para a imagem pública das empresas. Tais documentos da BAT e Brown & Williamson reconhecem que o tabagismo é causa determinante de uma variedade de doenças – e por isso mesmo, durante vários anos, os empresários investiram em pesquisas para identificar e remover toxinas específicas encontradas na fumaça de cigarros" (BOEIRA, Sérgio Luís. *Op. cit.*, p. 426). As denúncias relativas aos documentos da Brown & Williamson estão relatadas no filme de Michael Mann, *O Informante* (1999).

11 BOEIRA, Sérgio Luís. *Atrás da cortina de fumaça.* Tabaco, tabagismo e meio ambiente. Estratégias da indústria e dilemas da crítica, cit., p. 79-91. A relação entre cigarro e certas doenças, tais como câncer no pulmão, bronquite crônica, enfisema pulmonar, doenças coronarianas, acidentes vasculares cerebrais, *doença de Buerger* (*tromboangeíte* – obstrução de artérias e veias de pequeno e médio calibre), impotência sexual, calvície e irritações na vias superiores, também pode ser encontrada em: DELFINO, Lúcio. *Responsabilidade civil e tabagismo.* Curitiba: Juruá, 2008. p. 43-59.

12 "As médias estatísticas podem mostrar sinteticamente a importância deste ou daquele fator de risco, sendo, portanto, muito úteis como instrumento de políticas de saúde pública. Enquanto o modelo biomédico fornece a base conceitual para o conhecimento específico das substâncias, a estatística constitui-se como um dos pilares da epidemiologia – sendo as ciências biológicas e as ciência sociais os outros dois, na análise da saúde pública" (BOEIRA, Sérgio Luís. *Op. cit.*, p. 80).

13 BOEIRA, Sérgio Luís. *Op. cit.*, p. 82.

mais, a respeito dessa doença: "A participação do tabagismo como fator de risco é bastante elevada, em alguns casos, inclusive tornando ineficaz a quase totalidade dos tratamentos médicos que excluam a superação do vício".[14]

Há duas tabelas bem interessantes apresentadas por Sérgio Boeira em sua obra. A primeira demonstra os tipos de câncer mais comuns e o percentual de doentes que são fumantes. Vejamos: câncer de pulmão, 80% a 90% são fumantes; câncer nos lábios, 90%; na bochecha, 87%; na língua, 95%; no estômago, 80%; nos rins, 90%; no tubo digestivo (da boca ao ânus), 80%. A segunda tabela expõe os principais tipos de câncer no mundo, destacando-se em negrito aqueles têm relação com o tabagismo, a saber: 1º) **câncer de pulmão**; 2º) **câncer de estômago**; 3º) **intestino**; 4º) fígado; 5º) mama; 6º) **esôfago**; 7º) **boca**; 8º) colo do útero; 9º) próstata; 10º) bexiga.[15]

Ora, a tabela comparativa exposta já tem condições técnicas de afastar a tese da impossibilidade de prova do nexo de causalidade nas ações de responsabilidade civil fundadas no câncer decorrente do tabagismo, conforme prega parte considerável da doutrina e da jurisprudência, e cujos argumentos serão devidamente rebatidos. Nos casos dos males destacados, não há dúvida de que é possível estabelecer uma relação de causa e efeito entre a colocação de um produto tão arriscado no mercado – no caso, o cigarro – e os danos causados aos seus consumidores.

Como forte e contundente tática ao consumo utilizada pelas empresas de tabaco, destaca-se sobremaneira o papel que a publicidade e os meios de *marketing* sempre exerceram para *seduzir* ao uso do produto, levando as pessoas à experimentação e, consequentemente, ao vício. Para a devida pesquisa, este autor compareceu à exposição *Propagandas de cigarro – como a indústria do fumo enganou você*, com mostra de cartazes e vídeos relativos à publicidade do cigarro nos séculos XIX e XX. A exposição foi realizada na cidade de São

---

14 BOEIRA, Sérgio Luís. *Op. cit.*, p. 86.

15 BOEIRA, Sérgio Luís. *Op. cit.*, p. 86.

Paulo, na Livraria Cultura do Conjunto Nacional, entre os dias 15 e 26 de outubro de 2009.[16]

Entre as diversas peças das campanhas publicitárias da época, de início, cumpre destacar aquelas que têm relações com os temas familiares e a criança. Não deixa de chocar o cartaz em que aparece um bebê de colo dizendo à mãe: "Nossa, mamãe, você certamente aprecia o seu Marlboro!".[17] Na mostra, foram expostas também peças de publicidade em que crianças distribuem caixas de maços de cigarro aos pais. Ainda no que concerne a temas da família, produtos como o *Lucky Strike*, o *Pall Mall* e o *Murad* associavam as suas marcas à figura do Papai Noel, que aparecia fumando em suas campanhas de vendas.

É bem conhecida a relação do cigarro com ídolos do cinema e do esporte. Na exposição visitada, foram encontrados cartazes publicitários de cigarro com figuras como Lucile Ball, Eva Garbor, o Gordo e o Magro, John Wayne, Frank Sinatra, Ronald Reagan (à época, ator),

---

16 Assim foi descrita a mostra pela própria Livraria Cultura, com menção à origem dos seus estudos: "A mostra 'Propagandas de Cigarro – Como a indústria do fumo enganou você' chega ao Brasil no dia 15 de outubro, após grande sucesso de público nos Estados Unidos, e fica em cartaz no espaço de exposições da Livraria Cultura do Conjunto Nacional até 26 de outubro. O público poderá ver 63 peças publicitárias em prol do cigarro produzidas entre os anos 1920 e 1950 (impressas e para TV) nos EUA e coletadas pelos médicos Robert K. Jackler e Robert N. Proctor, professores da Universidade de Stanford. Fazem parte do acervo diversas peças mantidas hoje no Smithsonian Institution. A exposição, realizada no Brasil com exclusividade pela agência de publicidade Nova S/B, mostra como a indústria do tabaco manipulou a propaganda para esconder os efeitos nocivos do cigarro. Em um exemplo claro dessa estratégia para atingir a jovens, chegava-se a usar imagens de bebês, crianças, artistas e até de um Papai Noel fumando, além de envolver o prestígio de médicos e a divulgação de pesquisas pseudocientíficas" (Disponível em: <http://www.livrariacultura.com.br/scripts/eventos/resenha.asp?nevento=175&tipoEvento=exposicao&sid=011&k5=1F408A07&uid=>. Acesso em: 18 dez. 2009). Demais informações a respeito de tais estudos e da exposição, inclusive com as peças publicitárias, podem ser colhidas no site: <http://tobacco.stanford.edu>. Acesso em: 18 dez. 2009.

17 Imagem disponível em: <http://lane.stanford.edu/tobacco/index.html>. Acesso em: 18 dez. 2009.

Babe Ruth (um dos principais ídolos do beisebol no século passado) e Frank Gifford (jogador de futebol americano, em 1957 um jovem fumante do Lucky Strike), entre outros.[18] Nas últimas décadas do século XX, inclusive no Brasil, muitas marcas estabeleciam correlação entre cigarro e esporte, como a marca Hollywood, que explorava os emergentes esportes radicais com o mote: "o sucesso".

Além disso, as empresas de cigarro também buscavam relacionar o produto a supostos estudos científicos – ou *pseudocientíficos*, conforme se verificou na exposição. Assim, profissionais da saúde supostamente aprovavam o cigarro. Diz-se *supostamente* porque os médicos e profissionais que apareciam nas imagens não eram reais, mas, sim, figuras criadas tão somente para as campanhas de oferta ao público.[19]

Por fim, a respeito das campanhas de publicidade anteriores, a mostra visitada demonstra que algumas marcas enunciavam até que o cigarro fazia bem à saúde. Mais uma vez entravam em cena estudos falsos e manipulados, com o intuito de enganar os consumidores, levando-se à experimentação ou à continuidade do uso do cigarro.[20] O

---

18   Imagens disponíveis em: <http://lane.stanford.edu/tobacco/index.html>. Acesso em: 18 dez. 2009.

19   Podem ser destacados os seguintes lemas relativos a temas científicos: "20.679 médicos afirmam que LUCKY STRIKE irrita menos"; "A ciência descobriu: você pode provar ALWAYS MILDER"; "Dentistas recomendam VICEROYS"; "Mais médicos fumam CAMELS do que outros cigarros" (Imagens disponíveis em: <http://lane.stanford.edu/tobacco/index.html>. Acesso em: 18 dez. 2009). Da exposição foi anotada a seguinte observação constante em cartaz que a compunha, ainda relativa a questões da classe científica: "A RJ REYNOLDS distribuiu gratuitamente maços de CAMEL a médicos durante convenções. Ao saírem, os médicos eram questionados sobre qual marca de cigarro levavam em seus bolsos. Os resultados dessas pesquisas eram usados em anúncios".

20   Vejamos alguns "motes saudáveis" encontrados em publicidades que compõem a mostra visitada: "CAMEL nunca causa estresse", "SALEM é refrescante como a primavera", "CAMELS é bom para o estresse", "Garganta sensível? Fume KOLL", "Para manter um corpo esbelto, LUCKY STRIKE", "Encare os fatos. Quando sentir vontade de escapar da dieta, alcance um LUCKY" (Imagens disponíveis em: <http://lane.stanford.edu/tobacco/index.html>. Acesso em: 18 dez. 2009).

ato de fumar era associado ao bom-senso, tanto que se enunciava que os formadores de opinião fumavam, caso dos educadores e cientistas.[21]

Todas essas publicidades foram veiculadas em momentos históricos em que ainda não estavam amplamente difundidos os terríveis males do cigarro. E as empresas de tabaco aproveitaram-se muito bem desse fato, introduzindo o ato de fumar no DNA *social* de algumas gerações. Atualmente, tais campanhas contrastam com a obrigatoriedade de propagação de ideias antitabagistas, que constam dos maços, o que inclui o Brasil.[22] Na contemporaneidade, podem ser notadas

---

21 Outra frase interessante encontrada no estudo da Universidade de Stanford: "Por toda a América, mais cientistas e educadores fumam KENT com filtros micronite". Há até indicações do cigarro para tratamentos médicos: "DR. BATTY. Para a sua saúde. Cigarros para asma. Desde 1882. Tratamento efetivo para asma, rinite, falta de ar, doenças da garganta. *Não recomendado para crianças abaixo de 6 anos" (Imagens disponíveis em: <http://lane.stanford.edu/tobacco/index.html>. Acesso em: 18 dez. 2009).

22 No Brasil, foi a Resolução RDC n. 104, de 31 de maio de 2001, da Agência Nacional da Vigilância Sanitária (Anvisa), a primeira norma a impor que: "Art. 1º Todos os produtos fumígenos derivados do tabaco, conterão na embalagem e na propaganda, advertência ao consumidor, sobre os malefícios decorrentes do uso destes produtos. § 1º Entende-se por embalagem, os maços, carteiras ou box, pacotes, latas, caixas e qualquer outro dispositivo para acondicionamento dos produtos que vise o mercado consumidor final. § 2º Entende-se por propaganda, os pôsteres, painéis e cartazes afixados na parte interna dos locais de venda". A norma foi alterada pela Resolução RDC n. 14, de janeiro de 2003, e revogada pela Resolução RDC n. 335, de 21 de novembro de 2003, atualmente em vigor, com algumas alterações de redação. Entre as modificações, destaca-se o intuito mais agressivo das campanhas de conscientização, merecendo destaque o art. 2º da nova resolução, que assim enuncia: "Art. 2º Para os produtos fumígenos derivados do tabaco, as advertências abaixo transcritas serão usadas de forma simultânea ou sequencialmente rotativa, nesta última hipótese devendo variar no máximo a cada cinco meses, de forma legível e ostensivamente destacada, e serão acompanhadas por imagens, todas precedidas da afirmação 'O Ministério da Saúde Adverte': 1. Esta necrose foi causada pelo consumo do tabaco. 2. Fumar causa impotência sexual. 3. Crianças que convivem com fumantes têm mais asma, pneumonia, sinusite e

nos maços fotos e imagens de doentes terminais de câncer, de fetos mortos, de pessoas com membros amputados, de mulheres com peles envelhecidas, de homens inconformados com a impotência sexual, entre outros – tudo em relação causal com o hábito de fumar. O Ministério da Saúde brasileiro há tempos adverte sobre os males do cigarro, conforme orientação do art. 220, § 4º, da Constituição Federal de 1988.[23] Anote-se, por oportuno, que a comparação a respeito da informação é fundamental para este estudo, a fim de se verificar a questão da assunção do risco pelo fumante, incidindo de forma diversificada na *teoria do risco concorrente*.

Pois bem, repise-se que o tabagismo está na ordem do dia dos debates jurídicos da pós-modernidade, sejam eles travados no âmbito doutrinário ou jurisprudencial. Quanto aos julgados, as decisões a respeito do tema no Brasil começaram a surgir na última década

---

alergia. 4. Ele é uma vítima do tabaco. Fumar causa doença vascular que pode levar à amputação. 5. Fumar causa aborto espontâneo. 6. Ao fumar você inala arsênico e naftalina, também usados contra ratos e baratas. 7. Fumar causa câncer de laringe. 8. Fumar causa câncer de boca e perda dos dentes. 9. Fumar causa câncer de pulmão. 10. Em gestantes, fumar provoca partos prematuros e o nascimento de crianças com peso abaixo do normal".

23 CF/1988. "Art. 220. A manifestação do pensamento, a criação, a expressão e a informação, sob qualquer forma, processo ou veículo não sofrerão qualquer restrição, observado o disposto nesta Constituição. [...] § 4º A propaganda comercial de tabaco, bebidas alcoólicas, agrotóxicos, medicamentos e terapias estará sujeita a restrições legais, nos termos do inciso II do parágrafo anterior, e conterá, sempre que necessário, advertência sobre os malefícios decorrentes de seu uso". Regulamentando o Texto, a Lei n. 9.294/1996 trata das restrições ao uso e à propaganda de produtos fumígeros, bebidas alcoólicas, medicamentos, terapias e defensivos agrícolas. Curioso verificar que o art. 2º da norma já era expresso nos seguintes termos: "É proibido o uso de cigarros, cigarrilhas, charutos, cachimbos ou de qualquer outro produto fumígero, derivado ou não do tabaco, em recinto coletivo, privado ou público, salvo em área destinada exclusivamente a esse fim, devidamente isolada e com arejamento conveniente". Eis um exemplo de uma lei que não teve a efetividade prática devida, por diversos fatores, notadamente por questões culturais. Em verdade, as leis municipais e estaduais do século XXI têm mostrado mais efetividade do que a citada lei federal.

do século passado, notadamente em ações propostas pelos próprios fumantes ou por seus familiares, em casos de morte. Esses julgados anteriores – e que ainda predominam – são no sentido de se excluir a responsabilidade civil das empresas de cigarros pelos males causados aos fumantes, por meio de vários argumentos.[24]

---

24 Para ilustrar, do Tribunal de Justiça do Rio de Janeiro, do ano de 1999, ao aplicar a prescrição quinquenal do Código de Defesa do Consumidor, bem como a culpa exclusiva da vítima: "RESPONSABILIDADE CIVIL DE FABRICANTE. TABAGISMO. DOENÇA INCURÁVEL. DANO MORAL. PEDIDO GENÉRICO. PRESCRIÇÃO QUINQUENAL. EXTINÇÃO DA AÇÃO. INDENIZAÇÃO. DANO MORAL E ESTÉTICO. LARINGECTOMIA DECORRENTE DE USO DE CIGARRO. Agravo de instrumento contra decisão, proferida em audiência, que rejeitou as preliminares de inépcia da inicial e de prescrição, como também indeferiu expedição de ofícios aos hospitais e médicos que trataram do autor e designou prova pericial médica. Provimento. Nas ações de indenização por dano moral, o pedido há de ser certo e determinado, assim como o valor da causa deve ser declarado pelo autor. Vulnerabilidade do princípio do contraditório pelo entendimento contrário. Hipótese que não encontra amparo para formulação de pedido genérico. Inteligência do CPC, 286. Aplicação do CPC, 284. Prescrição. Pedido baseado na Lei n. 8079/90. Prescrição quinquenal. Aplicação do art. 27 CDC. *Dies a quo* contado do dano e do conhecimento do autor dele. Fato notório, há mais de 5 anos da propositura da ação, de que o tabagismo é um dos maiores responsáveis pelo câncer na laringe. Extinção do processo, com julgamento do mérito. Aplicação do CPC, 269, IV" (TJRJ, Agravo de Instrumento n. 3350/1999, Rio de Janeiro, 13ª Câmara Cível, Rel. Des. Julio Cesar Paraguassu, julgado em 25/11/1999). Do mesmo Tribunal, também de 1999, concluindo pela inexistência de nexo de causalidade, diante da licitude da atividade da empresa que desenvolve a atividade: "RESPONSABILIDADE CIVIL DE FABRICANTE. TABAGISMO. MORTE. NEXO DE CAUSALIDADE. INEXISTÊNCIA. ART. 1.060. C. CIVIL DE 1916. RESSARCIMENTO DOS DANOS. REFORMA DA SENTENÇA. IMPROCEDÊNCIA DO PEDIDO. RESPONSABILIDADE CIVIL. Ação ajuizada pela mulher, dois filhos e pelo pai de falecido sob alegação de morte por tabagismo pleiteando 3.000 salários-mínimos para cada um por dano moral além de pensões para os primeiros. Pedido dos três primeiros julgado parcialmente procedente e improcedência do pedido do quarto autor. Paciente que chega morto no posto de assistência médica. Embora recomendada, não foi realizada autopsia.

Os julgados de improcedência reproduziram-se de modo significativo na entrada do século XXI, sendo pertinente destacar alguns de seus argumentos para que sejam devidamente rebatidos por este estudo, que propõe a aplicação da *teoria do risco concorrente* para a problemática do cigarro.

Conforme já se demonstrou, há decisões que expressam a inexistência de nexo de causalidade entre o consumo do produto e os danos à saúde suportados, sendo esse o principal argumento acolhido pelos julgadores.[25]

Não obstante, o médico que preenche a declaração de óbito, constando ter examinado o corpo, lança como *causa mortis* o enfarte agudo do miocárdio e cardiopatia hipertensiva sendo acrescentado tabagismo na certidão de óbito, irregularmente quando deveria constar na declaração 'causa indeterminada' ou 'morte súbita' tornando inevitável a autopsia. Histórico médico apontando numerosos fatores de risco no paciente. Hipertensão grave, hipertrofia do ventrículo esquerdo, doença coronariana, personalidade estressada, vida sedentária, além de inúmeras recomendações não atendidas para reduzir e parar o hábito do fumo ou ainda de observar medicação recomendada para hipertensão. Inexistência de anotação relativa a enfisema que tem maior incidência entre fumantes. Teoria da interrupção do nexo causal, adotada pela sistemática de nosso Código Civil. Art. 1.060. Omissão e equívocos da sentença. Prova produzida fora dos autos. Interpretação errônea e oposta a afirmação de trabalho médico invocado. Inocorrência de atividade ilícita da ré. Inexistência de propaganda enganosa. Licitude da atividade e controle da publicidade pelo estado. Inexistência de qualquer modalidade ou nível de culpa atribuível a atividade da empresa ré. Inexistência manifesta de nexo causal. Pareceres dos mestres da medicina e de comunicações. Procedência do apelo da empresa. Improcedência do apelo do pai. Reforma de sentença. Improcedência do pedido" (TJRJ, Acórdão n. 58/1998, Rio de Janeiro, 10ª Câmara Cível, Rel. Des. João Spyrides, julgado em 23/03/1999).

25 Concluindo pela ausência de nexo causal: TJSC, Acórdão n. 2005.034931-6, Criciúma, Câmara Especial Temporária de Direito Civil, Rel. Des. Domingos Paludo, *DJSC* 18/12/2009, p. 453; TJMG, Apelação Cível n. 1.0596.04.019579-1/0011, Santa Rita do Sapucaí, 18ª Câmara Cível, Rel. Des. Unias Silva, julgado em 16/09/2008, *DJEMG* 07/10/2008; TJRJ, Acórdão n. 34198/2004, Rio de Janeiro, 8ª Câmara Cível, Rel. Des. Helena Bekhor, julgado em 22/03/2005; TJSP,

Existem acórdãos de improcedência da demanda que apontam para a ausência de ilicitude ao se comercializar o cigarro, havendo um exercício regular de direito por parte das empresas, o que não constitui ato ilícito, pelas dicções do art. 188, I, do CC/2002 e do art. 160, I, do CC/1916.[26] Podem ser colacionados ainda os tão mencionados julgamentos que atribuem culpa exclusiva à vítima, a excluir a responsabilidade do fornecedor.[27] Nesta última linha, há

Acórdão com revisão n. 268.911-4/8-00, Itápolis, 5ª Câmara de Direito Privado, Rel. Des. Maury Ângelo Bottesini, julgado em 28/11/2005; TJRS, Acórdão n. 70005752415, Porto Alegre, 5ª Câmara Cível (Reg. Exceção), Rel. Des. Marta Borges Ortiz, julgado em 04/11/2004.

26 Pela ausência de ilicitude na comercialização do cigarro e pela presença de um exercício regular de direito: TJDF, Recurso n. 2001.01.1.012900-6, Acórdão n. 313.218, 2ª Turma Cível, Rel. Des. Fábio Eduardo Marques, *DJDFTE* 14/07/2008, p. 87; TJSP, Acórdão n. 283.965-4/3-00, São Paulo, 6ª Câmara de Direito Privado, Rel. Des. Justino Magno Araújo, julgado em 15/12/2005.

27 Tratando expressamente da culpa exclusiva, merece destaque, pelos argumentos *supostamente sedutores*: "TABAGISMO. PROPAGANDA ENGANOSA. RESPONSABILIDADE CIVIL DE FABRICANTE. NEXO DE CAUSALIDADE. NÃO CONFIGURAÇÃO. 1. Responsabilidade civil. 2. Danos materiais e morais. 3. Tabagismo. Uso prolongado de cigarros. 4. Propaganda enganosa. 5. Antes da Constituição Federal de 1988, não havia norma legal sobre o fumo, tema encartado no art. 220 da nova Carta Política, remetendo a regulamentação para Lei ordinária, que deveria ter sido editada em doze meses, conforme art. 65 do ADCT, mas que só veio a lume em 1996, sob o número 9294. 6. De longa data, há décadas, são conhecidos os efeitos negativos do hábito de fumar, socialmente aceito e incentivado. 7. A partir da vigência da nova Carta Magna os fabricantes passaram a divulgar alertas destacando os perigos à saúde, e a propaganda negativa se tornou mais intensa a partir das regras genéricas do Código de Defesa do Consumidor, intensificando-se após a Lei específica, sempre obedecido o ordenamento jurídico pelas empresas do ramo. 8. A industrialização, comercialização e propaganda do tabaco são atividades lícitas e regulamentadas. 9. *Fumar, e manter-se fumante, é escolha pessoal, correndo o interessado os riscos, posto que insistentemente alertado por frenética e permanente campanha contrária. 10. Culpa exclusiva do consumidor, pelos eventuais malefícios experimentados.* 11. De outro lado, ausência de comprovação efetiva do nexo causal, assim como

decisões de rejeição do pedido reparatório que se fundam no *livre arbítrio de fumar* ou de parar de fumar.[28] Sem falar das ementas que julgam, no mérito, a improcedência por prescrição da pretensão do autor da demanda.[29]

---

    de utilização exclusiva dos produtos da ré. 12. Sentença que merece prestígio. 13. Recurso improvido" (grifos do autor) (TJRJ, Acórdão n. 2005.001.40350, 4ª Câmara Cível, Rel. Des. Mario dos Santos Paulo, julgado em 07/02/2006). Na mesma linha: TJPR, Apelação Cível n. 0569832-6, Curitiba, 9ª Câmara Cível, Rel. Des. José Augusto Gomes Aniceto, *DJPR* 25/09/2009, p. 369 e TJSC, Acórdão n. 2005.021210-5, Criciúma, 4ª Câmara de Direito Civil, Rel. Des. José Trindade dos Santos, *DJSC* 02/06/2008, p. 109.

28 A respeito do livre-arbítrio de fumar, em uma perspectiva liberal: "RESPONSABILIDADE CIVIL. INDENIZAÇÃO POR DANOS MORAIS. MORTE POR DOENÇA SUPOSTAMENTE PROVOCADA PELO CONSUMO PROLONGADO DE CIGARROS. INEXISTÊNCIA DE VIOLAÇÃO DE DEVER JURÍDICO. PRETENSÃO DESCABIDA. Se o fabricante de cigarros não violou qualquer dever jurídico que, antes e depois da Constituição de 1988 e do Código de Defesa do Consumidor, lhe fosse exigível, descabido responsabilizá-lo por danos decorrentes do vício do tabagismo. 'Em última instância, toda a problemática assenta-se nas seguintes verdades: As pessoas começam a fumar porque querem, estando cientes dos riscos associados ao consumo de cigarros; como se não bastasse, sabem que fumar implica diversos riscos para a saúde e ainda assim fumam' (Arnaldo Rizzardo)" (TJSC, Acórdão n. 2005.029372-7, Criciúma, 2ª Câmara de Direito Civil, Rel. Des. Newton Janke, *DJSC* 27/11/2008, p. 72). Na mesma linha, tratando do livre-arbítrio, ver: TJSP, Apelação com revisão 270.309.4/0, Acórdão n. 4012392, Cotia, 6ª Câmara de Direito Privado, Rel. Des. Sebastião Carlos Garcia, julgado em 20/08/2009, *DJESP* 14/09/2009 e TJRS, Acórdão n. 70022248215, Porto Alegre, 10ª Câmara Cível, Rel. Des. Paulo Antônio Kretzmann, julgado em 28/02/2008, *DOERS* 27/05/2008, p. 30.

29 Analisando a questão da prescrição, notadamente a incidência do art. 27 do CDC, que prevê um prazo prescricional de cinco anos para os casos de acidentes de consumo, ver: STJ, REsp n. 1.036.230/SP, Processo n. 2008/0044917-3, 3ª Turma, Rel. Des. Convocado Vasco Della Giustina, julgado em 23/06/2009, *DJE* 12/08/2009 e TJPR, Apelação Cível n. 0394190-8, Maringá, 5ª Câmara Cível, Rel. Juiz Convocado Vitor Roberto Silva, *DJPR* 30/11/2007, p. 75.

Por óbvio, também existem julgados de condenação das empresas de cigarros, sendo certo que decisões nesse sentido tiveram um crescimento neste século que se inicia em nosso país.

Entre as decisões de procedência, cumpre destacar a notória e primeva decisão do Tribunal Gaúcho, do ano de 2003, com ementa bastante elucidativa, inclusive a respeito de questões históricas relativas ao cigarro.[30] Como fortes e contundentes argumentos sociológicos e jurídicos, constam do corpo da decisão: "é fato notório, cientificamente demonstrado, inclusive reconhecido de forma oficial pelo próprio Governo Federal, que o fumo traz inúmeros malefícios à saúde, tanto à do fumante como à do não fumante, sendo, por tais razões, de ordem médico-científica, inegável que a nicotina vicia, por isso que gera dependência química e psíquica, e causa câncer de pulmão, enfisema pulmonar, infarto do coração entre outras doenças igualmente graves e fatais. A indústria de tabaco, em todo o mundo, desde a década de 1950, já conhecia os males que o consumo do fumo causa aos seres humanos, de modo que, nessas circunstâncias, a conduta das empresas em omitir a informação é evidentemente dolosa, como bem demonstram os arquivos secretos dessas empresas,

---

[30] Vejamos a parte principal da ementa, que é bem longa: "APELAÇÃO CÍVEL. RESPONSABILIDADE CIVIL. DANOS MATERIAIS E MORAIS. TABAGISMO. AÇÃO DE INDENIZAÇÃO AJUIZADA PELA FAMÍLIA. RESULTADO DANOSO ATRIBUÍDO A EMPRESAS FUMAGEIRAS EM VIRTUDE DA COLOCAÇÃO NO MERCADO DE PRODUTO SABIDAMENTE NOCIVO, INSTIGANDO E PROPICIANDO SEU CONSUMO, POR MEIO DE PROPAGANDA ENGANOSA. ILEGITIMIDADE PASSIVA, NO CASO CONCRETO, DE UMA DAS CORRÉS. CARACTERIZAÇÃO DO NEXO CAUSAL QUANTO À OUTRA CODEMANDADA. CULPA. RESPONSABILIDADE CIVIL SUBJETIVA DECORRENTE DE OMISSÃO E NEGLIGÊNCIA, CARACTERIZANDO-SE A OMISSÃO NA AÇÃO. APLICAÇÃO, TAMBÉM, DO CDC, CARACTERIZANDO-SE, AINDA, A RESPONSABILIDADE OBJETIVA. INDENIZAÇÃO DEVIDA" (TJRS, Acórdão n. 70000144626, Santa Cruz do Sul, 9ª Câmara Cível (Reg. Exceção), Rel. Des. Ana Lúcia Carvalho Pinto Vieira, julgado em 29/10/2003). A ilegitimidade reconhecida se refere a uma das marcas de cigarro (Souza Cruz), pois não foi comprovado o uso de seus produtos.

revelados nos Estados Unidos em ação judicial movida por estados norte-americanos contra grandes empresas transnacionais de tabaco, arquivos esses que se contrapõem e desmentem o posicionamento público das empresas, revelando-o falso e doloso, pois divulgado apenas para enganar o público, e demonstrando a real orientação das empresas, adotada internamente, no sentido de que sempre tiveram pleno conhecimento e consciência de todos os males causados pelo fumo. E tal posicionamento público, falso e doloso, sempre foi historicamente sustentado por maciça propaganda enganosa, que reiteradamente associou o fumo a imagens de beleza, sucesso, liberdade, poder, riqueza e inteligência, omitindo, reiteradamente, ciência aos usuários dos malefícios do uso, sem tomar qualquer atitude para minimizar tais malefícios e, pelo contrário, trabalhando no sentido da desinformação, aliciando, em particular os jovens, em estratégia dolosa para com o público, consumidor ou não."[31]

Tal importante acórdão concluiu pela presença do nexo de causalidade entre a atividade de se colocar o produto no mercado e os danos sofridos pela vítima e por seus familiares, "porquanto fato notório que a nicotina causa dependência química e psicológica e que o hábito de fumar provoca diversos danos à saúde, entre os quais o câncer e o enfisema pulmonar, males de que foi acometido o falecido, não comprovando, a ré, qualquer fato impeditivo, modificativo ou extintivo do direito dos autores (art. 333, II, do CPC)". A decisão atribui culpa à empresa pela omissão e negligência na informação, nos termos do art. 159 do CC/1916 (responsabilidade subjetiva). Ato contínuo, deduz ser a sua conduta violadora dos deveres consubstanciados nas máximas latinas de *neminem laedere* e *suum cuique tribuere* – "não lesar a ninguém" e "dar a cada um o que é seu" –, bem como no princípio da boa-fé objetiva.[32]

---

[31] TJRS, Acórdão n. 70000144626, Santa Cruz do Sul, 9ª Câmara Cível (Reg. Exceção), Rel. Des. Ana Lúcia Carvalho Pinto Vieira, julgado em 29/10/2003.

[32] Vejamos trecho importante da ementa, que faz menção à questão da publicidade: "A conduta anterior criadora do risco enseja o dever, decorrente dos princípios gerais de direito, de evitar o dano, o qual, se não evitado, caracteriza a culpa por omissão. Como acentua a doutrina,

O acórdão considera não relevante a tese de licitude da atividade de comercialização do cigarro perante as leis do Estado, sendo do mesmo modo impertinente para o mérito a dependência ou voluntariedade no uso ou consumo, com o intuito de afastar a responsabilidade. Em suma, a questão do livre-arbítrio foi descartada pela decisão.[33]

    esse dever pode nascer de uma conduta anterior e dos princípios gerais de direito, não sendo necessário que esteja concretamente previsto em Lei, bastando apenas que contrarie o seu espírito. Não obstante ser lícita a atividade da indústria fumageira, a par de altamente lucrativa, esta mesma indústria, desde o princípio, sempre teve ciência e consciência de que o cigarro vicia e causa câncer, estando cientificamente comprovado que o fumo causa dependência química e psíquica, câncer, enfisema pulmonar, além de outros males, de forma que a omissão da indústria beira as fronteiras do dolo. A ocultação dos fatos, mascarada por publicidade enganosa, massificante, cooptante e aliciante, além da dependência química e psíquica, não permitia e não permite ao indivíduo a faculdade da livre opção, pois sempre houve publicidade apelativa, sobretudo em relação aos jovens, sendo necessário um verdadeiro clamor público mundial para frear a ganância da indústria e obrigar o Poder Público à adoção de medidas de prevenção a partir de determinações emanadas de órgãos governamentais. Ainda que se considere que a propaganda e a dependência não anulem a vontade, o fato é que a voluntariedade no uso e a licitude da atividade da indústria não afastam o dever de indenizar" (TJRS, Acórdão n. 70000144626, Santa Cruz do Sul, 9ª Câmara Cível (Reg. Exceção), Rel. Des. Ana Lúcia Carvalho Pinto Vieira, julgado em 29/10/2003).

33 Vejamos esse trecho, que serve para afastar muitos dos argumentos esposados pela doutrina que sustenta a inexistência de vício no produto: "E assim é porque simplesmente o ordenamento jurídico não convive com a iniquidade e não permite que alguém cause doença ou mate seu semelhante sem que por isso tenha responsabilidade. A licitude da atividade e o uso ou consumo voluntário não podem levar à impunidade do fabricante ou comerciante de produto que causa malefícios às pessoas, inclusive a morte. Sempre que um produto ou bem, seja alimentício, seja medicamento, seja agrotóxico, seja à base de álcool, seja transgênico, seja o próprio cigarro, acarrete mal às pessoas, quem o fabricou ou colocou no mercado responde pelos prejuízos decorrentes. Ante as consequências desastrosas do produto, como é o caso dos autos, que levam, mais tragicamente, à morte, não pode o fabricante esquivar-se de arcar com as indenizações correspondentes. Mesmo

Por fim, no que tange aos argumentos jurídicos de procedência da demanda, foi aplicada a responsabilidade objetiva do Código de Defesa do Consumidor, sendo o cigarro considerado um produto defeituoso, não só em relação aos fumantes (consumidores-padrões) como no tocante aos não fumantes ou fumantes passivos (consumidores equiparados), "uma vez que não oferece a segurança que dele se pode esperar, considerando-se a apresentação, o uso e os riscos que razoavelmente dele se esperam (art. 12, § 1º, do CDC)". A culpa exclusiva do consumidor foi tida como não caracterizada, uma vez que "o ato voluntário do uso ou consumo não induz culpa e, na verdade, no caso, sequer há opção livre de fumar ou não fumar, em decorrência da dependência química e psíquica e diante da propaganda massiva e aliciante, que sempre ocultou os malefícios do cigarro, o que afasta em definitivo qualquer alegação de culpa concorrente ou exclusiva da vítima".[34]

Os valores indenizatórios fixados foram bem elevados. A título de danos materiais, foram reparados a venda de imóvel e de bovinos (para tratar a vítima), as despesas médicas e hospitalares comprovadas, a hospedagem de acompanhantes durante a internação, os gastos com o funeral e o luto da família (danos emergentes). Ainda foram ressarcidos os prejuízos decorrentes do fechamento do minimercado da vítima, desde a época da constatação da doença até a data em que o falecido completaria setenta anos de idade, conforme a expectativa de vida dos gaúchos (lucros cessantes). Como reparação pelos danos morais, foi fixada a quantia de seiscentos salários-mínimos para a esposa, de

---

que seja lícita a atividade, não pode aquele que a exerce, cometendo abuso de seu direito, por omissão, ocultar as consequências do uso do produto e safar-se da responsabilidade de indenizar, especialmente se, entre essas consequências, estão a causação de dependência e de câncer, que levaram a vítima à morte. E também não pode esquivar-se da responsabilidade porque sempre promoveu propaganda ligando o uso do produto a situações de sucesso, riqueza, bem-estar, vida saudável, entre outras, situações exatamente contrárias àquelas que decorrem e que são consequências do uso de um produto como o cigarro" (TJRS, Acórdão n. 70000144626, Santa Cruz do Sul, 9ª Câmara Cível (Reg. Exceção), Rel. Des. Ana Lúcia Carvalho Pinto Vieira, julgado em 29/10/2003).

34 TJRS, Acórdão n. 70000144626, Santa Cruz do Sul, 9ª Câmara Cível (Reg. Exceção), Rel. Des. Ana Lúcia Carvalho Pinto Vieira, julgado em 29/10/2003.

quinhentos salários mínimos para cada um dos quatro filhos e de trezentos salários mínimos para cada um dos genros, totalizando os danos imateriais três mil e duzentos salários-mínimos.

Além dessa até então inédita e excelente decisão, igualmente concluindo pela procedência de ação proposta por uso de cigarros, há acórdão do Tribunal de Justiça de São Paulo, que do mesmo modo enfrentou o problema sob a perspectiva da responsabilidade objetiva do Código do Consumidor.[35] A ação foi proposta pela própria fumante – que pleiteou danos materiais e morais pela perda de membros inferiores como consequência do tabagismo – e julgada procedente em primeira instância, condenando-se a empresa Souza Cruz S/A a indenizá-la em R$ 600.000,00 (seiscentos mil reais).

Em sua relatoria, o Desembargador José Garcia concluiu pela incidência da responsabilidade sem culpa da Lei n. 8.078/1990, aduzindo que "as indústrias de produtos derivados do tabaco, apesar de atuarem dentro da lei vigente, não se eximem da responsabilidade objetiva, dada a teoria do risco, pelos efeitos nocivos causados aos indivíduos pelo uso ou consumo de seus produtos colocados à venda no mercado legitimamente, máxime à luz do Código de Defesa do Consumidor, cujas normas de ordem pública atingem fatos ainda não consolidados antes de sua vigência". Em reforço, o julgador menciona, assim como consta do inédito julgado do Tribunal Gaúcho, a existência de estudos secretos das próprias empresas de cigarro comprovando os males do produto. O relator analisou ainda as questões relativas à exploração publicitária do passado, bem como os baixos índices de fumantes que conseguem se livrar do vício – cerca de 5% dos usuá-

---

[35] Ementa do julgado: "RESPONSABILIDADE CIVIL. INDENIZAÇÃO POR DANOS MORAIS E MATERIAIS. TABAGISMO. AMPUTAÇÃO DOS MEMBROS INFERIORES. VÍTIMA ACOMETIDA DE TROMBOANGEÍTE AGUDA OBLITERANTE. NEXO CAUSAL CONFIGURADO. INCIDÊNCIA DO CÓDIGO DE DEFESA DO CONSUMIDOR. Responsabilidade objetiva decorrente da teoria do risco assumida com a fabricação e comercialização do produto. Omissão dos resultados das pesquisas sobre o efeito viciante da nicotina. Dever de indenizar. Recurso improvido" (TJSP, Apelação com revisão n. 379.261.4/5, Acórdão n. 3320623, São Paulo, 8ª Câmara de Direito Privado, Rel. Des. Joaquim Garcia, julgado em 08/10/2008, DJESP 13/11/2008).

rios, segundo os estudos médicos que constam do acórdão. De forma interdisciplinar, o voto do relator enfrentou questões psicológicas e sociais, aduzindo que, "com o uso regular de cigarros, estabelece-se um condicionamento que faz com que a pessoa passe a ter o fumo integrado à sua rotina. Além disso, o cigarro é também utilizado como um tipo de modulador de emoções, o que faz com que seu uso se amplie significativamente e não esteja associado apenas à necessidade fisiológica de reposição periódica da droga".

Analisando a questão fática, o Desembargador Joaquim Garcia reconhece a existência de vários julgados de improcedência no País, por ausência de nexo de causalidade entre o ato de fumar e os males existentes. Porém, de outra forma, concluiu o magistrado que a autora padecia de tromboangeíte obliterante (doença de Buerger), "cuja literatura médica a respeito é praticamente unânime ao afirmar que a doença manifesta-se somente em fumantes, ou seja, o tabagismo é condição *sine qua non* para o desenvolvimento da moléstia contraída". Comprovado o nexo de causalidade, e sendo reconhecida a possibilidade de se responder também por atos lícitos, os danos materiais comprovados foram indenizados. A respeito do sempre invocado livre-arbítrio, entendeu o relator que "não se revela hábil para afastar o dever de indenizar dessas companhias, pelas mesmas razões que não se presta a justificar a descriminação das drogas". Relativamente à questão da prova do uso de determinada marca de cigarro, fez incidir na inversão do ônus da prova, de forma correta e esperada.[36] Por fim, o magistrado entendeu pela presença de danos morais presumidos (*in re ipsa*), diante da amputação dos membros inferiores da autora. Em suma, votou pela confirmação da sentença ora atacada, negando provimento ao recurso de apelação.

Pelo mesmo caminho de não provimento do recurso votou o Desembargador Caetano Lagrasta, cuja decisão merece destaque especial. No início do seu voto, o magistrado já salienta que "Julgar-se

---

[36] Conforme o voto do relator Desembargador Joaquim Garcia: "Inviável a autora fazer prova de que fumou somente cigarros da marca Hollywood desde o início. Trata-se de um argumento *ad terrorem*. Todavia, nada impede a ré de provar que o cigarro daquela referida marca não produz o efeito narrado pela consumidora, não contém ingredientes nocivos e tampouco cause a moléstia por ela sofrida".

questão de tamanha envergadura para a Saúde Pública e Defesa da Cidadania e do Consumidor, implica que se adentre a fatores sociais, e até, a vivência do próprio julgador, iniciado na senda do consumo de cigarros, desde os 14 anos, e dele afastado, há aproximadamente onze anos". Nas páginas seguintes do voto são expostos com detalhes os aprofundamentos esperados, bem como um histórico a respeito da publicidade, comercialização e uso cultural do cigarro, desde o final dos anos 1920 do século XXI.[37] Ao adentrar nos fatos em espé-

---

37 Consta do voto do Desembargador Caetano Lagrasta: "A partir do final dos anos 20, dificilmente seria possível ingressar num cinema ou teatro onde público, personagens e atores não se apresentassem fumando, numa atitude de 'glamour' e de conduta social adequada. Mesmo as fotografias de propaganda mostravam os astros e estrelas fazendo uso de cigarros, como condição de sucesso, segurança e integração social. Este comportamento restou generalizado, independente do país de origem dos espetáculos. Por outro lado, os jovens contavam com o cigarro como elemento de ingresso no mundo adulto e fator de segurança para frequentar os ambientes sociais e mundanos. [...] Desde logo, há que se concluir que o prolongamento desta propaganda não se interrompe em 1950, ao contrário, prossegue nas programações, na projeção de filmes de época, reiteradamente repetidos pelas empresas de televisão 'abertas' e 'por assinatura'. E, somente após longa batalha é que vem sendo possível impedir a propaganda escancarada ou subliminar (*outdoors*, carros de corrida, revistas, jornais, fotonovelas, telenovelas etc.). Estas, além de outras circunstâncias, infernizaram a vida dos adolescentes, pois deviam apresentar-se nos bailes e festas portando cigarros, se possível de qualidade (na época o 'Columbia', muito mais caros do que os do tipo 'Mistura Fina' ou 'Petit Londrinos', que eram consumidor por operários, encanadores, eletricistas, pedreiros etc.), ainda que não os fumassem, mas que se prestavam a causar impacto às mocinhas". E segue feliz análise, do ponto de vista social e psicológico, do livre-arbítrio, à qual se filia, na íntegra: "Assim, o prolatado *arbítrio* do jovem ou, mesmo, da criança, ou o do doente-dependente, por facilmente cooptáveis, não resistiria, como não resistiu, ao assédio massacrante da propaganda, ainda que lhes atribua, em elevado grau, comportamento consciente, para que se sentissem partícipes de uma espécie de vida em sociedade, desde logo empunhando o cigarro como manifestação de 'status' ou de segurança, 'auxílio' no enfrentamento dos desafios dessa mesma sociedade, a partir da saída para o recreio, ao cinema ou às festas da vida escolar, e no ínvio caminho, em direção à morte".

cie, o magistrado aponta para o fato de que a doença que atingiu a autora da ação – tromboangeíte obliterante – é um mal exclusivo dos fumantes, a atestar a existência de nexo causal com os produtos colocados no mercado. Ato contínuo, de forma corajosa, o julgador conclui que o Estado tem papel de participação para os danos sociais decorrentes do tabagismo, por não elevar os preços dos produtos e não tomar medidas para impedir o contrabando e a falsificação dos cigarros. Ademais, o voto expõe a existência de estudos médicos mais recentes, os quais atestam que grupos internacionais de cientistas identificaram um conjunto de variações genéticas que aumentam o risco de câncer no pulmão dos fumantes. A questão da publicidade enganosa não passou despercebida, diante de práticas sucessivas através dos anos de omissão de informações a respeito dos males do cigarro.[38] Sem prejuízo dessas teses, o que mais se destaca no voto do Desembargador Caetano Lagrasta são as premissas para afastar a alegação de que a atividade de comercialização do cigarro é plenamente lícita, *in verbis*: "Também é sofístico o argumento de que a empresa requerida planta, industrializa e comercializa objeto lícito. O problema não está no plantio, antes nos ingredientes agregados ao fumo na fase de industrialização e que vêm sendo regularmente combatidos mundialmente, em nome da Saúde Pública. E, este seria o limite para o exercício regular de um direito (fl. 1217), ante as circunstâncias que enfatizam os riscos da atividade, salvo se a indústria do fumo se mostre infensa a estes, quando da fabricação, e não aos da eclosão das doenças, quando denunciadas". Por fim, a respeito desse instigante voto, chama a atenção a força das palavras que afastam o

---

38 Voto do Desembargador Lagrasta: "Assim, aos argumentos do Senhor Revisor, acrescentam-se estes, posto que os malefícios do fumo, demonstram que à propaganda não basta seja razoável, há que ser absolutamente clara, eis que autorizada pela Constituição, desde que não seja nefasta ou enganosa, promovida em detrimento do consumidor e de sua saúde, além do que omitem as empresas, de forma dolosa, o teor das pesquisas médicas que o protegeriam, confirmando os malefícios do cigarro, atitude que, sem dúvidas, se constitui em nexo de causalidade entre a doença e sua utilização desde a juventude, como no caso da autora, e que, portanto, merece ser punida".

argumento do *livre-arbítrio*, chegando o juiz a insinuar a existência de um "dogma de alguma estranha e impossível religião do vício".[39]

Encerrando o estudo desse importante acórdão do Tribunal Paulista, deve ser comentado o voto vencido do Desembargador Sílvio Marques Neto, que deu provimento ao recurso, julgando improcedente a ação. O voto está amparado nas conhecidas premissas outrora mencionadas, sobretudo em duas: *a)* ausência de nexo de causalidade entre o fumo e os males da autora, por insuficiência de prova;[40] e *b)* a autora não desconhecia os males do cigarro – foi devidamente informada pela cartela do produto – e fumou porque assim o quis (livre-arbítrio). O magistrado demonstra que o entendimento jurisprudencial consolidado até aquele momento seria no sentido de improcedência das demandas fundadas no tabagismo.

Do Tribunal do Rio Grande do Sul, há outro acórdão mais recente, que enfrentou muito bem a questão do livre-arbítrio na sociedade globalizada e informacional, como se espera. Além de subsumir a responsabilidade objetiva do Código de Defesa do Consumidor, a decisão expõe em sua ementa existirem "provas concludentes de que

---

39 Consigne-se outro trecho do voto do Desembargador Lagrasta, com tal enfrentamento do livre-arbítrio: "Sofísticas ainda as doutas razões de apelo quando pretendem que, por ser de conhecimento público o uso nefasto do cigarro, não seria possível atingir-se o nexo de causalidade, por ser atividade do arbítrio da vítima. Esquece-se, contudo, que plantar fumo, repita-se, pode não ser nefasto, nefasta é a sua manipulação, no momento da industrialização, ao agregar substâncias químicas, ao mesmo tempo em que a propaganda maciça impede que sejam realmente conhecidas em seus efeitos colaterais, também como causadoras de moléstias e dependência, impedindo manifestação segura da livre escolha. Guardadas as devidas proporções, a mesma situação ocorre com os remédios, ministrados apesar das contraindicações. Isto porque à divulgação de doenças se opõe a contradivulgação maciça, omitidos aqueles resultados através de inúmeras considerações que se prestam a demonstrar que o consumidor está plenamente consciente dos malefícios, ainda que se veja obrigado ao consumo ou a obedecer prescrição".

40 Conforme o Desembargador Sílvio Marques Neto, do Tribunal Paulista: "Não consta dos autos que as partes extirpadas tenham sido submetidas a uma biópsia, ou preservadas para este fim".

a autora adquiriu o hábito de fumar a partir de poderoso condutor do comportamento humano consistente em milionária e iterativa propaganda da ré que, ocultando do público os componentes maléficos à saúde humana existentes no cigarro, por décadas, associava o sucesso pessoal ao tabagismo". Desse modo, ficou prejudicado o argumento da empresa de cigarro, "consistente na ínsita periculosidade do produto-cigarro e do livre-arbítrio no ato de fumar que, no caso concreto, se esboroa ante o comprovado poder viciante da nicotina, a ausência de informações precisas quanto aos componentes da fórmula do cigarro e de qual a quantidade supostamente segura para o seu consumo, bem ainda ante a enorme subjetividade que caracteriza a tese, particularmente incompatível com as normas consumeristas que regem a espécie".[41] Os danos morais e estéticos da autora foram indenizados no importe de R$ 100.000,00 (cem mil reais).

Por fim, na linha do que se propõe pelo presente estudo, a questão do risco-proveito já foi adotada pelo Tribunal de Justiça de Minas Gerais, em exemplar decisão do ano de 2009. O julgado concluiu que a empresa que fabrica e comercializa os produtos fumígenos assume riscos que lhe dão lucros, devendo responder pela colocação dos consumidores em situação de perigo de vida.[42]

---

41 TJRS, Acórdão n. 70015107600, Passo Fundo, 9ª Câmara Cível, Rel. Des. Tasso Caubi Soares Delabary, julgado em 27/08/2008, *DOERS* 26/01/2009, p. 41.

42 "APELAÇÃO CÍVEL. AÇÃO DE INDENIZAÇÃO POR DANOS MORAIS. USO CONTÍNUO DE CIGARROS. MORTE. PRESCRIÇÃO. INOCORRÊNCIA. RESPONSABILIDADE DA FABRICANTE DE CIGARROS. TEORIA DO RISCO PROVEITO. DANOS MORAIS. FIXAÇÃO. PRUDENTE ARBÍTRIO DO JULGADOR. RECURSO PROVIDO. Extrai-se da petição inicial que a presente ação de indenização é fundada em responsabilidade civil de direito comum, art. 159 do Código Civil de 1916, não em defeito ou erro do produto no instante de sua fabricação, pelo que, não incide ao caso a regra do art. 27 do CDC. Os fabricantes de cigarro de todo o planeta sempre tiveram conhecimento de que o cigarro vicia e causa inúmeras doenças. Assim, diante do conhecimento e da consciência dos malefícios causados pelo cigarro à saúde dos fumantes, não há dúvida de que a apelada, agindo dessa forma, cria conscientemente, o risco do resultado, assumindo, portanto, a obrigação de ressarcir. Não há dúvi-

De toda sorte, apesar desses julgados de procedência, insta destacar que prevalecem na jurisprudência nacional as decisões afastando a condenação das empresas de tabaco diante dos fumantes. No ano de 2010, surgiram definitivas decisões nesse sentido no Superior Tribunal de Justiça, as quais declinam o dever de reparar das empresas por vários e já conhecidos argumentos. Os resumos dos julgamentos encontram-se publicados nos *Informativos n. 432* e *n. 436* daquele Tribunal.[43]

---

da de que a apelada sempre foi criadora do perigo e do risco causado pelo uso do fumo. A despeito de a recorrida saber e ter consciência dos malefícios e da dependência que o uso do cigarro causa, sempre se omitiu quanto às informações ou ações no sentido de minimizar tais malefícios e prejuízos advindos para o fumante. A 'teoria do risco-proveito' considera civilmente responsável todo aquele que auferir lucro ou vantagem do exercício de determinada atividade, segundo a máxima '*ubi emolumentum, ibi onus*' (onde está o ganho, aí reside o encargo). 'Na fixação do valor do dano moral prevalecerá o prudente arbítrio do julgador, levando-se em conta as circunstâncias do caso, evitando que a condenação se traduza em indevida captação de vantagem, sob pena de se perder o parâmetro para situações de maior relevância e gravidade' (TJMG, Apelação n. 365.245-3, Alpinópolis, 1ª Câmara Cível/TAMG, Rel. Juiz Gouvêa Rios, 1º/10/2002). Apelo provido. Voto Vencido. Sendo manifestamente lícita a atividade desempenhada pela ré, consistente na produção e comercialização de cigarros, eventual responsabilização somente pode decorrer da constatação de desatendimento às regras que lhe são impostas. Não se caracteriza a responsabilidade civil da ré, se não provado o nexo entre a doença e o tabagismo, apesar da obviedade de que o cigarro causa várias doenças" (TJMG, Apelação Cível n. 1.0024.05.799917-9/0011, Belo Horizonte, 14ª Câmara Cível, Rel. Des. Rogério Medeiros, julgado em 03/09/2009, *DJEMG* 22/09/2009).

43 De início, colaciona-se decisão publicada no *Informativo n. 432* do STJ: "RESPONSABILIDADE CIVIL. CIGARRO. O falecido, tabagista desde a adolescência (meados de 1950), foi diagnosticado como portador de doença broncopulmonar obstrutiva crônica e de enfisema pulmonar em 1998. Após anos de tratamento, faleceu em decorrência de adenocarcinoma pulmonar no ano de 2001. Então, seus familiares (a esposa, filhos e netos) ajuizaram ação de reparação dos danos morais contra o fabricante de cigarros, com lastro na suposta informação inadequada prestada por ele durante décadas, que omitia os males possivelmente decorrentes do fumo, e no incentivo a seu consumo mediante a prática de propaganda tida por enganosa, além de enxergar

a existência de nexo de causalidade entre a morte decorrente do câncer e os vícios do produto, que alegam ser de conhecimento do fabricante desde muitas décadas. Nesse contexto, há que se esclarecer que a pretensão de ressarcimento dos autores da ação em razão dos danos morais, diferentemente da pretensão do próprio fumante, surgiu com a morte dele, momento a partir do qual eles tinham ação exercitável a ajuizar (*actio nata*) com o objetivo de compensar o dano que lhes é próprio, daí não se poder falar em prescrição, porque foi respeitado o prazo prescricional de cinco anos do art. 27 do CDC. Note-se que o cigarro classifica-se como produto de periculosidade inerente (art. 9º do CDC) de ser, tal como o álcool, fator de risco de diversas enfermidades. Não se revela como produto defeituoso (art. 12, § 1º, do mesmo código) ou de alto grau de nocividade ou periculosidade à saúde ou segurança, esse último de comercialização proibida (art. 10 do mesmo diploma). O art. 220, § 4º, da CF/1988 chancela a comercialização do cigarro, apenas lhe restringe a propaganda, ciente o legislador constituinte dos riscos de seu consumo. Já o CDC considera defeito a falha que se desvia da normalidade, capaz de gerar frustração no consumidor, que passa a não experimentar a segurança que se espera do produto ou serviço. Destarte, diz respeito a algo que escapa do razoável, que discrepa do padrão do produto ou de congêneres, e não à capacidade inerente a todas as unidades produzidas de o produto gerar danos, tal como no caso do cigarro. Frise-se que, antes da CF/1988 (gênese das limitações impostas ao tabaco) e das legislações restritivas do consumo e publicidade que a seguiram (notadamente, o CDC e a Lei n. 9.294/1996), não existia o dever jurídico de informação que determinasse à indústria do fumo conduta diversa daquela que, por décadas, praticou. Não há como aceitar a tese da existência de anterior dever de informação, mesmo a partir de um ângulo principiológico, visto que a boa-fé (inerente à criação desse dever acessório) não possui conteúdo *per se*, mas, necessariamente, insere-se em um conteúdo contextual, afeito à carga histórico-social. Ao se considerarem os fatores legais, históricos e culturais vigentes nas décadas de cinquenta a oitenta do século anterior, não há como cogitar o princípio da boa-fé de forma fluida, sem conteúdo substancial e contrário aos usos e costumes por séculos preexistentes, para concluir que era exigível, àquela época, o dever jurídico de informação. De fato, não havia norma advinda de lei, princípio geral de direito ou costume que impusesse tal comportamento. Esses fundamentos, por si sós, seriam suficientes para negar a indenização pleiteada, mas se soma a eles o fato de que, ao considerar a teoria do dano direto e imediato acolhida no direito civil brasilei-

Atualizando este estudo, após tais decisões do Superior Tribunal de Justiça, muitas outros arestos surgiram na mesma linha, afastando totalmente o direito de indenização das vítimas, mas também de seus familiares.[44]

---

ro (art. 403 do CC/2002 e art. 1.060 do CC/1916), constata-se que ainda não está comprovada pela Medicina a causalidade necessária, direta e exclusiva entre o tabaco e câncer, pois ela se limita a afirmar a existência de fator de risco entre eles, tal como outros fatores, como a alimentação, o álcool e o modo de vida sedentário ou estressante. Se fosse possível, na hipótese, determinar o quanto foi relevante o cigarro para o falecimento (a proporção causal existente entre eles), poder-se-ia cogitar o nexo causal juridicamente satisfatório. Apesar de reconhecidamente robustas, somente as estatísticas não podem dar lastro à responsabilidade civil em casos concretos de morte supostamente associada ao tabagismo, sem que se investigue, episodicamente, o preenchimento dos requisitos legais. Precedentes citados do STF: RE 130.764-PR, *DJ* 19/5/1995; do STJ: REsp 489.895-SP, *DJe* 23/4/2010; REsp 967.623-RJ, *DJe* 29/6/2009; REsp 1.112.796-PR, *DJ* 5/12/2007, e REsp 719.738-RS, *DJe* 22/9/2008" (STJ, REsp n. 1.113.804/RS, Rel. Min. Luis Felipe Salomão, julgado em 27/4/2010). Do *Informativo n. 436*: "DANO MORAL. FUMANTE. Mostra-se incontroverso, nos autos, que o recorrido, autor da ação de indenização ajuizada contra a fabricante de cigarros, começou a fumar no mesmo ano em que as advertências sobre os malefícios provocados pelo fumo passaram a ser estampadas, de forma explícita, nos maços de cigarro (1988). Isso, por si só, é suficiente para afastar suas alegações acerca do desconhecimento dos males atribuídos ao fumo; pois, mesmo diante dessas advertências, optou, ao valer-se de seu livre-arbítrio, por adquirir, espontaneamente, o hábito de fumar. Outrossim, nos autos, há laudo pericial conclusivo de que não se pode, no caso, comprovar a relação entre o tabagismo desenvolvido pelo recorrido e o surgimento de sua enfermidade (tromboangeíte obliterante – TAO ou doença de Buerger). Assim, não há falar em direito à indenização por danos morais, pois ausente o nexo de causalidade da obrigação de indenizar. Precedentes citados: REsp 325.622-RJ, *DJe* 10/11/2008; REsp 719.738-RS, *DJe* 22/9/2008; e REsp 737.797-RJ, *DJ* 28/08/2006" (STJ, REsp. n. 886.347/RS, Rel. Min. Honildo Amaral de Mello Castro – Desembargador convocado do TJ-AP –, julgado em 25/05/2010).

Ora, um dos objetivos fulcrais deste estudo é o de demonstrar que há equívoco nessas decisões de simples improcedência das demandas. Passa-se, então, à tarefa de afastamento de tais argumentos, fazendo-se o devido contraponto doutrinário.[45]

---

44 Por todos os acórdãos, dos anos de 2016 e 2015, seguindo os vários argumentos constantes dos julgamentos superiores: TJRS, Apelação cível n. 0134660-62.2016.8.21.7000, Novo Hamburgo, Décima Câmara Cível, Rel. Des. Marcelo Cézar Müller, julgado em 01/09/2016, DJERS 26/09/2016; TJSP, Apelação n. 0030146-17.2012.8.26.0224, Acórdão n. 9478942, Guarulhos, Segunda Câmara de Direito Privado, Rel. Des. José Joaquim dos Santos, julgado em 31/05/2016, DJESP 08/06/2016; TJMG, Apelação cível n. 1.0459.05.020691-9/003, Rel. Des. Pedro Bernardes, julgado em 24/11/2015, DJEMG 18/12/2015; TJPR, Embargos infringentes n. 0909157-8/02, Foz do Iguaçu, Décima Câmara Cível em Composição Integral, Rel.ª Des.ª Ângela Khury Munhoz da Rocha, julgado em 13/08/2015, DJPR 26/10/2015, p. 209; TJPI, Apelação cível n. 2014.0001.000754-6, Quarta Câmara Especializada Cível, Rel. Des. Fernando Lopes e Silva Neto, DJPI 30/06/2015, pág. 5; TJSC; Apelação cível n. 2010.030844-0, Pinhalzinho, Câmara Especial Regional de Chapecó, Rel. Des. Júlio César M. Ferreira de Melo, DJSC 14/04/2015, pág. 357.

45 Destaque-se a obra doutrinária coletiva intitulada *Estudos e pareceres sobre livre-arbítrio, responsabilidade e produto de risco inerente. O paradigma do tabaco. Aspectos civis e processuais* (Rio de Janeiro: Renovar, 2009). O livro é coordenado pela professora titular da Universidade de São Paulo, Teresa Ancona Lopez, contando com artigos e pareceres de Ada Pelegrini Grinover, Adroaldo Furtado Fabrício, Álvaro Villaça Azevedo, Arruda Alvim, Cândido Rangel Dinamarco, Eduardo Ribeiro, Fábio Ulhoa Coelho, Galeno Lacerda, Gustavo Tepedino, José Carlos Moreira Alves, José Ignácio Botelho de Mesquita, Judith Martins-Costa, Maria Celina Bodin de Moraes, Nelson Nery Jr., René Ariel Dotti, Ruy Rosado de Aguiar Júnior, além da própria coordenadora. Seja por um caminho ou outro, os trabalhos procuram afastar a responsabilidade da empresa tabagista, enfrentando questões como nexo de causalidade, a culpa exclusiva da vítima, a inexistência de defeito no produto fumígero, o atendimento da boa-fé pela publicidade do cigarro, a incidência da prescrição, a questão da prova a ser construída na ação pelo fumante, entre outros.

De início, a respeito da ausência do nexo de causalidade, na maioria das vezes estará presente o elo entre os danos provados pelos consumidores de cigarro e o uso do produto.[46] Conforme outrora exposto, existem doenças exclusivas decorrentes do tabagismo, por exemplo, a doença de Buerger, e, nesses casos, o nexo causal é bem evidente e

---

46   Em sentido contrário, na doutrina, entendendo pela ausência de nexo causal na questão relativa aos danos decorrentes do uso do cigarro, ver: TEPEDINO, Gustavo. A causalidade nas ações de responsabilidade atribuídas ao hábito de fumar. In: TEPEDINO, Gustavo (Coord.). *Temas de direito civil*. Rio de Janeiro: Renovar, 2009. t. III, p. 365-398. Na obra coletiva antes mencionada, o argumento da ausência de nexo de causalidade é utilizado por José Carlos Moreira Alves (MOREIRA ALVES, José Carlos. A causalidade nas ações indenizatórias por danos atribuídos ao consumo de cigarros. In: LOPEZ, Teresa Ancona (Coord.). *Estudos e pareceres sobre livre-arbítrio, responsabilidade e produto de risco inerente*. O paradigma do tabaco. Aspectos civis e processuais. Rio de Janeiro: Renovar, 2009. p. 239-257), Galeno Lacerda (LACERDA, Galeno. Liberdade-responsabilidade: assunção de risco e culpa exclusiva do fumante como excludente de responsabilidade do fabricante de cigarros. In: LOPEZ, Teresa Ancona (Coord.). *Estudos e pareceres sobre livre-arbítrio, responsabilidade e produto de risco inerente*. O paradigma do tabaco. Aspectos civis e processuais. Rio de Janeiro: Renovar, 2009. p. 190-191) e Nelson Nery Jr. (Ações de indenização fundadas no uso de tabaco. Responsabilidade civil pelo fato do produto: julgamento antecipado da lide. Ônus da prova e cerceamento de defesa. Responsabilidade civil e seus critérios de imputação. Autonomia privada e dever de informar. Autonomia privada e risco social. Situações de agravamento voluntário do risco. In: LOPEZ, Teresa Ancona (Coord.). *Estudos e pareceres sobre livre-arbítrio, responsabilidade e produto de risco inerente*. O paradigma do tabaco. Aspectos civis e processuais. Rio de Janeiro: Renovar, 2009. p. 396). Gustavo Tepedino igualmente salienta em tal obra coletiva a questão do nexo causal, apesar de utilizar outros argumentos, como se verá (Liberdade de escolha, dever de informar, defeito do produto e boa-fé objetiva nas ações de indenização contra os fabricantes de cigarros. In: LOPEZ, Teresa Ancona (Coord.). *Estudos e pareceres sobre livre-arbítrio, responsabilidade e produto de risco inerente*. O paradigma do tabaco. Aspectos civis e processuais. Rio de Janeiro: Renovar, 2009. p. 223).

inconstestável.[47] Cumpre relembrar que quadros comparativos, como o exposto por Sérgio Boeira, têm plenas condições de demonstrar que as doenças cancerígenas são causadas pelo uso do cigarro. Além disso, provas médicas e testemunhais têm o condão de comprovar qual era a marca utilizada pela vítima. A título de exemplo, cite-se que, muitas vezes, consta das certidões de óbito elaboradas por médicos que a causa da morte foi o uso continuado do cigarro. Por fim, a estatística de mercado pode determinar com grau razoável de probabilidade qual era a marca utilizada pelo falecido ou doente.

A respeito do nexo causal, insta deixar bem claro que a responsabilidade civil das empresas de tabaco é objetiva, diante da comum aplicação do Código de Defesa do Consumidor. De maneira subsidiária, em diálogo das fontes, pode ainda ser utilizado o art. 931 do Código Civil, que trata da responsabilidade objetiva referente aos produtos colocados em circulação.[48] Desse modo, não restam dúvidas de que o cigarro é um produto defeituoso, eis que não oferece segurança aos seus consumidores, levando-se em conta os perigosos à saúde e os danos que são potencialmente causados aos fumantes (art. 12, § 1°, da Lei n. 8.078/1990). Em reforço, podem ainda ser subsumidos os dispositivos consumeristas que tratam da proteção da saúde e da segurança dos consumidores (arts. 8° a 10 da Lei n. 8.078/1990). Pela simples leitura atenta dos dispositivos aventados e pelo senso comum, nota-se que são totalmente inconsistentes os argumentos de

---

47 Insta deixar claro que nenhum dos pareceres e estudos constantes da obra coletiva que se analisa enfrentou a questão da doença de Buerger, sendo os artigos e pareceres direcionados somente para os mais diversos tipos de câncer. Nota-se, contudo, que a decisão de improcedência publicada no *Informativo n. 436* do STJ menciona tal doença.

48 Mais uma vez, fazendo o devido contraponto com a doutrina, Gustavo Tepedino entende que o art. 931 do Código Civil não pode incidir no problema do cigarro, eis que "tal preceito consagra a proteção contra os danos sofridos na relação interna da cadeia de fornecimento" (TEPEDINO, Gustavo. Liberdade de escolha, dever de informar, defeito do produto e boa-fé objetiva nas ações de indenização contra os fabricantes de cigarros, cit., p. 237). De fato, a principal aplicação do comando pode ser esta. Todavia, pela tese do *diálogo das fontes*, a norma tem um caráter subsidiário de subsunção, assim como ocorre com o art. 927, parágrafo único, segunda parte, do Código Civil de 2002.

inexistência de defeito no cigarro, como parte da doutrina considera.[49] Talvez a questão até seja cultural, chocando-se, nesse sentido, o modo de agir e o pensamento de gerações distintas.

Nesse contexto de contraponto, *não se pode negar que o produto perigoso é defeituoso quando causa danos ao consumidor*. Essa é a essência contemporânea do conceito de defeito: o dano causado ao consumidor. Pensar ao contrário, ou seja, verificar o problema a partir da conduta, representa uma volta ao modelo subjetivo ou culposo no sistema consumerista. Em reforço, é imperioso relembrar que, nos casos de responsabilidade objetiva, o nexo causal pode ser formado pela lei, que qualifica a conduta que causou o dano (imputação objetiva).

Ademais, pode-se dizer que está presente no caso do cigarro um *defeito de criação*, o qual afeta "as características gerais da produção em consequência de erro havido no momento da elaboração de seu projeto ou de sua fórmula".[50] Em casos tais, "o fabricante responde

---

49 Considerando inexistente o defeito no cigarro, com o principal argumento de que o produto perigoso não é defeituoso, naquela obra coletiva (Lopez, Teresa Ancona (Coord.). *Estudos e pareceres sobre livre-arbítrio, responsabilidade e produto de risco inerente*. O paradigma do tabaco. Aspectos civis e processuais, cit.): FABRÍCIO, Adroaldo Furtado. Iniciativa judicial e prova documental procedente da internet. Fatos notórios e máximas da experiência no direito probatório: a determinação processual do nexo causal e os limites do poder de instrução do juiz, p. 30-32; AZEVEDO, Álvaro Villaça. A dependência ao tabaco e a sua influência na capacidade jurídica do indivíduo. A caracterização de defeito no produto sob a ótica do Código de Defesa do Consumidor, p. 81; LACERDA, Galeno. Liberdade--responsabilidade: assunção de risco e culpa exclusiva do fumante como excludente de responsabilidade do fabricante de cigarros, p. 192-193; NERY JR., Nelson. Ações de indenização fundadas no uso de tabaco, p. 403-404; AGUIAR JR., Ruy Rosado. Os pressupostos da responsabilidade civil no Código de Defesa do Consumidor e as ações de indenização por danos associados ao consumo de cigarros, p. 471-473; LOPEZ, Teresa Ancona. Das consequências jurídicas da dependência ao tabaco: conceito jurídico e aptidão para constituir dano indenizável, p. 504.

50 ALVIM, Arruda; ALVIM, Thereza; ALVIM, Eduardo Arruda; MARINS, James. *Código do Consumidor comentado*. 2. ed., 2. tir. São Paulo: RT, 1995. p. 103.

pela concepção ou idealização de seu produto que não tenha a virtude de evitar os riscos à saúde e segurança, não aceitáveis pelos consumidores, dentro de determinados 'standards'".[51] Isso parece claro e evidente a este autor, em especial pela perda de pessoas próximas pelo uso do cigarro e pela farta bibliografia médica que condena essa prática. Há gerações que não conseguiram vencer a luta pela vida contra o cigarro. Outras até hoje lutam contra os seus males, com algumas vitórias, dada a evolução da medicina. E para aqueles que pensam o contrário, seria interessante interrogarem-se se seria aceitável o incentivo do uso do tabaco aos próprios filhos. Pode-se falar em defeitos ocultos, pelo problema quanto ao acesso à informação dos males do cigarro, principalmente se forem levados em conta aqueles que se iniciaram no fumo antes do início da veiculação de informações sobre os males do produto.[52]

Para que o argumento da ausência de nexo de causalidade fique devidamente afastado, cite-se, ainda, a correta aplicação da teoria da presunção de nexo de causalidade, utilizada em alguns julgados, que tem relação direta com a *pressuposição de responsabilidade pela colocação das pessoas em risco pelo produto* (*mise en danger*).[53] Voltando mais uma vez ao argumento do defeito, de fato, se o uso do cigarro não causar males à pessoa pelo seu uso continuado, o que até acontece, não há que se falar em defeito. Por outra via, presente o prejuízo, o produto perigoso é elevado à condição de produto defeituoso, surgindo, então, a responsabilidade civil.

Sobre a questão do exercício regular de direito e da licitude da atividade desenvolvida, cumpre destacar que o Direito Civil Brasileiro

---

51 ALVIM, Arruda; ALVIM, Thereza; ALVIM, Eduardo Arruda; MARINS, James. *Op. loc. cit.*

52 MORAES, Carlos Alexandre. *Responsabilidade civil das empresas tabagistas.* Curitiba: Juruá, 2009. p. 165.

53 Sobre essa presunção do nexo causal na questão do cigarro, com a citação de outras decisões jurisprudenciais: MUlholland, Caitlin Sampaio. *A responsabilidade civil por presunção de causalidade,* cit., p. 248-257.

admite a responsabilidade civil por atos lícitos.[54] De início, cite-se a hipótese de legítima defesa putativa, em que o agente pensa que está tutelando imediatamente um direito seu, ou de terceiro, o que não é verdade.[55] Além da legítima defesa putativa, admite-se a responsabilidade civil decorrente do *estado de necessidade agressivo*. O art. 188, II, do Código Civil enuncia que não constitui ato ilícito a deterioração ou destruição da coisa alheia, ou a lesão à pessoa, a fim de remover perigo iminente (estado de necessidade). Todavia, nos termos do art. 929 da atual codificação privada, se a pessoa lesada ou o dono da coisa, em casos tais, não for culpado do perigo, assistir-lhe-á direito à indenização do prejuízo que sofreram. O exemplo clássico é o de um pedestre que vê uma criança gritando em meio às chamas que atingem uma casa. O pedestre arromba a porta da casa, apaga o incêndio e salva a criança. Nos termos dos dispositivos visualizados, se quem causou o incêndio não foi o dono da casa, o pedestre-herói terá que indenizá-lo, ressalvado o direito de regresso contra o real culpado (art. 930 do Código Civil). Ora, seria irrazoável imaginar um sistema que ordena que uma pessoa em ato heroico tenha o dever de reparar, enquanto as empresas de

---

54 Argumentando pela licitude do ato de vender de cigarros na obra coletiva abordada (Lopez, Teresa Ancona (Coord.). *Estudos e pareceres sobre livre-arbítrio, responsabilidade e produto de risco inerente*. O paradigma do tabaco. Aspectos civis e processuais, cit.): FABRÍCIO, Adroaldo Furtado. Iniciativa judicial e prova documental procedente da internet. Fatos notórios e máximas da experiência no direito probatório, p. 28-30; AGUIAR JR., Ruy Rosado. Os pressupostos da responsabilidade civil no Código de Defesa do Consumidor e as ações de indenização por danos associados ao consumo de cigarros, p. 470; LOPEZ, Teresa Ancona. Das consequências jurídicas da dependência ao tabaco: conceito jurídico e aptidão para constituir dano indenizável, p. 500.

55 Conforme o art. 188, I, do Código Civil, a legítima defesa não constitui ato ilícito. Concluindo pelo dever de indenizar, presente a legítima defesa putativa: "CIVIL. DANO MORAL. LEGÍTIMA DEFESA PUTATIVA. A legítima defesa putativa supõe negligência na apreciação dos fatos, e por isso não exclui a responsabilidade civil pelos danos que dela decorram. Recurso especial conhecido e provido" (STJ, REsp n. 513.891/RJ, Rel. Min. Ari Pargendler, 3ª Turma, julgado em 20/03/2007, *DJ* 16/04/2007, p. 181).

tabaco, em condutas nada heroicas, tão somente lucrativas, sejam excluídas de qualquer responsabilidade pelos produtos perigosos postos em circulação.

Além desses argumentos, insta verificar que, muitas vezes, principalmente para os fumantes das décadas mais remotas, a questão do cigarro pode ser resolvida pela figura do abuso de direito. Isso porque as empresas não informavam dos males causados pelo produto, enganando os consumidores. Assim, estaria configurada a publicidade enganosa, nos termos do art. 37, § 1º, da Lei n. 8.078/1990, o que gera o seu dever de indenizar.[56] Conforme dispõe o art. 187 do Código Civil de 2002, pode-se falar ainda em quebra da boa-fé, pela falsidade da informação.[57] Relembre-se que o abuso de direito é lícito pelo conteúdo, mas ilícito pelas consequências (Limongi França). Em suma, comercializar cigarros pode até ser considerado lícito, diante de um erro histórico cometido pela humanidade. Porém, comercializar o produto sem as corretas informações de seus males – já conhecidos pelas próprias empresas –, gerando danos, configura um ilícito por equiparação (art. 927, *caput*, do Código Civil).[58] Não nos

---

56 Lei n. 8.078/1990. "Art. 37. É proibida toda publicidade enganosa ou abusiva. § 1º É enganosa qualquer modalidade de informação ou comunicação de caráter publicitário, inteira ou parcialmente falsa, ou, por qualquer outro modo, mesmo por omissão, capaz de induzir em erro o consumidor a respeito da natureza, características, qualidade, quantidade, propriedades, origem, preço e quaisquer outros dados sobre produtos e serviços."

57 Nessa linha de pensamento, ver, com profundo estudo, incluindo a análise do nexo causal, a que se filia totalmente: MARQUES, Cláudia Lima. Violação do dever de boa-fé, corretamente, nos atos negociais omissivos afetando o direito/liberdade de escolha. Nexo causal entre a falha/defeito de informação e defeito de qualidade nos produtos de tabaco e o dano final morte. Responsabilidade do fabricante do produto, direito a ressarcimento dos danos materiais e morais, sejam preventivos, reparatórios ou satisfatórios. *Revista dos Tribunais*, São Paulo: RT, n. 835, p. 74-133, 2005.

58 Resolvendo a questão pelo abuso do direito, a quem também se filia: DELFINO, Lúcio. *Responsabilidade civil e tabagismo*, cit., p. 265-325.

convencem os argumentos contrários, apesar dos grandes esforços da doutrina de escol.[59]

No que concerne à questão da publicidade, o parecer de Judith Martins-Costa quase chega a convencer, em especial pelos *argumentos realeanos*. Aduz a jurista que, "traduzindo esses dados para as categorias teóricas do tridimensionalismo de Miguel Reale, observaremos que o *fato* da consciência social acerca dos malefícios do cigarro tem permanecido, através dos tempos, relativamente o mesmo; porém esse fato (a consciência social) *recebe diferentes valorações sociais e jurídicas no curso dos tempos*, resultando, então, em diferentes recepções normativas por parte do Direito. Quando a consciência social dos males do fumo convivia com a sua 'glamourização' sociocultural, havia uma ampla tolerância jurídica; porém passa-se, progressivamente, à 'desglamourização' sociocultural do fumo, em virtude da ascensão ao *status* de valor social do culto à saúde. Então, verifica-se uma relativa intolerância jurídica, expressa nas leis e medidas administrativas restritivas ao fumo e na regulação da propaganda de cigarros".[60] A conclusão a que chega mais à frente, quanto à oferta e à boa-fé, é a de que não é possível interpretar as situações jurídicas do passado com a realidade social do presente e vice-versa. Assim, alega que houve

---

59 Excluindo a responsabilidade das empresas pela questão da publicidade que não pode ser tida como enganosa ou abusiva: COELHO, Fábio Ulhoa. Análise da publicidade de cigarros à luz do Código de Defesa do Consumidor. In: LOPEZ, Teresa Ancona (Coord.). *Estudos e pareceres sobre livre-arbítrio, responsabilidade e produto de risco inerente*. O paradigma do tabaco. Aspectos civis e processuais. Rio de Janeiro: Renovar, 2009. p. 155-181. Na mesma obra, enfrentando a questão da publicidade em sentido muito próximo: FABRÍCIO, Adroaldo Furtado. Iniciativa judicial e prova documental procedente da internet. Fatos notórios e máximas da experiência no direito probatório, p. 32-34; TEPEDINO, Gustavo. Liberdade de escolha, dever de informar, defeito do produto e boa-fé objetiva nas ações de indenização contra os fabricantes de cigarros, p. 211-218.

60 MARTINS-COSTA, Judith. Ação indenizatória. Dever de informar do fabricante sobre os riscos do tabagismo. In: LOPEZ, Teresa Ancona (Coord.). *Estudos e pareceres sobre livre-arbítrio, responsabilidade e produto de risco inerente*. O paradigma do tabaco. Aspectos civis e processuais. Rio de Janeiro: Renovar, 2009. p. 284.

equívoco do julgador do Tribunal Gaúcho ao condenar a empresa Souza Cruz, eis que agiu "trazendo a pré-compreensão e interpretação *hoje devidas* ao princípio da boa-fé objetiva para selecionar, filtrar, apreciar e, finalmente, julgar, fatos ocorridos nas longínquas décadas de 40 e 50 do século passado, deixando de lado os dados contextuais e ignorando *a circunstancialidade em que o conhecimento das concretas situações de vida relativas ao tratamento jurídico dos riscos do tabagismo efetivamente se processa*".[61] Anote-se que os fortes argumentos da jurista foram utilizados no julgamento do Superior Tribunal de Justiça publicado no seu *Informativo n. 432*.[62]

As belas lições da doutrinadora, na verdade, servem em parte para a premissa jurídica que aqui se propõe. Como se verá, a boa-fé objetiva, a veiculação da oferta do cigarro e as experiências sociais do passado devem ser levadas em conta para a fixação do *quantum debeatur*, por interação direta com a assunção dos riscos pelas empresas e fumantes. Todavia, não se pode dizer que tais deduções sociais servem para excluir totalmente a responsabilidade ou a ilicitude das condutas das empresas de tabaco, inclusive na questão da publicidade, como quer a jurista gaúcha. Não se pode colocar totalmente o peso do risco

---

61 MARTINS-COSTA, Judith. Ação indenizatória. Dever de informar do fabricante sobre os riscos do tabagismo, cit., p. 289.

62 Com relevo para o seguinte trecho, que mais uma vez se transcreve, para fins didáticos: "Frise-se que, antes da CF/1988 (gênese das limitações impostas ao tabaco) e das legislações restritivas do consumo e publicidade que a seguiram (notadamente, o CDC e a Lei n. 9.294/1996), não existia o dever jurídico de informação que determinasse à indústria do fumo conduta diversa daquela que, por décadas, praticou. Não há como aceitar a tese da existência de anterior dever de informação, mesmo a partir de um ângulo principiológico, visto que a boa-fé (inerente à criação desse dever acessório) não possui conteúdo *per se*, mas, necessariamente, insere-se em um conteúdo contextual, afeito à carga histórico-social. Ao se considerarem os fatores legais, históricos e culturais vigentes nas décadas de cinquenta a oitenta do século anterior, não há como cogitar o princípio da boa-fé de forma fluida, sem conteúdo substancial e contrário aos usos e costumes por séculos preexistentes, para concluir que era exigível, àquela época, o dever jurídico de informação..." (STJ, REsp n. 1.113.804/RS, Rel. Min. Luis Felipe Salomão, julgado em 27/04/2010).

em cima dos consumidores, como se pretende. Em verdade, a boa-fé objetiva e o dever de informar servem para calibrar as condutas, influindo diretamente na ponderação e na fixação das responsabilidades de cada uma das partes envolvidas.

Pois bem, o argumento do *livre-arbítrio* já foi exaustivamente rebatido. Cumpre discorrer sobre ele um pouco mais, eis que farta doutrina partidária da conclusão da irreparabilidade o utiliza.[63] Em verdade, na realidade pós-moderna não há o citado *livre-arbítrio*, conceito essencialmente liberal da modernidade, modelo no qual algumas gerações de juristas se formou. O que existe na contemporaneidade é uma inafastável e irresistível tendência de intervenção estatal, de dirigismo negocial, a fim de proteger partes vulneráveis (consumidores, trabalhadores, aderentes, mulheres sob violência, crianças e adolescentes, além de outras questões subjetivas) e valores

---

[63] Discorrendo de forma profunda sobre o livre-arbítrio e a liberdade do fumante, em uma visão liberal: LOPEZ, Teresa Ancona. *Nexo causal e produtos potencialmente nocivos: a experiência brasileira do tabaco*. São Paulo: Quartier Latin, 2008. A jurista utiliza como um dos argumentos principais a vedação do comportamento contraditório – *venire contra factum proprium non potest* (LOPEZ, Teresa Ancona. Op cit., p. 154-156). Naquela obra coletiva de pareceres a favor das empresas de cigarro, o recurso ao livre-arbítrio é recorrente (Lopez, Teresa Ancona (Coord.). *Estudos e pareceres sobre livre-arbítrio, responsabilidade e produto de risco inerente*. O paradigma do tabaco. Aspectos civis e processuais, cit.). Nesse sentido, ver, com algumas variações: AZEVEDO, Álvaro Villaça. A dependência ao tabaco e a sua influência na capacidade jurídica do indivíduo. A caracterização de defeito no produto sob a ótica do Código de Defesa do Consumidor, cit., p. 71-73; LACERDA, Galeno. Liberdade-responsabilidade: assunção de risco e culpa exclusiva do fumante como excludente de responsabilidade do fabricante de cigarros, cit., p. 189-191; TEPEDINO, Gustavo. Liberdade de escolha, dever de informar, defeito do produto e boa-fé objetiva nas ações de indenização contra os fabricantes de cigarros, cit., p. 222-229; NERY JR., Nelson. Ações de indenização fundadas no uso de tabaco, cit., p. 397; MORAES, Maria Celina Bodin de. *Liberdade individual, acrasia e proteção da saúde*, cit., p. 319-374; DOTTI, René Ariel. *Cigarro, dependência e responsabilidade civil*, cit., p. 426-467; LOPEZ, Teresa Ancona. Das consequências jurídicas da dependência ao tabaco: conceito jurídico e aptidão para constituir dano indenizável, cit., p. 498-500.

fundamentais (moradia, saúde, segurança, função social, vedação do enriquecimento sem causa e da onerosidade excessiva, entre outros aspectos de valoração objetiva). Eis aqui mais uma ideia que conflita gerações no Direito. Em reforço, cumpre lembrar as palavras do Desembargador Caetano Lagrasta, em julgado do Tribunal de São Paulo, no sentido de que o argumento do livre-arbítrio parece fundamentar uma pretensa religião que cultua o cigarro. Em reforço, fica a dúvida se realmente havia um *livre e irrestrito arbítrio* no que toca aos fumantes do passado remoto.[64]

Em relação a argumentos acessórios relativos à liberdade e à autonomia privada, caso da *vedação do comportamento contraditório*, insta deixar claro que a máxima do *venire contra factum proprium* não consegue vencer valores fundamentais, caso da tutela da saúde, que está no art. 6º da Constituição Federal (*técnica de ponderação*).[65] É assim, por exemplo, com a questão do Bem de Família, na *polêmica do Bem de Família Ofertado*, sendo certo que o Superior Tribunal de Justiça entende por maioria que a proteção da Lei n. 8.009/1990 prevalece sobre a alegação do comportamento contraditório, eis que o Bem de Família é irrenunciável.[66] Semelhante aspecto deve ser tido quanto à saúde na relação individual ou negocial privada: ela é irrenunciável pelo fumante, não se podendo pensar em contradição quando um direito simplesmente não pode ser exercido.

---

64 Rebatendo muito bem os argumentos do livre-arbítrio, servindo como inspiração para este estudo, até porque muitas vezes o fumante viciado não o tem, ver: DELFINO, Lúcio. *Responsabilidade civil e tabagismo*, cit., p. 357-378.

65 Naquela obra coletiva, enquadrando o fumante que pleiteia a indenização na vedação do comportamento contraditório que decorre da boa-fé: NERY JR., Nelson. Ações de indenização fundadas no uso de tabaco, cit., p. 397-398; TEPEDINO, Gustavo. Liberdade de escolha, dever de informar, defeito do produto e boa-fé objetiva nas ações de indenização contra os fabricantes de cigarros, cit., p. 219-222; LOPEZ, Teresa Ancona. Das consequências jurídicas da dependência ao tabaco: conceito jurídico e aptidão para constituir dano indenizável, cit., p. 507.

66 Sobre o tema, ver: TARTUCE, Flávio. A polêmica do bem de família ofertado. *Revista da Escola da Magistratura do Rio de Janeiro*, Rio de Janeiro: Emerj, v. 11, n. 43, p. 233-246, 2008. Por todos os julgados de irrenunciabilidade do bem de família, ver: "AGRAVO REGIMENTAL. AUSÊNCIA DE ARGUMENTOS CAPAZES DE INFIRMAR OS FUNDAMENTOS DA DECISÃO AGRAVADA. EXECUÇÃO. BEM DE FAMÍLIA. INDICAÇÃO À PENHORA. – Não merece provimento recurso carente de argumentos capazes de desconstituir a decisão agravada. – O fato de o executado oferecer à penhora o imóvel destinado à residência da família não o impede de arguir sua impenhorabilidade (Lei n. 8.009/90)" (STJ, AgRg no REsp n. 888.654/ES, Rel. Min. Humberto Gomes de Barros, 3ª Turma, julgado em 03/04/2007, *DJ* 07/05/2007, p. 325). "RECURSO ESPECIAL. EMBARGOS DE TERCEIRO. DESCONSTITUIÇÃO DA PENHORA DO IMÓVEL NO QUAL RESIDEM OS EMBARGANTES. LEGITIMIDADE ATIVA *AD CAUSAM*. MEMBROS INTEGRANTES DA ENTIDADE FAMILIAR. NOMEAÇÃO À PENHORA DO BEM DE FAMÍLIA. INEXISTÊNCIA DE RENÚNCIA AO BENEFÍCIO PREVISTO NA LEI N. 8.009/90. MEDIDA CAUTELAR. EFEITO SUSPENSIVO A RECURSO ESPECIAL. JULGAMENTO DESTE. PERDA DE OBJETO. PREJUDICIALIDADE. EXTINÇÃO DO PROCESSO SEM EXAME DO MÉRITO. 1 – Os filhos da executada e de seu cônjuge têm legitimidade para a apresentação de embargos de terceiro, a fim de desconstituir penhora incidente sobre o imóvel no qual residem, pertencente a seus genitores, porquanto integrantes da entidade familiar a que visa proteger a Lei n. 8.009/90, existindo interesse em assegurar a habitação da família diante da omissão dos titulares do bem de família. Precedentes (REsp ns. 345.933/RJ e 151.238/SP). 2 – Esta Corte de Uniformização já decidiu no sentido de que a indicação do bem de família à penhora não implica renúncia ao benefício garantido pela Lei n. 8.009/90. Precedentes (REsp ns. 526.460/RS, 684.587/TO, 208.963/PR e 759.745/SP). 3 – Recurso conhecido e provido para julgar procedentes os embargos de terceiro, afastando a constrição incidente sobre o imóvel, invertendo-se o ônus da sucumbência, mantido o valor fixado na r. sentença. 4 – Tendo sido julgado, nesta oportunidade, o presente recurso especial, a Medida Cautelar n. 2.739/PA perdeu o seu objeto, porquanto foi ajuizada, exclusivamente, para conferir-lhe efeito suspensivo. 5 – Prejudicada a Medida Cautelar n. 2.739/PA, por perda de objeto, restando extinta, sem exame do mérito, nos termos do art. 808, III, c/c o art. 267, IV, ambos do CPC. Este acórdão deve ser trasladado àqueles autos" (STJ, REsp n. 511.023/PA, Rel. Min. Jorge Scartezzini, 4ª Turma, julgado em 18/08/2005, *DJ* 12/09/2005, p. 333).

Relativamente à questão de prescrição, muitas vezes utilizada nos julgados, trata-se de uma preliminar de mérito, que não interessa ao presente estudo. De fato, se esta estiver presente, deve ser reconhecida pelo juiz. Todavia, a grande dúvida se refere a qual prazo aplicar, o de cinco anos do art. 27 do Código do Consumidor ou o geral de dez anos do art. 205 do Código Civil de 2002.[67] Na opinião deste autor, deve-se subsumir a regra consumerista, ficando o alerta de que o prazo prescricional terá início da ocorrência do evento danoso ou de sua autoria, conforme está expresso no art. 27 do CDC, em sintonia com a boa-fé e a valorização da informação (aplicação da teoria da *actio nata*). Em qualquer situação de dúvida quanto a tal início, deve prevalecer a interpretação *pro consumidor*, diante do *princípio do protecionismo*, abstraído do art. 1º da Lei n. 8.078/1990 e do art. 5º, XXII, do Texto Maior.

Por fim, o argumento principal a ser rebatido é o da culpa exclusiva da vítima. Esse parece ser o maior sofisma jurídico pregado por parte da doutrina e da jurisprudência, que concluem pela inexistência de dever de indenizar os fumantes ou seus familiares, ferindo a lógica do razoável. Não se pode admitir que a carga de culpa fique somente concentrada no consumidor, sobretudo se as empresas de cigarro assumem um risco-proveito, altamente lucrativo. O argumento é por

---

67 Concluindo pela incidência do art. 27 do Código do Consumidor, do STJ: "RESPONSABILIDADE CIVIL. DANO MORAL E ESTÉTICO. INDENIZAÇÃO. TABAGISMO. REPARAÇÃO CIVIL POR FATO DO PRODUTO. PRESCRIÇÃO QUINQUENAL. RECONHECIMENTO NO CASO CONCRETO. I – Indenização de males decorrentes do tabagismo, fundamentada a petição inicial no art. 27 da Lei 8.078/1990 (Código de Defesa do Consumidor). II – Tratamento do caso como 'danos causados por fato do produto ou do serviço prestado' (CDC, art. 27). III – Prescrição quinquenal do Código de Defesa do Consumidor incidente, e não prescrição ordinária do Código Civil. IV – Art. 7º do Cód. de Defesa do Consumidor inaplicável ao caso específico. Recurso especial provido" (STJ, REsp n. 782.433/MG, Rel. Min. Nancy Andrighi, Rel. para Acórdão Min. Sidnei Beneti, 3ª Turma, julgado em 04/09/2008, *DJe* 20/11/2008). No mesmo sentido, recente decisão publicada no *Informativo* n. 430 do STJ (STJ, REsp n. 1.009.591/RS, Rel. Min. Nancy Andrighi, julgado em 13/4/2010).

completo inócuo nos casos de fumantes passivos, caso, por exemplo, de trabalhadores de locais em que o fumo vem – ou vinha – a ser permitido (*v.g.* casas noturnas e restaurantes), que acabam se enquadrando no conceito de consumidor por equiparação ou *bystander* (art. 17 do CDC).[68] Há até o cúmulo das vozes argumentativas que pregam que a pessoa fuma para depois pleitear indenização ou para que seus familiares o façam. Quem já vivenciou os últimos dias de um fumante sabe muito bem como o argumento é descabido, seja do ponto de vista fático ou social.

A conclusão deste estudo é a de que o problema do cigarro deve ser resolvido pela *teoria do risco concorrente*. Na linha das lições de Judith Martins-Costa antes esposadas, dois momentos distintos devem ser imaginados, para duas soluções do mesmo modo discrepantes. Atente-se para o fato de que as soluções são de divisões diferentes das responsabilidades, sem a atribuição do ônus de forma exclusiva a apenas um dos envolvidos.

De início, para aqueles que começaram a fumar antes da publicidade e da propaganda de alerta, o fator de assunção do risco deve ser diminuído ou até excluído, eis que não tinham conhecimento – ou não deveriam ter – de todos os males causados pelo fumo. Muitas dessas pessoas foram enganadas anos a fio. Aqui se enquadram os que se iniciaram no fumo antes do início do século XXI e que são justamente os personagens principais das demandas em curso perante o Poder Judiciário brasileiro. O maior índice de risco assumido, por óbvio, está na conduta dos fabricantes e comerciantes de cigarros, até porque sabiam ou deveriam saber dos males do produto. É possível deduzir ainda que, diante do grau de instrução do brasileiro comum, não se pode atribuir qualquer índice de riscos aos consumidores, aplicando-se a reparação integral dos danos.

Assim, pela teoria do risco concorrente em casos que envolvem a responsabilidade civil pelo uso do cigarro, a indenização deve ser fixada de acordo com os riscos assumidos pelas partes, aplicando-se a

---

68 Sobre tal enquadramento como consumidor equiparado: MORAES, Carlos Alexandre. *Responsabilidade civil das empresas tabagistas*, cit., p. 154-157.

equidade e buscando-se o critério máximo de justiça. São seguidas as ideias outrora expostas de Jorge Mosset Iturraspe, no sentido de que não se pode mais encarar a responsabilidade civil com a construção de culpabilidade total de certos indivíduos.[69] Um sistema justo, equânime e ponderado de *direito dos danos* é aquele que procura dividir os custos do dever de indenizar de acordo com os seus participantes e na medida dos riscos assumidos por cada um deles.

REFERÊNCIAS BIBLIOGRÁFICAS

ALVIM, Arruda; ALVIM, Thereza; ALVIM, Eduardo Arruda; MARINS, James. *Código do Consumidor comentado*. 2. ed., 2. tir. São Paulo: RT, 1995. p. 103.

BOEIRA, Sérgio Luís. *Atrás da cortina de fumaça*. Tabaco, tabagismo e meio ambiente. Estratégias da indústria e dilemas da crítica. Tese – (Doutorado) Itajaí: Universidade Federal de Santa Catarina, 2002.

DELFINO, Lúcio. *Responsabilidade civil e tabagismo*. Curitiba: Juruá, 2008.

ITURRASPE, Jorge Mosset. *Responsabilidad por daños*: Buenos Aires: Rubinzal- Culzoni Editores, (s.d). t, I: Parte general.

LACERDA, Galeno. Liberdade-responsabilidade: assunção de risco e culpa exclusiva do fumante como excludente de responsabilidade do fabricante de *cigarros*. In: LOPEZ, Teresa Ancona (Coord.). *Estudos e pareceres sobre livre-arbítrio, responsabilidade e produto de risco inerente*. O paradigma do tabaco. Aspectos civis e processuais. Rio de Janeiro: Renovar, 2009.

LOPEZ, Teresa Ancona (Coord.). *Estudos e pareceres sobre livre-arbítrio, responsabilidade e produto de risco inerente*. O paradigma do tabaco. Aspectos civis e processuais. Rio de Janeiro: Renovar, 2009

LOPEZ, Teresa Ancona. *Nexo causal e produtos potencialmente nocivos*: a experiência brasileira do tabaco. São Paulo: Quartier Latin, 2008.

MARQUES, Cláudia Lima. Violação do dever de boa-fé, corretamente, nos atos negociais omissivos afetando o direito/liberdade de escolha. Nexo causal entre a falha/defeito de informação e defeito de qualidade nos produtos de tabaco e o dano final morte. Responsabilidade

---

69   ITURRASPE, Jorge Mosset. *Responsabilidad por daños*, t. III, cit., p. 13.

do fabricante do produto, direito a ressarcimento dos danos materiais e morais, sejam preventivos, reparatórios ou satisfatórios. *Revista dos Tribunais*, São Paulo: RT, n. 835, p. 74-133, 2005.

MARTINS-COSTA, Judith. Ação indenizatória. Dever de informar do fabricante sobre os riscos do tabagismo. In: LOPEZ, Teresa Ancona (Coord.). *Estudos e pareceres sobre livre-arbítrio, responsabilidade e produto de risco inerente. O paradigma do tabaco. Aspectos civis e processuais*. Rio de Janeiro: Renovar, 2009.

MORAES, Carlos Alexandre. *Responsabilidade civil das empresas tabagistas*. Curitiba: Juruá, 2009.

MUlholland, Caitlin Sampaio. *A responsabilidade civil por presunção de causalidade*. 2009, p. 248-257.

Revista Veja. São Paulo: Abril, Edição 2.140, ano 42, n. 47, 25 nov. 2009, p. 163-166. Reportagem assinada pelo jornalista André Petry, de Nova York, Estados Unidos da América.

TARTUCE, Flávio. A polêmica do bem de família ofertado. *Revista da Escola da Magistratura do Rio de Janeiro*, Rio de Janeiro: Emerj, v. 11, n. 43, p. 233-246, 2008.

TEPEDINO, Gustavo (Coord.). *Temas de direito civil*. Rio de Janeiro: Renovar, 2009.

TEPEDINO, Gustavo. Liberdade de escolha, dever de informar, defeito do produto e boa-fé objetiva nas ações de indenização contra os fabricantes de cigarros. In: LOPEZ, Teresa Ancona (Coord.). *Estudos e pareceres sobre livre-arbítrio, responsabilidade e produto de risco inerente. O paradigma do tabaco. Aspectos civis e processuais*. Rio de Janeiro: Renovar, 2009.

O FUMO E A CONDUTA DA VÍTIMA: ENTRE SINUOSOS PERCURSOS ARGUMENTATIVOS[1]

NELSON ROSENVALD[2]

FELIPE BRAGA NETTO[3]

> **SUMÁRIO:** 1 *Fato exclusivo da vítima? A complexa questão da excludente.* 2 *A questão da boa-fé: continuaremos a aceitar porque "sempre foi assim"?* 3 *O Estado como vítima dos danos causados pelo cigarro.* 4 *A questão do dano extrapatrimonial coletivo: chegaremos lá em relação aos cigarros? Uma conclusão aberta: revendo padrões mentais. Referências Bibliográficas.*

1. FATO EXCLUSIVO DA VÍTIMA? A COMPLEXA QUESTÃO DA EXCLUDENTE

Fumar é velho e arraigado costume humano. Aliás, trata-se de vício – para parafrasear o filósofo – demasiadamente humano. E também *especificamente* humano. Inalar fumaça não é algo que os demais

---

[1] Título em inglês: *Smoke and victim's conduct: between sinuous argumentative paths.*

[2] Pós Doutor em Direito Civil na Universidade Roma Tre (IT); Doutor e Mestre em Direito Civil na PUC/SP; Professor Investigador na Faculdade de Coimbra; *Visiting academic* na Universidade de Oxford; Procurador de Justiça do MP/MG.

[3] Doutor em Direito pela PUC/RJ; Mestre em Direito pela Universidade Federal de Pernambuco; Procurador da República/MG; Professor de Direito Civil da Faculdade Dom Helder (BH).

animais apreciem. Neste artigo, porém, não esboçamos nenhuma condenação moral dos fumantes. Interessa-nos apenas investigar, sob o prisma da responsabilidade civil, se é razoável, proporcional e adequado que a indústria de tabaco continue a não indenizar as suas vítimas. Esse é o ponto técnico que a experiência jurídica brasileira, nas próximas décadas, será chamada a discutir, com menos superficialidade e de modo mais democrático e plural.

A primeira reação quando se fala em responsabilidade civil dos fabricantes de cigarro, em grande parte, é esta: "Mas como? Fumou porque quis" (foi o argumento usado, embora com outras palavras, pelo Superior Tribunal de Justiça no REsp 886.347). A questão, porém, não é tão simples. É que a culpa da vítima – ou fato da vítima, para usarmos uma terminologia mais atual, que dialoga menos com a culpa e mais com o nexo causal –, no caso, se resumiria a consumir o produto oferecido. Trata-se de produto perigoso, sem dúvida. Não, contudo, de periculosidade desconhecida – todos, ou quase todos, mesmo aqueles com pouca ou nenhuma instrução, sabem dos perigos do cigarro, ainda que de modo genérico, não específico. Não há, por parte dos consumidores, uma conduta específica que possa fugir daquilo que se espera do padrão normal dos consumidores nesses casos. O fato exclusivo da vítima, ao contrário, é uma excludente que se define nos termos de uma conduta excepcional que quebra a normalidade esperada para a situação, afastando, justo por esse motivo, o dever de indenizar (Código de Defesa do Consumidor, art. 12, § 3°, III). Não é isso que ocorre com o cigarro.

Não esqueçamos, ademais – conforme pacífica jurisprudência, ainda mais firme no que se refere às relações de consumo –, que o fato exclusivo da vítima deverá ser provado, clara e inequivocamente, pelo fornecedor. Partimos, portanto, da responsabilidade deste, diante do dano. Ele é que terá que provar a excludente, o que, segundo cremos, mostra-se improvável na hipótese, pois o fato do consumidor foi tão somente consumir o produto ofertado.

Apresentamos sumariamente argumentos que, segundo supomos, tornam problemática a aceitação da excludente do fato exclusivo da vítima. Porém – pensemos por hipótese –, ainda que se aceite, em determinado caso concreto, essa excludente, a consequência jurídica é bem mais restrita do que se imagina: o fato exclusivo da vítima – repetimos, se aceito – afastaria, em tese, a indenização da vítima, mas não a do Estado, pelos custos que teve[4]. O dano material que o Estado teve é claríssimo, e não menos clara é a vinculação causal com o produto ofertado. Convém frisar – voltaremos ao ponto adiante – que a licitude da atividade é dado de absoluta irrelevância.

Outro ponto relevante é a autodeterminação[5]. Ela talvez não seja, aqui, tão clara e imperativa como a indústria do fumo pretende fazer crer. Lembremos que, em regra, começa-se a fumar na adolescência – estima-se que 90% antes dos 19 anos –, o que por si só afasta a autodeterminação, pelo menos em termos legais (sob o rígido prisma do Código Civil, só aos 18 nos tornamos capazes). E não se trata apenas de idade – embora a idade seja um dado relevante na discussão. Há mais: sabemos que começamos a fumar não só para nos autoafirmarmos (comportamento tipicamente adolescente), mas também em períodos de mais acentuada vulnerabilidade (depressão, estresse, fim de relacionamento

---

[4] Nos Estados Unidos a discussão parece mais avançada – muito longe de estar resolvida, é verdade, mas parece que o Estado se conscientizou de que sua tarefa, na matéria, é claramente cobrar os custos daqueles que lucram com tão terríveis danos existenciais e patrimoniais. Desse modo, "nas ações intentadas por Estados americanos contra a indústria de tabaco pelo reembolso de custos de tratamento de pacientes com doenças comumente atribuídas ao consumo de cigarro, ficou estabelecido, no total, o valor de U$ 242.800.000.000 (duzentos e quarenta e dois bilhões e oitocentos milhões de dólares), a serem pagos em 25 anos. Dos 50 Estados americanos, 49 transacionaram com as empresas tabaqueiras. Em contrapartida, a indústria do tabaco obteve a imunidade contra eventuais ações promovidas pelo Estado com base nesta questão. Em outubro de 2005, a indústria do fumo venceu uma batalha nas cortes americanas. A Suprema Corte dos Estados Unidos da América decidiu a favor das indústrias tabagistas, rejeitando ação movida pelo governo dos EUA que visava à cobrança a título de indenização de US$ 280 bilhões por conta de lucros nas vendas de cigarros a crianças e pelo encobrimento dos riscos do tabagismo para a saúde da população (MULHOLLAND, Caitlin Sampaio. *A responsabilidade civil por presunção de causalidade*. Rio de Janeiro: GZ, 2010, p. 246-247, nota 110).

[5] Para aprofundar o estudo sobre autodeterminação, conferir: RODOTÀ, Stefano. *La vida y las reglas. Entre el derecho y el no derecho*. Traducción de Andrea Greppi. Madrid: Editorial Trotta. 2010, especialmente o ensaio *El derecho y su límite*, p. 25-71.

etc.)[6]. Os relatos de pessoas que voltam a fumar nessas circunstâncias também são fartos. Associa-se, também, com frequência, o fumo à perda de peso, ou pelo menos se diz temer largar o cigarro com receio de engordar. As taxas de reincidência entre os que pretendem parar de fumar são altíssimas. Não há, portanto, em regra, o poder de parar de fumar a qualquer momento, como a indústria de tabaco – por seus pareceres – costuma argumentar. Argumenta-se comumente que "no caso do cigarro basta a vontade, o querer deixar de fumar"[7].

E, à luz das relações de consumo, pouco importa que tenha havido, em certo grau, autodeterminação humana. Esse não é o ponto central. Basta que o fornecedor, com suas ações ou omissões, tenha contribuído para que o dano ocorresse. E parece claro que a indústria de tabaco, premeditada e dolosamente, agiu, ao longo das décadas, de modo a tornar o consumidor fisicamente viciado em seu produto. Não por acaso, um memorando de 1965, da Philip Morris, subscrito

---

6   Constatou-se, nesse sentido, que "as pessoas com depressão têm alívio fumando porque nelas a nicotina age como ansiolítica minorando os sintomas, que voltam a se intensificar parando de fumar". Desse modo, "a depressão torna muito mais difícil abandonar o tabaco" (ROSEMBERG, José. *Nicotina: Droga Universal*. São Paulo: SES/ CVE, 2003, p. 68-69). A imprensa, aliás, indagou em reportagem: "Se os malefícios do cigarro são tão conhecidos, por que ainda há tantos fumantes? Bem, a primeira baforada deve-se ao marketing do cigarro. Outras a sucedem porque a nicotina vicia mais que a cocaína. Segundo o médico Daniel Deheinzelin, do Hospital do Câncer de São Paulo, com apenas sete a 14 dias de uso contínuo o fumante está dependente. Já largar o cigarro é difícil. Só 3% das pessoas que tentam abandonar o cigarro conseguem fazê-lo, geralmente após tentar cinco vezes. E olha que não é pouca gente tentando ficar longe da fumaça: 80% dos fumantes brasileiros dizem querer parar" (Revista Superinteressante. Editora Abril. São Paulo, junho de 2003. Reportagem de Rodrigo Vergara e Manuela Aquino).

7   LOPEZ, Teresa Ancona. Das consequências jurídicas da dependência ao tabaco: conceito jurídico e aptidão para constituir dano indenizável (parecer). In: LOPEZ, Teresa Ancona (coord.). *Estudos e pareceres sobre livre-arbítrio, responsabilidade e produto de risco inerente – o paradigma do tabaco: aspectos civis e processuais*. Rio de Janeiro: Renovar, 2009, pp. 491-543, p. 516.

pelo pesquisador Ron Tamol, buscava descobrir qual o mínimo de nicotina para manter o fumante normal viciado[8]. Isto é, o interesse era, induvidosamente, esse. E perceba-se bem: nem a prova desse dolo seria necessária, hoje, para responsabilizar o fornecedor de cigarros – cuja responsabilidade é objetiva, à luz do CDC. Isso serve apenas para demonstrar que se buscava, conscientemente, subtrair do fumante a autodeterminação. Autodeterminação para deixar de fumar quando bem se deseje, que tanto é usada como argumento – seja pela indústria do tabaco, seja pelos tribunais – para repelir as indenizações.

Argumenta-se em contrário que os consumidores, hoje, inequivocamente, conhecem os males do cigarro. O argumento é verdadeiro, pelo menos se considerarmos os males de modo amplo e inespecífico. Acontece, contudo, que o argumento não prova o pretendido. Prova o contrário. Que a colocação, no mercado de consumo, de um produto que causa dependência e morte, responsabiliza civilmente quem o produz, industrializa e vende, conhecendo os efeitos provocados. Aliás, se o conhecimento dos consumidores sobre os males do cigarro é, como dissemos, amplo e inespecífico – pelo menos para a generalidade dos consumidores – o mesmo não se pode dizer, em absoluto, dos fabricantes, que conhecem como ninguém – e hoje mais do que nas décadas passadas –, concreta e cientificamente, os potenciais devastadores para a saúde humana do produto que continuam a disponibilizar. Não por acaso, aliás, os avisos do Ministério da Saúde alertam: "Nicotina é droga e causa dependência". Aliás, muitos médicos e cientistas frisam que o processo farmacológico da dependência da nicotina é semelhante ao da cocaína e da heroína[9].

---

8   CARVALHO, Mario César. *O cigarro*. São Paulo: Publifolha, 2001, p. 18.

9   Aliás, desde 1992 o tabagismo está catalogado na Classificação Internacional de Doenças (Capítulo F12.2, síndrome da tabaco-dependência), feito pela Organização Mundial de Saúde. Há, no entanto, quem defenda, em parecer, que "a dependência em si não é dano". LOPEZ, Teresa Ancona. Das consequências jurídicas da dependência ao tabaco: conceito jurídico e aptidão para constituir dano indenizável (parecer). In: LOPEZ, Teresa Ancona (coord.). *Estudos e pareceres sobre livre-arbítrio, responsabilidade e produto de risco inerente – o paradigma do tabaco: aspectos civis e processuais*. 2009, pp. 491-543, p. 515.

Não se trata, a rigor, de premiar o fumante. Não é o caso. Quem fuma há de arcar – e inegavelmente arca – com as consequências de sua escolha. Podemos legitimamente pensar em modos e formas de indenizações (com destinações coletivas) cujos valores sejam revertidos para o Estado, nas específicas atividades vinculadas ou ao combate do fumo ou ao tratamento das doenças e incapacitações dos fumantes. É um caminho aberto para o futuro. O que talvez nossos filhos ou netos não aceitem é afastar, com argumentos simplistas, a responsabilidade civil nesses casos, diante de danos inequívocos, claros, e com fonte causal razoavelmente determinada.

Não nos espantemos. O andar das décadas sempre faz surgir novos danos. É algo próprio da caminhada humana. O nobre desafio dos juristas é separar o banal do relevante, traçando linhas de diferenciação entre aquilo que deve, realmente, ser indenizado, e aquilo que não passa de aborrecimento comum, normal em nossas vidas (e não há um só dia sem eles). Outro aspecto que deve sempre nortear a atuação dos juristas e dos tribunais é este: tentar criar campos conceituais constitucionalmente consistentes entre danos existenciais e danos patrimoniais. Não que haja uma clara linha divisória entre eles: não há. A distinção deve ser feita em termos de preponderância. O que é certo é que nosso século não aceita que os valores existenciais e espirituais relativos à pessoa humana sejam misturados, de modo axiologicamente leviano, a questões puramente patrimoniais. Essa afirmação, felizmente, é algo praticamente unânime no direito civil brasileiro dos nossos dias. O desafio, agora, é concretizá-la, década após década, por meio de modelos argumentativos e hermenêuticos que realmente prestigiem aquilo que a Constituição determina que deva ser privilegiado.

2. A QUESTÃO DA BOA-FÉ: CONTINUAREMOS A ACEITAR PORQUE "SEMPRE FOI ASSIM"?

Talvez caiba perguntar, com certo tom retórico, mas nem por isso menos jurídico, à luz da boa-fé objetiva: onde estão, na sociedade contemporânea, os deveres de lealdade e cooperação das empresas de cigarros? É constitucionalmente conforme colocar no mercado um produto que causa 10 mil mortes por dia? E ainda por cima lucrar com isso, ao passo que os custos são repartidos entre todos os cidadãos, inclusive os economicamente mais humildes? São questões que talvez precisem ser postas. A psicologia sabe que muitas vezes internalizamos certos comportamentos, achamos isso ou aquilo razoável, apenas porque *sempre foi assim*. Mas para quem nasceu há alguns séculos, a escravidão também era natural, "sempre foi assim", dizia-se. Os exemplos históricos, enfim, são muitos, e não seria próprio recorrer a eles nos limites deste artigo. Voltando à boa-fé objetiva. Talvez a única – e obviamente ilusória, porque não ocorrerá – conduta das empresas de tabaco que pudesse minorar as indenizações por elas devidas ao Estado seria o sério e contínuo empenho, da indústria do fumo, em progressivamente reduzir o número de fumantes, até a (utópica?) extinção. Com metas objetivas e sob severa fiscalização do Estado. Sim, ilusória ideia, sabemos. Nenhuma indústria trabalharia seriamente pela própria extinção. Pois bem, a não ser assim, o caminho está juridicamente aberto – à luz dos princípios normativos que hoje nos regem – para as indenizações.

A boa-fé objetiva, ademais, aplica-se a todas as partes da relação negocial. Não só isso. Estão cada vez mais refinados os estudos acerca da pós-eficácia das obrigações, particularmente no que se refere à boa-fé. Os deveres anexos – hoje bastante conhecidos, mas nascidos originalmente das geniais intuições dos juristas alemães – decorrem da boa-fé e impõem graves deveres de lealdade e cooperação. Será que nossa ordem jurídica aceita que uma das partes, sabendo dos terríveis danos causados pelo produto que põe no mercado, possa continuar a fazê-lo, sem responder civilmente por isso?[10] Com base

---

10 O Professor Rosemberg – Professor Titular de Tuberculose e Pneumologia da Faculdade de Ciências Médicas da PUC-SP e Presidente da Comissão de Tabagismo da Associação Médica Brasileira – relata, a propósito dos comportamentos tão contrários à boa-fé objetiva – na linguagem dos juristas – adotados reiteradamente pela indústria do tabaco: "Afinal, esse espesso véu foi levantado, sendo a indústria tabaqueira desmascarada a partir de 12 de maio de 1994, data em que Stanton A Glantz, professor da Divisão de Cardiologia da Universidade da Califórnia, São Francisco, Estados Unidos, ativo militante contra o tabagismo, recebeu de missivista ocultado sob o pseudônimo Mr. Buttes, aproximadamente 4 mil páginas de memorandos, relatórios, cartas, cópias de atas, correspondendo a um período de 30 anos de atividade da British Corporation. Ulteriormente, Merryl Williams, ex-técnico

no argumento – juridicamente inexistente, por irrelevante – da licitude da atividade? A licitude, no caso, corretamente interpretada, significa apenas isto: é lícita, pelo menos atualmente, a produção, distribuição e comercialização desses produtos. Só isso. Não significa, absolutamente, um mágico manto protetor contra os danos por eles causados. Aliás, isso não existe em praticamente nenhum setor da responsabilidade civil. Na responsabilidade civil do Estado, por exemplo, é tranquilo e sereno o entendimento de que o Estado responde por atos *lícitos*, se causam danos. O próprio Código Civil, literalmente, traz hipóteses de atos *lícitos* que provocam o dever de indenizar (art. 188, art. 929).

A jurisprudência brasileira tem entendido que "no que tange especificamente às operadoras de plano de saúde, estão obrigadas ao cumprimento de uma boa-fé qualificada, ou seja, uma boa-fé que pressupõe os deveres de informação" (STJ, REsp 1.144.840, Rel. Min. Nancy Andrighi, 3ª T., 2012). Há alguma dúvida que isso se aplica, *a fortiori*, em relação às empresas fabricantes de cigarro? Que lidam, também, com a saúde humana, só que às avessas? Lidam de modo torto e disforme: com nenhum benefício e vastas e nefastas agressões. Estão, portanto, sem dúvida, essas empresas, sujeitas a uma boa-fé qualificada.

---

da Brown and Williamson (BW), forneceu ao Prof. Glantz grande número de documentos referentes às atividades dessa companhia de cigarros. Os documentos foram repassados ao Sub-Comitê de Saúde e Ambiente do Congresso Norte-Americano. Além de sua publicação em periódicos científicos, que são listados nas referências desta exposição, foram publicados numa série de artigos do New York Times. Após vários recursos dos fabricantes de cigarros alegando interferência na sua privacidade, a Corte Superior do Estado da Califórnia reconheceu sua legitimidade decidindo que esses documentos deveriam ser do domínio público" (ROSEMBERG, José. *Nicotina: Droga Universal*. São Paulo: SES/CVE, 2003, p. 43). Aliás, no sistema jurídico brasileiro o resultado da alegação de violação à privacidade não seria diferente. Convém, nesse sentido, distinguir o direito fundamental da liberdade de expressão (CF, art. 5º, IV, V, X, XIII e XIV) da liberdade de expressão comercial (CF, art. 170 e art. 220, § 4º). Essa última é atividade sujeita aos ditames constitucionais que regem a ordem econômica, dentre os quais está a defesa do consumidor.

Perguntemos, embora já tenhamos respondido neste mesmo item: a indústria do cigarro tem observado os deveres referentes à boa-fé? A resposta é simples: nem à boa-fé tradicional, nem muito menos à qualificada (que impõe deveres de informação, cooperação e lealdade mais rígidos). As pesquisas, por exemplo, acerca dos efeitos viciantes e danosos da nicotina, sempre foram mais avançadas dentro das próprias indústrias do fumo – em estudos financiados e desenvolvidos internamente, como os documentos hoje disponíveis evidenciam – do que na comunidade científica em geral (elas, afinal, eram as maiores interessadas empresarialmente nisso)[11]. Os estudos foram divulgados? Em absoluto. Adotava-se, ao contrário, uma postura, inclusive publicitária, de associar o cigarro à liberdade, ao esporte, a pessoas vitoriosas.

O cinema, em especial, foi uma benção para a indústria do tabaco – em particular, na segunda metade do século passado. O merchandising – que ainda não tinha essa denominação – era largamente usado.

O merchandising é uma espécie de publicidade em que o consumidor não identifica claramente que está diante de uma peça publicitária. Nós vemos, por exemplo, o personagem se deliciar com determinada marca de refrigerante no meio da trama da novela ou do cinema. Trata-se de modo sutil e sedutor de conquistar consumidores. Muitas gerações de adolescentes começaram a fumar tentando, de certo modo, imitar o que viam nas grandes telas de cinema. Nada mais impactante para corações e mentes adolescentes do que ver

---

11 Ilustrativo, a propósito, é o filme *The Insider* (*O informante*, em português), dirigido por Michael Mann. O roteiro foi adaptado do artigo *The man who knew too much*, de Marie Brenner. O caso, em síntese, é este: em 1994, um ex-executivo da indústria do tabaco deu entrevista bombástica ao programa jornalístico "60 Minutos", da CBS. A entrevista revelava que empresas de cigarro não só sabiam da capacidade da nicotina em viciar os usuários, como ainda aplicavam aditivos químicos ao cigarro para *potencializar* essa característica. A rede americana CBS, porém, na última hora, recuou e preferiu não exibir a entrevista. A partir dessa história real, o filme narra a trajetória do ex-vice-presidente da Brown & Williamson, Jeffrey Wigand (Russel Crowe) e do produtor Lowell Bergman (Al Pacino). Bergman convenceu Wigand a expor o caso.

– sobretudo no final do filme, quando o mal foi vencido e o amor eterno se insinua – o herói acendendo um cigarro, uma espécie de descanso dos justos. Impossível não querer fazer igual.

Lúcio Delfino, estudioso do tema, pondera que

> mediante uma estratégia sofisticadíssima, pautada na omissão de informações acerca dos males do fumo, na negativa e ataque de esclarecimentos científicos apontando esses males, e em técnicas requintadas de marketing massivo, a indústria do fumo, astuciosamente, estabeleceu uma aura positiva em torno do tabagismo[12].

Como se sabe, os tribunais brasileiros, majoritariamente – em relação aos danos que estamos tratando – costumam negar a indenização, ou alegando que a boa-fé objetiva não era aplicável nas décadas passadas (STJ, REsp 1.113.804) – pensemos, por exemplo, nos anos cinquenta, quando fumar era praticamente obrigatório –, ou a ausência, no caso concreto, do nexo causal, diante dos vários fatores que contribuíram para o resultado. Esta última, convenhamos, é saída cômoda, para evitar o *non liquet*. Diz-se, apenas, que a doença que vitima o fumante poderia provir de variadas e múltiplas causas,

---

12 DELFINO, Lúcio. O fumante e o livre-arbítrio: um polêmico tema envolvendo a responsabilidade civil das indústrias de tabaco. *Clubjus*. Brasília-DF: 18 jun. 2008, p. 3-5. O autor menciona ainda expressivo exemplo que concretiza os argumentos apresentados: "Não se olvide, ainda, que a indústria do fumo, na divulgação de seus produtos, não se limitou a ofertar publicidades diretas. Valeu-se, outrossim, de técnicas publicitárias sutis e muito sedutoras. Para se ter uma ideia, hoje se sabe, inclusive, que 188 (cento e oitenta e oito) atores e diretores cinematográficos receberam pagamento das empresas do fumo, entre os anos de 1978 a 1988, para que imagens de cigarro fossem divulgadas nas telas de cinemas. A informação é de um estudo publicado numa das edições da revista "Tobacco Control", vinculada à *British Medical Association*, baseado em 1.500 desses *documentos secretos* da indústria do tabaco. Como exemplo, cite-se a cena em que a personagem *Betty Boop* vende maços de cigarros no filme "Uma cilada para Roger Rabbit", de Robert Zemeckis; ou, ainda, a cena em que Sean Connery, na pele de James Bond, acende um cigarro com prazer em "007 – Nunca mais outra vez". O mesmo fizeram Paul Hogan, em "Crocodilo Dundee", Bruce Willis, no primeiro "Duro de matar, e vários personagens de "Grease – nos tempos da brilhantina" e "Wall Strett".

e não necessariamente do cigarro. É uma verdade. Mas é a exceção, não a regra. Não deflui daquilo que ordinariamente acontece (aliás, nem se precisa argumentar muito: o que dizer de um produto que causa cerca de *10 mil mortes* por dia?). Cada vez mais surgem, em doutrina, refinadas análises teóricas a respeito da flexibilização ou mesmo da presunção do nexo causal.

E não seria o caso? Diante de um fato altamente provável – enfisema pulmonar em alguém que fumou por décadas[13] – não será lícito presumir a relação de causalidade? Essa presunção de causalidade poderia ser infirmada por prova contrária a ser produzida pelo ofensor. A verdade é que a complexidade de nossos dias repercute, cada vez mais, nas soluções jurídicas a que chegamos. É dever do intérprete – sobretudo diante de danos não lineares e complexos – construir redes de conexões conceituais que propiciem soluções compatíveis com a democracia constitucional brasileira. Tudo isso conduz a um olhar menos setorizado e mais interdisciplinar. Uma visão integrada e dinâmica do ordenamento jurídico, que aceita influências não imediatamente legislativas como contribuições para a solução dos conflitos numa sociedade progressivamente plural e complexa.

Em relação, por exemplo, ao nexo causal, cada vez menos ele é enxergado como portal absoluto de entrada no reino da responsabilidade civil. As visões, aos poucos, estão mudando, em tendência ainda não consolidada, ainda não teoricamente definida. Trata-se, enfim, de algo novo, de uma verdadeira mudança de paradigmas em relação à construção conceitual da responsabilidade civil que recebemos dos séculos passados. Podemos, nesse sentido, em certos casos, relativizar o nexo causal, sobretudo lendo o nexo causal à luz do princípio da solidariedade social e tendo como pano de fundo a proteção prioritária da vítima do dano.

---

13   Trata-se de doença pulmonar obstrutiva crônica, com progressiva sensação de falta de ar, e não tem cura. Estima-se que 90% das mortes, no caso do enfisema, resultem do cigarro. Como veremos adiante, "para presumir-se a existência de um dano de causalidade e estabelecer-se a obrigação de indenizar, deve-se considerar, portanto, a relevância estatística que determinado evento abriga para a causação de um apontado resultado" (MULHOLLAND, Caitlin Sampaio. *A responsabilidade civil por presunção de causalidade*. Rio de Janeiro: GZ, 2010, p. 302).

Outra dimensão hermenêutica que nos parece própria, na matéria, é inserir a singular relevância do bem jurídico em discussão: a vida e a saúde humanas. Todos os projetos, todas as demais realizações existenciais e patrimoniais pressupõem a vida e a saúde humanas. É uma espécie de primeiro degrau de escada. Somos quase nada sem saúde. Por isso, cremos, a análise mais flexível do nexo causal – ou mesmo sua presunção, presentes os pressupostos que mencionamos – deve ser reservada para aqueles casos em que estão em questão valores particularmente relevantes no projeto constitucional. É o caso, por exemplo, como dissemos, da vida humana e do meio ambiente.

Estamos numa época de transição. Não será agora – cremos – que teremos uma resposta definitiva sobre o assunto[14]. Vivemos progressivas restrições – não só publicitárias, mas também aos próprios fumantes, à liberdade de fumar neste ou naquele lugar. Mas ainda não será, acreditamos, nesta década que a jurisprudência assumirá posição firme no sentido da responsabilização civil das empresas de tabaco pelos danos sofridos pelos fumantes. Muita água, como se diz, correrá por baixo da ponte, até que nós, como sociedade, resolvamos que não se pode isentar de responder quem oferece produto drasticamente danoso e ainda lucra com isso. Um fato, porém, é certo: o que as empresas de cigarro parecem querer, em essência, é um direito adquirido a lesar

---

14 Caitlin Sampaio esclarece que "das mais de 7.000 ações indenizatórias intentadas nos EUA, somente duas foram julgadas procedentes em última instância. São as seguintes: *Horowitz versus Lorillard Tobacco Co* (U$ 1.3 milhão, ainda que houvesse uma questão relativa a concausalidade por conta de exposição ao amianto) e *Brown & Williamson Tobacco Corp. versus Carter* (U$ 1.1 milhão). Várias outras ações foram julgadas procedentes pelo júri e revogadas em apelação. Em 2000 e 2001, as duas maiores indenizações já concedidas em júri foram estabelecidas em casos de tabaco: uma concedeu a indenização de U$ 145 bilhões (*Engle versus R.J. Reynolds Tobacco Co.*) e outra de U$ 3 bilhões (*Richard Boeken versus Philip Morris, Inc.*). Ambas desconsideradas em recurso às Supremas Cortes dos Estados nos quais foram intentadas as ações. A primeira ação governamental americana que considerou o tabaco como causalmente relacionado a diversos tipos de câncer foi proposta em 1964, pelo *Surgeon General* que considerou "cigarette smoking is causally related to lung cancer in men". (MULHOLLAND, Caitlin Sampaio. A *responsabilidade civil por presunção de causalidade*. 2010, p. 244, nota 105).

a saúde dos consumidores, de modo contínuo e permanente. Sem responder civilmente por isso, como se nas democracias constitucionais contemporâneas pudessem existir danos aristocraticamente acima de qualquer questionamento civil-constitucional.

3. O ESTADO COMO VÍTIMA DOS DANOS CAUSADOS PELO CIGARRO

Trata-se de tema complexo e sem respostas prontas. Talvez o futuro aponte que a solução esteja na indenização não às vítimas diretas (os fumantes) ou aos seus familiares, mas ao Estado, que arca, em boa medida, com a vultosa conta não só dos tratamentos e das incapacitações (bilionária conta, lembremos sempre), mas também com constantes programas e campanhas para prevenir ou reduzir o uso do cigarro. Evita-se, com isso, problemas, jurídicos ou circunstanciais, na matéria: a) a questão do fato exclusivo da vítima – ou culpa exclusiva da vítima, na dicção clássica – é afastada, porque, ainda que aceitemos que a conduta da vítima contribuiu para o resultado, afastando, integral ou parcialmente, o direito individual à indenização, o raciocínio claramente não se aplica ao Estado, cujo dano patrimonial sofrido – por todos nós, na verdade – não é afastado por qualquer ação sua, ou de agente seu, que pudesse romper o nexo causal; b) não se pode falar em enriquecimento indevido do fumante ou de sua família[15], nos casos de imposições de penas civis particularmente severas.

Se pensarmos apenas sob o prisma patrimonial – esquecendo temporariamente as terríveis dores e os horrendos dramas que os cigarros levaram a um número incalculável de famílias – o Estado sempre, historicamente, pagou essa conta. E, por mais que as indenizações

---

15 Em 2014 um tribunal da Flórida condenou a companhia de cigarros RJ Reynolds a pagar US$ 23,6 bilhões para uma viúva de um fumante que faleceu em virtude de câncer no pulmão. Houve, ainda, a condenação em US$ 16 milhões em danos compensatórios. Constatou-se, na ação, que o falecido fracassou nas várias tentativas para parar de fumar. O júri do condado de Escambia chegou ao veredicto após 15 horas de deliberações. RJ Reynolds declarou, como esperado, que apelará da decisão, argumentando que a cifra foi "muito além do razoável e do justo".

venham a ser impostas no futuro, serão certamente menores do que os bilionários recursos alocados ao longo das décadas (o Brasil gasta cerca de 21 bilhões de reais anuais no tratamento de doenças relacionadas do cigarro, segundo Estudo da Fundação Oswaldo Cruz[16]). Lembremos que o Estado, a rigor, existe *em função* dos cidadãos e *para* eles (que são titulares de direitos fundamentais, perante o Estado e uns perante os outros). Passamos, aliás, de uma democracia representativa para uma democracia participativa.

Ao que nos consta, o Estado brasileiro – a União, mais propriamente – nunca processou civilmente as empresas fabricantes de cigarro[17]. Esperamos que esse dia chegue. As chances de vitória não são desprezíveis. Os estudos relativos ao nexo causal avançaram muito nas últimas décadas. O tema requer, aos nossos olhos, uma postura menos absenteísta do Estado para não só atuar onde já atua – por exemplo, tributando mais gravosamente o fumo –, mas para adotar também um olhar estratégico e inteligente em relação ao relevante instituto da responsabilidade civil[18].

---

16 Estado de São Paulo, 31 de maio de 2012. Aliás, estudos têm evidenciado que em sociedades mais desenvolvidas a tolerância com os riscos de atividades perigosas e socialmente danosas é menor do que nas sociedades em desenvolvimento.

17 Por certo, o Ministério Público também poderá fazê-lo. Nos Estados Unidos, em agosto de 1998, o Promotor Geral do Estado de Minnesota processou a indústria de tabaco, representada no caso pela Phillip Morris Inc. Em 8 de maio de 1998, as companhias de tabaco propuseram um acordo com o Estado de Minnesota. Dentre as cláusulas do acordo, as companhias foram obrigadas a franquear amplo acesso a documentos e comunicações internas. São cerca de 5 milhões de documentos e 40 milhões de páginas.

18 Os sucessivos governos, talvez, em equação perversa, prefiram as vultosas rendas tributárias oriundas da indústria de tabaco, do que indenizações, mesmo bilionárias, provindas desses fabricantes. Trata-se, contudo, de política permanente de Estado, não escolha episódica de governo – esses, conceitualmente provisórios. Entre uma opção que preserva a saúde dos cidadãos, e outra que, mesmo gerando renda tributável, mata seus cidadãos, não é difícil perceber a linha de tendência na ponderação constitucional de bens. Se o Estado contemporâneo é o Estado da ponderação, é também o Estado da fundamentação. As escolhas

Nos nossos dias a tutela jurídica é continuamente desafiada a se reinventar – se quiser continuar a ter relevância. Não basta impor velhas fórmulas – é fundamental, além disso, impor com legitimidade, à luz da pluralidade e do diálogo. Pensar na experiência jurídica no século XXI é pensar continuamente em legitimidade. Direito meramente como forma, como arcabouço de normatividades neutro em relação aos conteúdos e às variáveis históricas da política, é algo que ficou relegado ao museu das ideias. Política e direito dialogam e se condicionam reciprocamente na construção das soluções jurídicas adequadas às sociedades plurais e complexas em que vivemos. A teoria política e a teoria da constituição precisam continuamente lidar com os princípios legitimadores do exercício do poder.

Sem falar que sociedades habituadas ao constante e livre fluxo de informações não costumam aceitar modelos arbitrários e baseados apenas na tradição. Nossas sociedades, complexas e heterogêneas, são caracterizadas por vigoroso pluralismo (pluralismo das concepções de mundo, dos sujeitos protegidos pelas normas, das próprias normas, oriundas de fontes diversas, dos interesses tutelados, e da própria filosofia, fundada no diálogo e na razão argumentativa). Aliás, lembremos sempre que cidadãos silenciosos podem ser ótimos para governantes autoritários, mas são desastrosos para uma democracia[19].

---

      dos administradores públicos precisam ser fundamentadas, evitando o arbítrio e permitindo o controle judicial, quando se afastarem da Constituição. O Brasil, como democracia constitucional, deve realizar os valores existenciais e espirituais da pessoa humana, permitindo seu pleno desenvolvimento, não bastando uma postura passiva, sendo necessário agir no sentido da promoção destes valores. Diminuem os espaços de omissão e crescem os deveres estatais de agir – não qualquer agir, mas uma ação eficiente, proporcional, razoável. Omissões que nos séculos passados não responsabilizariam o Estado, progressivamente, no século atual, passarão a responsabilizá-lo. É a linha de tendência que começa a se desenhar.

19   DAHL, Robert A. *Sobre a Democracia*. Tradução Beatriz Sidou. Brasília: UNB, 2001, p. 110.

4. A QUESTÃO DO DANO EXTRAPATRIMONIAL COLETIVO: CHEGAREMOS LÁ EM RELAÇÃO AOS CIGARROS?

Até aqui tratamos, fundamentalmente, dos danos patrimoniais causados pela indústria do fumo. E os extrapatrimoniais? Não falamos (apenas) da dor da família que perde seu ente querido. Falamos neste tópico de modo mais amplo. Não seria possível vislumbrar danos extrapatrimoniais coletivos diante dos colossais impactos sociais e humanos que essa indústria historicamente causou? Estaríamos muito longe da verdade se prevíssemos a condenação civil da indústria de fumo por dano extrapatrimonial coletivo? Cremos que não é algo para agora, cremos que algumas ou muitas décadas serão necessárias até que amadureçamos, institucionalmente, a questão (se bem que com 10 mil mortes por dia, não temos, a rigor, muito tempo, se verdadeiramente nos preocupamos com os interesses existenciais envolvidos).

Há clara conexão com o princípio da solidariedade social. No século XXI, numa sociedade fundamentalmente interligada e de massa, a atuação dos indivíduos repercute, em maior ou menor medida, nos demais. O direito privado há de estar atento aos novos ventos trazidos pelos atuais modelos sociais de conduta e de interação. Percebe-se hoje ser necessário investigar quais são os interesses fundamentais que devem ser protegidos contra a atividade dos outros. Dito de outro modo: a responsabilidade civil atual é um embate entre o direito de atuar (do autor do dano) e o direito à segurança das vítimas[20]. Não exageraríamos se afirmássemos que passamos do direito privado individual para o direito privado coletivo. Olhamos cada vez mais para os grupos, e não apenas para os sujeitos de direito de modo isolado. Os estudos mais atuais percebem que não são apenas os indivíduos que merecem proteção jurídica, mas também as coletividades, aí incluído o gênero humano[21].

---

20 GUTIÉRREZ, Graciela Messina de Estrella. *La responsabilidad civil en la era tecnológica: tendencias y prospectiva*. Buenos Ayres: Abeledo-Perrot, 1997, p. 255.

21 EDELMAN, Bernard. *La personne en danger*. Paris: PUF, 1999, p. 528.

Ricardo Luis Lorenzetti[22] esclarece que com a

> denominação direito privado coletivo queremos nos referir a um fenômeno ainda não sistematizado. O direito privado sempre se baseou em um sujeito, ou em duas subjetividades com interesses comuns ou opostos. Na situação atual isso muda, porque o 'coletivo' causa regulação jurídica ou pode ser objeto delas. É preciso uma tutela jurídica diferenciada; trata-se de problemas que demandam instituições e instrumentos próprios.

Continua o autor argentino:

> Em matéria de responsabilidade civil, fala-se de um 'declínio da responsabilidade individual', para destacar o fato de que o fenômeno imputativo se desloca do indivíduo para o grupo. Neste contexto intervém a 'teoria dos danos coletivos', que podem revestir formas ou expressões variadas e especiais, como no caso do dano ecológico. Faz-se, igualmente, referência ao dano causado coletivamente e sofrido por grupos[23].

Hoje – algumas décadas depois da Carta de 88 – não mais se discute a existência, entre nós, de danos morais individuais. Existem, ninguém questiona, interesses existenciais concretamente merecedores de tutela. Ainda é polêmica, contudo, a questão do dano moral coletivo (melhor seria denominar dano extrapatrimonial coletivo, para evitar que menções equivocadas à dor da comunidade, a aspectos subjetivos que não são relevantes aqui). Só recentemente o STJ aceitou a figura

---

22 LORENZETTI, Ricardo Luís. O Direito e o Desenvolvimento Sustentável – Teoria Geral do Dano Ambiental Moral, *Revista de Direito Ambiental*, n. 28, RT, p. 139/140

23 Conclui: "Quando se fala de grupos na responsabilidade coletiva, faz-se referência aos grupos de risco ou de autoria anônima. São tais os casos em que os danos a terceiros são causados por um grupo de vizinhos, ou uma equipe de médicos, ou de fabricantes, ou de caçadores, sem que se possa saber quem é o autor. O problema aqui são os grupos que atuam em uma sociedade massificada, e que produzam riscos para terceiros. Estes riscos derivam de um relaxamento da atividade inibitória do sujeito pelo só fato de agir em grupo, ou ainda pelo princípio de confiança que deposita nos demais. Os grupos podem sofrer danos, como tais, e dar origem a pretensões ressarcitórias". (LORENZETTI, Ricardo Luís. O Direito e o Desenvolvimento Sustentável – Teoria Geral do Dano Ambiental Moral, *Revista de Direito Ambiental*, n. 28, RT, p. 139/140).

do dano moral coletivo, embora ela já fosse amplamente consagrada pela doutrina e mesmo pelas instâncias inferiores do Judiciário.

Os estudos mais recentes limpam, por assim dizer, o conceito de dano extrapatrimonial coletivo de quaisquer subjetivismos. Não mais a dor, o sofrimento psíquico. Nem mesmo a dor ou o sofrimento coletivos. No lugar deles, são inseridos – para categorizar o dano extrapatrimonial coletivo – conceitos mais objetivos, como a perda da qualidade de vida de determinada comunidade. Lembremos, ainda, que a coletividade exposta ao cigarro é consumidora por equiparação (CDC, art. 2º, parágrafo único, art. 17 e art. 29).

Observemos, porém, como argumento lateral, que qualquer que fosse o conceito que adotássemos de dano moral coletivo – ou dano extrapatrimonial coletivo –, a indústria do fumo seria chamada a responder civilmente. Seja o conceito tradicional de dor ou sofrimento (há outro exemplo *melhor* de dor e sofrimento coletivo do que esse? Quantas milhões de famílias – indeterminadas – sofreram terrivelmente por isso?), seja o conceito mais atual, que corresponde, por exemplo, à perda de qualidade de vida de determinada comunidade (também claríssima no caso dos cigarros, cujos danos drenam bilhões dos sempre escassos recursos da saúde pública[24], sem falar nos comprovados reflexos na saúde dos chamados fumantes passivos). Seja como lesão extrapatrimonial, seja como pena civil – de caráter pedagógico e punitivo –, a indenização se impõe nesses casos.

O cigarro, coletivamente falando, provoca danos materiais e danos imateriais. Uma pergunta pode sumular a questão. Uma pergunta

---

[24] Caitlin Sampaio, depois de ponderar que as ações individuais contra as empresas de arma de fogo, nos Estados Unidos, parecem fadadas ao insucesso, ressalta que, "por outro lado, as demandas patrocinadas pelas cidades norte-americanas contra as empresas de arma de fogo indicam uma maior possibilidade de sucesso porque tais ações judiciais são baseadas nos prejuízos ao sistema público de saúde que o tratamento médico de lesões com projétil de arma de fogo traz aos cofres públicos" (MULHOLLAND, Caitlin Sampaio. *A responsabilidade civil por presunção de causalidade*. 2010, p. 263). Um argumento que poderia ser utilizado – pondera a autora, ainda que não necessariamente concorde com a tese – é o do desenvolvimento de atividade cujos bens de consumo são potencialmente perigosos e cuja danosidade é extrema.

talvez não muito difícil de ser respondida. Uma pergunta que, feita a qualquer criança, nos ensinaria muito: nossa sociedade ficaria melhor ou pior sem o cigarro? Essa pergunta, simples e ingênua, talvez baste para sintetizar o espaço dos danos morais coletivos em relação aos cigarros. É preciso, aliás, que estejamos preparados para a resposta que a criança pode nos dar. Lembrando Oscar Wilde: as perguntas não são indiscretas. As respostas é que às vezes são.

UMA CONCLUSÃO ABERTA: REVENDO PADRÕES MENTAIS

Há quem postule campanhas publicitárias contra o fumo cada vez mais drásticas, há quem defenda – como vem ocorrendo – uma restrição progressiva dos lugares, mesmo públicos, em que é permitido fumar, há quem enxergue que a solução é tributar, ainda mais acentuadamente, os cigarros. Talvez a solução esteja com todos. É certo que os caminhos de combate não se excluem, pelo contrário. Neste artigo, porém, nossa preocupação é epistemologicamente restrita: as empresas de tabaco podem ser condenadas civilmente a indenizar os fumantes e seus familiares? E o Estado, não teria legitimidade para postular, perante as empresas fabricantes de cigarro, pelos custos – altíssimos – com o tratamento das doenças dos fumantes?

Convém a franqueza (ainda que desiluda o leitor): não há respostas prontas, seja para afirmar, seja para negar. Conforme já se intuiu do que dissemos até aqui, entendemos que razões substanciais existem na linha da configuração do dano indenizável. Mas isso não equivale a dizer que a questão seja simples, nem muito menos que obteremos respostas definitivas nas próximas décadas. Não convém, tampouco, dar a discussão por encerrada, e ingenuamente escorregar na ilusão de achar que a resposta de hoje será a de amanhã. Talvez não seja, é bem provável que não.

Aliás, quanto mais o século avança, mais as questões do direito de danos ganham em complexidade. Já dissemos muitas vezes: o que décadas ou séculos atrás não era indenizável, hoje pode ser. O conceito de dano indenizável varia no espaço e no tempo (pensemos no direito das famílias: alguém que defendesse, há algumas décadas, indenização por abandono afetivo seria olhado com desconfiado estranhamento; hoje a questão, embora polêmica, é bastante conhecida). O dano injusto ganha autonomia conceitual singular em relação àquilo que seria um dano indenizável no passado – quase sempre era um dano individual e patrimonial. Atualmente indenizam-se danos extrapatrimoniais, danos difusos, chances perdidas, até o interesse das futuras gerações entra na pauta das discussões. Lidamos, hoje, progressivamente, com danos complexos e não lineares.

Em relação aos cigarros, há um velho e nem sempre explicitado problema: a privatização dos lucros e a socialização dos custos. Ninguém desconhece que se trata de atividade lícita. Pelo menos atualmente. É possível, talvez inevitável, que daqui a algumas décadas ou mesmo séculos o tabaco se torne ilícito. As restrições são progressivas e crescem em intensidade. Se, há poucas décadas, fumar em aviões, em consultórios médicos, em *talk-shows*, era algo absolutamente normal e até esperado, hoje seria insólito e bizarro. Enfim, a sociedade – autêntico truísmo – muda, mudam os comportamentos e os padrões tidos como aceitáveis.

O cigarro contém mais de 4 mil substâncias tóxicas (estima-se que sejam 4,8 mil). Não é só esse número que impressiona. A cada ano, morrem cerca de cinco milhões de pessoas no mundo em virtude do consumo de cigarro. O que corresponde aproximadamente – conforme já destacamos – a incríveis 10 mil mortes *por dia*. Estima-se que esses números dobrem nas próximas décadas, o que perfaria, em 2030, cerca de 10 milhões de mortes por ano. Trata-se, segundo a Organização Mundial de Saúde (OMS), da principal causa de morte evitável em todo o mundo.

Falamos da privatização dos lucros e a socialização dos custos. Não é o que ocorre hoje? Os ônus vão, em grande parte, para o Sistema Único de Saúde (SUS). Sob as mais variadas formas de atendimento, quase sempre extremamente caras. Não esqueçamos que o extrato economicamente mais humilde da população, segundo os estudos, é o que mais fuma atualmente (há pesquisas que comprovam que se fuma mais na zona rural do que na urbana, e que o vício é estatisticamente maior dentre aqueles com menor escolaridade). Os lucros, no entanto, ninguém desconhece, são privativamente apropriados por poucas e colossais empresas (os lucros anuais da indústria de tabaco são estimados em 300 bilhões de dólares. Há cerca de 1 bilhão e 200 milhões de fumantes no mundo). Parece haver, enfim, algo errado nessa equação.

Falamos em cerca de 10 mil mortes *por dia*, no mundo, causadas por males vinculados ao cigarro. Só para termos uma escala de comparação, no Brasil, país de dimensões continentais, outra tragédia social – as mortes no trânsito, que matam mais do que qualquer guerra – apresentam o horrendo número de 50 mil mortes *por ano*. E perceba-se que estamos falando de números assustadoramente altos, absurdos, dramáticos. Isso dá bem a dimensão do problema – social, humano e financeiro – que o cigarro apresenta à sociedade dos nossos dias. Não por acaso, a maior indenização – ainda que posteriormente reformada – já concedida pelo júri, nos Estados Unidos, foi contra empresa de tabaco (*Engle versus R.J. Reynolds Tobacco Co.*): 145 bilhões de dólares. Os fabricantes de cigarro sabem que a conta, quando começar a ser cobrada, não será pequena.

REFERÊNCIAS BIBLIOGRÁFICAS

CARVALHO, Mario César. *O cigarro*. São Paulo: Publifolha, 2001.

DAHL, Robert A. *Sobre a Democracia*. Trad. de Beatriz Sidou. Brasília: UNB, 2001.

DELFINO, Lúcio. *Responsabilidade civil e tabagismo no Código de Defesa do Consumidor*. Belo Horizonte: Del Rey, 2002.

EDELMAN, Bernard. *La personne en danger*. Paris: PUF, 1999.

GUTIÉRREZ, Graciela Messina de Estrella. *La responsabilidad civil en la era tecnológica: tendencias y prospectiva*. Buenos Ayres: Abeledo-Perrot, 1997.

LOPEZ, Teresa Ancona. Das consequências jurídicas da dependência ao tabaco: conceito jurídico e aptidão para constituir dano indenizável. (parecer). In: LOPEZ, Teresa Ancona (Coord.). *Estudos e pareceres sobre livre-arbítrio, responsabilidade e produto de risco inerente – o paradigma do tabaco: aspectos civis e processuais*. Rio de Janeiro: Renovar, 2009.

LORENZETTI, Ricardo Luis. O Direito e o Desenvolvimento Sustentável – Teoria Geral do Dano Ambiental Moral, *Revista de Direito Ambiental*, n° 28, *RT*, São Paulo: Revista dos Tribunais.

MULHOLLAND, Caitlin Sampaio. *A responsabilidade civil por presunção de causalidade*. Rio de Janeiro: GZ, 2010.

RODOTÀ, Stefano. *La vida y las reglas. Entre el derecho y el no derecho*. Trad. de Andrea Greppi. Madrid: Trotta, 2010.

ROSEMBERG, José. *Nicotina*: Droga Universal. São Paulo: SES/CVE, 2003.

FUMO E LIVRE-ARBÍTRIO[1]

LÚCIO DELFINO[2]

> SUMÁRIO: *Introdução. 1 A metodologia adotada. 2 Condicionamentos externos responsáveis pela decisão de iniciar a prática do tabagismo. 3 A nicotina e o poder que exerce sobre a vontade do fumante. Considerações finais. Referências Bibliográficas.*

INTRODUÇÃO

Um dos argumentos assaz empregados pela indústria do fumo e mais validados pela jurisprudência funda-se na ideia do *livre-arbítrio*.[3] Nesse sentido, o ato de fumar resultaria de uma escolha voluntária e

---

1 Título em inglês: *Smoke and free will*.
2 Pós-doutor em Direito pela Universidade do Vale do Rio dos Sinos (UNISINOS). Doutor em Direito pela Pontifícia Universidade Católica de São Paulo (PUC-SP). Membro-fundador e diretor de publicações da Associação Brasileira de Direito Processual (ABDPro). Membro do Instituto dos Advogados Brasileiros (IAB). Membro do Instituto dos Advogados de Minas Gerais (IAMG). Diretor da Revista Brasileira de Direito Processual (RBDPro). Advogado
3 Para ilustrar, é de bom alvitre transcrever alguns trechos de decisões nesse sentido:
"*Evidente que há culpa exclusiva do consumidor, que assumiu voluntariamente o risco de desenvolver doenças pulmonares e/ou outras moléstias a partir do hábito de fumar.*" (Tribunal de Justiça do Rio Grande do Sul, Apelação cível n. 70000144626, Relatora Desembargadora Ana Lúcia

Carvalho Pinto Vieira, Nona Câmara Cível, julgado em 29 de outubro de 2003. Disponível em <www.tjrs.gov.br>. Acessado em 31/07/2017).

"Quebra-se o nexo de causalidade, pois o dano não advém diretamente do produto, senão do vício incontrolável do de cujus, que preferiu o prazer a contê-lo e, quiçá, desenvolver hábitos mais saudáveis, os quais poderiam obstaculizar ou estancar o desenvolvimento de doenças." (Tribunal de Justiça do Rio Grande do Sul, Apelação cível n. 70000144626, Relatora Desembargadora Ana Lúcia Carvalho Pinto Vieira, Nona Câmara Cível, julgado em 29 de outubro de 2003. Disponível em <www.tjrs.gov.br>. Acessado em 31/07/2017).

"A atividade de fumar é daquelas que tem início e continuidade mediante livre arbítrio do cidadão, não raro na adolescência, não se podendo reconhecer que a atividade de fumar tenha início e se dê tão somente por força de propaganda veiculada pela indústria fabricante de cigarros." (Tribunal de Justiça do Rio Grande do Sul, Apelação civil n. 700091204290, Relator Desembargador Paulo Antônio Kretzmann, Quinta Turma Cível, julgado em 17 de dezembro de 2004. Disponível em <www.tjrs.gov.br>. Acessado em 31/07/2017).

"Também é certo afirmar que eventual vício contraído pelo usuário do fumo não é permanente e irreversível, já que a cessação da atividade de fumar é um fato notório e que depende única e exclusivamente do usuário, não estando jungida à vontade da empresa fabricante." (Tribunal de Justiça do Rio Grande do Sul, Apelação civil n. 700091204290, Relator Desembargador Paulo Antônio Kretzmann, Quinta Turma Cível, julgado em 17 de dezembro de 2004. Disponível em <www.tjrs.gov.br>. Acessado em 31/07/2017).

"Sabe-se que a decisão de usar cigarros, de experimentar, como também a decisão de continuar fumando, muitas vezes por anos e anos, é tão somente do fumante, que em lugar de pensar nos malefícios que o cigarro traz, somente pensa em seus "benefícios", jamais abrindo mão do prazer que o cigarro proporciona." (Tribunal de Justiça do Rio Grande do Sul, Apelação civil n. 700091204290, Relator Desembargador Paulo Antônio Kretzmann, Quinta Turma Cível, julgado em 17 de dezembro de 2004. Disponível em <www.tjrs.gov.br>. Acessado em 31/07/2017).

"Nesse ponto, pondero que a alegação do vício causado pela nicotina, a justificar a dependência ao cigarro, não pode ser considerada da forma como colocada pelo autor. A nicotina pode até causar dependência física e psíquica, mas não a ponto de retirar do fumante sua autodeterminação. A decisão pessoal de iniciar e continuar a fumar é fruto da escolha consciente do fumante, e sendo cediço que inúmeras pessoas largam o

consciente, de maneira que os efeitos deletérios, porventura acarretados àquele que assim decidiu agir, jamais poderiam ser impingidos às fornecedores de cigarros, e sim, apenas e tão-somente, ao próprio tabagista. Ter-se-ia, a partir de tal linha de raciocínio, mero hábito e não propriamente um vício.

Daí um passo é suficiente para a aceitação da atrativa (porém falsa) conjectura que *viralizou* nos tribunais brasileiros: a indústria do tabaco estaria blindada contra pretensões indenizatórias, já que escorada na excludente de responsabilidade civil *culpa exclusiva da vítima*.

A análise a ser trilhada adiante seguirá duas perspectivas: i) num primeiro momento será apurado se o consumidor, decidindo por iniciar a prática do tabagismo, age livremente, sem qualquer *interferência externa*; e ii) depois, será examinado se, ao tabagista, bastaria a sua *livre manifestação de vontade*, uma mera opção, para se abdicar do tabagismo, considerando-se, outrossim, a existência, ou não, de algum *estímulo externo* atuando contra tal intenção.

1. A METODOLOGIA ADOTADA

A insistência no exame de possíveis *interferências externas* na manifestação da vontade do consumidor, já fumante ou propenso a fumar, tem sua razão de ser. É que o livre-arbítrio apenas haverá de se configurar acaso *influências exteriores*, capazes de conduzir o consumidor a escolhas pré-determinadas, sejam isoladas das hipóteses analisadas. Percebidas tais ingerências, e dependendo do seu grau de atuação, a independência do consumidor restará comprometida, quiçá completamente, *porquanto seria um contrassenso falar-se em livre-arbítrio sem liberdade de decisão*.

Essa perspectiva metodológica encontra respaldo no próprio conceito da expressão examinada – aliás, demasiado controvertida, sendo que muitos chegam a negar sua existência. Livre-arbítrio denota

---

hábito querendo decidem fazê-lo, necessitando apenas de força de vontade para persistir nessa decisão." (Tribunal de Justiça do Distrito Federal, Apelação cível n. 1999011048788-9, Relatora Desembargadora Adelith de Carvalho Lopes, Segunda Turma Cível, julgado em 20 de junho de 2002. Disponível em <www.tjrs.gov.br>. Acessado 31/07/2017).

"*possibilidade de decidir, escolher em função da própria vontade, isenta de qualquer condicionamento, motivo ou causa determinante.*"[4] É faculdade própria do homem que, pelo fato de possuir a razão, ou pela capacidade de ser racional, mostra-se capaz de escolher entre várias possibilidades.[5] É o poder de agir de determinada forma, ou deixar de agir, *sem nenhuma razão para tal escolha a não ser o próprio alvedrio*; é a escolha dirigida pela vontade, de sorte que o indivíduo age de certa maneira *porque assim quer e sente-se responsável pelo ato praticado.*[6] Para que o livre-arbítrio seja exercido – ou melhor, para que efetivamente se possa falar em livre-arbítrio –, não deve haver *impedimentos externos* ao movimento,[7] porquanto, nessa hipótese, a margem de atuação do alvedrio é eliminada ou, ao menos, reduzida.

A esfera do *não-eu* é percebida pela consciência, a partir dos órgãos dos sentidos; *toda a realidade é concebida a partir da experiência*. No seu cotidiano, o homem é bombardeado, direta e indiretamente, por *excitações exteriores*, muitas delas responsáveis pela moldura do seu próprio caráter. Por igual, parte considerável dos hábitos, vícios e prazeres, se originam desse contato com as determinações provenientes do exterior, sejam quais forem suas naturezas. Um sujeito, por exemplo, é mais ou menos extrovertido, não apenas em decorrência de suas características hereditárias, também influindo nisso o meio social em que vive ou viveu (família, grupos de amigos, cultura na qual está inserido, esporte que pratica, clima, etc.) e as próprias experiências pessoais vivenciadas.

---

4   Houaiss, Antônio. *Dicionário Eletrônico Houaiss de Língua Portuguesa.* Versão 1.0.7, set. 2004, Instituto Antônio Houaiss. Produzido e difundido pela Editora Objetiva Ltda.

5   Trecho colhido da Encyclopaedia Britannica do Brasil Publicações Ltda., (LIVRE-ARBÍTRIO. In: Encyclopaedia Britannica do Brasil Publicações Ltda., disponível em: <http:// geocities. yahoo.com.br/edterranova/raven079.htm>. Acessado em 04/09/2006)

6   LIVRE-ARBÍTRIO. In: Encyclopaedia Britannica do Brasil Publicações Ltda., disponível em: <http:// geocities. yahoo.com.br/edterranova/raven079.htm>. Acessado em 04/09/2006.

7   LIVRE-ARBÍTRIO. In: Encyclopaedia Britannica do Brasil Publicações Ltda., disponível em: <http:// geocities. yahoo.com.br/edterranova/raven079.htm>. Acessado em 04/09/2006.

Enfim, a vontade humana não apresenta cunho invariável ou inatingível, podendo ser conduzida e transformada por *estímulos externos*, advindos de uma realidade obtida pela experiência vivenciada no mundo sensível. Daí por que, sempre que se pretender alicerçar um ponto de vista com base no livre-arbítrio, será necessário exercitar o raciocínio, visando investigar possíveis *inferências externas* motivadoras de um agir específico. Presentes tais inferências, a *liberdade de ação* restará comprometida, já que o agente atuou, não por sua própria e exclusiva vontade, mas motivado, instigado por uma *força exterior* condicionante do seu agir.

2. CONDICIONAMENTOS EXTERNOS RESPONSÁVEIS PELA DECISÃO DE INICIAR A PRÁTICA DO TABAGISMO

As decisões de iniciar a prática do tabagismo, e a de mantê-la viva no cotidiano, advêm de um ou alguns *estímulos externos*, os quais, de algum modo, influenciam (ou influenciaram) a vontade do indivíduo, conduzindo a sua ação em direção ao consumo inicial e contínuo de tabaco. Era assim com mais impacto antes do CDC e das proibições legais implementadas contra as publicidades de cigarro, mas ainda hoje não se pode negar força a algumas *excitações exteriores* funcionando em prol da difusão de produtos do tabaco.

Se esse argumento é verdadeiro – e ele efetivamente o é – certamente cairá por terra a tese do livre-arbítrio do fumante. Afinal, não haveria sentido em se defender uma propensa liberdade de agir, quando a vontade do indivíduo foi maculada, já que pastoreada para um determinado comportamento por fatores outros que não a sua própria consciência.

São vários os fatores responsáveis por conduzir as pessoas a experimentar o cigarro. A *curiosidade pelo produto*, seu *baixo custo*, a *imitação do comportamento dos adultos pelos jovens* e a *necessidade desses últimos de se auto-afirmarem* são apenas algumas dessas *determinantes externas*. Contudo, essas determinantes seguiram sendo, por anos a fio, meros coadjuvantes, atuando em auxílio a uma força mestra poderosíssima e, às vezes, imperceptível, cunhada artificialmente em prol do estímulo ao tabagismo.

Mediante uma estratégia sofisticadíssima, *pautada na omissão de informações acerca dos males do fumo, na negativa e ataque de esclarecimentos científicos apontando esses males, e em técnicas requintadas de marketing massivo*, a indústria do fumo estabeleceu uma imagem positiva em torno do tabagismo, de modo que o consumo de cigarros acabou sendo aceito socialmente, visto, por muitos, como símbolo de status, riqueza, sucesso profissional, requinte e, até mesmo, saúde. Esse o principal fator externo a condicionar as pessoas, principalmente jovens, a experimentar o cigarro: *a aura positiva, essa atmosfera de aceitação social de um produto potencialmente perigoso à saúde daqueles que o consomem direta e indiretamente, cuja edificação teve por matéria prima blocos de ganância e embustes, pavimentados com uma incrível falsidade, direcionada apenas a garantir o sucesso de vendas e a consequente obtenção de vultosos lucros.*

Aliás, se é verídica a conhecida estatística a apontar que 90% dos fumantes habituais iniciam-se no tabagismo antes dos 19 anos,[8] isso se deve, obviamente, ao êxito da estratégia de vendas perpetrada pela

---

8   ROSEMBERG, José. *Nicotina*. Droga universal. São Paulo: SES/CVE, 2003. p. 28. Mister a citação de um trecho da obra do citado autor: *"Recentemente verificou-se mais aprofundadamente a importância da idade em que se começa a fumar, no desenvolvimento mais intenso da dependência da nicotina. Os que se iniciam no tabagismo em torno dos 14 anos de idade, cerca de 90% estão dependentes aos 19 anos. Tem-se comprovado que os que começam a fumar entre os 14 a 16 anos, desenvolvem muito maior dependência da nicotina, em comparação com aqueles que fumaram o primeiro cigarro depois dos 20 anos. Nos adolescentes a nicotina provoca ação imediata sobre a função colinérgica, com alterações persistentes refletindo-se na dependência, aprendizado e memória. O adolescente é mais vulnerável para a disfunção colinérgica quando submetido à ação da nicotina. A nicotina no adolescente produz rápida alteração no sistema noradrenérgico e dopaminérgico dos centros nervosos cerebrais. A vulnerabilidade dos adolescentes à nicotina deriva da circunstância de que o cérebro ainda não está completamente desenvolvido. Experimentalmente constatou-se que a instilação de nicotina em ratos jovens exerce extensa ação sobre os receptores acetilcolínicos, o que não ocorre nos ratos adultos. Além disso, verifica-se que em ratos mais jovens, a nicotina provoca maiores prejuízos funcionais no sistema de recompensa, que em ratos adultos."*

indústria do fumo. De igual maneira, esse êxito fenomenal é confirmado pelo fato de existirem hoje, em todo o globo, quase 1 bilhão de fumantes, que consomem anualmente toneladas de nicotina, e geram para as fornecedoras lucros elevadíssimos.

E nem se queira impingir a essas afirmações a insígnia de vazias ou lacunosas. Afinal, depois que se deu publicidade aos famosos *documentos secretos* da indústria do fumo, o véu que encobria a estratégia por ela desenhada, isso para assegurar o sucesso de vendas de seus produtos, foi em parte erguido, permitindo-se uma visão peculiar e extensa das ideias e artimanhas que desenvolveu e colocou em prática durante muitas décadas. A divulgação dos tais documentos representou, a bem da verdade, um súbito e inesperado baque para as fabricantes de cigarros, em especial porque demonstraram que o discurso por elas elaborado e difundido, entre os anos 1950 e 1990, era cínico e fraudulento. Para ser direto, espelham evidências de que a indústria tabaqueira, muito embora conhecesse os fatos de que o cigarro provoca câncer e de que a nicotina é uma droga poderosíssima, utilizou-se, naquele tempo, de uma imagem pública com tonalidades bem distintas para promover a *praga marrom*.[9]

---

9   Veja-se, nesse sentido, esclarecedor trecho da monumental obra de José Rosemberg: "*Desde os idos de 1950, a indústria tabaqueira vem desenvolvendo pesquisas que lhe forneceram a certeza de que a nicotina é geradora de dependência físico-química, assim como estudos para sua maior liberação e absorção pelo organismo e inclusive estudos genéticos objetivando desenvolver planta de tabaco hipernicotinado. A indústria tabaqueira, ciente das propriedades psico-ativas da nicotina geradora de dependência, sempre negou a existência dessas qualidades farmacológicas. É edificante o episódio ocorrido no início de 1980, quando a Phillip Morris obrigou seu cientista Vitor de Noble a retirar o artigo que havia entregado para publicação no Journal of Psychopharmacology, no qual relatava suas investigações comprovadoras de que ratos recebendo nicotina desenvolviam dependência físico-química. Isso tudo veio a lume com os documentos secretos que se tornaram públicos. Entretanto, a indústria tabaqueira continuamente pronunciou-se com ênfase, negando essas propriedades da nicotina.*" (ROSEMBERG, Nicotina. Droga universal 2003. p. 42). E mais: "*Não obstante a exaustiva documentação acumulada de que a nicotina é droga geradora de dependência químico-física e da existência de fatores genéticos que ditam a reação orgânica com*

vasto polimorfismo [...], é de interesse ressaltar o fato histórico de que a ciência oficial demorou muito para se convencer dessa certeza, enquanto a indústria tabaqueira já tinha disso conhecimento de longa data. É também fato histórico edificante, como as multinacionais do tabaco esconderam por tanto tempo a certeza que tinham da nicotina ser droga psicoativa, promovendo vasta propaganda enganosa, afirmando que ela não causa dependência, enquanto secretamente trabalhou para a obtenção de cigarros com teores mais altos de nicotina para tornar os fumantes mais escravizados ao seu consumo. É impressionante que em 1979 o relatório oficial do Departamento de Educação, Saúde e Assistência Social, dos Estados Unidos, abordando a temática da nicotina, não se pronunciou sobre a sua característica de gerar dependência. Mais inexplicável é que, ainda em 1964, o Comitê Consultivo do Serviço de Saúde Pública dos Estados Unidos, com o endosso do Surgeon General, tenha declarado que "a nicotina causa apenas hábito, não sendo droga que desenvolve dependência". Entretanto, a indústria tabaqueira, que vinha, desde 1950, promovendo pesquisas sofisticadas sobre a farmacodinâmica da nicotina, havia chegado À conclusão de que ela era droga geradora de dependência orgânica. Assim, em março de 1963, um ano antes do acima citado relatório do órgão oficial da saúde pública dos Estados Unidos, negando que a nicotina causa dependência, a Brown and Williamson, na reunião de seus dirigentes face às pesquisas de seus técnicos, concluiu pela propriedade da nicotina de causar dependência. A companhia tabaqueira Brown and Williamson, sediada nos Estados Unidos, é subsidiária da British American Tobacco (BAT), assim como a Souza Cruz do Brasil. Nessa reunião, o vice-presidente, Addison Yeaman, afirmou: "além do mais, a nicotina causa dependência. Nós estamos, portanto, num negócio de vender nicotina, que é uma droga que causa dependência, eficaz para anular os mecanismos de estresse." Aliás, desde a década dos anos 1950,. a indústria tabaqueira já tinha a convicção da ação psico-ativa da nicotina, conforme se depreende do pronunciamento de H.R. Hammer, diretor de pesquisa da British American Tobacco, como consta da ata da reunião de 14 de outubro de 1955: "Pode-se remover toda a nicotina do tabaco, mas a experiência mostra que esses cigarros e charutos ficam emasculados e ninguém tem satisfação de fumá-los". Em 1962 em outra reunião da British American Tobacco, o executivo Charles Ellis afirmou: "fumar é conseqüência da dependência [...]. Nicotina é droga de excelente qualidade." (ROSEMBERG, Nicotina. Droga universal 2003. p. 42-43).

O ponto merece explicação mais ampla: em 12 de maio de 1994, *Stanton A. Glantz*, professor da Divisão de Cardiologia da Universidade da Califórnia, São Francisco, Estados Unidos, ativo militante contra o tabagismo, recebeu de um missivista, ocultado sob o pseudônimo *Mr. Butts*, aproximadamente 4 mil páginas de memorandos, relatórios, cartas, cópias de atas, que correspondem a um período de 30 anos de atividade da *British American Tobacco* e de sua subsidiária nos Estados Unidos, a *Brown and Williamson Tobacco Corporation*. Ulteriormente, *Merry Williams*, ex-técnico da *Brown and Williamson*, forneceu ao Prof. *Glantz* grande número de documentos referentes às atividades dessa companhia de cigarros. Os documentos foram repassados ao Sub-Comitê de Saúde e Ambiente do Congresso Norte-Americano. Além de sua publicação em periódicos científicos, foram divulgados numa série de artigos do *New York Times*. Após vários recursos das fabricantes de cigarros, alegando interferência na sua privacidade, a Corte Superior do Estado da Califórnia reconheceu sua legitimidade, decidindo que esses documentos deveriam ser do domínio público.[10] Anos depois, em 8 de maio de 1998, as companhias de tabaco propuseram um acordo com o Estado de *Minnesota*, numa ação instaurada pelo Promotor Geral do Estado de *Minnesota*, Estados Unidos, e pela *Blue Cross Shield*. Numa das cláusulas do acordo, constou a obrigatoriedade de a indústria tabaqueira confiar ao público acesso aos seus documentos internos (atas, memoriais, cartas, relatórios, planos de administração), e de toda a correspondência referente às suas atividades técnicas, científicas e comerciais. Em inúmeros desses documentos, constam pronunciamentos de técnicos, cientistas, consultantes, assessores e advogados.[11]

Toda essa documentação, conjuntamente considerada, refere-se a sete empresas fabricantes de cigarros e duas organizações a estas filiadas, em atividade nos Estados Unidos: *Phillip Morris Incorporated, RJ Reynolds Tobacco Company, British American Tobacco, Brown and Williamson, Lorillard Tobacco Company, American Tobacco Company, Liggett Group, Tobacco Institute* e o *Center for Tobacco Research*. Ao todo, são 5 milhões de documentos, com 40 milhões de páginas, que

---

10 ROSEMBERG, *Nicotina*. Droga universal, 2003. p. 43.

11 ROSEMBERG, *Nicotina*. Droga universal. 2003, p. 43.

podem ser consultadas pela internet (<http://www.library.ucsf.edu/tobacco/>), encontrando-se, ainda, à disposição, no arquivo oficial de *Minnesota* e em *Guilford Surrey* nos arredores de *Londres*.[12]

Apenas para exemplificar, os *documentos secretos* demonstram que, já nos anos 60, a indústria do tabaco em geral – a *Brown and Williamson* e a *British American Tobacco* em particular – havia provado, em seus próprios laboratórios, que o alcatrão do cigarro causa câncer em animais.[13] Além disso, no início dessa década, os cientistas da *British American Tobacco* (e os advogados da *Brown and Williamson*) já trabalhavam com a ideia de que a nicotina motivava a dependência. A *British American Tobacco* respondeu, tentando criar secretamente um cigarro "seguro" que minimizaria os elementos perigosos existentes na sua fumaça. *Entretanto, publicamente, essas empresas mantiveram a posição de que o cigarro não era prejudicial e muito menos viciante.* A meta primária da indústria do tabaco era a de se manter como um grande nicho comercial, protegendo-se de processos judiciais e contra a regulação dos governos. Até hoje, apesar de irrefutáveis evidências científicas e relatórios governamentais oficiais, algumas fabricantes de cigarros insistem em sustentar que os produtos do tabaco não são viciantes e igualmente não causam doenças, colocando-se por detrás de uma *"parede de negativas"*, construída com o fim único de criar controvérsias e dúvidas acerca das

---

12   ROSEMBERG, *Nicotina*. Droga universal. 2003. p. 43.

13   Vejam-se, a esse respeito, as informações apontadas por Mario Cesar Carvalho: *"Há dois gêneros de documentos: os científicos e os memorandos do alto escalão da indústria. O mais antigo dos textos científicos revelados é de fevereiro de 1953, oito meses antes de a pesquisa com os ratos pintados com nicotina ter sido apresentada pela primeira vez. Assinado por Claude Teague, um pesquisador da R.J. Reynolds, o texto associa com câncer o uso de cigarros por períodos longos:* "Estudos de dados clínicos tendem a confirmar a relação entre o uso prolongado de tabaco e a incidência de câncer no pulmão" *Logo em seguida, o pesquisador descreve quais são os agentes cancerígenos do cigarro:* "compostos aromáticos plinucleares ocorrem nos produtos pirológicos [ou seja, que queimam] do tabaco. Benzopireno e N-benzopireno, ambos cancerígenos, foram identificados.".* (CARVALHO, Mário Cesar. *O cigarro*. São Paulo : Publifolha, 2001. p. 16-17).

evidências técnico-científicas dos malefícios do consumo de cigarros obtidas no curso dos anos.[14] Para se constatar essa realidade, basta a leitura de contestações apresentadas pelas fabricantes de cigarros em ações judiciais que sofrem no Brasil.[15]

---

14 GLANTS, Stanton A.; SLADE, John; BERO, Lisa A.; HANAUER, Peter; BARNES, Deborah E. *The cigarette papers*. University of California Press, 1996. p. 4-5.

15 Em trabalho de peso, produzido e editado pelo Instituto Nacional de Câncer (INCA), órgão do Ministério da Saúde, intitulado 'Ação global para o controle do tabaco – 1º Tratado Internacional de Saúde Pública', acessível a todos pela internet, no site <http://www.inca.gov.br>, vários documentos internos da indústria do fumo são analisados, de sorte a evidenciar, de maneira lúcida, parte do pensamento e estratégia da indústria do tabaco. Veja-se a transcrição de alguns desses documentos, quando comparados ao posicionamento da indústria do tabaco perante o público: 1) *Posicionamento da indústria perante o público*: "A propaganda não é dirigida aos jovens". *O que os documentos mostram*: "Eles representam o negócio de cigarros do amanhã. À medida que o grupo etário de 14 a 24 anos amadurece, ele se tornará a parte chave do volume total de cigarros, no mínimo pelos próximos 25 anos" (J.W. Hind, R.J. Reynolds Tobacco, internal memorandum, January 23, 1975). 2) *Posicionamento da indústria perante o público*:"A pressão dos amigos é o fator mais importante para o tabagismo infantil." "A propaganda de cigarros afeta meramente a demanda dentro da categoria de produtos, através do fortalecimento da lealdade à marca ou criando mudanças de marca, mas não é dirigida para aumentar o consumo total às custas de não fumantes." *O que os documentos mostram*: "Atingir o jovem pode ser mais eficiente mesmo que o custo para atingi-los seja maior, porque eles estão desejando experimentar, eles têm mais influência sobre os outros da sua idade do que eles terão mais tarde, e porque eles são muito mais leais a sua primeira marca." (Escrito por um executivo da *Philip Morris* em 1957).3) *Posicionamento da indústria perante o público*: "A Souza Cruz fabrica cigarros para o consumo exclusivo de adultos, baseada nos melhores mecanismos e meios de produção." (<www.souzacruz.com.br/2002>). *O que os documentos mostram*: "[…] um cigarro para o iniciante é um ato simbólico. Eu não sou mais a criança da minha mãe, eu sou forte, eu sou um aventureiro, eu não sou quadrado […]. À medida em que a força do simbolismo psicológico diminui, o efeito farmacológico assume o papel de manter o hábito." (Rascunho de relatório do Quadro de Diretores da *Philip*

Morris, 1969). "É importante saber tanto quanto possível sobre os padrões de tabagismo dos adolescentes. Os adolescentes de hoje são os potenciais consumidores regulares de amanhã, e a grande maioria dos fumantes começa a fumar na sua adolescência [...]. Devido ao grande espaço que ocupa no mercado entre os fumantes mais jovens, a *Philip Morris* sofrerá mais do que qualquer outra companhia com o declínio do número de adolescentes fumantes" (Memorando enviado por um pesquisador da *Philip Morris, Myron E. Johnston* para *Robert B. Seligman*, Vice Presidente de pesquisa e desenvolvimento da *Philip Morris*, 1981). 4) *Posicionamento público*: "Nicotina é importante para dar sabor ou aroma – não para a dependência." "Aqueles que definem fumar como uma dependência, o fazem por razões ideológicas e não científicas". (Posição da *Philip Morris* em 1996). "Em 1994, durante uma audiência no Congresso Americano sete altos executivos de escritórios de companhias de tabaco americanas deram testemunhos de que a nicotina não causa dependência: Nós não ocultamos antes, nem ocultamos agora, nem nunca ocultaremos [...] nós não temos nenhuma pesquisa interna que prove que fumar [...] é aditivo." (*Martin Broughton, Chief Executive BAT*). "Entrevista para uma revista – *John Carlisle da Tobacco Marketing Associaton* (UK, 1998): Pergunta – A nicotina causa dependência? *Carlisle* – "A definição de dependência é ampla e variada. Pessoas são dependentes de Internet. Outras são dependentes de shopping, sexo, chá e café. A linha que eu consideraria é a de que o tabaco não causa dependência e sim de que é formador de hábito." "Posicionamento sobre dependência de nicotina, *homepage* da Souza Cruz, 2002: "A nicotina é um componente natural do fumo e apresenta propriedades farmacológicas que contribuem para o prazer. Mesmo sendo uma parte importante da experiência de fumar, a nicotina não é a única razão para fumar. Aspectos culturais e sociais, entre outros, estão envolvidos no ato de fumar, que é uma escolha da caráter puramente individual. Certamente é difícil deixar de fumar para alguns fumantes, mas não existe nada em nossos produtos que retire do fumante a sua capacidade de parar de fumar." (<www.souzacruz.com.br>). *O que os documentos mostram*: "Nicotina causa dependência. Nós estamos, portanto, no ramo de vender nicotina, uma droga que causa dependência." (*Addison Yeaman from Brown and Williamson B&W*, 1963). "A nicotina tem a propriedade de uma droga de abuso. Ela tem propriedade de droga de adição... Estes (os resultados) são completamente contraditórios com a posição da indústria de que a nicotina está nos cigarros para dar sabor. Nós sabemos que eles (os camundongos) pressionavam a alavanca devido aos efeitos da droga

Em sua aplaudida obra, Mario Cesar Carvalho faz referência ao conhecimento obtido pelo exame de tais documentos, agora se referindo exclusivamente à empresa tabaqueira *Philip Morris* e a seu cigarro *Marlboro*, o mais vendido do mundo:

> Outros textos menos contundentes mostravam que a indústria fazia campanhas publicitárias para atingir adolescentes e manipulava o nível de nicotina no cigarro. Um memorando de 1965, do pesquisador Ron Tamol, da Philip Morris, produtora do cigarro mais vendido no mundo, o Marlboro, trazia a seguinte anotação: "Determinar o mínimo de nicotina para manter o fumante normal 'viciado'".[16]

---

nos cérebros dos animais. Nós também sabemos, a partir de estudos, que se a droga fosse cocaína ou morfina ou álcool os camundongos continuariam a pressionar a alavanca. Nós encontramos o mesmo com a nicotina." (Informações do cientista *Victor DeNoble* da *Philip Morris* sobre experimentos em camundongos nos quais injetou nicotina diretamente no coração – *Philip Morris, quoted on Dispatches, Channel 4*, 1996). "A BAT deveria aprender a se ver mais como uma companhia de droga do que como uma companhia de tabaco." (Memorando escrito por cientistas da BAT, 1980). "Nós também achamos que se deve considerar a hipótese de que os altos lucros adicionais associados com a indústria do tabaco estão diretamente relacionados ao fato do consumidor ser dependente do produto... Olhando de outra forma, não procede que o produto X, enquanto alternativa futura, mantenha um nível de lucro acima da maioria das outras atividades do ramo de produtos, a não ser que, como o tabaco, seja associado à dependência." (*BAT*, 1979). "Tem sido sugerido que a fumaça do cigarro é a droga mais aditiva. Certamente, um grande número de pessoas continuará a fumar porque eles não conseguem deixar. Se eles pudessem, eles o fariam. Não se pode mais dizer que eles fizeram uma escolha adulta." (*Dr. Green*, funcionário da *BAT*, 1980).

16 CARVALHO. *O cigarro*. 2001. p. 18. Mario Cesar Carvalho informa que a manipulação do nível de nicotina era tema proibido. Se essa prática fosse provada, demonstrar-se-ia que a indústria alterava os ingredientes de seu produto, como se este fosse uma droga – e aí a venda de cigarros poderia sofrer limitações. Complementa o jornalista: *"O governo dos EUA encontrou a prova da manipulação, num texto escrito em português, descoberto por uma bibliotecária da Food and Drugs Administration (FDA, a agência que controla remédios e comida). O texto era um pedido de patente da Brown & Williamson, empresa irmã da Souza Cruz, para "uma variedade de fumo geneticamente estável". O*

pedido era de 1992. Mesmo sem saber português, a bibliotecária, Carol Knoth, reparou num número: 6%. E uma dúvida persistia: por que o texto fora escrito em português?

Primeiro, a FDA descobriu que o número referia-se ao percentual de nicotina produzido pela planta transgênica. Era praticamente o dobro dos níveis de nicotina encontrados no fumo sem manipulação genética, que variam de 2,5% a 3,5%. O porquê de o texto ter sido escrito em português seria revelado com a ajuda de Janis Bravo, uma funcionária da DNA Plant Technology, empresa que produzira a planta geneticamente modificada (com o nome futurista de Y1). Janis contou que tinham sido enviadas ao Brasil sementes suficientes para produzir mil toneladas de fumo. Uma pesquisa nos arquivos alfandegários dos EUA revelou que a Brown & Williamson despachara 1 milhão de quilos de sementes do fumo geneticamente modificado Y1 para a Souza Cruz Overseas. O roteiro das sementes era o mesmo dos negócios escusos: iam para as ilhas Cayman e depois para o Brasil.

O Brasil fora escolhido porque a indústria fez nos EUA um acordo de cavalheiros para não elevar os níveis de nicotina. Do contrário, haveria uma espécie de jogo sujo que viciaria, de tal forma, o consumidor, que isso praticamente eliminaria a concorrência entre marcas. Cultivando o Y1 no Brasil, onde as sementes foram plantadas no Rio Grande do Sul, a Brown & Williamson, segundo sua visão particular de ética, não estava violando o acordo. Um empregado da Brown & Williamson também decidiu abrir a boca. Contou à FDA que a empresa estocara, nos EUA, entre 125 e 250 toneladas de fumo Y1.

Por causa do processo aberto nos EUA contra a Brown &Williamson, a Souza Cruz interrompeu a produção do Y1 no Brasil.

A engenharia genética era a forma mais sofisticada de alterar o nível de nicotina do cigarro, mas não era a única. Um manual de mistura de fumos da Brown & Williamson ensinava outro métodos – a adição de amônia. "Um cigarro que incorpore a tecnologia da amônia vai distribuir mais compostos de sabor na fumaça, inclusive nicotina, do que um sem nada." A técnica é simples: a amônia reage com os sais da nicotina e eleva o nível de liberação da mesma nicotina. As fábricas brasileiras também recorreram ao método da amônia, segundo o Instituto Nacional do Câncer.

É mais um ingrediente para engrossar a lista de cerca de 600 compostos que são adicionados ao cigarro, conforme a própria indústria." (CARVALHO, O cigarro. 2001. p. 18-20).

Já José Rosemberg, numa análise focada unicamente à nicotina, sintetiza as revelações obtidas pelo exame dos entabulados *documentos secretos*: i) as pesquisas conduzidas pela indústria tabaqueira sobre a nicotina foram mais avançadas que as das comunidades médico-científicas; ii) de longa data, a indústria tabaqueira, clara e comprovadamente, detém conhecimentos de que a nicotina é droga, causadora de dependência físico-química, agindo de forma deletéria sobre os centros nervosos cerebrais; e iii) as pesquisas foram conduzidas com o objetivo de melhor esclarecer a neuro-farmacologia da nicotina, a sua natureza, suas formas de presença no tabaco, sua mais fácil liberação e maior ação sobre o cérebro, a elevação do seu teor no tabaco, e a intensificação da dependência.[17]

---

17   ROSEMBERG, José. *Nicotina*. Droga universal. 2003. p. 44. José Rosemberg, na mesma obra, esclarece que o elenco e a variedade das investigações em animais e em humanos são difíceis de resumir, porém os itens mais marcantes são: "*Estudos neuro-endocrínicos da ação da nicotina sobre os vários centros cerebrais. Regulação da função da glândula pituitária. Liberação mais rápida da nicotina e seu maior impacto sobre o cérebro. Controle da nicotina sobre o estresse e efeito tranqüilizante. Liberação de hormônios psico-ativos pela ação da nicotina sobre os centros nervosos cerebrais. Transposição da nicotina presa em nicotina livre, objetivando sua maior ação. Transposição da nicotina da fase particulada para a fase gasosa, mais ativa. Fenômeno de tolerância dos centros nervosos nicotínicos. Graus da dependência à nicotina no tabaco através do tabaco reconstituído.*" Continua o estudioso, evidenciando que essas e outras linhas de pesquisa conduziram a vários conhecimentos, sendo os essenciais: "*A ação neuro-farmacológica da nicotina é de proeminente importância para as pessoas fumarem. Substâncias como a amônia, elevando o pH do tabaco, liberam mais nicotina. Exploração de métodos de enriquicmento de nicotina no tabaco: o tabaco reconstituído e engenharia genética. Eletroencelografia como meio de medição dos graus de intensidade da nicotino-dependência. Ajustamento dos tabagistas nas maneiras de fumar, para obter níveis mais adequados de nicotina no sangue, proporcionando maior "satisfação". Elevação do índice de absorção orgânica da nicotina, em geral na média de 11% para 40%. Conseguir tabacos que farmacologicamente desencadeiam maior sensação prazerosa no fumante. Cigarros que liberam menos de 0,7 mg de nicotina não são vantajosos comercialmente. É urgente a confecção de cigarros com maior nível de liberação de nicotina. Para os futuros produtos é imprescindível a maior liberação de nicotina. Por isso, além dos procedimentos pesquisados, impõe-se a cooperação da engenharia genética para obtenção de tabaco mais rico de nicotina.*" (ROSEMBERG, José. *Nicotina*. Droga universal. 2003. p. 44-45).

Como se vê, não há como ignorar o caráter pérfido da postura assumida pela indústria do tabaco, omitindo e negando conhecimentos que possuía sobre os malefícios do tabagismo. Pior que isso, apenas a sua estratégia marqueteira. Afinal, adotou manobras voltadas a difundir massivamente publicidades insidiosas, e a fazer apologia do cigarro. A frieza e o egoísmo dos responsáveis pelas decisões estratégicas de venda e publicidade também acabaram aflorando com o surgimento dos *documentos secretos* [...].

Muitos dados relevantes, atinentes a publicidade veiculada pelas fabricantes de cigarros, vieram a tona a partir da aludida documentação. Alguns deles estão delineados abaixo:

i) A indústria do fumo adotou estratagema destinado a desacreditar a ciência legítima, somando esforços para incitar controvérsias e dúvidas sobre estudos divulgados desde o início dos anos 1950, que vinculavam a prática do tabagismo aos prejuízos à saúde humana. E a publicidade massiva e insidiosa veiculada pela indústria do fumo sempre foi uma peça fundamental desse complexo *quebra-cabeças* voltado a construir uma *atmosfera socialmente favorável ao tabagismo*;

ii) Mesmo antes que as evidências científicas começassem a apontar a ligação entre consumo de cigarros e diversas doenças, as companhias de tabaco, nos EUA, já promoviam anúncios publicitários insinuando que algumas marcas eram 'mais saudáveis', ou 'menos irritantes', que outras;

iii) Estudiosos dos *documentos secretos* esclarecem que esses slogans, juntamente com o memorando escrito por *Ernest Pepples*, referindo-se à '*corrida do alcatrão*',[18] indicam que a indústria

---

18 Um dos memorandos internos, esse escrito por *Ernest Pepples*, vice-presidente e advogado geral da *Brown & Williamson*, evidencia que a primeira reação da indústria do tabaco à crescente preocupação pública com os efeitos danosos do cigarro, foi a de *"produzir mais marcas com filtro e marcas com baixos índices de alcatrão"* Segundo *Pepples*, a fatia do mercado dos cigarros com filtro cresceu rapidamente durante os anos 50 e 60, criando uma atmosfera de competição feroz que ficou conhecida como a *"corrida do alcatrão"* (empresas competindo para baixar o alcatrão dos cigarros). Os *documentos secretos* mostram, en-

do fumo começou a promover os cigarros de filtro e de baixos teores, durante os anos 1950, especialmente para acalmar a animosidade pública surgida em razão de estudos publicados vinculando o cigarro a várias doenças. Embora os anúncios da época sugerissem que os novos cigarros eram 'mais saudáveis', não havia nenhuma evidência real de que isso era realmente verdade. Quando as evidências finalmente começaram a aparecer (depois de vinte anos, em 1977), concluiu-se que a diminuição de teores e a utilização de filtros tinham apenas um efeito modesto na redução do risco enorme representado pelo consumo de cigarros.[19]

Com o passar dos anos, a publicidade ofertada pela indústria do tabaco foi se tornando mais e mais sofisticada e incisiva, fosse para garantir uma gorda fatia do competitivo mercado, fosse ainda para incitar controvérsias e dúvidas quanto aos estudos que vinham se assomando com maior frequência, evidenciando uma ligação direta do consumo de cigarros a varias enfermidades. Ressalte-se que especificamente no Brasil – e acredita-se, em todo o mundo – essa publicidade jamais teve cunho informativo e esclarecedor. Sempre foi promovida com o objetivo de criar uma necessidade artificial de consumo e manter uma ambientação constante do produto nocivo. A motivação do consumidor era buscada mediante a aproximação de *modos de ser e viver* ao produto anunciado. Assim, relacionavam-se

---

tretanto, que essas novas marcas não eram exatamente mais saudáveis que as antigas. Em verdade, essas marcas foram desenvolvidas com propósitos de *marketing*, para que as empresas de tabaco pudessem declarar em seus anúncios que sua marca tinha *"menos alcatrão"* que as outras – o próprio *Pepples* assinala, no tal memorando citado alhures, que os filtros não faziam os cigarros mais saudáveis, *apenas davam aos fumantes a ilusão de fumar um produto mais saudável*. A esse respeito, os cientistas da *British American Tobacco* fizeram uma distinção entre os cigarros *"orientados à saúde"*, que incorporavam avanços tecnológicos que foram testados e sabia-se que reduziam os riscos, e cigarros *"de imagem saudável"*, que eram projetados para dar aos fumantes a ilusão de estarem consumindo um produto mais seguro.

19   GLANTS; SLADE; BERO; HANAUER; BARNES, *The cigarette papers*. 1996. p. 30.

os cigarros com atividades esportivas, sociabilidade, saúde, requinte, sucesso profissional, etc. Refletia-se a noção de que fumar era algo prazeroso, "hábito" de pessoas inteligentes, produtivas e livres. Tal estratégia publicitária, hoje proibida no Brasil, objetivava primordialmente a *persuasão*, já que tinha por *matéria prima* sons e imagens sedutores, voltados a incitar a prática do tabagismo, tática funcional, sobretudo quando endereçada a crianças e jovens,[20] pessoas ou

---

20 Sobre a importância da idade em que se começa a fumar para desenvolvimento mais intenso da dependência da nicotina, mister citar-se passagem da obra de José Rosemberg: *"Os que se iniciam no tabagismo em torno dos 14 anos de idade, cerca de 90% estão dependentes aos 19 anos. Tem-se comprovado que os que começam a fumar entre os 14 a 16 anos desenvolvem muito maior dependência da nicotina, em comparação com aqueles que fumaram o primeiro cigarro depois dos 20 anos de idade. Nos adolescentes, a nicotina provoca ação imediata sobre a função colinérgica, com alterações persistentes refletindo-se na dependência, aprendizado e memória. O adolescente é mais vulnerável para a disfunção colinérgica quando submetido à ação da nicotina. A nicotina no adolescente produz rápida alteração no sistema noradrenérgico e dopaminérgico dos centros nervosos cerebrais. A vulnerabilidade dos adolescentes à nicotina deriva da circunstância de que o cérebro ainda não está completamente desenvolvido. Experimentalmente, constatou-se que a instilação de nicotina em ratos jovens exerce extensa ação sobre os receptores acetilcolínicos, o que não ocorre nos ratos adultos. Além disso, verifica-se que em ratos mais jovens, a nicotina provoca maiores prejuízos funcionais no sistema de recompensa, que em ratos adultos. Estudos em humanos indicam que o cérebro de adolescentes é particularmente vulnerável à nicotina, e que a dependência é mais intensa, razão porque a interrupção de sua administração, por deixar de fumar, apresenta maiores perturbações da função neurológica, com maior frequência de depressão. Estudo de mais de 30 mil homens e cerca de 19 mil mulheres, ambos adolescentes, demonstrou que os iniciados no tabagismo desenvolveram intensa dependência, traduzida pelo aumento de consumo de cigarros quando na idade adulta. Os que começaram a fumar antes de 14 anos, 19,6% quando adultos consumiam 41 ou mais cigarros por dia, comparados com 10,3% quando começaram a fumar aos 20 ou mais anos de idade. O consumo foi um pouco inferior, no sexo feminino. Outro estudo demonstrou que adolescentes fumantes têm duas vezes mais dificuldade de deixar de fumar que os tornados tabagistas, depois de 20 anos. Em suma, é farta a documentação evidenciando*

normalmente imaturas, ou inseridas num contexto de mudanças psicológicas e hormonais próprias da adolescência.

Nessa linha, a precisa observação da festejada professora Cláudia Lima Marques, em parecer confeccionado em prol de um fumante:

> [...] não somente as empresas [do tabaco] desinformaram voluntariamente seus milhares de consumidores, como enviaram mensagens que – para estes leigos – eram aceitáveis e acreditáveis. Em outras palavras, a informação publicitária (imagens, induções, sons, risos, frases, personagens, situações de esporte, lazer, prazer etc.) é recebida e processada por um leigo, o consumidor brasileiro, que nela acredita, de forma totalmente escusável![21]

Não se olvide, ademais, que a indústria do fumo, na divulgação de seus produtos, não se limitou a ofertar publicidades diretas. Valeu-se, outrossim, de técnicas publicitárias sutis e muito sedutoras. Para ilustrar, hoje se sabe que atores e diretores cinematográficos receberam pagamento das empresas do fumo para que imagens de cigarro fossem divulgadas nas telas de cinemas. A informação é de um estudo publicado numa das edições da revista "Tobacco Control", vinculada à *British Medical Association*, baseado em 1.500 desses *documentos secretos* da indústria do tabaco. Como exemplo, cite-se a cena em que a personagem *Betty Boop* vende maços de cigarros no filme "Uma Cilada para Roger Rabbit", de *Robert Zemeckis*; ou, ainda, a cena em que *Sean Connery*, na pele de *James Bond*, acende um cigarro com prazer em "007 – Nunca Mais Outra Vez". O mesmo fizeram

---

que a dependência da nicotina processa-se mais rapidamente e é mais forte, nos que ingressam no tabagismo em torno dos 14 anos, sendo mais difícil de superá-la, obrigando a consumir maior quantidade de cigarros continuamente, com sérias consequências à saúde." (ROSEMBERG, *Nicotina*. Droga universal 2003. p. 28-29).

21 MARQUES, Cláudia Lima. Violação do dever de boa-fé de informar, corretamente, atos negociais omissivos afetando o direito/liberdade de escolha. Nexo causal entre a falha/defeito de informação e defeito de qualidade nos produtos de tabaco e o dano final morte. Responsabilidade do fabricante do produto, direito a ressarcimento dos danos materiais e morais, sejam preventivos, reparatórios ou satisfatórios. *Revista dos Tribunais*, 835, p. 74-133, São Paulo: Revista dos Tribunais, 2005. p. 93-94.

Paul Hogan em "Crocodilo Dundee", *Bruce Willis,* no primeiro "Duro de Matar" e vários personagens de "Grease – Nos Tempos da Brilhantina" e "Wall Strett". A lista inclui, nada menos, que 188 atores e diretores que receberam pagamento da indústria do fumo entre, pelo menos, 1978 e 1988. Só a *Philip Morris* teve a divulgação de seus produtos em 191 filmes no período. O acordo era interrompido se os cigarros não fossem mostrados de forma positiva. O plano previa, ainda, medidas menos explícitas e mais prosaicas, como o envio de pacotes de cigarro para a casa ou o set de filmagem de notórios atores fumantes como *Jerry Lewis* e *Liv Ullmann* e diretores como *John Cassavetes*, na esperança de que eles fumassem em cena ou aparecessem na imprensa com um cigarro. E é bom que se diga: não há provas de que a indústria do tabaco tenha abandonado o acordo feito com o governo americano no começo dos anos 90, segundo o qual se comprometeu a não mais pagar por merchandising de seus produtos em filmes e na TV.[22]

No esporte, a indústria de cigarros sempre encontrou uma forma eficaz de formar e consolidar sua imagem. Uma das mais famosas relações entre a publicidade tabagista e o esporte no Brasil aconte-

---

22 DÁVILA, Sérgio. Atores receberam para fumar em filmes. Saúde. Mundo. *Folha de S.Paulo*, quarta-feira, 13 de março de 2002. A11. "*Uma pesquisa realizada pelo Centro de Câncer de Norris Cotton (EUA) demonstrou que a proposta, firmada voluntariamente pela indústria do cigarro, em 1989, de não veicular imagens de celebridades de Hollywood fumando em produções cinematográficas, jamais foi respeitada. Especialistas afirmam que a associação do cigarro com imagens atraentes de aventura e glamour é um poderoso estímulo para o seu consumo, sobretudo entre o público jovem, que se identifica com situações dessa natureza, por estar em fase de formação de personalidade. Foram analisados os 25 filmes de maior audiência entre 1988 e 1997. Desses, cerca de 85% continham cenas de tabagismo, o que representa quase a mesma proporção registrada antes do acordo. O estudo ainda indica que a veiculação das marcas é quase tão freqüente nos filmes adolescentes quanto nos voltados para o público adulto. Nos filmes infantis, o índice é de 20%.*" (INSTITUTO NACIONAL DE CÂNCER (INCA). *Multinacionais do cigarro e cinema* **hollywoodiano** *continuam associados*. Disponível em <http://www.inca.gov.br/atualidades/ano10_1/multinacionais.html>. Acesso em 22/07/2005).

ceu na década de 70. O tricampeão mundial, Gerson, imortalizou o slogan *"Você também gosta de levar vantagem em tudo, certo?"* e acabou gerando a famigerada "Lei de Gerson".[23] A fabricante dos cigarros Vila Rica, da qual era garoto-propaganda, certamente alegrou-se com o sucesso.

---

23 A respeito da Lei de Gerson, é interessante conferir uma reportagem publicada na Revista Isto é: *"O País passou por várias crises de identidade neste século. A pergunta "quem somos nós?" esteve em vários momentos permeando a produção da intelectualidade nacional. Macunaíma, o herói sem nenhum caráter criado por Mário de Andrade, surge exatamente da necessidade de uma nova definição do que era ser brasileiro, tema pulsante na década de 20, quando os imigrantes contribuíam para um novo perfil de nação. A convicção era de que a mão-de-obra importada era muito melhor que a nacional. Alguns estudiosos defendiam que dos escravos havíamos herdado o horror ao trabalho e dos índios um talento especial para a preguiça. É desse cenário que surge a compreensão da força da malandragem, uma espécie de contraponto ao exército de trabalhadores dedicados e produtivos, que primeiro a agricultura e depois a indústria tanto necessitaram para competir no mercado internacional. Os malandros passaram a fazer parte do imaginário de um país de alma escravista como uma espécie de resistência ao modelo europeu cheio de regras. Era astuto, esperto e vivia de "expediente", como se dizia na época, e, mais do que tudo, sabia dar um "jeitinho" em tudo. Ganhava dinheiro fora das formas oficiais, jogando bilhar, apostando em cavalos e, em alguns casos, sobrevivendo na gigolagem. Com o passar dos anos, o malandro despencou cada vez mais para a contravenção, mas o folclore do jeitinho já havia marcado definitivamente o caráter nacional. Sua expressão mais agressiva vai desembocar na década de 70, tendo como marco o comercial do cigarro Vila Rica. Era um momento em que se pensava o nacionalismo em parâmetros bem diferentes dos anos 20. Havia um orgulho verde-amarelo e uma megalomania alimentada pela ditadura. Nesse contexto, um herói nacional como o tricampeão Gerson solta sua frase mais famosa. "Você gosta de levar vantagem em tudo, certo?" A propaganda não teve uma interpretação pejorativa na época, mas depois virou lei. "Para o período era um jargão superdifundido. A propaganda captou um elemento de identificação que estava no imaginário popular"*, acredita Maria Izilda Matos, historiadora e pesquisadora da boemia. *"A lei de Gerson funcionou como mais um elemento na definição da identidade nacional e o símbolo mais explícito da nossa ética ou falta de ética"*, completa a historiadora." (Disponível em: <http://www.terra.com.br/istoe/politica/1999/12/22/003.htm>. Acesso em: 10/11/2006).

Vejam-se mais exemplos da ligação entre cigarros e esporte:

i) Atletas ligados ao futebol também ajudaram a difundir o cigarro, mas apenas pelo uso. Uma listagem rápida contabiliza o holandês *Cruyff*, o inglês *Gascoigne*, o francês *Platini*, o dinamarquês *Elkjaer-Larsen*, o italiano Riva, os argentinos *Ardiles* e *Passarella* e o brasileiro Sócrates. Eles não só assumiam o vício, como se deixavam fotografar com cigarros entre os dedos;

ii) O maior símbolo de ligação esporte-tabaco, no entanto, está na Fórmula 1. Dezenas de pilotos já colocaram sua imagem a serviço das empresas, também patrocinadoras de suas equipes e eventos da modalidade. A *Philip Morris*, por exemplo, já patrocinou Emerson Fittipaldi,[24] Ayrton Senna, Raul Boesel e Rubens Barrichello, entre os brasileiros. Em outras categorias do automobilismo aparecem Gil de Ferran, Hélio Castro Neves, Tony Kanaan etc. Fittipaldi chegou até a fazer *lobby* no Congresso pela não proibição da publicidade tabagista [...].[25]

iii) Interessante, ainda, mencionar o atleta chinês *Liu Xiang*, que surpreendeu o mundo em Atenas ao triunfar nos 110 metros com barreiras e igualar o recorde mundial – 12s91. Com o ouro no peito, virou celebridade na China e sinônimo de sucesso. A indústria do tabaco não perdeu tempo: na contramão do movimento que tenta desvincular a imagem do tabaco da

---

24 O bicampeão mundial de Fórmula-1 e campeão da Indy, Emerson Fittipaldi, virou marca de charuto. Foi lançado em Miami o "Fittipaldi Cigar". Trata-se de um empreendimento de Fittipaldi em conjunto com uma loja especializada no assunto, a *Macabi Cigar Store*, líder do setor no sul da Flórida. Um fato curioso é que, mesmo sem fumar, Emerson foi patrocinado, na Fórmula I, por mais de 20 anos, pelos cigarros Malboro, fabricados pela *Phillip Morris*. No entanto, nunca foi fotografado com um cigarro nas mãos. Agora, Fittipaldi decidiu seguir outra linha e posou fumando um dos charutos que levam o seu nome. (INSTITUTO NACIONAL DE CÂNCER (INCA). Emerson vira marca de charuto. Disponível em: <http://www.inca.gov.br/atualidades/ano6_2/emerson.html>. Acesso em: 22/07/2005).

25 FOLHA DE SÃO PAULO. Atletas ajudam empresas a forjar imagem e marca. *Folha de S.Paulo*. Esporte. Sexta-feira, 22 de outubro de 2004. D2.

prática esportiva, o corredor assinou contrato para ser garoto-propaganda do grupo *Baisha*, a principal companhia de cigarros da China.[26]

De tudo isso se vê a presença irretorquível de *estímulos externos*, em sua grande maioria perpetrados pela própria indústria do fumo, engendrados com o intuito de motivar o consumo de cigarros, isso mediante a construção pensada de uma atmosfera socialmente favorável ao tabagismo, cuja influência atinge principalmente os mais jovens, pessoas ainda em formação física e mental, presas fáceis dessa estratégia assustadoramente comprovada em vários dos *documentos secretos*, especialmente aqueles a indicar serem eles, os jovens, que "representam o negócio de cigarros do amanhã".[27]

É imprescindível aos que se debruçam sobre o tema, *em especial os julgadores responsáveis por dirimir controvérsias entre fumantes e a indústria do fumo*, o aprofundamento no estudo dos aspectos aqui delineados, hoje devidamente comprovados. Só assim poderão perceber a ilegitimidade da postura adotada pelas fabricantes de tabaco para garantir o sucesso de venda dos cigarros por elas produzidos. Essa análise permitirá ao estudioso a compreensão da estratégia, elaborada e colocada em prática pela indústria do fumo, para *ambientalizar* seus produtos nas sociedades de todo o mundo, garantindo o estímulo necessário a conduzir as pessoas a experimentá-los e deles se tornarem dependentes. Trata-se de prática ilícita, enquadrada perfeitamente na *teoria do abuso do direito*.[28]

---

26 FOLHA DE SÃO PAULO. Herói chinês rema contra onda e vai vender cigarro. *Folha de S.Paulo*. Esporte. Sexta-feira, 22 de outubro de 2004. D2.

27 Veja-se o inteiro teor de tal documento: *"Eles representam o negócio de cigarros do amanhã. À medida que o grupo etário de 14 a 24 anos amadurece, ele se tornará a parte chave do volume total de cigarros, no mínimo pelos próximos 25 anos."* (J. W. Hind, R. J. *Reynolds Tobacco, internal memorandum, January* 23, 1975). (INSTITUTO NACIONAL DE CÂNCER (INCA). *Ação global para o controle do tabaco*. 1º Tratado Internacional de Saúde Pública. 3. ed. 2004. p. 9. Disponível em: <http://www.inca.gov.br>).

3. A NICOTINA E O PODER QUE EXERCE SOBRE A VONTADE DO FUMANTE

O raciocínio deve se alongar um pouco mais. Examine-se o juízo à mostra em algumas *frases vazias*, muito em voga nas decisões proferidas em favor da indústria do fumo. Transcrevam-se duas delas: *"a cessação da atividade de fumar é um fato notório e que depende única e exclusivamente do usuário [...]"*; e *"sabe-se que a decisão de experimentar, como também a decisão de continuar fumando [...], é tão-somente do fumante [...]"*.

Tais frases deixam transparecer que a manutenção do tabagismo decorreria, única e exclusivamente, de uma opção do próprio fumante, de maneira que teria ele condições de abdicar da prática, quando bem entendesse – *a vontade seria a única alavanca a ser movida pelo tabagista, para garantir-lhe a renúncia certa ao consumo de tabaco*. *Data venia*, essa visão apenas demonstra desconhecimento científico acerca do tema, pois segue na contramão dos muitos estudos já desenvolvidos, representando uma forma cômoda de solução dos litígios a envolver consumidores e indústria do tabaco.

Hodiernamente, a ciência encara o tabagismo como sendo uma *doença-crônica*. Aliás, a Organização Mundial de Saúde, desde 1992,

---

28 A postura adotada pela indústria do tabaco, no decorrer de décadas e décadas, não só no Brasil, como na maioria dos países em que os seus produtos encontram-se disponíveis no mercado, denota uma prática irregular do direito de produção e comercialização de cigarros, na medida em que foi ela responsável pela criação de uma atmosfera artificial de dúvidas e ceticismo acerca da natureza do cigarro e dos riscos à saúde advindos de seu consumo. Essa deslealdade na relação de consumo, capitaneada não só pela omissão intencional de informações necessárias ao esclarecimento da sociedade acerca da natureza do cigarro, mas também pela divulgação de publicidade insidiosa e ilegítima, resulta numa circunstância de evidente abuso do direito, suficientemente capaz de alicerçar condenações mesmo antes da publicação do Código de Defesa do Consumidor. Para uma visão mais completa sobre a toeira do abuso do direito aplicável à responsabilidade civil da indústria do tabaco: DELFINO, Lúcio. *Responsabilidade civil e tabagismo*. Curitiba. Juruá, 2008.

cataloga o tabagismo na Classificação Internacional de Doenças – Capítulo F12.2, síndrome da tabaco-dependência. Na mesma senda, afirme-se que a Associação Americana de Psiquiatria vê a *nicotino-dependência* como uma desordem mental pelo uso de substância psicoativa.

A *nicotino-dependência* foi bem definida nas conclusões do relatório do *Surgeon General*, do Departamento de Saúde e Serviços Humanos dos Estados Unidos: i) a nicotina é droga que causa dependência, é psicoativa; é reforçadora da motivação de fumar; com a repetição do uso desenvolve-se tolerância, exigindo doses progressivamente maiores para desencadear o mesmo efeito; ii) a nicotina liga-se a receptores específicos do sistema nervoso; no cérebro, interage com todos os centros, alterando o metabolismo energético cerebral; as interações incluem ativação elétrica, relaxação muscular e efeitos sobre o sistema cardiovascular e endocrínico; iii) o processo famacológico determinador da dependência é similar aos desenvolvidos em outras drogas, como cocaína e heroína; iv) a supressão do uso da nicotina é acompanhada por sintomas desagradáveis, quase sempre insuportáveis, que desaparecem prontamente com nova dose de nicotina.[29]

De tal sorte, do mesmo modo que um hipertenso necessita adotar novos hábitos, sem abrir mão do auxílio de remédios, a maioria dos fumantes igualmente necessita de ajuda, não bastando apenas sua força de vontade para que abdique do vício. Numa frase: *o tabagismo não só causa doenças como também é uma doença*.

A médica americana Nancy Rigotti é categórica ao afirmar que, em sendo o tabagismo um problema crônico, o seu tratamento deve ser conduzido por toda a vida. Um fumante deve adotar e manter hábitos ainda mais saudáveis do que uma pessoa que jamais fumou e, se necessário, voltar a recorrer a algum tratamento químico e a programas psicológicos para aprender a lidar com a falta do cigarro. Segundo a médica, associar-se o abandono do vício exclusivamente à força de vontade, não é a forma correta de encarar a questão. Afinal, não bastasse ter a consciência de que o fumo está agredindo a sua saúde, o fumante ainda se sente incapaz de combatê-lo, circunstân-

---

29 ROSEMBERG, *Nicotina*. Droga universal, 2003. p. 30-31.

cia que apenas o desestimula ainda mais. Por tal razão, os médicos que hoje atuam nessa área defendem que só a força de vontade é muito pouco. O grande desafio é eliminar o vício da nicotina, e isso se consegue através de remédios e terapias.[30]

Para José Rosemberg, a *"nicotino-dependência, ou seja, a dependência tabágica é o melhor exemplo de doença crônica com remissões e recaídas periódicas"*[31]. Segundo o estudioso, a *"nicotina tem características neurobiológicas; é droga psico-estimulante. O processo farmacológico da nicotino-dependência é semelhante ao da cocaína e heroína. Estas drogas, como a nicotina e opiáceos em geral, liberam dopamina e aumentam a produção de norepinefrina. Aliás, as drogas psicoativas, como a nicotina especialmente, agem sobre os centros mesolímbicos, dopaminérgicos colinérgicos, nucleus acumbens, provocando o aumento e a liberação de dopamina e outros hormônios psicoativos, levando à dependência pelas propriedades euforizantes e ansiolíticas. Isso é facilmente demonstrável administrando essas drogas endovenosamene. Outros estimulantes podem agir da mesma forma e o mecanismo é fundamental para a criação da dependência".*[32]

Implantada a dependência, e faltando o aporte de nicotina nos centros nervosos, surge disforia e um quadro clínico de sintomas desagradáveis, denominado "síndrome de abstinência" – quadro esse caracterizado por um forte desejo de fumar, ansiedade, inquietação, irritabilidade, distúrbios do sono, dificuldade de concentração, além de outros sintomas. A intensidade da síndrome de abstinência varia com o grau da dependência.[33]

Sintetizando, a dependência ao tabaco é caracterizada como um transtorno de longa duração – uma verdadeira *doença crônica* –, com altas taxas reincidentes;[34] são constantes os cuidados exigidos. O tratamento inclui – isoladamente ou em combinação – intervenções

---

30   BUCHALLA, Ana. Vontade não basta. Entrevista Nancy Rigotti. *Revista Veja*, 9 de junho de 2004. p. 11-15.

31   ROSEMBERG, *Nicotina*. Droga universal 2003. p. 27.

32   ROSEMBERG, *Nicotina*. Droga universal, 2003. p. 27.

33   ROSEMBERG, *Nicotina*. Droga universal 2003. p. 28.

comportamentais e farmacológicas,[35] como aconselhamento, suporte psicológico intensivo e administração de medicamentos que contribuam para a redução ou superação da dependência pelo tabaco.[36]

É a nicotina, pois, a grande vilã responsável pelo desencadeamento da dependência químico-física no organismo do tabagista.[37] Se tal substância não fizesse parte da composição do produto perigoso, o seu consumo seria considerado unicamente um hábito perigoso,

---

34 Em alguns indivíduos – esclarecem Antonio Fosé Pessoa Dórea e Clovis Botelho – a síndrome de abstinência pode *"ser observada por 30 dias ou mais, mas os sintomas de compulsão pelo fumo podem durar por muitos meses ou anos. É interessante notar que a abstinência lenta pode resultar em sintomas de compulsão mais intensos que a interrupção brusca, fenômeno que não é observado com a maioria das outras drogas. Reduzindo a dose, ao invés de uma interrupção brusca, os sintomas persistem por mais tempo e este fato pode estar associado a nível maior de recidiva. Isso talvez explique porque a maioria dos usuários que tem sucesso ao parar de fumar o faz de maneira brusca."* (DÓREA; BOTELHO, op. cit., 2006).

35 Os medicamentos disponíveis na atualidade para o tratamento de fumantes podem ser divididos em nicotínicos e não nicotínicos. Os primeiros contêm nicotina, constituindo a chamada terapêutica da reposição da nicotina (TRN); existem 7 (sete) formas: a transdêmica, pela aplicação de adesivos (pach); a via oral, com a goma-nicotina de mascar; por inalação; por aerossol; por tabletes; pastilhas; e os pseudo-cigarros (PREPs), surgidos mais recentemente. Os medicamentos não nicotínicos são, preferencialmente, os antidepressivos. Entre esses, destaca-se a bupropiona. (ROSEMBERG, *Nicotina*. Droga universal, 2003. p. 100).

36 TABAGISMO & saúde nos países em desenvolvimento. Documento organizado pela Comissão Européia em colaboração com a Organização Mundial de Saúde e o Banco Mundial para a Mesa Redonda de Alto Nível sobre Controle do Tabagismo e Políticas de Desenvolvimento. Tradução: Instituto Nacional de Câncer/Ministério da Saúde do Brasil. Disponível em <http://www.inca.gov.br>. Acessado em 10 de setembro de 2005.

37 São suficientes algumas tragadas de fumo, ou mesmo a administração de nicotina por qualquer via, para que os sintomas desagradáveis desapareçam, voltando a euforia, isso unicamente para reforçar a compreensão de que é, sim, a nicotina a substância responsável pelos distúrbios que surgem ao cessar de fumar (síndrome de abstinência). (ROSEMBERG, *Nicotina*. Droga universal 2003. p. 96).

podendo ser abandonado sem maiores dificuldades.[38] Se comparada com a cocaína, heroína, maconha, álcool, e outras drogas, devido a sua maior toxidez e letalidade, capacidade de desenvolver uma dependência mais intensa, por ser a mais difundida, e de fácil acesso aos adolescentes, a nicotina classifica-se em primeiro lugar[39]. *Sem qualquer exagero, a nicotina torna o fumante um escravo do cigarro.*[40]

Precisamente por tais razões é que o tratamento se mostra indispensável.[41] Para os tabagistas, é assaz difícil abandonar o tabaco, justamente devido à dependência implantada em seus organismos pelo consumo de nicotina.[42] Há inúmeros registros indicando que os desejosos em cessar a prática do tabagismo, valendo-se apenas desse

---

38   ROSEMBERG, *Nicotina*. Droga universal, 2003. p. 96.

39   ROSEMBERG, *Nicotina*. Droga universal, 2003, p. 96. Esclarece José Rosemberg que a *"intensidade da dependência da nicotina cresce com o tempo e o número de cigarros fumados. Todas as formas de usar o tabaco geram dependência: cigarros, charutos, cachimbos, fumo de mascar, rapé etc. Os que começam a fumar muito jovens, em torno dos 14 anos, por peculiaridades orgânicas, desenvolvem altos graus de dependência da nicotina, escravizando-os ao consumo do tabaco, e quando adultos consomem maiores quantidades de cigarro"*. (Ibid., p. 95-96).

40   A complexidade do assunto envolvendo a 'nicotina' levou o professor José Rosemberg a escrever um verdadeiro tratado sobre o assunto, a obra intitulada 'Nicotina. Droga universal', à disposição de todos pela internet (<http://www.inca.gov.br/tabagismo/publicacoes/nicotina.pdf>). Obra de peso, cuja bibliografia, contendo nada menos que 1.111 indicações, impressiona até mesmo o mais cuidadoso dos cientistas. Àqueles envolvidos no estudo do tema abordado nesse trabalho é indispensável o conhecimento da obra citada, haja vista a sua seriedade e a riqueza de informações que proporciona ao leitor.

41   A situação é tão séria que especialistas afirmam não haver tratamento para 5% dos fumantes com dependência muito forte à nicotina. Esses estariam fadados a morrer fumando. (Informação obtida em entrevista feita com o professor José Rosemberg. Disponível em: <http://www.drauziovarella.com.br/entrevistas/nicotina5.asp>).

desejo, quase sempre fracassam em suas empreitadas, as quais se repetem por várias e várias vezes, sem alcançar o sucesso esperado[43].

Portanto, é curiosa a afirmativa de que ao tabagista bastaria uma decisão sua para abandonar o cigarro. *Se para o doente bastasse a sua vontade para se curar, o problema mundial envolvendo a saúde pública estaria resolvido.* Não haveria mais enfermos no mundo, simplesmente porque ninguém, em boas condições mentais, pretende permanecer num estado de morbidade. Mais do que óbvia a constatação de que é insuficiente a mera intenção do doente para que se restabeleça. É

---

42 Recente pesquisa realizada na conceituada Universidade de Harvard confirmou um estudo do Estado de Massachusetts, o qual teria verificado um aumento em níveis de nicotina em cigarros de 1997 a 2005. A análise, baseada em informações fornecidas por fabricantes de cigarro ao Departamento de Saúde Pública de Massachusetts, verificou aumentos anuais de, em média, 1,6% na quantidade de nicotina em cada cigarro, o equivalente a um crescimento de 11% nesse período. Howard Koh, pesquisador que trabalhou na análise, esclareceu: *"Cigarros são dispositivos finamente ajustados para a entrega da droga, designados para perpetuar uma pandemia de tabaco."* E mais: *"Apesar disso, informações precisas sobre esses produtos continuam em segredo, escondidas do público."* Massachusetts é um dos três Estados dos EUA que obrigam empresas de tabaco a fornecerem informações sobre níveis de nicotina em cigarros e o único com dados desde 1997. O estudo, divulgado em outubro, examinou níveis de nicotina em mais de cem marcas ao longo de seis anos. A análise verificou um aumento estável na quantidade de nicotina em cigarros e afirma que níveis mais altos da droga facilitam a aquisição do vício de fumar e dificultam o seu abandono. Segundo George Connolly, diretor do Programa de Controle de Tabaco na Harvard, a pesquisa põe em questão se a indústria do tabaco está cumprindo o acordo, feito em 1998 com Estados americanos, de que lançaria uma campanha para reduzir o fumo entre jovens. *"Se a indústria avança na quantidade de nicotina no produto, você pode não conseguir baixar o número de crianças fumantes."* (ESTUDO aponta mais nicotina no cigarro. Pesquisa da universidade americana de Harvard analisou mais de cem marcas nos EUA e verificou uma elevação de 11%. *Folha de São Paulo*. Cootidiano. C7. Sexta-feira, 19 de janeiro de 2007).

43 ROSEMBERG, *Nicotina*. Droga universal, 2003. p. 95.

indispensável fornecer-lhe tratamento adequado,[44] voltado a debelar, ou, ao menos, minimizar a sua enfermidade. *E se o tabagismo realmente é uma doença – e a ciência o vem encarando como tal –, salta à vista que a grande maioria dos fumantes apenas terá condições de renunciar ao tabaco se submetida a tratamentos eficientes, capazes de aliviá-la de seu mal.*

Daí porque é intuitiva a necessidade de os juízes considerarem, nos julgamentos de casos concretos envolvendo fumantes e indústria do tabaco, as doutrinas produzidas pela ciência especializada, notadamente aquelas que se referem à substância denominada nicotina, sendo muito pouco que se contentem com frases vazias, carentes de profundidade técnica, oriundas de uma visão sem qualquer sustentação técnica. Sendo direto: decisões judiciais que seguem rumo à improcedência de pedidos indenizatórios, formulados por fumantes contra a indústria do fumo, cujo fundamento central cinge-se à afirmativa de que "a vontade do fumante seria suficiente para que ele abdicasse do consumo de cigarros", tão só evidenciam a pouca intimidade por parte do Poder Judiciário com o tema *nicotina*.[45]

Em conclusão, o argumento pautado no livre-arbítrio do fumante, como arma direcionada a excluir a responsabilidade civil da indústria do fumo, também cai por terra sob uma análise voltada exclusivamente à nicotina, substância psicotrópica responsável pela dependência do fumante. Essa dependência, implantada no or-

---

44   Consoante leciona José Rosemberg, os *"métodos de cessação de fumar podem ser diretos e indiretos. Os primeiros são procedimentos clínicos de avaliação do grau de dependência da nicotina, psicoterapia, esclarecimentos, aconselhamento, aplicação de medicamentos e acompanhamento; os segundos, constituem ações anti-tabágicas integradas na atenção primária da rede de saúde pública, campanhas educativas atingindo, desde a infância, os diversos seguimentos da população, proibição de fumar em locais públicos, elevação dos impostos sobre os preços dos cigarros, advertências nos invólucros dos produtos do tabaco. Os métodos diretos são de custo "per capita" mais elevados e, embora obtenham maior número de resultados positivos na cessação de fumar, atingem menores contingentes de fumantes. Por outro lado, os métodos indiretos com menores resultados individuais de tabagistas para abandonarem o tabaco, exercem maior impacto na epidemia tabágica, por englobar a população como um todo."* (ROSEMBERG, *Nicotina*. Droga universal, 2003. p. 97).

ganismo do fumante pelo mero consumo de tabaco, apresenta-se como uma fortíssima *influência externa*, a mantê-lo na condição de tabagista, já que macula a sua vontade, impedindo-o de abdicar do fumo espontaneamente, por meio apenas da sua vontade.

CONSIDERAÇÕES FINAIS

Há aportes teóricos interessantíssimos que corroboraram imensamente para a fragilização da crença desenfreada na racionalidade moderna, em especial naquilo que diz respeito à tomada de decisões. Contrariamente ao que acreditavam cientistas sociais da década de 1970, as pesquisas mais atuais concluem que o ser humano, em muitas de suas decisões, age pautado em instintos e emoções, e não ancorado pela razão. É incorreta a crença segundo a qual o homem estaria sempre apto a avaliar de modo objetivo e racional toda a fortuna de questões que lhe é submetida, julgando e operando com clareza em seu caminhar pelo cotidiano da vida.[46] Ainda que confiantes de

---

[45] Não seria exagerado afirmar que essas decisões judiciais atentam contra um direito constitucional, na medida em que a vaguidade que as alicerça, tecnicamente não pode ser rotulada de *fundamentação*. A *fundamentação* é característica essencial a toda decisão judicial. Num Estado Democrático de Direito, ela se mostra imprescindível, porquanto além de demonstrar as razões da decisão, permitindo que seja atacada de forma mais precisa e eficiente, garante que os atos judiciais não se apresentem arbitrários e descompromissados com a razão e a lógica. Ora, aquela decisão, cujo embasamento se limita à afirmativa de que *"bastaria a mera decisão do fumante para que abandonasse o tabagismo"*, sem os devidos esclarecimentos sobre os caminhos lógicos percorridos para se chegar a tal conclusão, apresenta-se carente de fundamentação, *data maxima venia*.

[46] Sabe-se hoje que o homem: i) possui aversão ao esforço mental e, por isso, está inclinado a não pensar suficientemente, aceitando a resposta mais agradável ou familiar; ii) soluciona problemas sem ter acesso a todas as alternativas possíveis, apegando-se apenas em experiências passadas; iii) sujeita-se a alterações comportamentais pela exposição a qualquer coisa influenciável (palavras, objetos, ambiente); iv) não é imparcial ou neutro e a todo momento busca uma causalidade por não conseguir aceitar fatos sem que estejam acompanhados de uma história; v) tem a tendência de aceitar uma informação inicial como se verdadeira fosse (efeito *halo*) (ROSA, Alexandre Morais da;

si, não raro decidimos e atuamos de forma desacertada, porquanto vítimas de tendenciosidades, preconceitos, propensões ou inclinações. Julgamos amiúde sob incertezas, já que afetados por heurísticas e vieses não facilmente identificáveis.[47]

São inquietantes, como se pode consultar no livro de Yuval Noah Harari, as descobertas contemporâneas surgidas especificamente acerca do livre-arbítrio, por meio das quais geneticistas e neurocientistas, ao responderem perguntas como "porque fulano fez uma determinada escolha", elucidam que o agir sempre encontra respaldo em tais ou quais processos eletroquímicos no cérebro, configurados por uma formação genética específica, que é o reflexo de antigas pressões evolutivas aliadas a mutações causais. Processos eletroquímicos no cérebro ou são determinísticos, ou aleatórios; jamais uma combinação de ambos. Ou seja, quando um neurônio dispara uma carga elétrica, isso pode ser uma reação determinística a um estímulo externo, ou resultado de uma ocorrência randômica tal como a decomposição espontânea de um átomo radioativo, mas nenhuma dessas opções deixa espaço para o livre-arbítrio. O autor chega a colocar em xeque o conceito: até onde vai o melhor de nosso entendimento científico,

---

TOBLER, Giseli Caroline. Teoria da Decisão Rápida e Devagar, com Kahneman. Disponível em: <www.emporio-do-direito.jusbrasil.com.br/noticias/182398340/teoria-da-decisao-rapida-e-devagar-com-kahneman>. Acesso em: 02/07/2015). Ou seja, é mera ilusão a crença de que o ser humano é racional e consciente acerca de todas as decisões que toma ao longo da sua existência, em especial porque o cérebro ostenta, entre os seus segredos, desvios cognitivos que afetam negativamente a qualidade da decisão (FREITAS, Juarez. A Hermenêutica Jurídica e a Ciência do Cérebro: Como Lidar com os Automatismos Mentais. *Revista Ajuris*, 130. Porto Alegre: Associação dos Juízes do Rio Grande do Sul, 2013. p. 223-244).

47 Essa última frase é a tradução do título de importante estudo publicado por Kahneman e Tversky, em 1982, na Revista Science, transcrito para o português no livro "Rápido e Devagar: Duas Formas de Pensar". Nele os autores descreveram os atalhos simplificadores do pensamento intuitivo e explicaram cerca de vinte vieses. Originalmente publicado em: KAHNEMAN, D.; TVERSKY, A. Judgement Under Uncertainty: Heuristics and Biases. *In*, *The Simulation Heuristic*. P. Slovic e A. Tversky (Orgs). Nova York: Cambridge University Press. p. 201-208.

determinismo e *aleatoriedade* dividem o bolo e não deixam uma só migalha para a sagrada palavra "liberdade".[48]

---

48   HARARI, Yuval Noah. *Homo Deus. Uma breve história do amanhã*. São Paulo: Editora Companhia das Letras, 2015. Em outra passagem da mesma obra: "*Quando confrontadas com essas explicações científicas, as pessoas costumam afastá-las, ressaltando que se sentem livres e que agem em conformidade com sua vontade e suas decisões. É verdade. Humanos agem de acordo com suas vontades. Se com 'livre-arbítrio' você está se referindo à capacidade de agir segundo seus desejos – então, sim, humanos têm livre-arbítrio, assim como chimpanzés, cães e papagaios. Quando Louro quer um biscoito, Louro come um biscoito. Mas a pergunta-chave não é se papagaios e humanos são capazes de agir segundo seus desejos interiores – a questão é, para começar, se podem escolher esses desejos. Por que Louro quer um biscoito e não pepino? Por que eu decido matar meu vizinho irritante em vez de oferecer-lhe a outra face? Por que quero comprar o automóvel vermelho e não o preto? Por que prefiro dar meu voto a um partido de direita e não a um partido de esquerda? Não escolho nenhuma dessas vontades. Sinto um desejo específico brotar dentro de mim porque esse é o sentimento criado pelos processos bioquímicos em meu cérebro. Esses processos podem ser determinísticos ou aleatórios, mas não livres.*" Mais: "*Não são apenas hipóteses ou especulações filosóficas. Hoje, podemos usar scanneres de cérebro para predizer os desejos e as decisões das pessoas bem antes de elas terem consciência disso. Em um experimento, pessoas são postas dentro de um enorme scanner de cérebro tendo em cada mão um interruptor. Elas são orientadas a apertar um dos dois interruptores, se tiverem vontade. Os cientistas, observando a atividade neural no cérebro, podem prever qual dos interruptores será pressionado bem antes de a pessoa ter consciência da sua intenção. Eventos neurais no cérebro indicam que a decisão começa – de algumas centenas de milissegundos a alguns segundos – antes que se tenha consciência da escolha. A decisão de apertar o interruptor da direito ou o da esquerda com certeza refletiu uma escolha. Mas não foi uma livre escolha. Na verdade, nossa crença no livre-arbítrio resulta de uma lógica defeituosa. Quando uma reação em cadeia bioquímica me faz querer apertar o interruptor da direita, eu sinto que realmente quero apertar o interruptor da direita. E isso é verdade. De fato eu quero apertá-lo. Mas as pessoas chegam equivocadamente à conclusão de que, se quero apertá-lo, é porque eu escolhi querer fazer isso. Isso é falso. Eu não escolho minhas vontades. Eu apenas as sinto e ajo de acordo. (...) Duvidar do livre-arbítrio não é apenas um exercício filosófico. Existem implicações práticas. Se organismos realmente carecem de uma vontade livre, a implicação é de que poderíamos manipular e até mesmo controlar seus desejos utilizando drogas, engenharia genética ou estimulação cerebral direta.*"

É, portanto, no mínimo curioso – para não dizer *assustador* – o menoscabo e a frieza que seguem pautando o raciocínio (com raríssimas exceções) no que tange a temática do livre-arbítrio na construção da jurisprudência sobre litígios travados entre fumantes e indústria do tabaco. Em absoluto, nada disso, nenhum desses estudos e dados científicos têm sido levados a sério, e o conceito de livre-arbítrio é abraçado irrefletidamente, como espécie de dogma por nossos julgadores, quase religiosamente, blindado contra toda sorte de sólidos questionamentos.

Não que seja adequado a alternativa antagônica de negar completamente o livre-arbítrio. No entanto, não se pode recusar as evidências de que não somos assim tão livres como se imaginava, e sobretudo o fumante não é livre do modo algum, pois quando já é um viciado, a sua vontade não se mostrará suficientemente capaz, ao menos na maioria das vezes, de permitir que se liberte do fumo.

É fato que a indústria do tabaco assumiu uma estratégia sofisticadíssima de *desinformação* e *marketing*, atuante em diversos flancos, adequada a iludir e seduzir o consumidor a experimentar seus produtos. Também é fato que o próprio consumo de cigarros acaba por viciar o consumidor, tornando-o um *doente crônico*, um verdadeiro dependente de nicotina. São essas as verdades mostradas pelos *documentos secretos* e pela doutrina médico-científica.

Alberto Magno já dizia que *"era livre o homem que é causa de si e que não é coagido pelo poder de outro"*[49]. Frente ao cigarro, o homem não é causa de si, coagido que foi e é pelo influente poder econômico da indústria do tabaco, que além de seduzi-lo a experimentar um produto mortífero, acaba por transformá-lo num doente crônico, instalando em seu organismo uma dependência que o estorva, pelo simples exercício da sua vontade, de abdicar do tabagismo.[50]

---

49   ABBAGNANO, Nicola. *Dicionário de filosofia*. Tradução de Alfredo Bosi. São Paulo: Martins Fontes, 2000. p. 606.

50   Em 2007, o Tribunal de Justiça do Rio Grande do Sul acolheu o entendimento defendido neste ensaio, e decidiu que *"não há falar em liberalidade/voluntariedade do usuário do tabaco. Isso porque, a voluntas do indivíduo estava maculada, quer pela ausência de informações a respeito dos malefícios do produto, seja pela dependência química causada*

REFERÊNCIAS BIBLIOGRÁFICAS

ABBAGNANO, Nicola. *Dicionário de filosofia*. Tradução de Alfredo Bosi. São Paulo: Martins Fontes, 2000.

BUCHALLA, Ana. Vontade não basta. Entrevista Nancy Rigotti. *Revista Veja*, 9 de junho de 2004. p. 11-15.

CARVALHO, Mário Cesar. *O cigarro*. São Paulo : Publifolha, 2001. p. 16-17

DÁVILA, Sérgio. Atores receberam para fumar em filmes. Saúde. Mundo. *Folha de S.Paulo*, quarta-feira, 13 de março de 2002. A11.

DELFINO, Lúcio. *Responsabilidade civil e tabagismo*. Curitiba. Juruá, 2008.

FOLHA DE SÃO PAULO. Atletas ajudam empresas a forjar imagem e marca. *Folha de S.Paulo*. Esporte. Sexta-feira, 22 de outubro de 2004. D2.

FOLHA DE SÃO PAULO. Herói chinês rema contra onda e vai vender cigarro. *Folha de S.Paulo*. Esporte. Sexta-feira, 22 de outubro de 2004. D2.

FREITAS, Juarez. A Hermenêutica Jurídica e a Ciência do Cérebro: Como Lidar com os Automatismos Mentais. *Revista Ajuris*, 130. Porto Alegre: Associação dos Juízes do Rio Grande do Sul, 2013. p. 223-244

GLANTS, Stanton A.; SLADE, John; BERO, Lisa A.; HANAUER, Peter; BARNES, Deborah E. *The cigarette papers*. University of California Press, 1996

ESTUDO aponta mais nicotina no cigarro. Pesquisa da universidade americana de Harvard analisou mais de cem marcas nos EUA e verificou uma elevação de 11%. Folha de São Paulo. Cootidiano. C7. Sexta-feira, 19 de janeiro de 2007

HARARI, Yuval Noah. *Homo Deus*. Uma breve história do amanhã. São Paulo: Editora Companhia das Letras, 2015.

HOUAISS, Antônio. *Dicionário Eletrônico Houaiss de Língua Portuguesa*. Versão 1.0.7, set. 2004, Instituto Antônio Houaiss. Produzido e difundido pela Editora Objetiva Ltda.

---

por diversos componentes, especialmente, pela nicotina." (Tribunal de Justiça do Rio Grande do Sul, Apelação Cível n.º 70017634486, Quinta Câmara Cível, Relator Desembargador Paulo Sergio Scarparo, julgado em 27/06/2007. Disponível em: <www.tj.rs.gov.br>).

INSTITUTO NACIONAL DE CÂNCER (INCA). *Ação global para o controle do tabaco*. 1º Tratado Internacional de Saúde Pública. 3. ed. 2004. p. 9. Disponível em: <http://www.inca.gov.br>).

INSTITUTO NACIONAL DE CÂNCER (INCA). *Emerson vira marca de charuto*. Disponível em: <http://www.inca.gov.br/atualidades/ano6_2/ emerson.html>. Acesso em: 22/07/2005.

INSTITUTO NACIONAL DE CÂNCER (INCA). *Multinacionais do cigarro e cinema hollywoodiano continuam associados*. Disponível em <http://www.inca.gov.br/atualidades/ano10_1/ multinacionais.html>. Acessado em 22/07/2005

J. W. Hind, R. J. Reynolds *Tobacco, internal memorandum*, January 23, 1975.

KAHNEMAN, D.; TVERSKY, A. Judgement Under Uncertainty: Heuristics and Biases. In: *The Simulation Heuristic*. P. Slovic e A. Tversky (Orgs). Nova York: Cambridge University Press. p. 201-208

LIVRE-ARBÍTRIO. In: Encyclopaedia Britannica do Brasil Publicações Ltda., disponível em: <http:// geocities. yahoo.com.br/edterranova/raven079.htm>. Acessado em 04/09/2006.

MARQUES, Cláudia Lima. Violação do dever de boa-fé de informar, corretamente, atos negociais omissivos afetando o direito/liberdade de escolha. Nexo causal entre a falha/defeito de informação e defeito de qualidade nos produtos de tabaco e o dano final morte. Responsabilidade do fabricante do produto, direito a ressarcimento dos danos materiais e morais, sejam preventivos, reparatórios ou satisfatórios. Revista dos Tribunais, 835, p. 74-133, São Paulo: *Revista dos Tribunais*, 2005. p. 93-94.

ROSA, Alexandre Morais da; TOBLER, Giseli Caroline. *Teoria da Decisão Rápida e Devagar, com Kahneman*. Disponível em: <www.emporio-do-direito.jusbrasil.com.br/noticias/182398340/teoria-da-decisao-rapida-e-devagar-com-kahneman>. Acesso em: 02/07/2015

ROSEMBERG, José. *Nicotina*. Droga universal.
São Paulo: SES/CVE, 2003

TABAGISMO & saúde nos países em desenvolvimento. Documento organizado pela Comissão Européia em colaboração com a Organização Mundial de Saúde e o Banco Mundial para a Mesa Redonda de Alto Nível sobre Controle do Tabagismo e Políticas de Desenvolvimento. Tradução: Instituto Nacional de

Câncer/Ministério da Saúde do Brasil. Disponível em <http://www.inca.gov.br>. Acesso em 10 de setembro de 2005

DÓREA; BOTELHO, op. cit., 2006

(Informação obtida em entrevista feita com o professor José Rosemberg. Disponível em: <http://www.drauziovarella.com.br/entrevistas/nicotina5.asp>).

Disponível em: <http://www.terra.com.br/istoe/politica/1999/12/22/003.htm>. Acessado em: 10/11/2006).

O FUNDAMENTO DO LIVRE-ARBÍTRIO NUMA PERSPECTIVA DOUTRINÁRIO-JURISPRUDENCIAL[1]

RENATA DOMINGUES BALBINO MUNHOZ SOARES[2]

SUMÁRIO: *Introdução. 1. Livre-arbítrio: fundamento válido? 2. Análise jurisprudencial: como decidem os Tribunais de Justiça de São Paulo, Rio de Janeiro e Rio Grande do Sul. 3. Novas perspectivas. Conclusão. Bibliografia.*

INTRODUÇÃO

As palavras de Robert N. Proctor, professor de História da Ciência da Universidade de Stanford, membro da Academia Americana de Artes e Ciência e autor do livro *Golden Holocaust. Origins of the cigarette catastrofe and the case for abolition*, demonstram que o livre-arbítrio do fumante não é o responsável pelas consequências do uso do tabaco e sim uma falácia criada pela indústria tabagista para eximir-se de sua responsabilidade por danos à saúde do fumante:

---

1 Título em inglês: *The foundations of free will in the perspective of doctrine and jurisprudence*

2 Doutora e Mestre em Direito Político e Econômico pela Universidade Presbiteriana Mackenzie. Especialista em Direito Privado pela Escola Paulista da Magistratura. Professora de Direito Civil e Empresarial do Mackenzie. Coordenadora do Grupo de Estudo "Direito e Tabaco" do Mackenzie. Membro da Comissão de Assistência à Saúde da OAB-SP. Advogada em São Paulo. Autora do livro "Direito e Tabaco. Prevenção, Reparação e Decisão". São Paulo: Atlas/Grupo Gen, 2015.

> Fumar rouba a sua liberdade, não cria liberdade. As pessoas são condenadas a fumar, é uma escravidão. É muito diferente de beber. Só 3% das pessoas que bebem são alcóolatras. Mas 80% ou 90% dos fumantes são viciados. Fumar não é como beber, é como ser alcóolatra.[3]

No Brasil, acrescenta Virgílio Afonso da Silva que:

> quando se está tratando de um produto que contém nicotina, uma substância que, sabidamente, causa dependência física e psíquica, é, no mínimo, algo sujeito a fortes relativizações. O consumo de um produto que vicia parece não ser inteiramente compatível com a ideia de liberdade irrestrita e consciente de escolha.[4]

Como se vê, a questão que envolve a responsabilidade civil da indústria tabagista não se resume ao livre-arbítrio do fumante, pois o tabaco tem nicotina, que não age de modo indiferente no cérebro, "é a droga que causa dependência."[5]

Portanto, nesse estudo pretendemos demonstrar que o argumento do livre-arbítrio deve ser posto e analisado nas ações judiciais não isoladamente mas inserido num contexto histórico-científico global, para se chegar, ao final de nossa pesquisa jurisprudencial, à constatação daquilo que efetivamente precisa ser levado em conta (ou não) pela jurisprudência brasileira, usando como exemplo os Tribunais Estaduais que se localizam nas áreas com maior número de fumantes em nosso país.[6]

---

3 PROCTOR, Robert N. Entrevista concedida à FOLHA DE S. PAULO, em 18 de março de 2012.

4 SILVA, Virgílio Afonso da. A constitucionalidade da proibição total da publicidade de produtos derivados do tabaco. HOMSI, Clarissa Menezes (coord.). *Controle do tabaco e o ordenamento jurídico brasileiro*. Rio de Janeiro: Lumen Juris, 2011, p. 189-190.

5 Instituto Nacional do Câncer, do Ministério da Saúde brasileiro. *Tabagismo – Perguntas e respostas*. Disponível em: < http://www1.inca.gov.br/tabagismo> [GUIMARÃES JÚNIOR, João Lopes. Livre-arbítrio do viciado – Quando os juízes ignoram a ciência. HOMSI, Clarissa Menezes (coord.). *Controle do tabaco e o ordenamento jurídico brasileiro*. 2011, p.142.]

1. LIVRE-ARBÍTRIO: FUNDAMENTO VÁLIDO?

O fundamento que está sempre presente nas decisões em face das empresas fabricantes de cigarro é o livre-arbítrio do fumante, entendido este, segundo expõe João Lopes Guimarães Júnior, como "a faculdade do homem de determinar-se a si mesmo, ou o poder de escolher com autonomia suas ações."[7]

Para a doutrina, livre-arbítrio "supõe conhecimento integral das circunstâncias inerentes a determinado produto", como afirmam Flávia Piovesan e Umberto Guaspari.[8]

No entanto, não só teoricamente definimos livre-arbítrio. Assim, necessariamente devemos indagar: como deve ser tratado o livre-arbítrio no caso do fumante? Trata-se de um argumento válido a ser considerado na definição da responsabilidade da indústria tabagista? O consumo de cigarro deve ser visto como qualquer outra espécie de consumo?

---

6   São Paulo e Rio de Janeiro (região com maior número de fumantes) [De acordo com a Pesquisa Especial de Tabagismo (Petab) do Instituto Brasileiro de Geografia e Estatística (IBGE). Disponível em: <http://www.estadao.com.br/noticias/vidae,regiao-sudeste-tem-o-maior-numero-de-fumantes-aponta-ibge,473061,0.htm> Acesso em: 25.11.2013] e Rio Grande do Sul (Porto Alegre – cidade com o maior número de fumantes) (Segundo pesquisa divulgada pelo Ministério da Saúde. Disponível em: <http://g1.globo.com/rs/rio-grande-do-sul/noticia/2012/04/porto-alegre-e-capital-com-mais-fumantes-e-pessoas-acima-do-peso.html> Acesso em: 25.11.2013).

7   GUIMARÃES JÚNIOR, João Lopes. Livre-arbítrio do viciado – Quando os juízes ignoram a ciência. HOMSI, Clarissa Menezes (coord.). *Controle do tabaco e o ordenamento jurídico brasileiro*. 2011, p. 136. De Santo Agostinho ("O livre-arbítrio") a John Stuart Mill ("A liberdade, utilitarismo"), muitos são os conceitos e as reflexões a respeito do livre-arbítrio. Este trabalho não pretende aventurar-se pela investigação filosófica do conceito de livre-arbítrio.

8   PIOVESAN, Flávia; SUDBRACK, Umberto Guaspari. Direito à saúde e o dever de informar: direito à prova e a responsabilidade civil das empresas de tabaco. HOMSI, Clarissa Menezes (coord.). *Controle do tabaco e o ordenamento jurídico brasileiro*. Rio de Janeiro: Lumen Juris, 2011, p. 127.

Questões como essas devem ser feitas, especialmente para definir a responsabilidade civil da indústria tabagista, pois a decisão judicial não pode ser dissociada da realidade político-social e é imprescindível para a tomada de decisão a interpretação da norma, a análise das situações concretas e os critérios da historicidade, do contexto e a formação de precedentes.[9]

O consumo de cigarro não deve ser tratado como qualquer outra espécie de consumo.

Em maio de 2003, a aprovação da Convenção-Quadro para o Controle do Tabaco (CQCT) foi o resultado da uma proposta de adoção unânime, na 56ª Assembléia Mundial da Saúde, pelos membros da Organização Mundial de Saúde (OMS),[10] de um documento que representou o compromisso de diversos países no controle da epidemia do tabagismo e a preocupação com o aumento do consumo e da produção mundial de cigarros e outros produtos de tabaco.

Assim, se o consumo de cigarro é uma epidemia global com sérias consequências para a saúde pública, conforme o Preâmbulo da CQCT, e há uma preocupação com o seu consumo, medidas específicas devem ser tomadas para o seu controle, que vão desde a informação detalhada ao consumidor até a promoção de leis que tratem da responsabilidade civil e o estabelecimento de uma jurisprudência pertinente.

Dentre essas medidas, todas previstas na CQCT, estão:

a) exigir que os fabricantes e importadores de produtos de tabaco revelem às autoridades governamentais a informação relativa ao conteúdo e às emissões dos produtos de tabaco;[11] (grifo nosso)

---

9 SOARES, Renata Domingues Balbino Munhoz. *Direito e Tabaco. Prevenção, Reparação e Decisão*. São Paulo: Atlas/Grupo Gen, 2016, p. 197.

10 BASSO, Maristela. A Convenção Internacional para o Controle do Uso do Tabaco e o Direito brasileiro. In: BRANDELLI, Leonardo (coord.). *Estudos de Direito Civil, Internacional Privado e Comparado. Coletânea em homenagem à Professora Véra Jacob de Fradera*. São Paulo: Eud, 2014, p. 299.

11 Artigo 10 da CQCT.

b) a divulgação ao público da informação sobre os componentes tóxicos dos produtos de tabaco e sobre as emissões que possam produzir;[12] (grifo nosso)
c) a conscientização do público sobre as questões de controle do tabaco, utilizando, de maneira adequada, todos os instrumentos de comunicação disponíveis;[13] (grifo nosso)
d) a promoção de suas leis vigentes, para tratar da responsabilidade penal e civil;[14] (grifo nosso)
e) o intercâmbio de informação científica, técnica, socioeconômica, comercial e jurídica de domínio público, bem como de informação sobre as práticas da indústria de tabaco e sobre o cultivo de tabaco, que seja pertinente para a presente Convenção, e ao fazê-lo terão em conta e abordarão as necessidades especiais das Partes que sejam países em desenvolvimento ou tenham economias em transição. (grifo nosso);[15]
f) a manutenção de um banco de dados atualizado das leis e regulamentos sobre o controle do tabaco e, conforme proceda, de informação sobre sua aplicação, assim como da jurisprudência pertinente, e cooperar na elaboração de programas de controle do tabaco no âmbito regional e mundial;[16]

Portanto, o livre agir com consciência e responsabilidade pressupõe um indivíduo capaz[17] que possua informações suficientes para sua tomada de decisão, o que não ocorre com a maioria dos fumantes (80 a 90%), que começam a fumar ainda menores de idade (em média, com 15 anos de idade) e sem informação suficiente, clara e de credibilidade do fabricante ("tripé informacional", como denominamos[18]).

---

12 Artigo 10 da CQCT.
13 Artigo 12 da CQCT.
14 Artigo 19 da CQCT.
15 Artigo 20 da CQCT.
16 Artigo 20 da CQCT.
17 Lembrando que a capacidade civil plena, de acordo com a lei brasileira (Código Civil de 2002), inicia-se apenas aos 18 anos de idade.
18 Veja em: SOARES, Renata Domingues Balbino Munhoz. *Direito e Tabaco. Prevenção, Reparação e Decisão*, 2016, p.150.

Como ressalta Solange Teles da Silva, "apenas quem tem acesso às informações pode realizar uma escolha e decidir livremente."[19]

Está mais do que provado que a indústria não informa o consumidor como deveria e que as advertências que constam das embalagens de cigarros são recentes e o resultado de determinações do Poder Público.

Ao falar sobre conhecimento e consciência, e consciência e crença, Robert N. Proctor afirma que "a indústria do tabaco declarando uma 'consciência universal' gosta de confundir conhecimento e consciência, ignorando a diferença crucial entre *saber* que os cigarros são perigosos e simplesmente *ter ouvido falar*."[20]

Para o professor de Stanford, "as convicções das pessoas não podem ser medidas simplesmente pelo fato de estarem expostas a textos", como as informações em pacotes, e questiona:

> Mas isto é realmente uma evidência de entendimento público? O que de fato as pessoas acreditam sobre a natureza dos danos dos cigarros? Até que ponto eles aceitam tais ameaças? e como tais visões têm mudado com o tempo? Estas são questões que não podem ser respondidas simplesmente dando uma olhada em livros didáticos ou artigos em revistas e jornais, como a indústria nos quer acreditar.[21]

---

19 SILVA, Solange Teles. Direito à informação em matéria ambiental. In: SAMPAIO, Rômulo S. R.; LEAL, Guilherme J. S.; REIS, Antonio Augusto (orgs.). *Tópicos de Direito Ambiental:* 30 anos da Política Nacional do Meio Ambiente. Rio de Janeiro: Lumen juris, 2011, p. 428-429.

20 *"Here I want to explore these different ways of measuring ignorance, recognizing that there are difficulties in how we define some of the crucial terms. How do we gauge what is commom or uncommon knowledge? The tobacco industry in staking its claim for 'universal awareness" likes to confuse knowledge and awareness, ignoring the crucial difference between knowing that cigarettes are dangerous and simply having heard this to be the case. The error is so blatant that one marvels at its bravado: it would be hard, after all, to find someone who hasn't "heard" that cigarettes may be hazardous – and the warning is right on the pack. But there are obvious differences between awareness and belief."* (PROCTOR, Robert N. *Golden Holocaust – Origins of the cigarette catastrofe and the case for abolition.* Berkeley and Los Angeles: University of California Press, 2011, p. 306).

Passemos, então, à segunda consideração, ou seja, trata-se de um argumento (livre-arbítrio) que envolve a análise de outras circunstâncias, como a capacidade civil do indivíduo, o grau de informação que detém e o poder viciante da nicotina.

Ninguém se opõe à afirmação de que o cigarro vicia. E vício, segundo a psiquiatria, nas palavras de João Lopes Guimarães Júnior, é a "prática irresistível de mau hábito"[22]. Portanto, constatamos que o indivíduo que se torna dependente da nicotina possui uma espécie de vulnerabilidade (por dependência) e também não terá condições de livremente determinar-se de acordo com seu entendimento, como o menor de idade (vulnerável por idade).

Assim, há contradição em dizer que o fumante possui livre-arbítrio ao optar por fumar e continuar fumando (não deixar de fumar) e que sozinho é responsável por danos causados à sua saúde por incorrer no vício de fumar.[23]

A partir do momento que ingressou no vício, o fumante tem seu poder de decisão afetado. E a ciência explica o porquê[24], como já fez

---

21 "But is this really evidence of public understanding? What, in fact, do people believe about the nature of harms from cigarettes? How seriously do they take such threats, and how have such views changed over time? These are questions that cannot be answered simply by looking at, say, high school textbooks or articles in magazines and newspapers, as the industry wants us to believe." (PROCTOR, Robert N. *Golden Holocaust – Origins of the cigarette catastrofe and the case for abolition*, 2011, p. 306).

22 GUIMARÃES JÚNIOR, João Lopes. Livre-arbítrio do viciado – Quando os juízes ignoram a ciência. HOMSI, Clarissa Menezes (coord.). *Controle do tabaco e o ordenamento jurídico brasileiro*. 2011, p. 136.

23 SOARES, Renata Domingues Balbino Munhoz. *Direito e Tabaco. Prevenção, Reparação e Decisão*, 2016, p. 170.

24 Relatório "Nicotine Addiction", publicado por Surgeon General, maior autoridade de saúde pública do Governo dos EUA; conclusões do Instituto Nacional do Câncer, do Ministério da Saúde brasileiro; Convenção-Quadro sobre Controle do Tabaco; Organização Mundial de Saúde; *World Cancer Report 2014*, de 03 de fevereiro de 2014, lançado pela agência especializada da OMS sobre estudos sobre o câncer; *lista de doenças* vinculadas ao tabaco lançada pelo Governo dos Estados Unidos

quando possibilitou o exame de DNA, a morte encefálica, a fecundação *in vitro*, etc. A ciência já afirmou que fumar é um vício e causa câncer e diversas doenças, inclusive a morte, e, embora em todos os demais casos o direito tenha se valido da ciência, no caso do tabaco, caminha-se a passos curtos.

A Constituição Federal de 1988, no art. 218, determina que "o Estado promoverá e incentivará o desenvolvimento científico" e que "a pesquisa científica básica receberá tratamento prioritário do Estado, tendo em vista o bem público e o progresso das ciências."

Como bem observado por João Lopes Guimarães Júnior:

> Inaceitável, assim, que agentes públicos modernos exerçam suas funções substituindo constatações firmadas criteriosamente e aceitas pela comunidade científica por suas opiniões pessoais leigas lançadas sem qualquer embasamento.[25]
> (...) Se o cigarro vicia, consequentemente compromete o livre-arbítrio. Quando alegam que o fumante mantém o hábito de fumar por livre e espontânea vontade, esses juízes estão negando os efeitos viciadores da nicotina, cientificamente comprovados e notórios.[26]

Assim, o tabagismo demonstra ser mais uma questão de dependência do que de livre-arbítrio.

E, por fim, nossa última consideração – como deve ser tratado o livre-arbítrio no caso do fumante.

---

em 17 de janeiro de 2014 que estabelecem o tabagismo como causa de outras doenças; dentre outros e, inclusive, pelos próprios fabricantes, como Souza Cruz e Philip Morris EUA, que, respectivamente, já afirmaram: "parar de fumar realmente pode ser difícil" e que "concorda com o maciço consenso médico e científico de que fumar cigarros é viciador." (GUIMARÃES JÚNIOR, João Lopes. Livre-arbítrio do viciado – Quando os juízes ignoram a ciência. HOMSI, Clarissa Menezes (coord.). *Controle do tabaco e o ordenamento jurídico brasileiro*. 2011, p. 142-144).

25 GUIMARÃES JÚNIOR, João Lopes. Livre-arbítrio do viciado – Quando os juízes ignoram a ciência. HOMSI, Clarissa Menezes (coord.). *Controle do tabaco e o ordenamento jurídico brasileiro*. 2011, p. 139.

26 GUIMARÃES JÚNIOR, João Lopes. Livre-arbítrio do viciado – Quando os juízes ignoram a ciência. HOMSI, Clarissa Menezes (coord.). *Controle do tabaco e o ordenamento jurídico brasileiro*. 2011, p. 145.

O ordenamento jurídico brasileiro apresenta uma colisão de direitos fundamentais – liberdade de fumar, de um lado e direito à saúde, do outro. O direito à liberdade, previsto no art. 5°, da CF, pode ser limitado ou disciplinado, especialmente quando em jogo o direito à sáude, também um direito fundamental, consagrado como tal no art. 6°, *caput*.

Como bem ressalta Maristela Basso:

> Essa disciplina ocorre de um lado para proteger o próprio fumante, no sentido de estabelecer meios para protegê-lo dos efeitos do cigarro e, por outro lado, para proteger o não fumante que pode ser afetado pelo fumo de terceiros.[27]

Nessa colisão de direitos fundamentais, é importante ressaltar a preocupação com a prevenção de danos à saúde, devendo o direito valer-se do conhecimento científico e da medicina para fixar premissas de combate aos danos, pois, em se tratando de saúde pública, assim como preza o direito ambiental, não é possível o retorno ao *status quo ante*.

A responsabilidade civil, que tinha principalmente a função de reparar um dano causado, deve ser vista de outra forma em se tratando de direitos relacionados à saúde pública, em que a preservação do bem maior deve ser perseguida.

Nesse sentido, afirma Naranjo De La Cruz:

> El ámbito delimitado del derecho únicamente podrá ser restringido cuando la limitación venga justificada por la necesidad de proteger otros bienes o derechos garantizados en la Constitución, y satisfaga, además, los requisitos exigidos por el principio de proporcionalidad.[28]

---

27 BASSO, Maristela. A Convenção Internacional para o Controle do Uso do Tabaco e o Direito brasileiro. In: BRANDELLI, Leonardo (coord.). *Estudos de Direito Civil, Internacional Privado e Comparado. Coletânea em homenagem à Professora Véra Jacob de Fradera*. 2014, p. 320.

28 NARANJO DE LA CRUZ, Rafael. Los limites de los derechos fundamentales en las relaciones entre particulares: la buena fe. Madrid: 2000, *Boletín Oficial del Estado. Centro de Estudios Políticos Y Constitucionales*, p. 247.

O legislador brasileiro, ao limitar o direito à liberdade do fumante, tem demonstrado a necessidade de proteger o direito à saúde, e o faz compatibilizando esses dois direitos fundamentais envolvidos, estabelecendo diversas proibições e/ou restrições constitucionais ao fumante e ao uso e publicidade do tabaco, através da Legislação Antifumo Nacional (Lei nº 12.546/2011) e do seu Decreto regulamentador nº 8.262/2014; das Resoluções-RDC nºs 14 e 46 da ANVISA, respectivamente, de março de 2012 (restrição ao uso de aditivos e proibição de comercialização de cigarros com aroma e sabor) e de agosto de 2009 (proibição da venda, importação e propaganda de cigarro eletrônico no país); do Projeto de Lei da Câmara dos Deputados PL 1744/2015 (sobre embalagens padronizadas); e de tantos outros instrumentos, que estão em consonância com as diretrizes da Convenção-Quadro para o Controle do Tabaco.

2. ANÁLISE JURISPRUDENCIAL: COMO DECIDEM OS TRIBUNAIS DE JUSTIÇA DE SÃO PAULO, RIO DE JANEIRO E RIO GRANDE DO SUL

Em pesquisa jurisprudencial realizada com base em acórdãos da década de 1990 até o ano de 2016,[29] tivemos a oportunidade de verificar os fundamentos utilizados pelos Tribunais Estaduais de São Paulo, Rio de Janeiro e Rio Grande do Sul, nos julgamentos de ações de indenização propostas em face da indústria tabagista.

Importante observar nessa análise três critérios ou parâmetros de decidir, que não podem ser ignorados pelo julgador: historicidade, contexto e precedentes.

Os casos analisados são de consumidores que começaram a fumar há mais de 20, 30, 40 ou 50 anos – após o período de latência da doença (*historicidade*), época em que a indústria não informava os malefícios do cigarro, muito embora já tivesse conhecimento de suas

---

29 Pesquisa jurisprudencial de decisões da década de 1990 até o ano de 2013 foi realizada em tese de doutorado (SOARES, Renata Domingues Balbino Munhoz. *Direito e Tabaco. Prevenção, Reparação e Decisão*, 2016, p. 174-195).

consequências maléficas à saúde, inclusive por evidências científicas – *contexto científico*.

Além desses dois critérios, existem precedentes que afirmam questões incontroversas relacionadas ao tabaco, e, portanto, não podem ser ignorados, sob pena de se ignorar a ciência.

Nesse sentido, a decisão final no processo em que os Estados Unidos move em face de Philip Morris, fabricante de cigarros acusada de fraude, proferida pela Juíza Gladys Kessler, da Vara Federal do Distrito de Columbia, em 2006, constitui marco fundamental para o esclarecimento de fatos ocultados pela indústria tabagista por décadas e que se constitui num arcabouço teórico paradigmático para o julgamento das demais ações no universo jurídico global do tabagismo.

Na r. decisão em comento, de 1.700 páginas, o Poder Judiciário norte-americano baseou-se em alguns pontos importantes, tais como:

> I - Fumar cigarros causa doenças, sofrimento e morte.
> No item 509, afirma o d. juízo que: "Apesar de reconhecer internamente esse fato, em público os réus[30] têm, há décadas, negado, distorcido e minimizado os riscos do tabagismo. O conhecimento, por parte da comunidade médica e científica, da relação entre tabagismo e doenças evoluiu durante a década de 1950 e atingiu um consenso em 1964. No entanto, mesmo depois dessa data, os réus continuaram a negar tanto a existência desse consenso, como as esmagadoras evidências em que se baseava."[31]
> II. A nicotina tem propriedades viciantes e causa dependência.
> No item 830 da r. sentença, destacamos a afirmação de que: "Apesar de entenderem e aceitarem que tanto o tabagismo como a nicotina causam dependência, os Réus vêm, há várias décadas, negando

---

30 Os réus do processo são onze: Philip Morris, R.J. Reynolds Tobacco Co., Brown and Williamson Tobacco Co., Lorillard Tobacco Company, The Liggett Group Inc., American Tobacco Co., Philip Morris Cos., B.A.T. Industries p.l.c., The Council for Tobacco Research – U.S.A. Inc. and The Tobacco Institute, Inc.

31 *O veredicto final: trechos do processo Estados Unidos x Philip Morris*. Edição Aliança de Controle do Tabagismo – ACTbr e Organização Pan-Americana de Saúde – OPAS. Tradução: Renata Galhanone, 1ª ed. All Type Assessoria Editorial Ltda., 2008, p. 9.

e distorcendo em público a verdade sobre a natureza viciante de seus produtos."[32]

III. Os níveis de nicotina são manipulados pela indústria para sustentar a dependência no fumante. Nos itens 1366 a 1763, a Juíza Kessler comprova que: "Os Réus controlam os níveis de nicotina dos cigarros, para garantir que os fumantes tornem-se dependentes e assim permaneçam."[33] (...) "Os réus alteraram a fórmula química da nicotina presente na fumaça tragada, com o propósito de melhorar a eficiência da transferência de nicotina e para aumentar a velocidade de absorção da nicotina pelos fumantes."[34]

Nas decisões que são comentadas abaixo, pretendemos destacar a observância (ou não) desses três critérios: a consideração do aspecto da historicidade ou contexto histórico em que os fatos se deram, o contexto científico do tabaco e as evidências já afirmadas pela ciência, bem como a menção aos precedentes que relatam fatos incontroversos, como a sentença americana.

Nas decisões judiciais do **Tribunal de Justiça de São Paulo**, verificamos uma jurisprudência que se desenvolveu de forma linear, com predominância da posição que afasta a tese de responsabilidade da indústria tabagista, e que, de 2005 a 2013, mostra-se dissociada da Convenção-Quadro para o Controle do Tabaco.

Já a partir de 2014 a 2016, notamos a aparição de novas considerações, como a existência de políticas públicas, após 1988, de combate

---

32   *O veredicto final: trechos do processo Estados Unidos x Philip Morris*. Edição Aliança de Controle do Tabagismo – ACTbr e Organização Pan-Americana de Saúde – OPAS. Tradução: Renata Galhanone, 1ª ed. All Type Assessoria Editorial Ltda., 2008, p. 15.

33   *O veredicto final: trechos do processo Estados Unidos x Philip Morris*. Edição Aliança de Controle do Tabagismo – ACTbr e Organização Pan-Americana de Saúde – OPAS. Tradução: Renata Galhanone, 1ª ed. All Type Assessoria Editorial Ltda., 2008, p. 21.

34   *O veredicto final: trechos do processo Estados Unidos x Philip Morris*. Edição Aliança de Controle do Tabagismo – ACTbr e Organização Pan-Americana de Saúde – OPAS. Tradução: Renata Galhanone, 1ª ed. All Type Assessoria Editorial Ltda., 2008, p. 23.

do tabagismo, de programas governamentais para abandono do fumo[35] e de legislação de controle do tabagismo[36].

Os precedentes mais recentes enfrentam questões de doença ou morte ocasionadas pelo cigarro há mais de 60 anos.

De 2016 a 2014, em ordem decrescente, o Tribunal de São Paulo prolatou cinco decisões desfavoráveis ao consumidor, também com fundamento no "livre arbítrio" ou voluntariedade no ato de fumar.[37]

Em sede de apelação, julgada em 2013, pela 8ª Câmara do Tribunal de Justiça de São Paulo, por exemplo, "o falecido havia iniciado no hábito de fumar aos 10 anos de idade, ou seja, em 1945, quando ainda era uma criança, vulnerável e sujeita às ações cooptantes da indústria."[38]

Em outro recurso, ainda julgado em 2013, em 18 de junho, "o marido e pai dos apelantes fumava desde os 16 anos, e foi vítima de enfisema pulmonar com forte insuficiência respiratória, tendo falecido aos 75 anos de idade"[39].

Nessa época (*historicidade*), a indústria estimulava o consumo de cigarro, com propagandas que usavam a figura de médicos, enfermeiros, celebridade e até do Papai Noel, e omitia informações, sabendo dos malefícios do produto (*contexto científico*).

---

[35] Apelação nº 0002301-41.2007.8.26.0238, 5ª Câmara de Direito Privado do TJSP, Rel. J.L. Mônaco da Silva, j. 27.01.2017.

[36] Apelação nº 0002301-41.2007.8.26.0238, 5ª Câmara de Direito Privado do TJSP, Rel. J.L. Mônaco da Silva, j. 27.01.2017.

[37] Apelação nº 0002301-41.2007.8.26.0238, 5ª Câmara de Direito Privado do TJSP, Rel. J.L. Mônaco da Silva, j. 27.01.2017; Apelação nº 0006576-03.2007.8.26.0539, 8ª Câmara de Direito Privado do TJSP, Rel. Salles Rossi, j. 17.02.2016; Apelação nº 0008824-57.2001.8.26.0019, 8ª Câmara de Direito Privado Apelação nº 0009251-13.2011.8.26.0566, 4ª Câmara de Direito Privado do TJSP, Rel. Maia da Cunha, j. 13.02.2014.

[38] SOARES, Renata Domingues Balbino Munhoz. *Direito e Tabaco. Prevenção, Reparação e Decisão*. 2016, p. 180.

[39] SOARES, Renata Domingues Balbino Munhoz. *Direito e Tabaco. Prevenção, Reparação e Decisão*. 2016, p. 180.

Constatamos que, no período de 1990 a 2013, a maioria das decisões foram desfavoráveis à tese da responsabilização do fabricante de cigarros pelos danos causados à saúde dos fumantes, com fundamentação no "livre arbítrio do fumante"[40], como nos julgados de 2013 (em seis decisões num total de oito).

Quatro acórdãos foram analisados, de 2012, que decidiram também pelo "livre arbítrio do fumante" e pela "culpa exclusiva da vítima", além de menção à "atividade lícita da indústria".

---

40 Apelação nº 0009199-91.2001.8.26.0590, 2ª Câmara de Direito Privado do TJSP, Rel. Giffoni Ferreira, j. 13.08.2013; Apelação nº 0015511-07.2000.8.26.0562, 3ª Câmara de Direito Privado do TJSP, Rel. João Pazine Neto, j. 23.07.2013; Apelação nº 0013481-61.1999.8.26.0100, 1ª Câmara de Direito Privado do TJSP, Rel. Paulo Eduardo Razuk, j. 18.06.2013; Apelação nº 0001528-78.2001.8.26.0311, 6ª Câmara de Direito Privado do TJSP, Rel. Fortes Barbosa, j. 23.05.2013; Apelação nº 0206840-92.2007.8.26.0100, 2ª Câmara de Direito Privado do TJSP, Rel. Giffoni Ferreira, j. 23.04.2013; Apelação nº 0027057-14.2005.8.26.0100, 9ª Câmara de Direito Privado do TJSP, Rel. Grava Brazil, j. 28.02.2012; Apelação nº 0118652-06.2005.8.26.0000, 5ª Câmara de Direito Privado do TJSP, Rel. Silvério Ribeiro, j. 11.05.2011; Apelação nº 70049455470, 10ª Câmara Cível do TJRS, Rel. Marcelo Cezar Muller, j. 13.12.2012; Apelação nº 70033904632, 6ª Câmara Cível do TJRS, Rel. Martin Schulze, j. 25.11.2010; Apelação nº 0004745-45.2001.8.19.0014, 12ª Câmara Cível do TJRJ, Rel. Cherubin Helcias Schwartz, j. 13.09.2011; Apelação nº 0125607-74.2007.8.19.001 (2008.001.15135), 8ª Câmara Cível, Rel. Ana Maria Oliveira, j. 01.07.2008; Apelação nº 0147236-51.2000.8.19.0001, 12ª Câmara Cível do TJRJ, Rel. Gamaliel Q. de Souza, j. 22.11.2005; Apelação nº 0055215-22.2001.8.19.0001, 12ª Câmara Cível do TJRJ, Rel. Binato de Castro, j. 11.05.2004; Apelação nº 0045713-62.2001.8.19.0000, 16ª Câmara Cível do TJRJ, Rel. Miguel Ângelo Barros, j. 06.02.2003; Apelação nº 0084616-66.2001.8.19.0001, 6ª Câmara Cível do TJRJ, Rel. Luiz Zveiter, j. 21.05.2002; Apelação nº 0008663-02.2001.8.19.0000, 17ª Câmara Cível do TJRJ, Rel. Raul Celso Lins e Silva, j. 10.10.2001; REsp. nº 886347, STJ, Rel. Min. Honildo Amaral de Mello Castro (Des. Convocado do TJ/AP), j. 25.05.2010; Apelação nº 0523167-59.1995.8.26.0100 (ADESF), 7ª Câmara de Direito Privado do TJSP, Rel. Henrique Nelson Calandra, j. 25.05.2015.

No entanto, em sede de embargos infringentes[41], o voto vencido foi favorável à tese, considerando que "as estatísticas revelam câncer em fumantes; que os leigos não têm percepção dos riscos reais; que a propaganda é fator desencadeante do consumo; e que há obviedade do malefício da atividade danosa da indústria tabagista"[42].

No ano de 2011, todos foram desfavoráveis, sob o argumento do "livre arbítrio"; "culpa exclusiva da vítima"; e "atividade lícita do fabricante", mas há um voto vencido em sede de apelação, que é totalmente favorável à tese e que defende que o "livre arbítrio não resiste ao assédio massacrante da propaganda e que só pode ser mencionado quando não haja propaganda dolosa maciça, além de omissão a estudos que comprovam os malefícios do produto."[43]

Os recursos julgados no ano de 2010 revelam que o argumento utilizado continua sendo o do "livre arbítrio".

Em acórdão favorável à tese, admite-se a responsabilidade objetiva decorrente da teoria do risco, a omissão do resultado de pesquisas sobre o efeito viciante da nicotina e a necessidade de perícia médica.

Por sua vez, em 2009, os dois recursos mencionados são pela inexistência de prova, "licitude" da atividade e "livre arbítrio".

No entanto, em 2008 e 2006, predominam as decisões favoráveis, no sentido de que:

> (i) há o dever de indenizar; (ii) há responsabilidade objetiva (risco da fabricação e comercialização do produto); (iii) e omissão dos resultados quanto ao efeito viciante da nicotina; (iv) sejam situados com precisão o consumo do produto para se aferir o grau de informação na época; (v) diante da demonstração in casu do nexo de causalidade, haja a responsabilização do fabricante por dano moral; (vi) a falta de advertência gere responsabilidade civil, desde que não haja uso imoderado do consumidor.[44]

---

41 Embargos Infringentes nº 9134290-86.2006.8.26.0000/50000, 8ª Câmara de Direito Privado do TJSP, j. 19.09.2012.

42 SOARES, Renata Domingues Balbino Munhoz. *Direito e Tabaco. Prevenção, Reparação e Decisão*, 2016. p. 181.

43 SOARES, Renata Domingues Balbino Munhoz. *Direito e Tabaco. Prevenção, Reparação e Decisão*, 2016. p. 181-182.

E, finalmente, o ano de 2004 foi marcante em razão de sentença proferida pela 19ª Vara Cível do Foro Central da Comarca de São Paulo, favorável aos consumidores, cujos fundamentos, em síntese, são: (i) há dano pela falta de informação; (ii) há dever de indenizar (dano material e moral); (iii) o fabricante deve adequar as embalagens e publicidade às exigências do Código de Defesa do Consumidor.

As decisões do **Tribunal de Justiça do Rio Grande do Sul** demonstram uma certa oscilação entre decisões desfavoráveis e favoráveis à responsabilização da indústria tabagista pelos danos causados à saúde do fumante.

Em ordem cronológica e decrescente, passemos à análise de suas mais recentes e densas decisões (dezessete acórdãos), que englobam o período de 2016 a 2014[45].

Muito embora tenham sido proferidos 14 acórdãos nesse período pelo não provimento do recurso de apelação, com decisão desfavorável ao fumante, existem 3 casos que foram favoráveis à responsa-

---

44　SOARES, Renata Domingues Balbino Munhoz. *Direito e Tabaco. Prevenção, Reparação e Decisão*. 2016, p. 182.

45　Apelação nº 70057340960, 10ª Câmara Cível, Rel. Marcelo Cezar Müller, j. 01.09.2016; Apelação nº 70069749943, 5ª Câmara Cível, Rel. Isabel Dias Almeida, j. 31.08.2016; Apelação nº 70067952424, 5ª Câmara Cível, Rel. Jorge Luiz Lopes do Canto, j. 29.06.2016; Apelação nº 70059502898, 9ª Câmara Cível, Rel. Miguel Ângelo da Silva, j. 16.12.2015; Apelação nº 70047613757, 9ª Câmara Cível, Rel. Leonel Pires Ohlweiler, j. 26.08.2015; Apelação nº 70053525614, 5ª Câmara Cível, Rel. Maria Cláudia Mércio Cachapuz, j. 12.08.2015; Apelação nº 70042003939, 9ª Câmara Cível, Rel. Leonel Pires Ohlweiler, j. 26.08.2015; Apelação nº 70041252032, 6ª Câmara Cível, Rel. Sylvio José Costa da Silva Tavares, j. 09.04.2015; Apelação nº 70049324130, 9ª Câmara Cível, Rel. Marilene Bonzanini, j. 08.10.2014; Apelação nº 70050001478, 9ª Câmara Cível, Rel. Marilene Bonzanini, j. 08.10.2014; Apelação nº 70061242012, 10ª Câmara Cível, Rel. Túlio de Oliveira Martins, j. 23.10.2014; Apelação nº 70061188017, 10ª Câmara Cível, Rel. Marcelo Cezar Müller, j. 25.09.2014; Apelação nº 70060235165, 10ª Câmara Cível, Rel. Jorge Alberto Schreiner Pestana, j. 17.07.2014; Apelação nº 70058055229, 9ª Câmara Cível, Rel. Iris Helena Medeiros Nogueira, j. 09.04.2014.

bilização da indústria tabagista e que levaram em conta importantes e atuais aspectos não mencionados em períodos anteriores, tais como: a sentença da juíza Kessler, o litígio do cigarro nos Estados Unidos, a Convenção-Quadro para o Controle do Tabaco, a atuação do INCA (Instituto Nacional do Câncer), o papel da ANVISA (Agência Nacional de Vigilância Sanitária), a Lei n° 9.294/96 e o reconhecimento pelo Estado da nocividade do tabaco.

Tudo isso demonstra que o panorama científico atual de controle do tabagismo tem sido levado em conta como critério de decidir, o que configura um grande avanço qualitativo em termos de responsabilização da indústria e de superação do fundamento do livre-arbítrio.

Em período anterior, de 2012 a 2004, o panorama é um pouco diferente.

Em 2012, há uma decisão favorável, cujos fundamentos são os seguintes: (i) propaganda enganosa; (ii) defeito do produto; (iii) ausência de consumo seguro; (iv) poder viciante da nicotina; (v) dever de indenizar.

Em 2011:

> dentre as decisões desfavoráveis, que ora reconhecem a prescrição, ora admitem ser "lícita" a atividade do fabricante, ressaltamos uma decisão favorável, no seguinte sentido: (i) a matéria demanda um exame casuístico; (ii) existem peculiaridades próprias; (iii) para a configuração da responsabilidade civil, a conduta do fabricante não precisa ser ilícita, e sim causar dano; (iv) e há nexo de causalidade.[46] (grifo nosso).

Nos julgados referentes à 2010, o quadro foi o seguinte: duas decisões favoráveis - uma em sede de embargos infringentes e outra em sentença de primeiro grau - e uma desfavorável, que remete ao "livre arbítrio" do fumante, mais uma vez.

Exemplificando, o Tribunal negou provimento a recurso de sucessores de Elisabeth S. E., por "indenização pela morte da mãe e avó decorrente de neoplasia pulmonar, pelo consumo de cigarros fabricados pelas requeridas nos últimos 56 anos, sem que houvesse no rótulo

---

46 SOARES, Renata Domingues Balbino Munhoz. *Direito e Tabaco. Prevenção, Reparação e Decisão.* 2016, p. 183.

qualquer alerta sobre os malefícios do tabagismo".[47] Há uma ausência na decisão dos parâmetros de *historicidade* e *contexto científico*.

Em 2008, há uma decisão favorável.

No ano de 2004, há uma decisão desfavorável, com base na "atividade lícita" e outra favorável, com base nos seguintes argumentos:

> (i) caracteriza ilícito o mau uso da liberdade de exploração da atividade tabagista, mediante manipulação fraudulenta das sementes de tabaco e da química utilizada na industrialização do cigarro, inspiradas pelo intuito exclusivo de lucro; (ii) no controle da licitude da liberdade de exercer o comércio, assim como da liberdade de ir e vir, não é a natureza do direito que conta, mas o cumprimento dos deveres gerais de prudência no exercício da liberdade; (iii) o consentimento do ofendido só opera como excludente de ilicitude sobre bens jurídicos disponíveis.[48]

A análise dos julgados do **Tribunal de Justiça do Rio de Janeiro** envolve um período maior de decisões – de 2016 a 1999, com predominância, de 2010 a 1999, de decisões desfavoráveis.

No período de 2016 a junho de 2013, foram julgados 3 casos que envolvem a responsabilidade da indústria tabagista, sendo todos eles desfavoráveis ao fumante.

No entanto, há um voto vencido[49], que confirma decisão de primeiro grau, com indenização impositiva. Trata-se de um caso em que o fumante consumia o produto desde os 13 anos de idade. Houve perícia, que constatou que o fumo contribuiu para a doença fatal. Há uma parte da decisão que merece destaque:

> Se analisarmos pelo prisma da propaganda veiculada, o livre arbítrio simplesmente não existe. O jovem é bombardeado por informações que ligam os produtos nocivos a tudo aquilo que mais almejam: beleza, liberdade, sucesso. Na fase da vida na qual os desejos superam a razão, em que o instinto sobrepuja o equilíbrio, na qual a impetuosidade leva vantagem sobre a prudência e prevalece a

---

47 SOARES, Renata Domingues Balbino Munhoz. *Direito e Tabaco. Prevenção, Reparação e Decisão*, 2016, p. 182.

48 SOARES, Renata Domingues Balbino Munhoz. *Direito e Tabaco. Prevenção, Reparação e Decisão*, 2016, p. 183-184.

49 Apelação nº 16.2004.8.19.0001, Des. Gabriel Zefiro, j. 14.06.2013.

sensação de imortalidade e invulnerabilidade, não se pode esperar que o jovem consumidor faça uma escolha consciente. É exatamente com isso que contam as empresas que comercializam o fumo. Toda a propaganda por ela produzida é voltada ao público jovem que, uma vez viciado, encontrará imensa dificuldade para se livrar da duvidosa fonte de prazer. O homem maduro dificilmente cairá na esparrela. Aquele que obtém lucros com uma determinada atividade empresarial deve arcar com os riscos e indenizar os que sofrerem eventuais consequências nefastas causadas por ela. O viés da publicidade é o ponto nodal dessa responsabilidade civil que vem sendo paulatinamente reconhecida pelo direito.[50] (grifo nosso).

Em 2013, destacamos o seguinte panorama: há uma decisão favorável em parte, que, "embora não acolha pedido indenizatório, reconhece a necessidade de mobilização social para o combate do tabagismo, mencionando a imprescindibilidade do nexo causal;"[51] e uma decisão desfavorável, no sentido da não existência *in casu* do nexo de causalidade.

Dos três julgados selecionados de 2012, o primeiro é favorável, no sentido de que "é premissa verdadeira o fato de que a publicidade fomenta o consumo por idade"[52]; sendo os demais desfavoráveis, em razão: da inexistência de nexo causal e da impossibilidade de se impor ao Estado o fornecimento de medicamentos para tratamento do tabagismo[53] (o que no nosso entendimento é possível e deve ser objeto de políticas públicas do Estado, para dar efetividade a preceitos fundamentais da Constituição).[54]

---

50 Voto vencido em Apelação nº 16.2004.8.19.0001, Des. Gabriel Zefiro, j. 14.06.2013, p. 3432.

51 SOARES, Renata Domingues Balbino Munhoz. *Direito e Tabaco. Prevenção, Reparação e Decisão*, 2016, p. 184.

52 SOARES, Renata Domingues Balbino Munhoz. *Direito e Tabaco. Prevenção, Reparação e Decisão*, 2016, p. 184.

53 SOARES, Renata Domingues Balbino Munhoz. *Direito e Tabaco. Prevenção, Reparação e Decisão*, 2016, p. 184.

54 PRATA, Lucília Alcione. Um Novo *Locus* de Formação das Políticas Públicas de Saúde: o Diagnóstico da Saúde pela Política Judiciária do Conselho Nacional de Justiça. In: SMANIO, Gianpaolo Poggio; BERTONLIN, Patrícia Tuma Martins (orgs.). *O Direito e as Políticas Públicas no Brasil*. São Paulo: Atlas, 2013, p. 251.

No ano de 2011, a decisão desfavorável é fundamentada na "atividade lícita" e na "escolha consciente do consumidor" e a favorável, por sua vez, reconhece: "(i) a aplicação da boa-fé objetiva; (ii) a omissão quanto ao aspecto viciante do cigarro; (iii) a propaganda enganosa; e (iv) que a licitude da atividade não pode afastar a responsabilidade pelos danos causados pelo consumo".[55]

Em 2010, também há acórdãos desfavoráveis, fundamentados nos argumentos de "atividade lícita", "culpa exclusiva do consumidor" e "inexistência de nexo causal", havendo uma decisão que reconheceu a prescrição, admitindo o prazo de 20 anos do Código Civil (decisão favorável em parte).[56]

Em 2008, notamos a utilização isolada do parâmetro de decidir – *contexto científico* – quando o Tribunal fundamenta sua decisão sob o argumento de que a ciência conhece os malefícios do cigarro, mas afirma que se trata de culpa exclusiva do consumidor.

Em 2007, também, a decisão afirma a tese do "ato lícito" e a da "não existência de nexo causal"; e, em 2006 e 2005, os julgados desfavoráveis repetem os mesmos fundamentos.

No ano de 2004, "há um julgamento desfavorável que decide não haver prova de que o empregado da Souza Cruz (motorista da diretoria) era obrigado a fumar, e outro no sentido do 'livre arbítrio'".[57]

Em 2003, há seis decisões desfavoráveis, com os mesmos argumentos já mencionados; e, em 2002, um desfavorável e outro, em apelação, favorável em parte, no que diz respeito ao voto vencido em julgamento majoritário, que segue, *in verbis*:

> (…) Provendo o apelo, posto que a Lei nº 9.294, de 15.07.96, Lei Antifumo, com base no § 4º do artigo 220 da Constituição Federal, determina se consignem em toda propaganda de cigarros advertência que não recomenda o uso de cigarros, face seus notórios malefícios.

---

55 SOARES, Renata Domingues Balbino Munhoz. *Direito e Tabaco. Prevenção, Reparação e Decisão*, 2016, p. 185.

56 SOARES, Renata Domingues Balbino Munhoz. *Direito e Tabaco. Prevenção, Reparação e Decisão*, 2016, p. 185.

57 SOARES, Renata Domingues Balbino Munhoz. *Direito e Tabaco. Prevenção, Reparação e Decisão*, 2016, 2016, p. 185.

A este respeito, o médico *Richard Hurt*, da equipe do *Nicotine Dependence Center*, de *Mayo Clinic Foundation*, em Minnesota, EUA, é textual (*contexto científico*) que "a indústria do tabaco sabe dos males causados pelo cigarro, conhece o processo de vício pelo qual passam os fumantes e tem consciência de agressão feita pela fumaça àqueles que não a estão tragando." As empresas do ramo tentam mascarar os problemas, minimizando o conhecimento da população sobre os males da nicotina, mas estatísticas falam da dimensão dos males, doenças, notadamente o câncer de pulmão, relacionados com o cigarro que expele sessenta espécies cancerígenas, entre elas a amônia, o formol, a naftalina, a acetona, a terebentina e o fósforo P4/P6, e, este último, o fósforo, é usado na maioria dos venenos, para acabar com os ratos, enquanto que a naftalina é um eficiente mata-baratas. Não bastasse, é ele produzido para gerar dependência, e, hodiernamente, é considerado o primeiro passo para as drogas.[58] (grifo nosso).

Por fim, "em 2001 e 1999, os julgados foram desfavoráveis, ora pugnando pela 'escolha do consumidor', 'livre arbítrio', ora pela 'atividade lícita' do fabricante, 'inexistência de propaganda enganosa' e 'ausência de nexo causal'"[59].

3. NOVAS PERSPECTIVAS

Assim como observado na análise das decisões judiciais em comento, o fundamento do livre-arbítrio tem cedido espaço a outros fundamentos, mais compatíveis com o atual panorama global de controle do tabagismo, que enfrenta a questão como uma epidemia e doença pediátrica, e não como uma ação individual, livre e consciente, e que demanda cooperação internacional para sua solução, como preconizado pela Convenção-Quadro para o Controle do Tabaco (com a participação de mais de 190 países).

Responsabilizar a indústria tabagista pelas consequências do consumo do tabaco é uma medida que se impõe em todo o mundo.

---

58 Apelação nº 0084616-66.2001.8.19.0001, 6ª Câmara Cível do TJRJ, rel. Luiz Zveiter e revisor, com voto vencido Ely Barbosa, j. 21.05.2002.

59 SOARES, Renata Domingues Balbino Munhoz. *Direito e Tabaco. Prevenção, Reparação e Decisão*, 2016, p. 185.

A adoção de novos fundamentos pelos Tribunais brasileiros nas ações de indenização em face da indústria tabagista, ainda que de forma incipiente, demonstram uma necessária inserção do Poder Judiciário brasileiro no contexto global de controle do tabaco, após a ratificação da CQCT, que ocorreu em 2005.

Além disso, algumas decisões já mencionam a sentença da juíza americana, que tornou incontroversos fatos como o poder viciante da nicotina e o seu fator de dependência, bem como a relação de causalidade entre o fumo e doenças, incapacidades e morte.

Precedentes como esse é que devem ser considerados como parâmetros de decidir, como orientação para garantir a uniformidade no tratamento de temas que envolvem comprovação científica.

CONCLUSÃO

O objetivo desse estudo não foi esgotar o tema do livre-arbítrio como fundamento das ações de indenização por danos causados pelo consumo de cigarro. O que se quis demonstrar foi uma evolução na jurisprudência brasileira analisada (das regiões com maior número de fumantes no país) a respeito de considerá-lo um aspecto cada vez mais secundário no tratamento do controle judicial do tabaco. Busca-se uma inserção da jurisprudência atual no contexto histórico e científico em que se encontra a questão.

Não podemos mais ignorar que se trata de um tema científico, com comprovações científicas globais de causa de doença e morte, que demandam do direito uma resposta coerente e uniforme.

Faço, então, minhas as palavras do Des. Gabriel Zefiro, do Tribunal de Justiça do Rio de Janeiro, ao afirmar que o juiz deve "valer-se da experiência comum. Não dele próprio, mas da comunidade em que está inserido. Basta olhar para o lado, ouvir o que se diz, ler o que se escreve. Não se espera isso de um Magistrado no século XXI?"[60]

---

60 Voto vencido em Apelação nº 16.2004.8.19.0001, Des. Gabriel Zefiro, j. 14.06.2013, p. 3447.

REFERÊNCIAS BIBLIOGRAFICAS

BASSO, Maristela. A Convenção Internacional para o Controle do Uso do Tabaco e o Direito brasileiro. In: BRANDELLI, Leonardo (coord.). *Estudos de Direito Civil, Internacional Privado e Comparado. Coletânea em homenagem à Professora Véra Jacob de Fradera.* São Paulo: Eud, 2014, p. 299-323.

GUIMARÃES JÚNIOR, João Lopes. Livre-arbítrio do viciado – Quando os juízes ignoram a ciência. In: HOMSI, Clarissa Menezes (coord.). *Controle do tabaco e o ordenamento jurídico brasileiro.* Rio de Janeiro: Lumen Juris, 2011, p. 135-146.

NARANJO DE LA CRUZ, Rafael. Los limites de los derechos fundamentales en las relaciones entre particulares: la buena fe. Madrid: 2000, *Boletín Oficial del Estado. Centro de Estudios Políticos Y Constitucionales.*

PIOVESAN, Flávia; SUDBRACK, Umberto Guaspari. Direito à saúde e o dever de informar: direito à prova e a responsabilidade civil das empresas de tabaco. In: HOMSI, Clarissa Menezes (coord.). *Controle do tabaco e o ordenamento jurídico brasileiro.* Rio de Janeiro: Lumen Juris, 2011, p. 105-134.

PRATA, Lucília Alcione. Um Novo *Locus* de Formação das Políticas Públicas de Saúde: o Diagnóstico da Saúde pela Política Judiciária do Conselho Nacional de Justiça. In: SMANIO, Gianpaolo Poggio; BERTONLIN, Patrícia Tuma Martins (orgs.). *O Direito e as Políticas Públicas no Brasil.* São Paulo: Atlas, 2013, p. 248-270.

PROCTOR, Robert N. *Golden Holocaust. Origins of the cigarette catástrofe and the case for abolition.* Berkeley: University of California Press, 2011.

SILVA, Solange Teles. Direito à informação em matéria ambiental. In: SAMPAIO, Rômulo S. R.; LEAL, Guilherme J. S.; REIS, Antonio Augusto (orgs.). *Tópicos de Direito Ambiental*: 30 anos da Política Nacional do Meio Ambiente. Rio de Janeiro: Lumen juris, 2011, p. 428-429.

SILVA, Virgílio Afonso da. A constitucionalidade da proibição total da publicidade de produtos derivados do tabaco. In: HOMSI, Clarissa Menezes (coord.). *Controle do tabaco e o ordenamento jurídico brasileiro.* Rio de Janeiro: Lumen Juris, 2011, p. 189-190.

SOARES, Renata Domingues Balbino Munhoz. *Direito e Tabaco. Prevenção, Reparação e Decisão.* São Paulo: Atlas/Grupo Gen, 2016.

A RESPONSABILIDADE CIVIL DOS FABRICANTES DE CIGARRO PELA INFORMAÇÃO DEFICIENTE A RESPEITO DO PODER VICIANTE DO PRODUTO[1]

TULA WESENDONCK[2]

SUMÁRIO: *Introdução. 1 O dever de informação. 2 O defeito de informação em relação ao poder viciante do cigarro. Conclusão. Referências bibliográficas.*

INTRODUÇÃO

A discussão em torno da responsabilidade civil da indústria fumageira pelos danos provocados ao consumidor é matéria que tem suscitado acalorada discussão, sendo possível perceber posições favoráveis e contrárias à sua imputação.

Tanto na doutrina como na jurisprudência, a posição majoritária é pela exclusão da responsabilidade civil.

O principal argumento apontado para afastar a responsabilidade consiste em considerar que o consumidor tem plena consciência dos danos provocados pelo cigarro, em virtude da ampla e explícita campanha que é feita em torno dos efeitos malefícios do seu uso.

---

[1] Título em inglês: *The cigarette manufacturer's civil liability for insufficient information regarding the addictive power of the product*

[2] Doutora em Direito (PUCRS). Advogada na área do Direito Civil. Professora Adjunta de Direito Civil na UFRGS e PUC/RS.

Esse argumento conclui que existe culpa exclusiva da vítima, o que excluiria a incidência da responsabilidade civil. Tal argumento estaria apoiado na alegação que atualmente o consumidor teria plena noção a respeito dos danos provenientes do cigarro, pois as próprias embalagens do produto veiculam imagens impactantes a respeito do seu uso nocivo.

É bem verdade que depois de muita pressão das autoridades, o fornecedor de cigarros passou a reconhecer alguns dos efeitos nocivos do produto. Também impende reconhecer que o fornecedor tem feito advertências sobre o seu uso. No entanto, existe um aspecto que não tem sido suficientemente informado ao consumidor: o potencial viciante do cigarro e que é praticamente impossível deixar de fumar. Através das advertências atuais, o consumidor tem noção dos efeitos nocivos do cigarro (vários tipos de câncer, risco de aborto e parto prematuro, impotência sexual...), mas não é suficientemente alertado que o cigarro é uma droga, que o cigarro causa uma das piores dependências químicas, estando nesse quesito no mesmo patamar de drogas pesadas e que é muito difícil parar de fumar.

A realidade é cruel, não é preciso nenhum estudo científico apurado para perceber que os fumantes enfrentam uma dificuldade recorrente para deixar de fumar. Ao questionar um fumante se tem ciência dos efeitos nocivos do cigarro, muito provavelmente ele irá responder que os conhece. Se o mesmo fumante for indagado sobre os motivos pelos quais continua fazendo uso de um produto que sabidamente faz mal, muito provavelmente ele responderá que fuma porque não consegue parar. Isso gera um sentimento de frustração muito grande no fumante, por se ver vencido na batalha contra o fumo, sendo muito comum o fumante se referir ao cigarro como um vício maldito, e nutrir sobre o produto um sentimento odioso, por perceber que está dominado pelo mesmo.

De fato, não há como negar que atualmente o consumidor inicia o uso do produto tendo convicção que cigarro faz mal, basta olhar a embalagem e ver a advertência, não somente escrita, mas com fotografias impactantes. O consumidor adquire o produto e dá início ao uso do mesmo na esperança que não irá fumar a vida inteira, e que se quiser parar de fumar bastará a decisão de interromper o uso, assim como decidiu dar início a sua utilização.

"Conheço os efeitos nocivos do cigarro, mas posso parar de fumar quando quiser". Esse argumento geralmente é repetido por praticamente todos os fumantes que não vinculam o produto à uma droga, já que pode ser comprado no supermercado, na lanchonete, no posto de gasolina, na padaria, ... e muitas vezes é colocado ao lado de outros produtos atrativos como balas e guloseimas.

No entanto, depois de iniciar o uso do produto o consumidor se depara com a realidade da dependência: está tomado pelo cigarro, não consegue mais deixar de fumar, pois a abstinência do cigarro causa efeitos devastadores no seu organismo, sendo muito difícil interromper o seu uso.

Assim, este breve estudo tem por objetivo examinar o defeito de informação da indústria fumageira no que se refere ao poder viciante do cigarro. Para tanto será analisado inicialmente o dever de informação, que precisa ser atendido de maneira efetiva pelo fornecedor, para depois demonstrar a maneira deficiente como tal informação tem sido repassada aos consumidores de cigarro.

1. O DEVER DE INFORMAÇÃO

"Informação é um direito do consumidor"[3]. Esta frase por si só, poderia evitar danos sofridos por consumidores nas relações estabelecidas com os fornecedores de produtos e serviços. A transparência, a sinceridade, a clareza das informações prestadas pelo fornecedor, mais do que um dever, precisam ser encaradas como direito básico do consumidor conforme definido no art. 6º, III do CCB.

O dever de informar é "exigido antes do início de qualquer relação", funciona como uma espécie de antecedente ou condição para que o produto ou serviço sejam oferecidos ao público. O fornecedor deve "dar cabal informação sobre os produtos e serviços colocados no mercado"[4].

---

[3] SANSEVERINO, Paulo de Tarso Vieira. *Responsabilidade no Código do Consumidor e a defesa do fornecedor*. São Paulo: Saraiva, 2010, p. 151.

[4] NUNES, Rizzatto. *Curso de Direito do Consumidor*. 4ª Ed. São Paulo: Editora Saraiva, 2009, p. 136 – 136.

O fornecedor é quem detém o conhecimento sobre os bens e serviços que coloca no mercado, por isso tem de informar o consumidor sobre todas as características do produto e principalmente pelo efeito nocivo que o mesmo possa causar, sobretudo no que diz respeito aos produtos considerados nocivos ou perigosos à saúde ou segurança do consumidor.

A esse respeito não é demais lembrar que o direito à saúde é de extrema relevância, gozando de proteção constitucional e internacional em virtude da concepção contemporânea decorrente da proteção dos direitos humanos. Para que o direito à saúde seja respeitado, o fabricante precisa atender de forma efetiva o dever de informar sobre os efeitos nocivos dos produtos, sobretudo de produtos potencialmente perigosos como é o caso do cigarro. Cabe ao fabricante advertir o consumidor sobre os efeitos nocivos do produto. Assim, toda a vez que o fabricante silencia ou omite qualquer "advertência que deveria ser feita – ou que deveria o fabricante saber necessária"[5], impõe-se a responsabilidade civil pelos danos que o consumidor vier sofrer.

Entre os portugueses ganha terreno a discussão a respeito do dolo tolerado (*dolus bonus*) admitido pela Lei portuguesa no n. 2º do Art. 253º do Código Civil, que estabelece: "não constituem dolo ilícito as sugestões ou artifícios usuais, considerados legítimos segundo as concepções dominantes no comércio jurídico, nem a dissimulação do erro, quando nenhum dever de elucidar o declarante resulte da lei, de estipulação negocial ou daquelas concepções"[6]. Almeida Costa refere que existe como regra o dever de esclarecimento e que nos casos dos contratos a responsabilidade pré-contratual estaria apoiada em fatos que não fossem qualificados como *dolus bonus* (dolo tolerado).

Menezes Cordeiro vai mais além na interpretação da norma, defendendo que os "deveres de informação adstringem as partes à pres-

---

5 PIOVESAN, Flávia e SUDBRACK, Umberto Guaspari. Direito à saúde e o dever de informar: direito à prova e a responsabilidade civil das empresas de tabaco. *Revista de Direito do Consumidor*. Vol. 77, Jan./Mar 2011.

6 ALMEIDA COSTA, Mário Júlio. *Direito das Obrigações*. 12ª ed. Coimbra: Livraria Almedina, 2009, p. 311.

tação de todos os esclarecimentos necessários à conclusão honesta do contrato". Segundo o autor pode ocorrer a violação do dever de informar por ação ou por omissão, verificando-se nessa última hipótese "pelo silêncio face a elementos que a contraparte tinha interesse objectivo em conhecer"[7]. Para ele, mesmo nos casos em que não se puder anular o contrato por dolo, verifica-se a violação culposa do cuidado exigível, incidindo o dever de indenizar.

No Direito brasileiro não existe dispositivo equivalente no Código Civil que trate sobre o dolo tolerado. Mesmo que existisse tal norma, ela ficaria adstrita ao campo das relações contratuais privadas e por óbvio, a figura do *dolus bonus* não poderia ser invocada como excludente de responsabilidade nas situações relacionadas às relações de consumo, sobretudo aos produtos que possam causar danos à saúde como é o caso do cigarro.

No que se refere às relações de consumo, o legislador cuidou de acentuar o dever de informar, referindo a necessidade de informação ostensiva e adequada sobre a nocividade ou periculosidade, conforme determina o Art. 9º do referido diploma. Acrescenta também, que no caso de conhecimento posterior de periculosidade do produto, deverá comunicar o fato imediatamente às autoridades e aos consumidores, mediante anúncios publicitários, conforme determina o Art. 10, § 1º.

Todo esse panorama reforça a necessidade de se fazer advertência ostensiva sobre todos os possíveis danos do produto para efetivamente oportunizar ao consumidor o seu direito básico de informação.

No entanto isso nem sempre ocorre, e nesses casos há a incidência da responsabilidade civil do fornecedor pelo defeito de informação conforme determina o Art. 12 do CDC. Assim, mesmo que o produto não apresente qualquer falha, a informação deficiente sobre o efeito nocivo do produto e/ou sobre os riscos que ele possa provocar, expõe o consumidor à potencialidade danosa, havendo relação direta entre o dano e a falta de informação adequada sobre o produto, e na existência desse nexo de causalidade impõe-se a responsabilidade do fornecedor pelos danos suportados pelo consumidor. Assim, não é somente a falta

---

7   MENEZES CORDEIRO, Antônio Manuel da Rocha e. *Da Boa fé no Direito Civil*. Porto: Livraria Almedina, 1997, p. 583.

de informação que pode ensejar o dano, pois quando a "informação sobre o produto é insuficiente e inadequada pode causar dano ao consumidor"[8], e esses danos devem ser reparados pelo fornecedor.

Além desse aspecto, merece ser lembrado que o fabricante deve ampliar o grau de informação em relação a determinados produtos, como ocorre nos casos de produto ou serviço perigosos. Nesses casos, o risco é inerente à própria coisa, e por esse motivo, os danos causados por esses produtos ficam em regra excluídos da responsabilidade do fornecedor. No entanto, a exclusão somente se sustenta se houver informação precisa sobre os cuidados na sua utilização, ou seja: o dever de informação deve ser redobrado.

A esse respeito, pondera Sanseverino que no caso de produtos que "apresentam periculosidade exagerada, a ponto de após a sua colocação no mercado, apresentarem grau de nocividade tão elevado para os consumidores que a informação e advertências se mostram insuficientes", tais produtos deveriam ser retirados do mercado. O autor exemplifica a situação citando o medicamento Cytotec que, destinado ao tratamento de doenças gástricas e úlceras duodenais, passou a apresentar como efeito colateral o aborto[9].

No Brasil, o medicamento passou a ser mais utilizado para induzir o aborto do que para a sua finalidade original, defendendo o autor que tendo em vista o flagrante desvio de sua finalidade e a gravidade dos efeitos nocivos, o produto deveria ser retirado do mercado pelo fabricante. Porém, o medicamento continua sendo largamente utilizado como método de interrupção da gravidez, como manobra de burlar o sistema legislativo que somente autoriza a interrupção em casos específicos.

Adalberto Pasqualotto é enfático ao afirmar que no caso do cigarro é necessário proceder à diferenciação entre os produtos com risco inerente, consistentes naqueles "preponderantemente úteis e benéficos que não apresentem nocividade potencial ou de alto grau" dos

---

8 NUNES. *Curso de Direito do Consumidor*. 2009, p. 277.

9 SANSEVERINO. *Responsabilidade no Código do Consumidor e a defesa do fornecedor*. 2010, p. 142-143.

produtos altamente nocivos que "não tem efeito útil ou a utilidade é mínima em relação ao malefício que causa"[10].

Segundo o autor, os produtos com alto grau de nocividade ou periculosidade não podem (ou não deveriam) ser colocados no mercado, e entende que o cigarro se enquadra dentre esses produtos. Assim, o autor reforça que a discussão em torno da responsabilidade do fabricante pelos danos provocados ao consumidor não deve ter por objeto a investigação da existência de defeito do produto em si, até porque se o cigarro for considerado como de alta periculosidade, não poderia ser esperado do produto nenhuma segurança e por isso não haveria como apontá-lo como defeituoso. Assim, o autor defende a imputação da responsabilidade do fabricante pela incidência do Art. 931 do Código Civil, que impõe a responsabilidade pela circulação do produto causador de danos, independentemente da existência de defeito.

A visão do doutrinador é de que, no caso do cigarro, produto considerado de alta periculosidade, não seria necessário referir a existência de defeito (do produto ou informacional), para imputar a responsabilidade do fabricante. A preocupação do doutrinador é de afastar o que ele denomina como sofisma da expectativa da segurança. Segundo o autor, é preciso ficar atento a uma possível armadilha apontada pela lei, segundo a qual no caso de produto de alta periculosidade poderia se pensar na viabilidade de excluir a responsabilidade civil do fabricante desde que a alta nocividade fosse informada ao consumidor. A orientação defendida pelo autor tem como objetivo ampliar a proteção do consumidor e afastar os argumentos contrários à imputação da responsabilidade do fabricante pela informação.

Muito embora deva ser reconhecida a coerência do argumento apresentado pelo autor, antes de avançar na defesa da incidência do Art. 931 do CC, com a finalidade de impor a responsabilidade do fabricante, talvez seja possível questionar se a informação prestada pelo fabricante a respeito do efeito nocivo do cigarro tem sido efetivamente clara, completa e efetiva.

---

10 PASQUALOTTO, Adalberto. O direito dos fumantes à indenização. *Revista da AJURIS* – v. 41 – n. 133 – Março 2014, p. 26 e ss.

O que tem se percebido a respeito da informação prestada pelo fabricante é que ela não tem alcançado a sua finalidade no sentido de advertir o consumidor a respeito de todos os efeitos nocivos que o cigarro acarreta.

Assim é possível afirmar a existência de responsabilidade do fabricante de cigarros pela informação deficiente, que equivale ao defeito de informação. O fornecedor deve responder pelos danos que esse defeito irá gerar na esfera do consumidor, pois a ausência de informação ou informação deficiente compromete o atendimento ao dever de segurança, podendo acarretar danos à integridade pessoal e patrimonial do consumidor. Por isso, a informação deve ser transmitida de modo adequado e eficiente.

Nesse sentido não é demais advertir que "a eficácia do direito à informação do consumidor não se satisfaz com o cumprimento formal do dever de indicar os dados e demais elementos informativos". Além dessa cautela, a informação somente será eficiente se o fornecedor tiver "o cuidado e a preocupação de que estejam sendo devidamente entendidos pelos destinatários destas informações"[11].

O dever de informar precisa ser associado aos deveres anexos da boa-fé objetiva consistentes no dever de colaboração e respeito em relação à outra parte. Assim, a informação deve ser veraz, e completa, para que se alcance a chamada equidade informacional como resposta à desigualdade informacional[12] própria das relações entre consumidores e fornecedores, tendo em vista a disparidade de poder entre as partes envolvidas nesse tipo de relação. O fornecedor, na condição de *expert* do produto oferecido, deve informar e também assegurar-se que a informação será compreendida pelo consumidor.

Assim, a informação deve ser adequada, ou seja, deve ser apta a atingir os fins que se pretende, que é o esclarecimento do consumidor. Para tanto, deve considerar: "a) as condições da contratação; b) as características dos produtos ou serviços objetos da relação de

---

11 MIRAGEM, Bruno. *Curso de Direito do Consumidor*. 6ª ed, São Paulo: Editora Revista dos Tribunais, 2016, p. 215.
12 MIRAGEM, Bruno, *op. loc. cit.*

consumo; c) eventuais consequências e riscos da contratação"[13]. No caso do cigarro, o que se tem percebido é que o fabricante não tem cumprido com esses ditames, e por isso é possível afirmar que há defeito de informação a respeito do poder viciante do produto, como será visto a seguir.

2. O DEFEITO DE INFORMAÇÃO EM RELAÇÃO AO PODER VICIANTE DO CIGARRO

Como referido na introdução deste artigo, já não é mais possível afirmar que o consumidor não recebe informação sobre os efeitos nocivos do cigarro. Atualmente, o fabricante veicula de forma explícita informação sobre os efeitos nocivos do produto. A própria embalagem do cigarro é acompanhada de informações e fotografias impactantes sobre os danos provocados pelo seu uso.

No entanto, no que se refere ao poder viciante do cigarro pelo uso da nicotina, a informação repassada ao consumidor pode ser considerada como tímida ou praticamente inexistente, se comparada com a informação sobre os outros efeitos nocivos.

A informação a respeito dos efeitos nocivos da nicotina, substância presente no cigarro, é deficiente e não cumpre o dever de informar, vinculado à proteção do consumidor. Nos casos de produtos ou serviços potencialmente nocivos essa informação deve ser ostensiva havendo nesses casos "uma espécie de dever de informar qualificado com relação a certos produtos e serviços"[14].

Note-se que, em relação ao cigarro, o mesmo não traz qualquer benefício à saúde do consumidor, devendo o produto ser considerado pelo menos como potencialmente nocivo, sendo necessária informação adequada e qualificada sobre seus efeitos e mais ainda, sobre a potencialidade viciante do cigarro. Assim, como a informação sobre os efeitos nocivos do cigarro é explícita, a informação a respeito do seu poder viciante deveria atender ao mesmo parâmetro ou até mesmo

---

13 MIRAGEM, Bruno, *op. cit.*, p. 216.
14 MIRAGEM, Bruno. *Curso de Direito do Consumidor.* 6ª ed, São Paulo: Editora Revista dos Tribunais, 2016, p. 590.

cumprir um padrão maior de informação, porque a dependência química pode ser considerada o pior mal que o cigarro acarreta, e por consequência, junto dela outros efeitos nocivos aparecem, pois quanto maior for o tempo de exposição ao cigarro, mais sujeito o corpo humano estará aos danos.

Ao contrário do que ocorre com medicamentos, que visam trazer benefícios ao consumidor, mas que também podem ocasionar efeitos colaterais, o cigarro não traz qualquer benefício. A conclusão é de extrema importância para determinar o grau de informação a ser prestado pelos fabricantes. Em relação aos produtos que não trazem qualquer benefício ao consumidor, como é o caso do cigarro, o grau de informação deve alcançar o maior patamar possível.

Conforme mencionado acima, a informação deve cumprir com a função à qual se destina, e, no caso do cigarro, precisa ser extremamente explícita, devendo informar que a dependência é uma realidade.

Além de informar sobre a potencialidade viciante do cigarro, advertindo que as pesquisas médicas demonstram que o usuário de cigarro geralmente não consegue se livrar do vício, o fabricante precisa também informar sobre o alto índice de recidiva. Mesmo quando o fumante para de fumar, a dependência química do cigarro é tão devastadora, que é muito frequente voltar a fumar depois de muitos anos. Assim é possível perceber que, uma vez fumante, o consumidor enfrenta enorme dificuldade para deixar de fumar, pois mesmo quando consegue interromper o uso do cigarro, dificilmente consegue parar de fumar definitivamente.

Não há informação suficiente na embalagem do cigarro sobre os efeitos da nicotina no fumante. Além de referir que a nicotina causa dependência, o fabricante deveria também informar que a droga é de excreção rápida, sua meia vida é de aproximadamente duas horas, fazendo com que o fumante queira fumar cada vez mais, e quanto mais fuma mais dependente da nicotina fica[15].

---

15 VARELLA, Drauzio. *A crise de abstinência da nicotina.* 2011. Disponível em: <https://drauziovarella.com.br/dependencia-quimica/tabagismo/a-crise-de-abstinencia-de-nicotina/>. Acesso em: ago. 2017.

Além disso, não são apresentadas pelo fabricante informações sobre a ação da nicotina no corpo humano. A nicotina age sobre a parte do cérebro responsável pelas sensações de prazer e por isso induz a alterações comportamentais o que gera ansiedade crescente, fazendo com que o fumante seja dominado pelo cigarro, já que o cérebro passa a vincular a ansiedade à falta de nicotina. Para o fumante, "não existe felicidade possível sem o cigarro"[16].

O usuário de cigarro cai nas garras da tocaia armada pelo fornecedor sendo que "fumar se torna condição *sine qua non* para sobreviver com dignidade" e o usuário somente consegue reverter os efeitos da abstinência com outro cigarro, ficando assim completamente escravizado por uma droga lícita[17].

Não é dada qualquer informação sobre a armadilha que a nicotina representa por provocar "uma dependência química de forte intensidade, enfermidade cerebral crônica e recidivante"[18]. A informação que acompanha o cigarro é que a nicotina causa dependência, mas não adverte suficientemente a respeito dessa dependência, deixando a cargo do consumidor a busca de informações a respeito dos efeitos nocivos da dependência, o que contraria a defesa dos interesses do consumidor, numa relação jurídica que é baseada na vulnerabilidade.

O consumidor não recebe qualquer informação do fabricante sobre os efeitos nefastos da crise de abstinência de nicotina, que se manifesta em "crises repetitivas, muito mais intensas, desagradáveis e difíceis de suportar do que aquelas provocadas por drogas como cocaína, crack, maconha ou álcool", por isso, autoridades médicas advertem que é praticamente impossível parar de fumar. Aqueles que conseguem deixar de fumar, precisam estar eternamente vigilantes, "porque a doença é traiçoeira, crônica e recidivante[19]", ou seja mesmo deixan-

---

16   VARELLA, Dráuzio, *op. cit.*
17   VARELLA, Dráuzio, *op. cit.*
18   VARELLA, Dráuzio, *op. cit.*
19   VARELLA, Dráuzio, *op. cit.*

do de fumar, o ex-fumante ainda fica exposto aos efeitos nocivos da dependência de nicotina[20].

Estudos revelam que 80% dos que tentam se livrar do cigarro fracassam já no primeiro mês de abstinência e dos fumantes que param de fumar, apenas 3% permanecem abstinentes depois de um ano[21]. A realidade é cruel!

No entanto, essas informações não são apresentadas ao consumidor. O consumidor ao iniciar o uso do produto não tem a mínima noção a respeito do poder viciante do cigarro que decorre pela dependência da nicotina e da dificuldade que irá enfrentar quando quiser parar de fumar. Também não recebe qualquer informação a respeito dos altos índices de recidiva na tentativa de largar o vício.

De fato, parar de fumar não é somente uma questão de força de vontade, pois a dependência ocasionada pela nicotina torna o consumidor refém do cigarro. O cigarro adoece o fumante, pois o vício interfere na sua liberdade de escolha, já que "os efeitos da abstinência de substância química viciante no corpo e na mente causam enorme sofrimento à pessoa, que acaba por retornar ao seu consumo a despeito da permanência do forte desejo de retomar sua autonomia frente à dependência"[22].

Assim, não é possível defender a tese de exclusão da responsabilidade derivado de ato de autonomia ou consentimento da vítima, pois a dependência ao cigarro prejudica a autonomia, a liberdade de escolha do fumante que não consegue deixar de fumar.

20　Interessante referir entrevista de Drauzio Varella a José Rosemberg que relata a repercussão da nicotina em sua vida: " No entanto, veja o que é a dependência de nicotina. Na época, eu tinha 25, 26 anos, mas ainda hoje, quase 70 anos depois, sonho que estou fumando e a sensação é muito gostosa.". VARELLA, Drauzio. *Nicotina*. Disponível em:< https://drauziovarella.com.br/entrevistas-2/nicotina/>. Acesso em: ago. 2017.

21　VARELLA, Drauzio. *A crise de abstinência da nicotina*. 2011. Disponível em: <https://drauziovarella.com.br/dependencia-quimica/tabagismo/a-crise-de-abstinencia-de-nicotina/>. Acesso em: ago. 2017.

22　BARBOSA, Fernanda Nunes; ANDREIS, Mônica. O argumento da culpa da vítima como excludente da responsabilidade civil da indústria do cigarro: proposta de reflexão. *Revista de Direito do Consumidor*. Vol. 82 Abr. /Jun. 2012.

Por isso, para que o dever de informação a respeito dos efeitos nocivos do cigarro fosse efetivamente alcançado, o fornecedor deveria informar sobre os efeitos nocivos da nicotina tanto no que se refere ao vício como à dificuldade de parar de fumar em virtude da recidiva.

Enquanto essa informação não for prestada, haverá defeito de informação, impondo ao fabricante a responsabilidade pelos danos que o cigarro possa ocasionar ao consumidor.

CONSIDERAÇÕES FINAIS

O cigarro causa diversos males à saúde dos consumidores. Esse é um fato notório que não pode mais ser negado pelos fabricantes. A indústria fumageira relutou por muito tempo para advertir os consumidores a respeito desses efeitos nocivos e somente passou a fazer tais advertências depois de sofrer muita pressão nesse sentido.

Atualmente não há mais como negar a relação entre o uso do cigarro e os males à saúde do consumidor. No entanto, a indústria fumageira tem se apoiado na exclusão da responsabilidade civil alegando a autonomia do consumidor, que, ciente dos efeitos adversos, opta pelo uso do produto.

Todavia, não é possível afastar a responsabilidade do fornecedor porque, como se viu, não é fornecida informação eficiente a respeito do pior efeito colateral do cigarro, que é a dependência.

O consumidor não é suficientemente informado sobre o alto poder viciante da nicotina e não recebe qualquer informação sobre a dificuldade que irá enfrentar se quiser parar de fumar.

Assim, não é possível defender a exclusão da responsabilidade do fabricante pela autonomia do consumidor, pois na realidade ele não tem conhecimento sobre o poder viciante do cigarro e também não tem autonomia para parar de fumar, pois a recidiva é muito recorrente.

Sendo assim, no cenário atual, o fabricante continua responsável pelos danos que o cigarro afeta aos consumidores, tendo em vista que não é atendido de maneira eficiente o direito do consumidor consistente no acesso a informações precisas sobre o produto.

REFERÊNCIAS BIBLIOGRÁFICAS

ALMEIDA COSTA, Mário Júlio. *Direito das Obrigações*. 12ª ed. Coimbra: Livraria Almedina, 2009.

BARBOSA, Fernanda Nunes e ANDREIS, Mônica. O argumento da culpa da vítima como excludente da responsabilidade civil da indústria do cigarro: proposta de reflexão. *Revista de Direito do Consumidor*. Vol. 82 Abr - Jun 2012.

MENEZES CORDEIRO, Antônio Manuel da Rocha e. *Da Boa fé no Direito Civil*. Porto: Livraria Almedina, 1997.

MIRAGEM, Bruno. *Curso de Direito do Consumidor*. 6ª ed, São Paulo: Editora Revista dos Tribunais, 2016.

NUNES, Rizzatto. *Curso de Direito do Consumidor*. 4ª Ed. São Paulo: Editora Saraiva, 2009.

PASQUALOTTO, Adalberto. O direito dos fumantes à indenização. *Revista da AJURIS* – v. 41 – n. 133 – Março 2014, p. 26 e ss.

PIOVESAN, Flávia e SUDBRACK, Umberto Guaspari. Direito à saúde e o dever de informar: direito à prova e a responsabilidade civil das empresas de tabaco. *Revista de Direito do Consumidor*. Vol. 77, Jan - Mar 2011.

SANSEVERINO, Paulo de Tarso Vieira. *Responsabilidade Civil no Código do Consumidor e a Defesa do Fornecedor*. 3ª ed. São Paulo: Saraiva, 2010.

VARELLA, Drauzio. *A crise de abstinência da nicotina*. 2011. Disponível em:<https://drauziovarella.com.br/dependencia-quimica/tabagismo/a-crise-de-abstinencia-de-nicotina/>. Acesso em: ago. 2017.

VARELLA, Drauzio. *Dependência de Nicotina*. 2011. Disponível em:<https://drauziovarella.com.br/drauzio/artigos/dependencia-de-nicotina/. Acesso em: ago. 2017.

VARELLA, Drauzio. *Nicotina*. Disponível em:<https://drauziovarella.com.br/entrevistas-2/nicotina/>. Acesso em: ago. 2017.

COMO JUSTIFICAR A IRRESPONSABILIDADE DO FABRICANTE DE CIGARROS EM PLENO SÉCULO XXI? O MITO DO CONSUMIDOR RACIONAL[1]

JOÃO LOPES GUIMARÃES JÚNIOR[2]

SUMÁRIO: 1 *Por que uma lei concebida para defender o consumidor permitiria, em pleno século XXI, a fabricação irresponsável de um produto notoriamente tão danoso? 2 Nossa legislação é omissa? A responsabilidade objetiva no novo CC. 3 Cigarro: nocividade à saúde e vício de qualidade no CDC. 4 A presunção de racionalidade no Direito. 5 A desconstrução do mito da racionalidade na Economia. 6 O CDC e o critério de aferição da defeituosidade do cigarro. 7 A suposição de que o fumante tem expectativa de segurança e considera razoáveis os riscos do cigarro.*

Nosso direito não simpatiza com as cláusulas de irresponsabilidade.[3]

---

1 Título em inglês: *How to justify the irresponsibility of the cigarettes manufacturers in the twenty-first century? the myth of the rational consumer*

2 Advogado. Procurador de Justiça aposentado do Ministério Público do Estado de São Paulo.

3 DIAS, José De Aguiar. *Da Responsabilidade Civil.* 6 ed. vol 2. Rio de Janeiro: Forense,1979, p. 343.

1. POR QUE UMA LEI CONCEBIDA PARA DEFENDER O CONSUMIDOR PERMITIRIA, EM PLENO SÉCULO XXI, A FABRICAÇÃO IRRESPONSÁVEL DE UM PRODUTO NOTORIAMENTE TÃO DANOSO?

O surgimento de leis concebidas com o escopo de garantir a efetiva reparação de danos patrimoniais e morais sofridos por consumidores de produtos ou serviços significou notável avanço na legislação brasileira no final do século passado.

A jurisprudência – embora com certa relutância a princípio – acabou sensibilizada pela necessidade de impor equilíbrio nas relações de consumo, assimilando aos poucos novos institutos jurídicos heterodoxos, como a responsabilidade objetiva em contrato de direito privado e a inversão do ônus da prova no processo civil a favor do consumidor.

Essa importante conquista, no entanto, ainda não está completa: com relação ao fumo, a jurisprudência tem se mostrado incapaz de incorporar os progressos legais e doutrinários, mantendo-se incompreensivelmente distante de relevantes princípios programáticos consagrados no ordenamento jurídico.[4]

É certo que os fabricantes de cigarros são *fornecedores*, que o cigarro é um *produto* e que os fumantes são *consumidores*. Nenhuma dúvida, portanto, sobre a incidência do CDC no consumo do tabaco. Nenhuma dúvida, ainda, sobre os danos à saúde dos consumidores

---

[4] Refiro-me, entre outros, aos seguintes princípios: 1) cabe ao Estado a promoção da proteção e defesa do consumidor (CF, arts. 5º, XXXII e 170, V e CDC, art. 1º); 2) o consumidor é vulnerável no mercado de consumo (CDC, art. 4º, I); 3) é direito básico do consumidor a proteção da vida, saúde e segurança contra os riscos provocados por práticas no fornecimento de produtos considerados perigosos ou nocivos (CDC, art. 6º, I); 4) é direito básico do consumidor a efetiva prevenção e reparação de danos patrimoniais e morais (CDC, art. 6º, VI); 5) é dever das empresas garantir a saúde, consistente na formulação e execução de políticas econômicas e sociais que visem à redução de riscos de doenças e de outros agravos (Lei Federal nº 8.080/90, art. 2º, § 2º).

acarretados diretamente pelo consumo de cigarros, pois esse nexo etiológico é hoje indiscutível.

Também é óbvia a incidência do Código Civil (arts. 927, par. único, e 932), uma vez que 1) a atividade normalmente desenvolvida pelas empresas causadoras dos danos (fabricação de cigarros) implica, por sua natureza, risco para os direitos dos fumantes e 2) estamos diante de empresas cujos produtos postos em circulação causam danos.[5] (Não custa lembrar aqui a regra do art. 7°, *caput*, do CDC que propõe a incidência inclusiva e concorrente de qualquer ato normativo que confere direitos aos consumidores).

Pois bem, diante desse contexto, como explicar a irresponsabilidade dos fabricantes de cigarros que se verifica na jurisprudência? Como é possível aceitar a *isenção de responsabilidade a beneficiar justamente um dos produtos mais prejudiciais à saúde do consumidor* colocados no mercado?

Com efeito, é espantoso constatar que nossa jurisprudência admite a responsabilização de fornecedores de laticínio e de molho de tomate quando esses produtos apresentam um simples bolor[6], e de uma lanchonete, quando num lanche é encontrado um corpo estranho[7], e, no entanto, quando se trata de *um produto que contém 4.720 substâncias tóxicas* – incluindo nicotina (responsável pela dependência química), monóxido de carbono (o mesmo gás venenoso que sai do escapamento de automóveis) e alcatrão (que é constituído

---

5   Art. 927. Parágrafo único. Haverá obrigação de reparar o dano, independentemente de culpa, nos casos especificados em lei, ou quando a atividade normalmente desenvolvida pelo autor do dano implicar, por sua natureza, risco para os direitos de outrem.

    Art. 931. Ressalvados outros casos previstos em lei especial, os empresários individuais e as empresas respondem independentemente de culpa pelos danos causados pelos produtos postos em circulação.

6   TJSP, Apelação n° 0008026-27.2012.8.26.0564, 8ª Câmara de Direito Privado, Rel. Salles Rossi, 29/01/2014. TJSP, Apelação n° 0016981-21.2011.8.26.0002, 9ª Câmara de Direito Privado, Rel. Alexandre Lazzarini, 19.11,2013.

7   TJSP, Apelação n° 0007632-84.2009.8.26.0609, 10ª Câmara de Direito Privado, Rel. César Ciampolini, 01.04.2014.

por aproximadamente 48 substâncias pré-cancerígenas, como agrotóxicos e substâncias radioativas cancerígenas) –, um produto que, segundo a Organização Mundial de Saúde, provoca 63% dos óbitos relacionados às doenças crônicas não transmissíveis, *seu fabricante é isento de responsabilidade*.

É flagrante o descompasso entre a vontade da lei (proclamada com clareza no sentido de *proteger e reparar* o consumidor prejudicado) e a realidade (milhões de consumidores de cigarros lesados sem indenização). Como explicar esse aberrante descompasso? Por qual razão um produto tão nocivo, capaz de causar dependência patológica, seria irresponsabilizado pelos danos notórios, abrangentes e graves que provoca? Onde está a falha, na legislação ou na sua interpretação pelo Poder Judiciário?

2. NOSSA LEGISLAÇÃO É OMISSA? A RESPONSABILIDADE OBJETIVA NO NOVO CC

Ao estudar a evolução histórica da responsabilização civil – suas causas e seus objetivos – nossa perplexidade diante da irresponsabilidade dos produtores de cigarros só aumenta.

A disciplina legal da responsabilidade civil – relevantíssima para qualquer sociedade humana e por isso mesmo de origem milenar – exige constante revisão para adequar-se às constantes mudanças que se verificam em nosso modo de vida.[8] O movimento que se verificou nas últimas décadas foi no sentido de *ampliar as hipóteses de responsabilização objetiva*, deixando o ato ilícito de figurar como pressuposto necessário para a responsabilidade civil em determinadas hipóteses. Numa perspectiva histórico-evolutiva, constata-se que a formulação

---

[8] "... o instituto é essencialmente dinâmico, tem de adaptar-se, transformar-se na mesma proporção em que se desenvolve a civilização, há de ser dotado de flexibilidade suficiente para oferecer, em qualquer época, o meio ou processo pelo qual, em face da nova técnica, de novas conquistas, de novos gêneros de atividade, assegure a finalidade de restabelecer o equilíbrio desfeito por ocasião do dano, considerado, em cada tempo, em função das condições sociais vigentes". In: DIAS, José de Aguiar. *Da Responsabilidade Civil.* 6 ed. vol 1. Rio de Janeiro: Forense, 1979, p. 23.

da *teoria objetiva*, com revisão das bases da responsabilização extracontratual baseada na culpa, em um primeiro momento resultou de mudanças trazidas pela Revolução Industrial.[9]

Nesse sentido, a *teoria do risco* foi concebida para desvincular a responsabilidade da culpa, associando-a à criação de situações de perigo para terceiros. Para Carlos Alberto Bittar, "ponto de partida desse sistema foi a constatação de que um certo número de atividades, por sua periculosidade, embora legítimas, traziam em si riscos próprios, ocasionando danos com frequência, daí por que se deveria sujeitar os seus titulares à responsabilidade pela simples criação e pela introdução de coisas perigosas na sociedade".[10]

---

9 Os juristas sentiram a necessidade de contornar o elevado ônus probatório imposto às vítimas dos inúmeros infortúnios que passaram a ocorrer com frequência nas novas máquinas que surgiam: a dificuldade enfrentada pelos operários, prejudicados em acidentes de trabalho, para obter a reparação dos danos sofridos era imensa diante da necessidade de provar a conduta culposa dos empresários. Carlos Alberto Bittar explica que, "com a disseminação do uso de máquinas, tornando mais complexos e mais perigosos os mecanismos de relacionamento privado, buscou o pensamento jurídico fórmula de equilíbrio que pudesse assegurar às vítimas a necessária reparação". Assim, prossegue o autor, "nascida sob a égide da teoria do ato ilícito, a responsabilidade civil evoluiu no sentido de alcançar atividades carregadas de perigo, independentemente da noção de culpa". In: CAHALI, Yussef Said (coord). *Responsabilidade Civil - Doutrina e Jurisprudência*. Responsabilidade Civil Nas Atividades Perigosas. São Paulo: Saraiva, 1984, p. 89-101.

10 Segundo o jurista, "as ideias básicas deste posicionamento (*teoria do risco*) foram a de imposição de responsabilidades pela criação ou pelo controle do risco pelo homem e o princípio da justiça distributiva, segundo o qual quem aufere lucro com uma atividade deve suportar os ônus correspondentes.

"Assim, nessa nova concepção, basta que exista nexo de causalidade entre o exercício da atividade e o dano superveniente, para que se completem os pressupostos da responsabilidade em concreto.

"Preocupação primeira é, nesse sistema, a pessoa da vítima, cuja condição pessoal, ou posição econômica, ou mesmo as incertezas do processo muitas vezes a afastava, na teoria anterior, da justa indenização pelo dano sofrido.

Ainda que o Código Civil de 2002 tenha mantido a tradicional regra segundo a qual "aquele que, por ato ilícito (arts. 186 e 187), causar dano a outrem, fica obrigado a repará-lo" (art. 927, *caput*), acabou adotando igualmente a *responsabilização objetiva nas relações privadas* (que o CDC já adotara em 1990), com a admissão de que *mesmo uma atividade lícita pode gerar obrigação de reparar danos a terceiros*, se criar extraordinária exacerbação de riscos (par. único do mesmo art. 927).

Desse modo, a *teoria do risco*, que já era reconhecida pela doutrina[11] e aplicada na jurisprudência[12] como implícita ao sistema de responsabilização civil de nosso ordenamento, foi formalmente incorporada ao direito positivo nacional nas relações privadas no novo Código Civil.

"A obrigação de reparar o dano surge, pois, do simples exercício da atividade que o agente desenvolve em seu interesse e sob seu controle, em função do perigo que dela decorre para terceiros. Tem-se então o risco como fundamento de responsabilidade.

"Passou-se, assim, de um ato ilícito (teoria subjetiva) para um lícito, mas gerador de perigo (teoria objetiva), para caracterizar-se a responsabilidade civil.

"Com efeito, inserem-se dentro desse novo contexto atividades que, embora legítimas, merecem, pelo seu caráter de perigosas – seja pela natureza, seja pelos meios empregados – tratamento jurídico especial em que não se cogita da subjetividade do agente para a sua responsabilização pelos danos ocorridos." In: CAHALI, Yussef Said (coord). *Responsabilidade Civil - Doutrina e Jurisprudência*. Responsabilidade Civil Nas Atividades Perigosas. São Paulo: Saraiva, 1984, p. 90-91.

11 Em 1938 Alvino Lima publicou a obra *Da Culpa ao Risco* (RT), dedicada ao tema. Para Pontes de Miranda, *"quem criou o perigo, ainda sem culpa, tem o dever de eliminá-lo.* Responde pelo risco que dele foi causa, porque lhe nasce o dever de evitar o dano". In: PONTES DE MIRANDA. *Tratado de Direito Privado*. Rio de Janeiro: Borsoi, 1958,p. 194.

12 "Ultimamente vem conquistando espaço o princípio que se assenta na teoria do risco, ou do exercício de atividade perigosa, daí há de se entender que aquele que desenvolve tal atividade responderá pelo dano causado" (STJ, REsp 185659, Rel. Min. Nilson Naves, Terceira Turma, 26.06.00).

Mas a mesma Lei Federal nº 10.406/02 foi ainda além no art. 931, ao criar a responsabilidade pelo *fato do produto* (também acolhida pelo CDC em 1990). Dirigida de modo mais específico às empresas, a regra impõe-lhes responsabilidade objetiva pelos danos causados "pelos produtos postos em circulação".

Embora esses dispositivos do Código Civil (art. 927, par. único e art. 931) imponham sem dúvida a obrigação do fabricante de cigarros de indenizar os prejuízos materiais e morais sofridos por fumantes ativos e passivos – pois o cigarro causa danos à saúde e a atividade normalmente desenvolvida por seu produtor implica, por sua natureza, riscos para o direito à saúde dos fumantes – *inexplicavelmente não são aplicados por nossos tribunais*. A incidência do Código Civil é inquestionável, uma vez que o princípio que propõe o diálogo das fontes, com aplicação simultânea e convergente de dispositivos inseridos em leis gerais e especiais, foi expressamente acolhido pelo CDC em seu art. 7º, *caput*.[13]

3. CIGARRO: NOCIVIDADE À SAÚDE E VÍCIO DE QUALIDADE NO CDC

E o que dizer a respeito do CDC: estaria essa lei, na contramão do que proclama como direito básico do consumidor no inc. VI de seu art. 6º, impossibilitando os fumantes de obter a efetiva prevenção e reparação de danos patrimoniais e morais causados pelo cigarro?

O mesmo ordenamento jurídico que *permite a produção e venda* de cigarros ao mesmo tempo *impõe responsabilidade objetiva* aos fornecedores de produtos pelos vícios de qualidade que os tornem

---

13 MARQUES, Claudia Lima.*et all. Manual de Direito do Consumidor.* 2ed. São Paulo: Revista dos Tribunais, 2009, p. 89-90.

impróprios ao consumo a que se destinam (CDC, art. 18, *caput*), como aqueles que são nocivos à saúde (§ 6°, inc. II).[14]

O silogismo que aqui emerge se revela claríssimo:

- O fornecedor responde objetivamente por vício de qualidade do produto que o torne impróprio ao consumo;
- É impróprio ao consumo o produto nocivo à saúde;
- O cigarro é produto nocivo à saúde;
- Conclusão: por ser nocivo à saúde, o cigarro é produto impróprio ao consumo, com a caracterização do vício de qualidade que impõe a responsabilidade objetiva do fabricante.

Sendo o cigarro um produto nocivo à saúde, esse é o raciocínio que inexoravelmente resulta da leitura conjunta do *caput* do art. 18 com o seu § 6°, inc. II.

Em outras palavras, o fabricante está obrigado a fornecer produtos *inofensivos à saúde do consumidor*, caso contrário ficará caracterizada a impropriedade ao consumo e, consequentemente, o vício de qualidade gerador da responsabilidade civil objetiva. E, tratando-se de vício insanável (pois não existe cigarro seguro), seu fornecedor deverá responder por perdas e danos, nos termos do § 1°, inc. II, do mesmo art. 18.

Ainda que possa parecer estranha a licitude de um produto sabidamente impróprio ao consumo, não deverá essa estranheza sustentar

---

14 Art. 18. Os fornecedores de produtos de consumo duráveis ou não duráveis respondem solidariamente pelos vícios de qualidade ou quantidade que os tornem impróprios ou inadequados ao consumo a que se destinam ou lhes diminuam o valor, assim como por aqueles decorrentes da disparidade, com a indicações constantes do recipiente, da embalagem, rotulagem ou mensagem publicitária, respeitadas as variações decorrentes de sua natureza, podendo o consumidor exigir a substituição das partes viciadas. (...)

§ 6° São impróprios ao uso e consumo: (...)

II - os produtos deteriorados, alterados, adulterados, avariados, falsificados, corrompidos, fraudados, nocivos à vida ou à saúde, perigosos ou, ainda, aqueles em desacordo com as normas regulamentares de fabricação, distribuição ou apresentação;

estranheza maior, que seria a irresponsabilidade civil de seus fabricantes. A licitude do cigarro – como, de resto, ocorre com todos os demais produtos e serviços permitidos – não interfere na obrigação de ressarcir os consumidores em caso de prejuízo.

A permissão para produzir e comercializar determinado produto não tem o condão de conferir irresponsabilidade plena ao fabricante, *a fortiori* quando se trata de produto nocivo. Por qual razão o ordenamento jurídico, além de permitir a fabricação de um produto tão danoso como o cigarro, iria adiante ao ponto de desobrigar seus fabricantes de indenizar as vítimas? A permissão para produzir já deve ser considerada uma exceção, inexistindo razão para excepcionar-se também a responsabilização, já que a lógica do sistema vai justamente no sentido inverso, de responsabilizar objetivamente o empresário criador do risco.

Cabe lembrar que também no âmbito do Direito de Vizinhança e do Direito Ambiental a eventual licitude de atividade geradora de perturbação e dano não exonera o agente de sua responsabilidade perante terceiros. Sempre que determinado uso da propriedade, ainda que lícito, causar incômodos à vizinhança ou degradação ambiental, haverá obrigação de indenizar os prejuízos causados.[15]

---

15 "O próprio uso lícito da propriedade vizinha, desde que se torna mau pelo excesso, pela exorbitância, e causa dano, incide na possível órbita processual da ação cominatória" (STF-RF 116/432). Hely Lopes Meirelles é explícito ao afirmar que "a existência de alvará ou licença administrativa para a realização de obra ou exercício da atividade lesiva aos vizinhos não impede que o ofendido exija a paralisação da construção ou a cessação dos trabalhos ou atividades danosas para a vizinhança". In: MEIRELES, Hely Lopes. *O Uso da propriedade e as restrições de vizinhança*. São Paulo: Revista dos Tribunais, 1959, p.277/27. Ao discorrer sobre os atos pelos quais um proprietário pode comprometer sua responsabilidade, JOSSERAND aponta os chamados *atos excessivos*, que "son los que, realizados en virtud de un derecho cierto y con un fin legítimo, son, sin embargo, de tal naturaleza que causan al prójimo un daño anormal, que constituyen peligros, como si un industrial compromete las cosechas de los predios vecinos con los humos y el gas que se desprenden de las chimeneas de sus fábricas". In: JOSSERAND. *Derecho Civil*. Buenos Aires: Bosch y Cía, 1952, Tomo I, Vol. III, p. 130. Sérgio Ferraz refere-se à "irrelevância da licitude da

Antiga regra de hermenêutica propõe que, na interpretação da lei, devem ser rejeitados todos os processos que levem a conclusões absurdas. A tese de que os danos causados pelo consumo de cigarros não seriam passíveis de indenização é absolutamente contrária ao próprio Direito, que, como regra, *quer que o prejudicado receba reparação*. Com efeito, a perspectiva de que alguém, especialmente um fornecedor, possa estar liberado das consequências danosas de sua atividade é completamente incompatível com o princípio jurídico básico e milenar que proíbe a lesão a direito alheio (*neminem laedere*). É preciso considerar que, "tradicionalmente a responsabilidade civil desempenha funções sociais na interação humana. A técnica da responsabilidade civil é essencial para a definição e o funcionamento da produção e circulação de riquezas, bem como a promoção de determinada ética. A responsabilidade civil é parte e forma da concretização da justiça comutativa e distributiva".[16]

Dada a importância desse instituto, apenas razões excepcionais e relevantes poderiam, legitimamente, justificar a irresponsabilidade de quem fornece produto que se sabe prejudicial à saúde do consumidor.

---

atividade", explicando que "essa foi uma linha de defesa muito seguida, sobretudo nos Estados Unidos. Quando apareciam pretensões contra alguém que se tinha instalado provocando agressão do meio ambiente, a licitude, não só da atividade, mas do seu exercício, era frequentemente colocada como tônica excludente de responsabilidade. Então, ou era uma indústria que se revelava como poluente e que se dizia legitimamente autorizada a funcionar; ou, então, que dizia ter adotado todos os mecanismos de segurança e de preservação e que, não obstante, continuava a poluir. Pouco interessou para as cortes americanas, a partir de certo momento, esta evocação de licitude do comportamento. O que interessa é o prejuízo" In: FERRAZ, Sergio. *Responsabilidade civil por dano ecológico*. São Paulo: RDP, p.49-50/39-40.

16 LOPES, J.R. de Lima. *Responsabilidade Civil do Fabricante e a Defesa do Consumidor*. São Paulo: Revista dos Tribunais, 1992, p. 93.

4. A PRESUNÇÃO DE RACIONALIDADE NO DIREITO

Ao formular a taxonomia, o ser humano escolheu para si a denominação *Homo sapiens*, do latim "homem sábio", certamente por acreditar que seu comportamento se distingue no mundo animal pela capacidade de raciocinar. Seríamos, portanto, *animais racionais* que agem de acordo com juízos ponderados inteligentemente a partir de um processo intelectual que compreende a coleta, a acumulação e a análise de informações, garantidor da sensatez das nossas decisões.

Em nosso ordenamento jurídico muitos institutos e princípios foram formulados a partir da presunção dessa racionalidade humana. A imputabilidade no Direito Penal, por exemplo, baseia-se em nossa suposta *capacidade de entender o caráter ilícito do fato e de determinar-se de acordo com esse entendimento* (CP, art. 26). Está, portanto, implícita na lei a premissa de que todo indivíduo maior de 18 anos – desde que não padeça de doença mental ou desenvolvimento mental incompleto ou retardado – é dotado de racionalidade bastante para evitar a prática de crimes.

O Código Civil segue a mesma linha, habilitando plenamente ao exercício dos atos da vida civil os maiores de 18 anos (exceto os ébrios habituais ou viciados em tóxico e os que não possam exprimir sua vontade). Essa capacidade é conferida pela lei, segundo os civilistas, a partir do reconhecimento do *"discernimento*, que é justamente critério, prudência, juízo, tino, inteligência, e, sob o ponto de vista jurídico, a aptidão que tem a pessoa de distinguir o que é bom do que é mau, o que é lícito do que não é, o que é conveniente do que é prejudicial".[17]

Os juristas chegaram até a criar um paradigma de comportamento razoável ideal, atribuído a um fictício *bonus pater familias*. Do mesmo modo, referem-se a um suposto *homo medius* como alguém dotado de diligência mediana e que apresenta um modelo de conduta considerado socialmente ideal.

---

17 CHAVES, Antônio. Enciclopédia Saraiva de Direito: *Capacidade Civil*. vol 13. São Paulo: Saraiva. 1977, p. 2.

Não seria o caso, porém, de questionara a validade da premissa que considera o ser humano capaz de pautar toda sua conduta por decisões racionais?

5. A DESCONSTRUÇÃO DO MITO DA RACIONALIDADE NA ECONOMIA

A influência de *fatores irracionais* em muitas de nossas decisões é hoje amplamente aceita. E o reconhecimento da limitação da racionalidade não vem apenas da Psicologia, em trilha iniciada por Freud. Estudos como os do neurocientista português Antônio Damásio sustentam que emoções e sentimentos afetam sim nossos julgamentos por estar conectados com os processos intelectuais.

Atire a primeira pedra, portanto, quem nunca sucumbiu ao autoengano, ao *wishful thinking*, ou a algum impulso imediatista ao tomar uma decisão irrefletida da qual logo se arrependeu (como a compra daquela bicicleta ergométrica empoeirando na garagem). Atualmente é clara a percepção de que nenhum ser humano é capaz de se comportar orientado exclusivamente pela razão, por estarmos todos sujeitos a uma diversidade de emoções e sentimentos que restringem nossa capacidade de basear nossas decisões em uma meditação racional pura (e há até quem julgue isso saudável).

É importante lembrar que a presunção de racionalidade não ficou restrita à doutrina jurídica. Assim como o Direito, também a Economia assumiu a premissa da previsibilidade das decisões racionais, atribuindo ao paradigmático *homo economicus* um ideal de racionalidade econômica.

Essa presunção, no entanto, passou a ser contestada por estudiosos do comportamento humano e do processo de tomada de decisões. Dan Ariely, professor de Psicologia e Economia Comportamental, sustenta em sua obra *Predictably Irrational: The Hidden Forces That Shape Our Decisions*que somos muito *menos racionais* em nossas tomadas de decisão do que supõe a teoria econômica clássica. E pergunta: será que a Economia não funcionaria melhor caso estivesse baseada no modo como as pessoas *realmente se comportam*, em vez de como elas *deveriam comportar-se*?

Os trabalhos do psicólogo Daniel Kahneman, prêmio Nobel de Economia, e do economista comportamental Richard Thaler ajudam a comprovar de que modo o imediatismo, as emoções, os preconceitos e as intuições podem interferir em decisões equivocadas, contrariando a racionalidade que a teoria econômica admite.

Em obra escrita em co-autoria, Cass Sunstein e Richard Thaler afirmam que "se você olhar os livros de Economia, aprenderá que o *Homo economicus* pode pensar como Albert Einstein, armazenar tanta memória quanto o Big Blue da IBM e ter a força de vontade de Mahatma Gandhi".[18]

Em outras palavras, a *acrasia* – aquela dificuldade para agir do modo que julgamos ser o mais certo ou conveniente – está sempre espreitando o *Homo sapiens*, e o desregramento e a intemperança das pessoas não devem ser considerados fenômenos surpreendentes ou anômalos. E não é difícil encontrar inúmeros exemplos de comportamento irracional do consumidor. Qualquer estagiário de publicidade sabe que muitas vezes a simples imagem de uma modelo famosa ou de um astro do esporte bastam para influenciar as preferências de multidões.

Mas talvez o melhor exemplo de irracionalidade do consumidor sejam as apostas em loterias, bingos e outros jogos de azar. Nesses casos é até mesmo possível calcular matematicamente as chances de sucesso para o apostador, que em geral são bastante desfavoráveis (o escritor Ambrose Bierce chegou a definir loteria como um imposto cobrado das pessoas que são ruins em matemática!). A probabilidade de acertar na mega-sena escolhendo seis números, por exemplo, é de uma em 50.063.860. Mesmo quem arriscar o dobro de números terá apenas uma chance em 54.182 de não perder o dinheiro apostado no prêmio principal. É razoável arriscar-se assim? O *homo medius*, se prudente, certamente fugiria das casas lotéricas. Como explicar, no entanto, que milhões de pessoas façam sua fezinha toda semana?

Cabe observar que o próprio ordenamento reconhece que muitas decisões dos consumidores *carecem da necessária meditação*, pois foi

---

18   THALER, Richard H; SUSTEIN, Cass R. *Nudge - O Empurrão para a Escolha Certa*. Rio de Janeiro: Campus-Elsevier, 2008, p. 7.

essa constatação que inspirou a previsão do direito de arrependimento (CDC, art. 49), com a concessão de um "prazo de reflexão". Ora, se é preciso conceder *prazo para refletir* é porque o risco de decisão irrefletida existe.

Aceitas as fundadas objeções à plena racionalidade dos indivíduos, como deve agir o intérprete da lei? Assumir cegamente a presunção legal de que as pessoas são todas dotadas da capacidade de sempre guiar seu comportamento por critérios racionais? Ou admitir que existem inúmeros fatores que interferem em suas escolhas, desviando-as de uma racionalidade estrita?[19]

6. O CDC E O CRITÉRIO DE AFERIÇÃO DA DEFEITUOSIDADE DO CIGARRO

Embora seja assumidamente uma lei de *proteção e defesa* do consumidor – cuja vulnerabilidade no mercado de consumo reconhece de modo expresso (arts. 1° e 4°, I) –, o CDC é outro diploma legal que também acolheu a premissa de que as escolhas humanas são racionais. E essa problemática premissa influiu na relevantíssima disciplina da responsabilidade pelo fato do produto, gerando, no caso do cigarro, graves equívocos hermenêuticos.

Em seu art. 12, *caput*, o CDC impõe ao fornecedor responsabilidade objetiva, obrigando-o a reparar os danos causados aos consumidores por defeitos existentes em seus produtos. E, no § 1°, apresenta um critério subjetivo para avaliar a defeituosidade, ao determinar que "o produto é defeituoso quando não oferece a *segurança que dele legitimamente se espera*, levando-se em consideração as circunstâncias relevantes, entre as quais (...) o uso e *os riscos que razoavelmente dele se esperam* (inc. II).

O que extrair dessa regra? Será que existe um consumidor *homo medius* capaz de formular racionalmente uma expectativa de segurança em relação ao cigarro? Ora, sendo o cigarro, como é, um produto

---

19 OLIVEIRA, Amanda Flávio de; MOURA, Walter José Faiad de. É preciso proteger o fumante de si mesmo? São Paulo: Revista Científica Virtual da Escola Superior de Advocacia da OAB-SP. vol. 17. 2014, p. 163.

notoriamente nocivo, é óbvio que *ninguém, em sã consciência, poderá considerá-lo seguro!* Então, será que o simples fato de consumir o cigarro autoriza a conclusão de que o consumidor o considera seguro, pois do contrário não o consumiria? A pergunta é estarrecedora: *como é possível imaginar que alguém – no caso, dezenas de milhões de pessoas –possa considerar seguro um produto que é notoriamente nocivo?* A resposta é simples, e vem da Medicina: quem segue fumando, a despeito de todas as ostensivas e até chocantes advertências sobre os riscos, é porque está *privado da capacidade de agir com a racionalidade esperada*[20], e não porque considera o cigarro seguro.

É, portanto, simplesmente absurda uma interpretação que pressuponha existir um julgamento racional por parte do fumante com plena aceitação dos riscos do cigarro. A boa hermenêutica nunca se baseia em premissas absurdas, nem chega a conclusões contrárias à lógica. E não é de se esperar um tal disparate partindo justamente de uma lei que se propõe a proteger o consumidor. Até porque a verdade real, com apoio científico, é uma só: o cigarro é um produto extremamente inseguro que, mercê da dependência química patológica, é capaz de determinar a decisão do consumidor, privando-o da capacidade de agir racionalmente.

Conclusão: o fumante acaba sendo *responsabilizado por ser portador de uma patologia*; e o fornecedor, que *produz conscientemente um produto que sabe nocivo*, é isento de responsabilidade.

Aqui está claro que, mais uma vez, a lei adota o pressuposto de que esse imaginário consumidor – a quem é delegada a relevantíssima missão de avaliar a segurança do produto –comporta-se como aquele fictício *homo medius* racional, ou seja, como alguém que presumidamente é dotado de plena e contínua capacidade de discernimento e aptidão para avaliar de modo criterioso, consciente e racional os riscos do produto.

---

20 Segundo a Medicina o tabagista é portador da *síndrome de dependência*, patologia que é considerada um transtorno mental e comportamental devido ao uso de fumo (CID 10: F172) e que tem como características justamente 1) desejo poderoso de tomar a droga; 2) dificuldade de controlar o consumo; 3) utilização persistente apesar das suas consequências nefastas; e 4) prioridade dada ao uso da droga em detrimento de outras atividades e obrigações.

Ora, que tipo de lei protetiva do consumidor vulnerável cometeria o grave equívoco de desconsiderar sua hipossuficiência em tarefa de tamanha importância? Que tipo de juiz aceita esse faz de conta? O emprego do adjunto adverbial de modo *razoavelmente* no inc. II do § 1º do art. 12 remete a uma suposta apuração racional, baseada na razão; no entanto, sabemos que, se isso já é difícil para o consumidor em geral, é *impossível* quando se trata do dependente de nicotina.

Uma vez que, como visto, não é prudente confiar na razoabilidade absoluta das escolhas do consumidor, mais imprudente ainda será presumir que haja uma avaliação racional dos riscos de um produto: uma falha nessa aferição (como a determinada pela dependência química) pode implicar em exposição de sua saúde a perigo e repercutir no seu direito à reparação pelos danos sofridos.

No caso de milhões de fumantes – como é fato notório – ocorre um descompasso radical entre o comportamento efetivamente adotado e sua presumível preferência racional, e até instintiva, que seria o abandono do tabagismo para poupar sua saúde. Ora, por qual razão milhares de pessoas inteligentes e bem informadas conservam o hábito a despeito de conscientes de suas gravemente danosas consequências? Por que um percentual baixíssimo de fumantes obtém sucesso em suas tentativas de abandonar o cigarro, sendo necessário recorrer a tratamentos dispendiosos para livrar-se do vício?

Nesse contexto, o intérprete da lei não pode confiar na racionalidade do consumidor – repita-se, presunção legal *fictícia* –, mas deve, considerando sua hipossuficiência e o escopo do CDC de protegê-lo, guiar-se pelas "circunstâncias relevantes" sobre a expectativa de segurança do cigarro como determina o § 1º do art. 12. E, tratando-se de cigarro, a *circunstância relevante* – aliás, relevantíssima – é a ação da nicotina causando dependência química, que não pode ser ignorada por interferir diretamente na capacidade do fumante de comportar-se de forma segura.

É notório que a nicotina presente no tabaco é substância psicoativa que modifica o estado de consciência do usuário ao ligar-se a receptores no sistema nervoso central e liberar dopamina, neurotransmissor que causa imediata sensação de prazer, capaz de provocar síndrome de dependência. Diante dessa premissa, cientificamente comprovada, seria justo ou correto presumir que milhões de fumantes *adotam conscientemente um comportamento de flagrante acrasia*, tão contrário à prudência esperada de preservação de sua saúde?

Ao juiz, portanto, duas opções se apresentam: 1) supor que o fumante, consciente do risco, *racionalmente não se importa com os efeitos prejudiciais à sua saúde*; ou 2) considerar que o fumante, embora sabedor do risco, e embora se importando sim com os efeitos prejudiciais a sua saúde, é incapaz, pelo efeito da nicotina, de agir racionalmente e evitar o consumo do cigarro.

Vem de molde a questão acima levantada por Dan Ariely: a Justiça não funcionaria melhor caso estivesse baseada no modo como as pessoas *realmente se comportam*, em vez de como elas *deveriam comportar-se*?

7. A SUPOSIÇÃO DE QUE O FUMANTE TEM EXPECTATIVA DE SEGURANÇA E CONSIDERA RAZOÁVEIS OS RISCOS DO CIGARRO

No atual estágio do desenvolvimento tecnológico e científico, a expectativa de segurança dos consumidores para os produtos lícitos deve ser *a mais rigorosa possível*. E, ao contrário do praticante de esportes radicais, *o fumante não consome cigarros em busca de risco*. Sua necessidade de saciar a dependência de nicotina se sobrepõe a qualquer consideração racional com a segurança.

Quem recusa o defeito negando a frustração do consumidor em relação à segurança que ordinariamente se espera do produto, raciocina com base em presunção fictícia, num autêntico faz de conta, e assim é incapaz de chegar a uma decisão justa.

Diante do exposto, como aceitar a presunção de racionalidade do consumidor em relação a um produto cuja peculiaridade maior é justamente criar uma dependência patológica capaz de eliminar qualquer racionalidade? Como tratar o fumante a partir da ficção de que seu comportamento decorre de uma ponderação judiciosa sobre os riscos do produto e sua periculosidade quando é notório que não o é?

Será possível a construção de decisões justas a partir da premissa dogmática da racionalidade do consumidor? Não seria mais adequado considerar a opinião de economistas comportamentais e psicólogos que demonstram a falta de racionalidade nas decisões de consumo? No caso específico dos fumantes, como ignorar a opinião dos médicos que, sem meias palavras, consideram seu comportamento patológico?

Aceitar que o fumante seja um consumidor capaz de criar uma expectativa de segurança em relação ao cigarro e de comportar-se de acordo com essa avaliação racional – entendimento sugerido pelo STJ ao negar a defeituosidade do cigarro[21] – significa acusar o fumante de buscar um "suicídio doloso".

Melhor acreditar que ele absolutamente não quer prejudicar sua saúde, não tolera a insegurança do cigarro, não espera e nem aceita nenhum prejuízo.

REFERÊNCIAS BIBLIOGRÁFICAS

CAHALI, Yussef Said (coord). *Responsabilidade Civil - Doutrina e Jurisprudência*. Responsabilidade Civil Nas Atividades Perigosas. São Paulo: Saraiva, 1984, p. 89-101.

CHAVES, Antônio. *Enciclopédia Saraiva de Direito: Capacidade Civil*. vol 13. São Paulo: Saraiva. 1977, p. 2.

DIAS, José De Aguiar. *Da Responsabilidade Civil*. 6 ed. vol 2. Rio de Janeiro: Forense, 1979, p. 343.

FERRAZ, Sergio. *Responsabilidade civil por dano ecológico*. São Paulo: RDP, p. 49-50/39-40.

JOSSERAND. *Derecho Civil*. Buenos Aires: Bosch y Cía, 1952, Tomo I, Vol. III, p. 130

---

21 Segundo decisão do STJ, "O cigarro é um produto de periculosidade inerente e não um produto defeituoso, nos termos do que preceitua o Código de Defesa do Consumidor, pois o defeito a que alude o Diploma consubstancia-se em falha que se desvia da normalidade, capaz de gerar uma frustração no consumidor ao não experimentar a segurança que ordinariamente se espera do produto ou serviço." (REsp 1.113.804/RS).

LOPES, J.R. de Lima. *Responsabilidade Civil do Fabricante e a Defesa do Consumidor*. São Paulo: Revista dos Tribunais, 1992, p. 93.

MARQUES, Claudia Lima. et all. *Manual de Direito do Consumidor*. 2 ed. São Paulo: Revista dos Tribunais, 2009, p. 89-90.

MEIRELES, Hely Lopes. *O Uso da propriedade e as restrições de vizinhança*. São Paulo: Revista dos Tribunais, 1959, p. 277/27.

MIRANDA, Pontes de. *Tratado de Direito Privado*. Rio de Janeiro: Borsoi, 1958, p. 194.

OLIVEIRA, Amanda Flávio de; MOURA, Walter José Faiad de. É preciso proteger o fumante de si mesmo? São Paulo: Revista Científica Virtual da Escola Superior de Advocacia da OAB-SP. vol. 17. 2014, p. 163.

THALER, Richard H; SUSTEIN, Cass R. *Nudge - O Empurrão para a Escolha Certa*. Rio de Janeiro: Campus-Elsevier, 2008, p. 7